O PODER da COMUNICAÇÃO

MANUEL CASTELLS

O PODER da COMUNICAÇÃO

Tradução
Vera Lúcia Mello Joscelyne

Revisão de tradução
Isabela Machado de Oliveira Fraga

6ª edição

Paz & Terra
Rio de Janeiro
2024

Copyright © 2009 Manuel Castells
Copyright da tradução © Paz & Terra, 2015
Título original em inglês: *Communication Power*

Direitos de edição da obra em língua portuguesa no Brasil adquiridos pela Editora Paz e Terra. Todos os direitos reservados. Nenhuma parte desta obra pode ser apropriada e estocada em sistema de bancos de dados ou processo similar, em qualquer forma ou meio, seja eletrônico, fotocópia, gravação etc., sem a permissão do detentor do copyright.

Comunication Power, 1ª edição, foi originalmente publicado em inglês em 2009. Esta tradução foi publicada por meio de acordo com a Oxford University Press.

Editora Paz e Terra Ltda.
Rua do Paraíso, 139, 10º andar, conjunto 101 – Paraíso
São Paulo, SP – 04103-000
http://www.record.com.br

Seja um leitor preferencial Record.
Cadastre-se e receba informações sobre nossos lançamentos e nossas promoções.

Atendimento e venda direta ao leitor:
sac@record.com.br

Texto revisado segundo o Acordo Ortográfico da Língua Portuguesa de 1990.

CIP-BRASIL. CATALOGAÇÃO NA PUBLICAÇÃO
SINDICATO NACIONAL DOS EDITORES DE LIVROS, RJ

C344p
6ª ed.

Castells, Manuel, 1942-
    O poder da comunicação / Manuel Castells; tradução de Vera Lúcia Mello Joscelyne; revisão de tradução de Isabela Machado de Oliveira Fraga. – 6ª ed. – São Paulo/Rio de Janeiro: Paz e Terra, 2024.
    il.

    Tradução de: Communication power
    Apêndice
    Inclui bibliografia e índice
    ISBN 978-85-7753321-3

    1. Sociedade da informação. 2. Mídia social. 3. Comunicação de massa – Aspectos sociais. I. Joscelyne, Vera. II. Título.

15-27876

CDD: 303.4833
CDU: 316.422

Impresso no Brasil
2024

Em memória de Nicos Poulantzas,
meu irmão, teórico do poder.

Sumário

Agradecimentos	11
Listas	15
Introdução	19
Redes digitais e a cultura da autonomia: Introdução à edição de 2013	29

1. O poder na sociedade em rede   57

O que é poder?	57
Estado e poder na era global	63
Redes	66
A sociedade em rede global	70
O Estado em rede	85
O poder nas redes	88
Poder e contrapoder na sociedade em rede	93
Conclusão: Compreendendo as relações de poder na sociedade em rede global	96

2. A comunicação na era digital   101

Uma revolução da comunicação?	101
Convergência tecnológica e o novo sistema multimídia: Da comunicação de massa para a autocomunicação de massa	105
A organização e o gerenciamento da comunicação: Redes globais de negócios multimídia	119
A política das políticas regulatórias	153
Mudança cultural em um mundo globalizado	170

A audiência criativa 180
Comunicação na era digital global 188

3. REDES DA MENTE E DO PODER 191

Os moinhos da mente 191
Emoção, cognição e política 199
Emoção e cognição nas campanhas políticas 204
A política de crenças 207
O enquadramento da mente 209
Conquistando as mentes, conquistando o Iraque, conquistando
Washington: Da informação distorcida à mistificação 219
O poder do enquadramento 244

4. PROGRAMANDO AS REDES DE COMUNICAÇÃO:
A POLÍTICA DA MÍDIA, A POLÍTICA DE ESCÂNDALOS
E A CRISE DA DEMOCRACIA 247

A produção de poder por meio da produção de imagens 247
Terra sangrenta (Semântica): A política da mídia
em funcionamento 250
A política de escândalos 295
O Estado e a política da mídia: Propaganda e controle 319
O fim da confiança pública e a crise da legitimidade política 340
Crise da democracia? 350

5. REPROGRAMANDO AS REDES DE COMUNICAÇÃO:
MOVIMENTOS SOCIAIS, A POLÍTICA INSURGENTE E
O NOVO ESPAÇO PÚBLICO 353

O aquecimento global como assunto quente: O movimento
ambiental e a nova cultura da natureza 357
A rede é a mensagem: Movimentos globais contra a
globalização corporativa 392
Mobilizando a resistência: A comunicação sem fio e
as insurgentes comunidades de prática 400

"*Yes, we can!*": A campanha presidencial primária de
Obama em 2008   417
Reprogramando redes, reconectando mentes, mudando
o mundo   467

Conclusão: Em busca de uma teoria do poder da comunicação   471

APÊNDICE   487

BIBLIOGRAFIA   537

ÍNDICE REMISSIVO   591

Agradecimentos

Livros normalmente são uma tarefa coletiva sob a responsabilidade única do autor. Este não é exceção. Ele nasceu em minha mente, há muito tempo, mas evoluiu na interação com colegas e estudantes de várias partes do mundo e foi moldado pelos ambientes acadêmico e social onde vivi e trabalhei desde o começo deste milênio. Portanto, mencionar as pessoas e as instituições que são coprodutoras deste trabalho não é uma questão de cortesia, e sim de precisão ao assinar o livro.

Meu primeiro agradecimento vai para Amelia Arsenault, minha aluna de doutorado, excelente assistente de pesquisa, e bolsista da Fundação Wallis Annenberg da Escola de Comunicação Annenberg da Universidade da Califórnia do Sul. Em poucas palavras, sem a qualidade intelectual e a dedicação pessoal de seu trabalho durante anos, este livro não existiria em sua forma atual. Ela continuará em sua carreira acadêmica para se tornar uma grande pesquisadora de alto nível à medida que procura compreender o mundo para torná-lo um lugar melhor.

Também ajudaram na pesquisa para este livro Lauren Movius, Sasha Costanza-Chock e Sharon Fain, alunos de pós-graduação na Escola de Comunicação Annenberg, e o dr. Meritxell Roca, meu colaborador no Instituto Interdisciplinar da Internet na Universitat Oberta de Catalunya, em Barcelona. Versões anteriores das análises apresentadas neste volume foram debatidas e modificadas por meio da interação com meus alunos na Escola de Comunicação Annenberg. Gostaria de transmitir meus agradecimentos especiais aos alunos do meu seminário de pesquisa Comm620: "Comunicação, Tecnologia e Poder" na primavera de 2008. Um reconhecimento específico do trabalho de vários alunos nesse e em outros seminários pode ser encontrado nas notas e referências do livro.

Minha pesquisa atual, neste livro e em outras obras, se beneficiou consideravelmente do estímulo intelectual dos meus dois lares acadêmicos: a Escola de Comunicação Annenberg na Universidade da Califórnia do Sul (USC), em Los Angeles, e o Instituto Interdisciplinar da Internet da Universitat Oberta de Catalunya (UOC), em Barcelona. Sinto-me profundamente grato a meus colegas em ambas as instituições pelo apoio e pelo coleguismo que me ofereceram durante anos. Agradeço particularmente aos decanos Geoffrey Cowan e Ernest Wilson, ao diretor Larry Gross e à diretora Patricia Riley, na USC, e à reitora Imma Tubella, na UOC, pelo maravilhoso apoio pessoal e institucional que deram a minha pesquisa desde que ingressei na Escola de Comunicação Annenberg da USC e no Instituto Interdisciplinar da Internet da UOC. Essas instituições acadêmicas estão na linha de frente da pesquisa e do ensino sobre a sociedade global em rede, e tenho orgulho de fazer parte do importante projeto de situar a universidade nas condições tecnológicas e intelectuais da Era da Informação.

Sou grato também a meus colegas e alunos no Instituto de Tecnologia de Massachusetts (Programa de Ciência, Tecnologia e Sociedade; Departamento de Estudos e Planejamento Urbano; e Laboratório de Mídia do MIT) pela interação significativa durante meus períodos regulares como professor visitante em uma das instituições científicas mais importantes do mundo. Meus agradecimentos especiais a William Mitchell, Rosalind Williams, David Mindell, Larry Vale e Malo Hutson.

Quando digo que este livro é um trabalho coletivo, estou sendo totalmente sincero. Ele recebeu uma contribuição intelectual generosa de vários colegas que leram todos ou alguns dos vários rascunhos do manuscrito e fizeram comentários extensos. Passei por várias rodadas de revisão para cada capítulo, pois todas as vezes que eu pensava ter chegado ao ponto em que a minha pesquisa podia ser comunicada, surgiam novos comentários e sugestões de colegas dispostos a se envolver em um diálogo comigo. Modifiquei meu argumento, atualizei meus dados e apurei meu texto como resultado dessas múltiplas interações com colegas das várias instituições acadêmicas. Não foi possível integrar todos os comentários, já que muitos deles vieram de perspectivas diferentes, mas considerei seriamente cada um e isso levou a mudanças substanciais na teoria e nas análises apresentadas no livro. É claro que mal-entendidos e erros durante esse prolongado processo de revisão são de minha exclusiva responsabilidade. Por isso, quero expressar publicamente minha mais profunda gratidão a Antonio Damasio, Hanna Damasio, Jerry Feldman, George Lakoff, Jonathan Aronson, Tom Hollihan, Peter Monge, Sarah Banet-Weiser, Ernest Wilson, Jeffrey Cole, Jonathan Taplin, Marty Kaplan, Elizabeth Garrett, Robert Entman, Lance Bennett, Frank Webster, Robin Mansell, William Dutton, Rosalind Williams, Imma Tubella, Michael Dear, Ingrid Volkmer, Geoffrey Bowker, John Thompson, Ronald Rice, James Katz, W. Russell Neuman, George Marcus, Giancarlo Bosetti, Svetlana Balmaeva, Eric Klinenberg, Emma Kiselyova, Howard Tumber, Yuezhi Zhao, René Weber, Jeffrey Juris, Jack Linchuan Qiu, Irene Castells, Robert McChesney e Henry Jenkins. O coleguismo dessas pessoas demonstra que a coprodução de fonte aberta é na verdade uma invenção medieval que começou no ambiente universitário e continua até hoje como uma prática essencial na investigação científica.

Sou grato também aos colegas, alunos e cidadãos em geral que fizeram comentários sobre minhas apresentações públicas das ideias e análises sobre comunicação e poder que finalmente levaram à elaboração deste livro. Essa interação em vários locais entre 2003 e 2008 apurou consideravelmente o argumento provisório que eu tinha em mente anos atrás, quando comecei a me envolver nesse projeto de pesquisa. Em particular, gostaria de agradecer à diretoria da Associação de Comunicação Internacional (ICA), com agradecimentos especiais a Ingrid Volkmer e Ronald Rice e àqueles que assistiram à minha palestra na reunião da ICA de 2006, em Dresden; à Associação Americana de Ciência Política, e aos que assistiram à minha palestra Ithiel de Sola Pool de 2004, em Chicago; à Faculdade de Economia e Ciência Política de Londres; ao Programa em Ciência, Tecnologia e Sociedade no MIT; à Faculdade Milano de Pós-Graduação em Administração da New School University em Nova York; ao Centro Cultural De Balie, em Amsterdã; à Academia Espanhola de Cinema e Televisão, em Madri; ao Parlamento Catalão, em Barcelona; ao Instituto Fernando Henrique Cardoso, em São Paulo; ao Fórum Político Mundial, em Veneza; à Fundação Gulbenkian em Lisboa; à Faculdade de Ciência da Informação, na Universidade da Califórnia, Berkeley; a meus colegas no Centro de Ciência, Tecnologia e Sociedade da Santa Clara; e a meus colegas no Instituto das Humanidades de Los Angeles.

A elaboração e a produção deste livro foram possíveis graças ao profissionalismo e à dedicação de Melody Lutz, minha assistente pessoal na Escola de Comunicação Annenberg, e Anna-Sanchez-Juarez, minha assistente pessoal na Universitat Oberta de Catalunya. Sem a cuidadosa coordenação, o planejamento e a execução de ambas, este projeto tão complexo não teria chegado à sua compleição. Minha sincera gratidão a elas.

O texto deste livro se beneficiou muito de um excelente trabalho editorial. Minha assistente, Melody Lutz, uma escritora profissional, orientou minha redação ao mesmo tempo que respeitou meu estilo, que, para o bem ou para o mal, resultou da mistura cultural que caracteriza a minha vida. Tenho certeza de que seu esforço será recompensado pela gratidão de muitos leitores, especificamente aqueles alunos que normalmente têm de lutar contra as páginas de meus livros para realizar suas tarefas acadêmicas.

Como aconteceu com todos os meus livros na última década, o elo final entre mim, o autor, e você, o leitor, foi minha revisora, Sue Ashton. Estou muito grato por seu trabalho durante tantos anos.

Gostaria também de agradecer sinceramente a meu editor na Oxford University Press, David Musson, com quem travei uma conversa sem fim há uma década, uma conversa da qual resultaram vários projetos, inclusive este livro. Gostaria também de agradecer o excelente trabalho editorial de Matthew Derbyshire e Kate Walker durante a produção deste livro na Oxford University Press.

Sinto-me imensamente grato aos médicos que me mantiveram na ativa durante todos esses anos, tirando-me de uma doença séria para uma vida normal e produtiva. Espero que minha experiência possa trazer esperança para pessoas que precisam dela. Por isso, sou profundamente agradecido ao dr. Peter Carroll e ao dr. James Davis, do Centro Médico San Francisco da Universidade da Califórnia; ao dr. Benet Nomdedeu, do Hospital Clinic da Universidade de Barcelona; e ao dr. John Brodhead, da Escola de Medicina Keck, da Universidade da Califórnia do Sul.

Por fim, mas não menos importante, minha família continuou a me proporcionar o ambiente afetivo que faz de mim uma pessoa e, mais que isso, uma pessoa feliz. Por isso, quero expressar minha gratidão e meu amor a minha esposa, Emma Kiselyova, a minha filha, Nuria, a minha enteada, Lena, a meus netos, Clara, Gabriel e Sasha, a minha irmã, Irene, e a meu cunhado, José Bailo. Um obrigado especial vai para Sasha Konovalova, com quem dividi uma sala por um ano inteiro, quando estava terminando de escrever este livro enquanto ela fazia suas tarefas acadêmicas. Ela não só não perturbou minha concentração, mas se tornou uma comentarista cheia de boas ideias e um ponto de referência em minha exploração da cultura jovem no novo ambiente da comunicação.

E então, este é outro livro, mas um livro especial para mim porque reúne minha pesquisa e meu desejo por um mundo melhor feito por pessoas que se comunicam livremente. Infelizmente, como você verá se for além desta página, as questões não são tão simples. Convido vocês, agora, para compartilhar minha jornada intelectual.

Manuel Castells
Santa Mônica, Califórnia, agosto de 2008

LISTAS

FIGURAS

2.1. Interconexões-chave entre a mídia multinacional e as diferentes corporações da internet. Por favor, observe que este diagrama representa parcerias importantes e investimentos cruzados. Não abrange todas as conexões. Referem-se a fevereiro de 2008.

2.2. Holdings dos maiores conglomerados multinacionais da mídia diversificada em fevereiro de 2008.

2.3. Gasto global com publicidade por meio de comunicação, 2002-2007.

2.4. Interconexões entre grupos selecionados da mídia multinacional de segundo nível e o núcleo global.

2.5. Mapa de propriedades dos conglomerados multimídia de segundo nível. Dados coletados nos últimos relatórios aos acionistas e/ou nos sites das corporações, acessados em fevereiro de 2008. O quadro contém as holdings principais e não é uma lista exaustiva.

2.6. Tipologia de modelos culturais.

2.7. Representação esquemática do processo de comunicação segundo Umberto Eco. O esquema superior representa o modelo clássico de comunicação; o esquema inferior representa o modelo redefinido.

2.8. O processo de comunicação pelo público criativo.

3.1. O processo de decisão segundo Antonio Damasio.

3.2. Rede de ativação em cascata.

3.3. Apoio à guerra do Iraque e avaliação de seu sucesso, março de 2003-abril de 2008.

3.4. Vítimas fatais e feridos nas tropas dos EUA no Iraque, janeiro de 2006 a abril de 2008.

3.5. Cobertura da guerra na mídia *versus* o provável interesse do eleitor por notícias da guerra. Junho de 2007-abril de 2008.

3.6 Produção social de percepções mediadas da Guerra do Iraque, 2001-2008.

4.1. Contribuições totais para o ciclo eleitoral dos candidatos à presidência dos EUA, 1976-2008.

4.2. Fonte principal das notícias da campanha nos Estados Unidos, 1992-2007.

4.3.   A vulnerabilidade crescente dos políticos franceses ao escândalo.

5.1.   Opiniões sobre a atividade humana como uma causa significativa das mudanças climáticas.

5.2.   Número de participantes no Dia da Terra, 1970-2007

5.3.   Índice de consciência sobre o aquecimento global nos EUA, 1982-2006, segundo as fontes na Tabela 5.1.

5.4.   Voto final para o PP, o PSOE, ou outros, entre eleitores antes indecisos nas eleições parlamentares espanholas de 14 de março de 2004, segundo a influência dos eventos de 11 de março sobre as decisões dos eleitores.

5.5.   Disposição para votar em um candidato afro-americano, 1958-2007. (*Pergunta*: Se seu partido nomeasse uma pessoa bem qualificada para presidente que fosse afro-americano(a), você votaria nessa pessoa?).

A4.1.   Porcentagem de cidadãos que expressaram pouca ou nenhuma confiança em seus governos nacionais, 1996-2007.

A4.2.   Porcentagem de cidadãos que expressaram pouca ou nenhuma confiança em seu poder legislativo ou em seu parlamento nacionais, 1997-2007.

A4.3.   Porcentagem de cidadãos que consideram os partidos políticos nacionais corruptos ou extremamente corruptos.

A4.4.   Porcentagem de entrevistados que expressaram várias opiniões sobre seus líderes políticos em 60 países, 2007.

A4.5.   Porcentagem de entrevistados por região que consideram seus líderes políticos desonestos e antiéticos, 2007.

A4.6.   Porcentagem de entrevistados que acreditam que seu país é governado por alguns grandes interesses, 2008.

A4.7.   Porcentagem de entrevistados em 60 países que expressam confiança em vários tipos de pessoas, 2007.

A4.8.   Efeitos da incivilidade sobre a confiança no governo e nos políticos, 2005.

A4.9.   Eleitores norte-americanos relatando terem sido contatados por um partido político, 1980-2004.

Tabelas

3.1.   Erros de percepção entre os norte-americanos sobre a Guerra do Iraque, 2003-2006.

3.2.   Frequência de percepções distorcidas por entrevistado por fonte das notícias (porcentagens).

3.3.   Fonte de notícias na televisão e crenças sobre o Iraque e Bush (porcentagens).

4.1.   Resultado das investigações de corrupção na França na década de 1990.

5.1. Consciência do aquecimento global nos Estados Unidos, 1982-2006. Porcentagem que respondeu "sim" à pergunta: "Você já ouviu alguma coisa sobre efeito estufa/aquecimento global?"

5.2. Níveis de ativismo na internet entre democratas on-line.

5.3. Percepções que formam as opiniões de norte-americanos brancos, eleitores do Partido Democrata, sobre os candidatos. [Impacto sobre percepção favorável a]

5.4. Porcentagem de usuários da internet, por idade, que assistem a vídeos políticos on-line e são criadores de conteúdo.

5.5. Porcentagem de apoiadores de Obama e de Clinton que são consumidores prolíficos de conteúdo político on-line.

A2.1. Conexões entre liderança de conglomerados multinacionais de mídia e outras redes, c. 2008[1].

A2.2. Lista de investidores institucionais que são usufrutuários nos conglomerados de mídia em fevereiro 2008.

A3.1. Evolução do apoio à Guerra do Iraque e avaliação de sua conduta no contexto dos eventos relacionados à guerra, 2003-2008.

A4.1. Escândalos políticos selecionados envolvendo o governo Bush e o Partido Republicano, 2002-2007.

A4.2. Escândalos políticos no mundo, 1988-2008.

A4.3. Escândalos políticos selecionados nos países do G-8, 1988-2008[a].

A4.4. Medidas não eleitorais de participação política nos EUA, 1980-2004 (porcentagens).

A4.5. Esforços de mobilização de partidos políticos ou outras organizações norte--americanas, 1980-2004 (porcentagem dos que disseram sim).

A5.1. Porcentagem de entrevistados que ouviram falar sobre o aquecimento global por país, 2006.

A5.2. Aumento no comparecimento de jovens e minorias nas eleições presidenciais primárias nos Estados Unidos, 2004-2008 (porcentagens).

A5.3. Padrões demográficos de votação para Obama e Hillary na eleição presidencial primária de 2008 nos Estados Unidos[a] (porcentagens).

A5.4. Qualidade mais importante do candidato ao votar nas primárias do Partido Democrata em 2008 (porcentagens).

A5.5. Questão mais importante ao votar nas primárias do Partido Democrata em 2008 (porcentagens).

A5.6. Envolvimento político on-line durante a corrida para as primárias do Partido Democrata nos Estados Unidos, em 2008. Porcentagem em cada grupo de todos os adultos entrevistados (usuários e não usuários da Internet) que usam e-mails, internet ou SMS para obter notícias sobre política ou trocar ideias sobre as eleições.

A5.7. Política na internet: rumores e campanhas contra os candidatos democratas para a eleição nos Estados Unidos, junho 2007 a fevereiro de 2008.

A5.8. Principais desvarios da mídia e escândalos políticos durante a eleição primária democrata nos Estados Unidos, maio a janeiro de 2008.

Introdução

Eu tinha 18 anos. Meu anseio por liberdade estava se batendo contra os muros que o ditador havia erguido ao redor da vida. A minha e a de todo o mundo. Escrevi um artigo no jornal da faculdade de direito e o jornal foi fechado. Atuei na peça *Calígula*, de Camus, e nosso grupo de teatro foi acusado de promover a homossexualidade. Quando eu ligava as notícias internacionais da BBC para encontrar um tom diferente, não podia ouvir nada em meio aos ruídos da interferência no rádio. Quando queria ler Freud, tinha de ir até a única biblioteca em Barcelona com acesso à obra dele e preencher um formulário explicando minhas razões para fazer isso. Quanto a Marx, Sartre ou Bakunin, nem pensar — a menos que eu viajasse de ônibus até Toulouse e escondesse os livros ao atravessar a fronteira, me arriscando a sabe-se lá o quê se me apanhassem transportando propaganda subversiva. Com isso, decidi enfrentar esse regime franquista sufocante e idiota e entrei para a resistência clandestina. À época, a resistência na Universidade de Barcelona era formada apenas por umas poucas dezenas de alunos, já que a repressão policial tinha dizimado a antiga oposição democrática, e a nova geração que nascera após a Guerra Civil mal tinha se tornado adulta. No entanto, a profundidade de nossa revolta e a promessa de nossa esperança nos deram força para enfrentar um combate extremamente desigual.

E lá estava eu, na escuridão de um cinema em um bairro operário, pronto para despertar a consciência das massas rompendo as barreiras da comunicação que nos confinavam — ou pelo menos era nisso que eu acreditava. Tinha um pacote de folhetos na mão. Eram quase ilegíveis porque tinham sido impressos em um mimeógrafo manual, primitivo, embebido em tinta roxa, que era o único meio de comunicação acessível em um país encoberto pela censura. (Meu tio, um coronel do Exército, tinha um emprego muito confortável de censor, lendo todos os livros possíveis — ele próprio era escritor — e, além disso, assistindo previamente a todos os filmes de sexo para decidir o que cortar para o público e o que manter para ele próprio e seus colegas na Igreja e no Exército.) Então, decidi compensar pela colaboração de minha família com as forças da escuridão distribuindo algumas folhas de papel para os trabalhadores, a fim de revelar como a vida deles era realmente ruim (como se eles já não soubessem disso) e convocá-los para agir contra a ditadura, enquanto ficava de olho na futura derrocada do capitalismo, a raiz de todos os males. A ideia era deixar os folhetos nas poltronas vazias quando eu saísse do cinema, para que, no fim da sessão, quando as luzes se acendessem, os frequentadores do cinema encontrassem a mensagem — uma mensagem ousada da resistência que tinha a intenção de lhes dar esperança suficiente para se envolverem na luta pela democracia.

Fiz sete cinemas naquela noite, indo cada vez para um local distante em outro refúgio de trabalhadores, para evitar ser descoberto. Por mais ingênua que fosse a estratégia de comunicação, não era nenhuma brincadeira de criança, já que ser pego significava apanhar da polícia e muito provavelmente ser preso, o que aconteceu com vários amigos. Mas, é claro, estávamos nos divertindo a valer com nossa proeza, embora tentássemos evitar que os militares se divertissem à nossa custa. Quando terminei a ação revolucionária naquele dia (uma de muitas, até que acabei no exílio em Paris dois anos mais tarde), telefonei para minha namorada, orgulhoso de mim mesmo, sentindo que as palavras que tinha transmitido poderiam mudar algumas mentes, e isso no final poderia mudar o mundo. Eu não sabia muitas coisas àquela época. Não que eu saiba muito mais agora. Mas ali eu não sabia que a mensagem só é eficaz se o receptor está pronto para ela (a maioria das pessoas não estava) e se o mensageiro é identificável e confiável. E a Frente dos Trabalhadores da Catalunha (da qual 95% eram estudantes) não era uma marca tão séria quanto os comunistas, os socialistas, os nacionalistas catalães ou qualquer um dos partidos consolidados, precisamente porque nós queríamos ser diferentes — estávamos buscando uma identidade como a geração pós-guerra civil.

Por isso, duvido muito de que minha contribuição real para a democracia espanhola se equiparasse à minha expectativa. E, no entanto, mudanças sociais e políticas sempre aconteceram, em todos os lugares e em todas as épocas, a partir de uma miríade de ações voluntárias, às vezes inutilmente heroicas (a minha certamente não o era) a ponto de serem desproporcionais a sua eficácia: gotas de uma chuva constante de luta e sacrifício que finalmente inunda os baluartes da opressão quando, e se, os muros de incomunicabilidade entre solidões paralelas começam a desmoronar, e o público passa a ser "nós, o povo". Afinal, por mais ingênuas que fossem minhas esperanças revolucionárias, eu realmente tinha um argumento. Por que o regime fecharia todos os canais de comunicação possíveis fora de seu controle se a censura não fosse a essência para a perpetuação de seu poder? Por que ministros da Educação, então e agora, querem garantir que eles mesmos escolham os livros de história, e, em alguns países, afirmam que os deuses (só os verdadeiros) desceram na sala de aula? Por que estudantes tinham de lutar pelo direito de liberdade de expressão; sindicatos, pelo direito de divulgar informações sobre sua organização (àquela época nos cartazes, hoje nos sites da internet); mulheres, de criarem livrarias para mulheres; nações subjugadas, de comunicar na própria língua; dissidentes soviéticos, de distribuir literatura *samizdat*; afro-americanos nos Estados Unidos e povos colonizados por todo o mundo, de ter permissão para ler? O que eu percebi então, e creio agora, é que o poder está baseado no controle da comunicação e da informação, seja ele o poder macro do Estado e das corporações de mídia, seja o poder micro de todos os tipos de organização. Assim, minha luta pela livre comunicação e meu blog primitivo de tinta roxa daquela época eram realmente um ato de resistência, e os fascistas, de sua perspectiva, estavam certos ao tentar nos agarrar e nos calar, e com isso fechar os canais de conexão entre mentes individuais e a mente pública. O poder é mais do que comunicação e a comunicação é mais do que o poder. Mas o poder depende do controle da comunicação, assim como o contrapoder depende do rompimento desse controle. E a comunicação de massa, a comunicação que potencialmente atinge a sociedade como um todo, é moldada e administrada por relações de poder, tem raízes nos negócios da mídia e nas políticas do Estado. O poder da comunicação está no âmago da estrutura e da dinâmica da sociedade.

Esse é o tema deste livro. Por que, como e por quem as relações de poder são construídas e exercidas por meio do gerenciamento de processos de comunicação, e como essas relações de poder podem ser alteradas por atores sociais que têm como meta mudanças sociais influenciando a mente pública. Minha hipótese de trabalho é que a forma mais fundamental de poder está na capacidade de moldar a mente humana. A maneira como sentimos e pensamos determina a maneira como agimos, tanto individual quanto coletivamente. Sim, a coerção e a capacidade de exercê-la, seja ela legítima ou não, são uma fonte essencial de poder. Mas a coerção por si só não consegue consolidar a dominação. A capacidade de construir o consentimento, ou pelo menos de instilar medo e resignação em relação à ordem existente, é essencial para fazer cumprir as regras que governam as instituições e as organizações da sociedade. E essas regras, em todas as sociedades, expressam as relações de poder arraigadas nas instituições como resultado dos processos de luta e de conciliação entre atores sociais conflitantes que se mobilizam em defesa de seus interesses sob a bandeira de seus valores. Além disso, o processo de institucionalização das normas e regras, bem como o desafio a essas normas e regras por atores que não se sentem adequadamente representados no funcionamento do sistema ocorrem simultaneamente em um movimento incansável de reprodução da sociedade e produção de mudança social. Se a batalha fundamental pela definição das normas da sociedade e a aplicação dessas normas no cotidiano gira em torno da formação da mente humana, a comunicação é essencial para essa batalha. Pois é por meio da comunicação que a mente humana interage com seu ambiente social e natural. Esse processo de comunicação opera segundo a estrutura, a cultura, a organização e a tecnologia de comunicação em uma sociedade determinada. O processo de comunicação definitivamente medeia a forma pela qual as relações de poder são construídas e desafiadas em todas as áreas de prática social, inclusive na prática política.

A análise apresentada neste livro faz referência a uma estrutura social específica: a sociedade em rede, a estrutura social que caracteriza a sociedade no início do século XXI, uma estrutura social construída ao redor das redes digitais de comunicação, embora não determinada por elas. Afirmo que o processo de formação e exercício das relações de poder é transformado de forma decisiva no novo contexto organizacional e tecnológico que se origina no surgimento de redes digitais globais de comunicação como o sistema fundamental de processamento de símbolos da nossa era. Portanto, a análise das relações de poder exige uma compreensão da especificidade das formas e processos da comunicação socializada – o que na sociedade em rede significa tanto a mídia de massa multimodal e as redes de comunicação horizontais e interativas, que têm como base a internet e a comunicação sem fio. De fato, essas redes horizontais possibilitam o surgimento daquilo que chamo de autocomunicação de massa, que definitivamente amplia a autonomia dos sujeitos comunicantes em relação às corporações de comunicação, à medida que os usuários passam a ser tanto emissores quanto receptores de mensagens.

No entanto, para explicar como o poder é construído em nossas mentes por meio dos processos de comunicação, precisamos ir além de como e por quem as mensagens são originadas no processo de construção, transmissão e formatação do poder nas redes eletrônicas de comunicação. Devemos também entender como elas são processadas nas redes do cérebro. É nas formas específicas de conexão entre as redes de comunicação e sentido em nosso mundo e as redes de comunicação e sentido em nosso cérebro que os mecanismos de construção do poder podem ser, em última instância, identificados.

Esse plano de pesquisa não é nada fácil. Assim, apesar dos muitos anos dedicados ao projeto intelectual transmitido neste livro, eu certamente não tenho a intenção de dar respostas definitivas para as perguntas que faço. Meu objetivo, já bastante ambicioso, é propor uma nova abordagem para a compreensão do poder na sociedade em rede. E, como um passo necessário em direção a essa meta, especificar a estrutura e a dinâmica da comunicação em nosso contexto histórico. Para propor a construção de uma teoria do poder fundamentada na sociedade em rede (o que, para mim, é equivalente a uma teoria do poder da comunicação), concentrarei meus esforços em estudar os atuais processos de expressão do poder e do contrapoder político, usando a pesquisa acadêmica disponível sobre essa questão e levando a cabo uma série de estudos de caso em uma variedade de contextos sociais e culturais. No entanto, sabemos que o poder político é apenas uma dimensão do poder, uma vez que as relações de poder são construídas em uma interação complexa entre esferas múltiplas da prática social. Minha análise empírica portanto estará necessariamente incompleta, embora eu espere conseguir estimular uma perspectiva analítica semelhante para o estudo do poder em outras dimensões, tais como a cultura, a tecnologia, as finanças, a produção ou o consumo.

Confesso que a escolha do poder político como objeto principal da minha investigação foi determinada pela existência de uma literatura científica considerável que, nos últimos anos, examinou a conexão entre comunicação e poder político na fronteira entre a ciência cognitiva, a pesquisa em comunicação, a psicologia política e a comunicação política. Neste livro, combino minha especialidade em análise sociopolítica e o estudo de tecnologias de comunicação com as obras de estudiosos que investigam a interação entre o cérebro e o poder político a fim de construir um corpo de observações que possa transmitir a relevância dessa abordagem interdisciplinar. Explorei as fontes das relações de poder político em nosso mundo tentando conectar a dinâmica estrutural da sociedade em rede, a transformação do sistema de comunicação, a interação entre emoção, cognição e comportamento político e o estudo da política e dos movimentos sociais em uma variedade de contextos. Esse é o projeto por trás deste livro, e cabe ao leitor avaliar sua utilidade potencial. Continuo a crer que teorias são apenas ferramentas descartáveis na produção do conhecimento, sempre destinadas a serem superadas, tanto por serem irrelevantes quanto, tenho esperanças neste caso, por estarem incluídas em um arcabouço analítico aprimorado elaborado em algum lugar por alguém na comunidade científica para entender nossa experiência do poder social.

Para ajudar o processo de comunicação entre mim e você, faço um esboço da estrutura e da sequência deste livro que, a meu ver, acompanha a lógica daquilo que acabo de apresentar. Começo definindo o que entendo por poder. Assim, o Capítulo 1 tenta esclarecer o significado desse termo ao propor alguns elementos da teoria do poder. Para isso, usarei algumas contribuições clássicas na ciência social que considero relevantes e úteis para o tipo de perguntas que estou fazendo. Trata-se, certamente, de uma leitura seletiva das teorias do poder, e de forma alguma isso deve ser entendido como uma tentativa de me inserir no debate teórico. Não escrevo livros sobre livros. Uso teorias, qualquer teoria, da mesma forma que, espero, minha teoria seja usada por alguém: como uma caixa de ferramentas para compreender a realidade social. Portanto, uso aquilo que acho útil e desconsidero aquilo que não esteja diretamente relacionado com o propósito de minha investigação, ou seja, a maioria das contribuições para a teoria do poder. Assim, não tenho a intenção de contribuir para o desmatamento do planeta imprimindo papel para criticar trabalhos que, apesar de sua elegância intelectual ou interesse político, não estão no horizonte de minha pesquisa. Além disso, situo minha compreensão das relações de poder em nosso tipo de sociedade, que conceitualizo como a sociedade em rede, que é para a Era da Informação aquilo que a sociedade industrial foi para a Era

Industrial. Não entrarei em detalhes sobre minha análise da sociedade em rede, já que dediquei toda uma trilogia a essa tarefa há alguns anos (Castells, 2000a, c, 2004c). No Capítulo 1, no entanto, reformulei os elementos-chave de minha conceitualização da sociedade em rede, já que eles se relacionam com a compreensão das relações de poder em nosso novo contexto histórico.

Após estabelecer as bases conceituais da análise do poder, continuo, no Capítulo 2, com uma operação analítica semelhante sobre a comunicação. No entanto, em relação à comunicação, irei mais além, investigando empiricamente a estrutura e a dinâmica da comunicação de massa sob as condições de globalização e digitalização. Analiso a mídia de massa e as redes horizontais de comunicação interativa, atentando tanto para suas diferenças quanto para suas interseções. Estudo a transformação do público da mídia de receptores de mensagens para emissores/destinatários de mensagens e exploro a relação entre essa transformação e o processo de mudança cultural em nosso mundo. Finalmente, identifico as relações de poder engastadas no sistema de comunicação de massa e na infraestrutura da rede da qual a comunicação depende e exploro as conexões entre negócios, mídia e política.

Tendo estabelecido os determinantes estruturais da relação entre poder e comunicação na sociedade em rede, mudo a perspectiva de minha análise da estrutura para a agência. Se o poder opera atuando sobre a mente humana por meio de mensagens comunicativas, precisamos entender como a mente humana processa essas mensagens e como esse processamento se traduz na esfera política. Essa é a transição analítica principal neste livro, e talvez o único elemento na investigação que exigirá maior esforço por parte do leitor (como exigiu de mim), porque a análise política está apenas começando a aliar determinação estrutural com processos cognitivos. Não embarquei nesse projeto tão complexo apenas para seguir a moda. Se o fiz foi porque encontrei um amplo corpo de literatura que, na última década, realizou pesquisas experimentais para descobrir os processos de tomadas de decisões políticas individuais que se expressam em termos da relação entre processos mentais, pensamento metafórico e a criação de imagens políticas. Sem aceitar as premissas reducionistas de alguns desses experimentos, acho que a pesquisa da escola de inteligência afetiva e outras obras de comunicação política fornecem uma ponte extremamente necessária entre estruturação social e processamento individual das relações de poder. As bases científicas de grande parte dessas pesquisas se encontram nas novas descobertas da neurociência e da ciência cognitiva, como mostram, por exemplo, as obras de Antonio Damasio, Hanna Damasio, George Lakoff e Jerry Feldman. Assim, ancorei minha análise da relação entre comunicação e prática política nessas teorias, bem como na evidência empírica no campo da psicologia política que pode ser mais bem compreendida a partir de uma perspectiva neurocientífica, como na obra de Drew Westen.

Embora eu não tenha nenhuma habilidade específica nessa área, com a ajuda de meus colegas tentei apresentar no Capítulo 3 uma análise das relações específicas entre emoção, cognição e política. A seguir, relaciono os resultados dessa análise com aquilo que a pesquisa em comunicação sabe sobre o condicionamento da comunicação política por atores sociais e políticos que intervêm deliberadamente na mídia e em outras redes de comunicação para promover seus interesses, por meio de mecanismos como o agenda-setting, o enquadramento e o *priming* das notícias e de outras mensagens. Para ilustrar o potencial valor explicativo dessa perspectiva e simplificar sua complexidade, continuo, no Capítulo 3, com uma análise empírica do processo de desinformação do público norte-americano pelo governo Bush em relação à Guerra do Iraque. Com isso, espero poder extrair as implicações políticas práticas de uma abordagem analítica complicada. Os processos são complexos, mas os resultados são tanto simples quanto consequenciais, à medida que os processos de comunicação implantaram um cenário de "guerra ao terror" nas mentes de milhões de pessoas, provocando uma cultura do medo em nossas vidas.

Assim, os três primeiros capítulos deste livro estão inextricavelmente ligados porque a compreensão da construção das relações de poder por meio da comunicação na sociedade em rede exige a integração dos três componentes essenciais do processo, explorados separadamente em cada um dos capítulos:

- Os determinantes estruturais do poder social e político na sociedade global em rede.
- Os determinantes estruturais do processo de comunicação de massa sob as condições organizacionais, culturais e tecnológicas de nossa época.
- O processamento cognitivo dos símbolos apresentados pelo sistema de comunicação à mente humana à medida que ele se relaciona com uma prática social politicamente relevante.

Estarei, então, em posição de levar a cabo análises empíricas específicas que utilizarão, pelo menos até certo ponto, os conceitos e conclusões dos três primeiros capítulos que, juntos, constituem o arcabouço teórico proposto neste livro. O Capítulo 4 explica e documenta por que, na sociedade em rede, a política é fundamentalmente a política da mídia, com foco no seu epítome, a política do escândalo, e relacionando os resultados da análise com a crise mundial de legitimidade política que desafia o significado de democracia em grande parte do mundo. O Capítulo 5 explora como os movimentos sociais e os agentes de transformação política atuam em nossa sociedade por meio da reprogramação das redes de comunicação, tornando-se assim capazes de transmitir mensagens que introduzem novos valores nas mentes das pessoas e inspiram a esperança de mudança. Ambos os capítulos abordaram o papel específico da mídia de massa e das redes de comunicação horizontal, uma vez que a política da mídia e os movimentos sociais usam os conjuntos de redes, e porque as redes da mídia e as redes da internet estão inter-relacionadas. No entanto, minha premissa, que será testada, é que quanto maior for a autonomia dada aos usuários pelas tecnologias de comunicação, maiores serão as chances de que novos valores e novos interesses adentrem a esfera de comunicação socializada, atingindo, assim, a mente pública. Portanto, o surgimento da autocomunicação de massa, como chamo as novas formas de comunicação em rede, aumenta as oportunidades de mudança social, sem, no entanto, definir o conteúdo e o objetivo dessa transformação. As pessoas, ou seja, nós mesmos, somos ao mesmo tempo anjos e demônios e, por isso, nossa maior capacidade de atuar na sociedade irá simplesmente projetar abertamente quem de fato somos em cada contexto temporal/espacial.

Ao continuar com uma série de análises empíricas, dependerei das evidências disponíveis, bem assim como de alguns estudos de caso próprios, a respeito de diversos contextos sociais, culturais e políticos. A maior parte desse material, no entanto, refere-se aos Estados Unidos pela simples razão de que lá foi realizado um número maior de pesquisas acadêmicas sobre os tópicos abordados neste livro. No entanto, estou seguro de que a perspectiva analítica proposta aqui não depende de contextos e poderia ser utilizada para compreender processos políticos em vários países, inclusive no mundo em desenvolvimento. E isso se dá porque a sociedade em rede é global, e globais também são as redes de comunicação, enquanto os processos cognitivos na mente humana compartilham características básicas universais, ainda que com um limite de variação nas formas culturais de sua manifestação. Afinal, as relações de poder são as relações fundamentais da sociedade em toda a história, em toda a geografia e em todas as culturas. E se as relações de poder são construídas na mente humana por meio de processos de comunicação, como este livro tentará demonstrar, essas conexões ocultas bem podem ser o código de origem da condição humana.

As luzes se acenderam no cinema. A sala vai se esvaziando lentamente à medida que os espectadores fazem a transição entre as imagens na tela e as imagens em suas vidas. Você entra na fila para sair, qualquer saída para qualquer lugar. É possível que algumas palavras do filme ainda ressoem dentro de você. Palavras como aquelas que encerram o filme *Testa de ferro por acaso* (1976), de Martin Ritt, especialmente as palavras de Woody Allen para os macarthistas: "Colegas... não reconheço o direito deste comitê de me fazer esse tipo de pergunta. E, além do mais, vocês todos podem ir se f..." Então, as imagens de Allen, algemado e a caminho da prisão. Poder e desafio ao poder. E o beijo da moça. Algemado, mas livre e amado. Um rodamoinho de imagens, ideias e sentimentos.

Então, de repente, você vê este livro. Eu o escrevi para você e deixei-o ali para que você o encontre. Você nota a capa simpática. Poder. Comunicação. Você pode se identificar com isso. Seja qual for a conexão em sua mente, ela funcionou, porque aqui está você agora, lendo estas palavras. Mas não estou lhe dizendo o que fazer. Pelo menos isso eu aprendi em minha longa jornada. Eu luto minhas lutas; não peço a outros que o façam por mim, ou até mesmo comigo. Ainda assim, digo minhas palavras, palavras aprendidas com e por meio do meu trabalho como pesquisador nas ciências sociais. Palavras que, neste caso, contam uma história sobre poder. Na verdade, a história do poder no mundo em que vivemos. E este é o meu jeito, meu único jeito verdadeiro de desafiar os poderes que são poderes porque revelam sua presença no funcionamento de nossas mentes.

Redes digitais e a cultura da autonomia: Introdução à edição de 2013[*]

O argumento central apresentado neste livro é que as relações de poder, base das instituições que organizam a sociedade, são amplamente construídas na mentalidade das pessoas através de processos de comunicação. A moldagem de mentalidades é uma forma mais decisiva e duradoura de dominação do que a subordinação de grupos por intimidação ou violência. Práticas de comunicação incluem a comunicação interpessoal e a comunicação mediada. Na escala societal, é a comunicação mediada que constitui o ambiente simbólico no qual as pessoas recebem, processam e enviam os sinais que produzem sentido em suas vidas. A dinâmica e os efeitos da comunicação mediada dependem da cultura, da organização e da tecnologia de sistemas de comunicação específicos. Além disso, a transformação da comunicação pelo advento da comunicação digital, e as correspondentes mudanças na organização e na cultura modificaram profundamente os modos pelos quais as relações de poder operam; argumento que é compatível com as evidências reunidas neste livro.

A transformação da comunicação na era digital

A transformação mais importante na comunicação nos últimos anos foi a transição da comunicação de massa para a intercomunicação individual, sendo esta última o processo de comunicação interativa que tem o potencial de alcançar uma audiência de massa, mas em que a produção da mensagem é autogerada, a recuperação da mensagem é autodirigida, e a recepção e a recombinação do conteúdo oriundo das redes de comunicação eletrônicas são autosselecionada. Organizacionalmente, a ascensão da comunicação de massa unidirecional,

---

[*] Tradução de Thiago Ponce de Moraes.

sintetizada pelas redes de televisões tradicionais, foi associada ao surgimento de grandes conglomerados empresariais. No entanto, a intercomunicação individual, tornada possível pela internet e pelas redes de comunicação móveis, surgiu originalmente a partir de redes de comunicação descentralizadas. Contudo, conforme a internet se expandia para se tornar o principal meio de comunicação da era digital, as grandes corporações passaram a dominar o seu negócio, e as companhias de telecomunicação globais moldaram as plataformas móveis de comunicação. Como este livro discute, a principal forma organizacional de comunicação na era digital é representada por redes de negócios multimídia globais com formas diferentes de comunicação reunidas no mesmo conglomerado e com alta concorrência em um ambiente de negócios cada vez mais oligopolista. Além disso, redes horizontais de comunicação e formas tradicionais de comunicação unidirecional, tais como a televisão, o rádio e a mídia impressa, estão cada vez mais misturadas, formando um sistema de comunicação híbrido que usa a flexibilidade da tecnologia digital para migrar de um "hipertexto" genérico e unificado para um "meutexto" individualizado e diversificado (meu hipertexto, meu horário nobre, meu composto de imagens e palavras autosselecionado). Ademais, mesmo que o universo da internet seja construído em torno do poder dos grandes conglomerados empresariais e seja, de alguma forma, regulado pelos governos, ele permanece sendo, de fato, um modo de comunicação muito distinto, caracterizado pela considerável autonomia dos sujeitos comunicantes em relação aos donos e reguladores da infraestrutura de comunicação. Isso acontece porque as tecnologias de redes digitais permitem que indivíduos e organizações gerem seus próprios conteúdos e mensagens e os distribuam no ciberespaço, evitando amplamente o controle de corporações e burocracias. Não sem dificuldade e não sem censura, mas com um grau muito maior de liberdade em relação a mensagens submetidas ao controle de editorias de economia e de censores do governo. Na verdade, as corporações de internet estão no ramo de venda de comunicação irrestrita, de modo que geralmente se unem aos defensores da liberdade da internet na luta contra os esforços governamentais para controlar as redes de computadores. Elas também combatem os ataques frequentes à neutralidade da rede realizados pelas operadoras dos veículos de comunicação. Isso ocorre porque quanto maior for o tráfego na internet, mais altos serão os lucros das empresas que nela operam. Assim, essas corporações têm todo o interesse em aumentar a utilização da internet, ao passo que tentam moldá-la de maneira a maximizar seus lucros. Além disso, os obstáculos para acesso à indústria da internet são muito menores que os da indústria de comunicação tradicional. Jovens que dominam tecnologia podem, com algumas ideias e pouco dinheiro, criar companhias que desafiam as restrições impostas pelos negócios oligopolistas à livre comunicação. Isso foi mostrado várias vezes pela expansão e transformação das empresas de internet, particularmente pela ascensão das redes sociais na base do empreendedorismo de empresas como Friendster, Facebook, YouTube, Twitter e várias outras que, de 2002 em diante, transformaram a paisagem social e organizacional das redes de comunicação horizontal pelo mundo. Com mais de 2,8 bilhões de usuários de internet no planeta em 2013 e mais de 6,4 bilhões de usuários de dispositivos de comunicação sem fio, redes horizontais de comunicação digital se tornaram a espinha dorsal de nossas vidas, materializando uma nova estrutura social que identifiquei anos atrás como sendo a sociedade em rede. Para terem certeza, as corporações constantemente tentam delimitar os espaços de liberdade em jardins murados cujos acessos serão comercializados. Além disso, os governos sempre ficam nervosos em relação à comunicação livre na internet porque sua autoridade através da história foi amplamente baseada no controle da informação e da comunicação.

No entanto, milhões de internautas pelo mundo protagonizaram uma firme batalha para resistir à perda de seu espaço de livre comunicação e, em certa medida, até agora, foram bem-sucedidos em preservar os espaços comuns da expressão humana, às vezes com a ajuda do judiciário e, frequentemente, com o suporte de uma cultura de liberdade que está nas raízes dos negócios na internet. Para a maior parte das pessoas das novas gerações, a defesa do livre acesso às redes de internet se tornou uma prioridade acima de qualquer outra demanda, uma vez que a livre comunicação é pré-requisito para suas práticas e experiências mais importantes, da música à política, do empreendedorismo à interação emocional. Dessa forma, dado que a batalha pela internet livre é um processo infinito, os recursos da tecnologia e da cultura que as redes de internet incorporam fizeram com que fosse muito difícil para os inimigos da liberdade (geralmente envoltos pela pretensão hipócrita de preservar a ordem moral) prevalecerem contra a insurreição generalizada daqueles que assumiram seu direito de comunicar qualquer coisa, a qualquer tempo, a qualquer um, como o sinal mais típico da humanidade livre.

As consequências desses desenvolvimentos não podem ser exageradas. A comunicação livre é a prática mais subversiva de todas, pois desafia o poder dos relacionamentos incorporados às instituições e organizações da sociedade. A comunicação de cima para baixo, sob o controle das empresas e dos governos, caracterizou a história da humanidade. Qualquer nova tecnologia de comunicação, tal como a prensa de impressão, é um desafio à autoridade, pois as sementes da revolta existentes na maior parte dos indivíduos que estão incorporados às formas permanentes e injustas de organização social apenas podem crescer e florescer quando são conectadas a outros indivíduos, quebrando as barreiras da experiência individual para então se tornarem mobilização social e projetos alternativos de organização social — não necessariamente para o bem, em termos normativos, porque a história não tem um sentido predeterminado de experiência positiva, contra a suposição ideológica de progresso como sendo o destino inelutável da evolução humana. Instituições estabelecidas, em todos os domínios da vida, são desafiadas por aqueles que se sentem dominados, desvalorizados, explorados, humilhados e mal representados. Esses desafios precisam confrontar a capacidade coercitiva das instituições, bem como a habilidade persuasiva da mentalidade dominante que legitima as formas existentes de relações de poder. O reino da comunicação é a esfera social onde valores e interesses de atores conflitantes estão comprometidos em disputa e debate para reproduzir a ordem social, para subvertê-la, ou para acomodar novas formas resultantes de interação entre o velho e o novo, o passado de dominação cristalizado e o futuro de projetos alternativos para a existência humana promovidos por aqueles que aspiram a mudar o mundo e estão prontos para lutar por isso. Diferentemente da esfera institucional deliberativa, que é sistematicamente tendenciosa em relação à dominação existente, a esfera da comunicação é moldada pelos múltiplos insumos que recebe de uma diversidade de fontes, assim como por sua interação. Quanto maiores e mais amplos esses insumos forem, e quanto maior for a velocidade de sua interação, mais a esfera da comunicação se tornará motor para mudanças sociais. É por isso que o poder político e a ordem social são baseados na eficiência do controle exercido por atores dominantes sobre o processo de comunicação, seja ele a pregação a partir de um púlpito, a linha editorial de um jornal ou a programação da televisão. Quanto maiores e mais verticais as organizações de comunicação forem, mais o envio de mensagem será concentrado, e mais o receptor da mensagem será individualizado e controlado. Esse era claramente, e ainda é, o mundo da comunicação de massa. Isso não significa que os receptores da mensagem eram/são uma audiência passiva. Na verdade, eles processam mensagens com suas próprias categorias e percepções, e eles não necessariamente chegam às conclusões que os emissores da mensagem pretendiam. Entretanto, o único material ideativo (sejam imagens, sons, texto) em que eles podem trabalhar, numa escala societal, é o material processado pela mídia de massa sob o controle de seus proprietários e de burocratas. Essa forma de comunicação vertical é destruída em um mundo caracterizado pela prevalência das redes horizontais de comunicação multimodal. Desse modo, múltiplas mensagens emergem e múltiplos sentidos podem ser construídos por atores que às vezes concordam sobre o sentido dado e às vezes discordam sobre a construção desse sentido, mas que são, no entanto, amplamente independentes em relação à estratégia de estabelecimento de agendas realizada por aqueles que decidem no paradigma da comunicação de massa. A interação entre comunicação e poder, então, se torna muito mais indefinida, conforme seja permitido que o gênio da liberdade saia da garrafa lacrada da mídia e as pessoas pelo mundo abracem essa nova liberdade.

Prevendo o passado recente

Nos poucos anos passados entre a publicação deste livro, em 2009, e o momento presente em que você está lendo este texto, as relações de poder ao redor do mundo foram, de fato, drasticamente afetadas pelo novo contexto da comunicação digital. Campanhas políticas continuaram a ser condicionadas pelas políticas midiáticas, centradas na mídia de massa, com ênfase na política de escândalos como estratégia de escolha na guerra política. Governos persistiram no uso da mídia como sua máquina de propaganda, em troca de favores para negócios midiáticos, usando seu poder regulatório. A manipulação da informação continua a esconder a verdade dos cidadãos, incluindo questões de guerra e paz, vida e morte. O dinheiro continua a moldar a política, primeiramente através de campanhas midiáticas e políticas informativas, focalizando eleitores a partir de métodos sofisticados de construção de base de dados por meio de roubo à sua própria privacidade. Os cidadãos têm que encontrar seu próprio meio de pensar através do labirinto da política do espetáculo e de imagens adulteradas que constroem sua percepção.

A internet não foi um antídoto real contra esse sistema de comunicação tendencioso porque ela também incorpora novas estratégias aprendidas pelos operadores políticos após um equívoco inicial em relação ao meio, usando-o como se fosse televisão. De fato, a campanha presidencial de Obama em 2008 representou um divisor de águas na tecnologia da política. Por conta do uso hábil da internet, construído sobre os esforços de mobilização popular, ter sido decisivo na campanha, todas as campanhas políticas posteriores, no mundo todo, fizeram amplo uso da internet e da comunicação sem fio em suas estratégias, embora frequentemente esquecessem que o poder da internet é maximizado pela autonomia dos esforços populares para apoiar a campanha desde a base. De qualquer maneira, a internet agora se tornou uma ferramenta de política institucional tão central quanto a televisão. Em certa medida, ela agora tem um papel ainda maior, pois a televisão se concentra em campanhas eleitorais ou em momentos críticos de atenção da mídia, tais como crises nacionais e internacionais, enquanto a internet agora fornece contato diário entre políticos e cidadãos. Dessa maneira, não parece que o uso da internet se limita a movimentos sociais e que o uso da mídia de massa é exclusivo das elites dominantes. Nós vivemos em um mundo de comunicação híbrida em que vários modos de comunicação constantemente se referem uns aos outros e, dessa forma, a comunicação estendeu e aprofundou, de fato, seu papel essencial na moldagem dos processos de tomada de poder, tanto nas instituições, quanto na sociedade em geral.

Entretanto, simultaneamente, a difusão das redes de comunicação horizontal e os múltiplos pontos de entrada no sistema de comunicação local/

global modificaram profundamente a prática de poder em várias dimensões institucionais e sociais, aumentando a influência da sociedade civil e de atores sociopolíticos não institucionais na forma e na dinâmica das relações de poder.

Nas expressões mais diretas das relações de poder, na dinâmica política em torno do Estado, os efeitos da comunicação autônoma baseada na internet se mostraram decisivos nos anos após a publicação deste livro. Devo deixar o leitor ciente do fato de eu nunca ter previsto qualquer coisa porque sou incrédulo em relação às metodologias geralmente utilizadas para prever o futuro por extrapolação do presente e pela adição de algumas tendências sem considerar a interação entre essas tendências com um número de variáveis que podem aparecer no processo que leva ao horizonte previsto. Na verdade, minha preferência é me divertir com segurança e prever o passado. Esse não é um comentário jocoso. Pretendo posicionar as observações dos eventos significativos recentes que ocorreram após a publicação dos meus escritos e que parecem fazer sentido na estrutura analítica proposta neles. Esse é, particularmente, o caso neste livro.

Toda a minha análise é baseada na interação entre poder e contrapoder (o poder vem amplamente das instituições; o contrapoder, da sociedade civil) na construção das relações de poder. Argumento, neste volume, que as formas e processos de comunicação são decisivos em estruturar essa interação. Ressaltei, na análise apresentada neste livro, o papel primordial da comunicação na política institucional. Também enfatizei, baseado em diversos estudos de caso, as novas vias de mudança sociopolítica oferecidas aos atores sociais pela ascensão da intercomunicação individual. Acredito que agora é possível defender mais vigorosamente que, nos anos recentes, a expansão da intercomunicação individual deu suporte a uma inesperada e extraordinária ampliação da habilidade de atores individuais e sociais desafiarem o poder do Estado. Claramente, isso não é efeito da internet. Nenhuma tecnologia determina coisa alguma, uma vez que processos sociais estão incorporados em um conjunto complexo de relações sociais. Entretanto, a tecnologia, particularmente a tecnologia da comunicação, não é neutra. Houve uma diferença substancial nas relações de poder entre as sociedades em que a palavra escrita era reservada a uma minúscula minoria e aquelas sociedades que podiam se beneficiar da difusão da escrita e da publicação graças à prensa de impressão — entre outras, a Igreja Católica, a organização política mais poderosa à época na Europa, que foi desafiada e finalmente dividida pela livre leitura da Bíblia. Houve uma diferença extraordinária entre processos políticos dominados pelos jornais em relação àqueles moldados pelo rádio e, mais ainda, pela televisão. Há também uma diferença crítica, que este livro tenta analisar e definir, entre o poder incorporado à comunicação de massa e a capacidade autônoma de desafiar a ordem política com base na internet. Dessa maneira, a tecnologia não determina o processo e o resultado do processo de tomada de poder, mas ela também não é neutra, já que maximiza as chances para a expressão e mobilização de projetos alternativos que emergiram da sociedade para desafiar as autoridades.

Dois grandes exemplos, com importância distinta, podem ilustrar a mudança na interação entre poder e contrapoder em um mundo de redes digitais de comunicação. Um deles é o desafio posto pela experiência do WikiLeaks ao sigilo e à manipulação de informação governamental em assuntos nacionais e internacionais. Já que o sigilo sempre foi uma ferramenta-chave dos governos, logo que eleito ou imposto, para tomar decisões em nome de seus cidadãos sem verdadeiramente informá-los, a habilidade do WikiLeaks de expor transações governamentais que eram do interesse dos cidadãos, mas que estavam escondidas sob o manto da segurança nacional sem o devido processo legal de escrutínio público, cria novas oportunidades para o cidadão ter controle sobre seus representantes. O segundo exemplo é a ascensão dos movimentos sociais contra ordens sociais injustas e regimes não democráticos no período de 2010-12 em mais de cem países e milhares de cidades pelo mundo, que usaram a internet e os dispositivos sem fio para construir um processo de comunicação autônoma que levou à intercomunicação e à auto-organização, finalmente produzindo efeitos significativos nos sistemas políticos e na consciência pública em múltiplos contextos. Não vou apresentar aqui o material empírico e a análise detalhada que conduzi sobre esses processos, uma vez que eles estão publicados em outro lugar (Castells, 2012) ou foram apresentados em ambientes acadêmicos (Castells, 2010, 2011). Vou focar aqui simplesmente no sentido desses eventos em relação à análise da interação entre comunicação e poder como apresentada neste volume.

Entretanto, antes de lembrar ao leitor sobre os aspectos que caracterizaram essas práticas sociais, acho analiticamente necessário enfatizar que o poder da rede, como incorporado na internet, não é simplesmente um aspecto tecnológico, pois a internet, como todas as tecnologias, é cultura material, portanto incorpora uma construção cultural. No caso da internet, a cultura é a liberdade.

INTERNET E A CULTURA DA LIBERDADE

Nas últimas quatro décadas, altamente associadas à expansão de um novo paradigma tecnológico para informações de base microeletrônica e tecnologias de comunicação, observamos a ascensão de novas práticas comunicativas (Neuman, 2013). Uma vez que a comunicação eficiente é uma característica fundamental da raça humana, a transformação da comunicação afeta todos os níveis das nossas vidas e, talvez (apenas talvez), leve a mudanças em nossas conexões cerebrais com o tempo. Afinal de contas, para os humanos, tudo depende da evolução de suas redes neurais em interação com sua herança genética e seu ambiente natural e social (Damasio, 2009).

Pela história da tecnologia sabemos que as pessoas adotam, usam e modificam novas tecnologias de maneira a adequá-las propriamente a seus desejos e necessidades, dependendo de sua cultura, organização social, ambiente institucional e sistema de personalidade. Entretanto, há ainda um efeito específico da tecnologia. As tecnologias adequadas devem estar disponíveis na hora e no lugar exatos em que sua necessidade é diretamente sentida pelas pessoas e suas organizações. Dessa forma, há interação sinérgica entre descoberta tecnológica e evolução social.

É esse, particularmente, o caso da internet, a rede de computadores em rede que constituem a tessitura de nossas vidas em uma sociedade em rede.

A internet é, na verdade, uma tecnologia antiga (primeiramente implantada como Arpanet em 1969), mas seu uso se expandiu exponencialmente a partir de meados dos anos 1990 em diante, mais recentemente impulsionado pela difusão de novas gerações de comunicação sem fio. Em 1996, havia menos de 40 milhões de usuários de internet no mundo; em 2013, mais de 2,8 bilhões, sendo as maiores populações da internet os usuários da China, dos Estados Unidos e da Índia. Além disso, a tecnologia da comunicação se baseia cada vez mais em plataformas sem fio. Em 1991, havia aproximadamente 16 milhões de assinantes de telefonia móveis (números de telefones). No momento em que escrevia este livro, em 2013, havia mais de 6,4 bilhões (usando um fator de multiplicação conservador, podemos dizer que mais de 85% dos habitantes do planeta estão atualmente conectados via redes sem fio). Essa é, obviamente, a difusão mais rápida entre todas as tecnologias de comunicação na história. A difusão da banda larga é mais limitada, ainda que as tendências apontem na direção de uma aceleração na difusão da internet sem fio através de grupos sociais e territórios (por exemplo, na América do Sul, há uma taxa de 82% de penetração de telefones móveis; na Argentina, mais de 120%). A projeção para 2014 foi de que a quantidade de usuários de internet móvel iria ultrapassar a de usuários de internet em computadores.

A rápida difusão da internet a partir de meados dos anos 1990 em diante resultou da combinação de três fatores:

1) A descoberta tecnológica da grande rede de computadores (www) por Tim Berners-Lee e sua vontade de compartilhar o código fonte a fim de melhorá-lo por meio de contribuições ao código por parte de uma comunidade mundial de usuários, em consonância com a abertura dos protocolos de internet TCP/IP desenvolvidos em 1973-75 por Vint Cerf e Robert Kahn. A Web continua rodando sob o mesmo princípio do código aberto. De fato, dois terços dos servidores de rede

são operados pelo Apache, um programa de código aberto operado por uma comunidade de programadores livre.

2) A mudança institucional no gerenciamento da internet, mantendo-a sob o gerenciamento frouxo da comunidade mundial da internet, mas privatizando-a, e permitindo tanto usos comerciais quanto corporativos.

3) As grandes mudanças no comportamento cultural e social: individuação e interligação.

Deixe-me elaborar um pouco mais sobre esse último componente social no cerne do desenvolvimento da web e de outras redes de internet.

Nossa sociedade, a sociedade em rede, é construída em torno de redes pessoais e organizacionais movidas por redes digitais e comunicadas através da internet e de outras redes de computadores. Essa estrutura social específica historicamente resultou da interação entre o novo paradigma tecnológico, centrado nas tecnologias de informação e comunicação, e algumas outras grandes mudanças socioculturais. Uma primeira dimensão dessas mudanças é a que passou a ser classificada como a ascensão da sociedade Eu-centrada, ou, nas minhas terminologias sociológicas, tomando emprestado de Anthony Giddens, o processo de individuação, o declínio das formas tradicionais de comunidade entendidas em termos de espaço, trabalho, família e atribuição em geral. Esse não é o fim da comunidade, nem o fim da interação com base local, mas há uma mudança no sentido da reconstrução das relações sociais, incluindo laços culturais e pessoais fortes que poderiam ser considerados uma forma de comunidade, fundada nos interesses, valores e projetos individuais.

O processo de individuação não é só uma questão de evolução cultural: ele é materialmente produzido pelas novas formas de organização das atividades econômicas, além da vida social e política, como analisei no livro *A sociedade em rede* (1996-2000). Ele é baseado na transformação do espaço (a ascensão da região megametropolitana), do tempo (a mudança do tempo cronológico para a compressão do tempo), do trabalho (a ascensão dos empreendimentos em rede), da cultura (a mudança da comunicação de massa baseada em mídias de massa para a intercomunicação individual baseada na internet), na crise da família patriarcal pelo aumento de autonomia de seus membros individuais, na substituição de políticas midiáticas por políticas partidárias de massa e na globalização como a rede seletiva de lugares e processos pelo planeta. No entanto, individuação não significa isolamento, nem o fim da comunidade. A sociabilidade é reconstruída como individualismo conectado e comunidade por meio da busca por indivíduos que possuem mentes semelhantes, em um processo que combina interação on-line com interação off-line, ciberespaço e espaço local. A individuação é o processo principal na constituição dos sujeitos (individual ou coletivo); o *networking* é a forma organizacional construída

O PODER DA COMUNICAÇÃO | 37

por esses sujeitos: isso é a sociedade em rede, e essa forma de sociabilidade é o que Wellman conceituou como individualismo conectado (Rainie e Wellman, 2012). As tecnologias de rede são o suporte para essa nova estrutura social e para essa nova cultura. E essa é uma sociedade em rede global, na medida em que a globalização é uma rede de redes.

Qualquer novo modo de organização social, bem como qualquer processo de grande mudança tecnológica, gera sua própria mitologia. Em parte porque eles são postos em prática antes que os cientistas possam avaliar os seus efeitos e implicações, de modo que há sempre uma lacuna entre a mudança social e o seu entendimento. Em parte também porque as pessoas não leem ciência social: elas assistem a TV, e outras mídias, e a mídia tende a apresentar más notícias e, se possível, notícias muito assustadoras. Por exemplo, algumas reportagens citam a exposição à web como fonte de alienação, isolamento, depressão e abandono da sociedade. De fato, a evidência disponível (Rainie e Wellman, 2012; Cardoso *et al.*, eds. 2011) mostra que ou não há qualquer relação, ou, quando há, que esta é uma relação cumulativa positiva entre a internet e os padrões de sociabilidade: em geral, quanto mais sociáveis as pessoas são, mais elas usam a internet, e quanto mais elas usam a internet, quanto mais elas se beneficiam do aumento de sociabilidade tanto on-line quanto off-line, mais alcançam níveis altos de engajamento cívico e maior intensidade nas relações familiares e de amizade, em todas as culturas (refiro-me aos dados coletados pela World Internet Survey, USC; pela Oxford Internet Survey, para a Grã-Bretanha; pelo Virtual Society Project, na Grã-Bretanha; pela Pew American Life e pelo Internet Project; pelo Project Internet Catalonia; pelos Nielsen Reports ao redor do mundo; pelo World Values Surveys, da Universidade de Michigan; pelo Berkman Center, na Universidade de Harvard; pelo Observatório da Sociedade da Informação, em Portugal etc.).

Além disso, o que considero o efeito social fundamental e transversal da internet e da web em todos os domínios da experiência humana é a facilitação de "tecnologias de liberdade" (Ithiel de Sola Pool) para a construção da autonomia de atores sociais em face das instituições e organizações.

A CONSTRUÇÃO DA AUTONOMIA NA ERA DA INTERNET

A chave para o processo de individuação é a construção da autonomia pelos atores sociais, que se tornam sujeitos no processo. Assim são porque definem seus projetos específicos em interação com as instituições da sociedade, mas sem os submeterem a elas. Esse é o caso de uma minoria de indivíduos, mas por sua capacidade de liderar e mobilizar eles introduzem uma nova cultura em todos os domínios da vida social: no trabalho (o empreendedorismo), na mídia (o público ativo), na internet (o usuário criativo), no mercado (o "prosumidor" informado: produtor-consumidor), na educação (os estudantes como pensadores críticos informados, a pedagogia de e-learning e m-learning, a aprendizagem por conteúdo aberto, os moocs etc.), na saúde (o sistema de gestão de saúde centrado no paciente), no governo (as mudanças culturais populares, como no feminismo ou no ambientalismo), na política (o cidadão independente apto a participar em redes políticas autogestadas). Os princípios dos efeitos sociais referentes ao uso da internet informados acima fornecem evidências da relação direta entre a internet e a ascensão da autonomia social. Essas descobertas têm coerência cognitiva com um estudo feito em 2010 na Grã-Bretanha, conduzido pelo sociólogo Michael Willmott, com base nos dados mundiais obtidos a partir da World Wide Survey da Universidade de Michigan. Na verdade, nós sabemos pelas pesquisas, particularmente pelas pesquisas de mercado, que aquilo com que as pessoas realmente se preocupam é com a sua felicidade, medida por uma série de índices psicológicos. A esse respeito, de acordo com o estudo de Willmott, o uso da internet parece estar promovendo a felicidade.[1] Controlando outros fatores, o estudo mostrou que o uso da internet empodera as pessoas, aumentando sua sensação de segurança, liberdade pessoal e influência, todas elas percepções que têm um efeito positivo na felicidade e no bem-estar pessoal. O efeito é particularmente positivo para pessoas de baixa renda e poucas qualificações, para pessoas nos países em desenvolvimento e para mulheres. A idade não parece ter algum efeito, uma vez que relações positivas estão presentes em todas as idades. Por que mulheres? Porque elas estão no centro de sua rede familiar e a internet as ajuda a organizar suas vidas. Ela também as ajuda a superar o isolamento, particularmente sob as condições do patriarcado. Um Relatório de Tendências de 2010 feito pelo grupo de pesquisa da OS2, Operadora de Telecomunicações do Reino Unido, não publicado, também aponta para a alta importância que as pessoas dão à felicidade, além das correlações positivas de sociabilidade e autonomia obtidas ao promovê-la. Dessa forma, os usos da internet e da comunicação sem fio são fatores positivos que induzem à "felicidade", após uma série de variáveis ser padronizada. Isso ocorre porque os usos da internet aumentam a sociabilidade e o empoderamento, dois fatores críticos que induzem as pessoas à satisfação em suas vidas.

---

1 Um relatório de 12 de maio de 2010, feito pelo Instituto BCS, instituto especializado em TI no Reino Unido, encontrou uma ligação entre o acesso à internet e a felicidade humana, em um estudo realizado pela Trajectory Partnership, um grupo de pesquisa baseado no Reino Unido, que analisou 35 mil pessoas ao redor do mundo pela World Values Survey, de 2005 a 2007. Artigo de Michael Willmott, cientista social autor desse estudo (<www.time.com/time/health/article/0,8599,1989244,00.html>).

Em continuidade à ênfase na construção da autonomia, a transformação social mais profunda da internet veio na primeira década do século XXI, na mudança da interação de indivíduos e corporações na internet, no uso do e--mail, por exemplo, para a construção autônoma das redes sociais controladas e guiadas pelos seus usuários. Em poucos anos, tendo início em 2002, houve uma explosão de sites de redes sociais na web tais como Friendster, Facebook, YouTube, Twitter, Twenti, QQ, Baidu, Cyworld, Vkontakte, Skyrock, Orkut e centenas de outros (Naughton, 2012). Como lembrete: "Sites de Redes Sociais são serviços baseados na web que permitem aos indivíduos: (1) construir um perfil público ou semipúblico dentro de um sistema delimitado; (2) articular uma lista de outros usuários com quem compartilhem uma conexão; e (3) visualizar e percorrer suas listas de conexões, bem como aquelas feitas por outros usuários dentro do sistema" (Boyd e Ellison, 2007). Globalmente, o tempo despendido para uso de redes sociais ultrapassou o de e-mail em novembro de 2007. No que concerne ao número de usuários, as redes sociais ultrapassaram o de e-mail em julho de 2009.

Dessa maneira, a atividade mais importante na internet ocorre através das redes sociais; além disso, sites de redes sociais (SRS) estão se tornando plataformas para todos os tipos de atividades, não só para relações de amizade ou bate-papo, mas para distribuição de marketing, e-commerce, educação, criatividade cultural, mídia e entretenimento, aplicativos de saúde e ativismo sociopolítico. Essa é uma tendência significativa para a sociedade como um todo. Os SRS são construídos pelos próprios usuários, tanto sobre critérios específicos de agrupamento (empreendedorismo na criação de sites e, então, escolha das pessoas pelo site), quanto, em redes de amizade maiores, adaptados pelas próprias pessoas com diferentes níveis de criação de perfis e privacidade. A chave para o sucesso não é o anonimato, mas o contrário: a autoapresentação de uma pessoa real que se conecta a pessoas reais (em alguns casos, pessoas são excluídas quando mentem). Desse modo, são sociedades autoconstruídas pela rede e em conexão a outras redes. Entretanto, não são sociedades virtuais: há uma estreita ligação entre redes virtuais e redes na vida em geral. Trata-se de um mundo híbrido, um mundo real; não um mundo virtual ou um mundo segregado.

As pessoas criam redes para estar com outras pessoas, para estar com outras pessoas com quem elas desejam estar, baseadas em critérios determinados, que incluem pessoas que elas já conhecem (embora seja um subsegmento seleto). Isso é a conectividade permanente, favorecida pela difusão da comunicação móvel (Castells *et al.*, 2006). Se precisarmos de uma resposta ao que aconteceu com a sociabilidade no mundo da web, aqui vai: há um drástico aumento em sociabilidade, mas em um tipo diferente de sociabilidade, facilitado e dinamizado pela conectividade permanente e pelas redes sociais na web. Não se trata apenas de amizade ou comunicação interpessoal. As pessoas fazem coisas juntas, compartilham e agem, exatamente como na sociedade, embora na sociedade a dimensão pessoal sempre esteja presente. Os SRS são espaços de convivência que conectam todas as dimensões das experiências das pessoas. Eles transformam a cultura porque as pessoas compartilham tendo um custo emocional baixo e, portanto, economizam energia e esforços. Elas transcendem tempo e espaço, porém produzem conteúdos, estabelecem vínculos e conectam práticas. É um mundo constantemente interligado por redes em cada dimensão da experiência humana. Elas se desenvolvem conjuntamente em interações permanentes e múltiplas. No entanto, escolhem os termos de sua evolução conjunta. Dessa maneira, as pessoas vivem suas vidas físicas, mas cada vez mais se conectam a múltiplas dimensões nos SRS. Paradoxalmente, a vida virtual é mais social que a vida física, individualizada pela organização do trabalho e pela vida urbana. Mas as pessoas não vivem uma realidade virtual; na verdade, trata-se de uma virtualidade real, uma vez que práticas sociais, compartilhamentos, combinações e vida em sociedade são facilitadas na virtualidade, naquilo que conceituei como o espaço dos fluxos.

Uma vez que as pessoas estão cada vez mais à vontade em relação à multi-textualidade e à multidimensionalidade da web, comerciantes, organizações do trabalho, agências de serviços, governos e sociedades civis estão migrando em massa para a internet, criando sites alternativos com menos frequência e se tornando mais presentes nas redes construídas pelas próprias pessoas e para as próprias pessoas, com a ajuda de empreendedores de redes sociais da internet, alguns dos quais se tornaram bilionários ao longo do processo, efetivamente vendendo liberdade e possibilidade de construção autônoma de vidas. Esse é o potencial libertador da internet tornado prática material. A maior parte desses sites de redes sociais são, geralmente, espaços sociais delimitados sob o gerenciamento de uma companhia.

Entretanto, se a companhia tentar impedir a livre comunicação ela pode perder muitos usuários, pois as barreiras de entrada neste setor são bastante baixas, como mencionei anteriormente — é o que aconteceu à AOL e a outros sites de relacionamento da primeira geração, e que poderia acontecer ao Facebook ou a quaisquer outros sites de rede social se eles se sentissem tentados a mexer com as regras de transparência (o Facebook tentou fazer com que os usuários pagassem, mas logo voltou atrás). Então, os SRS geralmente são negócios, mas negócios de venda de liberdade de expressão e de sociabilidade escolhida. Quando mexem com essa promessa, arriscam ser esvaziados, uma vez que os cidadãos migram com seus amigos para terras virtuais mais amigáveis.

Mas a expressão mais reveladora dessa nova liberdade é a transformação das relações de poder por práticas na internet, o que me traz de volta ao assunto deste livro, após ter situado a construção da autonomia no contexto da transformação da comunicação pela ascensão da cultura da liberdade incorporada pela internet. Agora vou me voltar ao WikiLeaks e aos Movimentos Sociais em Rede para ilustrar a transformação dessas relações em um mundo digitalmente interligado.

WikiLeaks e o controle da informação

A experiência do WikiLeaks representa um grande desafio ao monopólio de informação relevante pelos governos e outras organizações poderosas que desejam escondê-la do domínio público, dessa forma desempoderando os cidadãos de acordo com os critérios definidos pelos próprios governos.

Houve muito barulho e muita desinformação sobre essa experiência que considero valiosa, em prol do meu argumento, para lembrar alguns dos fatos que caracterizam a experiência WikiLeaks.

O WikiLeaks é uma organização mundial que publica submissões de informação não pública de novas fontes anônimas. Seu website foi lançado em 2006, na Islândia, sob sua organização-matriz, The Sunshine Press, e começou a publicar informação confidencial em dezembro de 2006. O site declarou ter uma base de dados com mais de um milhão de arquivos. De acordo com alguns relatos, os fundadores do WikiLeaks eram um misto de dissidentes chineses, jornalistas e empreendedores de tecnologia vindos dos Estados Unidos, Taiwan, Europa, Austrália e África do Sul, embora não tenham sido formalmente identificados. O fundador assumido do WikiLeaks, o agora mundialmente famoso Julian Assange, ativista australiano da internet, se descreveu simplesmente como um membro do conselho consultivo, ainda que em 2007 tenha se tornado a face visível da organização. O website foi originalmente lançado como um wiki editável pelos usuários, mas foi mudando progressivamente em direção a um modelo de publicação mais tradicional e agora não aceita mais comentários ou edições. Dessa forma, de fato, os vazamentos são mais importantes que o wiki. O site costumava ter mais de mil voluntários e era administrado por um conselho consultivo no qual Assange tinha um papel de liderança, até que ele ficou sob pressão judicial na Suécia, no Reino Unido e nos Estados Unidos, entre outros países. O objetivo da organização é garantir que pessoas ou jornalistas que forneçam informação sigilosa estejam protegidos de sanções legais. O WikiLeaks sempre lutou para levantar recursos o suficiente para manter ativas as suas operações. Por meio de doações não identificadas, foi possível sobreviver até que as pressões dos Estados Unidos e de outros governos sobre suas contas limitaram consideravelmente suas atividades, sem, no entanto, ter sucesso em encerrá-las.

A personalidade de Assange é representativa de uma nova safra de ativistas que emergiram do mundo hacker, comprometidos em manter a internet livre e usá-la para distribuir informações, sendo esta uma prática democrática decisiva na Sociedade da Informação. Ele foi um jornalista australiano, desenvolvedor de programas e ativista da internet. Ele foi programador e hacker durante sua juventude, embora depois tenha tentado minimizar essa caracterização de sua atividade. De fato, em 1987, aos 16 anos, Assange começou a piratear sob o nome de "Mendax", e com outros dois hackers eles formaram um grupo chamado de os Subversivos Internacionais. Assange definiu as regras que deveriam guiar "os bons hackers": "Não danifique sistemas de computadores que você invada (isso inclui não derrubá-los); não mude a informação nesses sistemas (exceto para alterar registros para cobrir seus rastros); e compartilhe informação." O Fórum de Democracia Pessoal o caracterizou como "o hacker ético mais famoso da Austrália". A polícia federal australiana não enxergou ética em sua atividade, portanto abriu uma investigação sobre ela. Em setembro de 1991, após Mendax ter pirateado o terminal principal da Nortel em Melbourne, a polícia grampeou sua linha telefônica e invadiu sua casa em Melbourne. Ele foi acusado de ter acessado os computadores de uma universidade australiana, do 7º Grupo de Comando da USAF e de outras organizações. No tribunal, ele foi acusado por 31 crimes de pirataria e por outros crimes correlatos. Enquanto rejeitava a noção de que piratear fosse um crime, ele se confessou culpado por 25 acusações de pirataria. Seis acusações foram retiradas. Ele foi libertado mediante pagamento de fiança por bom comportamento, sendo multado no valor de mais de 2 mil dólares australianos. O juiz disse que "simplesmente não há evidência de que havia qualquer coisa senão uma espécie de interesse inteligente e o prazer de ser capaz de... navegar por estes vários computadores", e declarou que Assange teria pegado até 10 anos de prisão se não tivesse tido uma infância tão perturbada. Assange comentou tempos depois: "É um pouco irritante, realmente. Por eu ter sido coautor de um livro sobre [ser um hacker], há documentários a respeito disso, as pessoas falam muito a respeito disso. Elas podem copiar e colar. Mas isso foi há 20 anos. É muito desagradável ver artigos nos dias de hoje me chamando de hacker de computador. Eu não tenho vergonha disso, tenho é bastante orgulho. Mas eu entendo a razão pela qual sugerem que eu seja um hacker de computador agora. Existe uma razão muito específica." Ele viveu e viajou pelo mundo em defesa da liberdade de expressão e dos direitos dos cidadãos à informação. O WikiLeaks veio para o centro das políticas de informação mundiais em 2010, quando publicou detalhes confidenciais sobre o envolvimento americano nas guerras do Afeganistão e do Iraque. A fim de ganhar credibilidade, Assange fez um acordo com grandes jornais do mundo para fornecer acesso privilegiado às informações mais marcantes reunidas pelo WikiLeaks. Em 28 de novembro de 2010, o WikiLeaks e seus cinco parceiros midiáticos (*Der Spiegel, The New York Times, Le Monde, The Guardian* e *El País*) começaram a publicar documentos diplomáticos secretos dos Estados Unidos. Essa simbiose é realmente sintomática do atual estado do jornalismo. A credibilidade ainda reside nos meios de comunicação respeitados, enquanto as informações críticas são geralmente obtidas e publicadas por atores sociais independentes no espaço livre da internet. Assange e o WikiLeaks foram saudados por muitos no mundo inteiro como os Robin Hoods da Era da Informação. Ficou claro que eles estavam agindo em nome de uma causa, uma vez que seu objetivo era fornecer aos cidadãos acesso a informações críticas sobre o comportamento e as estratégias de indivíduos e organizações poderosos que estavam tomando decisões a respeito de temas críticos ao redor do mundo sem consulta pública ou verdadeiro debate. Diversas fundações indicaram Assange a prêmios, reconhecendo seu papel na difusão de informação relevante para além dos muros da confidencialidade oficial. Ele também recebeu o prêmio de Pessoa do Ano na escolha dos leitores da *Time Magazine*, em 2010. Por outro lado, depois de ter vazado documentos diplomáticos constrangedores do Departamento de Estado dos Estados Unidos, a máquina do governo estadunidense caiu sobre ele de maneira vingativa. Assange é procurado para interrogatório na Suécia por conta dos supostos abusos sexuais que teria cometido e nos Estados Unidos está sob acusação de revelar segredos de Estado, já que uma de suas supostas fontes, o soldado Bradley Manning, está enfrentando uma longa pena de prisão imposta pelo tribunal militar. Assange foi preso em Londres em 7 de dezembro de 2010. Ele está atualmente (em 2013) sob a proteção da embaixada do Equador em Londres após escapar da prisão domiciliar na Inglaterra enquanto aguardava uma audiência de extradição. Assange negou as acusações e acredita que foi enquadrado por razões políticas. O governo britânico continua negando o pedido equatoriano de deixar Assange sair do país.

Por que o governo mais poderoso do mundo ficou tão nervoso em relação à atividade do WikiLeaks e por que a maior parte dos governos se juntaram à tentativa de destruí-lo? E por que grandes corporações seguiram seus passos? Em vez de entrar em um debate ideológico sobre liberdade de expressão, vou apresentar o que o WikiLeaks realmente faz. De fato, é uma nova forma de jornalismo independente. A maneira pela qual o WikiLeaks opera é característica dessas novas práticas que Bregtje Van der Haak chama de jornalismo em rede (Van der Haak *et al.*, 2012). Mas seus procedimentos vêm com um toque diferente: o foco na criptografia e na segurança para proteger os fornecedores de informações, "os vazadores", dentro do sistema. O WikiLeaks é uma organização de jornalismo investigativo com tecnologia de segurança sofisticada (criptografia) que protege fontes anônimas, permitindo que elas entreguem informação confidencial numa caixa sem risco de identificação. De fato, essa tem sido a prática no mundo da espionagem através dos tempos. A diferença é que agora governos e corporações estão sendo espiados por uma legião de delatores de dentro de suas próprias burocracias, em vez de serem governos espiando uns aos outros ou a cidadãos e organizações de modo geral. Entretanto, a equipe de Assange foi criticada por alguns de seus colaboradores por não garantir segurança o suficiente para os seus informantes, a ponto de algumas das lideranças do WikiLeaks original, tal como Daniel Domdstedt-Berg, ter saído da organização para iniciar o OpenLeaks.

A partir do momento em que a informação chega ao WikiLeaks, uma equipe editorial avalia sua confiabilidade, processo que inclui uma rápida, porém profunda, verificação nos países (Iraque, por exemplo) de onde a informação é fornecida. Nesse sentido, o WikiLeaks é uma forma de operação jornalística fora do alcance dos centros políticos ou corporativos de controle de informação tradicionais. Os editores publicam tanto sua análise da informação quanto a documentação original da qual ela surgiu. Eles removem detalhes que poderiam colocar pessoas em perigo, embora críticos desafiem seu julgamento nesse ponto. Um componente importante da organização é uma equipe jurídica forte para organizar sua defesa quando necessário. Além disso, os editores distribuíram para uma rede de apoiadores confiáveis vários arquivos criptografados com informações particularmente prejudiciais aos centros de poder específicos a fim de que sejam descriptografadas e divulgadas como retaliação no caso de ataques ao WikiLeaks ou à sua rede de membros.

De modo a evitar a exposição de suas fontes, o WikiLeaks, apoiado por ativistas da internet e organizações de Liberdade de Informação pelo mundo, desenvolveu um sistema complexo de anonimato, incluindo o amplo uso de caixas eletrônicas, junto às formas tradicionais de comunicação clandestina que vai da entrega pessoal à comunicação em cibercafés. Dados os constantes ataques cibernéticos realizados por governos e corporações (especialmente pelo Bank of America e seus contratantes jurídicos e de segurança cibernética), o WikiLeaks foi hospedado em vários servidores em países diferentes, incluindo locais secretos, e usou nomes de múltiplos domínios. A Suécia foi, por algum tempo, base para os servidores do WikiLeaks. Até agosto de 2010, ele era hospedado pela PRQ, uma companhia com sede na Suécia especializada em serviço seguro de hospedagem que não se intrometia na informação armazenada em seus servidores. Um tempo depois, os servidores do WikiLeaks passaram a operar sob a proteção do provedor de internet sueco Bahnhof nas instalações da Pionen, um antigo abrigo nuclear em Estocolmo. Em 17 de agosto de 2010, foi anunciado que o Partido Pirata Sueco doaria e hospedaria muitos dos novos servidores do WikiLeaks, e que forneceria banda larga e gerenciamento técnico para suas operações. Nesse sentido, o WikiLeaks passou a representar tanto um símbolo quanto uma ferramenta do movimento mundial em defesa da informação livre e da internet como plataforma indispensável para continuar essa defesa. Entretanto, os problemas do WikiLeaks não estavam resolvidos, uma vez que seus servidores sofreram uma série de ataques de negação de serviço, presumidamente por parte dos serviços de inteligência dos governos pelo mundo. Tentou-se, então, a mudança de seu website para os servidores da Amazon, experiência que teve vida curta, já que a Amazon acabou se juntando aos ataques corporativos ao WikiLeaks e o removeu de seus servidores, supostamente por violação de leis de direitos autorais. Em seguida, o WikiLeaks se mudou para os servidores da OVH, um serviço de hospedagem privado na França. O governo francês imediatamente se movimentou para requerer uma ordem judicial que declarasse a mudança ilegal. No momento de sua prisão em 2010, Assange estava considerando realocar as operações na Suíça e na Islândia, países que ofereciam uma melhor proteção legal.

A ameaça sentida pelos governos e corporações do mundo inteiro em resposta às atividades do WikiLeaks não é nada menos que extraordinária. Em uma série de ataques coordenados internacionalmente, Assange foi pessoalmente o alvo, servidores ficaram sob ataque cibernético, companhias que apoiavam foram pressionadas pelos governos, companhias de segurança cibernética foram contratadas para penetrar as fontes do WikiLeaks e o financiamento foi completamente cortado quando as empresas Visa, MasterCard e Paypal se recusaram a processar as doações. A razão por trás dessa reação furiosa dos governos e corporações parece ser que milhares de documentos confidenciais obtidos e divulgados pelo WikiLeaks forneceram uma perspectiva privilegiada do que governos e corporações realmente fazem enquanto estão fora do alcance de visão dos cidadãos e clientes. Como o poder é baseado no controle de informação, que requer sigilo, a reivindicação de livre acesso à informação como direito constitucional ameaça as próprias raízes do poder no alto escalão da sociedade.

Entretanto, a ferocidade desse ataque multifacetado não obteve sucesso em acabar com o WikiLeaks ou em parar com suas campanhas contra irregularidades políticas e corporativas pelo mundo, que vão de corrupção a abusos aos direitos humanos (incluindo assassinatos "legais" e torturas), e de destruição ambiental a censura midiática. Isso se deu porque as redes de defensores da internet livre se uniram à batalha, tendo o Anonymous e sua legião de hackers e ativistas na dianteira do combate. Quanto à questão financeira, após o Paypal ter parado de processar as doações ao WikiLeaks em 2010, o financiamento efetivo que chegou ao WikiLeaks equivalia a um terço do que eles tinham recebido em 2009. Dessa maneira, em 2011, o WikiLeaks começou a receber doações por meio da Bitcoin, uma nova rede de financiamento alternativo nos Estados Unidos. O judiciário islandês também protegeu o WikiLeaks contra as práticas de confisco da companhia Valitor, que estava recebendo algumas das doações. Em junho de 2012, o WikiLeaks, à beira da falência, fez um acordo com o Fundo de Defesa da Neutralidade da Rede (FDNR) para canalizar as contribuições feitas a eles por meio do grupo Carte Bleue, sob uma proteção contratual legal que impediria a interferência das empresas MasterCard e Visa nas transações.

Além disso, estando o WikiLeaks sob ataque incansável e Assange isolado numa sala da embaixada de Londres, o modelo de informação independente iniciado pelo WikiLeaks foi difundido em uma série de novas organizações da era da livre comunicação digital, tais como a Friends of WikiLeaks, uma rede social para apoiadores do WikiLeaks, iniciada em dezembro de 2011; a Brussels Leaks, uma rede de ativistas e jornalistas que pretendiam "jogar os mecanismos obscuros internos do sistema da União Europeia no domínio público"; o PPLeaks e o PSOELeaks, que tinham como objetivo expor os escândalos frequentes nos dois maiores partidos espanhóis, o Partido Popular e o PSOE; e o TradeLeaks, criado por Ruslan Kogan, na Austrália, para "fazer com a troca e com o comércio o que o WikiLeaks fez com a política". Há também o RuLeaks, que aspira a implantar o modelo do WikiLeaks na Rússia. O Indoleaks, que tem como alvo o governo indonésio. O Leakymails, que tem como foco a recuperação e a difusão de informações sobre corrupção da classe política na Argentina, além de várias outras redes locais e regionais "tipo WikiLeaks" nos Estados Unidos e no Reino Unido estarem colocando as elites locais sob a análise pública. De fato, todo mês organizações de notícias alternativas estão surgindo, geralmente tendo muito menos preocupação com a segurança, em consonância com o crescimento dos movimentos sociais críticos na Era da Internet, nos quais o WikiLeaks, o Anonymous e uma miríade de redes hackers estavam ativas e presentes.

No entanto, o WikiLeaks foi contido em sua capacidade de expor informações ocultas que os cidadãos deveriam tomar conhecimento por meio da combinação de repressão global e procedimentos de controle interno elevados pelos governos e corporações. Dessa maneira, enquanto a prática do sigilo continua, uma vez que está no cerne do poder, os poderosos agora vivem sob o medo constante de serem vigiados por redes autônomas, independentes de seu controle. Quando os inspetores milenares passam a ser também inspecionados, é porque algo fundamental se modificou nas relações de poder da era digital.

INTERNET E OS MOVIMENTOS SOCIAIS EM REDE

Entre 2010 e 2013, um curto período após a publicação deste livro, inesperadamente, vários grandes movimentos sociais se espalharam pelo mundo, da Islândia à Tunísia e então à maior parte dos países árabes, da Espanha aos

Estados Unidos, e a milhares de cidades (aproximadamente mil somente nos Estados Unidos) em mais de cem países.

As razões e os resultados desses movimentos ainda são muito diversos. No Ocidente, eles foram motivados por protestos contra a má administração governamental da crise financeira de 2008-12; nos países árabes, por uma combinação de crise alimentar e rejeição de regimes ditatoriais. Mas, em todos os casos, havia um sentimento individual e coletivo de indignação em relação à injustiça social e à humilhação fomentadas pela arrogância da classe política. Além disso, há um padrão amplamente comum que transcende os contextos cultural e institucional. Para identificar esse padrão, vou contar com a pesquisa de campo que conduzi junto a uma rede de colaboradores na Espanha, nos Estados Unidos, na Europa e nos países árabes, bem como com uma variedade de fontes secundárias, incluindo relatos postados na internet. Os resultados dessa pesquisa são apresentados no livro *Redes de indignação e esperança* (Castells, 2012), ao qual recorro para obter o suporte empírico e a elaboração teórica sobre a análise apresentada neste texto. Os movimentos sociais que estudei, bem como outros que aconteceram ao redor do mundo nos anos recentes, compartilham uma série de características comuns que podem ser mais bem entendidas em conexão com a teoria do poder e do contrapoder proposta neste volume.

Cada um desses movimentos sociais recentes está conectado de múltiplas formas, e o uso da internet e das redes de comunicação móveis foram essenciais para sua organização. Cada movimento se iniciou nas redes de internet, e seus membros continuaram a debater e a mobilizar pela internet muito tempo após a mídia acreditar que os movimentos tinham terminado. A comunicação sempre foi essencial aos movimentos sociais, seja na forma de panfletos ou manifestos, seja pela televisão ou pelo rádio, e a internet é particularmente adequada à autonomia comunicativa da qual os movimentos sociais dependem: os governos e corporações não conseguem, na maior parte das vezes, controlar com facilidade essas comunicações e, quando o fazem, geralmente já é muito tarde para interromper o movimento.

Mas a forma em rede é multimodal, e inclui tanto redes on-line quanto off-line, bem como redes sociais preexistentes e redes geradas organicamente durante o curso do próprio movimento. As redes são encontradas dentro do movimento, com outros movimentos ao redor do mundo, com a blogosfera da internet, com a mídia e com a sociedade em geral. As tecnologias de rede são significativas porque fornecem a plataforma para essa prática expansiva e constante que evolui com a mudança de forma do movimento. Embora os movimentos sejam geralmente baseados no espaço urbano por meio de ocupações e manifestações de rua, sua existência definitiva ocorre no livre espaço da internet. Eles não precisam de liderança, de comando e de centro de controle formais, nem de uma organização vertical para distribuir informações e instruções. Não por faltarem pretensos líderes, mas por causa da desconfiança profunda e espontânea da maioria dos participantes no movimento em relação a qualquer forma de delegação de poder. Por serem redes de redes, eles podem se dar ao luxo de não terem um centro identificável, e ainda assim garantir as funções de coordenação, bem como as de deliberação, por meio da interação entre múltiplos nós de comunicação. Dado que são redes que estão em aberto, sem fronteiras definidas, sempre se configurando de acordo com o nível de envolvimento da população em geral, essa estrutura descentralizada amplia as oportunidades para participação no movimento, além de também reduzir a vulnerabilidade do movimento à ameaça de repressão, uma vez que há poucos alvos específicos a serem reprimidos, exceto nos locais ocupados. E, desde que haja participantes o bastante no movimento, conectados por objetivos e valores compartilhados, a rede pode se regenerar. Desse modo, estar em rede não apenas protege o movimento de seus adversários, como também de seus perigos internos de burocratização e manipulação.

Embora esses movimentos frequentemente se iniciem em redes sociais da internet, eles não são identificados como movimentos até que tomem o espaço urbano, em geral pela ocupação permanente de praças públicas ou pela persistência nas manifestações de rua. O espaço do movimento consiste em uma interação entre o espaço dos fluxos na internet e nas redes de comunicação sem fio, e o espaço dos lugares das áreas ocupadas e dos edifícios simbólicos que são alvo de ações de protesto. Esse híbrido de ciberespaço e espaço urbano constitui um terceiro espaço que chamo de espaço da autonomia. Isso se dá porque a autonomia apenas pode ser garantida pela capacidade de organização no espaço livre das redes de comunicação, mas, ao mesmo tempo, somente pode ser exercitada como uma força transformadora quando desafia a ordem disciplinar institucional por meio da recuperação do espaço da cidade para seus cidadãos. Autonomia sem desafio se torna desistência. Desafio sem uma base permanente para a autonomia no espaço dos fluxos equivale a um ativismo descontínuo. Dessa maneira, o espaço da autonomia é a nova forma espacial dos movimentos sociais em rede.

Os novos movimentos sociais são, simultaneamente, locais e globais. Eles têm início em contextos específicos, a partir de razões particulares, e constroem suas próprias redes e seu próprio espaço público ocupando o espaço urbano e se conectando a redes de internet. Nesse sentido, são movimentos locais, mas também globais, pois estão conectados pelo mundo, aprendendo com e se inspirando nas experiências dos outros. Além disso, eles se envolvem em um debate global constante na internet, e, às vezes, estimulam manifestações articuladas, global e simultaneamente, em uma rede de espaços locais. Eles expressam consciência aguda sobre questões interligadas e problemas humanitários em geral, e claramente exibem uma cultura cosmopolita ao mesmo tempo que se mantêm enraizados em sua identidade específica. Eles prefiguram, em alguma medida, a superação da divisão atual entre identidade comunitária local e rede individual global.

No que concerne à sua gênese, esses movimentos são amplamente espontâneos em sua origem, geralmente desencadeados por uma faísca de indignação relacionada a um evento específico ou pelo nojo insuportável às ações dos governantes. Em todos os casos, eles se originam de um chamado à ação do espaço dos fluxos que visa criar uma comunidade instantânea de prática insurgente no espaço dos lugares. A fonte do chamado é menos relevante que o impacto da mensagem nos destinatários múltiplos e não especificados, cujas emoções se conectam ao conteúdo e à forma da mensagem. O poder das imagens é fundamental. O YouTube tem sido uma das ferramentas mais eficientes de mobilização nos estágios iniciais dos movimentos. Ter à mão imagens de repressão violenta da polícia ou dos bandidos tem sido algo particularmente significativo.

Seguindo a lógica das redes de internet, os movimentos são virais, não só pela natureza viral da difusão da mensagem, mas também por conta do efeito imitador, que resultou em movimentos brotando em toda parte. Temos observado a viralidade de um país para outro, de uma cidade para outra, de uma instituição para outra. Ver e ouvir protestos em todo lugar, mesmo em contextos distantes e culturas diferentes, inspira a mobilização porque desencadeia a esperança da possibilidade de mudança. E quando a deliberação acontece no espaço da autonomia, a esperança se transforma em indignação.

Redes horizontais multimodais, tanto na internet quanto no espaço urbano, criam sentimento de unidade; isso é importante porque é através da unidade que as pessoas superam o medo e descobrem a esperança. Unidade não é o mesmo que comunidade, uma vez que esta última implica um conjunto de valores comuns, que, dentro do movimento, é algo que está em processo, já que a maior parte dos participantes chega com seus próprios objetivos e motivações e, então, partem para descobrir o potencial comum na prática do movimento. Dessa forma, comunidade é um objetivo a se alcançar, enquanto unidade é o ponto de partida e a fonte de empoderamento: *Juntas podemos*.

Movimentos sociais em rede são altamente autorreflexivos: eles a todo tempo se questionam não apenas como movimento, mas também como indivíduos, sobre quem são, o que querem, o que pretendem alcançar, que tipo de democracia e de sociedade almejam e como podem evitar as armadilhas e ciladas de tantos movimentos que falharam ao reproduzir em si mesmos os mecanismos do sistema que eles querem modificar, particularmente em termos de delegação política de autonomia e soberania. Essa autorreflexividade é manifestada no processo de deliberação em assembleias, mas também em variados fóruns na internet, na miríade de discussões que acontecem nos blogs e em grupos nas redes sociais. Um dos temas chaves no debate é a questão da violência, que os movimentos inevitavelmente encontram em sua prática.

No princípio, eles são movimentos não violentos, geralmente envolvidos em desobediência civil pacífica. Mas acabam sendo obrigados a participar na ocupação de espaços públicos e em táticas desordeiras a fim de colocar pressão nas autoridades políticas e nas organizações de negócios, uma vez que reconhecem a improbabilidade de serem tratados de maneira justa nos canais institucionais. Desse modo, a repressão, em diferentes escalas de violência — que dependem do contexto institucional e da intensidade do desafio colocado pelo movimento —, é uma experiência recorrente ao longo do processo de ação coletiva. Uma vez que o objetivo dos movimentos é falar em nome da sociedade de maneira geral, torna-se primordial sustentar sua legitimidade pela justaposição do seu caráter pacífico à violência do sistema. De fato, em todos os casos, imagens de violência policial aumentaram a solidariedade ao movimento entre os cidadãos e reativaram o próprio movimento. Por outro lado, é difícil, individual e coletivamente, reprimir o instinto básico de autodefesa. Isso foi particularmente decisivo no caso das rebeliões árabes quando, confrontados pelos reiterados massacres que utilizavam de violência militar extrema, alguns movimentos democráticos acabaram se tornando adversários em guerras civis sangrentas, dessa maneira se dissolvendo enquanto movimentos sociais. A situação é obviamente diferente em democracias liberais, mas a arbitrariedade e a impunidade da violência policial em muitos casos abrem caminho para a ação de grupos pequenos, mas decididos, prontos a confrontar o sistema com violência a fim de expor seu caráter violento. A violência fornece cenas espetaculares e seletas para a mídia e serve àqueles políticos e líderes da opinião pública cujo objetivo é suprimir o mais rapidamente possível a crítica incorporada ao movimento. A espinhosa questão da violência não é só um problema de tática. Ela é uma questão decisiva, de vida ou morte, para os movimentos, uma vez que os movimentos só têm condição de engendrar uma mudança social se sua prática e seu discurso gerarem consenso na sociedade de maneira geral (os 99%).

Esses movimentos raramente são programáticos, exceto quando focam em um problema único e claro: abaixo o regime ditatorial. Eles têm demandas variadas: na maior parte do tempo, podem-se incluir todas as demandas concebíveis pelos cidadãos ansiosos por decidirem as condições de suas próprias vidas. No entanto, uma vez que as demandas são variadas e as motivações ilimitadas, eles não conseguem formalizar qualquer organização ou liderança, pois seu consenso, sua unidade, depende de deliberação *ad hoc* e de protestos, não de um programa pleno construído em torno de metas específicas: essa é tanto sua força (amplo apelo) quanto sua fraqueza (como algo pode ser alcançado quando os objetivos a serem alcançados são indefinidos?). Assim, eles não podem focar em uma tarefa ou projeto. Por outro lado, eles não podem ser canalizados em uma ação política que seja estritamente instrumental. Logo, eles dificilmente podem ser cooptados pelos partidos políticos (que são universalmente desacreditados), embora esses partidos possam lucrar com a mudança de pensamento provocada pelo movimento na opinião pública. Dessa forma, eles são movimentos sociais, que visam modificar os valores da sociedade, e podem ser também movimentos da opinião pública com consequências eleitorais. Eles visam transformar o Estado, mas não apreendê-lo. Eles expressam sentimentos e movimentam o debate, mas não criam partidos ou apoiam governos, embora possam se tornar alvo de escolha para o marketing político. Entretanto, os movimentos são muito políticos em um sentido fundamental. Especialmente, quando propõem e praticam a democracia deliberativa direta baseada na democracia em rede. Eles projetam uma nova utopia da democracia em rede baseada em comunidades locais e em comunidades virtuais em interação. Mas as utopias não são meras fantasias — a maior parte das ideologias políticas modernas na raiz dos sistemas políticos (liberalismo, socialismo, comunismo) se originou a partir de utopias. Assim é porque as utopias se tornam força material por se consolidarem na mente das pessoas, por inspirarem seus sonhos, por guiarem suas ações e induzirem suas reações. O que esses movimentos sociais em rede estão propondo em sua prática é a nova utopia no coração da cultura da sociedade em rede: a utopia da autonomia do sujeito em face das instituições da sociedade. De fato, quando as sociedades não conseguem gerir suas crises estruturais por meio das instituições existentes, as mudanças somente podem acontecer fora do sistema por uma transformação das relações de poder que começa na mente das pessoas e se desenvolve na forma das redes construídas pelos projetos de novos atores que se constituem como sujeitos da nova história em curso. E a internet, que, como todas as tecnologias, incorpora a cultura material, é uma plataforma privilegiada para a construção social da autonomia.

Movimentos sociais em rede, como todos os movimentos sociais na história, carregam a marca de sua sociedade. Eles são amplamente realizados por jovens adultos que vivem à vontade com as tecnologias digitais no mundo híbrido da virtualidade real. Seus valores, objetivos e estilo organizacional se referem diretamente à cultura da autonomia que caracteriza as gerações de jovens de um século jovem. Eles não poderiam existir sem a internet e as redes horizontais de comunicação multimodal que tornam possível sua ação. Mas seu significado é muito mais profundo. Eles são adequados a seus papéis como agentes do contrapoder na sociedade em rede, em acentuado contraste com as instituições políticas de poder obsoletas herdadas de uma estrutura social historicamente superada.

Movimentos sociais em rede e mudança política

O consenso da maioria dos observadores dos movimentos sociais atuais parece ser que, ao fim e ao cabo, os sonhos de mudança social terão de ser diluídos e canalizados por meio das instituições políticas, seja por reforma ou por revolução. Mesmo no último caso, os ideais revolucionários serão interpretados pelos novos poderes em vigor e por sua nova ordem constitucional. Isso cria um grande dilema, tanto analítico quanto prático, quando se avalia a produtividade política de movimentos que, no mais das vezes, não confiam nas instituições políticas existentes, e se recusam a confiar na viabilidade de sua participação em canais predeterminados de representação política. É verdade que a experiência paradigmática da Islândia mostra a possibilidade de um novo começo tanto nas instituições de governança quanto na organização da economia sem um processo traumático de mudança. Ainda, na maior parte dos movimentos que estudei, e em movimentos similares pelo mundo, a passagem crítica da esperança para a implementação de mudanças depende da permeabilidade das instituições políticas às demandas do movimento, bem como da vontade do movimento de se engajar em um processo de negociação. Quando ambas as condições são atendidas em termos positivos, várias demandas podem ser satisfeitas e a reforma política pode acontecer, com uma transformação distinta. Isso aconteceu no caso de Israel, de acordo com uma análise não publicada de Karine Nahon. Entretanto, uma vez que o desafio fundamental desses movimentos concerne à negação da legitimidade da classe política e à denúncia de sua subserviência às elites financeiras, há pouco espaço para uma real aceitação desses valores pela maior parte dos governos. De fato, uma análise abrangente de estudos empíricos sobre as consequências políticas dos movimentos sociais, focando principalmente nos Estados Unidos, mostra que, de um lado, os maiores movimentos sociais no passado foram influentes de diversas maneiras, especialmente contribuindo na definição de agendas políticas (Amenta *et al.*, 2010).

Entretanto, eles também mostram que a influência dos movimentos sociais na política e nas medidas políticas depende, amplamente, do seu potencial de contribuição às agendas predefinidas por seus atores. Isso está em total desacordo com a principal crítica dos movimentos sociais em rede que estudei, que diz respeito à falta de representatividade da classe política, uma vez que as eleições são condicionadas pelo poder do dinheiro e da mídia, e são restringidas por leis eleitorais tendenciosas desenvolvidas pela classe política em benefício próprio. Ainda, a resposta usual das elites políticas aos movimentos de protestos é se referir à vontade do povo de acordo com aquilo que foi expresso pela eleição anterior e à oportunidade de mudar a política de acordo com o resultado da nova eleição. Isso é justamente o que é mais contestado pela maior parte dos movimentos, de acordo com uma proporção substancial de cidadãos em todas as partes do mundo. Os movimentos não contestam o princípio da democracia representativa, mas denunciam a maneira como se dá a prática de tal democracia nos dias de hoje, além de não reconhecerem sua legitimidade. Sob essas condições, há pouca chance de interação positiva direta entre os movimentos e a classe política para impulsionar uma reforma política, uma reforma das instituições de governança que poderia ampliar os canais de participação política e limitar a influência de lobbies e grupos de pressão no sistema político, reivindicação fundamental da maioria dos movimentos sociais. A influência mais positiva do movimento na política pode acontecer indiretamente por meio do acolhimento por parte de alguns partidos ou líderes políticos de alguns de seus temas e demandas, especialmente quando alcançam popularidade entre grandes segmentos da população. Esse é, por exemplo, o caso nos Estados Unidos, onde a referência à segregação social entre os 99% e o 1% se tornou símbolo da extensão da desigualdade. Já que o caminho para as mudanças de medidas políticas passa pela mudança política, e já que a mudança política é moldada pelos interesses dos políticos no comando, a influência do movimento nas políticas é geralmente limitada, ao menos no curto prazo, na ausência de uma crise enorme que requeira a reformulação de todo o sistema. Contudo, há uma conexão mais profunda entre os movimentos sociais e a reforma política que poderia ativar a mudança social: ela acontece na mente das pessoas. Isso é especialmente notável quando nos referimos a movimentos que se colocam fora do sistema institucional e se dedicam à desobediência civil. É verdade que, quando questionados sobre as táticas do movimento Occupy Wall Street nos Estados Unidos, apenas uma minoria de cidadãos indicou apoio, mas o fato de aproximadamente 25 a 30% aprovarem as ações de ruptura do movimento indica uma onda de apoio aos desafiantes de instituições que perderam a confiança dos cidadãos. A incerteza de um processo desconhecido de mudança política parece ser a principal barreira a ser superada pelos movimentos que já expuseram a ilegitimidade dos poderes estabelecidos atualmente. O objetivo real desses movimentos é aumentar a conscientização entre os cidadãos de maneira geral, a fim de empoderá-los por meio de sua participação no movimento e na ampla deliberação sobre suas vidas e seu país, acreditando na capacidade de tomarem suas próprias decisões em relação à classe política. Para muitos no movimento, medir o sucesso pelas conquistas concretas de curto prazo é cair na lógica produtivista do capitalismo; para eles, o produto do movimento é menos importante que o processo pelo qual, em última análise, a consciência das pessoas será transformada.

Uma teoria do poder da comunicação e da mudança social

Os movimentos sociais em rede que aconteceram entre 2010 e 2013 podem ser mais bem entendidos na estrutura da teoria do poder da comunicação presente neste livro. Em essência, lembro ao leitor, defendo que as relações de poder são caracterizadas pela dinâmica entre poder e contrapoder, ou seja, entre a reprodução do poder incorporado às instituições e os desafios a esse poder oriundos de atores sociais que não veem seus interesses e valores suficientemente representados por elas. Tanto o poder quanto o contrapoder dependem amplamente da batalha sobre a moldagem de mentalidades realizada no reino das redes de comunicação multimodal. O poder é imposto pelas instituições. O contrapoder é mais frequentemente exercitado pela ascensão dos movimentos sociais. Na verdade, através da história, os movimentos sociais foram, e continuam sendo, as alavancas de mudança social. Eles geralmente decorrem de uma crise das condições de vida que tornam o dia a dia insuportável para a maior parte das pessoas. Eles são motivados por uma grande descrença nas instituições políticas que gerem a sociedade. A combinação de uma degradação das condições materiais da vida e de uma crise de legitimidade dos governantes no poder com a condução dos interesses públicos induz as pessoas a agir por conta própria, ingressando em ações coletivas fora dos canais institucionais estabelecidos, a fim de defender suas demandas e, enfim, mudar os governantes e até mesmo as regras que conformam suas vidas. No entanto, esse é um comportamento arriscado, pois a manutenção da ordem social e da estabilidade de instituições políticas expressa as relações de poder que são impostas, se necessário, por intimidação e, em última instância, pelo uso da força. Dessa forma, na experiência histórica, e na observação dos movimentos em rede que analisei, os movimentos sociais são mais frequentemente desencadeados por emoções derivadas de algum evento significativo que ajuda os manifestantes a superarem o medo e a enfrentarem os poderes instituídos apesar do perigo inerente à sua ação. Na verdade, a mudança social envolve uma ação, individual e/ou coletiva, que, em sua raiz, tem motivação emocional, como acontece com todo o comportamento humano, de acordo com uma pesquisa recente em neurociência social (Damasio, 2009). A teoria da inteligência afetiva em comunicações políticas baseada na psicologia experimental (Newman *et al.*, eds., 2007) defende que o gatilho é a raiva e o que reprime é o medo. A raiva aumenta com a percepção de uma ação injusta e com a identificação do agente responsável por ela. O medo desencadeia a ansiedade, que está associada com a prevenção do perigo. O medo é superado pelo compartilhamento e pela identificação com os outros em um processo de ação comunicativa. Assim a raiva assume o controle: leva ao comportamento de tomada de riscos. Quando o processo de ação comunicativa induz à ação coletiva e a mudança é promovida, a emoção positiva mais potente prevalece: o entusiasmo, que alimenta a mobilização social propositada. Os indivíduos entusiasmados em rede, tendo superado o medo, são transformados em um ator consciente e coletivo. Desse modo, a mudança social resulta da ação comunicativa que envolve a conexão entre redes de redes neurais dos cérebros humanos estimuladas por sinais de um ambiente comunicativo por meio das redes de comunicação.

A tecnologia e a morfologia dessas redes de comunicação moldam o processo de mobilização e, consequentemente, o de mudança social, tanto como processo quanto como resultado. A ascensão das redes de comunicação digital como forma prevalente de interação humana mediada fornece o novo contexto, no cerne da sociedade em rede como uma nova estrutura social, na qual os movimentos sociais do século XXI estão sendo formados. E o projeto do livro que você tem em mãos, *O poder da comunicação*, é fornecer o quadro teórico fundamentado para entender os caminhos das mudanças sociais e políticas de nosso tempo — um quadro hipotético que deve ser contrastado e, enfim, retificado pela experiência histórica conforme registrada pelas pesquisas acadêmicas.

1

O PODER NA SOCIEDADE EM REDE

O QUE É PODER?

O poder é o processo mais fundamental na sociedade, já que a sociedade é definida em torno de valores e instituições e o que é valorizado e institucionalizado é definido pelas relações de poder.

O poder é a capacidade relacional que permite a um ator social influenciar assimetricamente as decisões de outro(s) ator(es) social(is) de formas que favoreçam a vontade, os interesses e os valores do ator que detém o poder. O poder é exercido por meio de coerção (ou a possibilidade de coerção) e/ou pela construção de significado com base em discursos por meio dos quais os atores sociais orientam suas ações. As relações de poder são marcadas pela dominação, que é o poder entranhado nas instituições da sociedade. A capacidade relacional do poder está condicionada, mas não determinada, pela capacidade estrutural de dominação. Instituições podem se envolver em relações de poder que dependem da dominação exercida sobre seus sujeitos.

Essa definição é ampla o suficiente para abranger a maior parte das formas de poder social, mas exige algumas especificações. O conceito de *ator* refere-se a uma variedade de sujeitos da ação: atores individuais, atores coletivos, organizações, instituições e redes. Em última instância, no entanto, todas as organizações, instituições e redes expressam a ação de atores humanos, mesmo que essa ação tenha sido institucionalizada ou organizada por processos no passado. *Capacidade relacional* significa que o poder não é um atributo, mas uma relação. Ele não pode ser abstraído da relação específica entre os sujeitos do poder, aqueles que têm o poder e aqueles que estão sujeitos a esse poder em determinado contexto. *Assimetricamente* significa que, embora a influência em uma relação seja sempre recíproca, nas relações de poder há sempre um grau maior de influência por parte de um ator sobre o outro. No entanto, nunca há um poder absoluto, um grau zero de influência daqueles submetidos ao poder em relação àqueles em posições de poder. Há sempre a possibilidade de resistência que questiona esse tipo de relação. Além disso, em qualquer relação de poder, há certo grau de consentimento e aceitação do poder por parte daqueles sujeitos. Quando a resistência e a rejeição se tornam significativamente mais fortes que o consentimento e a aceitação, as relações de poder são transformadas: os termos mudam, o poderoso perde poder, e finalmente há um processo de mudança institucional ou estrutural, dependendo da extensão da transformação dos relacionamentos. Ou então relações de poder tornam-se relações não sociais. Isso ocorre porque, se uma relação de poder só pode existir na dependência da dominação estrutural apoiada pela violência, aqueles no poder, a fim de manter sua dominação, devem destruir a capacidade relacional do(s) ator(es) resistente(s), cancelando, assim, a própria relação. Proponho a noção de que a mera imposição pela força não é uma relação social porque leva à obliteração do ator social dominado, de tal forma que a relação desaparece com a extinção de um de seus termos. Trata-se, no entanto, de uma ação social com significado social porque o uso da força constitui uma influência intimidante sobre os sujeitos sobreviventes sob dominação semelhante, ajudando a reafirmar as relações de poder entre esses sujeitos. Além disso, assim que a relação de poder é restabelecida em seus componentes plurais, a complexidade do mecanismo de dominação de várias camadas funciona outra vez, fazendo com que a violência seja um fator entre outros em um conjunto mais amplo de determinação. Quanto maior for o papel desempenhado pela construção de significado em nome de interesses e valores específicos na afirmação do poder em uma relação, menor é a necessidade do recurso à violência (legítima ou não). No entanto, a institucionalização do recurso à violência no Estado e seus complementos estabelecem o contexto de dominação em que a produção cultural do significado pode ser eficaz.

Há complementaridade e apoio recíproco entre os dois mecanismos principais da formação de poder identificados pelas teorias do poder: violência e discurso. Afinal, Michel Foucault começa seu *Vigiar e punir* (1975) com a descrição da tortura de Damiens antes de continuar para sua análise da construção de discursos disciplinares que constituem uma sociedade na qual "fábricas, escolas, quartéis militares, hospitais, todos parecem prisões" (1975: 264). Essa complementaridade das fontes de poder também pode ser observada em Max Weber: ele define o poder social como "a probabilidade de que um ator em uma relação social esteja em uma posição que lhe permita realizar sua própria vontade apesar da resistência, independentemente da base na qual essa probabilidade se apoia" ([1922] 1978:53). E finalmente ele estabelece conexão entre poder e política e política e Estado, "uma relação de homens dominando homens, uma relação sustentada por meio de violência legítima (i.e., considerada como legítima). Para que o Estado exista, os dominados devem obedecer à autoridade reivindicada pelos poderes sejam eles quais forem... o meio decisivo para a política é a violência" ([1919] 1946:78,121). Mas ele também adverte que um Estado existente "cuja época heroica não é considerada como tal pelas massas, pode, mesmo assim, ser decisivo para um sentimento poderoso de solidariedade, apesar dos maiores antagonismos internos" ([1919] 1946:177).

É por essa razão que o processo de legitimidade, o cerne da teoria política de Habermas, é a chave que permite ao Estado estabilizar o exercício de sua dominação (Habermas, 1976). E a legitimidade pode ser obtida por vários procedimentos, entre os quais a democracia constitucional, que é a preferência de Habermas, é apenas um. Como a democracia envolve um conjunto de processos e procedimentos, ela não envolve políticas. De fato, se o Estado intervém na esfera pública em nome dos interesses específicos que nele predominam, ele provoca uma crise de legitimidade porque se revela como um instrumento de dominação e não uma instituição de representação. A legitimidade depende em grande parte do consentimento obtido pela construção de significado compartilhado: a crença na democracia representativa, por exemplo. O significado é construído na sociedade por meio do processo de ação comunicativa. A racionalização cognitiva fornece a base para as ações dos atores. Portanto, a capacidade da sociedade civil de fornecer o conteúdo da ação estatal por meio da esfera pública ("uma rede para comunicar a informação e pontos de vista" [Habermas, 1996:360]) é o que garante a democracia e, em última instância, cria as condições para o exercício legítimo de poder: poder como representação dos valores e interesses dos cidadãos expressos por meio de seu debate na esfera pública. Assim, a estabilidade institucional está baseada na capacidade de articular interesses e valores diferentes no processo democrático por meio de redes de comunicação (Habermas, 1989).

Quando há separação entre um Estado intervencionista e uma sociedade civil crítica, o espaço público desmorona, suprimindo assim a esfera intermediária entre o aparato administrativo e os cidadãos. O exercício democrático do poder depende, em última instância, da capacidade institucional de transferir o significado gerado pela ação comunicativa na coordenação funcional da ação organizada no Estado sob os princípios do consenso constitucional. *Logo, o acesso constitucional à capacidade coercitiva e aos recursos comunicativos que permitem a coprodução de significado se complementam no estabelecimento de relações de poder.*

Assim, a meu ver, algumas das teorias do poder mais influentes, apesar de suas diferenças teóricas e ideológicas, compartilham uma análise multifacetada semelhante da construção do poder na sociedade[1]: *a violência, a ameaça de recorrer a ela, discursos disciplinares, a ameaça de acionar a disciplina, a institucionalização das relações de poder como dominação reprodutível, e o processo*

---

1 A análise de Gramsci das relações entre o Estado e a sociedade civil em termos de hegemonia é próxima a essa formulação, embora conceitualizada em uma perspectiva teórica diferente, com raízes na análise de classes (ver Gramsci, 1975).

de legitimação pelo qual valores e regras são aceitos pelos sujeitos de referência, são todos elementos que interagem no processo da produção e reprodução das relações de poder nas práticas sociais e nas formas organizacionais.

Essa perspectiva eclética sobre o poder — espero que útil como uma ferramenta de pesquisa que vá além de seu nível de abstração — articula os dois termos da distinção clássica entre *poder sobre* e *poder para* proposta por Talcott Parsons (1963) e desenvolvida por vários teóricos (por exemplo, a distinção de Goehler [2000] entre poder transitivo [poder sobre] e poder intransitivo [poder para]). Porque, se presumirmos que todas as estruturas sociais são baseadas em relações de poder que estão engastadas nas instituições e organizações (Lukes, 1974) para que um ator social se envolva em uma estratégia com um determinado objetivo, ter o poder de atuar nos processos sociais necessariamente significa intervir em um conjunto de relações de poder que moldam qualquer processo social e condicionam a obtenção de uma meta específica. O empoderamento de atores sociais não pode estar separado de seu empoderamento contra outros atores sociais, a menos que aceitemos a imagem ingênua de uma comunidade humana apaziguada, uma utopia normativa que é desmentida pela observação histórica (Tilly, 1990, 1993; Fernández-Armesto, 2000). O poder para fazer algo, apesar do que diz Hannah Arendt (1958), é sempre o poder de fazer algo contra alguém, ou contra os valores e interesses desse "alguém" que estão sacralizados nos aparatos que governam e organizam a vida social. Como Michael Mann escreveu na introdução de seu estudo histórico das fontes do poder social, "no seu sentido mais geral, o poder é a capacidade de perseguir e alcançar metas por meio do domínio de nosso ambiente" (1986:6). E, após se referir às distinções de Parsons entre poder distributivo e poder coletivo, ele afirma que:

> Na maioria das relações sociais, ambos os aspectos do poder, distributivo e coletivo, explorador e funcional, operam simultaneamente e estão entrelaçados. De fato, o relacionamento entre os dois é dialético. Na busca de suas metas, os humanos entram em relações de poder cooperativas e coletivas uns com os outros. Mas na implementação de metas coletivas, a organização social e a divisão de trabalho são estabelecidas. [...] Os poucos no alto podem manter as massas na base aquiescentes, contanto que seu controle esteja *institucionalizado* nas leis e normas do grupo social no qual ambos operam (1968:6-7).

Assim, sociedades não são comunidades que compartilham valores e interesses. São estruturas sociais contraditórias estabelecidas em conflitos e negociações entre atores sociais diferentes e muitas vezes opostos. Os conflitos nunca terminam; eles simplesmente pausam por meio de acordos temporários e contratos instáveis que são transformados em instituições de dominação por aqueles atores sociais que conseguem uma posição vantajosa na luta pelo poder, por vezes a custo de permitir algum grau de representação institucional para a pluralidade de interesses e valores que permanecem subordinados. Assim, as instituições do Estado e, além do Estado, as instituições, organizações e discursos que forjam e regulam a vida social nunca são a expressão da "sociedade", uma caixa-preta de significado polissêmico cuja interpretação depende das perspectivas dos atores sociais. Elas são relações cristalizadas de poder; isto é, os "meios generalizados" (Parsons) que permitem aos atores exercer poder *sobre* outros atores sociais a fim de ter o poder *para* realizar seus objetivos.

Isso não é exatamente uma abordagem teórica nova. Ela tem como base a teoria da produção da sociedade de Touraine (1973) e a teoria de estruturação de Giddens (1984). Atores produzem as instituições da sociedade sob as condições das posições estruturais que mantêm, mas com a capacidade (em última instância, mental) de realizar uma ação social autogerada, intencional e significativa. É assim que a estrutura e a agência são integradas na compreensão da dinâmica social, sem ter de aceitar ou rejeitar os reducionismos gêmeos do estruturalismo ou do subjetivismo. Essa abordagem não é apenas um ponto plausível de convergência de teorias sociais relevantes, mas também o que o registro da pesquisa social parece indicar (Giddens, 1979; Mann, 1986, 1992; Melucci, 1989; Dalton e Kuechler, 1990; Bobbio, 1994; Calderon, 2003; Tilly, 2005; Sassen, 2006).

No entanto, os processos de estruturação têm camadas e escalas múltiplas. Eles operam em formas e níveis diferentes de prática social: econômicos (produção, consumo, intercâmbio), tecnológicos, ambientais, culturais, políticos e militares. E incluem relações de gênero que constituem relações de poder que atravessam toda a estrutura. Esses processos de estruturação de várias camadas geram formas temporais e espaciais específicas. Cada um desses níveis de prática e cada forma espaço temporal (re)produzem e/ou desafiam as relações de poder na fonte das instituições e dos discursos. E essas relações envolvem ajustes complexos entre os vários níveis de prática e das instituições: global, nacional, local e individual (Sassen, 2006). Portanto, se a estruturação é múltipla, o desafio analítico é compreender a especificidade das relações de poder em cada um desses níveis, formas e escalas da prática social, bem como em seus resultados estruturados (Haugaard, 1997). Assim, *o poder não está localizado em uma esfera social ou instituição específica, mas está distribuído por toda a esfera da ação humana. No entanto, há expressões concentradas de relações de poder em certas formas sociais que condicionam e forjam a prática do poder na sociedade como um todo ao reforçar a dominação. O poder é relacional, a dominação é institucional.* Uma forma particularmente relevante de dominação foi, em toda a história, o Estado em suas diferentes manifestações (Poulantzas, 1978; Mulgan, 2007). Mas os Estados são entidades históricas (Tilly, 1974).

O PODER DA COMUNICAÇÃO | 61

Portanto, a quantidade de poder que eles mantêm depende da estrutura social total na qual operam. E essa é a questão mais decisiva para a compreensão da relação entre o poder e o Estado.

Na formulação weberiana clássica, "em última instância, só podemos definir o Estado moderno em termos dos meios específicos que lhe são peculiares, como de toda associação política, ou seja, o uso da força política. *Todos os Estados são fundados na força*" ([1919] 1946:77; grifo acrescentado). Como o Estado pode ser invocado para fazer cumprir as relações de poder em todas as áreas da prática social, ele é o garantidor final dos micropoderes; isto é, de poderes exercidos longe da esfera política. Quando as relações de micropoder entram em contradição com as estruturas de dominação engastadas no Estado, ou o Estado muda ou a dominação é restabelecida por meios institucionais. Embora a ênfase aqui seja na força, a lógica da dominação também pode estar embutida em discursos como formas alternativas ou complementares do exercício do poder. Os discursos são entendidos, na tradição foucaultiana, como combinações de conhecimento e linguagem. Mas não há qualquer contradição entre dominação pela possibilidade de uso da força e dominação por meio de discursos disciplinares. Com efeito, a análise feita por Foucault da dominação por discursos disciplinares que sustentam as instituições da sociedade se refere principalmente ao Estado ou às instituições paraestatais: prisões, instâncias militares, hospícios. A lógica baseada no Estado também se estende para os mundos disciplinares da produção (a fábrica) ou da sexualidade (a família patriarcal heterossexual; Foucault, 1976, 1984a,b). Em outras palavras, os discursos disciplinares apoiam-se no uso potencial da violência e a violência do Estado é racionalizada, internalizada, e, em último caso, legitimada pelos discursos que forjam/moldam a ação humana (Clegg, 2000). De fato, as instituições e *para--instituições* do Estado (por exemplo, instituições religiosas, universidades, as elites cultas e, até certo ponto, a mídia) são as fontes principais desses discursos. Para desafiar as relações de poder existentes é necessário produzir discursos alternativos que tenham o potencial de sobrepujar a capacidade discursiva do Estado como um passo necessário para neutralizar seu uso da violência. Portanto, embora as relações de poder estejam distribuídas na estrutura social, o Estado, de uma perspectiva histórica, continua a ser uma instância estratégica do exercício do poder por vários meios distintos. Mas o próprio Estado depende de uma diversidade de fontes de poder. Geoff Mulgan sugeriu que a capacidade do Estado de assumir e exercer poder tem como base a articulação de três fontes: violência, dinheiro e confiança.

> As três fontes de poder juntas servem de base para o poder político, o poder soberano de impor leis, emitir ordens e manter um povo e um território unidos... Ele concentra força por meio de seus exércitos, concentra recursos

por meio do fisco e concentra o poder de moldar as mentes, mais recentemente por meio dos grandes sistemas de educação e comunicação, que são a dupla liga do Estado-Nação moderno... Das três fontes de poder, a mais importante para a soberania é o poder sobre os pensamentos que dão origem à confiança. A violência só pode ser usada negativamente; o dinheiro só pode ser usado em duas dimensões: dando ou tirando. Mas o conhecimento e os pensamentos podem transformar as coisas, mover montanhas e fazer com que o poder efêmero pareça permanente (Mulgan, 2007:27).

No entanto, os modos de existência do Estado e sua capacidade de atuar sobre as relações de poder dependem das especificidades da estrutura social em que ele opera. Com efeito, as próprias noções de Estado e sociedade dependem dos limites que definem sua existência em um determinado contexto histórico. E nosso contexto histórico é caracterizado pelos processos contemporâneos de globalização e pelo surgimento da sociedade em rede, ambos dependentes das redes de comunicação que processam o conhecimento e as ideias para criar e destruir a confiança, a fonte decisiva do poder.

ESTADO E PODER NA ERA GLOBAL

Para Weber, a esfera de ação de qualquer Estado é limitada territorialmente: "Hoje temos de dizer [em contraste com várias instituições baseadas na força no passado] que o Estado é uma comunidade humana que (com sucesso) reivindica o monopólio sobre o uso legítimo da força física dentro de um determinado território. Observe que o território é uma das características do Estado" ([1919] 1946:78). Esse não é necessariamente um Estado-Nação, mas, em sua manifestação moderna, ele normalmente o é: "Uma nação é uma comunidade de sentimento que se manifestaria adequadamente em um Estado próprio; portanto, uma nação é uma comunidade que normalmente tende a produzir um Estado próprio" ([1922] 1978:176). Portanto, nações (comunidades culturais) produzem Estados ao reivindicar o monopólio da violência em determinado território. A articulação do poder do Estado e da política ocorre em uma sociedade definida como tal pelo Estado. Essa é a premissa implícita na maioria das análises do poder, que veem as relações de poder dentro de um Estado territorialmente constituído ou entre Estados. Nação, Estado e território definem os limites da sociedade.

Esse "nacionalismo metodológico" é corretamente questionado por Ulrich Beck porque a globalização redefiniu os limites territoriais do exercício do poder:

A globalização, quando levada a sua conclusão lógica, significa que as ciências sociais precisam ser fundamentadas novamente como uma ciência do transnacional, baseada na realidade — conceitual, teórica, metodológica e organizacionalmente também. Isso inclui o fato de haver uma necessidade de os conceitos básicos da "sociedade moderna" — moradia, família, classe, democracia, dominação, Estado, economia, esfera pública, política e assim por diante — serem libertados das fixações do nacionalismo metodológico e redefinidos e reconceituados no contexto do cosmopolitismo metodológico (Beck, 2005:50).

David Held, desde seu artigo seminal em 1991 e ao longo de uma série de análises políticas e econômicas da globalização, mostrou como falta à clássica teoria do poder — que se concentra no Estado-Nação ou em estruturas governamentais subnacionais — um quadro de referência a partir do momento em que os componentes mais importantes da estrutura social são ao mesmo tempo locais e globais, e não locais ou nacionais (Held, 1991, 2004; Held *et al.*, 1999; Held e McGrew, 2007). Habermas (1998) reconhece os problemas que surgem com a chegada daquilo que chama de "constelação pós-nacional" para o processo de legitimidade democrática, à medida que a Constituição (a instituição definidora) é nacional e as fontes de poder são cada vez mais construídas em uma esfera supranacional. Bauman (1999) sugere uma nova compreensão da política em um mundo globalizado. E Saskia Sassen (2006) mostrou a transformação da autoridade e dos direitos, e, portanto, das relações de poder, com a evolução da estrutura social na direção de "arranjos globais".

Em suma: se as relações de poder existem em estruturas sociais específicas que são constituídas com base em formações espaço temporais, e essas formações espaço temporais já não estão primordialmente localizadas no nível nacional, mas são globais e locais ao mesmo tempo, as fronteiras da sociedade se alteram, assim como o quadro de referência das relações de poder que transcendem o nacional (Fraser, 2007). Não significa dizer que o Estado-Nação desaparece. Mas que as fronteiras nacionais das relações de poder são apenas uma das dimensões nos quais o poder e o contrapoder operam. Finalmente, isso afeta o próprio Estado-Nação. Mesmo se ele não desaparecer como uma forma específica de organização social, seu papel... sua estrutura e suas funções mudam, e ele evolui gradativamente para uma nova forma de Estado: o Estado em rede, que analiso a seguir.

Como, nesse novo contexto, podemos entender as relações de poder que não são primordialmente definidas dentro de limites territoriais estabelecidos pelo Estado? A construção teórica proposta por Michael Mann para o entendimento das fontes sociais de poder nos fornece alguns *insights* sobre a questão, porque, com base em sua investigação histórica, ele conceitualiza as sociedades como "constituídas de redes socioespaciais de poder, múltiplas, sobrepostas e interagentes" (1986:1). Portanto, em vez de procurar limites territoriais, precisamos identificar as redes socioespaciais de poder (locais, nacionais, globais) que, em sua interseção, configuram as sociedades. Embora uma visão da autoridade política mundial centrada no Estado nos desse uma clara indicação dos limites da sociedade e, portanto, dos locais de poder no contexto da era global, para usar a definição de Beck, temos de começar nas redes para compreender as instituições (ver Beck, 2005). Ou, na terminologia de Sassen, são as formas de agrupamentos — nem globais nem locais, mas ambos simultaneamente — que definem o conjunto específico de relações de poder que fornecem a base para cada sociedade. Ou seja, a noção tradicional de sociedade pode ser questionada porque cada rede (econômica, cultural, política, tecnológica, militar e outras semelhantes) tem suas próprias configurações espaço temporais e organizacionais, de tal forma que seus pontos de interseção estão sujeitos a mudanças constantes. As sociedades como sociedades nacionais tornam-se segmentadas e são constantemente reformuladas pela ação de redes dinâmicas, em suas estruturas sociais historicamente herdadas. Nos termos de Michael Mann, "uma sociedade é uma rede de interação social em cujos limites existe certo nível de separação da interação entre ela e seu ambiente. Uma sociedade é uma unidade com limites" (1986:13).

Com efeito, é difícil conceber uma sociedade sem limites. Mas as redes não têm limites estabelecidos; elas são ilimitadas e têm várias bordas, e sua expansão ou contração depende da compatibilidade ou competição entre os interesses e valores programados em cada rede e os interesses e valores programados nas redes com os quais elas entram em contato em seu movimento de expansão. Em termos históricos, o Estado (nacional ou de outro tipo) pode ter sido capaz de funcionar como um zelador da interação entre redes, fornecendo certo grau de estabilidade para uma configuração específica de redes de poder sobrepostas. No entanto, sob as condições da globalização e de múltiplas camadas, o Estado se torna apenas um nó (por mais importante que ele seja) de uma rede específica, a rede política, institucional e militar que se sobrepõe a outras redes importantes na construção da prática social. Assim, a dinâmica social construída ao redor das redes parece dissolver a sociedade como uma forma de organização social estável. No entanto, uma abordagem mais construtiva à compreensão do processo de mudança histórica é conceitualizar uma nova forma de sociedade, a sociedade em rede, composta de configurações específicas de redes globais, nacionais e locais em um espaço multidimensional de interação social. Minha hipótese é que configurações relativamente estáveis construídas nas interseções dessas redes podem fornecer os limites que redefiniriam uma nova "sociedade", com o entendimento de que esses limites são altamente voláteis em virtude da mudança constante na geometria das redes globais que estruturam as práticas e as organizações sociais. Para investigar essa hipótese, preciso fazer um desvio pela teoria de redes e, então, devo introduzir a especificidade da sociedade em rede como um tipo particular de estrutura social. Só então poderemos redefinir as relações de poder sob as condições de uma sociedade global em rede.

REDES

Uma rede é um conjunto de nós interconectados. Como a relevância dos nós para a rede pode variar, os mais importantes são chamados de "centros" em algumas versões da teoria de redes. Ainda assim, qualquer componente de uma rede (inclusive os "centros") é um nó e sua função e significado dependem dos programas da rede e de sua interação com outros nós na rede. A importância dos nós para a rede aumenta de acordo com sua capacidade de absorver informações mais relevantes e de processá-las de maneira mais eficiente. A importância relativa de um nó não está em suas características específicas, mas em sua capacidade de contribuir para a eficácia da rede na concretização de suas metas, definidas pelos valores e interesses programados nas redes. No entanto, todos os nós de uma rede são necessários para o desempenho da rede, embora ela permita alguma redundância como garantia para seu funcionamento adequado. Quando os nós se tornam desnecessários para a concretização das metas das redes, essas *tendem* a se reconfigurar, apagando alguns nós e acrescentando outros novos. Os nós só existem e funcionam como componentes de redes. A rede é a unidade, não o nodo.

Na vida social, as redes são estruturas comunicativas. "Redes de comunicação são os padrões de contato criados pelo fluxo de mensagens entre comunicadores no tempo e no espaço" (Monge e Contractor, 2003:3). Portanto, redes processam fluxos. Os fluxos são correntes de informação entre nós, que circulam por meio dos canais de conexão entre os nós. Uma rede é definida pelo programa que atribui a ela suas metas e os regulamentos de seu desempenho. Esse programa é feito de códigos que incluem a avaliação do desempenho e critérios para o sucesso ou o fracasso. Nas redes sociais e organizacionais, atores sociais, que promovem seus valores e interesses e interagem com outros atores sociais, estão na origem da criação e da programação das redes. No entanto, uma vez que elas foram estabelecidas e programadas, as redes seguem as instruções inscritas em seu sistema operacional e tornam-se capazes de se autoconfigurar dentro dos parâmetros das metas e dos procedimentos que lhes foram atribuídos. Para alterar os resultados da rede, é necessária a instalação de um novo programa (um conjunto de códigos compatíveis orientados para uma meta) na rede — que venha de fora dela.

Redes (e os conjuntos de interesses e valores que elas representam) cooperam ou competem umas com as outras. A cooperação é baseada na capacidade de comunicação entre redes. Essa capacidade depende da existência de códigos de tradução e interoperabilidade entre elas (protocolos de comunicação) e do acesso a pontos de conexão (comutadores). A competição depende de uma capacidade de desempenho superior à de outras redes em termos de eficiência no próprio desempenho ou na capacidade de cooperação. A competição também pode assumir uma forma destrutiva ao interromper os comutadores de redes rivais e/ou ao interferir com seus protocolos de comunicação. As redes funcionam em uma lógica binária: inclusão/exclusão. Dentro da rede, a distância entre nós tende a zero quando todos os nós estão diretamente conectados com todos os outros. Entre nós dentro e fora da rede a distância é infinita, já que não há acesso, a menos que o programa da rede seja alterado. Quando os nós na rede estão aglomerados, essas seguem a lógica das propriedades de pequenos mundos: os nós são capazes de se conectar, com um número de passos, com toda a rede e redes relacionadas a partir de qualquer nó na rede (Watts e Strogatz, 1998). No caso de redes de comunicação, eu acrescentaria a condição de compartilhar protocolos de comunicação.

Assim, as redes são estruturas complexas de comunicação construídas em torno de um conjunto de metas que simultaneamente garantem a unidade de propósito e a flexibilidade de execução em virtude de sua adaptabilidade ao ambiente operacional. Elas são programadas e, ao mesmo tempo, autoconfiguráveis. Nas redes sociais e organizacionais, suas metas e procedimentos operacionais são programados por atores sociais. Sua estrutura evolui de acordo com a capacidade da rede de se autoconfigurar em uma busca permanente por combinações de redes mais eficientes.

As redes não são construções específicas das sociedades do século XXI, nem, aliás, da organização humana (Buchanan, 2002). As redes constituem um modelo de vida — de todos os tipos de vida — que é fundamental. Como escreve Fritjof Capra "a rede é um padrão comum a todo tipo de vida. Onde quer que exista vida, existem redes" (2002:9). Na vida social, os analistas das redes sociais há muito investigam a dinâmica dessas redes no âmago da interação social e na produção de significado (Burt, 1980) que leva à formulação de uma teoria sistemática de redes de comunicação (Monge e Contractor, 2003). Além disso, em termos de estrutura social, arqueólogos e historiadores da Antiguidade nos lembram de que os registros históricos mostram a difusão e a relevância das redes como a espinha dorsal de sociedades, milhares de anos atrás, nas civilizações antigas mais avançadas, em várias regiões do planeta. De fato, se transferirmos a noção de globalização para a geografia do mundo antigo, levando em conta as tecnologias de transporte disponíveis, havia um tipo de globalização em rede na Antiguidade, uma vez que as sociedades dependiam da conectividade de suas principais atividades a redes que transcendiam os limites de sua localização, para sua sobrevivência, seus recursos e seu poder (LaBianca, 2006). A cultura muçulmana foi historicamente baseada em redes globais (Cooke e Lawrence, 2005). E McNeill e McNeill (2003) demonstraram o papel essencial das redes na organização social em toda a história.

Essa observação dos registros históricos verdadeiros contradiz a visão predominante da evolução da sociedade que se concentrou em um tipo diferente de organização: burocracias hierárquicas baseadas na integração vertical de recursos e sujeitos como forma de expressão do poder organizado de uma elite social, legitimada pela mitologia e pela religião. Essa é, até certo ponto, uma visão distorcida, já que a análise histórica e social, com mais frequência do que o esperado, foi construída com base no etnocentrismo e na ideologia, e não na investigação acadêmica da complexidade de um mundo multicultural. Mas essa indiferença relativa de nossa representação histórica em relação à importância das redes na estrutura e na dinâmica da sociedade pode também estar ligada à real subordinação dessas redes à lógica das organizações verticais, cujo poder estava inserido nas instituições da sociedade e distribuído em fluxos unidirecionais de comando e controle (Braudel, 1949; Mann, 1986, 1992; Colas, 1992; Fernández-Armesto, 1995). Minha hipótese para explicar a superioridade histórica das organizações verticais/hierárquicas sobre as redes horizontais é que a forma descentralizada e reticulada de organização social tinha limites materiais a serem superados, limites que tinham relação fundamental com as tecnologias disponíveis. Realmente, a força das redes está em sua flexibilidade, adaptabilidade e capacidade de se autoconfigurar. No entanto, além de um certo limiar de tamanho, complexidade e volume de fluxos, elas se tornam menos eficientes do que as estruturas verticalmente organizadas de comando e controle *sob as condições da tecnologia de comunicação pré-eletrônica* (Mokyr, 1990). Sim, os navios movidos a vento podiam construir redes de comércio e conquista pelos mares e até pelos oceanos. E mensageiros a cavalo ou mensageiros velozes a pé conseguiam manter a comunicação do centro com a periferia de vastos impérios territoriais. Mas o intervalo de tempo até o retorno no processo de comunicação era tal que a lógica do sistema consistia no final em um fluxo em mão única de transmissão de informação e instruções. Nessas condições, as redes eram uma extensão do poder concentrado no topo das organizações verticais que moldaram a história da humanidade: Estados, aparatos religiosos, senhores da guerra, exércitos, burocracias e seus subordinados encarregados da produção, do comércio e da cultura.

A capacidade das redes de introduzir novos atores e novos conteúdos no processo da organização social, com uma relativa autonomia diante dos centros de poder, aumentou com o passar do tempo com as mudanças tecnológicas e, mais precisamente, com a evolução das tecnologias de comunicação. Esse foi especialmente o caso com a possibilidade de depender de uma rede de distribuição de energia que caracterizou o advento da Revolução Industrial (Hughes, 1983). As ferrovias e o telégrafo constituíram a primeira infraestrutura para a rede de comunicação quase global com capacidade de autorreconfiguração (Beniger, 1986). No entanto, a sociedade industrial (tanto em sua versão capitalista quanto em sua versão estatista) foi predominantemente estruturada em torno de organizações de produção verticais e de grande escala, bem como de instituições estatais extremamente hierárquicas que, em alguns casos, se transformaram em sistemas totalitários. Ou seja, as primeiras tecnologias de comunicação baseadas na eletricidade não eram poderosas o suficiente para equipar redes com autonomia em todos seus nós, já que essa autonomia exigiria multidirecionalidade e um fluxo contínuo de processamento interativo de informação. Mas isso também significa que a disponibilidade de uma tecnologia adequada é uma condição necessária, mas não suficiente, para a transformação da estrutura social. Foi só sob as condições de uma sociedade industrial madura que projetos autônomos de formação organizacional em redes puderam surgir. Quando isso aconteceu, esses projetos puderam usar o potencial das tecnologias de comunicação digitais com base na microeletrônica (Benkler, 2006).

Assim, as redes se tornaram as formas organizacionais mais eficientes como resultado de três de suas características principais que se beneficiaram do novo ambiente tecnológico: flexibilidade, "escalabilidade" e capacidade de sobrevivência. *Flexibilidade* é a habilidade da rede de se reconfigurar de acordo com as mudanças ambientais e de manter suas metas ao mesmo tempo que muda seus componentes, às vezes contornando pontos que bloqueiam os canais de comunicação para encontrar novas conexões. *Escalabilidade* é a capacidade de expandir ou encolher em tamanho sem grandes interrupções. A capacidade de sobrevivência (*survivability*) é a capacidade que as redes têm de suportar ataques a seus nós e a seus códigos em virtude de não terem um único centro e poderem operar em diversas configurações. Isso ocorre porque os códigos da rede estão contidos em nós múltiplos que podem reproduzir as instruções e descobrir novas formas de realizar seu desempenho. Portanto, só a habilidade material de destruir os pontos de conexão é capaz de eliminar a rede.

No âmago dessa mudança tecnológica que desencadeou o poder das redes estava a transformação das tecnologias de informação e comunicação, a partir da revolução microeletrônica que se formou nas décadas de 1950 e 1960 (Freeman, 1982; Perez, 1983). Ela constituiu a fundação de um novo paradigma tecnológico, consolidado na década de 1970, primeiro nos Estados Unidos e depois rapidamente difundida pelo mundo todo, abrindo caminho para aquilo que caracterizei como a Era da Informação (Castells, 2000a, c, 2004c). William Mitchell (2003) conceituou a evolução da lógica em tecnologia da informação e da comunicação através da história como um processo de expansão e ampliação do corpo e da mente humanos: um processo que, no começo do século XXI, é caracterizado pela explosão de dispositivos portáteis que fornecem uma capacidade de comunicação sem fio e de informatização generalizada. Isso permite que as unidades sociais (indivíduos ou organizações) interajam em qualquer lugar, a qualquer momento, enquanto dependem de uma infraestrutura de apoio que administra recursos materiais em uma grade de energia de informação distribuída (Castells *et al.*, 2006b). Com o advento da nanotecnologia e a convergência da microeletrônica com processos e materiais biológicos, a fronteira entre a vida humana e a vida da máquina tornou-se indistinta, de tal forma que as redes estendem sua interação a partir de nosso ego interior para todas as áreas da atividade humana, ultrapassando as barreiras do tempo e do espaço. Nem Mitchell nem eu somos muito adeptos de cenários de ficção científica como um substituto para análises do processo de transformação técnico-social. Mas é essencial, justamente em benefício da análise, enfatizar o papel da tecnologia no processo de transformação social, especialmente quando consideramos a tecnologia central de nossa época — a tecnologia da comunicação —, que tem ligação com a essência da especificidade da espécie humana: a comunicação consciente e significativa (Capra, 1996, 2002; Damasio, 2003). Foi em virtude da informação eletrônica e das tecnologias da comunicação que a sociedade em rede pôde se organizar plenamente, ultrapassando os limites históricos de redes como formas de organização e interação sociais.

A SOCIEDADE EM REDE GLOBAL[2]

Uma sociedade em rede é uma sociedade cuja estrutura social é construída em torno de redes ativadas por tecnologias de comunicação e de informação processadas digitalmente e baseadas na microeletrônica. Considero estruturas sociais como arranjos organizacionais de seres humanos em relações de produção, consumo, reprodução, experiência e poder, expressos em uma comunicação significativa codificada pela cultura.

As redes digitais são globais, pois têm a capacidade de se reconfigurar de acordo com as instruções de seus programadores, ultrapassando fronteiras

---

2 Esta seção elabora e atualiza a análise apresentada em meu livro *The Rise of the Network Society* (2000c) [*A sociedade em rede*]. Tomo a liberdade de sugerir ao leitor aquele livro para uma teorização adicional e um apoio empírico à argumentação apresentada aqui. Material de apoio adicional pode ser encontrado em alguns de meus escritos em anos recentes (Castells, 2000b, 2001, 2004b, 2005a, b, 2008a,b; Castells e Himanen, 2002; Castells *et al.*, 2006b, 2007).

territoriais e institucionais por meio de redes telecomunicadas de computadores. Assim, uma estrutura social cuja infraestrutura esteja baseada em redes digitais tem a capacidade potencial de ser global. No entanto, a tecnologia e a organização de redes são apenas meios de colocar em prática as tendências inseridas na estrutura social. O processo contemporâneo de globalização teve sua origem em fatores econômicos, políticos e culturais, como foi documentado pelas análises acadêmicas da globalização (Beck, 2000; Held e McGrew, 2000, 2007, Stiglitz, 2002). Mas, como sugerem vários estudos, as forças que impulsionaram a globalização só puderam ser postas em ação porque têm à sua disposição a capacidade de formar redes globais, proporcionada por tecnologias de comunicação digital e sistemas de informação, inclusive as redes de transporte informatizadas, de longa distância e alta velocidade (Kiyoshi *et al.*, 2006; Grewal, 2008). Na verdade, é isso que separa em tamanho, velocidade e complexidade o processo atual de globalização das formas prévias de globalização em períodos históricos anteriores.

Assim, a sociedade em rede é uma sociedade global. No entanto, isso não significa que as pessoas de todo o mundo estão incluídas nessas redes. Por enquanto, a maioria não está (Hammond *et al.*, 2007). Mas todos são afetados pelos processos que ocorrem nas redes globais que constituem a estrutura social. As principais atividades que moldam e controlam a vida humana em todos os cantos do planeta estão organizadas em redes globais: mercados financeiros e produção, administração e distribuição de bens e serviços transnacionais; uma mão de obra altamente especializada; ciência e tecnologia, inclusive maior escolaridade; a mídia de massa; as redes da internet de comunicação interativa e multifuncional; a cultura; a arte; a diversão; os esportes; as instituições internacionais que gerenciam a economia global e as relações intergovernamentais; a religião, a economia do crime; e as ONGs e movimentos sociais transnacionais que defendem os direitos e valores de uma nova sociedade civil global (Held *et al.*, 1999; Volkmer, 1999; Castells, 2000a; Jacquet *et al.*, 2002; Stiglitz, 2002; Kaldor, 2003; Grewal, 2008; Juris, 2008). A globalização deve ser considerada a conexão em rede de todas essas redes globais socialmente importantes. Portanto, a exclusão dessas redes, muitas vezes em um processo de exclusão cumulativo, é equivalente à marginalização estrutural na sociedade global em rede (Held e Kaya, 2006).

A sociedade em rede se espalha seletivamente por todo o planeta, funcionando em locais, culturas, organizações e instituições preexistentes que ainda compreendem a maior parte do ambiente material da vida das pessoas. A estrutura social é global, mas a maior parte da experiência humana é local, tanto em termos territoriais quanto culturais (Borja e Castells, 1997; Norris, 2000). Sociedades específicas, definidas pelas atuais fronteiras dos Estados-Nação, ou pelas fronteiras culturais de suas identidades históricas, estão profundamente fragmentadas pela lógica dupla da inclusão e exclusão das redes globais que estruturam a produção, o consumo, a comunicação e o poder. Proponho a hipótese de que essa fragmentação das sociedades entre as incluídas e as excluídas é mais do que a expressão do tempo necessário para a incorporação gradual de formas sociais anteriores na nova lógica dominante. Ela é, na verdade, uma característica estrutural da sociedade global em rede. E isso ocorre porque a capacidade de reconfiguração inscrita no processo de formação de redes permite que os programas que controlam cada rede busquem acréscimos valiosos por todas as partes e os incorporem, ao mesmo tempo que se ignoram e excluem aqueles territórios, atividades e pessoas que têm pouco ou nenhum valor para o desempenho das tarefas atribuídas àquela rede. De fato, como observou Geoff Mulgan, "as redes são criadas não apenas para comunicar, mas também se posicionar, para se comunicar mais e melhor que as outras redes" (1991:21). A sociedade em rede funciona com base em uma lógica binária de inclusão/exclusão cujos limites se alteram com o passar do tempo, tanto com as mudanças nos programas das redes quanto com as condições de desempenho desses programas. Ela depende também da capacidade dos atores sociais, em vários contextos, de agir sobre esses programas, modificando-os de acordo com seus interesses. A sociedade global em rede é uma estrutura dinâmica altamente maleável às forças sociais, à cultura, à política e às estratégias econômicas. Mas o que permanece em todos os casos é seu domínio sobre atividades e pessoas externas às redes. Nesse sentido, o global supera o local — a menos que o local se conecte ao global como um nó em redes globais alternativas construídas pelos movimentos sociais.

Assim, a globalização desigual da sociedade em rede é, na verdade, uma característica extremamente significativa de sua estrutura social. A coexistência da sociedade em rede, como estrutura global, com as sociedades industriais, rurais, comunitárias ou de subsistência, caracteriza a realidade de todos os países, embora com proporções diferentes da população e do território nos dois lados da equação, de acordo com a relevância de cada segmento para a lógica dominante de cada rede. Ou seja, várias redes terão geometrias e geografias diferentes de inclusão e exclusão: o mapa da economia global do crime não é o mesmo que o mapa resultante dos padrões de localização internacional da indústria de alta tecnologia.

Em termos teóricos, a sociedade em rede deve ser analisada, primeiramente, como uma arquitetura global de redes que se autorreconfiguram constantemente programadas e reprogramadas pelos poderes existentes em cada esfera; em segundo lugar, como resultado da interação entre as várias geometrias e geografias das redes que incluem as atividades centrais — isto é, as atividades que moldam a vida e o trabalho na sociedade; e, em terceiro, como resultado de uma interação de segunda ordem entre essas redes dominantes e a geometria e a geografia da desconexão de formações sociais deixadas fora da lógica global da operação das redes.

A compreensão das relações de poder em nosso mundo deve ser específica para essa sociedade particular. Uma discussão bem fundamentada dessa especificidade exige uma caracterização da sociedade em rede em seus componentes principais: a produção e apropriação de valor, o trabalho, a comunicação, a cultura e seu modo de existência como uma formação espaço temporal. Só então poderei introduzir uma hipótese provisória sobre a especificidade das relações de poder na sociedade global em rede — uma hipótese que irá guiar a análise apresentada por todo este livro.

O QUE É VALOR NA SOCIEDADE EM REDE?

Estruturas sociais, tais como a sociedade em rede, se originam em processos da produção e da apropriação de valor. Mas o que constitui valor na sociedade em rede? O que move o sistema de produção? O que motiva os apropriadores de valor e controladores da sociedade? Não há mudança nesse conceito em relação às primeiras estruturas sociais na história: valor é aquilo que as instituições dominantes da sociedade decidem que é. Portanto, se o capitalismo global molda o mundo, e a acumulação de capital pela valorização de ativos financeiros nos mercados financeiros globais é o valor supremo, esse será valor em todos os casos, já que, sob o capitalismo, a obtenção do lucro e sua materialização em termos monetários podem, em última instância, adquirir todo o resto. A questão crucial é que, em uma estrutura social organizada em redes globais, seja qual for a hierarquia existente entre as redes, esta irá se tornar regra em toda a grade de redes que organizam/dominam o planeta. Se, por exemplo, dissermos que a acumulação de capital é o que move o sistema, e o retorno ao capital é fundamentalmente realizado nos mercados financeiros globais, os mercados financeiros globais atribuirão valor a cada transação em cada país, já que nenhuma economia é independente da avaliação financeira decidida nos mercados financeiros globais. Mas se, ao contrário, considerarmos que o valor supremo é o poder militar, a capacidade tecnológica e organizacional das máquinas militares estruturarão o poder em suas esferas de influência e criarão as condições para que outras formas de valor — por exemplo, a acumulação de capital ou a dominação política — continuem sob sua proteção. No entanto, se a transmissão de tecnologia, informação e conhecimento para uma organização armada for bloqueada, essa organização torna-se irrelevante no contexto mundial. Assim, podemos dizer que as redes globais de informação e tecnologia são as redes dominantes porque elas condicionam a capacidade militar, que, por sua vez, dá segurança para o mercado. Outra ilustração dessa diversidade de processos de atribuição de valor: podemos afirmar que a fonte mais importante de influência no mundo atual é a transformação da mente das pessoas. Se isso é verdade, então os meios de comunicação são as redes-chave, já que, organizados em conglomerados globais e suas redes distributivas, são as fontes primordiais de mensagens e imagens que atingem a mente das pessoas. Mas se considerarmos a mídia antes de tudo uma empresa midiática, então a lógica da obtenção de lucros, tanto na comercialização da mídia pela indústria da publicidade quanto na avaliação de seu estoque, passa a ser o mais importante.

Assim, dadas as variadas origens potenciais da dominação das redes, a sociedade em rede é uma estrutura social multidimensional na qual redes de tipos diferentes têm lógicas diferentes na atribuição de valor. A definição daquilo que constitui valor depende da especificidade da rede e de seu programa. Qualquer tentativa de reduzir todo o valor a um padrão comum enfrenta dificuldades metodológicas e práticas insuperáveis. Por exemplo, se a obtenção de lucro é o valor supremo sob o capitalismo, o poder militar é, em última instância, a base do poder do Estado, e o Estado tem uma capacidade considerável de tomar decisões e fazer cumprir novas regras para as operações empresariais (pergunte aos oligarcas russos sobre Putin). Ao mesmo tempo, o poder do Estado, mesmo em contextos não democráticos, depende em grande parte das crenças das pessoas, de sua capacidade de aceitar as regras ou de sua disposição para resistir. Então o sistema da mídia e outros meios de comunicação, tais como a internet, pode preceder o poder do Estado, que, por sua vez, estabeleceria as regras da obtenção de lucro e assim substituiria o valor do dinheiro como o valor supremo.

Assim, *o valor é, na verdade, uma expressão de poder*: quem quer que seja o detentor do poder (muitas vezes diferente de quem está no governo) decide o que é valioso. Nesse sentido, a sociedade em rede não inova. O que é novo, no entanto, é seu alcance global e sua arquitetura em rede. Isso significa, por um lado, que as relações de dominação entre as redes são cruciais. Elas são caracterizadas por uma interação flexível e constante: por exemplo, entre mercados financeiros globais, processos geopolíticos e estratégias de mídia. Por outro lado, como a lógica da atribuição de valor como expressão de dominação é global, casos que têm um impedimento estrutural para existir globalmente estão em desvantagem em relação a outros cuja lógica é inerentemente global. Isso tem uma importância prática considerável, porque está na raiz da crise do Estado-Nação da era industrial (não do Estado como tal, porque cada estrutura social gera sua própria forma de Estado). Como o Estado-Nação só pode fazer cumprir suas regras em seu território, exceto no caso de alianças ou de invasão, ele tem de se tornar imperial ou se configurar em rede para se relacionar com outras redes na definição do valor. É por isso que, por exemplo, os EUA, no início do século XXI, fizeram questão de definir a segurança contra o terrorismo como o valor universal para o mundo inteiro. Foi uma maneira de construir uma rede com base militar que garantiria sua hegemonia ao colocar a segurança acima da obtenção do lucro, ou de metas menores (como os direitos humanos ou o meio ambiente) como o valor supremo. No entanto, a lógica capitalista muitas vezes se mascara nos projetos de segurança, como os negócios lucrativos das companhias clientelistas no Iraque ilustram claramente (Klein, 2007).

O capital sempre gostou da noção de um mundo sem fronteiras, como David Harvey nos lembrou tantas vezes, de tal forma que as redes financeiras globais têm uma vantagem inicial como as instâncias definidoras de valor na sociedade global em rede (Harvey, 1990). No entanto, o pensamento humano é provavelmente o elemento de mais rápida propagação e influência em qualquer sistema social, dependendo de um sistema de comunicação interativo global/local em tempo real — exatamente o que surgiu agora, pela primeira vez, na história (Dutton, 1999; Benkler, 2006). Assim, ideias e conjuntos específicos de ideias poderiam se afirmar como o verdadeiro valor supremo (como a preservação de nosso planeta e de nossa espécie, ou servindo o desígnio de Deus) como um pré-requisito para todo o resto.

Em suma: a antiga pergunta da sociedade industrial — a verdadeira pedra angular da economia política clássica — ou seja, "o que é valor?", não tem nenhuma resposta definitiva na sociedade global em rede. Valor é aquilo que é processado em todas as redes dominantes em todos os momentos e em todos os lugares de acordo com a hierarquia programada na rede pelos atores que atuam sobre ela. O capitalismo não desapareceu. Na verdade, ele está mais dominante do que nunca. Mas ele não é, ao contrário de uma percepção ideológica comum, o único jogo na cidade global.

TRABALHO, MÃO DE OBRA, CLASSE E GÊNERO: A EMPRESA DA REDE E A NOVA DIVISÃO SOCIAL DO TRABALHO

A análise anterior da nova economia política da atribuição de valor nas redes globais abre o caminho para a compreensão da nova divisão do trabalho, e assim do próprio trabalho, da produtividade e da exploração. As pessoas trabalham: elas sempre o fizeram. De fato, as pessoas hoje trabalham mais (em termos de número total de horas de trabalho em uma determinada sociedade) do que jamais o fizeram, já que a maior parte das funções da mulher anteriormente não era considerada trabalho (pago) ou era socialmente reconhecida. A questão crucial sempre foi como ele é organizado e recompensado. A divisão do trabalho foi, e ainda é, a medida daquilo que é ou não valorizado em termos de contribuição de trabalho. Esse juízo de valor organiza o processo de produção. Ele define também os critérios segundo os quais o produto é compartilhado, determinando o consumo diferencial e a estratificação social. A divisão mais fundamental na sociedade em rede, embora não a única, é entre a mão de obra autoprogramável e a mão de obra genérica (Carnoy, 2000; Castells, 2000c; Benner, 2002). *A mão de obra autoprogramável* tem a capacidade autônoma de focar na meta que lhe foi atribuída no processo de produção, encontrar a informação relevante, reorganizá-la em conhecimento usando o estoque de conhecimento disponível e aplicá-lo na forma de tarefas voltadas para as metas do processo. Quanto mais complexos forem nossos sistemas de informação e quanto mais conectados interativamente com bancos de dados e fontes de informação via redes informatizadas, mais será exigida da mão de obra a capacidade de buscar e reorganizar informação. Isso exige educação e treinamento apropriados, não em termos de técnicas, mas em termos de capacidade criativa, bem como em termos da capacidade de coevoluir com as mudanças na organização, na tecnologia e no conhecimento. Em contraste, tarefas que são pouco valorizadas e ainda assim necessárias são atribuídas à mão de obra genérica, eventualmente substituída por máquinas, ou transferida para locais de produção mais baratos, dependendo de uma análise dinâmica de custo/benefício. A esmagadora massa de trabalhadores no planeta e a maioria nos países avançados ainda são mão de obra genérica. São descartáveis, a menos que reivindiquem seu direito de existir como humanos e cidadãos por meio de sua ação coletiva. Mas em termos de atribuição de valor (na área financeira, na manufatura, na pesquisa, nos esportes, no entretenimento, na ação militar, ou no capital político) é o trabalhador autoprogramável que conta para qualquer organização em controle de seus recursos. Assim, a organização do processo de trabalho na sociedade em rede atua com uma lógica binária, dividindo a mão de obra autoprogramável da mão de obra genérica. Além disso, a flexibilidade e adaptabilidade dos dois tipos de mão de obra a um ambiente de mudança constante são precondição para sua utilidade como mão de obra.

Essa divisão do trabalho específica também é determinada pelo gênero. O surgimento do trabalho flexível está diretamente relacionado com a feminização da força de trabalho remunerada, uma tendência fundamental da estrutura social nas três últimas décadas (Carnoy, 2000). A organização patriarcal da família induz as mulheres a valorizarem a organização flexível de seu trabalho profissional como a única maneira de compatibilizar tarefas familiares e as profissionais. É por isso que a maioria de trabalhadores temporários e de meio período na maior parte dos países são mulheres. Além disso, enquanto a maioria das mulheres está empregada como mão de obra genérica, seu nível educacional aumentou consideravelmente em relação aos homens, enquanto seus salários e condições de trabalho não melhoraram no mesmo ritmo. Assim, as mulheres passaram a ser os trabalhadores ideais para a economia capitalista global em rede: por um lado, elas são capazes de trabalhar de forma eficiente, e se adaptar às exigências voláteis da empresa; por outro, elas recebem recompensa menor pelo mesmo trabalho e têm menos oportunidades de promoção em virtude da ideologia e da prática da divisão do trabalho por gênero sob o patriarcalismo. No entanto, a realidade é — para usar uma velha palavra — dialética. Embora a incorporação maciça das mulheres na força de trabalho remunerada, parcialmente em virtude de sua condição de subordinação patriarcal, tenha sido um fator decisivo na expansão do capitalismo global informacional, a própria transformação da condição das mulheres como assalariadas acabou por minar o patriarcalismo. As ideias feministas que surgiram dos movimentos sociais culturais da década de 1970 encontraram um solo fértil na experiência de mulheres trabalhadoras expostas à discriminação. Ainda mais importante, o poder de barganha econômica conseguido pelas mulheres na família fortaleceu sua posição de poder frente ao chefe de família masculino, ao mesmo tempo que minava a justificação ideológica de sua subordinação com base no respeito à autoridade do provedor masculino. Assim, a divisão da mão de obra na nova organização do trabalho é determinada pelo gênero, mas esse é um processo dinâmico em que as mulheres estão invertendo tendências estruturais dominantes e induzindo as empresas a trazerem os homens para os mesmos padrões de flexibilidade, insegurança no emprego, redução de salários e realocações que costumava ser a sina das mulheres. Dessa forma, em vez de as mulheres alçarem ao nível dos trabalhadores homens, a maioria deles está sendo rebaixada ao nível da maioria das trabalhadoras, enquanto elas alcançaram um nível maior de conectividade naquilo que costumava ser o Clube do Bolinha. Essas tendências têm implicações profundas tanto para a estrutura de classes da sociedade quanto para o relacionamento entre homens e mulheres no trabalho e na família (Castells e Subirats, 2007).

A criatividade, a autonomia e a capacidade autoprogramável da mão de obra qualificada (*knowledge labour*) não compensariam em termos de produtividade se essa mão de obra não pudesse ser combinada com a formação de redes de trabalho. De fato, a razão fundamental para a necessidade estrutural de flexibilidade e autonomia é a transformação da organização do processo de produção. Essa transformação está representada pelo *surgimento da empresa em rede*. Essa nova forma organizacional da empresa é o equivalente histórico — no informacionalismo — da chamada organização fordista do industrialismo (tanto capitalista quanto estatizante), caracterizada por uma produção em massa de grande escala e padronizada e um controle vertical do processo de trabalho de acordo com um esquema racionalizado de cima para baixo (o "gerenciamento científico" e o taylorismo, métodos que provocaram a admiração de Lênin, levando à imitação deles na União Soviética). Embora ainda existam milhões de trabalhadores em fábricas dirigidas de forma semelhante, as atividades que produzem valor nos altos postos de comando do processo de produção (P&D, inovação, design, marketing, administração e a produção de grande escala, customizada e flexível) dependem de um tipo de empresa inteiramente diferente e, portanto, um tipo de processo de trabalho e de mão de obra também diferente: a empresa em rede. Isso não é equivalente a uma rede de empresas. É uma rede feita ou de firmas, de segmentos de firmas e/ou da segmentação interna das firmas. Assim, grandes corporações são descentralizadas internamente como redes. Pequenas e médias empresas estão conectadas em redes, garantindo assim a massa crítica de sua contribuição como subcontratantes ao mesmo tempo que mantêm sua vantagem principal: a flexibilidade. Redes de pequenas e médias empresas são muitas vezes subsidiárias de grandes corporações, na maioria dos casos de várias delas. As grandes corporações, e suas redes subsidiárias, normalmente formam redes de cooperação chamadas, na prática empresarial, de alianças ou parcerias estratégicas.

No entanto, essas alianças raramente são estruturas cooperativas permanentes. Esse não é um processo de cartelização oligopolista. Essas redes complexas se conectam em projetos de negócios específicos e reconfiguram sua cooperação em redes diferentes a cada projeto novo. A prática empresarial normal nessa economia em rede é formar alianças, parcerias e colaborações que são específicas para um produto, um processo, um momento e um espaço determinados. Essas colaborações são baseadas no compartilhamento de capital e de mão de obra, mas mais fundamentalmente, de informação e conhecimento a fim de ganhar uma participação maior no mercado. Por isso, são principalmente de informação que conectam fornecedores e clientes por meio da firma em rede. A unidade do processo de produção não é a firma, mas o projeto de negócio, executado por uma rede, a empresa em rede. A firma continua a ser a unidade legal da acumulação de capital. Mas, como o valor da firma depende, em última instância, de sua avaliação financeira no mercado de ações, a unidade de acumulação de capital, a firma, passa a ser ela própria um nó em uma rede global de fluxos financeiros. Assim, na economia em rede, a camada dominante é o mercado financeiro global, a mãe de todas as avaliações. O mercado financeiro global funciona apenas parcialmente segundo as regras do mercado. Ele também é moldado e movimentado pelas turbulências de informação de várias origens, processadas e comunicadas pelas redes de computadores que constituem o sistema nervoso da economia capitalista global e informacional (Hutton e Giddens, 2000; Obstfeld e Taylor, 2004; Zaloom, 2006).

A avaliação financeira determina a dinâmica da economia em curto prazo, mas, em longo prazo, tudo depende do crescimento da produtividade. É por isso que a fonte da produtividade constitui a pedra angular do crescimento econômico, e, portanto, de lucros, salários, acumulação e investimento (Castells, 2006). E o fator-chave para o crescimento da produtividade nessa economia em rede de conhecimento intensivo é a inovação (Lucas, 1999; Tuomi, 2002), ou a capacidade de recombinar fatores de produção de forma mais eficiente, e/ou produzir maior valor agregado no processo ou no produto. Os inovadores dependem de criatividade cultural, de uma abertura institucional para o empreendedorismo, de autonomia da mão de obra no processo de trabalho, e do tipo apropriado de financiamento para essa economia impulsionada pela inovação.

A nova economia de nossa época é certamente capitalista, mas uma nova marca de capitalismo. Ela depende da inovação como fonte de crescimento da produtividade; dos mercados financeiros globais informatizados em rede, cujos critérios de avaliação estão influenciados pelas turbulências na informação; da formação de redes de produção e gerenciamento, tanto interna quanto externamente, tanto local quanto globalmente; e de uma mão de obra flexível e adaptável. Os criadores de valor têm de ser autoprogramáveis e capazes de processar informação de forma autônoma inserindo-a em um tipo de conhecimento específico. Trabalhadores genéricos, reduzidos a seu papel de executores, devem estar prontos para se adaptar às necessidades da empresa em rede, para não serem substituídos por máquinas ou por forças de trabalho alternativas.

Nesse sistema, além da persistência da exploração no sentido tradicional, a questão fundamental para a mão de obra é a segmentação entre três categorias: aqueles que são a fonte de inovação e valorização; aqueles que são meros executores de instruções; e aqueles que são estruturalmente irrelevantes do ponto de vista dos programas de obtenção de lucro do capitalismo global, seja como trabalhadores (qualificados inapropriadamente e morando em áreas sem a infraestrutura e o ambiente institucional adequado para a produção global), seja como consumidores (pobres demais para participarem do mercado), ou ambos. A principal preocupação para grande parte da população mundial é evitar a irrelevância e, para isso, se envolver em uma relação significativa, como a que chamamos de exploração — porque a exploração realmente tem um significado para o explorado. O perigo maior é para aqueles que se tornam invisíveis para os programas que comandam as redes globais de produção, distribuição e avaliação.

O ESPAÇO DE FLUXOS E TEMPO INTEMPORAL

Como em todas as transformações históricas, a emergência de uma nova estrutura social está conectada com a redefinição das bases materiais de nossa existência, o espaço e o tempo, como Giddens (1984), Adam (1990), Harvey (1990), Lash e Urry (1994), Mitchell (1999, 2003), Dear (2000, 2002), Graham e Simon (2001), Hall e Pain (2006) e Tabboni (2006), entre outros, argumentaram. As relações de poder estão incrustadas na construção do espaço e do tempo, e são condicionadas pelas formações temporais e espaciais que caracterizam a sociedade.

Duas formas sociais emergentes de tempo e de espaço caracterizam a sociedade em rede, ao mesmo tempo que coexistem com formas anteriores: o *espaço de fluxos* e o *tempo intemporal*. O espaço e o tempo estão relacionados, na natureza e na sociedade. Na teoria social, o espaço pode ser definido como o suporte material das práticas sociais de compartilhamento do tempo, isto é, a construção da simultaneidade. O desenvolvimento das tecnologias de comunicação pode ser compreendido como a desconexão gradativa da contiguidade e do compartilhamento do tempo. O *espaço de fluxos* se refere à possibilidade tecnológica e organizacional de praticar simultaneidade sem contiguidade. Ele se refere também à possibilidade de interação assincrônica em determinado tempo, a distância. A maior parte das funções predominantes na sociedade em rede (mercados financeiros, redes de produção transnacionais, redes de mídia, formas em rede de governança global, movimentos sociais globais) é organizada ao redor do espaço de fluxos. No entanto, o espaço de fluxos não é sem local ou lugar fixo. Ele é feito de nós e redes; quer dizer, de lugares conectados pelas redes de comunicação eletrônicas nas quais circulam e interagem os fluxos de informação que garantem o compartilhamento do tempo de práticas processadas nesse espaço. Enquanto no espaço de locais, baseado na contiguidade de prática, o significado, a função e a localidade estão intimamente inter-relacionados, no espaço de fluxos os lugares recebem significado e função de seu papel nodal nas redes específicas a que pertencem. Assim, o espaço de fluxos não é igual para atividades financeiras e para a ciência, para redes da mídia e para redes de poder político. Na teoria social, o espaço não pode ser concebido como separado das práticas sociais. Portanto, todas as dimensões da sociedade em rede que analisamos neste capítulo têm uma manifestação espacial. Como as práticas estão conectadas em rede, o mesmo ocorre com seu espaço. Como as práticas conectadas em rede estão baseadas em fluxos de informação processadas entre vários locais pelas tecnologias de comunicação, o espaço da sociedade em rede é composto da articulação entre três elementos: os lugares onde as atividades (e as pessoas que as executam) estão localizadas; as redes materiais de comunicação que conectam essas atividades; e o conteúdo e a geometria dos fluxos de informação que desempenham as atividades em termos de função e significado. Isso é o espaço de fluxos.

O tempo, em termos sociais, costumava ser definido como o sequenciamento de práticas. O tempo biológico, característico da maior parte da existência humana (e ainda o destino da maioria das pessoas no mundo), é definido pela sequência programada nos ciclos vitais da natureza. O tempo social foi moldado durante toda a história por aquilo que chamo de tempo burocrático, que é a organização do tempo, em instituições e na vida cotidiana, pelos códigos de aparatos militar-ideológicos, impostos sobre os ritmos do tempo biológico. Na era industrial, o tempo do relógio surgiu gradativamente, induzindo àquilo que eu chamaria, na tradição foucaultiana, de tempo disciplinar. Essa é a medida e a organização do sequenciamento com precisão suficiente para atribuir tarefas e ordem a cada momento da vida, começando pelo trabalho industrial padronizado, e o cálculo do horizonte de tempo das transações comerciais, dois componentes fundamentais do capitalismo industrial que não poderiam funcionar sem o tempo do relógio: tempo é dinheiro e dinheiro é feito com o passar do tempo. Na sociedade em rede, a ênfase no sequenciamento é invertida. A relação com o tempo é definida pelo uso das tecnologias de informação e comunicação em um esforço permanente de aniquilar o tempo negando o sequenciamento: por um lado, comprimindo o tempo (como nas transações financeiras globais realizadas em uma fração de segundo ou a prática generalizada de realizar várias tarefas simultâneas, espremendo tudo num mesmo espaço de tempo); por outro lado, ao borrar a sequência de práticas sociais, inclusive o passado, o presente e o futuro em uma ordem aleatória, como no hipertexto eletrônico da Web 2.0, ou obscurecendo os padrões dos ciclos vitais tanto no trabalho quanto na criação de filhos.

Na sociedade industrial, organizada ao redor da ideia do progresso e do desenvolvimento das forças produtivas, o *se tornar* estruturava o *ser*, o tempo amoldava o espaço. Na sociedade em rede, o espaço de fluxos dissolve o tempo, desordenando a sequência de eventos e tornando-os simultâneos nas redes de comunicação, instalando assim a sociedade na efemeridade estrutural: o *ser* cancela o *tornar-se*.

A construção do espaço e do tempo é diferenciada socialmente. O espaço múltiplo de lugares, fragmentados e desconectados, exibe temporalidades diversas, desde o mais tradicional domínio dos ritmos biológicos até o controle do tempo do relógio. Funções e indivíduos selecionados transcendem o tempo (como a mudança dos fusos horários globais) ao mesmo tempo que atividades desvalorizadas e pessoas subordinadas levam a vida à medida que o tempo passa. Há, no entanto, projetos alternativos da estruturação do tempo e do espaço, como vários movimentos sociais que têm como objetivo modificar os programas dominantes da sociedade em rede. Assim, em vez de aceitar o tempo intemporal como o tempo do autômato financeiro, o movimento ambiental propõe que se viva o tempo em uma perspectiva cosmológica de *longue durée*, vendo nossas vidas como parte da evolução de nossas espécies e em solidariedade com as gerações futuras e com nosso pertencimento cosmológico: é aquilo que Lash e Urry (1994) conceitualizaram como tempo glacial.

Comunidades ao redor do mundo lutam para preservar o significado da localidade e para reivindicar o espaço dos lugares — baseadas na experiência — sobre a lógica do espaço de fluxos — fundamentada na instrumentalidade — no processo que analisei como a transformação em "comunidades de base" do espaço de fluxos (Castells, 1999). De fato, o espaço de fluxos não desaparece, já que é a forma espacial da sociedade em rede, mas sua lógica pode ser transformada. Em vez de incluir significado e função nos programas das redes, ele forneceria o apoio material para a conexão global da experiência local, como ocorre nas comunidades da internet que surgem com a formação de redes de culturas locais (Castells, 2001).

O espaço e o tempo são redefinidos tanto pela emergência de uma nova estrutura social quanto pelas lutas de poder sobre a forma e os programas dessa estrutura social. O espaço e o tempo expressam as relações de poder da sociedade em rede.

A CULTURA NA SOCIEDADE EM REDE

As sociedades são construtos culturais. Entendo cultura como um conjunto de valores e crenças que informam, orientam e motivam o comportamento das pessoas. Portanto, se há uma sociedade em rede específica, deve haver uma cultura da sociedade em rede que podemos identificar como seu marcador histórico. Aqui, uma vez mais, no entanto a complexidade e a novidade da sociedade em rede exigem precaução. Em primeiro lugar, como a sociedade em rede é global, ela opera e integra uma multiplicidade de culturas, relacionadas à história e à geografia de cada parte do mundo. Com efeito, o industrialismo e a cultura da sociedade industrial não fizeram com que culturas específicas desaparecessem ao redor do mundo. A sociedade industrial tinha muitas manifestações culturais diferentes e até mesmo contraditórias (dos Estados Unidos à União Soviética e do Japão ao Reino Unido). Havia também núcleos industrializados em sociedades que, não fosse por isso, seriam principalmente rurais e tradicionais. Nem mesmo o capitalismo unificou culturalmente sua esfera de existência histórica. Sim, o mercado mandava em todos os países capitalistas, mas sob tantas regras específicas e com tal variedade de formas culturais que identificar uma cultura como capitalista não tem muita utilidade analítica, a não ser se quisermos nos referir à cultura norte-americana ou ocidental, o que, então, passa a ser empiricamente equivocado.

Da mesma maneira, a sociedade em rede se desenvolve em uma multiplicidade de cenários culturais, produzidos pela história específica de cada contexto. Ela se materializa sob suas formas específicas, levando à formação de sistemas institucionais e culturais extremamente variados (Castells, 2004b). No entanto, há ainda um núcleo comum à sociedade em rede, como havia no caso da sociedade industrial, embora com uma camada de unidade adicional. Ela existe globalmente em tempo real. Ela é global em sua estrutura. Assim, ela não só aplica sua lógica ao mundo todo, mas mantém sua organização em rede no nível global enquanto se particulariza em cada sociedade. Esse movimento duplo de semelhança e singularidade tem duas consequências principais no nível cultural.

Por um lado, as identidades culturais específicas passam a ser comunas de autonomia e às vezes trincheiras de resistência para grupos e indivíduos que se recusam a desaparecer na lógica das redes dominantes (Castells, 2004c). Ser francês torna-se tão relevante quanto ser um cidadão ou um consumidor. Ser catalão, basco, galego, irlandês, galês, escocês, quebequense, curdo, xiita, sunita, aimará ou maori torna-se uma bandeira de autoidentificação frente à dominação imposta pelos Estados-Nação. Em contraste com visões normativas ou ideológicas que propõem uma fusão de todas as culturas no cadinho cosmopolita dos cidadãos do mundo, o mundo não é plano. As identidades de resistência cresceram rapidamente nesses primeiros estágios do desenvolvimento da sociedade global em rede e provocaram os conflitos sociais e políticos mais dramáticos dos últimos tempos. Teóricos respeitáveis e ideólogos menos respeitáveis podem nos prevenir dos perigos de um desenvolvimento assim, mas nós não podemos ignorá-lo. A observação precisa dar informações à teoria, não o contrário. Assim, o que caracteriza a sociedade global em rede é a contraposição entre a lógica da rede global e a afirmação de uma multiplicidade de eus locais, como tentei argumentar e documentar em meu trabalho (Castells, 2000a,c, 2004c; ver também Tilly, 2005).

Em vez do surgimento de uma cultura homogênea global, o que observamos é a diversidade cultural histórica como a principal tendência comum: fragmentação em vez de convergência. A questão-chave que surge, então, é a capacidade dessas identidades culturais específicas (feitas com os materiais herdados de histórias singulares e retrabalhadas no novo contexto) de se comunicarem umas com as outras (Touraine, 1997). Caso contrário, o compartilhamento de uma estrutura social global interdependente, ao não conseguir falar uma língua comum de valores e crenças, leva a mal-entendidos sistêmicos, na raiz da violência destrutiva contra o outro. Assim, protocolos de comunicação entre culturas diferentes são a questão crucial para a sociedade em rede, já que, sem eles, não há sociedade, apenas redes dominantes e comunidades resistentes. O projeto de uma cultura cosmopolita comum aos cidadãos do mundo lança a base para uma governança global democrática e aborda a questão cultural-institucional que é central na sociedade em rede (Habermas, 1998; Beck 2005). Infelizmente, essa visão propõe a solução sem identificar, a não ser em termos normativos, os processos pelos quais esses protocolos de comunicação devem ou poderiam ser criados, dado o fato de a cultura cosmopolita, segundo a pesquisa empírica, só estar presente em uma parte muito pequena da população, inclusive na Europa (Norris, 2000; *Eurobarometer* da Comissão Europeia, 2007, 2008). Assim, embora eu pessoalmente deseje que a cultura do cosmopolitismo aumente gradativamente a comunicação entre povos e culturas, a observação das tendências atuais aponta em direção contrária.

A determinação desses protocolos de comunicação intercultural pode ser uma questão a ser investigada. Essa investigação será realizada neste livro, com base na seguinte hipótese: *a cultura comum da sociedade global em rede é uma cultura de protocolos de comunicação que permitem a comunicação entre culturas diferentes com base não em valores compartilhados, mas sim no compartilhamento do valor da comunicação.* Ou seja, a nova cultura não é feita de conteúdo, mas sim de processo, como a cultura democrática constitucional baseia-se em procedimentos, não em programas substantivos. A cultura global é uma cultura de comunicação em prol da comunicação. É uma rede em aberto de significados culturais que podem não só coexistir, mas também interagir e modificar uns aos outros com base nesse intercâmbio. A cultura da sociedade em rede é uma cultura de protocolos de comunicação entre todas as culturas no mundo, desenvolvida com base na crença comum no poder de formar redes e na sinergia obtida ao dar e receber de outros. O processo de construção material da cultura da sociedade em rede já começou. Mas ele não é a difusão da mente capitalista por meio do poder exercido nas redes globais pelas elites dominantes herdadas da sociedade industrial. Tampouco é a proposta idealista de filósofos que sonham com um mundo de cidadãos abstratos e cosmopolitas. É o processo pelo qual atores sociais conscientes e de origens múltiplas trazem seus recursos e crenças para outros, esperando receber o mesmo em retorno, e mais ainda: o compartilhamento de um mundo diverso, pondo assim fim ao medo ancestral do outro.

O Estado em rede

O poder não pode se limitar ao Estado. Mas uma compreensão do Estado e de suas especificidades histórica e cultural é um componente necessário de qualquer teoria do poder. Por Estado, quero dizer as instituições de governança da sociedade e suas agências institucionalizadas de representação política e de gerenciamento e controle da vida social; ou seja, o executivo, o legislativo, o judiciário, a administração pública, os militares, as agências que fazem cumprir a lei, as agências regulatórias e os partidos políticos, nos vários níveis de governança: nacional, regional, local e internacional.

O Estado tem o objetivo de garantir a soberania, o monopólio das tomadas de decisões fundamentais sobre seus sujeitos dentro dos limites territoriais determinados. O Estado define a cidadania, conferindo direitos e reivindicando deveres de seus sujeitos. Ele também estende sua autoridade a estrangeiros sob sua jurisdição. E envolve-se em relações de cooperação, competição e poder com outros Estados. Na análise apresentada anteriormente, mostrei, de acordo com uma série de estudiosos e observadores, a contradição crescente entre a estruturação de relações instrumentais nas redes globais e o confinamento da autoridade do Estado-Nação em seus limites territoriais. Há, sem dúvida, uma crise do Estado-Nação como uma entidade soberana (Appadruai, 1996; Nye e Donahue, 2000; Jackquet *et al.*, 2002; Price, 2002: Beck, 2005; Fraser, 2007). No entanto, os *Estados-Nação, apesar de suas crises em diversas dimensões, não desaparecem; eles se transformam para se adaptar ao novo contexto.* Sua transformação pragmática é o que realmente muda a paisagem da política e da elaboração de políticas na sociedade global em rede. Essa transformação é influenciada e disputada por vários projetos que constituem o material cultural/ conceitual no qual os diversos interesses sociais e políticos presentes em cada sociedade operam para realizar a transformação do Estado.

Os Estados-Nação respondem às crises provocadas pelos processos duplos de globalização da instrumentalidade e identificação da cultura por meio de três mecanismos principais:

1. Eles se associam e formam redes de Estados, algumas delas com objetivos múltiplos e de soberania compartilhada, tal como a União Europeia. Outros se concentram em um conjunto de questões, geralmente comerciais (por exemplo, a Nafta ou o Mercosul), ou questões de segurança (por exemplo, a Otan). Outros ainda são constituídos como espaços de coordenação, negociação e debate entre Estados com interesses em regiões específicas do mundo: por exemplo, a OEA (Organização dos Estados Americanos), a UA (União Africana), a Liga Árabe, a Asean (Associação das Nações do Sudeste Asiático), a Apec (Cooperação Econômica da Ásia e do Pacífico), a Cúpula do Leste Asiático, a Organização de

Cooperação de Xangai, e assim por diante. Nas redes mais poderosas, os Estados compartilham alguns atributos de soberania. Os Estados também estabelecem redes informais permanentes ou semipermanentes para elaborar estratégias e gerenciar o mundo de acordo com os interesses dos participantes da rede. Há uma ordem hierárquica desses grupos, na qual os G-8 (que em breve serão os G-20 ou G-22) estão no ponto mais alto da cadeia.

2. Os Estados construíram uma rede cada vez mais densa de instituições internacionais e organizações supranacionais para tratar das questões globais, desde instituições com objetivos gerais (como, por exemplo, as Nações Unidas) até as especializadas (como a OIT, o FMI, o Banco Mundial, o Tribunal Penal Internacional e assim por diante). Há também instituições internacionais *ad hoc* definidas em torno de um conjunto de questões (por exemplo, os tratados sobre o meio ambiente global e suas agências).

3. Em muitos países, os Estados-Nação se envolveram em um processo de delegação do poder a governos regionais e a governos locais, ao mesmo tempo que abriram canais de participação com as ONGs, na esperança de fazer cessar sua crise de legitimidade política e estabelecer uma conexão com a identidade do povo.

O processo real de tomada de decisões políticas opera em uma rede de interação entre instituições nacionais, supranacionais, internacionais, conacionais, regionais e locais, mantendo ainda contato com organizações da sociedade civil. Nesse processo testemunhamos a transformação do Estado-Nação, soberano durante toda a era moderna em uma nova forma de Estado — que eu conceitualizo como o Estado em rede (Castells, 2000a: 338-65). O *emergente Estado em rede* tem como característica a soberania e a responsabilidade compartilhadas entre vários estados e níveis de governo; flexibilidade de procedimentos de governança; e maior diversidade de tempos e espaços na relação entre governos e cidadãos em comparação com o Estado-Nação anterior.

O sistema inteiro se desenvolve de uma forma pragmática, por decisões *ad hoc*, introduzindo às vezes regras e instituições contraditórias e tornando o sistema de representação política mais obscuro e ainda mais distante do controle dos cidadãos. A eficiência do Estado-Nação aumenta, mas sua crise de legitimidade piora, embora a legitimidade política de um modo geral possa aumentar se as instituições locais e regionais desempenharem seu papel. No entanto, a autonomia crescente do estado local e regional pode gerar contradições entre os vários níveis do Estado e colocá-los uns contra os outros. Essa nova forma de Estado provoca novos tipos de problemas, que se originam na contradição entre a natureza historicamente construída das instituições e as novas funções e mecanismos que elas têm de assumir para participar da rede, enquanto ainda tem como referência suas sociedades nacionais territorialmente limitadas.

Com isso o Estado em rede se depara com um *problema de coordenação* com três aspectos: organizacional, técnico e político.

Organizacional: as agências envolvidas em proteger seu setor de atividades e sua posição de comando privilegiada em relação a suas sociedades não podem ter a mesma estrutura, sistemas de recompensa e princípios operacionais que as agências cujo papel fundamental é encontrar sinergia com outras agências.

Técnico: os protocolos de comunicação não funcionam. A introdução das redes de computadores muitas vezes desorganiza as agências participantes em vez de conectá-las, como no caso da nova Administração de Segurança da Pátria criada nos Estados Unidos como consequência da declaração da guerra contra o terror. As agências estão relutantes em adotar a tecnologia de redes, que implica conectar suas práticas em redes e pode prejudicar a capacidade de preservar seu controle sobre a questão burocrática.

Político: a estratégia de coordenação não é só horizontal entre as agências, é também vertical em duas direções: estabelecimento de redes com seus supervisores políticos, perdendo assim sua autonomia burocrática; e estabelecimento de redes com seu eleitorado de cidadãos, o que as obriga a aumentar sua transparência.

O Estado em rede também enfrenta um problema ideológico: a coordenação de uma política comum significa um idioma comum e um conjunto de valores compartilhados, por exemplo, contra o fundamentalismo de mercado na regulamentação de mercados, ou a aceitação de desenvolvimento sustentável na política ambiental, ou a prioridade de direitos humanos sobre a *raison d'état* nas políticas de segurança. Não está claro que essa compatibilidade existe entre os vários aparatos estatais.

Há, além disso, um problema geopolítico: os Estados-Nação ainda veem as redes de governança como uma mesa de negociações na qual eles terão a oportunidade de promover seus interesses. Em vez de cooperar para o bem comum global, eles continuam a ser guiados por princípios políticos tradicionais: (a) maximizar os interesses do Estado-Nação e (b) dar prioridade aos interesses pessoais, políticos e sociais dos atores políticos em comando de cada Estado-Nação. A governança global é considerada um campo de oportunidade para maximizar interesses próprios, e não um novo contexto em que as instituições políticas compartilham a governança em torno de projetos comuns. Com efeito, quanto mais avança o processo de globalização, mais contradições ele gera (crises de identidade, crises econômicas, crises de segurança), levando ao renascimento do nacionalismo e a tentativas de restaurar a primazia da soberania. Com efeito, o mundo é *objetivamente multilateral,* mas alguns dos atores políticos mais poderosos no cenário internacional (por exemplo, os Estados Unidos, a Rússia ou a China) *tendem a atuar unilateralmente, colocando seu interesse nacional em primeiro lugar, sem se preocupar com a desestabilização do mundo como um todo*. Dessa forma, eles prejudicam também a própria segurança, porque suas ações unilaterais no contexto de um mundo globalmente interdependente produzem o caos sistêmico (por exemplo, a conexão entre a Guerra do Iraque, as tensões com o Irã, a intensificação da guerra no Afeganistão, o aumento dos preços do petróleo e a retração econômica global). Enquanto essas contradições geopolíticas persistirem, o mundo não pode passar de uma forma pragmática e *ad hoc* de processos decisórios negociados em rede, para um sistema de governança global, conectado em redes, constitucionalmente fundamentado.

Em último caso, só o poder da sociedade civil global atuando sobre a mente pública por meio das redes de mídia e de comunicação pode acabar vencendo a inércia histórica dos Estados-Nação e assim levá-los a aceitar a realidade de seu poder limitado em troca de um aumento de sua legitimidade e eficiência.

O PODER NAS REDES

Reuni agora os elementos analíticos necessários para abordar a questão que constitui o tema central deste livro: onde reside o poder na sociedade global em rede? Para abordar a questão preciso primeiramente diferenciar quatro formas distintas de poder:

- poder nas redes (*networking power*);
- poder da rede (*network power*);
- poder trabalhado pela rede (*networked power*);
- poder de criar redes (*network-making power*).

Cada uma dessas formas de poder define processos específicos de exercer poder.

Poder pelo uso das redes refere-se ao poder que os atores e organizações incluídos nas redes que constituem o núcleo da sociedade global em rede têm sobre grupos ou indivíduos humanos que *não* estão incluídos nessas redes globais. Essa forma de poder opera por exclusão/inclusão. Tongia e Wilson (2007) propuseram uma análise formal na qual demonstraram que o custo de exclusão das redes aumenta mais rapidamente que os benefícios da inclusão nelas. Isso ocorre porque o valor de estar na rede aumenta exponencialmente com o tamanho da rede, como proposto em 1976 pela Lei de Metcalfe. Mas, ao mesmo tempo, a desvalorização relacionada à exclusão da rede também aumenta exponencialmente, e em um ritmo mais veloz do que a valorização por estar na rede. A teoria de *gatekeeping* da rede investigou os vários processos pelos quais os nós são incluídos ou excluídos na rede, mostrando o importante papel da capacidade de *gatekeeping* para reforçar o poder coletivo de algumas redes sobre outras, ou de uma determinada rede sobre unidades sociais desconectadas (Barzilai-Nahon, 2008). Atores sociais podem estabelecer sua posição de poder constituindo uma rede que acumule recursos valiosos e então exercendo suas estratégias de *gatekeeping* para impedir o acesso àqueles que não agregam valor à rede ou prejudicam os interesses predominantes nos programas daquela mesma rede.

O *poder da rede* pode ser mais bem compreendido na conceitualização proposta por Grewal (2008) para teorizar a globalização a partir da perspectiva da análise da rede. Nessa visão, a globalização envolve coordenação social entre múltiplos atores em rede. Essa coordenação exige padrões:

> Os padrões que permitem a coordenação global apresentam o que chamo de poder da rede. A noção de poder da rede consiste na combinação de duas ideias: primeiro que os padrões de coordenação são mais valiosos quando números maiores de pessoas os usam, e segundo que essa dinâmica — que descrevo como uma forma de poder — pode levar à eliminação progressiva das alternativas sobre as quais a livre escolha seria exercida coletivamente (...) Os padrões globais emergentes (...) [fornecem] a solução para o problema de coordenação global entre participantes diferentes, mas o fazem colocando uma solução acima das outras e ameaçando eliminar as soluções alternativas para o mesmo problema (Grewal, 2008:5).

Portanto, os padrões ou, em minha terminologia, os protocolos de comunicação determinam as regras que serão aceitas quando se entra na rede. Nesse caso, o poder é exercido não pela exclusão das redes, e sim pela imposição das regras de inclusão. É claro, dependendo do nível de abertura da rede, essas regras podem ser negociadas entre seus componentes. Mas uma vez que as regras forem estabelecidas, elas passam a ser obrigatórias para todos os nós na rede, já que o respeito a essas regras é o que possibilita a existência da rede como uma estrutura comunicativa. O poder da rede é o poder dos padrões da rede sobre seus componentes, embora esse poder da rede possa, em última instância, favorecer os interesses de um conjunto específico de atores sociais na fonte da formação da rede e do estabelecimento dos padrões (protocolos de comunicação). A noção do chamado "Consenso de Washington" como o princípio operacional da economia global de mercado ilustra o significado de poder da rede.

Mas quem tem poder nas redes dominantes? Como o *poder distribuído em redes* opera? Como propus anteriormente, o poder é a capacidade relacional de impor a vontade de um ator sobre a vontade de outro com base na capacidade estrutural de dominação engastada nas instituições da sociedade. Seguindo essa definição, a pergunta sobre quem tem poder nas redes da sociedade em rede pode ser muito simples ou impossível de responder.

Ela é simples se a respondermos analisando o funcionamento de cada rede dominante específica. Cada rede define suas próprias relações de poder a partir de suas metas programadas. Assim, no capitalismo global, o mercado financeiro global tem a última palavra, e o FMI ou as agências de avaliação de risco financeiro (por exemplo, a Moody's ou a Standard and Poor's) são os intérpretes oficiais para os mortais comuns. Fala-se normalmente no idioma do Departamento de Tesouro dos Estados Unidos, da diretoria da Reserva Federal dos Estados Unidos (o Fed) ou a Wall Street, com algum sotaque alemão, francês, japonês, chinês ou das Universidades de Oxford e Cambridge, dependendo da época e do local. Ou então, o poder dos Estados Unidos, em termos militares estatais e, em termos mais analíticos, o poder de qualquer aparato capaz de atrelar a inovação e o conhecimento tecnológicos na obtenção de poder militar, que tenha os recursos materiais para investimentos de grande escala em capacidade bélica.

No entanto, a pergunta poderia se tornar um beco sem saída analítico se tentarmos respondê-la unidimensionalmente e determinar a Fonte do Poder como uma entidade única. O poder militar não pode evitar uma crise financeira catastrófica; na verdade, poderia até provocá-la sob certas condições de paranoia defensiva irracional e de desestabilização de países produtores de petróleo. Ou os mercados financeiros globais poderiam se tornar um autômato, além do controle de qualquer instituição reguladora importante, em virtude do tamanho, do volume e da complexidade dos fluxos de capital que circulam por suas redes e também da dependência de seus critérios de avaliação sobre turbulências imprevisíveis de informação. Diz-se que o processo decisório político depende da mídia, mas a mídia é um terreno plural, por mais tendenciosa que ela possa ser em termos ideológicos e políticos, e o processo da política midiática é extremamente complexo (veja o Capítulo 4). Quanto à classe capitalista, ela realmente tem algum poder, mas não o poder sobre todos e sobre tudo; ela é muito dependente tanto da dinâmica autônoma dos mercados globais quanto das decisões governamentais em termos de regulamentações e políticas. Finalmente, os próprios governos estão conectados em redes complexas de governança global imperfeita, condicionados pelas pressões dos grupos empresariais e de interesse, obrigados a negociar com a mídia que traduz as ações governamentais para seus cidadãos, e periodicamente atacados pelos movimentos sociais e por grupos de resistência que não recuam facilmente para os quartos dos fundos no fim da história (Nye e Donahue, 2000; Price, 2002; Juris, 2008; Sirota, 2008). No entanto, em alguns casos, tais como nos EUA depois de 11 de Setembro, ou nas áreas de influência da Rússia, da China, do Irã ou de Israel, os governos podem se envolver em ações unilaterais que trazem caos para o cenário internacional. Mas o fazem por sua conta e risco (e nós nos tornamos as vítimas de danos colaterais). Assim, o unilateralismo geopolítico, em última instância, cede às realidades de nosso mundo globalmente interdependente. Em suma, os Estados, até os mais poderosos, têm algum poder (principalmente um poder destrutivo), mas não *O Poder.*

Então, talvez a questão do poder, como era formulada tradicionalmente, não faça sentido na sociedade em rede. Mas novas formas de dominação e determinação são críticas para moldar a vida das pessoas independentemente de sua vontade. Há relações de poder em ação, sim, embora em novas formas e com novos tipos de atores. E as formas mais cruciais de poder seguem a lógica do *poder de criar redes.* Deixem que eu me explique.

Em um mundo de redes, a capacidade de exercer controle sobre outros depende de dois mecanismos básicos: *(1) a capacidade de constituir rede(s) e de programar/reprogramar a(s) rede(s) em termos das metas a ela(s) atribuídas; e (2) a capacidade de se conectar e garantir a cooperação de várias redes, por meio do compartilhamento de metas comuns e associação de recursos, ao mesmo tempo que se afasta a competição por parte de outras redes por meio do estabelecimento de uma cooperação estratégica.*

Chamo aqueles que detêm a primeira posição de poder de *programadores;* e aqueles que detêm a segunda posição de poder de *comutadores.* É importante observar que esses programadores e comutadores são sem dúvida atores sociais, mas não necessariamente identificados com um grupo ou indivíduo particular. Com mais frequência do que o esperado, esses mecanismos operam na interface entre vários atores sociais, definidos em termos de sua posição na estrutura social e no sistema organizacional da sociedade. Assim, sugiro que, em muitos casos, os *detentores do poder são as próprias redes.* Não redes abstratas e inconscientes ou autômatos: elas são humanos organizados em torno de seus projetos e interesses. Mas não são atores únicos (indivíduos, grupos, classes, líderes religiosos, líderes políticos), já que o exercício do poder na sociedade em rede requer um conjunto complexo de ações associadas que vai além das alianças para se tornar uma nova forma de sujeito, semelhante ao que Bruno Latour (2005) conceituou de forma brilhante como "ator-rede".

Examinemos o funcionamento desses dois mecanismos de geração de poder nas redes: programação e comutação. A capacidade de *programação* das metas da rede (assim como a capacidade de reprogramá-las) é, obviamente, decisiva, já que, uma vez programada, a rede terá um desempenho eficiente e irá se reconfigurar em termos de estrutura e nós para alcançar suas metas. A maneira como os vários atores programam a rede é um processo específico de cada rede. O processo nas finanças globais não é o mesmo que no poder militar, na pesquisa científica, no crime organizado, ou em esportes profissionais. Portanto, as relações de poder no nível da rede têm de ser identificadas e compreendidas em termos específicos a cada rede. No entanto, todas as redes compartilham uma característica comum: *ideias, visões, projetos e molduras* (frames) *geram os programas.* Esses são materiais culturais. Na sociedade em rede, a cultura está quase sempre embutida nos processos de comunicação, particularmente no hipertexto eletrônico, com as redes comerciais de multimídia global e a internet como seu núcleo. Portanto, ideias podem ser geradas a partir de várias origens e podem ter relação com interesses e subculturas específicos (por exemplo, economia neoclássica, religiões, identidades culturais, o culto de liberdade individual e coisas semelhantes). No entanto, as ideias são processadas na sociedade de acordo com a maneira como são representadas na esfera da comunicação. E, em última instância, essas ideias atingem os clientes de cada rede, dependendo do nível de exposição das clientelas aos processos de comunicação. Assim, o controle das redes de comunicação e a influência sobre elas, bem como a capacidade de criar um processo eficiente de comunicação e persuasão ao longo das linhas que favoreçam os projetos dos programadores potenciais, são as qualidades principais na programação de cada rede. Em outras palavras, o processo de comunicação na sociedade e as organizações e redes que o promovem são os campos mais importantes onde os projetos de programação são formados e onde as clientelas para esses projetos são desenvolvidas. Eles são campos de poder na sociedade em rede.

Há uma segunda fonte de poder: *o controle dos pontos de conexão entre várias redes estratégicas*. Chamo os detentores dessas posições de *comutadores*. Por exemplo, as conexões entre redes de liderança política, redes de mídia, redes científicas e tecnológicas e redes militares e de segurança para lutar por uma estratégia geopolítica. Ou a conexão entre redes políticas e redes de mídia para produzir e divulgar discursos político-ideológicos. Ou ainda a relação entre redes religiosas e redes políticas para promover uma agenda religiosa em uma sociedade secular. Ou entre redes acadêmicas e redes empresariais para fornecer conhecimento e legitimidade em troca de recursos para as universidades e empregos para seus produtos (também conhecidos como formandos). Isso não é a rede dos ex-alunos. São sistemas de interface específicos estabelecidos em uma base relativamente estável como um meio de articular o sistema operacional real da sociedade para além da autoapresentação formal das instituições e organizações.

No entanto, não estou ressuscitando a ideia de uma elite do poder. Ela não existe. Essa é uma imagem simplificada do poder na sociedade cujo valor analítico é limitado a alguns casos extremos. É precisamente porque não há qualquer elite do poder capaz de manter as operações de programação e comutação de todas as redes importantes sob seu controle que sistemas mais sutis, complexos e negociados de aplicação do poder devem ser estabelecidos. Para que essas relações de poder sejam constituídas, os programas das redes dominantes da sociedade precisam estabelecer metas compatíveis entre essas redes (por exemplo, dominação do mercado e estabilidade social; poder militar e contenção financeira, representação política e reprodução do capitalismo; livre expressão e controle cultural). E eles devem ser capazes, por meio dos processos de comutação realizados por atores-redes, de se comunicar uns com os outros, induzindo sinergia e limitando a contradição. Por isso é tão importante que os magnatas da mídia não se tornem líderes políticos, como no caso de Berlusconi. Ou que governos não tenham controle total sobre a mídia. Quanto mais os comutadores forem expressões grosseiras de dominação com um objetivo único, mais as relações de poder na sociedade em rede sufocarão o dinamismo e a iniciativa de suas fontes múltiplas de estruturação e mudança social. Comutadores não são pessoas, mas são feitos de pessoas. Eles são atores, feitos de redes de atores que se envolveram nas interfaces dinâmicas especificamente operadas em cada processo de conexão. *Programadores* e *comutadores* são aqueles atores e redes de atores que, em virtude de sua posição na estrutura social, detêm o *poder de criar redes*, a forma de *poder mais importante na sociedade em rede*.

PODER E CONTRAPODER NA SOCIEDADE EM REDE

Processos de formação de poder devem ser vistos de duas perspectivas: por um lado, esses processos podem reforçar a dominação existente ou aproveitar posições estruturais de dominação; por outro lado, há também processos de compensação que resistem à dominação estabelecida em nome dos interesses, valores e projetos que são excluídos ou sub-representados nos programas e na composição das redes. Analiticamente, ambos os processos configuram a estrutura do poder por meio de sua interação. Embora sejam diferentes, eles operam, no entanto, na mesma lógica. Isso significa que a resistência ao poder é alcançada por meio dos mesmos dois mecanismos que constituem poder na sociedade em rede: os programas das redes e as comutações entre redes. Assim, a ação coletiva por parte dos movimentos sociais, sob suas várias formas, tem como objetivo introduzir novas instruções e novos códigos nos programas das redes. Por exemplo, novas instruções para as redes financeiras globais significam que, sob condições de pobreza extrema, alguns países devem ter suas dívidas perdoadas, como foi exigido e parcialmente obtido pelo movimento do Jubileu.* Outro exemplo de novos códigos nas redes financeiras globais é o projeto de avaliação das ações de companhias segundo a ética dessas empresas em relação ao meio ambiente ou a seu respeito pelos direitos humanos

---

* No original *Jubilee Movement*, o Jubilee 2000 foi um movimento de coalizão internacional em mais de quarenta países que pediu o cancelamento da dívida do Terceiro Mundo até o ano 2000. Esse movimento coincidiu com a comemoração do ano 2000 na Igreja Católica, o Grande Jubileu, e, por isso, seu nome. (*N. da T.*)

na expectativa de que isso tenha um impacto na atitude de investidores e acionistas para com as empresas consideradas bons ou maus cidadãos do planeta. Sob essas condições, o código de cálculo econômico muda de crescimento potencial para crescimento potencial sustentável. Reprogramação mais radical vem de movimentos de resistência cujo objetivo é alterar o princípio fundamental de uma rede — ou o núcleo do código programático, se você permite que eu mantenha a comparação com a linguagem dos softwares. Por exemplo, se a vontade de Deus deve prevalecer sob todas as condições (como na declaração dos fundamentalistas cristãos), as redes institucionais que constituem o sistema legal e judicial devem ser reprogramadas não para seguir a constituição política, as prescrições legais, ou as decisões governamentais (tais como deixar que as mulheres tomem decisões sobre seu corpo e sua gravidez), mas para submetê-las à interpretação de Deus por seus bispos terrenos. Em outro exemplo, quando os movimentos por justiça global exigem que sejam reescritos os acordos comerciais administrados pela Organização Mundial do Comércio para incluir a preservação ambiental, direitos sociais e o respeito pelas minorias indígenas, eles têm o objetivo de modificar os programas sob os quais as redes da economia global funcionam.

O segundo mecanismo de resistência consiste em bloquear os comutadores de conexão entre redes que permitem que as redes sejam controladas pelo metaprograma de valores que expressam a dominação estrutural — por exemplo, arquivando processos legais ou influenciando o Congresso norte-americano a fim de desfazer a conexão entre empresas oligopolistas da mídia e o governo, desafiando as regras da Comissão de Comunicação Federal dos EUA que permitem maior concentração de propriedade. Outras formas de resistência incluem o bloqueio da formação de redes entre as empresas corporativas e o sistema político regulamentando as finanças das campanhas ou levar ao público a incompatibilidade entre ser vice-presidente e receber dividendos de nossa antiga companhia que se beneficia de contratos militares. Ou se opor à servidão intelectual aos poderes constituídos, o que ocorre quando acadêmicos usam suas cátedras como plataformas para propaganda. Uma perturbação mais radical dos comutadores afeta a infraestrutura material da sociedade em rede; os ataques materiais e psicológicos ao transporte aéreo, às redes de computadores, a sistemas de informação, a redes de instalações das quais depende a sobrevivência das sociedades no sistema altamente complexo e interdependente que caracteriza o mundo informacional. O desafio do terrorismo é precisamente baseado nessa capacidade de ter como alvo os comutadores materiais estratégicos, de tal forma que sua interrupção, ou a ameaça de sua interrupção, desorganiza a vida cotidiana das pessoas e as força a viver em uma situação de emergência — alimentando assim o crescimento de outras redes de poder, as redes de segurança, que se estendem a todas as esferas da vida. Há, por certo, uma relação simbiótica entre a interrupção de comutadores estratégicos por ações de resistência e a reconfiguração das redes de poder com um novo conjunto de comutadores que são organizados em torno das redes de segurança.

A resistência ao poder programado nas redes também ocorre por meio das redes e por elas. Essas são também redes de informação alimentadas pelas tecnologias de informação e comunicação (Arquilla e Rondfeldt, 2001). O movimento erroneamente chamado de "movimento antiglobalização" é uma rede global-local organizada e discutida na internet e estruturalmente comutada com a rede de mídia (ver o Capítulo 5). A al-Qaeda e organizações a ela ligada formam uma rede feita de nós, múltiplos com pouca coordenação central e voltada diretamente para sua comutação com as redes da mídia, por meio das quais eles esperam infligir medo entre os infiéis e despertar a esperança entre as massas oprimidas de seus seguidores (Gunaratna, 2002; Seib, 2008). O movimento ambiental é uma rede conectada globalmente mas com raízes locais, cujo objetivo é mudar a mente da população como um meio de influenciar decisões de políticas para salvar o planeta ou nosso próprio bairro (ver Capítulo 5).

Uma característica central da sociedade em rede é que ambas as dinâmicas de dominação e de resistência à dominação dependem da formação de redes e de estratégias de redes para ataque e defesa. De fato, isso remonta à experiência histórica de tipos anteriores de sociedades, como a sociedade industrial. A fábrica e a grande corporação industrial organizada verticalmente foram a base material para o desenvolvimento tanto do capital corporativo quanto do movimento dos trabalhadores. Da mesma forma, hoje, as redes de computadores para os mercados financeiros globais, sistemas transnacionais de produção, forças armadas "inteligentes" com alcance global, redes de resistência terrorista, a sociedade civil global e movimentos sociais em rede que lutam por um mundo melhor são todos componentes da sociedade global em rede. Os conflitos de nosso tempo são travados por atores sociais em rede com o objetivo de atingir sua clientela e seus públicos-alvo por meio da comutação decisiva com as redes de comunicação multimídia.

Na sociedade em rede, o poder é redefinido, mas não desaparece. E tampouco desaparecem as lutas sociais. A dominação e a resistência à dominação mudam de caráter de acordo com a estrutura social específica da qual elas se originam e que elas modificam por meio de sua ação. O poder governa, os contrapoderes lutam. As redes processam seus programas contraditórios enquanto as pessoas tentam encontrar sentido nas fontes de seus medos e de suas esperanças.

Conclusão: Compreendendo as relações de poder na sociedade em rede global

As fontes de poder social em nosso mundo — a violência e o discurso, a coerção e a persuasão, a dominação política e o enquadramento (*framing*) cultural — não são fundamentalmente diferentes de nossa experiência histórica, como foi teorizado por alguns dos pensadores mais importantes sobre o poder. Mas o terreno onde as relações de poder operam mudou principalmente em dois sentidos: ele é primordialmente construído em torno da articulação entre o local e o global; e ele é primordialmente organizado em torno de redes, não de unidades. Como as redes são múltiplas, as relações de poder são específicas a cada uma delas. Mas há uma forma fundamental de exercer poder que é comum a todas as redes: a exclusão da rede. Isso também é específico a cada uma delas: uma pessoa, grupo ou território pode ser excluído de uma rede mas incluído em outras. No entanto, como as redes principais e estratégicas são globais, há uma forma de exclusão — de poder, portanto — que é abrangente em um mundo de redes: incluir tudo que é valioso no global e ao mesmo tempo excluir o local desvalorizado. Há cidadãos do mundo, vivendo no espaço de fluxos, *versus* os locais, vivendo no espaço dos lugares. Como o espaço na sociedade em rede é configurado em torno da oposição entre o espaço de fluxos (global) e o espaço de lugares (local), a estrutura espacial de nossa sociedade é uma fonte importante da estruturação das relações de poder.

O mesmo ocorre com o tempo. O tempo intemporal, o tempo da sociedade em rede, não tem passado nem futuro. Nem mesmo o passado recente. É o cancelamento da sequência e, assim, do tempo, pela compressão ou pelo obscurecimento da sequência. Portanto as relações de poder são construídas em torno da oposição entre o tempo intemporal e todas as outras formas de tempo. O tempo intemporal, que é o tempo do breve "agora", sem sequência ou ciclo, é o tempo dos poderosos, daqueles que saturam seu tempo até o limite máximo porque sua atividade é muito valiosa. E o tempo é comprimido até o nanossegundo para aqueles para quem tempo é dinheiro. O tempo da história, e das identidades históricas, desaparece em um mundo onde apenas a gratificação imediata importa, e onde o fim da história é proclamado pelos bardos dos vitoriosos. Mas o tempo do relógio do taylorismo ainda é a sina da maioria dos trabalhadores e o tempo de *longue durée* daqueles que preveem o que pode acontecer com o planeta é o tempo dos projetos alternativos que recusam se submeter à dominação dos ciclos acelerados do tempo instrumental. E é interessante, há também um "tempo futuro" mítico dos poderosos que é o tempo projetado dos futurologistas do mundo corporativo. De fato, essa é a forma definitiva de conquistar o tempo. É a colonização do futuro extrapolando os valores dominantes do presente nas projeções: como fazer o mesmo, com mais lucro e mais poder, daqui a vinte anos. A capacidade de se projetar o tempo atual, e ao mesmo tempo negar o passado e o futuro para a humanidade como um todo, é outra forma de estabelecer o tempo intemporal como uma forma de afirmação do poder na sociedade em rede.

Mas como o poder é exercido dentro das redes e pelas redes para aqueles que estão incluídos nas redes centrais que estruturam a sociedade? Considerarei em primeiro lugar as formas contemporâneas de exercer poder por meio do monopólio da violência e depois por meio da construção de significado por discursos disciplinares.

Primeiro, como as redes são globais, o Estado, encarregado do poder pelo monopólio da violência, encontra limites consideráveis para sua capacidade coercitiva a menos que forme redes com outros Estados e com os detentores do poder nas redes decisivas que moldam as práticas sociais em seus territórios, ao mesmo tempo que estão sendo posicionadas na esfera global. Portanto, a capacidade de conectar várias redes e de restaurar algum tipo de fronteira dentro da qual o Estado retenha sua capacidade de intervir passa a ser essencial para a reprodução da dominação institucionalizada no Estado. Mas a capacidade de estabelecer a conexão não está, necessariamente, nas mãos do Estado. O poder do comutador é detido pelos comutadores, atores sociais de diferentes tipos que são definidos pelo contexto no qual redes específicas têm de ser conectadas por razões específicas. Claro, os Estados ainda podem bombardear, prender e torturar. Mas a menos que eles encontrem meios de reunir várias redes estratégicas interessadas nos benefícios de sua capacidade de exercer violência, o exercício pleno de seu poder coercitivo normalmente não dura muito. A dominação estável, que fornece a base para a realização das relações de poder em cada rede, exige uma negociação complexa para estabelecer parcerias com os Estados, ou com o Estado em rede, que contribui para acentuar as metas atribuídas a cada rede por seus respectivos programas.

Segundo, os discursos do poder fornecem metas substantivas para os programas das redes. As redes processam os materiais culturais que são construídos na esfera múltipla do discurso. Esses programas são orientados para a satisfação de certos interesses e valores sociais. Mas, para ser eficaz na programação dessas redes, eles precisam depender de um metaprograma que garanta que os receptores do discurso internalizem as categorias por meio das quais eles encontram um sentido para suas próprias ações que esteja de acordo com os programas das redes. Isso é particularmente importante em um contexto de redes globais porque a diversidade cultural do mundo tem de ser coberta com algumas estruturas comuns referentes aos discursos que transmitem os interesses compartilhados de cada rede global. Em outras palavras, há necessidade de produzir uma cultura global que acrescente algo às identidades culturais específicas em vez de suplantá-las, para pôr em prática os programas de redes que são globais em seu alcance e objetivo. Para que a globalização exista, ela precisa afirmar um discurso disciplinar capaz de enquadrar culturas específicas (Lash e Lury, 2007).

Assim, a comutação e a programação das redes globais são as formas de exercer poder em nossa sociedade global em rede. A comutação é executada por comutadores; a programação é realizada por programadores. Os comutadores e os programadores em cada rede são específicos àquela rede e não podem ser determinados sem uma investigação em cada caso particular.

A resistência à programação e a interrupção da comutação a fim de defender valores e interesses alternativos são as formas de contrapoder postas em prática pelos movimentos sociais e pela sociedade civil — local, nacional e global — com a dificuldade adicional de que as redes de poder são normalmente globais, enquanto a resistência de contrapoder é normalmente local. Como atingir o global a partir do local por meio da formação de redes com outras localidades — ou seja, como transformar em "comunidades de base" o espaço de fluxos — passa a ser a questão estratégica fundamental para os movimentos sociais de nossa era.

Os meios específicos de comutação e programação determinam em grande parte as formas de poder e contrapoder na sociedade em rede. A comutação de várias redes exige a capacidade de construir uma interface cultural e organizacional, uma língua comum, um meio comum, e o apoio de um valor aceito universalmente: o valor de troca. Em nosso mundo, a forma mais comum e versátil de valor de troca é o dinheiro. É por meio dessa moeda comum que o compartilhamento do poder é medido com mais frequência entre as várias redes. Esse padrão de medida é essencial porque ele remove o papel decisivo do Estado, já que a apropriação do valor por todas as redes torna-se dependente de transações financeiras. Isso não significa que os capitalistas controlam tudo. Significa apenas que as pessoas que têm dinheiro suficiente, inclusive líderes políticos, terão melhores oportunidades de operar o comutador em seu benefício. Mas, na economia capitalista, além de transações monetárias, a permuta também pode ser utilizada: uma troca de serviços entre redes (por exemplo, poder regulatório em troca de financiamento político por parte das empresas, ou em maior acesso à mídia em troca de influência política). Assim, o poder da comutação depende da capacidade de gerar valor de troca, seja por meio de dinheiro ou de trocas.

Há uma segunda fonte principal de poder: a capacidade de programação das redes. Essa capacidade depende, em última instância, da habilidade para gerar, difundir e influenciar os discursos que moldam a ação humana. Sem essa capacidade discursiva, a programação de redes específicas é frágil e depende unicamente do poder dos atores entrincheirados nas instituições. Os discursos, em nossa sociedade, moldam a mente pública por meio de uma tecnologia específica: redes de comunicação que organizam a comunicação socializada. Como a mente pública — isto é, o conjunto de valores e comportamentos que têm uma exposição ampla na sociedade — é, em última instância, o que influencia o comportamento individual e coletivo, a programação das redes de comunicação é a maior fonte de materiais culturais que alimentam as metas programadas de qualquer outra rede. Além disso, como as redes de comunicação conectam o local com o global, os códigos difundidos nessas redes têm um alcance global.

Projetos e valores alternativos propostos pelos atores sociais que têm como objetivo reprogramar a sociedade precisam também passar pelas redes de comunicação para transformar a consciência e as visões na mente das pessoas a fim de desafiar os poderes constituídos. E é apenas atuando sobre os discursos globais por meio das redes globais de comunicação que esses atores podem influenciar as relações de poder nas redes globais que estruturam todas as sociedades. Em último caso, o poder da programação condiciona o poder da comutação, porque os programas das redes determinam a variedade de possíveis interfaces no processo de comutação. Os discursos limitam as opções daquilo que as redes podem ou não fazer. Na sociedade em rede, os discursos são gerados, difundidos, disputados, internalizados e finalmente incorporados na ação humana, na esfera de comunicação socializada construída em torno de redes locais-globais de comunicação digital multimodal, inclusive a mídia e a internet. O poder na sociedade em rede é o poder da comunicação.

2

A COMUNICAÇÃO NA ERA DIGITAL

UMA REVOLUÇÃO DA COMUNICAÇÃO?

Comunicação é o compartilhamento de significado por meio da troca de informação. O processo é definido pela tecnologia da comunicação, pelas características dos emissores e receptores da informação, por seus códigos culturais de referência e protocolos de comunicação e pela abrangência do processo comunicativo. O significado só pode ser compreendido no contexto das relações sociais em que a informação e a comunicação são processadas (Schiller, 2007:18). Desenvolverei mais detalhadamente os elementos dessa definição no contexto da sociedade global em rede.

Começando com a *abrangência do processo em si*, a comunicação interpessoal deve ser diferenciada da comunicação da sociedade. Na primeira, os emissores e receptores designados são os sujeitos da comunicação. Na última, o conteúdo da comunicação tem o potencial de ser difundido para a sociedade como um todo: é o que normalmente chamamos de *comunicação de massa*. A comunicação interpessoal é interativa (a mensagem é enviada de um para um com laços de retroalimentação), enquanto a comunicação de massa pode ser interativa ou unidirecional. A comunicação de massa tradicional é unidirecional (ou seja, a mensagem é enviada de um para muitos, como no caso de livros, jornais, filmes, rádio e televisão). Claro, algumas formas de interatividade podem ser acomodadas na comunicação de massa por outros meios de comunicação. Por exemplo, ouvintes/telespectadores podem fazer comentários sobre programas de rádio ou de televisão por telefone, cartas e e-mails. Apesar disso, a comunicação de massa costumava ser primordialmente unidirecional. Com a difusão da internet, surgiu uma nova forma de comunicação interativa, caracterizada pela capacidade de enviar mensagens de muitos para muitos, em tempo real ou no tempo escolhido, e com a possibilidade de usar a comunicação entre dois pontos, em transmissões especializadas, *narrowcasting* ou em transmissões para muitos receptores (*broadcasting*), dependendo do objetivo e das características da prática de comunicação intencionada.

Chamo essa forma de comunicação historicamente nova de *autocomunicação de massa*. É comunicação de massa porque tem o potencial de atingir um público global, como é o caso de um vídeo divulgado no YouTube, um blog com links RSS para várias fontes na internet, ou uma mensagem para uma lista gigantesca de e-mails. Ao mesmo tempo, é autocomunicação porque a produção da mensagem é autogerada, a definição do(s) receptor(es) potencial(ais) é autodirecionada e a recuperação das mensagens específicas, do conteúdo da World Wide Web (WWW, a rede de alcance mundial) e de redes eletrônicas de comunicação é autosselecionada. As três formas de comunicação (interpessoal, comunicação de massa e autocomunicação de massa) coexistem, interagem e se complementam em vez de se substituírem. O que é historicamente novo, com consequências consideráveis para a organização social e a mudança cultural, é a articulação de todas as formas de comunicação em um hipertexto digital composto e interativo que inclui, mistura e recombina *em sua diversidade* toda a variedade de expressões culturais transmitidas pela interação humana. Com efeito, a dimensão mais importante da convergência da comunicação, como escreve Jenkins, "ocorre dentro dos cérebros dos consumidores individuais e por meio de sua interação social com outros" (2006:3).

No entanto, para que essa convergência ocorresse, algumas transformações críticas tiveram de acontecer em cada uma das dimensões do processo de comunicação, como foi definido anteriormente. Essas várias dimensões constituem um sistema e uma transformação e uma não pode ser entendida sem as outras. Juntas, elas formam o pano de fundo daquilo que Mansell (2002) e McChesney (2007) rotularam de "revolução da comunicação", aquilo que Cowhey e Aronson (2009) caracterizam como "o ponto de inflexão" ou ainda aquilo que, algum tempo atrás, Rice *et al.* (1984) identificaram como a emergência de novos meios pela interação da mudança tecnológica e da comunicação. Para ser mais claro, examinarei separadamente as transformações que estão ocorrendo, sem que a ordem de minha apresentação implique qualquer causalidade. Então analisarei sua interação.

Em primeiro lugar, há a *transformação tecnológica* que é baseada na digitalização da comunicação, nas redes de computadores, em softwares mais avançados, na difusão de sua maior capacidade de transmissão de banda larga, e na comunicação local-global generalizada por meio de redes sem fio, cada vez mais com acesso à internet.

Em segundo lugar, a definição de emissores e receptores refere-se à *estrutura organizacional e institucional da comunicação*, principalmente da comunicação na sociedade, onde os emissores e receptores são, respectivamente, a mídia e seu chamado público (pessoas identificadas como consumidores da mídia). Uma transformação fundamental ocorreu nessa esfera nas duas últimas décadas:

- comercialização generalizada da mídia na maior parte do mundo;
- globalização e concentração das empresas de mídia por meio da formação de conglomerados e de redes;
- a segmentação, customização e diversificação de mercados da mídia com ênfase na identificação cultural do público;
- a formação de grupos empresariais multimídia que se estendem para todas as formas de comunicação, inclusive, claro, para a internet;
- e uma convergência empresarial crescente entre corporações de telecomunicação, de computadores, da internet e da mídia.

A formação dessas redes empresariais globais de multimídia se tornou possível graças às políticas públicas e às mudanças institucionais caracterizadas pela liberalização, privatização e desregulamentação regulamentada, nacional e internacionalmente, como consequência das políticas governamentais a favor do mercado que se espalharam por todo o mundo desde a década de 1980.

Em terceiro, *a dimensão cultural do processo de transformação de várias camadas da comunicação* pode ser captada na interseção entre dois pares de tendências contraditórias (mas não incompatíveis): o desenvolvimento paralelo de uma cultura global e de uma cultura de múltiplas identidades; bem como o surgimento simultâneo do individualismo e do comunalismo como dois padrões culturais opostos, mas igualmente poderosos, que caracterizam nosso mundo (Norris, 2000; Castells, 2004c; Baker, 2005; Rantanen, 2005). A capacidade ou incapacidade de gerar protocolos de comunicação entre essas estruturas culturais contraditórias define a possibilidade de comunicação ou erros de comunicação entre os sujeitos de vários processos comunicativos. A mídia, a partir de transmissões televisivas culturalmente diversas (por exemplo, a Al Jazeera em árabe/inglês, a CNN americana/internacional ou a CNN em espanhol) para a Web 2.0 (a segunda geração da WWW), pode agir como os protocolos de comunicação que servem de ponte entre as divisões culturais ou fragmentam ainda mais nossas sociedades em ilhas culturais autônomas ou trincheiras de resistência.

E, por último, cada componente da grande transformação da comunicação representa *a expressão das relações sociais — em última instância, relações de poder — que formam a base da evolução do sistema multimodal de comunicação*. Isso é mais evidente na persistência da separação digital entre países e nos países, dependendo de seu poder de consumo e do seu nível de infraestrutura na área de comunicação. Mesmo com acesso crescente à internet e à comunicação sem fio, uma desigualdade profunda no acesso à banda larga e as lacunas educacionais na capacidade de operar uma cultura digital tendem a reproduzir e ampliar as estruturas de classe, étnicas, raciais, etárias e de gênero de dominação social entre países e dentro dos próprios países (Wilson, 2004; Galperin e Mariscal, 2007; Katz, 2008; Rice, 2008). A influência crescente das corporações nas indústrias da mídia, da informação e da comunicação sobre as instituições públicas regulatórias podem moldar a revolução da comunicação a serviço de interesses comerciais. A influência da indústria da publicidade sobre os negócios da mídia, por meio da transformação das pessoas em uma audiência mensurável, tende a subordinar a inovação cultural ou o prazer do entretenimento ao consumismo comercial. A liberdade de expressão e de comunicação na internet e no sistema multimídia global/local é muitas vezes restrito e inspecionado por burocracias governamentais, elites políticas e aparatos ideológicos/religiosos. A privacidade desapareceu há muito tempo em uma revoada de "cookies" e estratégias de recuperação de dados pessoais, com a exceção parcial daqueles usuários com alto nível de sofisticação técnica (Whitaker, 1999; Solove, 2004).

No entanto, ao mesmo tempo, *atores sociais e cidadãos individuais ao redor do mundo estão usando a nova capacidade de comunicação em rede para promover seus projetos, defender seus interesses e afirmar seus valores* (Downing, 2003; Juris, 2008; Costanza-Chock, no prelo, a). Além disso, esses atores estão cada vez mais conscientes do papel crucial do novo sistema multimídia e de suas instituições reguladoras para a cultura e para a política da sociedade. Assim, testemunhamos em algumas partes do mundo, especialmente nos Estados Unidos, mobilizações sociais e políticas cujo objetivo é estabelecer um grau de controle dos cidadãos sobre os controladores da comunicação e garantir seus direitos à liberdade no espaço da comunicação (Couldry e Curran, 2003; Klinenberg, 2007; McChesney, 2007, 2008).

Portanto, *o novo campo de comunicação em nossa época está surgindo por meio de um processo de mudança multidimensional moldada por conflitos enraizados na estrutura contraditória de interesses e valores que constitui a sociedade.* A seguir, identificarei em termos mais precisos o processo de mudança em cada uma dessas dimensões que, juntas, definem a transformação da comunicação na era digital.

Convergência tecnológica e o novo sistema multimídia: da comunicação de massa para a autocomunicação de massa

> Um processo chamado "a convergência de modos" está tornando imprecisas as fronteiras entre os meios de comunicação, mesmo entre as comunicações ponto a ponto, tais como o correio, o telefone e o telégrafo, e as comunicações de massa, como a imprensa, o rádio e a televisão. Um único meio físico — sejam fios, cabos ou ondas — pode transportar serviços que no passado eram oferecidos separadamente. De modo inverso, um serviço que no passado era prestado por um único meio — fosse ele o rádio, a imprensa ou a telefonia — agora pode ser oferecido de várias formas físicas diferentes. Portanto a relação um a um que existia entre um meio de comunicação e seu uso está se desgastando.
>
> (Ithiel de Sola Pool, 1983, citado por Jenkins, 2006:37)

A tendência identificada em 1983 pelo trabalho pioneiro de Ithiel de Sola Pool é hoje uma realidade que redesenhou o cenário da comunicação. Não é exatamente uma surpresa que a emergência na década de 1970 de um novo paradigma tecnológico baseado nas tecnologias de informação e comunicação viesse a ter uma influência decisiva na área da comunicação (Freeman, 1982; Perez, 1983; Castells, 2000c; Mansell e Steinmueller, 2000; Wislon, 2004). Do ponto de vista tecnológico, as redes de telecomunicação, as redes de computadores e as redes radiofônicas convergiram com base na formação de redes digitais e nas novas tecnologias de transmissão e armazenamento de dados, particularmente a fibra ótica, a comunicação por satélite e os softwares mais avançados (Cowhey e Aronson, 2009).

No entanto, tecnologias e modelos comerciais diferentes, apoiados pelas políticas das agências reguladoras, provocaram várias tendências transformadoras nos componentes do sistema de comunicação. Durante as décadas de 1980 e 1990, a radiodifusão evoluiu ao longo de uma trajetória que enfatizava a continuidade na forma de comunicação, ao mesmo tempo que aumentava a diversidade das plataformas de fornecimento e a concentração da propriedade dos meios de comunicação (Hesmondhalgh, 2007). O rádio e a imprensa escrita continuavam, de um modo geral, a ser mídia de massa. Em contraste, as redes de computadores e as telecomunicações rapidamente exploraram o potencial de digitalização e do software de código aberto para gerar novas formas de comunicação interativa local/global, muitas vezes iniciadas pelos usuários das redes (Benkler, 2006). A convergência tecnológica e organizacional entre os dois sistemas começou na primeira década do século XXI e levou à formação gradual de um novo sistema multimídia (Jenkins, 2006).

TELEVISÃO PORTÁTIL: A ETERNA COMPANHEIRA

Desde o começo da década de 1990, a televisão, o meio arquetípico da comunicação de massa, escapou dos limites do espectro de frequência desenvolvendo novas formas de transmissão por cabo e por satélite. O meio saiu de um sistema de comunicação unidirecional altamente centralizado, baseado em um número limitado de redes de estações, para um sistema de transmissão altamente diversificado e descentralizado baseado em uma capacidade aprimorada de transmissão (Croteau e Hoynes, 2006). As tecnologias digitais permitiram a multiplicação do número de canais que poderiam ser recebidos (Galperín, 2004). Embora a televisão digital melhore a capacidade do meio libertando-o do espectro de frequências, ela só começou a operar nos países mais desenvolvidos entre 2009 e 2012. No entanto, antes do advento da televisão digital, houve uma explosão de canais e de programações variadas de televisão no mundo todo. Em 2007, o domicílio americano médio tinha acesso a 104 canais de televisão, dezesseis a mais do que em 2006 e 43 a mais do que no ano 2000 (Nielsen, 2007).[1] Segundo o Observatório Audiovisual Europeu, nos países europeus membros da OCDE o número total de canais de televisão disponíveis (inclusive terrestres, de radiodifusão e por satélite) aumentou de 816 em 2004 para 1.165 em 2006, um crescimento de 43% (OCDE, 2007:175). Dados incompletos sobre outras partes do mundo em geral mostram aumentos semelhantes (Sakr, 2001; Hafez, 2005; Rai e Cottle, 2007).

A penetração da televisão também permaneceu estável nos EUA em 98% durante os últimos vinte anos. Na Europa, o número de domicílios com acesso à televisão cresceu de 1.162.490,4 em 2002 para 1.340.201,3 em 2007 (Euromonitor, 2007). O número de horas gastas assistindo à televisão cresceu constantemente na maioria dos países. Nos EUA, o domicílio médio passava 57 horas e 37 minutos por semana assistindo à televisão em 2006, um aumento de vinte minutos em relação a 2005, e de quase dez horas desde que Nielsen começou a usar "medidas de pessoas" duas décadas atrás (Mandese, 2007). E entre 1997

---

1 Mas o número de canais que eram realmente sintonizados pelo domicílio médio nos Estados Unidos continuou mais ou menos o mesmo, indo para 15,6 em 2006 em relação a 15,4 em 2005 e 15,0 em 2004, o primeiro ano para o qual Nielsen apresenta essa estatística (Mandese, 2007).

e 2005, a quantidade de tempo que o telespectador médio passou diante da televisão aumentou em quase todos os países da OCDE (exceto Nova Zelândia, Espanha e Coreia do Sul; OCDE, 2007:176). Assim, a televisão está viva e passa bem, continuando a ser o principal meio de comunicação de massa nesse começo do século XXI. O que mudou foi a fragmentação da televisão em múltiplos canais, muitas vezes orientados para públicos específicos, em uma prática de transmissão especializada que tende a aumentar a diferenciação cultural no mundo da mídia de massa (Turow, 2005). Além disso, a prática de gravação digital em vídeos e a programação computadorizada do que vai ser assistido na televisão, com a introdução de dispositivos como o TIVO,* individualizou e customizou a recepção da programação. Portanto, a televisão continua a ser um meio de comunicação de massa da perspectiva do emissor, mas é muitas vezes um meio de comunicação pessoal do ponto de vista do receptor. A capacidade crescente de controlar a recepção da televisão inclui softwares capazes de programar gravações e pular anúncios, uma ameaça fundamental para a principal fonte de renda da transmissão televisiva.

Assim, embora a televisão ainda seja o meio predominante de comunicação de massa, ela foi profundamente transformada pela tecnologia, pelo comércio e pela cultura, a ponto de hoje ser mais bem compreendida como um meio que combina transmissão de massa disseminada com transmissão especializada. Em 1980, uma média de 40% dos domicílios com televisão nos EUA sintonizava um dos três principais programas de notícias em rede em uma determinada noite. Em 2006, esse número tinha caído para 18,2% (Projeto para Excelência no Jornalismo, 2007).[2] Segundo a Pesquisa Nielsen sobre a mídia, em 2006 mais de 85% dos domicílios nos EUA tinham utilizado a televisão a cabo ou por satélite, em comparação a 56% deles em 1990. A audiência do horário nobre para a transmissão televisiva (das 20h às 22h) caiu de 80% em 1990 para 56% em 2006 (Standard and Poor, 2007a).

No entanto, embora a nova infraestrutura tecnológica e o desenvolvimento de transmissão a cabo ou por satélite tenham aumentado a customização do produto e segmentação orientada da audiência, a integração vertical de canais de televisão locais em redes nacionais que pertencem a grandes corporações (como nos EUA, mas também na Itália, na Índia, na Austrália e em outros países) provocou a crescente padronização do conteúdo sob a aparência de diferenciação (Chatterjee, 2004; Bosetti, 2007; Flew, 2007; Hesmondhalg, 2007;

---

*Aparelho de vídeo que permite aos usuários capturar a programação televisiva para armazenamento em disco rígido (HD), para visualização posterior. (*N. da T.*)

2 No entanto, de acordo com a Pesquisa Nielsen de Mídia, apesar do aumento rápido no número de canais disponíveis, o consumidor médio só assiste a quinze canais por semana (OCDE, 2007:175).

Schiller, 2007; Campo Vidal, 2008). Assim, Eric Klinenberg (2007), em seu estudo pioneiro sobre os debates políticos acerca da transformação da mídia nos Estados Unidos, documentou como afiliados locais das redes de televisão viram diminuir sua capacidade de decidir sobre o conteúdo de sua programação e foram obrigados a transmitir produtos produzidos centralmente, muitas vezes a partir de sistemas em grande parte automatizados, inclusive a previsão do tempo "local" apresentada em um tom familiar por repórteres que nunca foram à localidade sobre a qual estavam fornecendo informações.

RÁDIO: FORMANDO REDES DA LOCALIDADE IMAGINADA

O rádio, o meio de comunicação de massa mais adaptável aos horários individuais e localização da audiência durante o século XX, seguiu um caminho semelhante de integração vertical. A transformação tecnológica, sob as condições de concentração da propriedade, levou a um controle crescente do conteúdo local pelos estúdios centralizados que servem à rede inteira. A gravação e a edição digitais permitem a integração de estações de rádio locais em redes nacionais corporativas. A maior parte do conteúdo das notícias locais, na verdade, não é local, e algumas reportagens investigativas "exclusivas" são programas genéricos moldados para o contexto de cada audiência. A transmissão automatizada de músicas com base em catálogos previamente gravados torna as estações de rádio mais próximas do modelo de música por demanda, como nos IPods. Aqui, uma vez mais, o potencial para customização e diferenciação permitida pelas tecnologias digitais foi usado para disfarçar a produção centralizada de produtos distribuídos localmente e customizados para audiências específicas com base nos modelos de marketing. Nos Estados Unidos, antes de o Ato das Telecomunicações de 1996 retirar muitas das restrições sobre concentração de propriedade, havia mais de 10.400 estações de rádio comerciais que eram propriedades de indivíduos (ver a seguir). Durante 1996-98, houve uma redução de setecentos donos de estações de rádio. Nos dois anos que se seguiram à aprovação do Ato no Congresso, corporações compraram e venderam mais de 4.400 estações de rádio e estabeleceram grandes redes nacionais com uma presença oligopolista nas áreas metropolitanas maiores. Assim, tecnologias de liberdade e seu potencial para diversificação não necessariamente levam à diferenciação de programação e localização do conteúdo; ao contrário, elas permitem a falsificação da identidade em uma tentativa de combinar controle centralizado e entrega descentralizada como uma estratégia comercial eficaz (Klinenberg, 2007:27).

O SURGIMENTO DA INTERNET E DA COMUNICAÇÃO SEM FIO

A formação de redes de computadores, os softwares de código aberto (inclusive protocolos da internet) e o rápido desenvolvimento da comutação digital e da capacidade de transmissão nas redes de telecomunicação levaram à dramática expansão da internet após sua privatização, na década de 1990. A internet é, na verdade, uma tecnologia antiga: foi implementada pela primeira vez em 1969. Mas só se difundiu em larga escala vinte anos mais tarde por uma série de fatores: mudanças regulatórias, maior largura de banda nas telecomunicações, a difusão dos computadores pessoais, softwares de fácil utilização que simplificaram ações como transferir, acessar e comunicar conteúdos (começando com o servidor e navegador WWW em 1990) e a demanda social que crescia rapidamente pela formação de redes de tudo, com origem tanto nas necessidades do mundo empresarial quanto no desejo do público de construir redes de comunicação próprias (Abbate, 1999; Castells, 2001; Benkler, 2006).

Como resultado, o número de usuários da internet no planeta cresceu de menos de 40 milhões em 1995 para cerca de 1,4 bilhão em 2008. Em 2008, os índices de penetração já tinham alcançado mais de 60% na maioria dos países desenvolvidos e estavam crescendo em ritmo ainda mais rápido nos países em desenvolvimento (Center for the Digital Future, vários anos). A penetração da internet global em 2008 era ainda cerca de um quinto da população mundial, e menos de 10% dos usuários da internet tinham acesso à banda larga. No entanto, desde 2000, a lacuna digital, medida em termos de acesso, vem encolhendo. A proporção entre o acesso à internet nos países da OCDE e em países em desenvolvimento caiu de 80,6:1 em 1997 para 5,8:1 em 2007. Em 2005, , o número de *novos* usuários da internet nos países em desenvolvimento foi quase duas vezes maior que esse mesmo número nos países da OCDE (ITU, 2007). A China é o país com o crescimento mais rápido de usuários, embora o índice de penetração continue abaixo dos 20% da população em 2008. Em julho do mesmo ano, o número de usuários na China era de 253 milhões, ultrapassando os Estados Unidos, que têm cerca de 223 milhões de usuários (CNNIC, 2008). Os países da OCDE de um modo geral tinham um índice de penetração de cerca de 65% de suas populações em 2007. Além disso, dada a enorme disparidade no uso da internet entre pessoas com mais de 60 anos de idade e aquelas com menos de 30, a proporção de usuários da internet certamente atingirá o ponto de quase saturação nos países desenvolvidos e aumentar substancialmente no mundo todo à medida que a minha geração desaparecer.

A partir da década de 1990, outra revolução da comunicação ocorreu no mundo todo: a explosão da comunicação sem fio, com crescente capacidade de conectividade e aumento da banda larga nas gerações sucessivas de telefones celulares (Castells *et al.*, 2006b; Katz, 2008). Essa foi a tecnologia de comunicação que se difundiu mais rapidamente na história. Em 1991, havia cerca de 16 milhões de assinaturas de telefones sem fio no mundo. Em julho de 2008, as assinaturas tinham ultrapassado 3,4 bilhões, ou aproximadamente 52% da população mundial. Usando um fator multiplicador conservador (os bebês — por enquanto — não usam celulares e, nos países pobres, as famílias e as aldeias compartilham uma assinatura), podemos com segurança estimar que mais de 60% das pessoas neste planeta tinham acesso à comunicação sem fio em 2008, mesmo que isso fosse extremamente restringido pela renda. Com efeito, estudos na China, na América Latina e na África mostraram que pessoas pobres dão grande prioridade a suas necessidades de comunicação e usam uma proporção substancial de seu mísero orçamento para satisfazê-las (Qiu, 2007; Katz, 2008; Sey, 2008; Wallis, 2008). Nos países desenvolvidos, o índice de penetração das assinaturas de tecnologias sem fio varia entre 82,4% (nos Estados Unidos) até 102% (Itália ou Espanha) e está se aproximando do ponto de saturação.

Há um novo ciclo de convergência tecnológica envolvendo a internet e a comunicação sem fio, inclusive as redes Wi-Fi e WIMAX,* e múltiplas aplicações que distribuem capacidade de comunicação pelas redes sem fio, multiplicando assim os pontos de acesso à internet. Isso é particularmente importante para o mundo em desenvolvimento porque o índice de crescimento de penetração da internet está mais lento em virtude da escassez de linhas telefônicas com fio. No novo modelo de telecomunicações, a comunicação sem fio tornou-se a forma predominante de comunicação por toda parte, particularmente nos países em desenvolvimento. Em 2002, o número de assinantes de linhas sem fio ultrapassou o de assinantes de linha fixa no mundo todo. Assim, a capacidade de se conectar a partir de um dispositivo sem fio passa a ser o fator crítico para uma nova onda da difusão da internet no planeta. Isso depende em grande parte da construção da infraestrutura sem fio, de novos protocolos para esse modelo e da difusão da capacidade de banda larga avançada. A partir dos anos 1980, a capacidade de transmissão nas redes de telecomunicação expandiu substancialmente. Os líderes globais em largura e implantação da banda larga são a Coreia do Sul, Cingapura e a Holanda. O mundo tem um longo caminho a percorrer até alcançar o nível desses países. No entanto, a possibilidade tecnológica de uma rede de banda larga sem fio quase onipresente já existe, aumentando, com isso, o potencial para a comunicação multimodal de qualquer tipo de dados, em

---

* WIMAX — Worldwide Interoperability for Microwave Access, ou seja, Interoperabilidade mundial para acesso de micro-ondas. (*N. da T.*)

qualquer tipo de formato, de qualquer pessoa para qualquer pessoa e de qualquer lugar para qualquer lugar. Para que essa rede global realmente funcione, no entanto, é preciso que seja construída a infraestrutura apropriada, e uma regulamentação conducente tem de ser implementada nacional e internacionalmente (Cowhey e Aronson, 2009).

AUTOCOMUNICAÇÃO DE MASSA

Observe que nossa discussão se deslocou da transmissão e da mídia de massa para a comunicação em geral. A internet, a World Wide Web e a comunicação sem fio não são mídias no sentido tradicional. Em vez disso, são meios de comunicação interativa. No entanto, como a maioria dos outros analistas nessa área, eu argumento que as fronteiras entre meios de comunicação de massa e todas as outras formas de comunicação estão ficando difusas (Cardoso, 2006; Rice, 2008). O e-mail é principalmente uma forma de comunicação de pessoa a pessoa, mesmo quando as mensagens para vários destinatários e a mala direta são levadas em conta. Mas a internet é muito maior que isso. A WWW é uma rede de comunicação usada para enviar e trocar documentos. Esses documentos podem ser textos, áudios, vídeos, programas de software — literalmente qualquer coisa que possa ser digitalizada. É por isso que não faz sentido comparar a internet com a televisão em termos de "audiência", como muitas vezes ocorre nas análises antiquadas da mídia. Na verdade, na economia da informação, a maior parte do tempo gasto na internet é tempo de trabalho ou de estudo (Castells *et al.*, 2007). Não "assistimos" à internet como assistimos à televisão. Na prática, os usuários da internet (a maioria da população nas sociedades avançadas e uma proporção crescente no Terceiro Mundo) *vivem* com ela. Como muitas evidências já demonstraram, ela, na enorme variedade de suas aplicações, é o tecido de comunicação de nossas vidas, para o trabalho, para a conexão pessoal, para a formação de redes sociais, para informação, para diversão, para serviços públicos, para a política e até para a religião (Katz e Rice, 2002; Wellman e Haythornthwaite, 2002; Center for the Digital Future, 2005, 2007, 2008; Cardoso, 2006; Castells e Tubella, 2007). Não podemos pinçar o entretenimento ou as notícias desse uso incessante da internet e compará-los com a mídia de massa em termos de horas "assistidas", porque trabalhar com a internet inclui navegar ocasionalmente pelos sites da rede que não têm relação com o trabalho, ou enviar alguns e-mails pessoais como resultado da possibilidade generalizada de realizar múltiplas tarefas no novo ambiente informacional (Montgomery, 2007; Katz, 2008; Tubella *et al.*,

2008). Além disso, a internet está sendo cada vez mais usada para acessar a mídia de massa (televisão, rádio, jornais) bem como qualquer forma de produto cultural ou informacional digitalizado (filmes, música, revistas, livros, artigos de jornais, bancos de dados).

A web já transformou a televisão. Os adolescentes entrevistados pelo Centro para o Futuro Digital na Universidade de Carolina do Sul nem sequer compreendem o conceito de assistir à televisão no horário estabelecido por outra pessoa. Eles assistem a programas inteiros de televisão nas telas de seus computadores e, cada vez mais, em dispositivos portáteis. Assim, a televisão continua a ser um veículo de massa importante, mas seu fornecimento e seu formato estão sendo transformados à medida que a recepção se individualiza (Centro para o Futuro Digital, "World Internet Survey", vários anos; Cardoso, 2006). Um fenômeno semelhante ocorreu com a imprensa escrita. No mundo todo, usuários da internet com menos de 30 anos leem os jornais principalmente on-line. Portanto, embora o jornal continue a ser um meio de comunicação de massa, sua plataforma muda. Ainda não existe nenhum modelo comercial para o jornalismo on-line (Beckett e Mansell, 2008). No entanto, a internet e as tecnologias digitais transformaram o processo de trabalho dos jornais e da mídia de massa como um todo. Os jornais se tornaram internamente organizados em rede, globalmente conectados às redes de informação na internet. Além disso, os componentes on-line dos jornais estimularam a formação de redes e a sinergia com outras organizações de notícias e da mídia (Weber, 2007). As redações na indústria jornalística, televisiva e radiofônica foram transformadas pela digitalização das notícias e por seu processamento permanente global/local (Boczkowski, 2005). Dessa forma, a comunicação de massa no sentido tradicional hoje é uma comunicação baseada na internet tanto em sua produção quanto em sua transmissão.

Além disso, a combinação das notícias on-line com a comunicação entre blogs e e-mails, bem assim como *feeds* RSS* de outros documentos na rede, transformaram os jornais em um componente de uma forma diferente de comunicação: aquilo que conceitualizei anteriormente como *autocomunica-*

---

* A abreviatura do RSS é usada para se referir aos seguintes padrões:
  - Rich Site Summary (RSS 0.91)
  - RDF Site Summary (RSS 0.9 e 1.0)
  - Really Simple Syndication (RSS 2.0)

A tecnologia do RSS permite aos usuários se inscreverem em sites que fornecem feeds (fontes) RSS. São normalmente sites que mudam ou atualizam o seu conteúdo regularmente. Para isso, são utilizados feeds RSS que recebem essas atualizações, e assim o usuário pode permanecer informado de diversas atualizações em vários sites sem precisar visitá-los um a um. (*N. da T.*)

ção de massa. Essa forma de comunicação surgiu com o desenvolvimento das chamadas Web 2.0 e Web 3.0, ou o aglomerado de tecnologias, dispositivos e aplicativos que ofereceu suporte à proliferação de espaços sociais na internet graças à maior capacidade de banda larga, softwares de código-fonte aberto inovadores e gráficos e interfaces de computador melhores, inclusive a interação avatar em espaços virtuais tridimensionais.

A difusão da internet, da comunicação sem fio, da mídia digital e de uma variedade de ferramentas de softwares sociais estimularam o desenvolvimento de redes horizontais de comunicação interativa que conectam o local e o global em um momento determinado. Com a convergência entre a internet e a comunicação sem fio, junto à difusão gradual da maior capacidade de banda larga, o poder comunicativo e informacional da internet está sendo distribuído para todas as esferas da vida social, exatamente como a rede elétrica e o motor elétrico distribuíram a energia na sociedade industrial (Hughes, 1983; Benkler, 2006; Castells e Tubella, 2007). À medida que as pessoas (os chamados usuários) se apropriaram de novas formas de comunicação, elas construíram seus próprios sistemas de comunicação de massa, por SMS, blogs, vlogs, podcasts, wikis e afins (Cardoso, 2006; Gillespie, 2007; Tubella *et al.*, 2008). Compartilhamento de arquivos e redes p2p (*peer to peer*, ou par a par) fazem com que a circulação, a mixagem e a reformatação de qualquer conteúdo digitalizado sejam possíveis. Em fevereiro de 2008, Technorati identificou 112,8 milhões de blogs e mais de 250 milhões de páginas de mídia identificadas como sociais, um aumento de 4 milhões de blogs se compararmos com outubro de 2004. Em média, segundo informações coletadas durante um período de sessenta dias, 120 mil novos blogs são criados, 1,5 milhão de atualizações são publicadas e aproximadamente 60 milhões de blogs são atualizados por dia (Baker, 2008). A chamada blogosfera é um espaço de comunicação internacional multilíngue. Embora o inglês dominasse os primeiros estágios do desenvolvimento de blogs, em abril de 2007 apenas 36% das atualizações de blogs eram em inglês, enquanto 37% eram em japonês, e 8% em chinês. A maior parte das outras atualizações eram escritas em espanhol (3%), italiano (3%), russo (2%), francês (2%), português (2%), alemão (1%) e farsi (1%) (Sifry, 2007; Baker, 2008). Os blogs estão se tornando um terreno importante de autoexpressão para a juventude chinesa (Dong, 2008a). Um levantamento mais preciso de blogs chineses provavelmente aumentaria a proporção dessa língua na blogosfera, aproximando-a do inglês ou do japonês.

No mundo todo, a maioria dos blogs é pessoal. Segundo o Projeto Pew de Internet e Vida Americana, 52% dos *bloggers* dizem que escrevem principalmente para si próprios, enquanto 32% afirmam que o fazem para um público

(Lenhart e Fox, 2006:III).[3] Assim, até certo ponto, *uma parte significativa dessa forma de autocomunicação de massa está mais próxima do "autismo eletrônico" do que de uma comunicação real.* Apesar disso, qualquer publicação em blog, independentemente da intenção do autor, passa a ser uma garrafa jogada no oceano da comunicação global, uma mensagem passível de ser recebida e reprocessada de maneiras inesperadas.

Formas revolucionárias de autocomunicação de massa se originaram na criatividade de jovens usuários que se transformaram em produtores. Um exemplo é o YouTube, um site de compartilhamento de vídeos em que usuários, organizações, empresas e governos individuais podem colocar o conteúdo de seus próprios vídeos.[4] Fundada em 2005 por Jawed Karim, Steven Chen e Chad Hurley,[5] três americanos que se conheceram trabalhando na empresa de pagamento on-line PayPal, a versão americana do YouTube hospedava 69,8 milhões de vídeos em fevereiro de 2008. Durante novembro de 2007, por exemplo, 74,5 milhões de pessoas assistiram a 2,9 bilhões de vídeos no YouTube.com (39 vídeos por pessoa; ComScore, 2008). Ademais, emissoras de TV nacionais e internacionais como a Al Jazeera, a CNN, a NTV do Quênia, a France 24 e a Catalã TV3, e inúmeras outras mídias mantêm seu próprio canal no YouTube, a fim de desenvolver novas audiências e conectar membros de suas diásporas. Adicionalmente, em julho de 2007, o YouTube também lançou dezoito sites associados específicos para determinados países e destinados especialmente para usuários de telefones celulares. Isso o fez o maior meio de comunicação de massa do mundo. Sites que o imitam proliferam, como o ifilm. com, revver.com e Grouper.com. Tudou.com é a plataforma de vídeos mais popular da China, e um dos sites que mais cresce, atraindo mais de 6 milhões de visitantes por dia em agosto de 2007, um aumento de 175% em relação a maio anterior (Nielsen/NetRatings, 2007). Sites de redes sociais como MySpace.com também oferecem a capacidade de enviar conteúdos em vídeos. Com efeito, o MySpace foi, em 2008, o segundo maior site de compartilhamento de vídeos na rede. Em novembro de 2007, 43,2 milhões de pessoas assistiram a 389 milhões

---

3 Além disso, segundo o mesmo levantamento Pew, apenas 11% dos blogs novos são sobre política (Lenhart e Fox, 2006: II-III).

4 No entanto, o Projeto Pew de Internet também descobriu que os usuários preferem esmagadoramente o conteúdo de vídeos profissionais (62%) comparados com apenas 19% que preferem conteúdo amador e 11% que não têm qualquer preferência (Madden, 2007:7). À medida que mais empresas de mídia distribuem o conteúdo de seus vídeos on-line, menos conteúdos em vídeo gerados por usuários são publicados (embora isso possa ser temporário).

5 Jawed Karim é originalmente da Alemanha, mas mudou-se para os EUA aos 13 anos; Steven Chen saiu de Taiwan aos 8 anos.

de vídeos no MySpace.com (ComScore, 2008). O *streaming** de vídeos é uma forma cada vez mais popular de consumo e produção de mídia. Um estudo do Projeto Pew de Internet e Vida Americana descobriu que, em dezembro de 2007, 48% dos usuários americanos consumiam regularmente vídeos on-line, 33% a mais do que um ano antes. Essa tendência foi mais pronunciada para usuários com menos de trinta anos: 70% das pessoas nessa faixa etária visitam sites de vídeos (Rainie, 2008:2).

Assim, o YouTube e outros sites com conteúdo gerado pelos usuários são meios de comunicação de massa. No entanto, eles diferem da mídia de massa tradicional. Qualquer pessoa pode postar um vídeo no YouTube, com poucas restrições. E o usuário seleciona o vídeo ao qual deseja assistir e sobre o qual comentar a partir de uma enorme lista de possibilidades. É claro que existem pressões contra a livre expressão no YouTube, especialmente ameaças legais por violação de direitos autorais e censura governamental de conteúdo político em situações de crise. No entanto, o YouTube é tão difundido que a rainha da Inglaterra escolheu publicar seu discurso de Natal no site. Os debates televisionados dos candidatos presidenciais norte-americanos nas eleições de 2008 e nas eleições parlamentares espanholas do mesmo ano foram transmitidos simultaneamente pelo YouTube e complementados pelos próprios vídeos enviados por cidadãos.

Redes horizontais de comunicação construídas em torno das iniciativas, dos interesses e desejos das pessoas são multimodais e incorporam muitos tipos de documentos, desde fotografias (hospedadas por sites como Photobucket.com, que tinha 60 milhões de usuários registrados em fevereiro de 2008) e projetos cooperativos de grande escala, tais como a Wikipédia (uma enciclopédia livre com 26 milhões de colaboradores, embora apenas 75 mil sejam colaboradores ativos), até música e filmes (redes p2p baseada em programas de software grátis como o Kazaa) e redes de ativista social/político e religioso que combinam fóruns de debates on-line com suprimento global de vídeos, áudios e textos.

Para adolescentes que sabem gerar e distribuir conteúdo pela internet, "não é com os quinze minutos de fama que eles se importam, é com os quinze megabytes de fama" (Jeffrey Cole, comunicação pessoal, julho de 2008). *Espaços sociais na rede*, baseando-se na tradição pioneira de comunidades virtuais dos

---

* O *streaming* introduz uma nova forma de consumir mídia pela internet ao permitir a manipulação e a visualização de um arquivo de mídia enquanto ele está sendo transmitido, sem a necessidade de esperar que o arquivo inteiro seja baixado. No caso de vídeos, o usuário pode assistir em tempo real à transmissão de outra pessoa. O *streaming* também oferece ao usuário controle sobre a mídia enquanto está sendo consumida, como avançar e retroceder. (*N. da T.*)

anos 1980 e superando as primeiras e limitadas formas comerciais com pouca visão de espaço social introduzidas pela AOL, se multiplicaram em termos de conteúdo e aumentaram extraordinariamente os números para formar uma sociedade virtual diversificada e abundante na rede. A partir de junho de 2008, o MySpace (com 114 milhões de usuários) e o Facebook (com 123,9 milhões) tornaram-se os sites mais bem-sucedidos do mundo em interação social de usuários de várias faixas etárias e sociodemográficas (McCarthy, 2008). As comunidades on-line se envolvem em uma enorme variedade de projetos, como, por exemplo, a Sociedade Para o Anacronismo Criativo, com mais de 30 mil membros pagantes em dezembro de 2007, um restabelecimento histórico da comunidade virtual fundada em 1996. Para milhões de usuários da internet com menos de 30 anos de idade, as comunidades on-line se tornaram uma dimensão fundamental da vida cotidiana que continua crescendo por todo o mundo, inclusive na China e nos países em desenvolvimento, e sua ampliação só ficou mais lenta em virtude das limitações de banda larga e de acesso (Boyd, 2006a,b; Montgomery, 2007; Williams, 2007). Com a perspectiva de uma expansão da infraestrutura da comunicação e a queda dos preços, não é uma predição e sim uma observação dizer que as comunidades on-line estão se desenvolvendo rapidamente não como um mundo virtual, mas como uma virtualidade real integrada a outras formas de interação em uma vida cotidiana cada vez mais híbrida (Centro para o Futuro Digital, 2008).

Uma nova geração de programas de software sociais possibilitou a explosão de *jogos interativos de computador e videogames*, hoje uma indústria global avaliada em US$40 bilhões. Apenas nos Estados Unidos, a indústria de videogames e de jogos para computador acumulou US$18,7 bilhões em vendas em 2007. No primeiro dia de lançamento, em setembro de 2007, o jogo *Halo 3* da Sony faturou US$170 milhões, mais do que a renda bruta em um fim de semana de qualquer filme de Hollywood até o momento.[6] A maior comunidade de jogos on-line, *World of Warcraft* (WOW), que responde por mais da metade da indústria de jogos multiplayer on-line — a Massively Multiplayer Online Game (MMOG) —, alcançou mais de 10 milhões de membros ativos (mais da metade deles residentes no continente asiático) em 2008. Esses membros se organizam cuidadosamente em associações hierárquicas baseadas no mérito e na afinidade (Blizzard Entertainment, 2008). Se a mídia é em grande parte baseada no entretenimento, então essa nova forma de diversão, baseada inteiramente na internet e na programação de softwares, é hoje um componente importante do sistema da mídia.

---

6 www.boxofficemojo.com/alltime/weekends (de acordo com dados de 5 de agosto de 2008).

Novas tecnologias também estão promovendo o desenvolvimento de *espaços sociais de realidade virtual* que combinam a sociabilidade e a experimentação com os chamados *role-playing* games. O mais bem-sucedido desses jogos é o *Second Life* (Austrália, 2008). Em fevereiro de 2008, o *Second Life* tinha cerca de 12,3 milhões de usuários registrados e cerca de 50 mil visitantes em média, por dia, independentemente do horário. Para muitos observadores, a tendência mais interessante entre as comunidades do *Second Life* é sua incapacidade de criar uma utopia, mesmo na ausência de limitações institucionais ou espaciais. Residentes do *Second Life* reproduziram algumas das características de nossa sociedade, inclusive muitos de seus perigos, como a agressão e o estupro. Além disso, o *Second Life* é propriedade privada da Linden Corporation, e bens imóveis virtuais logo passaram a ser um negócio lucrativo, até o ponto em que o serviço de arrecadação de impostos internos dos Estados Unidos começou a desenvolver esquemas para taxar os dólares Linden, que são convertíveis em dólares americanos. No entanto, esse espaço virtual tem uma capacidade de comunicação tão grande que algumas universidades estabeleceram seus *campi* no *Second Life*; há também experimentos para usá-lo como uma plataforma educacional; bancos virtuais são abertos e vão à falência acompanhando os altos e baixos dos mercados norte-americanos; manifestações políticas e até confrontos violentos entre esquerdistas e direitistas ocorrem na cidade virtual; e novas histórias dentro do *Second Life* atingem o mundo real por meio de um corpo de correspondentes da mídia cada vez mais dedicados. Utópicos descontentes já estão abandonando o *Second Life* para encontrar a liberdade em outra terra virtual onde podem começar uma nova vida, como imigrantes nômades sempre fizeram no mundo físico. Ao fazê-lo, estão expandindo a fronteira da virtualidade para os limites externos da interação entre várias formas de nossa construção mental.

A comunicação sem fio tornou-se uma plataforma de entrega escolhida para vários tipos de produtos digitalizados, como jogos, música, imagens e notícias, bem como mensagens instantâneas que abrangem todo o leque de atividades humanas, das redes de apoio pessoal até tarefas profissionais e mobilizações políticas. Assim, a grade de comunicação eletrônica cobre tudo o que fazemos, seja onde e quando for que o fizermos (Ling, 2004; Koskinen, 2007). Estudos mostram que a maioria das chamadas e mensagens de telefones celulares se originam do lar, do trabalho e da escola — os lugares mais frequentes onde as pessoas estão normalmente com um telefone fixo à disposição. A característica principal da comunicação sem fio não é a mobilidade, mas a conectividade contínua (Katz e Aakhus, 2002; Ito *et al.*, 2005; Castells *et al.*, 2006a; Katz, 2008).

O crescimento da autocomunicação de massa não está restrito à mais alta tecnologia. Organizações de base e indivíduos pioneiros estão usando novas formas de comunicação autônoma, tais como estações de rádio de pequena potência, canais de televisão piratas e produção independente de vídeos que se aproveitam do baixo custo da produção e da capacidade de distribuição do vídeo digital (Costanza-Chock, no prelo, a).

Certamente, a mídia oficial usa blogs e redes interativas para distribuir seu conteúdo e interagir com seu público, combinando modos de comunicação verticais e horizontais. Mas há muitos exemplos em que a mídia tradicional, tal como a televisão a cabo, é alimentada pela produção de conteúdo autônoma a partir da capacidade digital de produzir e distribuir uma grande variedade desse conteúdo. Nos Estados Unidos, um dos exemplos mais conhecidos desse tipo é a *Current TV*, de Al Gore, na qual o conteúdo produzido pelos usuários e editado profissionalmente representa 40% do conteúdo do canal. Os veículos de notícias baseados na internet, em grande parte alimentados pelas informações dos usuários, como a Jinbonet e a Ohmy News na Coreia do Sul ou a Vilaweb em Barcelona, se tornaram fontes de informação de larga escala e são relativamente confiáveis e independentes. Assim, a crescente interação entre as redes horizontais e verticais de comunicação não significa que a mídia tradicional esteja dominando as formas novas e autônomas de geração e distribuição de conteúdo. Significa que há um processo de complementaridade que faz nascer uma nova realidade midiática, cujos contornos e efeitos irão em última instância ser decididos pelas lutas de poder político e empresarial, à medida que os donos das redes de telecomunicação se posicionam para controlar o acesso e o tráfego em benefício de seus parceiros comerciais e de seus clientes preferenciais (veja a seguir).

O interesse crescente da mídia corporativa nas formas de comunicação baseadas na internet reconhece a importância do surgimento de uma nova forma de comunicação na sociedade, à qual venho me referindo como *autocomunicação de massa*. É comunicação de massa porque alcança uma audiência potencialmente global por meio de redes p2p e de conexão pela internet. É multimodal, uma vez que a digitalização de conteúdo e softwares sociais avançados — muitas vezes baseados em programas de código aberto que podem ser baixados de graça — permite a reformatação de quase qualquer conteúdo em quase qualquer forma, cada vez mais distribuído pelas redes sem fio. *Tem também conteúdo autogerado, emissão autodirecionada e recepção autosselecionada por muitos que se comunicam com muitos.* Essa é uma nova esfera de comunicação e, em última instância, um novo meio, cuja espinha dorsal é feita de redes de computadores, cuja linguagem é digital e cujos emissores estão globalmente distribuídos e são globalmente interativos. É bem verdade que o meio, até um meio tão revolucionário quanto esse, não determina o conteúdo e o efeito de suas mensagens. Mas ele tem o potencial de possibilitar diversidade ilimitada e produção autônoma da maioria dos fluxos de comunicação que constroem o significado na mente pública. No entanto, a revolução na tecnologia da comunicação e as novas culturas de comunicação autônoma são processadas e moldadas (mas não determinadas) por organizações e instituições que são em grande parte influenciadas pelas estratégias comerciais de geração de lucro e expansão do mercado.

A ORGANIZAÇÃO E O GERENCIAMENTO DA COMUNICAÇÃO: REDES GLOBAIS DE NEGÓCIOS MULTIMÍDIA[7]

Na sociedade em rede, a mídia opera principalmente de acordo com uma lógica comercial, a despeito de seu status legal. Ela depende dos anunciantes, dos patrocinadores corporativos e dos pagamentos dos consumidores para obter lucro em nome de seus acionistas. Embora existam alguns casos de serviço público relativamente independentes (por exemplo, a BBC, a TVE espanhola, a RAI italiana, a SABC sul-africana, a CBC canadense, a ABC australiana e outros), essas emissoras enfrentam uma pressão crescente para comercializar sua programação a fim de manter sua audiência diante da competição do setor privado (EUMap, 2005, 2008). Com efeito, muitas emissoras, públicas, como a BBC e a SABC da África do Sul, lançaram braços corporativos para a obtenção de lucro a fim de financiar suas iniciativas públicas. Enquanto isso, em países como a China, as operações da mídia controladas pelo Estado estão se deslocando de um modelo orientado para a propaganda para um modelo corporativo centrado no público (Huang, 2007).[8] Além disso, embora a internet seja uma rede

---

7 Esta seção está baseada em um artigo escrito em coautoria com Amelia Arsenault (Arsenault e Castells, 2008b).

8 A comercialização do mercado doméstico da mídia chinesa é chamada de "guan ting bing zhuan", expressão que se refere a um processo no qual canais da mídia pertencentes ao Estado que não conseguem manter-se economicamente são fechados ou anexados, fundidos com organizações comerciais da mídia ou transformados em entidades corporativas comerciais (Huang, 2007:418). Entre 2003 e 2007, 677 jornais do Partido ou do governo foram fechados e 325 foram transformados em grupos jornalísticos comerciais.

autônoma de comunicação local/global, sua infraestrutura também pertence a corporações privadas e públicas, e seus espaços sociais e sites mais populares estão rapidamente se tornando um segmento dos negócios multimídia (Artz, 2007; Chester, 2007).

Como *a mídia é predominantemente um negócio, as mesmas tendências que transformaram o mundo dos negócios — globalização, digitalização, formação de redes e desregulamentação — alteraram radicalmente as operações midiáticas* (Schiller, 1999, 2007). Essas tendências acabaram com a maioria dos limites à expansão da mídia corporativa, permitindo a consolidação de controle oligopolista sobre empresas de grande parte do núcleo da rede global de mídia.[9] Ainda que os maiores conglomerados de mídia tenham suas raízes no Ocidente, mas a maior parte dos meios de comunicação ainda tem foco nacional e/ou local. *Globais são as redes* que conectam a parte financeira, a produção e a distribuição da mídia nacional e internacionalmente. *A principal transformação organizacional da mídia que observamos é a formação de redes globais de negócios multimídia integradas, organizadas com base em parcerias estratégicas.*

No entanto, essas redes são organizadas em nós dominantes. Um pequeno número de megacorporações forma a espinha dorsal da rede global de redes midiáticas. Sua dominância depende de sua capacidade de alavancar as organizações de mídia com focos locais e nacionais em todo o mundo, e de se conectarem a elas. Por sua vez, as organizações da mídia nacionais e regionais cada vez mais dependem de parcerias com essas megacorporações para facilitar sua própria expansão corporativa. Embora o capital e a produção estejam globalizados, o conteúdo da mídia é customizado de acordo com as culturas locais e com a diversidade das audiências segmentadas. Assim, como é comum em outras indústrias, a globalização e a diversificação trabalham de mãos dadas. Com efeito, os dois processos estão entrelaçados: só as redes globais podem controlar os recursos da produção de mídia global, mas sua capacidade de conquistar porções do mercado depende da adaptação de seu conteúdo ao gosto das audiências locais. O capital é global; as identidades são locais ou nacionais.

---

9 A era pós-Segunda Guerra Mundial do Studio Hollywood também foi caracterizada pela integração vertical e um controle desproporcional do mercado cinematográfico mundial por alguns poucos atores privilegiados. No entanto, a digitalização e a globalização significam que os conglomerados contemporâneos da multimídia hoje controlam uma variedade muito mais ampla de plataformas de distribuição de conteúdo (Warf, 2007).

A digitalização da comunicação estimulou a difusão de um sistema de mídia tecnologicamente integrado no qual produtos e processos são desenvolvidos em várias plataformas que sustentam uma variedade de conteúdos e de expressões da mídia dentro da mesma rede de comunicação global/local. A linguagem digital compartilhada permite economias de escala e, ainda mais importante, economias de sinergia entre essas várias plataformas e esses vários produtos. Por economias de sinergia quero dizer que a integração de plataformas e produtos pode produzir um retorno maior que a soma das partes investidas na fusão ou na formação de redes dessas plataformas e produtos. A sinergia ocorre como resultado de processos de criatividade e inovação facilitados pela integração.

A difusão da internet e da comunicação sem fio descentralizou a rede de comunicação, dando oportunidade para pontos de entrada múltiplos na rede de redes. Embora o surgimento dessa forma de autocomunicação de massa amplie a autonomia e a liberdade dos atores comunicantes, essa autonomia cultural e tecnológica não leva necessariamente à autonomia comercial da mídia. Na verdadade, ela cria novos mercados e novas oportunidades de negócios. Os grupos da mídia se integraram em redes globais multimídia, e um dos objetivos dessas redes é a privatização e a comercialização da internet para expandir e explorar esses novos mercados.

O resultado dessas tendências variadas e de sua interação é *a formação de um novo sistema global multimídia.* Para entender a comunicação no século XXI, é necessário identificar a estrutura e a dinâmica desse sistema multimídia. Para fazê-lo, começo por me concentrar no núcleo global dessa estrutura, assim como nas principais redes de comunicação organizadas em torno desse núcleo. Então analiso a organização e as estratégias das maiores organizações multimídia que constituem a espinha dorsal da rede global de mídia. Em terceiro lugar, examino a interação entre essas organizações "da mídia global" e as organizações de mídia com focos regionais e/ou locais. Finalmente, revelo a dinâmica das redes de mídia explicando como as organizações negociam e alavancam redes paralelas e buscam controlar os comutadores que fazem a conexão entre as redes de mídia e as redes financeiras, industriais ou políticas.

O NÚCLEO DAS REDES GLOBAIS DE MÍDIA

O núcleo das redes globais de mídia é formado pelas corporações multimídia, cuja principal fonte de renda e diversas propriedades se originam de regiões e países múltiplos ao redor do mundo. Como afirmei anteriormente, as organizações "de mídia global" não são realmente globais; suas redes é que o são. No entanto, algumas empresas midiáticas têm uma presença internacional mais forte do que outras, e as estratégias globalizantes das organizações de mídia local e regional dependem da dinâmica desse núcleo de redes globais de mídia, ao mesmo tempo que facilitam essa dinâmica. Assim, examinarei a organização das redes internas das maiores corporações globalizadas de mídia (medidas por renda *circa* 2007): Time Warner, Disney, News Corporation, Bertelsmann, NBC Universal, Viacom e CBS. Então incluirei nessa análise a interação desse "G-7" com as maiores e mais diversificadas empresas da internet e de computadores: Google, Microsoft, Yahoo! e Apple.

Examinando a configuração desse núcleo de mídia global, podemos observar quatro tendências inter-relacionadas:

1. *A propriedade dos meios de comunicação está cada vez mais concentrada.*

2. Ao mesmo tempo, os conglomerados de mídia agora podem *oferecer uma variedade de produtos em uma única plataforma, assim como um produto em várias plataformas.* E também formam produtos novos pela combinação de partes digitais de produtos diferentes.

3. A customização e segmentação dos públicos a fim de maximizar as rendas com publicidade pela movimentação fluida de produtos de comunicação através de plataformas.

4. Finalmente, o nível de sucesso dessas estratégias é determinado pela capacidade de as redes internas de mídia *encontrarem economias de sinergia mais eficientes* que aproveitem a mudança no ambiente de comunicações.

Deixem-me detalhar um pouco cada uma dessas características do núcleo das redes globais multimídia.

Concentração dos meios de comunicação

Uma série de análises documentou a tendência para uma corporativização e concentração da mídia em vários momentos e em diferentes áreas do mundo (por exemplo, McChesney, 1999, 2004, 2007, 2008; Bagdikian, 2000, 2004; Bennett, 2004; Thussu, 2006; Hesmondhalgh, 2007; Campo Vidal, 2008; Rice, 2008).

A concentração da mídia não é nada de novo. A história está cheia de exemplos de controle oligopolista dos meios de comunicação, inclusive o

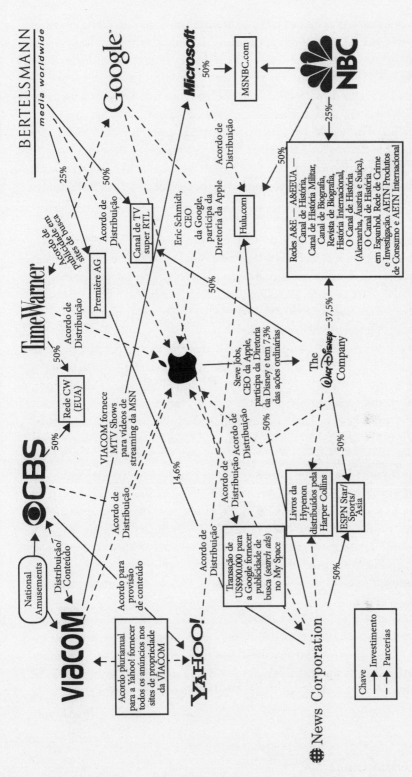

Fig. 2.1. Interconexões-chave importantes entre a mídia multinacional e as diferentes corporações da internet. Por favor, observe que este diagrama representa parcerias e investimentos cruzados. Não abrange todas as conexões. Referem-se a fevereiro de 2008.
Fonte: Arsenault e Castells (2008a:713).

controle pelos sacerdotes da escrita cuneiforme, o controle da Bíblia em latim pela Igreja, o licenciamento das gráficas, os sistemas de correio dos governos e as redes semáforas militares, entre outros. Em qualquer ponto da história e da geografia há uma forte associação entre a concentração de poder e a concentração dos meios de comunicação (Rice, comunicação pessoal, 2008). Nos Estados Unidos, as "três grandes" redes, ABC, CBS e NBC, dominaram tanto o rádio quanto a televisão até parte da década de 1980. Durante toda a primeira parte do século XX, a britânica Reuters, a francesa Havas e a agência de notícias alemã Wolff News formavam um "cartel global de notícias" que dominava a transmissão de notícias internacionais (Rantanen, 2006). Fora dos Estados Unidos, a maior parte dos governos tradicionalmente manteve o monopólio das redes de rádio e televisão. O controle sobre o espaço da comunicação sempre aumentou e diminuiu de acordo com mudanças complementares e contraditórias na regulamentação, nos mercados, no ambiente político e nas inovações tecnológicas. No entanto, a digitalização da informação e o surgimento da comunicação por satélite, sem fio e das plataformas de comunicação da internet significam que as formas de proteção tradicionais que impediam a expansão da propriedade dos meios de comunicação diminuíram. No começo da década de 1990, as fusões e aquisições aceleraram em níveis nunca antes vistos. Por exemplo, entre 1990 e 1995, o número de fusões da mídia foi igual ao que ocorreu ao longo de trinta anos, entre 1960 e 1990 (Greco, 1996:5; Hesmondhalgh, 2007:162).

Na primeira edição de seu livro seminal *The Media Monopoly* [O monopólio da mídia] (1983), Ben Bagdikian identificou cinquenta firmas que dominavam o mercado dos meios de comunicação nos Estados Unidos. Várias versões revisadas do livro revelaram um número cada vez menor de firmas dominantes: 29 firmas em 1987, 23 em 1990, dez em 1997, seis em 2000 e cinco em 2004 (citado por Hesmondhalgh, 2007:170). Embora Bagdikian tivesse se detido nos Estados Unidos, essa mesma tendência é evidenciada globalmente (Fox e Waisbord, 2002; Campo Vidal, 2008; Winseck, 2008). Em 2006, por exemplo, a Disney, a Time Warner, a NBC Universal, a Fox Studios (News Corporation) e a Viacom respondiam por 79% da produção e 55% da distribuição global de filmes (IBIS, 2007a, b).

Essa contração gradativa do campo midiático resulta não só da competição, mas também da crescente capacidade de as maiores empresas formarem redes tanto umas com as outras quanto com atores regionais (algo que será discutido em mais detalhes na próxima seção). A Figura 2.1. mapeia as parcerias-chave e os investimentos cruzados entre a multimídia global e as empresas que controlam a internet.

Como a Figura 2.1 ilustra, as sete maiores empresas de mídia e as principais companhias da internet estão conectadas por meio de uma rede densa de parcerias, investimentos cruzados, e quadro gerencial e diretores.[10]

A National Amusements, uma empresa familiar de Sumner Redstone, mantém uma participação majoritária de 80% tanto na CBS quanto na Viacom. A NBC Universal e a News Corporation juntas são donas do provedor de conteúdo on-line Hulu.com, lançado em 2007 para competir com a plataforma de *streaming* de vídeos do YouTube da Google. A AOL, da Time Warner, a MSN da Microsoft, o MySpace, da News Corporation, e a Yahoo! também fornecem distribuição para a plataforma Hulu. Mas enquanto a Hulu procura romper a influência do YouTube no mercado de vídeos digitais, seus seguidores em outros países formaram parcerias estratégicas com a Google. A Google fornece a publicidade para o site da rede social MySpace, da News Corporation. Em fevereiro de 2008, a Microsoft fez uma oferta que acabou não sendo aceita, para comprar a Yahoo! por US$44,6 bilhões. Assim, esses conglomerados multimídia competem e fazem alianças caso a caso, segundo suas necessidades comerciais.

Quando certas corporações acumulam um controle desproporcional sobre um fornecimento de conteúdo específico ou sobre mecanismos de produção, como o domínio do YouTube sobre vídeos na internet, outras propriedades da mídia tentam romper esse obstáculo por meio de investimentos ou de desenvolvimento de empresas rivais. Assim, a diversificação de propriedades funciona paralelamente à concentração da mídia. A capacidade dos gigantes da mídia de assinar com sucesso acordos favoráveis tanto entre si quanto com outras empresas midiáticas importantes depende de sua capacidade de acumular uma variedade de holdings por meio de parcerias, investimento ou aquisição direta.

---

10 A Figura 2.1 ilustra relações apenas a partir de fevereiro de 2008. Ela não apresenta inúmeras parcerias temporárias realizadas por essas corporações. Por exemplo, embora a NBC houvesse ganhado os direitos de transmissão das Olimpíadas de Inverno de 2006, em Turim, ela assinou um acordo sobre a provisão do conteúdo com a ESPN.com (que pertence à Disney) e acordos publicitários com a Google. Assim, a Figura 2.1 nos oferece apenas um vislumbre específico de um momento das interconexões entre essas companhias. À medida que seus portfólios de propriedade aumentam e diminuem, o mesmo ocorre com a forma e conteúdo dessas interconexões. No entanto, o fato de essas informações serem datadas não impede o interesse analítico de nossa contribuição (Arsenault e Castells, 2008b). Isso ocorre porque estamos sugerindo um padrão de organização e estratégia das redes de negócios multimídia globais que podem mudar em termos de sua composição mas podem muito bem continuar a ser o modelo padrão para o mundo de negócios de multimídia por muitos anos ainda. Com efeito, esperamos que os pesquisadores atualizem, expandam e corrijam nossa atual avaliação dessas redes de negócios.

	TV/Satélite	Rádio/Música	Filme	Imprensa/Escrita	Internet
Time Warner Renda US$43,7 bilhões	TV: Time Warner Cable (EUA), Rede CW (50%), Canais (47 versões em línguas regionais e locais): CNN, HBO, Boomerang, Cartoon Network (EUA, Pacífico Asiático, Europa, América Latina), CNN Rede de Aeroportos, CNN em espanhol, CNN Headline News (EUA, América Latina, Pacífico Asiático), CNN Internacional, TCM, TNT, Cinemax, Pogo (Índia) TIVO (4,5%), TV Tribunal		Filme: New Line Cinema, Warner Brothers Pictures, Looney Toons, Hanna Barbera	Imprensa: Little, Brown, & Co., Time Inc (145 revistas no mundo todo), IPC Media (80 revistas no Reino Unido & na Austrália), Southern Progress Corporation (8 revistas nos EUA)	Internet: RoadRunner, AOL, AOL.com.mx, Bebo, CNNMoney.com, CNN Mobile, Netscape, Mapquest
Disney Renda US$34,29 bilhões	TV: 10 canais de TV nos EUA, BV Television, BV International, TV, ABC Network, ABC Cable Networks: Disney Channel, ABC Family, SOAPnet, Jetix (América Latina e Europa, 74%); ESPN: 6 canais domésticos e 31 internacionais em 190 países, Lifetime (50%), Hungama (Índia)	Música: Buena Vista Music Group, Disney Music Publishing; Rádio: Citadel Broadcasting (57%), ESPN Radio, Radio Disney, 71 estações de rádio	Filme: Buena Vista (BV) Miramax, Pixar, Walt Disney Studios, Touchstone	Livro: Hyperion	Internet: Walt Disney Internet Group, Club Penguin; UTV Software (Índia)
News Corporation Renda US$28,66 bilhões	TV: EUA: Fox Television Stations Group (35 canais nos EUA inclusive 10 duopólios), Fox TV Network, MyNetwork TV (13 canais); 20th Century Fox TV, Regency Television (40%), Direct TV (EUA, 34%); UK: BSkyB (38%), ITV (18%); ÁSIA: Star TV Group: Hathaway Cable (Índia 26%); Koos Cable (Taiwan 20%); Tata Sky (Índia 20%); Phoenix Satellite (China, 17,6%); EUROPA: Première AG (Alemanha, 25%); Puls TV (Pol 35%) Sky Itália; AMÉRICA LATINA: Sky América Latina, Innova; Aus: Foxtel Digital (25%), Foxtel Studios: Canais XYZNetworks (AUS; 50%), Sky Network Television (NZ 40%); Fox News (transmissão em 70 países), Fox Business Network, Fox College Sports, Fox Reality, FX, Fox Sports Net, Fox Soccer, Fox Movie, History; Fuel TV, Speed, TV Guide Channel (41%), National Geographic (50%); Channel V, Channel V International, FSI Middle East, Star Channels, A1, UKTV (Oriente Médio); LNT, TV Riga (Lituânia), Fox Crime (Europa Leste, Ásia, Turquia); Xing Kong Wei Shi (China); Vijay TV, ANTV (Índia); Israel 10; Sky Channels, 8TV, GTV (Bulgária): Fox Sérvia		Filme: Fox Studios Baja, Fox Studios Los Angeles, Fox Searchlight, Fox Family Films, Fox Faith, Fox Animation Studios, BlueSky Studios; 20th Century Fox Films East, Balaji Telefilms (26%), Quênia: Cinemas Drive In.	Jornais: *Fiji Times, Papua New Guinea Post Courier* (63%), *News Limited* — 110 jornais, inclusive: *The Australian, Herald Sun, Nationwide News, News Advantage, The Sunday Mail, The Advertiser; The Cairns Post, The Geelong Advertiser;* Notícias Internacionais: *The Sun, The Times, The London Paper, News of the World, New York Post, Weekly Standard, The Dow Jones* Empresa: *The Wall Street Journal* Livros: Harper Collins, Zondervan	Internet: MySpace.com, IGN.com, Grab.com, Newsroo, Ksolo, Photobucket, Rottentomatoes.com, Hecktor, Marketwatch.com, Worthnet.fox

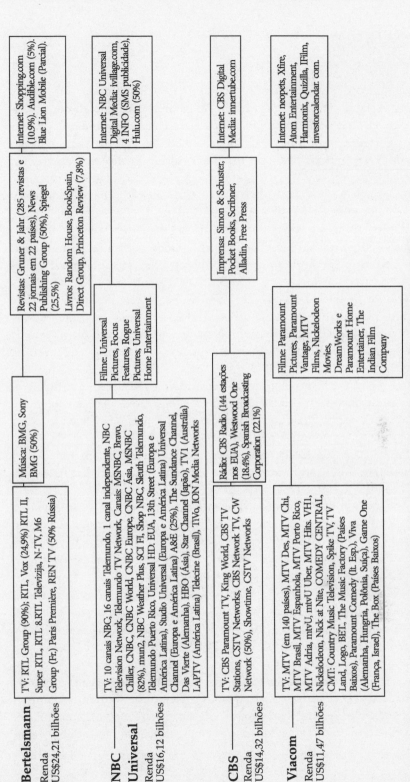

Fig. 2.2. Holdings dos maiores conglomerados multinacionais de mídia diversificada em fevereiro de 2008
Fonte: Arsenault e Castells (2008a:715)

A *DIVERSIFICAÇÃO DE PLATAFORMAS*

Atualmente, as maiores organizações de mídia possuem mais propriedades do que nunca, e também mais conteúdo proprietário oferecido por meio de diferentes plataformas. A Figura 2.2 apresenta uma visão geral das principais propriedades que pertencem total ou parcialmente às sete maiores organizações globais de multimídia em 2008. Como ilustra a Figura 2.2, todas as empresas mais importantes estão integradas verticalmente. A Time Warner, por exemplo, controla a Warner Brothers, que responde por 10% da produção global de filmes e televisão. A Time Warner também é dona da segunda maior operadora de televisão a cabo nos Estados Unidos, de 47 canais a cabo regionais e internacionais e também da plataforma de internet AOL na qual essas produções são distribuídas. A News Corporation, talvez a companhia mais verticalmente integrada de todas elas, é dona de 47 emissoras de televisão nos EUA e da plataforma de rede social MySpace, tem interesses em plataformas de transmissão via satélite em cinco continentes e controla os estúdios e a parte de entretenimento doméstico da Twentieth Century Fox, bem como inúmeros canais de televisão regionais. A integração vertical aumentou em grande parte porque a capacidade de distribuir produtos é crucial para a o sucesso de qualquer produto cultural.

A integração vertical da produção e distribuição televisiva e cinematográfica intensificou-se na década de 1980 com a integração da News Corporation da Twentieth Century Fox com a Metromedia e depois realmente alçou voo quando a Disney comprou a ABC, em 1995.

Hoje, a integração vertical das empresas de mídia inclui a internet. As organizações de mídia estão se deslocando para esse meio e fechando parcerias com as empresas de internet, que agora investem em *streaming* de vídeo e funcionalidade de áudio. Significativamente, a maior aquisição de um grupo de mídia por outro até hoje foi a compra da Time Warner, um grupo tradicional e importante, por US$164 bilhões, pela America Online (AOL), uma empresa então recém-criada com foco na internet. A negociação foi financiada com as ações inflacionadas da AOL no auge da bolha da internet, em 2000. Nos últimos anos, o apagamento das fronteiras entre a internet, a mídia e as empresas de telecomunicações só acelerou. Em 2005, a News Corporation pagou US$560 milhões pela Intermix, a matriz do site de redes sociais MySpace. Em 2007, a Google comprou o YouTube por US$1,6 bilhão. No mesmo ano, a Google, a Apple, a Yahoo! e a Microsoft começaram tentativas de competir com conglomerados multimídia mais tradicionais pelo controle do mercado de vídeos on-line, cada vez mais lucrativo. A NBC e a News Corporation lançaram o Hulu.com para concorrer com o serviço de vídeo do iTunes, da Apple, e com o YouTube, da Google, o site dominante para *streaming* de vídeos. Na direção oposta, as empresas da internet se deslocaram para penetrar no mercado da mídia off-line. O canal a cabo de notícias norte-americano MSNBC foi lançado como um empreendimento conjunto pela Microsoft e a NBC em 1996. E em 2007, a Google iniciou uma parceria com a Panasonic para lançar um aparelho de televisão de alta definição que transmitiria tanto a programação tradicional da televisão quanto conteúdos da internet (Hayashi, 2008).

SEGMENTAÇÃO E CUSTOMIZAÇÃO: A MUDANÇA DE PADRÕES NA PUBLICIDADE COMO UM ESTÍMULO PARA A TRANSFORMAÇÃO DA INDÚSTRIA DA MÍDIA

As organizações da mídia podem maximizar sua renda de publicidade expandindo suas audiências potenciais ao oferecer conteúdo por várias plataformas. Em 2006, o gasto total com publicidade alcançou US$466 bilhões (Future Exploration Network, 2007). No entanto, embora o gasto com publicidade continue a aumentar, a mídia continua a se fragmentar. Em 1995, por exemplo, houve 225 shows na televisão britânica que atingiram audiências de mais de 15 milhões; dez anos mais tarde, não houve nenhum (Future Exploration Network, 2007:4). Portanto, a renda com publicidade está se espalhando por um número cada vez maior de plataformas e canais (Gluck e Roca-Sales, 2008).

Além disso, barreiras tradicionais entre as "antigas" e as "novas" empresas de mídia estão desaparecendo à medida que as corporações buscam diversificar seus portfólios. Como foi documentado anteriormente, a digitalização de todas as formas de comunicação significa que as barreiras entre celulares, mídia e as redes da internet estão caindo. A capacidade de produzir conteúdo por meio de dispositivos móveis e transmitir, trocar e redistribuir esse conteúdo pela rede tanto amplia o acesso quanto complica os papéis tradicionais de emissor e receptor. As organizações de mídia têm mais plataformas com as quais oferecer públicos para os anunciantes, mas, ao mesmo tempo, o processo de direcionar, distribuir e controlar as mensagens está ficando mais complicado. A diversificação das plataformas, particularmente aquisições estratégicas de propriedades on-line e parcerias com companhias da internet como o Yahoo! e a Google, representa tanto uma tentativa de restringir suas apostas na principal via de acesso para audiências em um ambiente midiático volátil quanto um movimento para se aproveitar da capacidade de segmentar e se direcionar para um público-alvo específico.

As organizações da mídia estão se deslocando na direção de formas novas e dinâmicas de identificar e oferecer um conteúdo customizado

O PODER DA COMUNICAÇÃO | 129

que é orientado para mercados publicitários importantes. O surgimento da gravação de vídeo digital controlada pelo computador significa que usuários da televisão podem facilmente pular anúncios pagos. O conteúdo sustentado pelo merchandising está suplantando os modelos de conteúdo pago (por exemplo, os anúncios tradicionais de trinta segundos). Em 2006, a inserção de produtos no interior de programas roteirizados (merchandising) aumentou para US$ 3bilhões, 40% a mais do que em 2004 (Future Exploration Network, 2007:5).

Entre os gigantes da mídia global e outras organizações do tipo, a digitalização da informação e a expansão das redes de autocomunicação de massa aliviaram uma preocupação: a de como monetizar essas redes em termos de publicidade. A Figura 2.3 ilustra o rápido crescimento do mercado de publicidade na internet entre 2002 e 2007. Em 2000, a publicidade on-line não estava sequer incluída nas previsões estratégicas. Em 2007, segundo a Zenith Optimedia, ela já respondia por 8,1% de toda a publicidade. Embora isso continue a ser uma fatia pequena do bolo em termos de porcentagens, traduzir a porcentagem em dólares revela que a publicidade on-line hoje é responsável por quase US$36 bilhões em renda. Além disso, a renda da internet com publicidade está crescendo a uma média que é seis vezes mais rápida do que a renda da mídia tradicional (*The Economist*, 2008). Em países com alta penetração de banda larga como a Suécia, a Noruega, a Dinamarca e o Reino Unido, a publicidade on-line hoje responde por 15% do mercado. A Zenith Optimedia e Bob Coen, dois dos analistas mais confiáveis, estimaram que até 2010 haveria mais publicidade na internet do que no rádio ou em revistas. Como era de esperar, os gigantes da mídia investiram nos mecanismos on-line. Em 2007, a Microsoft fez uma oferta de US$6 bilhões pela aQuantitative e o Yahoo! gastou US$600 milhões para adquirir os 80% das ações restantes na Right Media.

Grandes anunciantes também estão investindo em merchandising como uma alternativa à publicidade convencional. A Disney, por exemplo, inseriu um de seus filmes em um episódio de *KateModern*, uma série que estreou em julho de 2007 no site da rede social britânica Bebo. E a Volvo apareceu em *Driving School*, uma série de doze episódios da MSN em 2007, que tinha como protagonista Craig Robinson, do *The Office* da NBC. No entanto, esses tipos de aplicações de marcas ainda constituem uma pequena parte do dinheiro gasto com publicidade em vídeo, que, segundo o consultor de mídia Veronis Suhler Stevenson, pode ser avaliado em US$600 milhões em 2007 (Shahnaz e McClellan, 2007).

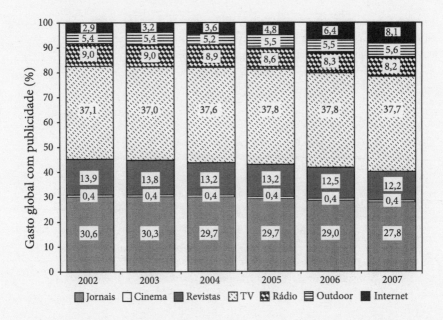

Fig. 2.3. Gasto total com Publicidade por meio de comunicação, 2002-2007.
Fonte: Compilado por Arsenault e Castells (2008a: 718) da Zenith Optimedia (2007).

A diversificação de plataformas também torna essencial encontrar meios de deixar a identidade da marca mais atrativa. Apesar da proliferação de blogs e outros sites de notícias e informação, os veículos tradicionais continuam a dominar o mercado de notícias on-line. Em 2005, dezesseis dos vinte sites de notícias mais populares, segundo a classificação da Nielsen/NetRatings, pertenciam às cem maiores empresas de mídia em termos da renda total líquida gerada nos EUA em 2005.

A News Corporation se concentrou em comprar e expandir propriedades com uma identidade de marca forte e uma presença multimodal. O Relatório Anual de 2007 da empresa classificou a compra da Companhia Dow Jones e outras propriedades digitais estratégicas como uma jogada para "aproveitar as duas tendências sociais e econômicas mais profundas de nossa era, a globalização e a digitalização". O Relatório continua: "Estamos em um momento da história em que há uma confluência de conteúdo e de transferência digital e de sistemas de micropagamento cada vez mais sofisticados, e isso significa que o valor da análise e da inteligência para um usuário comercial pode ser refletido com muito mais precisão no preço daquele conteúdo" (NewsCorp., 2007:8). Sob a propriedade da News Corporation, o MySpace desenvolveu um sistema de publicidade extremamente direcionado baseado nos hábitos de busca dos usuários. Além disso, a compra em 2007 do *The Wall Street*

Journal foi um movimento para ter em mãos uma marca de forte identidade global em suas versões impressa e on-line. As edições indiana e chinesa do jornal fornecem uma fonte essencial para a publicidade voltada para a elite em mercados que poderiam bem ser o centro do crescimento futuro da publicidade global (Bruno, 2007).

ECONOMIAS DE SINERGIA

A capacidade de replicar conteúdo e, consequentemente, a publicidade por várias plataformas produzem economias de sinergia, um componente fundamental da estratégia comercial de redes corporativas. Lance Bennett (2004) minimiza a relevância do tamanho e da escala como critérios para a dominação no cenário dos negócios de mídia porque os "behemothes corporativos são qualquer coisa, menos máquinas bem organizadas" (2004:132). Ele aponta o fracasso da AOL, da Time Warner, da Viacom e da CBS em criarem sinergias lucrativas. Os efeitos sinergéticos dependem de agregar valor em virtude da integração bem-sucedida em um processo de produção que renda mais produtividade e, com isso, mais lucro, para seus componentes. Assim, o fato de simplesmente acrescentar recursos por meio de fusões não garante lucros mais altos. Com efeito, a incapacidade da CBS e da Viacom de fundir suas culturas corporativas de uma maneira suave é um exemplo impressionante que ilustra que economias de escala nem sempre são benéficas. Tudo começou em 1973, quando a CBS foi obrigada a se desmembrar da Viacom, sua unidade de distribuição de TV (TV *syndication unit*), a partir de novos regulamentos da Comissão Federal de Comunicações. No ano 2000, a Viacom já era mais bem-sucedida e comprou sua matriz CBS por US$22 bilhões, naquilo que foi a maior fusão na mídia até então. As companhias se separaram outra vez em 2005, no entanto, porque havia poucas economias de sinergia entre elas. A National Amusements, uma das mais antigas e maiores cadeias de cinema dos Estados Unidos, da família de Summer Redstone, mantém o controle acionário das duas companhias. Depois da cisão, a CBS mantém a maioria das plataformas de fornecimento de conteúdo (por exemplo, a CBS Network, a CBS Radio e a CW), enquanto a Viacom manteve a maioria das propriedades de criação de conteúdo (por exemplo, a Paramount Studios e a família de redes MTV).

A palavra-chave é sinergia. A sinergia baseia-se na compatibilidade das redes que se fundem. A produção se funde, não a propriedade. Organizações em rede parecem ser modelos comerciais mais bem-sucedidos nos conglomerados contemporâneos multimídia do que integrações horizontais de propriedade. De fato, nos últimos anos, várias das empresas de mídia com os maiores capitais começaram a reduzir suas operações. A Clear Channel, uma companhia com base nos Estados Unidos que tem, primordialmente, propriedades de rádio, vendeu sua divisão de televisão. A New York Times Company também se livrou de sua participação na transmissão televisiva.

A vantagem competitiva crescente da News Corporation no mercado internacional depende menos de seu tamanho do que de sua estratégia organizacional de formação de redes, que estimula economias de sinergia. Louw (2001) considerou o modelo de comércio internacional da News Corporation um exemplo da empresa global em rede, na qual "encontramos estilos múltiplos (e que se proliferam) de controle e de processos decisórios tolerados em partes diferentes da rede, contanto que aqueles no centro da rede possam se beneficiar ao permitir que uma prática específica e/ou um ajuste organizacional exista em uma parte de seu 'império' em rede" (Louw, 2001:64). Enquanto Rupert Murdoch mantinha um controle vertical rígido, a News Corporation mostrou enorme flexibilidade, especialmente na especialização de plataformas. Nos últimos trinta anos, a News Corporation deixou de ser uma empresa cujos bens, na década de 1980, estavam predominantemente na publicação de jornais e revistas, para ser uma companhia que, na década de 2000, tinha 63,7% de seus bens corporativos totais nas áreas de cinema, televisão e programação em rede a cabo ou por satélite (Flew e Gilmour, 2003:14), e atualmente está se deslocando para propriedades na internet. A News Corporation se concentrou em maximizar a lucratividade dos segmentos individuais de sua rede em vez de integrar o gerenciamento cotidiano de suas várias propriedades (Fine, 2007). Assim, a News Corporation é geralmente identificada tanto como a empresa de mídia mais "global" em termos de propriedades e a mais sustentável em termos de estratégia interna de gerenciamento de sua rede (Gershon, 2005).

Em suma, *as empresas que formam o núcleo das redes internacionais de mídia estão adotando políticas de concentração de propriedade, parcerias entre companhias, diversificação de plataformas, customização de audiências e economias de sinergia com diferentes níveis de sucesso.* Por sua vez, a configuração interna dessas empresas de mídia é fortemente dependente de sua capacidade de influenciar a rede mais ampla de empresas de mídia e de se conectar com ela. Além disso, o destino das indústrias nacionais de mídia deve-se em grande parte à sua capacidade de se conectar com as redes internacionais da própria mídia.

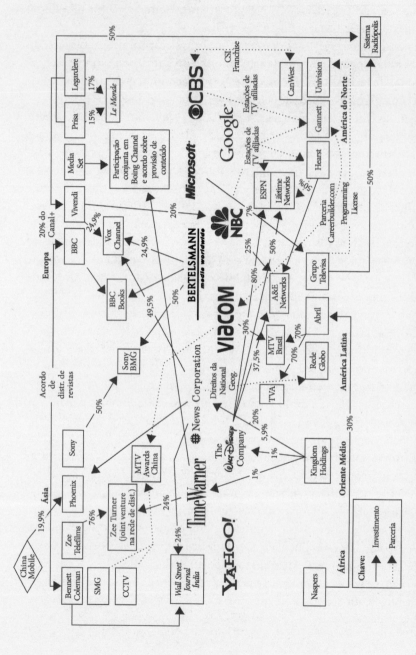

Fig. 2.4. Interconexões entre grupos selecionados da mídia multinacional de segundo nível e o núcleo global.
Fonte: Arsenault e Castells (2008a: 723).

A REDE GLOBAL DE REDES DE MÍDIA

Como observado anteriormente, os gigantes da mídia, multinacionais e diversificados, permanecem ancorados territorialmente a seus mercados principais. A News Corporation, por exemplo, talvez o conglomerado de mídia mais global em termos de propriedades, obtém 53% de sua renda nos Estados Unidos e 32% na Europa (Standard and Poor's, 2007b). No entanto, o posicionamento favorável na rede global de organizações de mídia envolve muito mais do que expansão territorial, concentração de propriedade e diversidade de plataformas. O sucesso das redes internas da News Corporation e de outras propriedades semelhantes depende de sua capacidade de se conectar à rede global de comunicação mediada. Embora umas poucas organizações de mídia formem a espinha dorsal da rede global de redes de mídia, isso não é o equivalente a uma dominação unilateral. A mídia local e nacional não está sucumbindo diante da expansão implacável das organizações da "mídia global". Ao contrário, as empresas internacionais estão encorajando parcerias e investimentos cruzados com empresas nacionais, regionais e locais para facilitar a expansão de mercado e vice-versa. Os atores regionais estão efetivamente importando conteúdo internacional e tornando-o local, e as organizações globais estão buscando parceiros locais para fornecer um conteúdo customizado para seus públicos. Processos de localização e globalização funcionam juntos para expandir uma rede global. Tentarei identificar mais precisamente o papel da estrutura e da dinâmica dessa rede internacional. Para fazê-lo, analiso primeiramente as estruturas formais de colaboração entre o núcleo da mídia global e as organizações da mídia regional, local e nacional. A seguir, examino como essas estruturas são dependentes de processos da localização de produtos globalizados. Finalmente, exploro a dinâmica de fluxos da produção e da organização de mídia para documentar como o local influencia e estimula a presença de empresas globais de mídia.

ESTRUTURAS DE COLABORAÇÃO

A mídia multinacional, na forma de agências de notícias, como a Reuters (estabelecida em 1851), existiu desde meados do século XIX, mas as políticas de desregulamentação se aceleraram na metade da década de 1990, abrindo caminho para uma maior sobreposição entre organizações multinacionais e as organizações de mídia locais (veja a seguir). O Ato das Telecomunicações de 1996 nos Estados Unidos, a fundação da Organização Mundial do Comércio em 1995 e o apoio à privatização da mídia por parte do Fundo Monetário

Internacional (FMI) e outras instituições internacionais ajudaram a desnacionalizar o processo de produção e distribuição de mídia (Artz, 2007). As redes globais dos meios de comunicação são consolidadas por meio da interação da globalização e da localização, junto à emergência de novos modelos empresariais de produção e distribuição. O alcance global de organizações como a Time Warner e a Disney não pode ser medido unicamente em termos de suas propriedades. Parcerias e investimentos cruzados ampliam seu alcance. A Figura 2.4 nos dá uma visão geral dos principais investimentos cruzados e parcerias entre os atores internacionais mais importantes da mídia e os principais atores regionais.

A Figura 2.4 mostra apenas os investimentos e parcerias centrais com empresas de segundo nível. Ela reflete só uma pequena porcentagem dos acordos realizados entre as sete maiores empresas e outros atores. A Disney, por exemplo, tem uma presença ampla e desigual na China: seus programas vão ao ar na televisão estatal chinesa; os personagens da Disney aparecem nos videogames *Shanda*; varejistas internacionais como Wal-Mart vendem sua mercadoria nas lojas chinesas; e uma porcentagem dos filmes estrangeiros permitidos na China também são produzidos e distribuídos pela Disney. A figura não inclui também uma série de parcerias e investimentos cruzados já extintos, tais como a parceria da Bertelsmann com a Time Warner para lançar a AOL Europe. No entanto, a Figura 2.4 apresenta uma visão geral da vasta rede de parcerias e investimentos cruzados estratégicos nos quais a expansão e o crescimento corporativo das sete maiores empresas se baseiam. A Vivendi Universal AS, francesa, trocou sua participação na Universal Entertainment por uma participação de 20% na NBC Universal. A Vivendi tem também uma participação conjunta na estação German Vox com a Bertelsmann. Por sua vez, a Bertelsmann também tem ações na German Premiere TV com a News Corporation. O Kingdom Holdings, do príncipe saudita Al-Walid Bin Talal é um dos maiores investidores de mídia no Oriente Médio, com uma participação na LBC, na Rotanna e em inúmeras outras operações comerciais de mídia. Além disso, a companhia também tem ações em muitas das propriedades mais importantes da mídia global, como a News Corporation (como seu terceiro maior investidor), Apple, Amazon e Microsoft.

Como a Figura 2.4 ilustra, corporações como a News Corporation e a Time Warner fazem parte de uma rede maior de organizações de mídia com foco mais regional e local que estão, elas próprias, pondo em prática estratégias semelhantes de expansão e diversificação. Essas empresas seguem padrões idênticos de concentração de propriedades e diversificação. A Figura 2.5 nos dá uma visão geral das propriedades mais importantes de determinadas empresas de mídia por região. Como ilustram as Figuras 2.4 e 2.5, aquilo a que Lance Bennett (2004) se refere como o "segundo nível" dos conglomerados multimídia também está buscando estratégias de diversificação, concentração de propriedade e investimentos cruzados. Esses processos são sublinhados pela capacidade que a rede global de redes da mídia tem de influenciar as condições locais e nacionais da produção e distribuição, e vice-versa.

O GLOBAL INFLUENCIA O LOCAL

Conglomerados globalizados forçam sua entrada em novos mercados e re-programam o mercado regional para que ele adote um formato comercial que facilite a conexão com suas redes comerciais. Essa influência se manifesta em uma série de tendências.

Em primeiro lugar, um exemplo óbvio de influência global nos mercados de mídia locais é a importação direta de programação e canais como a CNN, a Fox, a ESPN, a HBO e outros canais transnacionais. Em segundo, as multinacionais de mídia ajudaram a difundir um modelo midiático de orientação corporativa. A introdução de produtos corporativos de mídia cria mais demanda para esses produtos e induz atores mais abaixo na cadeia a adotarem um comportamento semelhante. A CBS faz um acordo com a SABC (a corporação que pertence ao governo da África do Sul), por exemplo. Seus programas têm sucesso e esti-mulam a demanda do consumidor. A SABC reconhece o sucesso desse modelo comercial e cria programas imitando esse modelo e não um modelo voltado para o serviço público e, então, vende esses programas para atores menores da mídia em toda a África. Teer-Tomaselli *et al.* (2006:154) argumentam que, "embora a mídia sul-africana ocupe uma posição marginal na arena da mídia global, como um mercado para produtos produzidos por proprietários fora de suas fronteiras, ela estende sua influência (ainda que em uma escala bem menor) como um poderoso ator na região e em outras partes do continente". Iwabuchi identifica uma tendência semelhante no mercado japonês, no qual as empresas de mídia buscam ativamente colocar o formato dos dramas e da música da televisão japonesa em mercados locais ao redor da Ásia. Uma vez que esses formatos se tornam populares, eles circulam ainda mais longe por meio de outros veículos, como foi o caso dos produtores de televisão coreanos que buscaram assiduamente formatos da televisão japonesa para refazê-los para o mercado de comunicação chinês (Iwabuchi, 2008).

Vários estudiosos escreveram sobre a difusão de formatos corporativos e culturais da esfera global para a esfera local. Thussu (1998) descreve a "*Murdochisação* da mídia" na Índia, "o processo que envolve a mudança do poder da mídia do setor público para corporações multimídia transnacionais

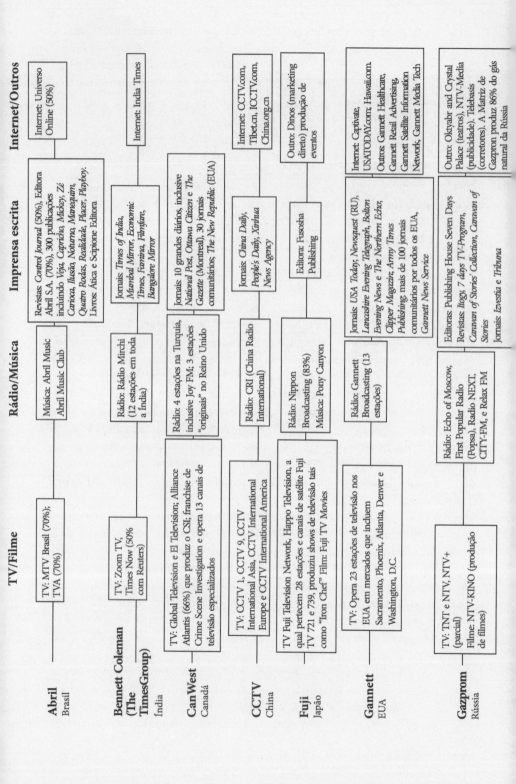

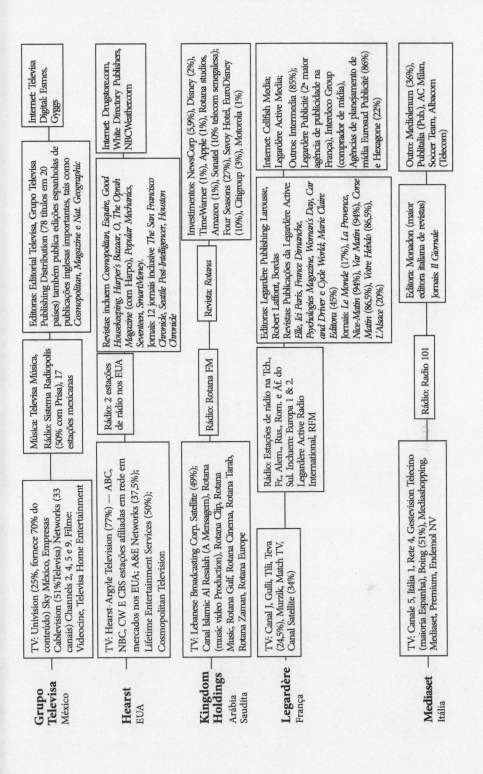

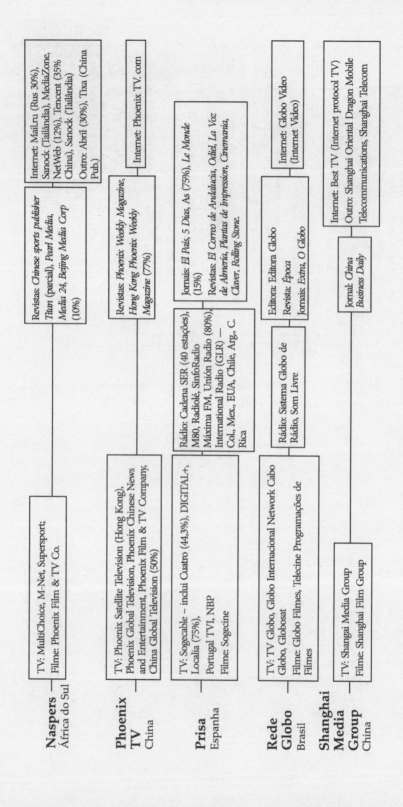

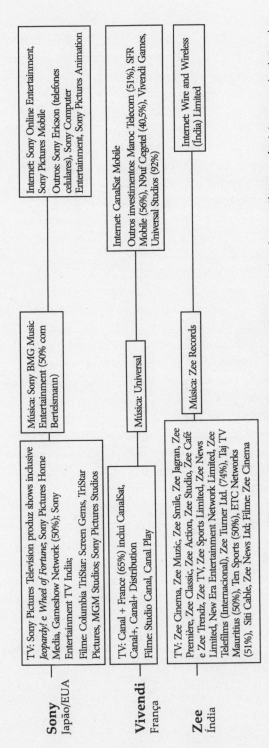

Fig. 2.5. Mapa de propriedades dos conglomerados multimídia de segundo nível. Dados coletados nos últimos relatórios aos acionistas e/ou nos sites das corporações acessados em fevereiro de 2008. O mapa inclui as propriedades mais importantes e não é totalmente abrangente.
Fonte: Arsenault e Castells (2008a:725).

e de propriedade privada, que controlam tanto os sistemas de transmissão quanto o conteúdo das redes de informação globais" (1998:7). Essa *Murdochisação* é caracterizada por "uma tendência para o jornalismo de mercado que prospera por meio de guerras de circulação e de índices de audiência; impulsionado pela influência transnacional de formatos, produtos e discursos de mídia inspirados nos Estados Unidos; e, finalmente, por uma ênfase no *infotainment*, solapando o papel da mídia para o *infotainment* público". Lee Artz (2007) analisou a ascensão dos "projetos de mídia transnacionais" ou "empreendimentos que produzem dentro de uma nação mas pertencem conjuntamente a múltiplas corporações de múltiplas nações (...) [e] não têm qualquer lealdade nacional, reunindo classes capitalistas de duas ou mais nações com o objetivo de produzir e lucrar com as *commodities* da mídia" (2007:148). O canal Vox Television da Alemanha, por exemplo, pertence à News Corporation australiana e norte-americana (49,5%), ao Canal Plus da França (24,9%) e à alemã Bertelsmann (24,9%).

Em terceiro lugar, os atores internacionais da mídia exportam programas e conteúdos produzidos para formatos locais, mas frequentemente baseados em formatos padronizados popularizados no Ocidente. Iwabuchi (2008:148) refere-se a esse processo como "camuflagem local". Programas como *Pop Idol*, *Survivor* e *Who Wants to Be a Millionaire* foram franqueados para muitos países. A Viacom esteve à frente desse processo de transformar o conteúdo em local. Seu lema é "pense globalmente, aja localmente". Sua MTV (Music Television) talvez seja a plataforma de mídia mais customizada do mundo, com serviço em 140 países e canais na Ásia, no Oriente Médio, na América Latina, na África e na Europa, onde exibem talentos e apresentadores locais. A MTV também se envolve em parcerias com pontos de revenda locais. Na China, por exemplo, a MTV patrocina premiações importantes em cooperação com a CCTV e o Shanghai Media Group (Murdock, 2006). A Viacom também criou versões internacionais do programa *America's Next Top Model*, originalmente produzido para a Rede UPN dos EUA (agora parte da rede CW). Franquias do *Top Model* foram comercializadas para dezessete países, inclusive Taiwan (*Supermodel#1*), Turquia (*Top Model Turkiye's*), Espanha (*Supermodelo*) e Rússia (*Russia's Next Top Model*). E, embora não seja ainda uma franquia oficial do *Top Model*, um canal local da TV afegã chegou às manchetes dos jornais no outono de 2007 quando lançou seu próprio formato do programa em uma versão de baixo custo.

O LOCAL INFLUENCIA O GLOBAL

No entanto, embora as corporações globais de mídia controlem um número desproporcional de processos de distribuição e produção, elas não têm um monopólio sobre os mercados em que operam. Na verdade, há inúmeros "contrafluxos" que influenciam a forma e a estrutura da operação desses gigantes da mídia (Thussu, 2006).

O exemplo mais óbvio da influência local/nacional sobre as redes globais da mídia ocorre por meio da regulamentação e desregulamentação. A abertura dos mercados de comunicação da China e da Índia provocou uma onda de tentativas por parte das multinacionais globais de conquistar esses mercados. Ainda assim, esses países mantêm muito controle sobre a estrutura e o conteúdo de quem entra. Quando a Microsoft e a Yahoo! se lançaram na China, por exemplo, tiveram de instalar softwares que filtram automaticamente palavras polêmicas, como Tibete, Falun Gong, liberdade e democracia. Antes disso, a Star TV, de Murdock, concordou em retirar a BBC World de seu serviço para que autorizassem sua inserção na China. Como observou Murdock (2006), as estratégias "localizantes" das organizações globais da mídia têm de levar em conta a ascensão simultânea das estratégias globalizantes das plataformas regionais de mídia. Ele cita a Índia como o arquétipo desse processo, onde a globalização é menos um influxo da cultura ocidental no país do que uma saída dos produtos culturais indianos para a esfera global (2006:25). Da mesma forma, Cullity (2002:408) identifica uma nova forma de nacionalismo cultural baseado na "indianização" ativa e autoconsciente da mídia global (por exemplo, a tradição que faz com que a Miss Índia use um sári no desfile de Miss Universo, concurso que pertence a Donald Trump).

Além disso, embora os conglomerados multinacionais tenham ajudado a transmitir as fórmulas de programas como *Pop Idol* e *Top Model* pelo mundo todo, esses programas têm várias origens. A franquia do *Big Brother* se originou de um ramo de produção independente da Endermol, uma empresa de mídia holandesa. *Betty La Fea*, uma telenovela colombiana, foi levada para mais de setenta mercados ao redor do mundo tanto como um programa já pronto quanto um formato (veja a seguir). Após o sucesso de *Ugly Betty* no mercado dos EUA, a Disney-ABC International Television criou acordos de transmissão com 130 territórios ao redor do mundo, fazendo de *Ugly Betty* a franquia mais popular até hoje (World Screen, 2007). Da mesma forma, o produtor executivo de *Who Wants to Be a Millionaire* primeiramente desenvolveu um programa semelhante para a ABC, que foi rejeitado. Só depois do sucesso do programa na Grã-Bretanha e em vários outros mercados é que ele finalmente atingiu o mercado norte-americano. Assim, da mesma maneira que as empresas globais de mídia estão tentando inserir seu conteúdo nos mercados locais, outras organizações estão usando estratégias para descobrir meios de difundir seu conteúdo globalmente, muitas vezes por meio das corporações internacionais mais importantes. Por exemplo, a história e os personagens do *Rei Leão*, da Disney, tiveram sua origem nos mangás japoneses.

Em muitos mercados, há uma agenda-setting intermídia substancial em que as pautas de mídia de empresas globais são influenciadas por outras organizações. Estudos realizados por Van Belle (2003) e Golan (2006) demonstram que as corporações de "mídia global" dependem de publicações-chave para a elite (que não lhes pertence) para estabelecer suas pautas de notícias nos Estados Unidos. Golan (2006), por exemplo, descobriu que as pautas dos noticiários noturnos da CBS, da NBC e da ABC dependiam das matérias publicadas pelo *New York Times* naquela manhã. É por isso que a compra da editora Dow Jones por Murdoch foi crucial — *The Wall Street Journal* é um importante determinador de pautas intermídias. A Al Jazeera, a BBC World Service e a *The Economist* também são fontes essenciais para a elaboração de pautas tanto intermídia quanto no setor público. Portanto, não podemos medir a influência das sete maiores empresas de mídia apenas em termos de meros números de audiência e/ou da renda comercial. Essas empresas também ajudam a circular e a filtrar o conteúdo produzido por outros membros da rede de organizações de mídia.

A IDENTIDADE IMPORTA: OS LIMITES DA COMPETIÇÃO E DA COOPERAÇÃO

Muitas das maiores empresas de mídia compartilham alguns acionistas, e/ou são proprietárias de porções uma das outras, e/ou têm diretorias integradas (ver a Tabela A2.1, no Apêndice), e/ou dependem umas das outras para a renda de publicidade (McChesney, 2008). No entanto, há vários contraexemplos que ilustram que as indústrias da mídia construídas em torno de identidades culturais e políticas podem se desenvolver em redes quase paralelas.

A Al Jazeera, que inclui duas redes de emissoras internacionais (em árabe e em inglês), assim como vários canais voltados para crianças ou esportes, é fortemente subsidiada pelo príncipe herdeiro do Emirado de Qatar. Como apenas 40% da renda operacional da Al Jazeera vêm da publicidade, ela tem mais liberdade para utilizar formatos não comerciais. E, assim, entra em competição direta com canais como a CNN, a BBC e a CNBC no Oriente Médio e nas populações de língua árabe no exterior. No entanto, a presença da Al Jazeera fora do Oriente Médio também depende de sua capacidade de se conectar com outras redes de mídia, seja por meio de acordos de transmissão de conteúdo, seja na sua inserção na programação da televisão por satélite ou a cabo. A presença da Al Jazeera no continente africano, por exemplo, é facilitada pelos acordos de transmissão de conteúdo com a SABC e a Multi--choice na África do Sul.

A indústria cinematográfica indiana, comumente conhecida como Bollywood, é outro exemplo de uma indústria que se desenvolveu em grande medida de forma independente da rede global de redes de mídia. Hoje, ela produz mais de oitocentos filmes por ano comparados aos seiscentos produzidos por Hollywood (*The Economist*, 2008) e controla uma parte significativa das rendas de filmes internacionais. Os filmes de Bollywood são fortemente dependentes de um formato cultural indiano que evita o formato hollywoodiano. No entanto, as estruturas de colaboração entre Bollywood e Hollywood estão aumentando. Em novembro de 2007, a Sony Pictures Entertainment lançou sua primeira produção bollywoodiana, *Saawariya*, com produção estimada em US$10 milhões e um faturamento bruto de US$20 milhões. A Viacom, por meio de sua filial Viacom 18, é coproprietária da Indian Film Company, junto com a empresa de comunicação indiana TV18. Para aumentar suas rendas, os cineastas de Bollywood também estão cada vez mais usando as promoções cruzadas e a propaganda de produtos, método conhecido como *tie-in*, já popularizadas pelos estúdios de Hollywood.

A indústria cinematográfica nigeriana, cujo apelido é Nollywood, produz mais de mil filmes por ano, com um faturamento bruto anual de US$2,75 bilhões, sendo a terceira maior indústria cinematográfica no mundo (UNCTAD, 2008:5). Os filmes de Nollywood são normalmente produzidos para o mercado interno e feitos em vários dos 250 idiomas tribais da Nigéria, e em inglês (que responde por 65% do mercado de exportação). O sucesso da indústria é resultado de uma combinação de talento criativo e um formato de produção barato que exige custos iniciais baixos. Custo de produção baixo oferece um alto retorno de investimento. Esses filmes são comumente feitos em vídeo durante um período de duas semanas e distribuídos em cassete por todo o país (Marston *et al.*, 2007). Nollywood é um exemplo de indústria que teve sucesso ao desenvolver um mercado principalmente nacional que depende de um formato de mídia que não é facilmente comercializado no exterior. No entanto, o sucesso dos filmes de Nollywood despertou o interesse de conglomerados multinacionais. Em 2007, a Time Warner e a Comcast formaram uma sociedade com a IAD para distribuir filmes nollywoodianos. Além disso, membros do governo e da indústria cinematográfica nigerianos cortejam insistentemente os investidores de Hollywood. Em 2006, atores e funcionários do governo convidaram pessoas com posição privilegiada no mundo cinematográfico dos Estados Unidos para uma convenção em Los Angeles, Califórnia, intitulada "A Convenção da Fundação Nollywood 2006: o cinema africano e além", a fim de atrair maior atenção do público e investidores internacionais. Assim, embora existam indústrias de mídia e atores bem-sucedidos e capazes de se desenvolverem independentemente do núcleo internacional de redes da mídia, essas indústrias estão começando a formar vínculos mais fortes com a rede global para aumentar suas rendas e expandir sua participação internacional.

Trocando redes

As redes de mídia não existem em um vácuo. Seu sucesso depende de sua capacidade de promover conexões vantajosas com outras redes essenciais no mundo das finanças, da tecnologia, das indústrias culturais, das indústrias de publicidade, de fornecedores de conteúdo, de agências regulatórias e dos círculos políticos de um modo geral. As empresas de mídia se conectam com outras redes por meio de mecanismos múltiplos. Entre esses mecanismos, as afiliações cruzadas de membros diretores e executivos são talvez as mais fáceis de documentar. A Tabela A2.1 no Apêndice nos dá uma visão geral das afiliações dos executivos mais importantes e membros das diretorias das empresas multimídia globais e dos gigantes da internet.

Diretorias e gerentes em comum são apenas um dos componentes dessas conexões. A solidificação e a expansão da rede empresarial da mídia global também dependem de inúmeras outras conexões com redes externas à mídia, que, por sua vez, também promovem suas conexões com as organizações de mídia. Assim, *a conexão com redes financeiras é um componente essencial das redes comerciais de mídia*. A Tabela A2.1 no Apêndice mostra as conexões pessoais entre as redes financeiras e as redes comerciais de mídia. As diretorias das multinacionais da mídia estão repletas de indivíduos que ou participam das diretorias de outras grandes corporações multinacionais, bancos e empresas privadas de investimento e/ou têm posições importantes em organizações como a NASDAQ e a Bolsa de Valores de Nova York. Essas interconexões não deixam de ter suas consequências. Em seu relatório para acionistas de 2007, a Time Warner, por exemplo, relatou que tinha realizado transações com um número significativo de empresas às quais membros de sua diretoria também estavam afiliados. Embora o papel específico de cada membro da diretoria na facilitação dessas transações seja difícil de documentar, esse tipo de declaração sugere que o vínculo de diretorias não é irrelevante.

As empresas de mídia e indústrias relacionadas são um componente significativo das redes de capital financeiro. Em 2007, um quinto das maiores companhias do mundo em termos de capitalização de mercado segundo o

Financial Times eram empresas da mídia, da internet ou de telecomunicações.[11] A produção de hardwares e softwares de alta tecnologia para apoiar a distribuição e o consumo de produtos da mídia está entre as maiores indústrias do mundo. Embora a imprensa popular normalmente dê mais atenção à liderança dessas multinacionais da mídia (por exemplo, Rupert Murdoch como CEO da News Corporation e Summer Redstone como acionista majoritário da CBS e da Viacom), um número de organizações externas à mídia também é proprietário de parcelas importantes e proveitosas dessas firmas (veja a Tabela A2.2 no Apêndice para uma lista dos principais investidores institucionais nessas categorias). A AXA, companhia de seguros francesa, por exemplo, tem uma participação significativa tanto na Yahoo! (0,8%) quanto na Time Warner (5,79%), e a Fidelity também mantém ações significativas tanto na Google quanto na News Corporation.

Entre 2002 e 2007, as organizações de mídia foram apoiadas por um influxo grande de investimento por meio de *private equity* e de *venture capital* para financiar suas fusões e aquisições. Só em 2007, as firmas de *private equity* investiram US$50 bilhões em propriedades de mídia (Malone, 2007). Assim, não é nenhuma surpresa o fato de o gerenciamento das empresas globais de mídia estar repleto de indivíduos com íntima conexão com firmas de *private equitys* como o Bank of America (que administra um fundo de investimento de US$2 bilhões), a Highpoint Capital Management e a Templeton Emerging Markets Investments.

As empresas de mídia são particularmente atraentes para investidores privados porque normalmente exigem pouco capital de investimento e geram rendimentos altos. De um modo geral, esses investidores buscam o máximo retorno para seus investimentos,[12] mas não desempenham qualquer papel nas operações cotidianas de seus investimentos na mídia. No entanto, a participação desses investidores privados nas fusões e aquisições de mídia pode desempenhar um papel crucial para seu sucesso ou seu fracasso. A oferta bem-sucedida que

---

11 A classificação anual das quinhentas empresas internacionais feita pelo *Financial Times* está disponível no site http://www.ft.com/reports/ft5002007.

12 Essas firmas de investimento continuam em grande medida desregulamentadas, já que a maioria das regulamentações da mídia, particularmente nos Estados Unidos, colocam limites em empresas que demonstram controle administrativo sobre as operações cotidianas de um meio de comunicação. O aumento nos investimentos *private equity* facilitou uma preocupação correspondente com as ramificações da propriedade porque essas firmas são em grande parte desregulamentadas. Além disso, embora elas normalmente não se envolvam nas operações diárias dessas companhias, questões de influência indevida já surgiram. Em 2007, por exemplo, a Harbinger Capital Partners Funds e a Firebrand Private Equity Partners usaram sua influência de participação combinada de 4,9% na New York Times Company para indicar quatro diretores na Assembleia Anual de 2008.

O PODER DA COMUNICAÇÃO | 147

a Sony fez pela Metro-Goldwyn-Mayer em 2004, por exemplo, foi financiada pela Providence Equity Partners e pela Texas Pacific Group, enquanto a oferta do Grupo Televisa pelo canal norte-americano em língua espanhola, Univision, não teve sucesso quando perdeu o apoio de duas de *private equity*, a Blackstone Group e a Kohlberg Kravis Roberts.

Por outro lado, atores poderosos na elite internacional do entretenimento participam de firmas de *private equity* e de *venture capital* que investem tanto nas empresas de mídia quanto em outros tipos de negócios. Para investimentos, Bill Gates usa uma firma de investimentos pessoal, a Cascade Investments. A firma tem uma participação na Gay.com., na Planet Out e no Grupo Televisa, e integrou, sem sucesso, uma oferta pela Univision em 2007. Sua carteira de US\$4 bilhões inclui também muitas propriedades fora do mercado de comunicação e de tecnologia, tais como a Canadian National Railway, a Berkshire Hathaway e os Six Flags Amusement Parks (United States SEC File 28-05149). A Cascade Investments também participou de uma *joint venture* com a Kingdom Holdings para comprar a cadeia de hotéis Four Seasons em 2006. E, em abril de 2007, a Bertelsmann redirecionou 10% de seu orçamento para aquisições para um grupo de *private equity* de 1 bilhão de euros com a Citigroup Private Equity e a Morgan Stanley Principal Investment para ampliar sua atuação.

A importância do acesso ao capital privado não é particular às sete maiores. Firmas como Blackstone, Cisco e a 3i investiram pesadamente nas produções de filmes de Bollywood. Além disso, empresas indianas, tais como a Indian Film Company e outras, obtiveram dinheiro no British Alternative Investment Market (AIM) para financiar projetos. Em outro exemplo, o braço de capital de risco do Abu Dhabi Group sediado nos Emirados Árabes Unidos fez um investimento significativo no grupo Arvada Middle East Sales da Bertelsmann para desenvolver uma empresa regional digital de entretenimento.

A INDÚSTRIA PUBLICITÁRIA

A indústria publicitária é outra rede fundamental que se conecta com as redes de empresas de mídia. Estas dependem da capacidade de se conectar com a indústria publicitária global. Só em 2007, corporações (inclusive corporações governamentais) gastaram US\$466 bilhões com publicidade (dados da US Optimedia publicados no relatório de 2007 da *Future of the Media* [Future Exploration Network, 2007]).[13] A indústria publicitária inclui tanto agências

---

13 O governo norte-americano, por exemplo, é classificado como o 29º maior anunciante nos Estados Unidos, gastando US\$1.132,7 bilhão (*Advertising Age*, 2007).

quanto serviços de design gráfico, publicidade gráfica, e representantes da mídia (IBIS, 2008). O acesso à rede da indústria publicitária pode determinar o sucesso ou o fracasso de uma organização de mídia. Não é por acaso que um alto número das afiliações listadas na Tabela A2.1 no Apêndice sejam corporações classificadas entre os maiores compradores de publicidade (o nome dessas organizações está em itálico). Mesmo a indústria cinematográfica, que historicamente dependeu da renda de bilheteria, cada vez mais depende de consumidores-produtos *tie-in* e promoções cruzadas (Hesmondhalgh, 2007:196). Esse processo fica ainda mais complicado pelo fato de os conglomerados multimídia estarem entre os maiores compradores de publicidade do mundo. A Time Warner, a Disney, a GE (matriz da NBC), a News Corporation, a Viacom e a Microsoft estão entre os cem compradores mais importantes de publicidade. A IBIS (2008) avalia que a mídia de entretenimento é a terceira maior base de consumidores de publicidade para a indústria publicitária, representando 16% da renda total da indústria.

A diversificação das condições das redes de comunicação condiciona as mudanças nos gastos com publicidade e vice-versa. As multinacionais competiram para entrar no mercado de comunicação chinês porque ele reflete um dos mercados publicitários com crescimento mais rápido, avaliado em US$14 bilhões em 2007 (Gale, 2008). Por outro lado, publicitários são atraídos pelo mercado chinês precisamente porque hoje existem mais mecanismos de transmissão disponíveis.

A indústria publicitária também está cada vez mais concentrada. A maioria das agências mais importantes pertence a uma das quatro principais empresas de comunicação: WPP Group, a Interpublic Group of Companies, a Publicis Groupe e a Omnicom Group (IBIS, 2008). Além de serem proprietários da maioria das agências de publicidade e marketing do mundo, esses grupos também diversificaram seus investimentos ao comprar tecnologias de transmissão pela internet que são atraentes para os anunciantes nos meios de comunicação e na indústria de entretenimento. Em 2007, o grupo WPP, por exemplo, comprou a 24/7 Real Media, uma empresa de marketing em mecanismos de busca; a Schematic, uma agência de publicidade interativa na internet; e a BlastRadius, uma companhia especializada em publicidade para as redes sociais. As redes de mídia, portanto, fornecem não só plataformas para que outras corporações promovam seus interesses comerciais, mas também mercados para publicidade e fontes essenciais de clientes para as vendas publicitárias.

INTERNET, REDES SEM FIO DE COMUNICAÇÃO E REDES DE MÍDIA

A internet e as redes sem fio forneceram aos conglomerados de mídia novos mercados para a publicidade, mas também são espaços bastante questionados. O movimento de atores internacionais da mídia na internet envolve tentativas para transformar em mercadorias os meios de comunicação e a informação que flui a partir da cultura de convergência. Além disso, o YouTube, o Facebook e o MySpace, além de outras propriedades on-line semelhantes, podem estar surgindo como pontos de conexão essenciais entre as redes de mídia, as redes autônomas de autocomunicação de massa, interesses comerciais (anunciantes) e atores políticos (que querem filtrar ou introduzir conteúdo em todas essas redes).

A Google era a maior empresa de mídia do mundo em termos de valor no mercado de ações em 2008, mas tinha uma renda anual muito menor que a de outros gigantes do ramo. No entanto, o alcance global da Google, da Microsoft, da Yahoo! e de suas inúmeras parcerias com companhias regionais da internet ou da mídia significa que os gigantes da internet não podem ser considerados separadamente. Além disso, parece que suas ações estão cada vez mais determinando a pauta para outros gigantes multimídia com menos propriedades on-line. Agora que a Google é proprietária do YouTube, a Yahoo! da Xanga e a Microsoft tem uma participação no Facebook, elas controlam nós essenciais entre a esfera da mídia e a esfera on-line. Todos os atores principais estão tentando descobrir como transformar em mercadoria a autocomunicação autônoma de massa baseada na internet. Esses atores estão experimentando com sites financiados por anúncios, sites pagos, portais de transmissão grátis de vídeos e portais pagos.

À medida que mais e mais produtos de mídia são distribuídos e consumidos on-line, e integrados às redes sociais e a outros conteúdos gerados pelos usuários, o comportamento do usuário individual ganha mais relevância para estimular a publicidade. Atualmente, os mecanismos de busca on-line são configurados de tal forma a incluir a participação tácita — embora não necessariamente consciente — do usuário final. Observadores apontam para a crescente importância da Googlearchy (Googlearquia), referindo-se ao posicionamento dos itens de busca nos resultados da busca (Hindman *et al.*, 2003). A Google, a Yahoo! e outros sites usam uma combinação de relevância da palavra-chave, a popularidade dos termos de busca, as conexões com outros sites e o comportamento dos usuários finais para determinar a ordem dos resultados da busca. À medida que um número cada vez maior de usuários segue links específicos, mais aumentam essas fontes na Googlearquia. Usuários de mecanismos de busca estão assim simultaneamente consumindo informação e ajudando a determinar a acessibilidade e a predominância daquela fonte de informação para outros usuários na esfera da internet. Isso provoca um efeito dominó. É mais provável que os usuários cliquem em um link entre as primeiras páginas de resultados. Com isso, a relevância gera relevância. Buscas sobre temas africanos, por exemplo, não utilizam muito fontes africanas, já que elas não estão entre o primeiro grupo de resultados. Só usuários sofisticados podem alcançar fontes que não foram classificadas nas primeiras posições segundo os critérios programados pela Google.

Parcerias estratégicas entre propriedades de mídia e a Yahoo!, a Google, a Microsoft e muitos mecanismos de busca de popularidade regional são uma tentativa de canalizar o comportamento do usuário final para maximizar as rendas com publicidade. Em 2007, por exemplo, a News Corporation assinou um acordo de US$900 milhões com a Google para fornecer publicidade nas operações de busca por suas propriedades na internet.

As tecnologias da Web 2.0 deram poder aos consumidores para produzir e distribuir seu próprio conteúdo. O sucesso viral dessas tecnologias estimulou as organizações de mídia a canalizar o poder de produção de consumidores tradicionais. Quase todas as organizações de notícias oferecem aos visitantes a oportunidade de publicar um conteúdo que, se for suficientemente interessante, terá destaque on-line e em um número crescente de programas de televisão que apresentam conteúdo gerado por usuários (por exemplo, o iReport da CNN e o Web Junk 2.0 da VH1). Da mesma forma, os jornais hoje regularmente citam blogs e dependem dos membros da blogosfera como fontes de notícias sociais e políticas. Essa diluição das fronteiras facilitou aquilo que Brian McNair (2006) chama de um "paradigma do caos" na comunicação internacional.

REDES DE FORNECIMENTO E REDES MULTIMÍDIA

As redes de fornecimento são fundamentais para a operação das redes multimídia. Elas incluem as agências de notícias, as agências de talentos e as redes de mão de obra, embora não se limitem a elas. O "empresariamento" dos meios de comunicação estimulou medidas de corte de gastos que incluem o fechamento de escritórios regionais e internacionais e a modernização das práticas jornalísticas. Agências de notícias como a Reuters, a Bloomberg, a Associated Press e a World Television são, portanto, fornecedoras essenciais de conteúdo noticioso para muitas propriedades da mídia ao redor do mundo (Klinenberg, 2005). Wu (2007), por exemplo, descobriu que as agências de notícias eram um determinante crucial da cobertura das notícias internacionais da CNN e do *New York Times*.

Como as agências de notícias são valorizadas por seu alcance global, a indústria é controlada por um pequeno grupo de atores estabelecidos historicamente: a Associated Press, a Getty Images, a Bloomberg, a Dow Jones, a Reuters e a Agence France Press controlam 70% do mercado consorciado de notícias internacionais (IBIS, 2007b:17). Desde 2000, esses consórcios de notícias expandiram sua presença internacional a fim de responder à crescente demanda. A convergência digital expandiu a demanda por seu conteúdo consorciado à medida que os jornais procuram manter versões on-line dinâmicas e atualizadas continuamente. As margens de lucro das agências de notícias continuam a se expandir. A Getty Images, por exemplo, faturou US$484,8 milhões em 2000, e quase o dobro disso em 2006 (807,3 milhões; IBIS 2007b:21). Além disso, as empresas de televisão, revistas e rádio também estão usando cada vez mais as agências de notícias (IBIS, 2007b:28). Essas organizações estão diversificando suas ofertas de conteúdo com imagens e vídeos a fim de abastecer essas plataformas.

Conexões com escritores, atores, artistas e outros profissionais criativos são também essenciais para o sucesso comercial da mídia. Só nos Estados Unidos, a rede de agentes para artistas, atletas e humoristas/apresentadores forma uma indústria de US$6 bilhões por ano (IBIS, 2007a). As perdas financeiras resultantes da greve dos escritores da Writers Guild of America (WGA) em 2007-8 mostrou a importância dessas redes para o sucesso econômico geral das empresas de comunicação. A greve paralisou a produção de todos os principais programas de televisão roteirizados e obrigou o cancelamento de inúmeros outros eventos ao vivo roteirizados. A capacidade de formar redes que produzem e abastecem a infraestrutura física da produção e transmissão da mídia também é importante. A produção de equipamentos para a transmissão radiofônica e televisiva apenas para o mercado norte-americano se vangloriou de uma renda anual de US$38,225 milhões em 2006.

Além das redes que cito aqui, *há inúmeras outras redes com fortes conexões com a indústria da mídia*. Como argumentarei a seguir, por exemplo, a capacidade de formar redes com atores políticos que têm influência na regulamentação das redes da mídia e de telecomunicações é um fator crucial para que as empresas de mídia possam expandir e construir economias de escala e sinergia. Assim, o desenvolvimento e a prosperidade das redes globais de mídia dependem não apenas de sua capacidade de configurar suas redes internas e expandir suas redes de mercado e de fornecedores, mas também de sua capacidade de estabelecer dispositivos que garantam sua conexão com redes importantes em outras áreas da economia, da política e da sociedade como um todo. A configuração das antigas e novas empresas de mídia e de comunicação depende em última instância das diretrizes das políticas regulatórias.

A política das políticas regulatórias

A transformação tecnológica e cultural da comunicação na sociedade foi canalizada e moldada por estratégias comerciais que levaram à formação de um sistema empresarial de multimídia em redes globais, como foi analisado na seção anterior. O processo de formação desse sistema empresarial, no entanto, foi orientado e possibilitado pela evolução de políticas regulatórias no mundo todo. Com efeito, a comunicação da sociedade é uma prática regulamentada por instituições políticas em todos os países em virtude do papel essencial que a comunicação desempenha, tanto para a infraestrutura quanto para a cultura. Não há qualquer necessidade tecnológica ou determinação impulsionada pela demanda na evolução da comunicação. Embora a revolução nas tecnologias de informação e de comunicação seja um componente fundamental da transformação em curso, suas reais consequências na área da comunicação dependem de decisões de políticas que são resultados de debates e conflitos administrados por grupos de interesses comerciais, sociais e políticos que buscam estabelecer o regime regulatório no qual as corporações e os indivíduos operam. Wu (2007b), por exemplo, em sua análise das estratégias das operadoras de comunicação sem fio nos Estados Unidos, mostrou como as estratégias de integração vertical, cuja intenção era manter um forte controle sobre suas redes, na prática dificultaram a inovação tecnológica, reduziram o leque de aplicações e, em última instância, limitaram a expansão das redes, solapando com isso sua capacidade de lhes agregar valor. Interesses comerciais, e não a tecnologia ou o serviço público, são muitas vezes os fatores decisivos no posicionamento estratégico das redes de comunicação. Isso não é uma regra rígida. Tudo depende da inter-relação entre atores sociais que subjaz o processo da tomada de decisões com relação a políticas.

Houve uma mudança tectônica na regulamentação da comunicação em todos os países a partir da metade da década de 1980 até a primeira década do século XXI, embora com orientações e ênfases distintas, dependendo da cultura e da política em cada país. No entanto, de um modo geral, houve uma tendência predominante para a liberalização, privatização e desregulamentação regulamentada das indústrias de transmissão radiofônica e de telecomunicação.

Uma maneira de facilitarmos a compreensão desse processo é diferenciarmos os quatro setores principais da regulamentação da comunicação: a transmissão radiofônica, a imprensa escrita, a internet e as redes de telecomunicação. Há reciprocidade entre os quatro e eles convergiram para formar um sistema de comunicação digital. No entanto, como as instituições regulatórias têm uma história, as políticas se desenvolveram de maneira diferente em cada um desses quatro setores. Além disso, há pelo menos três áreas diferentes de regulamentação que perpassam os quatro setores mencionados anteriormente: a saber, a regulamentação do conteúdo, incluindo a obrigatoriedade do cumprimento dos direitos de propriedade intelectual; a regulamentação da propriedade; e a regulamentação do serviço imposta a operadoras e transmissoras (por exemplo, o serviço universal de telefonia, o acesso não discriminatório a redes de transporte comum e assim por diante).

A questão fica ainda mais complicada se adotarmos uma perspectiva global, porque o regulador é um ator plural, uma vez que instituições diferentes assumem responsabilidades específicas em cada um desses quatro setores e dessas três áreas. Mesmo nos Estados Unidos, em que a supostamente independente FCC (Federal Communications Commission, Comissão Federal das Comunicações) é responsável tanto pela transmissão radiofônica quanto pelas telecomunicações (em contraste, por exemplo, com a maioria dos países europeus), a governança da internet estava originalmente sob a jurisdição do Departamento de Defesa e agora é responsabilidade do Departamento do Comércio; a regulamentação da propriedade da mídia e de empresas on-line fica parcialmente sob a legislação antitruste imposta pelo Departamento de Justiça; e a vigilância das atividades é realizada pela Homeland Security Agency (Agência de Segurança Nacional), embora o Congresso tente legislar sobre uma variedade de questões (tais como a tentativa malsucedida de impor censura à internet pelo Communications Decency Act [Ato para o Decoro nas Comunicações] de 1996); e os tribunais intervêm decisivamente para solucionar o número crescente de conflitos resultantes da implementação das políticas de comunicação. Para tornar a questão ainda mais complexa, na Europa, a Comissão Europeia tem jurisdição sobre as telecomunicações nacionais e operações de mídia e a governança da internet é considerada global, já que é uma rede global de redes de computadores.

Uma análise desse conjunto complexo de instituições, políticas e práticas regulatórias está além do alcance deste livro, e, na verdade, não é necessária porque há um número de estudos excelentes sobre o tema (Price, 2002; Wilson, 2004; Goldsmith e Wu, 2006: *International Journal of Communication*, 2007; Klinenberg, 2007; Rice, 2008; Terzis, 2008; Cowhey e Aronson, 2009). Gostaria, no entanto, de examinar em mais detalhes os processos regulatórios que configuram o sistema atual de comunicação digital multimodal que dá forma às práticas comunicativas nos dias atuais. Usarei os Estados Unidos como base para minha análise antes de expandir o argumento para outros contextos.

A EVOLUÇÃO DAS POLÍTICAS REGULATÓRIAS NOS ESTADOS UNIDOS: TELECOMUNICAÇÕES, PROPRIEDADE INTELECTUAL E INTERNET

Nos Estados Unidos, houve três momentos fundamentais da evolução da desregulamentação regulamentada da comunicação na era digital. O primeiro ocorreu em 1984 com *a quebra do monopólio da* ATT *nas telecomunicações*, antecipando a competição administrada nas indústrias de comunicação, ao mesmo tempo que preservava os monopólios locais para as operadoras de cabo. Como resultado, as chamadas "Baby Bells", originalmente estabelecidas em vários mercados regionais, passaram a ser poderosos atores nacionais e internacionais que pressionavam ativamente o Congresso e a FCC para garantir seu controle sobre a "última milha" (agora renomeada a "primeira milha" por corporações como a Verizon) em uma competição acirrada com as companhias de cabo antes de a regulamentação permitir parcerias entre as duas. A difusão relativamente lenta da banda larga nos Estados Unidos foi parcialmente resultado desse conflito anterior entre as companhias de cabo e as operadoras de telefone que levou à incapacidade de interconexão nacional e local.

A segunda medida legislativa essencial foi o 1996 Telecommunications Act (Ato das Telecomunicações de 1996), que substancialmente anulou as restrições sobre concentração de propriedade nas indústrias da mídia. Como consequência direta desse ato, houve um rápido movimento na direção de uma consolidação corporativa que levou à formação de oligopólios multimídia, em particular nas principais áreas metropolitanas, como foi documentado na seção anterior deste capítulo. Essa concentração de propriedade afetou a televisão, o rádio e a imprensa escrita, embora, no caso desta última, o processo de concentração tivesse ocorrido antes do Ato de 1996. Em 1945, por exemplo, 80% dos jornais norte-americanos eram de propriedade privada, muitas vezes pertencendo a famílias. Em 2007, mais de 80% dos jornais norte-americanos pertenciam a corporações, a maioria subsidiária de grupos importantes da multimídia (Klinenberg, 2007:31). Além disso, o Ato de 1996 autorizou fusões e alianças entre companhias de vários segmentos da indústria (por exemplo, entre operadoras de telecomunicação e companhias de mídia, inclusive empresas da internet), abrindo caminho, portanto, para o sistema de comunicação empresarial integrado que surgiu no começo do século XXI. O Ato de 1996 também foi importante porque reiterou a obrigação das operadoras de permitir o compartilhamento da rede sob condições semelhantes para todos os usuários (a chamada *política de separação*). Isso limitou a capacidade das novas megacorporações — resultante das fusões permitidas — de se apropriar da revolução tecnológica em seu próprio benefício.

Em termos de *conteúdo da mídia*, a FCC manteve tradicionalmente uma presença discreta para evitar interferir no princípio de liberdade de expressão estabelecido pela Primeira Emenda, embora ela encorajasse discrição para proteger as crianças de programas prejudiciais e para limitar a transmissão de pornografia. No entanto o Congresso e o governo se tornaram muito mais beligerantes em relação ao controle do conteúdo na internet. O principal argumento do Communications Decency Act de 1996 era a prevenção de pornografia infantil on-line. Mas depois de os tribunais derrubarem as cláusulas do ato relacionadas ao controle da livre comunicação na internet, as tentativas de censura retrocederam até 2001, quando a ameaça terrorista facilitou a aprovação de uma nova legislação autorizando a vigilância governamental da internet e o controle da difusão de certos tipos de informação. Essa proposição foi quase impossível de ser executada, como ficou claro com a proliferação das declarações de Bin Laden e de materiais de outros grupos terroristas na internet.

O que passou a ser a questão mais importante em termos de controle de conteúdo foi a imposição de leis de direitos autorais desatualizadas do ponto de vista tecnológico, sobre o material digitalizado circulando na internet, principalmente via redes p2p. Sob pressão incansável das indústrias de mídia e culturais, o Congresso aprovou uma legislação que estendia e expandia a proteção de direitos autorais e os tribunais foram usados como barreira contra a cultura de compartilhamento e remixagem que tinha florescido no mundo virtual. De fato, o Digital Millennium Copyright Act (Ato do Copyright Digital do Milênio) de 1998 representou uma ameaça séria à cultura da remixagem que está no âmago da criatividade na era digital. Embora esse arsenal legislativo tivesse um efeito intimidante nos usuários da internet, ele não foi capaz de evitar a insurreição generalizada (de dezenas de milhões) de usuários/produtores de conteúdo contra aquilo que eles consideraram a captura da cultura digital livre pelos oligopólios da mídia (Lessig, 2004; Benkler 2006; Gillespie, 2007). Recorrendo à tecnologia, a indústria de entretenimento desenvolveu um novo sistema de "gerenciamento de direitos digitais" (DRM) para evitar a cópia não autorizada de material. No entanto, o DRM só age sobre uma pequena porção da suposta infração, porque não evita o crescimento de redes p2p nem põe fim ao envio do material remixado para o YouTube e outros sites da Web 2.0 com milhões de usuários e produtores de conteúdo.

A evolução improvisada da regulamentação e do gerenciamento da internet se equipara ao amadurecimento acidental da internet como a comunicação popular da sociedade em rede (Abbate, 1999; Castells, 2001; Movius, no prelo). Quando foi lançada pela primeira vez em 1969, a Arpanet, a precursora da internet, era um programa experimental de formação de rede de computadores que se originou no Darpa, a agência de pesquisa do Departamento de Defesa dos EUA, e era em grande parte dirigido pelos cientistas e engenheiros que o criaram.

Em 1970, o Departamento de Defesa sugeriu que sua operação e propriedade fossem transferidas para a ATT (a então Companhia Americana de Telefones e Telegramas). Depois de avaliar a possibilidade por algumas semanas, a ATT não viu qualquer interesse comercial na Arpanet e rejeitou a oferta (Abbate, 1999). Graças a essa monumental falta de visão por parte da ATT e à incapacidade da Microsoft de compreender a importância da internet, o mundo se transformou naquilo que é hoje. Adeus ao determinismo tecnológico.

Em 1984, à medida que a internet se desenvolveu e começou a ser usada pelo mundo todo, o Darpa e os designers mais importantes da web estabeleceram a Diretoria de Atividades da Internet, composta de uma série de forças-tarefa. Uma delas se tornou a Força-Tarefa de Engenharia da Internet (IETF, na sigla em inglês), criada em 1986 para administrar o desenvolvimento de padrões técnicos para a rede. As decisões da IETF eram formadas por consenso e envolviam uma ampla variedade de indivíduos e instituições. De um modo geral, a internet surgiu em um vácuo legal com pouca supervisão por parte das agências reguladoras, inclusive a FCC. As agências que foram criadas se desenvolveram de uma maneira *ad hoc* para solucionar as necessidades dos usuários da rede. A decisão mais crucial foi a de estabelecer um sistema coerente para atribuir domínios e endereços IP (Protocolo da Internet) que iriam organizar o tráfego na internet para que as transferências atingissem o destinatário designado. Era principalmente uma operação solitária, levada a cabo na metade da década de 1980 por um professor de engenharia da Universidade da Califórnia do Sul, Jon Postel, um dos primeiros codesigners da internet. Postel estabeleceu o sistema sob contrato com o Darpa e em conexão com o Instituto de Pesquisa de Stanford (SRI, na sigla em inglês, não afiliada à Universidade de Stanford). A organização resultante passou a ser conhecida coletivamente como a Autoridade dos Nomes de Domínio da Internet (Iana, na sigla em inglês). Postel administrava as doações que o governo norte-americano dava à Iana para manter listas de números de referência específicos. Embora os servidores raiz da Iana fossem operados voluntariamente por treze organizações diferentes, Postel tomava a maioria das principais decisões técnicas de seu escritório na universidade. O fato de aquele único homem, sem buscar lucro financeiro e sem ser controlado diretamente por parte de uma autoridade superior, ter criado o sistema de domínios da internet sem ser questionado em virtude da confiança nele depositada pela comunidade de usuários é uma das histórias mais extraordinárias da Era da Informação.

Em 1992, a Fundação Nacional da Ciência (NSF, na sigla em inglês) tinha assumido a responsabilidade pela coordenação e pelo financiamento do gerenciamento da internet ao mesmo tempo que deixava os pequenos componentes militares da rede sob a jurisdição do Departamento de Defesa. Em 1993, a NSF contratou para a administração do sistema de domínios (Domain Name System,

O PODER DA COMUNICAÇÃO | 157

o DNS), a empresa privada dos EUA Network Solutions, Inc. (NSI), embora Postel continuasse a desempenhar seu papel até falecer em decorrência de um câncer, em 1998, aos 55 anos. Então, com a expiração do contrato da NSI com a NSF em 1998, e sem Postel presente para atuar como o fiador da atribuição dos endereços IP, a pressão aumentou para que o gerenciamento institucional da internet fosse formalizado. A polêmica que se seguiu levou a Iana e a organização autônoma criada pela primeira comunidade de usuários, a Sociedade da Internet (ISOC, na sigla em inglês), tendo como presidente outro "pai" confiável, Vint Cerf, a organizarem o Comitê Internacional Ad Hoc (IAHC) para solucionar as questões de gerenciamento do sistema de nomes de domínios. A invenção da World Wide Web (WWW) e a livre difusão de seu programa servidor por seu criador Tim Berners-Lee em 1990 forneceram a base tecnológica para o desenvolvimento de uma internet fácil para o usuário. Quando ela se tornou uma oportunidade extremamente lucrativa para investimentos comerciais, o presidente Clinton instruiu o secretário de Comércio a privatizar o DNS no dia 1º de julho de 1997, aumentando a competição e facilitando a participação internacional em seu gerenciamento. O Departamento do Comércio dos EUA implementou as diretrizes e estabeleceu a Corporação da Internet para Nomes e Números de Domínios (ICANN, na sigla em inglês) em novembro de 1998.

Assim que a internet foi reconhecida como uma forma extraordinariamente importante de comunicação em rede, com uma ampla variedade de aplicações potenciais, os apetites corporativos para a sua comercialização cresceram exponencialmente. No entanto, a história, a cultura e a arquitetura da internet tornavam difícil sua apropriação pelo setor privado ou sua regulamentação exclusivamente para lucros comerciais. Além disso, como era uma rede internacional, e como essa característica era justamente um dos principais atrativos, tanto para os usuários quanto para as empresas, o Departamento do Comércio teve de compartilhar algum controle com agências reguladoras internacionais e com a comunidade de usuários, o que levou à eleição eletrônica inédita da diretoria da ICANN por mais de 200 mil usuários registrados na internet em 2000, uma expressão de participação fundamental apesar da falta de representatividade desse eleitorado. Uma coalizão formada por uma comunidade de usuários militantes, por libertários civis e por tribunais norte-americanos passou a ser a guardiã da autonomia da internet, de tal forma que grande parte da rede continuou a ser um vasto espaço social de experimentação, sociabilidade e expressão cultural autônoma. Todas as tentativas para domesticar ou dividir a internet foram rejeitadas com tal determinação que governos e corporações tiveram de aprender a usá-la para benefício próprio sem restringir seu desenvolvimento autônomo. Não só o gênio tinha saído da garrafa, mas os genes do gênio rejeitavam o confinamento dessa liberdade de comunicação recém-descoberta, de acordo com o design proposital de seus criadores, exemplificado pela decisão de Tim Berners-Lee de liberar o software da World Wide Web. No entanto, quando a expansão da banda larga e o surgimento da Web 2.0 abriram novas oportunidades de lucro na primeira década do século XXI, um novo conjunto de políticas regulatórias foi introduzido, com o objetivo de permitir a apropriação privada não da internet em si, mas da infraestrutura em rede da qual ela depende.

CERCANDO AS TERRAS COMUNS DA ERA DA INFORMAÇÃO (OU PELO MENOS TENTANDO)

O terceiro passo mais importante para a criação de um novo ambiente regulatório para a comunicação digital nos Estados Unidos ocorreu na década de 2000. Uma série de projetos de lei aprovados no Congresso e decisões adotadas pela Comissão Federal de Comunicações (FCC) reescreveram as cláusulas do Ato de 1996, *permitindo assim que as companhias investissem em várias indústrias e continuassem com a integração vertical entre portadores, fabricantes e fornecedores de conteúdo, ao mesmo tempo que restringiam o escrutínio público sobre as práticas comerciais* (Benkler, 2006; Klinenberg, 2007; McChesney, 2007; Schiller, 2007). Em 2004, a FCC introduziu uma política chamada "flexibilidade do espectro", que tinha como objetivo aumentar o espectro de frequências disponíveis, particularmente para a comunicação sem fio, e autorizar a livre revenda de espectro por companhias que estavam operando dentro das frequências regulamentadas, criando, assim, um mercado para o espectro que aumentava o campo de ação das corporações mais importantes. A FCC também pôs fim à necessidade de separação, liberando assim as operadoras da Bell de suas obrigações de compartilhamento da rede enquanto ainda permitia às operadoras de televisão a cabo introduzirem banda larga em suas redes e venderem serviços sem considerar suas redes proprietárias. Essa nova política deu às portadoras e operadoras ampla liberdade para administrar o acesso e os preços nas redes de sua propriedade.

Em uma continuação lógica dessa devolução de poder às operadoras da rede, o último estágio da desregulamentação nos Estados Unidos aponta para a inversão da política tradicional de "neutralidade na rede", isto é, a consideração da rede portadora como uma infraestrutura para uso geral, cujo acesso não pode ser bloqueado, condicionado ou discriminado por parte da operadora portadora em relação aos vários usuários.[14] A decisão-chave que abriu o debate sobre a

---

14 Para uma análise diferente e bem documentada desse desenvolvimento fundamental das políticas, veja o Número Especial sobre Neutralidade na Rede publicado pelo *International Journal of Communication*, volume de 2007.

neutralidade na rede foi o Cable Modem Order [Ordem do Modem a Cabo] de 2002 da FCC, que declarou que o serviço de banda larga não era considerado um serviço de telecomunicação (e, portanto, sujeito à regulamentação), já que estava sob o Ato das Telecomunicações de 1996, e sim um "serviço de informação" além do alcance do regulamentador. A Suprema Corte manteve essa decisão em 2005, dando lugar, então, a um debate importante entre dois grupos. De um lado, os usuários da internet, empresas inovadoras de alta tecnologia e provedores de conteúdo para a rede, tais como a Google, a Yahoo!, a Amazon e a e-Bay, que defendem o acesso aberto às redes. Do outro, operadoras de rede que desejam diferenciar acesso e preços para alavancar o controle privado sobre a infraestrutura da comunicação.

O conflito é sobre algo mais que uma disputa entre indústrias diferentes com interesses específicos. Como Clark (2007:702) escreveu, "no momento, o objeto de sua luta é o futuro da televisão". Isso é verdade porque a digitalização de todo o conteúdo (bits são bits) abre caminho para que a internet se transforme em uma portadora para a TV. O Hulu.com, por exemplo, é usado por quase todos os maiores conglomerados de mídia para transmitir (*stream*) sem qualquer ônus seu conteúdo televisivo para audiências, e a Joost.com., um serviço lançado em janeiro de 2007, transmitir a programação da televisão usando a tecnologia p2p. A internet já carrega um tráfego substancial de comunicação oral (ex.: Skype), alterando assim, fundamentalmente, o modelo de rendimentos das empresas de transmissão radiofônica e das operadoras de telecomunicação. Portanto, embora a liberalização e a desregulamentação possam ter estimulado o desenvolvimento da comunicação baseada na internet durante toda a década de 1980 e 1990 (em grande medida porque elas não interferiram no desenvolvimento autogerenciado da internet), a mudança de regras tentada pela FCC durante o governo Bush na década de 2000 foi equivalente a uma rerregulamentação a favor das operadoras de telecomunicações de companhias a cabo e de transmissão que continuavam resistindo aos desafios que a difusão da internet de banda larga e o conteúdo e serviços da Web 2.0 a ela relacionados significavam para seu modelo empresarial entrincheirado.

Assim, enquanto a atenção do mundo estava voltada para a liberdade de expressão na internet, a transformação da infraestrutura da comunicação em uma série de "jardins cercados" gerenciada por operadoras da rede, em função de seus interesses comerciais específicos, impôs restrições fundamentais à expansão da nova cultura digital. Os canais da Internet Galaxy estão sendo privatizados e deixados nas mãos de seu próprio gerenciamento fragmentado. Embora estejamos interessados em proteger a fronteira eletrônica livre contra a intrusão do Big Brother (o Grande Irmão representado pelo governo), as Grandes Irmãs (as principais operadoras de rede), que se apropriam do tráfego de banda larga circulando pelas Superestradas da Informação, tornaram-se as responsáveis pela restrição do espaço virtual livre.

A evolução das políticas regulatórias foi resultado de estratégias para gerar poder por meio da articulação de interesses comerciais e políticos, disfarçados em discursos sobre as maravilhas tecnológicas e a escolha do consumidor e apoiada por modelos econômicos que cultuam a autoridade superior da Mão Invisível. Embora houvesse conflitos empresariais na década de 1990 entre os defensores dos "Baby Bells" (portadoras de longa distância) e das operadoras de cabo, quando chegou o momento da decisão principal de deixar que o mercado (ou seja, as grandes empresas) decidisse a forma da revolução da comunicação, a maior parte da classe política aderiu à estratégia. O Ato de 1996, no governo Clinton, recebeu o apoio do Congresso Republicano, e muitas das medidas que permitiam a integração vertical e o investimento industrial cruzado recrutaram seguidores em ambos os partidos. A razão disso é que a indústria das telecomunicações desempenha um papel significativo no financiamento das campanhas políticas, enquanto a indústria de radiodifusão é essencial para facilitar a cobertura midiática dos candidatos. As empresas nascentes da internet levaram algum tempo para desenvolver poder político e estavam satisfeitas demais com o mantra de sua superioridade inata como inovadoras tecnológicas para se preocuparem com o futuro. Além disso, o público, em grande medida, ainda não sabia da importância das questões que estavam sendo decididas sem consultas ou debates. A regulamentação da comunicação era uma área obscura, reservada para advogados, economistas e engenheiros que pareciam não conhecer as preocupações das pessoas comuns, exceto no caso de reivindicações contra abuso de preços, ou mau serviço contra o monopólio das operadoras de cabo, questões que com maior frequência eram consideradas responsabilidade das licenças emitidas pelos governos locais com pouca informação sobre o que estavam fazendo.

As coisas mudaram dramaticamente na década de 2000, em parte em virtude da arrogância de Michael Powell, o novo presidente da FCC, nomeado pelo presidente Bush em 2001. Militar e filho do então secretário de Estado, Colin Powell, ele era (e é) um fundamentalista do livre mercado, que após deixar a FCC em 2004 foi trabalhar para a Providence Equity Partners, uma firma de investimentos que administra participações acionárias para as empresas de mídia e de telecomunicação que antes ele era encarregado de regulamentar. O presidente lhe deu apoio pessoal para retirar as restrições às propriedades cruzadas na mídia e rerregulamentar em benefício das grandes empresas na indústria de telecomunicação e transmissão. A News Corporation de Rupert Murdoch foi uma beneficiária importante dessa nova política. A concentração de mídia na televisão, na transmissão via cabo, no rádio e na imprensa escrita que acompanhou a decisão da FCC provocou uma onda de protestos que mobi-

O PODER DA COMUNICAÇÃO | 161

lizou militantes progressistas, associações cívicas, libertários civis e defensores do governo local no país, inclusive grupos conservadores poderosos, como a Associação Nacional do Rifle. Desse protesto surgiu um movimento social poderoso e multifacetado, que incluía organizações como a Free Press, a Center for Digital Democracy, a Media Access Project, a Reclaim the Media, a Media Alliance, a Media-Tank, o Prometheus Radio Project (exigindo "baixa potência para o povo" em referência ao rádio autônomo de baixa potência) e muitos outros que foram bem-sucedidos na luta contra a tentativa da FCC de isolar os cidadãos da política de comunicação. Esses grupos incitaram um nível pouco comum de interesse público nas audiências públicas da FCC. Protestaram pela internet, pressionaram o Congresso e abriram processos legais nos tribunais federais, fazendo com que a nova maioria democrática no Congresso ficasse mais receptiva às demandas sobre o controle da comunicação por parte dos cidadãos. Essa mobilização generalizada ocorreu simultaneamente com outros fatores que levaram ao pedido de demissão de Powell da FCC (Costanza-Chock, 2006; Klinenberg, 2007; McChesney, 2007; Newman, comunicação pessoal, 2007). Quando surgiu um novo debate sobre política de comunicação em 2005-7, sobre a questão de "neutralidade na rede", cidadãos bem informados entraram na arena das políticas de comunicação, levando o tema para o primeiro plano do debate público. Nas palavras de Robert McChesney, "o que foi crucial em 2003 foi que se acendeu uma luz para milhões de americanos. Eles não tinham mais de aceitar todos os problemas com a mídia como um dado 'inalterável'. O sistema de mídia não era natural; era resultado de políticas" (2007:159). No entanto, para colocar em perspectiva essa experiência de uma súbita consciência da situação, vale a pena mencionar uma lembrança do poder da indústria de comunicação que contradiz esse entusiasmo: na campanha eleitoral de 2008, como em todas as outras campanhas, nenhum candidato presidencial importante deu ênfase à questão do controle dos cidadãos sobre a mídia e as redes de comunicação.

DESREGULAMENTANDO O MUNDO
(MAS NÃO À MANEIRA DOS EUA)

Desde a década de 1980, houve também, no mundo todo, uma tendência generalizada de liberalização, privatização e desregulamentação da radiodifusão e das telecomunicações, mas em um ritmo mais lento do que nos Estados Unidos. No entanto, em outros países, o regime regulatório foi, e ainda é, em grande medida diferente dos Estados Unidos. Com efeito, os Estados Unidos representam a exceção na história da regulamentação da comunicação de uma perspectiva global. Isso ocorreu porque, no mundo como um todo, a comunicação sempre foi considerada importante demais para ser deixada nas mãos da iniciativa privada. Em toda a história, a comunicação figurou como área crucial para se afirmar o controle governamental, às vezes em nome do interesse público e às vezes como uma expressão pura e simples do poder do Estado, deixando os interesses empresariais em segundo lugar. Além disso, houve uma separação clara entre a regulamentação da mídia e a regulamentação das telecomunicações no mundo todo. A última vista como uma infraestrutura do serviço público, enquanto a primeira como um instrumento-chave de controle político e cultural. Assim, de modo geral, a mídia era regulamentada pelas instituições políticas e ideológicas do Estado. A televisão e o rádio pertenciam normalmente ao governo e eram operados por ele, embora algum espaço fosse deixado para a iniciativa privada, sempre sob a supervisão cuidadosa dos pretensos censores. Em contraste, os jornais e a imprensa escrita eram normalmente confiados às várias elites, de modo que elas pudessem ter sua própria voz na esfera pública, com a exceção de países sob ditaduras de direita ou de esquerda, onde toda a mídia ficava sob o controle do partido ou do ditador. Mas mesmo nos países democráticos a imprensa escrita estava sujeita a inclinações políticas de tal forma que a noção idílica de uma imprensa profissional independente era normalmente desvirtuada pelo alinhamento político e ideológico da maioria dos meios de comunicação, muitas vezes pela expressão de afiliações religiosas, preferências ideológicas, interesses comerciais e partidos políticos. De um modo geral, o Estado e os aparatos ideológicos eram a matriz da mídia, mais do que o mercado. É claro, o comércio estava presente na mídia, mas as estratégias comerciais tinham de operar sob o guarda-chuva dos detentores do poder político-ideológico.

Essa situação mudou na maior parte do mundo a partir da década de 1980. Na base da mudança estava a onda de políticas de liberalização conectadas às novas estratégias econômicas no contexto da globalização, a rápida transformação tecnológica que abriu um novo universo de possibilidades de comunicação e a mudança cultural na direção do individualismo e da liberdade de escolha, que enfraqueceu as bases do conservadorismo ideológico, particularmente nos países desenvolvidos. A maneira como isso se traduziu em novas formas de regulamentação foi diferente nos vários países. Em alguns dos mais importantes do mundo (China, Rússia, Índia), apesar de uma crescente presença empresarial, há ainda, no século XXI, um forte controle governamental da mídia direto (China, Rússia), ou indireto (Índia). Mas, na maioria dos países, o regime regulatório é exercido por uma combinação de propriedade governamental e concessões feitas pelo governo a grupos empresariais que devem seguir as regras que limitam seu poder como grupos de mídia plenamente independentes. O método comum de submeter o mundo dos negócios à vontade política na indústria da comunicação é distribuir concessões de frequências entre várias sociedades comerciais relacionadas a uma pluralidade de orientações políticas. Assim, quem está no poder sempre tem acesso a algum grupo da mídia. A integração vertical da televisão, do rádio e da imprensa escrita facilita essa divisão de trabalho na mídia sob controle do sistema político como um todo. Além disso, em todos os países há ainda algumas redes que pertencem ao governo, nas quais a independência da mídia é limitada.

Há exceções para esse modelo geral, dos dois lados. Por exemplo, a BBC britânica foi elogiada em todo o mundo como um modelo de corporação pública que afirma sua independência da interferência direta do governo. Embora alguns atos do governo Blair tivessem manchado essa imagem, não destruíram a reputação da BBC como referência de mídia pública independente no mundo. No entanto, a emissora teve de competir com redes de televisão privadas e com as empresas de transmissão via satélite e a cabo que ganharam uma porção substancial da audiência, a ponto de ela perder sua posição dominante. No outro extremo do mundo da mídia liberalizada, a Itália, sob o governo de Berlusconi, produziu um modelo extremamente original de parceria público-privada. O governo italiano é dono das três redes RAI, historicamente conhecidas por seu profissionalismo, mas que foram sujeitas a fortes pressões políticas, apesar da resistência por parte de jornalistas e produtores. Por outro lado, Berlusconi, empresário na área de bens imóveis, com o apoio do primeiro-ministro socialista Bettino Craxi, usou uma brecha na Constituição italiana para criar três redes nacionais de televisão privadas sobre as bases das estações locais que já lhe pertenciam. Berlusconi alavancou seu poder na mídia a partir dessas redes para ser eleito primeiro-ministro em 1994, e depois reeleito. Portanto, nas décadas de 1990 e 2000, todas as redes nacionais de televisão, públicas ou privadas, estavam sob seu controle, com consequências óbvias para o empobrecimento da diversidade cultural e política da Itália (Bosetti, 2007). A França privatizou a maior parte da televisão pública (a TF1 foi vendida para uma empresa de construção), ao mesmo tempo que reservava para si o controle de alguns canais, como a TV7, e dedicou parte de uma rede pública (Antenne 2) à programação cultural para consolo dos intelectuais franceses.

Alemanha, Portugal e Espanha adotaram caminhos semelhantes. A Espanha, durante o governo socialista de Felipe González na década de 1980, manteve duas redes nacionais sob o controle do governo e concedeu duas redes de televisão aberta e um canal de televisão via satélite para três consórcios de investidores privados, convenientemente distribuídos entre diferentes grupos comerciais com a condição de que nenhum acionista tivesse mais de 25% das redes abertas. Em 1996, o sucessor de González, o primeiro-ministro conservador José María Aznar, seguiu o modelo Berlusconi e usou seu controle da Telefonica, a multinacional espanhola das telecomunicações, para adquirir um dos canais privados e pressionar o outro, efetivamente monopolizando a maior parte das redes nacionais de televisão entre 1996 e 2004. Em 2006, um novo governo socialista licenciou outras duas redes de televisão para grupos de investidores amigos e acelerou a transição para a televisão digital, o que liberou frequências adicionais e criou espaço para uma variedade mais ampla de empresas nacionais e internacionais de comunicação (Campo Vidal, 2008). No entanto, a transformação mais profunda do sistema de mídia espanhola surgiu como resultado da refundação constitucional do Estado espanhol, a partir de 1978, em um Estado quase federal. Às Comunidades Autônomas Espanholas (o equivalente ao *Länder* alemão) foi concedida a possibilidade de desenvolver as próprias redes públicas de televisão e rádio dentro dos limites de seu território. Elas usaram essa capacidade até seu potencial máximo, com o resultado de que, na Catalunha e em outras regiões da Espanha, as redes de televisão regional conquistaram a maior parte da audiência, e na Catalunha, no País Basco e na Galícia essas redes passaram a ser um instrumento-chave para o fortalecimento da identidade nacional por meio da preservação de suas línguas, entre outros meios (Tubella, 2004).

Em suma, a política regulatória mais importante na Europa e na maior parte do mundo foi a liberação gradativa, ainda que limitada, do controle do governo sobre o rádio e a televisão e indiretamente sobre a imprensa escrita, a favor de uma diversidade de grupos empresariais privados e governos regionais. As empresas de mídia muitas vezes usaram essa relativa autonomia para se conectarem com redes comerciais internacionais, aumentando, com isso, sua independência frente ao governo.

A comercialização da mídia no mundo todo recebeu apoio generalizado da opinião pública porque em grande medida os meios de comunicação escaparam (e, em muitos países, ainda estão tentando escapar) da gaiola de ferro das burocracias políticas. O entretenimento atual está à frente da propaganda complementada com filmes antigos e folclore nacional. Essa sensação de relativa liberdade das garras políticas nas duas últimas décadas pode explicar a quase ausência de protestos sociais contra a política de mídia na maioria dos países, a não ser por reivindicações egoístas de grupos comerciais que estão perdendo no processo de concessões. De fato, quando e onde os movimentos sociais orientados para a mídia ocorreram, não foram direcionados contra o comércio de mídia, e sim contra o Estado para combater sua censura. Isso é particularmente verdade no caso da Rússia sob o governo Putin, onde jornalistas e cidadãos estão lutando contra um regime autoritário de mídia, guiado por motivação política por parte dos níveis mais altos do Estado (ver Capítulo 4).

Na maior parte do mundo, *a regulamentação da telecomunicação mudou dramaticamente*, passando de um regime de monopólio (legalmente ou de fato) para uma política de rerregulamentação e competição que começou a se consolidar na Europa em 1998, e no Japão no ano 2000 (Rutherford, 2004; OECD, 2007; Cowhey e Aronson, 2009). Estabeleceram-se reguladores da telecomunicação supostamente independentes na maioria dos países, e na União Europeia a Comissão Europeia assumiu a supervisão dos reguladores nacionais. Autoridades regulatórias evitam práticas monopolistas e preços abusivos, submetendo as empresas a multas e diretrizes mandatórias. No entanto, os monopólios originais, mesmo depois de sua privatização, alavancaram seus recursos e conexões políticas para manter uma posição dominante em seus territórios nacionais, ao mesmo tempo que se aventuram em políticas ambiciosas de expansão global e parcerias estratégicas.

A comunicação sem fio é uma área mais competitiva porque é uma indústria mais nova e, em alguns países, como a China, as operadoras privadas da comunicação sem fio são usadas pelo governo para pressionar as antigas operadoras de comunicação com fio (Qiu, 2007). No entanto, essa política de competição administrada na Europa, no Japão e na Coreia do Sul parece ter vantagem sobre a competição desorganizada induzida nos Estados Unidos pela FFC com suas políticas de "livre para todos". A penetração da banda larga é maior no norte da Europa, no Japão e na Coreia do Sul do que nos Estados Unidos, e seu custo por bit é menor. A regra de separação ainda está em vigor na Europa, mantendo assim, pelo menos por enquanto, o princípio de neutralidade da rede. Além disso, o acordo sobre padrões e esquemas de preços impostos pela Comissão Europeia às operadoras da comunicação sem fio na Europa levou a uma maior penetração desse tipo de comunicação, com maior uso e um serviço de melhor qualidade do que nos Estados Unidos. Outro fator que contribuiu para a vantagem competitiva da Europa e da Ásia nessa área foi a qualidade da tecnologia de comunicação sem fio e do design de fabricação na Europa (principalmente nos países nórdicos) e no leste da Ásia. Em suma, a regulamentação nas redes de telecomunicação no mundo como um todo manteve um grau maior de controle governamental sobre as operadoras do que nos Estados Unidos, ao mesmo tempo que desencadeou uma competição administrada. O resultado líquido foi uma expansão da banda larga e da comunicação sem fio, preparando o terreno para uma difusão internacional da infraestrutura da era da comunicação digital, e particularmente da internet em suas novas expressões, a Web 2.0 e a Web 3.0.

REGULAMENTANDO A LIBERDADE: QUANDO A INTERNET DA CHAPEUZINHO VERMELHO ENCONTRA OS LOBOS MAUS DO MUNDO CORPORATIVO

A internet é uma rede global, portanto sua regulamentação não pode ficar nas mãos do Departamento do Comércio norte-americano, mesmo na forma de uma diretoria da ICANN eleita pelos usuários. Mas como não há nenhum governo global, a internet difundida globalmente está restringida apenas pelos limites que cada governo nacional pôde impor dentro de sua jurisdição territorial. No entanto, a não ser por uma desconexão total da internet, é difícil controlar suas capacidades de formação de redes porque elas podem sempre ser redirecionadas para um *backbone*, a rede principal, em algum outro lugar do planeta. É bem verdade que é possível bloquear o acesso a alguns sites específicos, mas não os trilhões de mensagens de e-mail e os milhões de sites em processos constantes de renovação. No entanto, a internet pode ser supervisionada e está, na verdade, sendo supervisionada assiduamente por todos os governos no mundo (Delbert *et al.*, 2008). Mas o máximo que os governos podem fazer para que se cumpra sua legislação é processar alguns culpados infelizes que foram apanhados em flagrante, enquanto milhões de outros continuam a desfrutar de seus passeios agradáveis pela rede. Centenas de defensores da liberdade na internet (mais uns poucos trapaceiros e adeptos da pornografia infantil) terminam presos em cadeias reais para pagar por seus caprichos virtuais. No entanto, enquanto uns poucos mensageiros são punidos, as mensagens continuam, a maior parte delas surfando o oceano da comunicação global e ininterrupta (ver o Capítulo 4).

É por isso que o único órgão legítimo com responsabilidade pela governança global, as Nações Unidas, abordou a questão da internet em duas Cúpulas consecutivas sobre Informação Mundial, uma em Genebra, na Suíça, em 2003, e outra em Túnis, na Tunísia, em 2005 (um país conhecido pela censura da internet e onde jornalistas que cobriam a reunião foram presos). Em dezembro de 2003, várias metas foram discutidas em Genebra, com foco nas tecnologias de informação e comunicação para o benefício da população mundial. Naturalmente, a internet tornou-se um ponto central em muitas dessas discussões. A Declaração de Princípios de Genebra e o Plano de Ação de Genebra foram adotados em 12 de dezembro de 2003, mas os participantes não conseguiram chegar a um acordo sobre uma definição da governança da internet. Os debates convergiram sobre a distinção entre uma definição "restrita" que incluísse apenas as funções relacionadas à ICANN (destinação e atribuição de recursos da internet) e uma definição "ampla" que incluiria, em última instância, controle sobre o conteúdo circulado. Como normalmente acontece nas reuniões das Nações Unidas, quando se deparou com um desacordo sobre o próprio conceito de "governança da internet", a organização estabeleceu um Grupo de Trabalho sobre o tema (WGIG), cujo objetivo era encontrar uma definição para o termo e fornecer informações para a segunda fase da Cúpula Mundial em Túnis. Após dois anos de muito trabalho por parte dos quarenta membros do grupo, que representavam partes interessadas dos governos, do setor privado e da sociedade civil, o relatório do grupo de trabalho de agosto de 2005 deu à luz a seguinte definição operacional: "A governança da internet é o desenvolvimento e a aplicação por parte de governos, do setor privado e da sociedade civil, em seus respectivos papéis, dos princípios, normas, regras, processos decisórios, e programas compartilhados que moldam a evolução e o uso da internet."

Iluminada por essa definição inovadora, a Cúpula Mundial das Nações Unidas de 2005 sobre a Sociedade da Informação (Segunda Fase) em Túnis, após um debate sobre princípios de políticas, confirmou o papel da ICANN e a capacidade supervisora do Departamento do Comércio dos EUA, definiu uma pauta para a sociedade global de informação e estabeleceu o Internet Governance Forum, o Fórum de Governança da Internet (IGF, na sigla em inglês). O IGF é uma organização internacional cujo objetivo é "apoiar o secretário geral das Nações Unidas na execução do mandato da Cúpula Mundial sobre a Sociedade da Informação (WSIS) em relação à convocação de um novo fórum para um diálogo sobre políticas com as várias partes interessadas". O secretário-geral da ONU estabeleceu um Grupo Consultivo e uma Secretaria como órgãos institucionais do IGF. Em seguida, o IGF realizou várias reuniões na Grécia em 2006, no Rio de Janeiro em 2007, em Hyderabad em novembro de 2008 e, no momento em que escrevo, uma reunião está sendo planejada para o Cairo em outubro de 2009. Houve uma prévia identificação das principais áreas de políticas sob discussão. Elas são:

1. A infraestrutura da internet e o gerenciamento de recursos (infraestrutura física; VoIP [*Voice Over Internet Protocol*]; política de frequências; padrões técnicos; gerenciamento de recursos; administração de nomes e endereços da internet; administração de sistema de servidor-raiz e arquivos de zona-raiz).

2. Questões relacionadas ao uso da internet (segurança dos sistemas de rede e de informação; spams; políticas e regulamentações nacionais; proteção crucial da infraestrutura).

3. Questões com um impacto mais amplo do que a internet (autenticação eletrônica; política de competição, liberalização, privatização, regulamentações; proteção ao acesso; proteção do consumidor/usuário, privacidade; conteúdo e práticas ilegais; resoluções de disputas; direitos de propriedade intelectual; comércio eletrônico e suas tributações; governo eletrônico e privacidade; liberdade de informação e da mídia).

4. Questões com impacto no desenvolvimento (custos do aluguel de linhas pela internet; acessibilidade universal; desenvolvimento da educação e da

capacidade humana; desenvolvimento da infraestrutura nacional; dimensões sociais e inclusão; acessibilidade ao conteúdo; fonte aberta e software livre; diversidade cultural e linguística).

De acordo com fontes confiáveis, o debate sobre políticas continua no ritmo normal para esse tipo de ambiente institucional, embora ainda não haja qualquer conclusão a ser relatada no momento em que escrevo. Espero poder analisar a estrutura e a política da governança global da internet que emergirá desse debate na segunda, ou talvez na décima, edição deste livro.

Meu ceticismo em relação aos resultados desses debates se origina de minha própria experiência com alguns conselhos nacionais e internacionais sobre a política da internet. Cheguei à conclusão (que levou, é claro, à minha retirada de todos esses órgãos, inclusive aqueles ligados às Nações Unidas) de que a preocupação fundamental da maioria dos governos é estabelecer regulamentações para controlar a internet e encontrar mecanismos para pôr em prática esse controle nos termos tradicionais da lei e da ordem. Independentemente de meus sentimentos pessoais sobre uma política assim (sou contra ela), há sérios motivos para duvidar da eficácia dos controles propostos quando eles não estão direcionados a corporações ou organizações específicas, e sim à comunidade de usuários como um todo (a menos que houvesse um ataque generalizado aos provedores do serviço da internet que incapacitasse todo o sistema de comunicação pela rede — nunca diga nunca...). No entanto, essa é uma hipótese improvável considerando a extensão dos interesses comerciais já investidos e o apoio generalizado que ela desfruta entre a maioria dos 1,4 bilhão de usuários para quem ela se transformou no tecido da comunicação de suas vidas. Portanto, a regulamentação da internet mudou seu foco da própria rede para instâncias específicas de censura e repressão por parte das burocracias governamentais e para a privatização da infraestrutura internacional de comunicação que sustenta o tráfego da internet. Por isso, apesar da regulamentação, a internet prospera como o meio de comunicação local/global e multimodal da nossa era. Mas ela está submetida, como tudo em nosso mundo, à pressão incansável de duas fontes fundamentais de dominação que ainda pairam sobre nossa existência: o capital e o Estado.

A relação entre o capital e o Estado é realmente a fonte das políticas de liberalização e desregulamentação que estimularam o surgimento do capitalismo global e da formação de redes comerciais globais de multimídia no âmago do novo sistema de comunicação digital. Mas como os interesses comerciais parecem prevalecer em sua interação com o Estado, e como as empresas veem um novo e importante campo de investimento na expansão da comunicação digital, as políticas regulatórias contribuíram para a difusão global das novas formas de comunicação, inclusive a autocomunicação de massa. Sob tais condições, o público da mídia é transformado em um sujeito comunicativo cada vez mais capaz de redefinir os processos pelos quais a comunicação social forja a cultura da sociedade. Paradoxalmente, a submissão do Estado aos interesses do capital leva ao surgimento de uma nova forma de comunicação que pode aumentar o poder dos cidadãos tanto sobre o capital quanto sobre o Estado.

Mudança cultural em um mundo globalizado

Para que a comunicação ocorra, emissores e receptores precisam compartilhar códigos. No setor da mídia, houve uma mudança estratégica da transmissão direcionada a uma audiência genérica (em que se presume sua capacidade de se identificar com uma mensagem homogênea) para direcionamento para audiências específicas, adaptando a mensagem ao receptor intencionado. Como analisamos acima, isso foi possibilitado pela formação de redes de mídia global e pelas novas tecnologias digitais que permitem a combinação de produção de massa e distribuição customizada de conteúdo. A identificação da audiência exige uma compreensão de seus vários códigos culturais. Assim, a evolução do formato e do conteúdo das mensagens da mídia, sejam elas genéricas ou específicas, depende da evolução cultural das sociedades. Cada sociedade tem seu próprio caminho e seu próprio ritmo nessa evolução. Mas como a sociedade em rede é global, há semelhanças e interdependências no processo de transformação cultural. Lash e Lury (2007), em sua análise da indústria da cultura global, enfatizam a mudança qualitativa representada pela globalização no campo cultural. Como escrevem:

> A cultura adotou uma lógica diferente com a transição da indústria da cultura para a indústria da cultura *global*; a globalização deu à indústria da cultura um modo de operação fundamentalmente diferente. Nosso argumento é que em 1945 e em 1975 a cultura ainda era basicamente uma superestrutura (...) Entidades culturais ainda eram excepcionais (...) Mas em 2005, objetos culturais estão por toda parte: como informação, como comunicação, como produtos de marca, como serviços financeiros, como produtos da mídia, como serviços de transporte e lazer, as entidades culturais já não são a exceção: são a regra. A cultura está tão onipresente que, por assim dizer, ela brota da superestrutura e vem infiltrar e, depois, controlar a própria infraestrutura. Ela vem para dominar tanto a economia quanto a experiência na vida cotidiana... Na indústria da cultura global, a produção e o consumo são processos da construção da *diferença*. (Lash e Lury, 2007:3-5; grifo nosso)

Como essa diferença é construída? Quais são os materiais culturais que introduzem nas várias áreas da experiência e da estrutura o suporte de significado nos quais a mídia opera? Como uma hipótese operacional, proponho que o processo de transformação cultural em nosso mundo se desenvolve ao longo de dois eixos bipolares principais: *a oposição entre globalização e identificação e a lacuna entre individualismo e comunalismo* (Inglehart, 2003; Castells, 2004c; Tubella, 2004; Baker, 2005; Cardoso, 2006; Qvortrup, 2006).

> *A globalização cultural* se refere à emergência de um conjunto de valores e crenças específicos que são, em grande medida, compartilhados por todo o planeta.
>
> *A identificação cultural* se refere à existência de conjuntos específicos de valores e crenças nos quais grupos humanos específicos se reconhecem. A identificação cultural é em grande parte resultado da geografia e da história da organização humana, mas ela pode também ser formada com base em projetos específicos de construção de identidade.
>
> *O individualismo* é o conjunto de valores e crenças que dá prioridade à satisfação das necessidades, desejos e projetos de cada sujeito individual na orientação de seu comportamento.
>
> *O comunalismo* é o conjunto de valores e crenças que coloca o bem coletivo de uma comunidade acima da satisfação individual de seus membros. Nesse contexto, a comunidade é definida como o sistema social organizado em torno do compartilhamento de um subconjunto específico de atributos culturais e/ou materiais.

Examinemos agora o conteúdo real desse processo de mudança cultural. *O que é uma cultura global?* Vivemos em um mundo de crescente homogeneidade cultural? Sim e não. Na maioria dos casos, não (Lull, 2007; Page, 2007). A pesquisa de valores mundiais (World Values Survey) da Universidade de Michigan mostra a prevalência de identidades nacionais e regionais acima da identidade cosmopolita que é adotada apenas por uma pequena minoria da população mundial (Norris, 2000; Inglehart, 2003; Inglehart *et al.*, 2004). Os cidadãos europeus se sentem muito menos europeus do que nacionais ou locais (Castells, 2004b). Da mesma forma dados do Latinobarometer indicam a força da identificação nacional, regional e étnica na América Latina (Calderon, 2006). A religião é uma fonte importante de identificação coletiva em partes do mundo, particularmente nos Estados Unidos, na América Latina, na Índia e nas sociedades islâmicas, mas não na maior parte da Europa (com algumas exceções: por exemplo, a Polônia ou a Irlanda), nem no Leste Asiático, onde ela é idiossincrática e pouco influente (Norris e Inglehart, 2004).

No entanto, *há de fato uma cultura global* que pode ser observada em três níveis. Primeiro, para uma pequena mas influente minoria de pessoas, há a

O PODER DA COMUNICAÇÃO | 171

consciência de um destino compartilhado do planeta em que habitamos, seja em termos do meio ambiente, dos direitos humanos, de princípios morais, de interdependência econômica global ou de segurança geopolítica. Esse é o princípio de *cosmopolitismo* sustentado por atores sociais que se veem como cidadãos do mundo (Beck, 2005). Dados de pesquisas mostram que eles são preponderantemente membros dos segmentos mais instruídos e abastados da sociedade, embora a idade também seja um fator: quanto mais jovem a pessoa, mais aberta ela está para uma visão cosmopolita do mundo (Inglehart, 2003). Segundo, *há uma cultura global multicultural caracterizada pela hibridização e remixagem das culturas* de origens diferentes, como na difusão da música *hip hop* em versões adaptadas pelo mundo todo ou nos vídeos remixados que povoam o YouTube. Terceiro, aquilo que talvez seja a camada mais fundamental da globalização cultural é a *cultura do consumismo* diretamente relacionada com a formação de um mercado capitalista global (Barber, 2007). Para que o capitalismo se globalize, a cultura da transformação em mercadorias deve estar presente em todas as partes. E o próprio fato de o capitalismo ser global e de todos os países hoje viverem sob o capitalismo (exceto a Coreia do Norte, no momento em que escrevo) proporciona a base para o compartilhamento planetário dos valores do mercado e da cultura do consumo.

Ao mesmo tempo, *a existência de várias fontes de identificação cultural* cria um modelo complexo de interação entre o consumismo global, o cosmo-politismo e a hibridização global, por um lado, e várias fontes de identificação cultural (nacional, religiosa, territorial, étnica, de gênero, e identidades autos-selecionadas) por outro (Inglehart *et al.*, 2004).

Outro *eixo da diferenciação cultural opõe individualismo e comunalismo*. A análise empírica de Wayne Baker sobre a evolução dos valores norte-ame-ricanos mostra o desenvolvimento paralelo das duas tendências na mente do povo estadunidense nas três últimas décadas (Baker, 2005). Os Estados Unidos são uma cultura bipolar feita de uma cultura do Eu (Mitchell, 2003) e de uma cultura de Deus (Domke e Coe, 2008). Em ambas há posições extremas em relação ao individualismo libertário, por um lado, e a submissão à lei de Deus (seja quem for esse Deus) por outro. A cultura do "familialismo" também é um conjunto de valores definidores que unem o indivíduo e sua contribuição para os princípios morais da sociedade. Eu, minha família e meu Deus constituem a sagrada trindade dos valores americanos.

Em um contexto diferente, o estudo que eu e meus colegas realizamos em uma amostra representativa da população da Catalunha em 2002 mos-tra a importância da identificação familiar como o princípio organizador primário da vida para 56% da população, seguido por "eu próprio" (8,7%) e amigos (4,9%); (Castells e Tubella, 2007). Todas as fontes de identificação co-letiva juntas (nação, etnia, religião e territorialidade) foram o princípio mais importante de autoidentificação para apenas 9,7% da amostra. No entanto, quando pedíamos às pessoas que escolhessem em termos de sua afiliação nacional primária, 37,5% se consideravam primordialmente catalãs, 19,7% se identificavam primordialmente como espanholas, 36,2% como ambos, e 6,6% se identificavam com o mundo em geral (Castells e Tubella, 2007). A religião era o fator primordial de identificação para apenas 2,5%. Enquanto isso, 13,1% da população citaram uma combinação de natureza, humanidade e o mundo como um todo (indicadores de cosmopolitismo) como seu principal princípio autoidentificador. O interessante nisso é que essa é a mesma porcentagem de pessoas que primordialmente se identificam com cosmopolitismo no mundo como um todo, segundo o World Values Survey (Norris, 2000), e esses valores ficam mais pronunciados nas faixas etárias mais jovens. Isso é o mesmo que dizer que, nas sociedades nas quais a religião não é a fonte primária de identificação (como é o caso da Catalunha e da maior parte da Europa), o indivíduo e sua família, por um lado, e o cosmopolitismo, por outro, emergem como as referências culturais principais para as pessoas, particularmente para pessoas jovens. A identificação nacional, regional e local (ou identidades nacionais em não Estados, como no caso da Catalunha) continua a ser um princípio de identificação como identidades de resistência quando as pessoas se deparam com desafios ou por parte da globalização ou de Estados-Nação dominantes (Castells, 2004c; Castells e Tubella, 2007).

Se combinarmos os dois eixos bipolares de identificação cultural, podemos perceber quatro combinações significativas expressas em formas definidas de modelos culturais, como ilustrado na Figura 2.6. Darei mais detalhes sobre o conteúdo da tipologia apresentada aqui. A articulação entre globalização e individualismo leva à difusão do *consumismo* como a forma individual de relação com um processo de globalização dominado pela expansão do capitalismo (Barber, 2007). Uma expressão particularmente importante dessa relação individual com uma cultura capitalista global, como proposto por Scott Lash e Celia Lury (2007), é a marca (*branding*). A marca é a dimensão cultural do mercado global e o processo pelo qual os indivíduos atribuem significado a seu consumismo (Banet-Weiser, 2007).

	GLOBALIZAÇÃO	IDENTIFICAÇÃO
INDIVIDUALISMO	*Consumismo de marca*	*Individualismo ligado em rede*
COMUNALISMO	*Cosmopolitismo*	*Multiculturalismo*

Fig. 2.6. Tipologia de modelos culturais

A combinação de identificação e individualismo está na origem da cultura do *individualismo ligado em rede* que os sociólogos descobriram ser o modelo de sociabilidade na sociedade em rede (Wellman, 1999; Castells, 2001; Hampton, 2004, 2007). Na era da internet, os indivíduos não se isolam na realidade virtual. Pelo contrário, eles expandem sua sociabilidade usando a riqueza das redes de comunicação a sua disposição, mas o fazem de maneira seletiva, construindo seu mundo cultural em termos de preferências e projetos, e modificando-o de acordo com a evolução de seus interesses e valores pessoais (Katz e Aakhus, 2002; Center for the Digital Future, 2005, 2007, 2008; Castells, 2007).

Na interseção do comunalismo e da globalização, encontramos a cultura do *cosmopolitismo*, ou o projeto de compartilhar valores coletivos em uma escala planetária e, com isso, construir uma comunidade humana que transcenda fronteiras e a especificidade em nome de um princípio superior. Esse é, claro, o caso do *Umma* islâmico (Moaddel, 2007), mas poderia também ser a cultura ambiental (Wapner, 1996) que venera Gaia em nome do passado e do futuro da humanidade, ou a cultura cosmopolita, que afirma os valores coletivos da democracia em um novo espaço de cidadania global (Beck, 2005).

Finalmente, a fusão do comunalismo e da identificação leva ao reconhecimento de identidades múltiplas em um mundo constituído por uma diversidade de comunidades culturais. Isso é o equivalente a reconhecer o *multiculturalismo* como uma tendência crucial de nosso mundo interdependente (Al-Sayyad e Castells, 2002; Modood, 2005).

Assim, quatro configurações culturais emergem da interação entre as duas principais tendências culturais bipolares que caracterizam a sociedade global em rede: o *consumismo* (representado por marcas), o *individualismo ligado em rede*, o *cosmopolitismo* (seja ele ideológico, político ou religioso) e o *multiculturalismo*. Esses são os modelos culturais básicos da sociedade global em rede. E esse é o espaço cultural onde o sistema de comunicação tem de operar.

OS VETORES DA COMUNICAÇÃO DE MODELOS CULTURAIS

Não há uma conexão exclusiva e direta entre cada um dos quatro modelos culturais definidos anteriormente e as tecnologias ou formas de comunicação específicas. Os quatro modelos culturais estão presentes na mídia de massa e na autocomunicação de massa, e eles subjazem práticas comunicativas em toda a extensão das tecnologias e plataformas de fornecimento. No entanto, cada um desses modelos culturais é mais adequado para a forma de comunicação com mais probabilidade de construir os códigos culturais que maximizam o efeito da comunicação na mente do público. Isto é, que construa o processo de ação comunicativa.

O precursor do consumismo de marca é a indústria global de entretenimento na variedade de seus produtos: filmes, música, shows, novelas, videogames, jogos on-line com um número gigantesco de jogadores, jornais, revistas, a publicação de livros e toda a parafernália de ícones que estão por trás deles, desde o vestuário até os bens de consumo com designs específicos. A integração vertical global da indústria facilita o fornecimento de marcas por meio de canais múltiplos que se reforçam mutuamente. Além disso, a evolução das notícias para o *infotenimento* amplia o escopo do consumismo para toda a esfera social e política, à medida que os eventos mundiais e a política local se misturam com a teatralidade da previsão do tempo e a exibição de bens e serviços a serem consumidos. O complexo industrial de Hollywood passou a ser identificado como a fonte de grande parte dessa produção e distribuição cultural global (Wasko, 2001; Miller *et al.*, 2004). Uma dominância comercial historicamente enraizada como essa levou à tese ideologicamente parcial de imperialismo cultural, em geral associada à dominação unilateral da cultura norte-americana sobre todas as outras culturas do mundo (Hesmondhalgh, 2007). Na verdade, as culturas resistem e se desenvolvem por conta própria, como argumentarei a seguir. Contudo, há algo mais importante em termos analíticos e práticos: a cultura global *não* é uma cultura norte-americana apesar da quantidade desproporcional das empresas com base nos EUA presentes nas indústrias culturais. Global é global. Isso significa que a camada de cultura global, construída em torno do consumismo e das marcas, processa produtos culturais de todas as origens e os entrega em pacotes customizados para maximizar seu poder comunicativo em cada mercado-alvo (Straubhaar, 1991; Waisbord, 2004a). Um exemplo esclarecerá essa análise: a indústria das telenovelas e uma telenovela em particular: *Betty, a feia* (Miller, 2007).

As telenovelas, melodramas em série para a televisão, embora produzidas originalmente na América Latina, principalmente na Venezuela, no México, no Brasil e na Colômbia, se tornaram produtos de exportação para todo o mundo, às vezes como produtos enlatados, apenas traduzidos; às vezes produzidos novamente e reformatados de acordo com o gosto de cada cultura (Sinclair, 1999; La Pastina *et al.*, 2003; Martinez, 2005). As telenovelas foram capazes de envolver as audiências internacionais mais do que os seriados norte-americanos, de cujo formato elas diferem substancialmente, em países tão variados quanto a Rússia, a Índia, a Itália e a Alemanha, bem como nos mercados de línguas específicas da América Latina e da Espanha. Telenovelas bem-sucedidas, cujo sucesso é comprovado em seu mercado doméstico, são compradas, produzidas e distribuídas pelas empresas de televisão internacionais, muitas vezes baseadas nos Estados Unidos. As telenovelas primeiro atingiram o grande mercado hispânico nos Estados Unidos, porém mais tarde fizeram relevante progresso no mercado *mainstream* estadunidense. O momento decisivo dessa penetração no mercado foi o sucesso de *Betty, a feia* (levada aos Estados Unidos como *Ugly Betty*) em 2006.

Produzida originalmente na Colômbia como *Betty, La Fea* em 1999, a novela atingiu uma audiência de horário nobre de 70% em seu país natal, e depois obteve níveis semelhantes de popularidade na América Latina. Daí em diante, foi exportada globalmente tanto como um programa enlatado quanto como uma regravação e foi exibida em setenta países. Em virtude de seu impacto global, a ABC decidiu, não sem alguma hesitação, levar ao ar sua versão americana adaptada no horário nobre. A estreia de *Ugly Betty* no outono de 2006 atraiu 16,3 milhões de telespectadores e se tornou um dos programas mais bem-sucedidos no mercado norte-americano. Jade Miller conduziu uma pesquisa sobre a importância desse fenômeno. Ela concluiu que:

> As telenovelas podem ser mais bem compreendidas como produtos culturais localizáveis e, no entanto, com um apelo universal que atravessa as redes globais dos interesses culturais capitalistas. *Betty La Fea* serve como um exemplo da maneira como um produto aparentemente doméstico é inerentemente um produto global. O global está presente não só na trama ao estilo Cinderela, com apelo universal, mas também nos caminhos multidirecionais pelos quais o programa foi importado e exportado, e a estrutura globalmente interconectada das corporações envolvidas na produção e na distribuição de *Betty, La Fea*. Seja o nome dela Betty, Lisa, ou Jassi, e se ela fala espanhol, alemão, híndi ou inglês, Betty serve como uma janela com a qual olhar a indústria da telenovela não como um contrafluxo de cultura do Sul para o Norte, mas sim como uma rede global de conteúdo culturalmente específico com apelo tanto local quanto global (Miller, 2007:1).

Em suma: a indústria internacional de entretenimento, que apoia a publicidade e é por ela apoiada, é o canal principal para a construção de uma cultura consumista de marcas. A indústria norte-americana, exemplificada pelo complexo industrial de Hollywood, tem uma atuação importante nessa história, mas não é, de forma alguma, a única. Além disso, a indústria internacional de entretenimento não promove apenas a cultura estadunidense, mas qualquer produto cultural que venda tanto no nível global quanto em sua forma customizada e culturalmente específica.

A cultura do consumo global não é o único modelo cultural com um intencionado alcance global. O *cosmopolitismo*, na interseção da globalização e do comunalismo, tem como objetivo construir uma esfera pública global em torno dos valores compartilhados da cidadania global. *As redes de notícias da mídia internacional, em sua diversidade, têm como objetivo a construção dessa esfera pública comunicativa que reúne países e culturas no espaço de 24 horas dos fluxos de informação globais*, como mostrou Ingrid Volkmer (1999) em seu estudo sobre a CNN. No entanto, de acordo com a análise de Volkmer e de outros autores, *a construção dessa informação global não é neutra. Ela é parcial em relação a certos valores e interesses.* Apesar disso, se considerarmos não apenas a CNN, mas todo o conjunto de redes de notícias internacionais que distribuem as notícias e questões mundiais globalmente, em tempo real ou em um tempo determinado, há de fato uma esfera comunicativa global diferente que está em desenvolvimento. É o caso da BBC, da TeleSur, sediada na Venezuela (em um nível muito mais modesto), da sul-africana A24, da EuroNews e, mais significativamente, da Al Jazeera e de várias outras redes árabes. Embora algumas dessas redes tenham começado voltadas para culturas específicas, a tendência é que elas se difundam internacionalmente: a Al Jazeera, por exemplo, começou sua programação em inglês em 2007 e é, realmente, um fenômeno porque foi criada pelo príncipe herdeiro do Qatar e, como observamos anteriormente, até hoje lhe pertence. O Emirado do Qatar, diga-se de passagem, é sede da maior base militar norte-americana na Península Árabe. No entanto, a Al Jazeera era mais confiável que as emissoras ocidentais, e logo se tornou uma fonte alternativa de informação para os espectadores de língua árabe (El-Nawawy e Iskandar, 2002; Miles, 2005; Sakr, 2006). A emissora pagou por sua independência com a vida de seus jornalistas e técnicos que morreram durante o bombardeio de seus escritórios no Iraque pelos Estados Unidos. E enfrenta até hoje a hostilidade permanente dos Estados Unidos e da Arábia Saudita, que vêm fazendo esforços substanciais para boicotar a renda da Al Jazeera com publicidade.

Até a CNN tem transmissões em versões diferentes, dependendo da audiência. A CNN Internacional é muito diferente da CNN americana; e a CNN em espanhol (na América Latina) tem políticas específicas de programação e informação; por outro lado a CNN+, na Espanha, critica abertamente a política externa dos Estados Unidos, uma precondição para atrair espectadores em um país onde 93% da população se opuseram à Guerra do Iraque desde seu início. É por meio dessa diversidade de redes globais de notícias e informação que o embrião de uma cultura cosmopolita encontra o apoio de uma plataforma de fornecimento de mídia.

Outros tipos de sistema de comunicação que promovem outras formas de cosmopolitismo, como o cosmopolitismo religioso, são as emissoras religiosas internacionais, cuja programação é transmitida pelo mundo para incluir os fiéis de cada religião espalhados pelo planeta. As fronteiras culturais da religião agora são definidas pelas redes internacionais que reúnem os fiéis em todo o mundo, ultrapassando as fronteiras políticas. Em certo sentido, elas não são cosmopolitas porque se dirigem a comunidades específicas. Mas, em um sentido mais fundamental, elas são, sim, cosmopolitas, porque seu objetivo é incluir todas as pessoas em sua comunidade religiosa. Ou seja, esse cosmopolitismo é definido da perspectiva dos cosmopolitas potenciais.

O *multiculturalismo* é a norma, e não a exceção, em nosso mundo. E, portanto, há uma diversidade extraordinária de produção e distribuição de conteúdo cultural. Como foi dito anteriormente, a Nigéria tem uma indústria cinematográfica florescente que atinge uma enorme audiência na África e que, na maior parte das vezes, é distribuída por meio de vídeos vendidos em redes informais (Dessa, 2007). A Índia — e não os Estados Unidos — é a maior produtora de filmes no mundo. É bem verdade que esses filmes são culturalmente específicos e durante muito tempo se restringiam à própria Índia. Mas Bollywood está expandindo suas redes de distribuição para a enorme diáspora indiana (Bamzai, 2007; Gopal e Moorti, 2008). E o gigantesco mercado televisivo indiano é dominado por conteúdo produzido na Índia (Chatterjee, 2004). Conteúdo produzido no próprio país também domina o mercado televisivo na China, no Japão, na Coreia do Sul, na Rússia, na América Latina, na Europa e no mundo como um todo (Abrahamson, 2004). Pesquisas mostraram que as audiências são mais receptivas a conteúdos específicos de sua cultura (Miller, 2007). Por isso, embora haja uma camada de cultura global em todas as indústrias da mídia, a maioria dos produtos culturais é local e não global. Com efeito, um estudo de Tubella (2004) mostrou a importância decisiva da televisão para a construção da identidade nacional sob condições de dominação cultural por outra nação, como foi revelado pelo exemplo importante da televisão catalã na Espanha depois da recuperação da autonomia política da Catalunha em 1980 promovida pelo regime democrático pós-Franco. Curiosamente, uma das estratégias da nova televisão catalã, a fim de difundir a língua específica da região entre os imigrantes espanhóis na Catalunha, foi adquirir os direitos dos idiomas espanhol e catalão para as séries populares da televisão internacional, como *Dallas*, e transmiti-las somente em catalão. Com isso, o ícone da globalização da cultura estadunidense passou a ser um instrumento para a identificação da cultura catalã na esfera da mídia.

Finalmente, *a cultura do individualismo em rede* encontra sua plataforma favorita no universo variado da autocomunicação de massa: a internet, a comunicação sem fio, os jogos on-line e as redes digitais de produção cultural, remixagem e distribuição. Não que a internet seja o território exclusivo do individualismo. Ela é uma rede de comunicação, e como tal é também um instrumento para a difusão do consumismo e do entretenimento global, do cosmopolitismo e do multiculturalismo. Mas a cultura do individualismo em rede pode encontrar sua melhor forma de expressão em um sistema de comunicação caracterizado pela autonomia, pela formação de redes horizontais, pela interatividade e pela recombinação de conteúdo sob a iniciativa do indivíduo e de suas redes.

Já foi demonstrado que as raízes culturais da internet estão na cultura da liberdade e na cultura específica dos hackers (Castells, 2001; Himanen, 2001; Thomas, 2002; Markoff, 2006). Há, de fato, uma ressonância cultural entre a cultura dos designers da internet, as características de sua prática como uma rede de comunicação relativamente autônoma, e o surgimento de uma cultura de experimentação que se encontra internalizada na mente de milhões de pessoas, com base na formação de redes multidirecionais construídas por esses milhões de emissores/receptores de mensagens.

PROTOCOLOS DE COMUNICAÇÃO EM UM MUNDO MULTICULTURAL

Há ainda uma questão importante a ser examinada na análise da mudança cultural. Nesse mundo globalizado, caracterizado por modelos culturais distintos, *como a comunicação acontece?* Como, apesar da fragmentação, da diferenciação, da customização e da segmentação dos processos de comunicação, a comunicação é reintegrada em uma ação comunicativa que transcende todas essas fendas? A cultura é fragmentada ou integrada no processo de comunicação? Na verdade, ambas as coisas. Ela é fragmentada no envio de mensagens e integrada na produção de sentido por meio de uma série de protocolos que possibilitam a inteligibilidade em uma cultura que tem por centro a comunicação. A construção da nova esfera pública na sociedade em rede evolui através da construção de protocolos de comunicação entre vários processos comunicativos. Como essa construção ocorre? E quais são esses protocolos de comunicação?

Protocolos de comunicação, nesse contexto, referem-se às práticas e suas plataformas organizacionais de apoio que fazem com que o compartilhamento de sentido seja possível entre os campos culturais da sociedade global em rede (consumismo, individualismo em rede, cosmopolitismo e multiculturalismo). Protocolos de comunicação são práticas transversais entrelaçadas com as práticas incorporadas em cada um desses quatro modelos culturais que identifiquei. Os principais protocolos de comunicação são os seguintes:

> A *publicidade* é a espinha dorsal das redes de negócios da mídia global e local (Gluck e Roca-Sales, 2008). Assim, ela está presente em todas as partes, em todos os modelos culturais, e usa todas as plataformas, desde a televisão e o rádio até a internet e os celulares. É por meio da publicidade que a *cultura da transformação em mercadoria*, no âmago do capitalismo global, influencia todas as expressões culturais e sua base midiática.

A construção de uma *linguagem* midiática comum, por meio de uma reformatação de uma fórmula compartilhada de narração e da integração de gêneros (ex.: o *infotenimento*) é possibilitada pela versatilidade da *digitalização* (McClean, 2007).

A criação de marcas (comerciais ou não). O *branding*, ou seja, a estrutura, o relacionamento entre indivíduos e coletivos a respeito dos vários modelos culturais. E ele se torna mais eficiente sob a condição de integração vertical de produtos da mídia, facilitada pela globalização e pela formação de redes de indústrias culturais (Lash e Lury, 2007).

A constituição de um *hipertexto digital em rede*, alimentado por fluxos multidirecionais de tudo e baseado em modelos de conexão interativa de todos com todos estimula uma cultura comum: *a cultura da coprodução do conteúdo que é consumido*, independentemente do conteúdo específico.

Em nossa sociedade, os protocolos de comunicação não são baseados no compartilhamento da cultura, mas na cultura do compartilhamento. É por esse motivo que, em última instância, os protocolos de comunicação não são externos ao processo da ação comunicativa. Eles são construídos na mente das pessoas por meio da interação entre os múltiplos pontos de conexão no sistema de comunicação e na própria construção mental das pessoas em suas múltiplas tarefas comunicativas. Assim, a chamada audiência está na origem do processo de mudança cultural, invertendo sua dependência histórica na mídia durante a era da comunicação de massa.

A AUDIÊNCIA CRIATIVA

O processo de comunicação de massa ganhou um sentido falso ao ser construído com base na noção artificial de "audiência". Esse sentido foi adotado diretamente dos parâmetros das indústrias da mídia, e dos anunciantes que as financiam, que precisam definir seus consumidores potenciais como alvos passivos para suas mensagens a fim de programar um conteúdo que presumivelmente venderá bem no mercado. Como com qualquer venda, as reações do consumidor são levadas em consideração para aprimorar a adaptação da mercadoria às preferências desse consumidor. No entanto, a audiência continua a ser o objeto, e não o sujeito da comunicação (Burnett e Marshall, 2003).

Como documentei anteriormente, com a multiplicação dos canais e dos modos de comunicação possibilitados pelas novas tecnologias e as mudanças na regulamentação, a indústria evoluiu de um meio de comunicação de massa predominantemente homogêneo, ancorada nas redes de televisão e rádio nacionais, para um sistema diversificado de veículos que combina a transmissão ampla (*broadcasting*) com a transmissão mais restrita (*narrowcasting*) para nichos específicos da audiência. No entanto, mesmo uma audiência fragmentada consumindo uma programação customizada continua a ser um destinatário subordinado cujas preferências são interpretadas pelas corporações da mídia com a ajuda de perfis sociodemográficos.

Curiosamente, teóricos críticos da comunicação muitas vezes adotam essa visão unilateral do processo comunicativo (Mattelart, 1979; Postman, 1986: Mattelart e Mattelart, 1992; De Zengotita, 2005). Ao presumir a noção de uma audiência impotente, manipulada pela mídia corporativa, eles colocam a fonte da alienação social na esfera da comunicação de massa consumista. E, no entanto, uma corrente bem estabelecida de pesquisa, particularmente na área da psicologia de comunicação, mostra a capacidade que as pessoas têm de modificar o significado das mensagens que recebem, interpretando-as de acordo com seus próprios repertórios culturais, e combinando as mensagens de uma fonte específica com o conjunto variado de suas práticas comunicativas (Neuman, 1991). Assim, Umberto Eco, em um texto seminal com o título sugestivo "Does the Audience Have Bad Effects on Television?" [A audiência tem má influência sobre a televisão?] (1994) enfatiza a capacidade que, de um modo geral, as pessoas têm de agregar seus próprios códigos e subcódigos aos códigos do emissor que constituem os significantes da mensagem. Ele propõe um esquema de representação do processo de comunicação que acrescenta mais complexidade ao esquema simples da comunicação unilateral (veja Figura 2.7).

Ao definir seu próprio significante no processo de recepção da mensagem significada, o receptor constrói o significado da mensagem para sua prática, trabalhando com os materiais da mensagem enviada, mas incorporando-os em um campo semântico de interpretação diferente. Isso não significa que o sujeito comunicativo não seja influenciado, e até mesmo enquadrado pelo conteúdo e formato da mensagem. Mas a construção do significado é complexa e depende dos mecanismos de ativação que combinam níveis diferentes de envolvimento na recepção da mensagem. Como escreve Russell Neuman, em seu estudo pioneiro do futuro da audiência de massa:

> O membro da audiência é ao mesmo tempo tanto passivo quanto ativo. A mente é tal que a nova informação, as novas ideias e impressões são absorvidas, avaliadas e interpretadas à luz dos esquemas cognitivos e da informação acumulada da experiência passada (...) A pesquisa acumulada das últimas décadas confirma que o membro da audiência médio presta relativamente pouca atenção, retém apenas uma pequena fração, e não está minimamente saturado com o fluxo de informação ou com as escolhas disponíveis entre a mídia e as mensagens (Neuman, 1991:114).

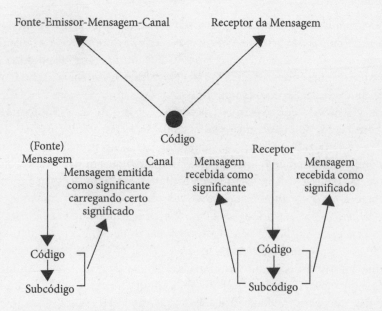

Fig. 2.7. Representação esquemática do processo de comunicação segundo Umberto Eco. O esquema superior representa o modelo clássico de comunicação; o esquema inferior representa o modelo redefinido
Fonte: Eco (1994:90).

Com a diversificação das fontes de mensagens no mundo da comunicação de massa, a audiência, embora continue restrita a seu papel como receptora de mensagens, aumentou seu âmbito de escolhas e usou as novas oportunidades oferecidas pela mídia para expressar suas preferências. Com um grande número de canais de televisão, a prática de ficar mudando de canal se intensificou com o passar do tempo. A lealdade a emissoras e programas específicos diminuiu. Telespectadores, ouvintes e leitores começaram a escolher as próprias notícias e o entretenimento, e com isso influenciaram o conteúdo e o formato da programação. A transformação dos programas infantis é um bom exemplo da evolução das mensagens para se encaixarem na diversidade das culturas das crianças (Banet-Weiser, 2007). No entanto, a diversidade de canais e programas não necessariamente significa diversidade de conteúdo. Nos Estados Unidos, como já mencionado, estudos mostraram que um domicílio típico só assiste a quinze canais por semana (Mandese, 2007). Muito desse conteúdo é reiterativo. A capacidade de consumir filmes violentos e com conteúdo sexual e tramas muito semelhantes é um tanto restrita. Portanto, o paraíso prometido aos telespectadores de cem ou quinhentos canais tornou-se uma realidade bem diminuída quando nos deparamos com o conteúdo pouco imaginativo, e as restrições de orçamento e de tempo.

No entanto, o potencial para que a audiência controle suas práticas comunicativas aumentou substancialmente com os desenvolvimentos da cultura da autonomia e o surgimento da autocomunicação de massa. Por um lado, um número crescente de pessoas, e particularmente de jovens, afirma sua autonomia frente às instituições da sociedade e às formas tradicionais de comunicação, inclusive a mídia de massa (Banet-Weiser, 2007; Caron e Caronia, 2007; Montgomery, 2007). Por outro lado, a difusão da internet e da comunicação sem fio apoia e fortalece as práticas de autonomia, inclusive o conteúdo produzido pelo próprio usuário que é colocado na internet. Na pesquisa que eu e Imma Tubella realizamos, por exemplo, com uma amostra representativa da população catalã (3.005 indivíduos) e usando análise de fatores, identificamos seis dimensões de autonomia diferentes e estatisticamente independentes: pessoal, empreendedorista, profissional, comunicativa, sociopolítica e corporal. Ao estudar como os indivíduos pesquisados usavam a internet e comparando os resultados com seus índices de autonomia, descobrimos que quanto maior o nível de autonomia, em qualquer dimensão, maior a frequência e intensidade do uso da internet. E quanto mais as pessoas usavam a internet, mais aumentavam seu nível de autonomia. Portanto, a visão comum da internet como um instrumento de constituição de autonomia foi testada empiricamente por nosso estudo (Castells e Tubella, 2007).

Outros estudos dos usos da internet (Katz e Rice, 2002; Wellman e Haythornthwaite, 2002; Cardoso, 2006; Center for the Digital Future, 2008) e da comunicação sem fio (Castells *et al.*, 2006b; Katz, 2008) mostram resultados semelhantes. As redes horizontais de comunicação baseadas na internet são ativadas por sujeitos comunicativos que determinam tanto o conteúdo quanto o destino da mensagem e são simultaneamente emissores e receptores dos fluxos multidirecionais de mensagens. Segundo a terminologia de Eco, os emissores também são receptores, de tal forma que um novo sujeito da comunicação, o emissor/receptor, emerge como a figura central da Internet Galaxy. Na Figura 2.8, proponho um modelo de comunicação que segue a lógica de Eco, mas a situa no contexto da autocomunicação de massa.

Deixem-me explicar o significado do processo representado na Figura 2.8. Emissores e receptores são coletivamente o mesmo sujeito. Indivíduos ou organizações específicos não necessariamente são correspondentes uns aos outros: um emissor/receptor pode não receber necessariamente uma mensagem do emissor/receptor para quem ele enviou uma mensagem. No entanto, considerando o processo de comunicação como uma rede multidirecional compartilhada, todos os emissores são receptores e vice-versa. A comunicação na nova estrutura tecnológica é multicanal e multimodal. A multimodalidade se refere às várias tecnologias de comunicação. O multicanal refere-se aos ajustes organizacionais das fontes de comunicação. Se uma mensagem é multimodal, ela é levada pela internet (com ou sem fio), por dispositivos sem fio, pela televisão (com suas várias tecnologias de transmissão), pelo rádio, por gravadores de vídeo (VCRs), pela imprensa, por livros e outras coisas semelhantes. Além disso, essa multimodalidade pode se combinar em um processo específico de comunicação (por exemplo, IPTV,* shows interativos na televisão, MMOGs (*Massively multiplayer online game*), jornais on-line e assim por diante. Cada um desses modos, e seus compósitos, organiza um código particular de comunicação a ser identificado especificamente em cada contexto e processo. Sabemos, por exemplo, que IPTV não é a mesma coisa que TV por radiodifusão, mas as diferenças específicas em termos do código implícito de cada meio é uma questão a ser investigada, e não a aplicação de um princípio geral.

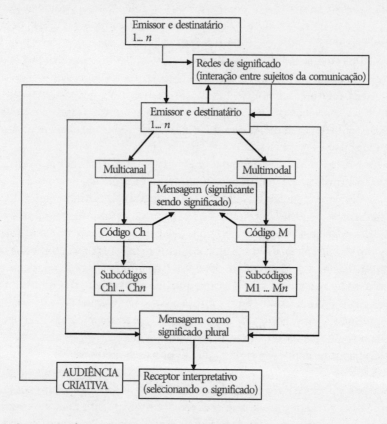

Fig. 2.8. O processo de comunicação pela audiência criativa

---

* O IPTV ou TVIP é um novo método de transmissão de sinais televisivos. Assim como o VOIP (Voz sobre IP), o IPTV usa o protocolo IP (Internet Protocol) como meio de transporte do conteúdo. (*N. da T.*)

A comunicação também ocorre por meio de canais múltiplos: uma variedade de canais de televisão e estações de rádio (globais, nacionais e locais) e suas redes, múltiplos jornais impressos ou on-line, e um oceano infinito de sites na internet e espaços sociais que nela se baseiam, que organizam as redes de comunicação de milhões de emissores e receptores. Cada um desses canais representa um código. Uma emissora baseada em notícias televisivas de 24 horas, por exemplo, estabelece um quadro de referência específico. O YouTube define seu código por uma mistura de vídeo e postagem e downloads grátis, com comentários e classificações.

As emissoras de TV religiosas ou os canais de pornografia pré-selecionam seus telespectadores por sua própria autodefinição. Esses canais têm características específicas que definem um determinado código (religioso, pornográfico, vídeo grátis, formação de redes sociais como no Facebook, cidadania virtual como no Second Life, e coisas semelhantes).

Assim, acompanhando minha adaptação do esquema de comunicação proposto por Eco para o novo contexto de comunicação, proponho a noção de que modos diferentes de comunicação podem ser definidos como Código M e canais diferentes de comunicação como Código Ch. O Código M (como a televisão ou a internet) opera por meio de um certo número de subcódigos que são os modos específicos de um processo de comunicação determinado (exemplo: televisão a cabo *versus* televisão especializada ou IPTV *versus* jogos on-line). Da mesma forma, o Código Ch (como notícias internacionais na televisão ou canais religiosos) opera por meio de vários subcódigos (emissoras islâmicas *versus* Fox News, Sports IPTV *versus* a difusão IPTV de clipes de programação da televisão por radiodifusão). Assim, o Código M opera por meio de um número 1...*n* de subcódigos M e o Código Ch opera por meio de um número 1...*n* de subcódigos Ch. Eles operam produzindo e enviando mensagens (significantes carregando significado).

Infelizmente, porém, tenho de acrescentar outro nível de complexidade para a compreensão do novo processo de comunicação. Como na formulação de Eco, emissores e receptores interpretam os códigos e subcódigos envolvendo seus próprios códigos que desconectam a relação entre o significante e o significado na mensagem enviada e filtram o significante para obter um significado diferente. O problema é que, no mundo da comunicação de massa, emissores e receptores se fundem no mesmo sujeito de tal forma que esses sujeitos terão de negociar o significado entre o código da mensagem que enviaram e o código da mensagem que receberam a fim de produzir o próprio significante (o significado da mensagem para o indivíduo envolvido na comunicação). Assim, a complexidade do processo de comunicação é esta:

Os emissores/receptores têm de *interpretar* as mensagens que recebem a partir de modos múltiplos de comunicação e múltiplos canais de comunicação envolvendo seu próprio código na interação com o código da mensagem originada pelo emissor e processada em subcódigos de modos e canais. Além disso, eles têm de negociar seu significado como receptores com base em sua experiência como emissores. Em última instância, há um significado autosselecionado que funciona com os vários materiais do processo comunicativo. Vale lembrar que os sujeitos comunicativos não são entidades isoladas; ao contrário, eles interagem entre si formando redes de comunicação que produzem significado compartilhado. Nós nos deslocamos da comunicação de massa direcionada a uma audiência para uma audiência ativa que molda seu significado ao contrastar sua experiência com os fluxos unilaterais de informação que ela recebe. Assim, observamos o surgimento da produção interativa de significado. Isso é o que chamo de *audiência criativa, a fonte da cultura da remixagem que caracteriza o mundo de autocomunicação de massa.*

Embora essa descrição seja, abertamente, uma representação abstrata do processo de comunicação, ela pode fornecer um arcabouço para entender a real complexidade das novas práticas comunicativas observadas pelos pesquisadores da comunicação. Assim, Tubella *et al.* (2008) exploraram a interação entre vários modos de comunicação na prática de um grupo focal de 704 indivíduos na Catalunha, em 2007. Em primeiro lugar, analisaram os dados (inclusive de suas próprias pesquisas originais) relacionados com os usos da mídia e da internet na população como um todo. Seu campo de observação (a Catalunha) é interessante porque é uma economia avançada e desenvolveu um sistema de multimídia, com cerca de 51% de domicílios conectados à internet, a maioria deles com linhas DSL (Digital Subscriber Line).* Cinquenta e seis por cento da população são usuários da internet e, entre eles, 89% têm menos de 24 anos de idade. Ao mesmo tempo, é uma sociedade em transição na qual há uma mistura entre uma população idosa e pouco instruída e uma população jovem, dinâmica, com boa formação e familiarizada com a internet. Assim, enquanto apenas 8,9% das pessoas com mais de 60 anos eram usuários *cotidianos* da internet em 2006, a porcentagem do grupo entre 16 e 29 anos era de 65,7%.

Por um lado, a televisão (principalmente a televisão por radiodifusão aberta) continua a ser o meio de comunicação de massa predominante, com quase 87% de telespectadores diários. Além disso, tanto para a Catalunha quanto para a Espanha, o número médio de horas gastas assistindo à televisão permaneceu estável entre 1993 e 2006, numa estimativa de 3,5 horas por dia. Por outro, o subgrupo de usuários ativos da internet, a maioria deles com menos de 40 anos, apresenta um perfil muito diferente de prática comunicativa. Para investigar esse novo modelo de relação com a mídia, os pesquisadores catalães cons-

---

*DSL: Tecnologia telefônica digital que permite transmissão de dados até 1.544 megabites por segundo usando linhas telefônicas normais. (*N. da T.*)

truíram um grupo focal com 704 participantes que foram observados, usando várias técnicas, com seu pleno consentimento, durante vários meses. Eles são usuários ativos das novas tecnologias da comunicação, inclusive a internet, a comunicação sem fio e os consoles de videogames. O segmento desse grupo com faixa etária entre 18 e 30 anos está conectado à internet em média durante quatro horas por dia, principalmente de casa. Eles assistem à televisão menos que o telespectador médio, e também dormem menos. Mas o tempo que passam na internet está misturado com o tempo em que assistem à televisão. Mais importante, eles desmentem a noção de "horário nobre". Administram seu tempo de comunicação, comunicam-se durante todo o dia por vários meios e muitas vezes o fazem simultaneamente. Realizar várias tarefas ao mesmo tempo é a norma, e não a exceção para esse grupo. Eles simultaneamente assistem à televisão, estão on-line, ouvem música (ou rádio), verificam os torpedos em seus celulares e jogam videogames. Pela internet, enviam e-mails, navegam por sites, leem jornais, trabalham e estudam ao mesmo tempo. Além disso, não são receptores passivos de mensagens e informação. Um subgrupo significativo também é produtor de conteúdo. Eles fazem a remixagem de vídeos e os colocam on-line, baixam e compartilham músicas e filmes, criam e participam de blogs. Usam a internet de forma extremamente diversificada.

Esse uso intenso da internet tem uma influência sobre as outras práticas comunicativas. Assim, cerca de 67% dos membros do grupo dizem que assistem menos à televisão como consequência de sua atividade na internet. E 35% leem menos o jornal impresso (leem os jornais on-line). Por outro lado, 39% ouvem mais música (que baixam na internet) e 24% ouvem mais rádio, os dois canais de comunicação que podem ser associados, sem muita interferência, a uma atividade de comunicação via internet. Realmente, aquelas atividades que são incompatíveis com o uso da internet (ler livros, dormir) ou exigem atenção visual (a televisão tradicional) têm menos tempo dedicado a elas pelos usuários ativos da internet.

Assim, com base nessa investigação da interação entre a mídia tradicional e a mídia cibernética, parece que o uso ativo da internet, em suas várias modalidades, tem três efeitos principais:

1. Substituição do tempo dedicado a atividades incompatíveis com a internet por tempo de comunicação on-line;

2. Dissolução gradativa do "horário nobre" a favor do "meu horário";

3. Crescente simultaneidade das práticas comunicativas, integradas ao redor da internet e de dispositivos sem fio, pela generalização de multitarefas e a capacidade dos sujeitos comunicativos de combinarem sua atenção a canais diferentes, e de complementarem fontes de informação e entretenimento misturando modos e canais de acordo com interesses próprios.

Esses interesses definem seus códigos comunicativos. Como escrevem Tubella *et al.* (2008):

> Com a internet em casa, o consumo audiovisual passa a ser especializado e diversificado, evoluindo na direção de um universo que é multimodal, multicanal e multiplataforma. As novas tecnologias permitem maior flexibilidade e mobilidade e assim sustentam a administração de qualquer atividade em qualquer espaço em qualquer parte. Com a difusão das ferramentas que possibilitam a participação nos processos de produção, edição e distribuição de informação e conteúdo o consumidor se torna, ao mesmo tempo, um criador ativo com a capacidade de contribuir para múltiplas visões do mundo em que ele/ela vive e compartilhá-las (2008:235).

É bem verdade que esse modelo de comunicação não é predominante na Catalunha nem no mundo como um todo. No entanto, se considerarmos que está amplamente difundido entre a população com menos de 30 anos e entre usuários ativos da internet, ele pode ser um prenúncio dos modelos futuros de comunicação. Com efeito, a única coisa que sabemos sobre o futuro é que os jovens de hoje farão o mundo, e que o uso da internet irá se generalizar com base na tecnologia sem fio no mundo todo, considerando a inevitabilidade do desaparecimento das gerações mais velhas, nas quais o índice de penetração da internet é menor.

Os resultados do estudo catalão podem ser extrapolados em seu significado analítico. A grandiosa convergência na comunicação, como propôs Jenkins (2006), não é apenas tecnológica e organizacional, embora essas sejam as dimensões-chave que criam a base material para o processo mais amplo de convergência. A convergência é fundamentalmente cultural e ocorre, sobretudo, na mente dos sujeitos comunicativos que integram várias modalidades e canais de comunicação em sua prática e em sua interação uns com os outros.

COMUNICAÇÃO NA ERA DIGITAL GLOBAL

Agora posso entrelaçar os fios que compõem o tecido da comunicação na era digital global. A informação baseada na microeletrônica e nas tecnologias de comunicação possibilita a combinação de todas as formas possíveis de comunicação de massa em um hipertexto digital, global, multimodal e multicanal. A capacidade interativa do novo sistema de comunicação introduz uma nova forma de comunicação, a autocomunicação de massa, que multiplica e diversifica os pontos de entrada no processo de comunicação. Isso gera uma autonomia sem precedentes para os sujeitos comunicativos se comunicarem amplamente. No entanto, esse potencial para a autonomia é moldado, controlado e restrito pela crescente concentração e interconexão dos operadores de rede e corporações de mídia ao redor do mundo. As redes empresariais globais de multimídia (inclusive a mídia governamental) se aproveitaram da maré de desregulamentação e liberalização para integrar as redes, as plataformas e os canais de comunicação em suas organizações de várias camadas, ao mesmo tempo que estabeleceram chaves de conexão com as redes do capital, da política e da produção cultural.

No entanto, esse cenário não é equivalente ao controle unilateral e vertical das práticas comunicativas, por quatro razões: (1) a comunicação corporativa é variada e, até certo ponto, competitiva, deixando algum espaço para escolha como uma estratégia de marketing; (2) as redes de comunicação autônomas precisam de um certo tempo para ser atraentes para os cidadãos/consumidores, e então expandirem novos mercados de comunicação; (3) as políticas regulatórias estão nas mãos de instituições que, a princípio, deveriam defender o interesse público, mas muitas vezes traem esse princípio, como ocorreu nas duas últimas décadas nos Estados Unidos; e (4) as novas tecnologias de liberdade aumentam a capacidade das pessoas de apropriar-se das novas formas de comunicação para tentar — incansavelmente, mas nem sempre com sucesso — vender o processo de transformação em mercadoria e o controle.

Além disso, as organizações da comunicação operam dentro dos vários modelos culturais de nosso mundo. Esses modelos são caracterizados pela oposição entre globalização e identificação e pela tensão entre individualismo e comunalismo. Como resultado, a cultura global da transformação em commodity universal está diversificada culturalmente e é, em última instância, contestada por outras expressões culturais. As organizações da mídia usam novas tecnologias e novas formas de gerenciamento, com base na formação de redes, para personalizar suas mensagens voltadas para audiências específicas, ao mesmo tempo que fornecem um canal para o intercâmbio global de manifestações culturais locais. Portanto, o sistema de comunicação digital global, embora reflita relações de poder, não está baseado na difusão de cima para baixo de uma cultura dominante. Ele é variado e flexível, aberto no conteúdo de suas mensagens, dependente das configurações específicas do comércio, do poder e da cultura.

Como as pessoas são reconhecidas por sua diversidade (desde que sejam consumidoras) e como as tecnologias da autocomunicação de massa permitem maior iniciativa aos sujeitos comunicativos (desde que eles se afirmem como cidadãos), uma audiência criativa emerge, remixando a multiplicidade de mensagens e códigos que recebe com seus próprios códigos e projetos de comunicação. Assim, apesar da crescente concentração de poder, de capital e da produção no sistema global de comunicação, o conteúdo e o formato reais das práticas de comunicação estão cada vez mais diversificados.

No entanto, exatamente porque o processo é tão variado, e porque as tecnologias de comunicação são tão versáteis, o novo sistema de comunicação digital global torna-se o mais inclusivo e abrangente de todas as formas e conteúdos da comunicação da sociedade. Todas as pessoas e todas as coisas encontram uma maneira de existir nesse texto de comunicação entrelaçado, multimodal e interativo, de tal forma que qualquer mensagem externa a esse texto continua a ser uma experiência individual sem muita chance de ser comunicada socialmente. Como as redes neurais de nosso cérebro são ativadas por meio da interação em rede com seu ambiente, inclusive o social, essa nova área de comunicação, em suas formas variegadas, torna-se a principal fonte de sinais que levam à construção de significado na mente das pessoas. E como, em grande medida, o significado determina a ação, a comunicação do significado passa a ser a fonte de poder social por moldar a mente humana.

3

REDES DA MENTE E DO PODER

OS MOINHOS DA MENTE[1]

A comunicação acontece quando as mentes são ativadas para compartilhar significado. A mente é um processo de criação e manipulação de imagens mentais (visuais ou não) no cérebro. As ideias podem ser consideradas arranjos de imagens mentais. Muito provavelmente, as imagens mentais correspondem a padrões neurais. Padrões neurais são organizações da atividade de redes neurais. As redes neurais conectam os neurônios, que são células nervosas. Padrões neurais e as imagens correspondentes ajudam o cérebro a regular sua interação com o corpo propriamente dito e com o ambiente onde vive. Eles são formados pela evolução da espécie, pela constituição original do cérebro no nascimento e pela experiência adquirida do sujeito.

A mente é um processo, não um órgão. É um processo material que ocorre no cérebro em interação com o corpo propriamente dito. Dependendo do nível de vigilância, atenção e conexão com o eu, as imagens mentais que constituem

---

1 Esta seção é em grande medida baseada em pesquisas de neurociência, teorizadas e sistematizadas por Antonio Damasio. Como apoio à análise aqui apresentada, sugiro ao leitor algumas das obras publicadas de Damasio: Damasio (1994, 1999, 2003); Damasio e Meyer (2008). Aprendi também algumas noções básicas no campo da emoção e cognição em minha interação permanente com os professores Antonio Damasio e Hanna Damasio. Sou profundamente grato a esse pesquisador por suas opiniões sobre a análise aqui apresentada. Gostaria também de agradecer a influência, em todo este capítulo, de minhas conversas com George Lakoff e Jerry Feldman, eminentes cientistas na área de cognição, e meus colegas em Berkeley, e também da leitura de suas obras. Sugiro ao leitor a análise de George Lakoff como foi apresentada em Lakoff (2008). É importante esclarecer que não estou reivindicando qualquer competência especial em neurociência ou ciência cognitiva. Meu único objetivo ao introduzir esse elemento como uma camada em minha análise é conectar meu conhecimento de comunicação política e das redes de comunicação com o conhecimento que temos hoje dos processos da mente humana. Só com uma perspectiva científica interdisciplinar como essa é que podemos passar da descrição para uma explicação no entendimento da construção das relações de poder pela ação humana na mente. Naturalmente, qualquer erro nesta análise é de minha exclusiva responsabilidade.

a mente podem ou não ser conscientes. Ser consciente de alguma coisa significa: (a) ter certo nível de vigilância; (b) ter a atenção focalizada; (c) conectar o objeto da atenção com o protagonista central (o eu).

O cérebro e o corpo propriamente dito constituem um organismo conectado por redes neurais ativadas por sinais químicos que circulam na corrente sanguínea e por sinais eletroquímicos enviados pelos feixes nervosos. O cérebro processa os estímulos recebidos do corpo e do ambiente com o objetivo final de garantir a sobrevivência e aumentar o bem-estar do portador daquele cérebro. As imagens mentais, como as ideias, são geradas pela interação entre regiões específicas do cérebro e o corpo respondendo a estímulos internos e externos. O cérebro constrói padrões neurais dinâmicos pelo mapeamento e armazenamento das atividades e das reações que elas provocam.

Há dois tipos de imagens do corpo: aquelas do interior do corpo e aquelas de detectores sensoriais especiais que capturam as alterações no ambiente. Em todos os casos, essas imagens se originam de um evento corporal ou *de um evento que se percebe como relacionado ao corpo*. Algumas imagens remetem ao mundo dentro do corpo, outras, ao mundo externo. Mas em todos os casos as imagens correspondem a alterações no corpo e no seu ambiente, transformadas no cérebro por meio de um processo complexo de construção da realidade que elabora as matérias-primas da experiência sensorial por meio da interação das várias áreas do cérebro com as imagens armazenadas em sua memória. A construção de imagens complexas de várias fontes ocorre por uma ligação neural que é obtida por atividade neuronal simultânea em várias áreas do cérebro, para juntar a atividade de várias fontes em um único intervalo de tempo. Redes de associações de imagens, ideias e sentimentos que se conectam com o passar do tempo constituem padrões neurais que estruturam as emoções, os sentimentos e a consciência. Assim, a mente funciona formando redes de padrões no cérebro com padrões de nossa percepção sensorial que se origina do contato que temos com as redes de matéria, energia e atividade que constituem nossa experiência passada, presente e futura (por antecipação das consequências de certos sinais de acordo com as imagens armazenadas no cérebro). *Somos redes conectadas a um mundo de redes.* Cada neurônio tem milhares de conexões vindas de outros neurônios e milhares de conexões que saem dele para se conectar com os outros neurônios. Há entre 10 bilhões e 100 bilhões de neurônios no cérebro humano, portanto as conexões chegam à casa dos trilhões. Circuitos de ligação criam experiência, imediata ou acumulada, com o passar do tempo.

Construímos a realidade como uma reação a eventos concretos, internos ou externos, mas nosso cérebro não reflete apenas esses eventos. Em vez disso, ele os processa de acordo com seus próprios padrões. A maior parte do processamento é inconsciente. Por isso, a realidade para nós não é nem objetiva nem subjetiva, e sim uma construção material de imagens que misturam o que ocorre no mundo físico (fora e dentro de nós) com a inscrição material da experiência nos circuitos de nosso cérebro. Isso ocorre por meio de um conjunto de correspondências estabelecidas pela ligação neural ao longo do tempo entre as características dos eventos e o catálogo de reações disponíveis ao cérebro para realizar sua função regulatória. Essas correspondências não são fixas. Elas podem ser manipuladas em nossa mente. A ligação neural cria novas experiências. Podemos estabelecer relações espaciais e temporais entre os objetos que percebemos. A construção de tempo e espaço em grande medida define nossa construção da realidade. Isso exige um nível superior de manipulação de imagens. Isto é, exige a mente consciente; uma mente que simboliza as correspondências entre eventos e mapas mentais; com o uso de metáforas, por exemplo, muitas delas originárias da experiência do corpo propriamente dito. Com efeito, o corpo propriamente dito é a fonte da atividade da mente, inclusive da mente consciente. Mas o processamento desses sinais em níveis mais altos de abstração é um mecanismo fundamental para a preservação e o bem-estar do corpo propriamente dito. Como escreve Damasio: "A mente do cérebro, equipada pelo corpo, consciente do corpo, é um servo do corpo como um todo" (2003:206).

A consciência possivelmente emerge da necessidade de integrar um número maior de imagens mentais a partir da percepção com as imagens da memória. Quanto maior for a capacidade de integração de um processo mental, maior será a capacidade da mente para solucionar problemas em benefício do corpo. Essa maior capacidade de recombinação está associada com aquilo que chamamos de criatividade e inovação. Mas a mente consciente precisa de um princípio organizador para orientar esse nível superior de atividade. *Esse princípio organizador é o eu*: a identificação do organismo específico que deve ser servido pelo processo de manipulação das imagens mentais. A partir do objetivo genérico de sobrevivência e bem-estar, meu cérebro define uma manipulação mental específica para minha própria sobrevivência e meu próprio bem-estar. Sentimentos e, portanto, emoções deles advindas desempenham um papel fundamental na determinação da orientação da mente, garantindo que o destino da atividade seja o corpo propriamente dito. Com efeito, sem a consciência, o corpo humano não pode sobreviver.

A consciência opera sobre os processos da mente. A integração das emoções, dos sentimentos e do raciocínio, que em última instância leva à tomada de decisão, determina esses processos. As representações mentais tornam-se motores da ação significativa por incorporar as emoções, os sentimentos e o raciocínio que definem a maneira como vivemos. Precisamos entender esse mecanismo a fim de sermos capazes de captar o que realmente queremos dizer quando falamos de política emocional ou quando alguém diz que quer fazer o que tem vontade. As emoções, os sentimentos e o raciocínio têm origem na mesma padronização neural entre o cérebro e o corpo propriamente dito, e seguem as mesmas regras de associação e representação de camadas múltiplas que caracteriza a dinâmica da mente.

Antonio Damasio (1994, 1999, 2003) demonstrou, experimental e teoricamente, o papel proeminente das emoções e dos sentimentos no comportamento social. As emoções são padrões específicos de reações químicas e neurais que resultam da detecção por parte do cérebro de um estímulo emocionalmente competente (ECS, na sigla em inglês), ou seja, mudanças no cérebro e no corpo provocadas pelo conteúdo de alguma percepção (como o medo que sentimos quando nos deparamos com uma imagem da morte ou que a evoque). As emoções estão profundamente associadas em nosso cérebro (e no cérebro da maioria das espécies) porque foram estimuladas pelo impulso de sobrevivência durante todo o processo de evolução. Elkman (1973) identificou seis emoções básicas que são reconhecidas no mundo todo: medo, nojo, surpresa, tristeza, felicidade e raiva. Pesquisas experimentais demonstram que a operação dessas emoções pode ter relação com sistemas específicos no cérebro. Espécies ou indivíduos que não estão equipados com o sistema de percepção emocional apropriado provavelmente não sobreviverão.

As emoções são percebidas pelo cérebro como sentimentos. "Um sentimento é a percepção de um determinado estado do corpo junto com a percepção de um certo modo de pensar e de pensamentos com certos temas" (Damasio, 2003:86). Os sentimentos têm origem em mudanças impulsionadas pela emoção no cérebro que atingem um nível de intensidade suficiente para ser processada conscientemente. No entanto, o processo de sentir não é uma simples transcrição de emoções. Os sentimentos processam emoções na mente no contexto da memória (isto é, sentimentos incluem associações a outros eventos, diretamente vivenciados pelo indivíduo ou transmitidos genética ou culturalmente). Além disso, os padrões emocionais formam-se a partir da interação entre as características do estímulo emocionalmente competente e das características dos mapas cerebrais de um indivíduo específico.

As imagens em nosso cérebro são estimuladas por objetos ou eventos. Nós não reproduzimos eventos, mas os processamos. Os padrões neurais levam às imagens mentais, e não o contrário. As imagens primárias nas quais a mente opera se originam no corpo ou por meio de seus sensores periféricos (por exemplo, o nervo ótico). Essas imagens são baseadas em padrões neurais de atividade ou inatividade relacionadas com o interior do corpo ou com seu ambiente externo.

Nosso cérebro processa eventos (interiores ou exteriores) com base em seus mapas (ou redes estabelecidas de associações). Esses eventos são estruturados no cérebro. Ao conectar esses mapas com eventos, a ligação neural cria experiências emocionais ativando duas trilhas emocionais definidas por neurotransmissores específicos: o circuito da dopamina transmite emoções positivas; o circuito de noraepinefrina transmite emoções negativas. Essas trilhas emocionais formam redes com a parte anterior do cérebro, onde grande parte do processo de tomada de decisões ocorre. Essas trilhas convergentes são chamadas de *marcadores somáticos* e desempenham um papel-chave na conexão das emoções com sequências de eventos.

A atividade cerebral necessária para produzir o protoeu (*proto-self*), um passo necessário para constituir o eu, compartilha alguns mecanismos com a produção de sentimentos no cérebro. Assim, os sentimentos e a constituição do eu emergem em uma relação íntima, mas as emoções são processadas como sentimentos apenas quando o eu está formado. Ao se tornarem conhecidos para o eu consciente, os sentimentos são capazes de gerenciar o comportamento social e em última instância influenciar a tomada de decisão ao conectar sentimentos do passado e do presente a fim de antecipar o futuro e ao ativar as redes neurais que associam sentimentos e eventos. Essa capacidade associativa amplifica extraordinariamente a capacidade do cérebro de aprender por meio da lembrança de eventos emocionalmente competentes e suas consequências.

As emoções e os sentimentos são conectados na mente para orientar o eu frente a um processo decisório em relação às redes internas e externas do eu. A mente humana é caracterizada por sua capacidade de pensar o futuro, que é sua habilidade de relacionar eventos previsíveis com os mapas do cérebro. Para que o cérebro conecte esses mapas com eventos externos, deve ocorrer um processo de comunicação. Em termos simples, a mente humana é ativada pelo acesso aos mapas do cérebro através da linguagem.

Para que essa comunicação ocorra, o cérebro e suas percepções sensoriais precisam de protocolos de comunicação. Os protocolos de comunicação mais importantes são as metáforas. Nosso cérebro pensa em metáforas, que podem ser acessadas pela linguagem, mas que *são estruturas físicas no cérebro* (Lakoff e Johnson, 1980; Lakoff, 2008). Na análise de Lakoff:

> Como dizem os neurocientistas, "neurônios que disparam juntos estabelecem ligações". Como o mesmo circuito é ativado dia após dia, as sinapses nos neurônios no circuito se tornam mais fortes até que um circuito permanente se forma. Isso é chamado de recrutamento neural (...) "Recrutamento" é o processo de fortalecimento das sinapses ao longo de um caminho para criar uma trilha pela qual uma ativação suficientemente forte pode fluir. Quanto mais neurônios são usados, mais eles são "fortalecidos". O "fortalecimento" é um aumento físico no número de receptores químicos para neurotransmissores nas sinapses. Esse circuito "recrutado" fisicamente constitui a metáfora. Assim o pensamento metafórico é físico... Simples metáforas podem então ser combinadas por meio da ligação neural para formar metáforas complexas (2008:83-4).

As metáforas são essenciais para conectar a linguagem (e assim a comunicação humana) e os circuitos cerebrais. É por meio das metáforas que as narrativas são construídas. As narrativas são compostas de molduras (*frames*), que são as estruturas correspondentes às estruturas do cérebro formadas a partir da atividade cerebral ao longo do tempo. *Esses* frames *são redes neurais de associação que podem ser acessados a partir da linguagem por meio de conexões metafóricas. O enquadramento* (framing) *significa ativar redes neurais específicas.* Na linguagem, as palavras são associadas em campos semânticos. Esses campos semânticos se referem a molduras (*frames*) conceituais. Assim, a linguagem e a mente se comunicam por molduras que estruturam narrativas que ativam as redes no cérebro. As metáforas enquadram a comunicação, selecionando associações específicas entre a linguagem e a experiência com base no mapeamento cerebral. Mas as estruturas das molduras não são arbitrárias. São baseadas na experiência, e emergem da organização social que define papéis sociais na cultura, e então ficam ligadas nos circuitos cerebrais. Assim, a família patriarcal está baseada nos papéis do pai/patriarca e da mãe/dona de casa originários da evolução e estabelecidos com base na dominação e na divisão de trabalho por gênero por toda a história. Esses papéis são, então, inscritos nas redes do cérebro por meio da evolução biológica e da experiência elaborada na cultura. Daí, se seguirmos a proposição de Lakoff, emergem as molduras do pai severo e de um pai ou mãe protetor (não necessariamente a mãe, já que as metáforas específicas de gêneros são culturais) nas quais muitas estruturas sociais e institucionais são baseadas. Embora exista um debate sobre a universalidade dessa proposição (na verdade, Lakoff se refere especificamente à cultura norte-americana), o mecanismo de enquadramento (*framing*) revelado por Lakoff não precisa de justificativa.

As narrativas definem papéis sociais em contextos sociais. Os papéis sociais são baseados em molduras que existem tanto no cérebro quanto na prática social. A análise de Goffman (1959) sobre a interpretação de papéis como a base da interação social também depende da determinação de papéis que estrutura organizações na sociedade. O enquadramento (*framing*) resulta do conjunto de correspondências entre papéis organizados em narrativas, narrativas estruturadas em molduras, molduras simples combinadas em narrativas complexas, campos semânticos (palavras relacionadas) na linguagem conectados a molduras conceituais, e o mapeamento de molduras no cérebro pela ação das redes neurais construídas com base na experiência (evolucionária e pessoal, passada e presente). É preciso lembrar que a linguagem não é simplesmente linguagem verbal; ela pode também ser comunicação não verbal (por exemplo: linguagem corporal), bem como uma construção de imagens e sons mediada pela tecnologia. A maior parte da comunicação é construída em torno de metáforas porque essa é a forma de acessar o cérebro: ao ativar as redes cerebrais apropriadas que serão estimuladas no processo de comunicação.

A ação humana ocorre por meio de um processo de tomada de decisões que envolve emoções, sentimentos e componentes racionais, como representado na Figura 3.1., proposta por Damasio. O ponto crítico nesse processo é que as emoções desempenham um papel duplo ao influenciar a tomada de decisões. Por um lado, elas, veladamente, ativam as experiências emocionais relacionadas com a questão que é o objeto da tomada de decisão. Por outro lado, as emoções podem atuar diretamente no processo de tomada de decisão, estimulando o sujeito a decidir da maneira que ele/ela sinta. Isso não significa dizer que a ponderação se torna irrelevante, mas que *as pessoas tendem a selecionar a informação de uma maneira que favoreça a decisão que estão inclinadas a tomar.*

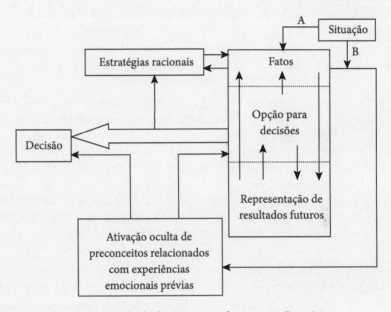

Fig. 3.1. O processo de tomada de decisão segundo Antonio Damásio
Fonte: Damásio (2003:149).

Assim, a tomada de decisão tem dois caminhos, um baseado no raciocínio enquadrado (*framed reasoning*) e o outro diretamente emocional. Mas o componente emocional pode atuar direta ou indiretamente sobre a decisão, marcando o raciocínio com um sinal positivo ou negativo que restringe o espaço da tomada da decisão com base em experiências passadas. Os sinais se relacionam de uma maneira ou de outra com o corpo, *portanto esses sinais são marcadores somáticos.* Os experimentos realizados por Kahneman e Tversky (1973) sobre o processo decisório econômico parecem validar a existência desse atalho a partir das emoções e sentimentos para a tomada de decisão sem um processamento indireto em pensamento estratégico.

A comunicação, em suas diferentes modalidades, desempenha um papel muito importante na ativação de redes neurais relevantes em um processo de tomada de decisão. Isso ocorre porque "parte da mesma estrutura neural no cérebro que é usada quando vivemos uma narrativa também é usada quando vemos alguma outra pessoa vivendo aquela narrativa" (Lakoff, 2008:40). Embora haja uma diferença entre os dois processos, nosso cérebro usa as mesmas estruturas para a percepção e para a imaginação.

Uma maneira de a exposição à comunicação influenciar o comportamento *é através da ativação dos chamados neurônios-espelho em nosso cérebro* (Gallese e Goldman, 1998; Gallese *et al.*, 2004; Rizzolatti e Craighero, 2004). Os neurônios-espelho representam a ação de outro sujeito. Eles permitem processos de imitação e empatia, bem como a identificação com os estados emocionais de outros indivíduos, um mecanismo subjacente à cooperação em animais e em humanos. *No entanto, os neurônios-espelho não agem sozinhos. Eles dependem de processos mais amplos nas redes do cérebro.* Segundo Damasio e Meyer:

> As células nas áreas dos neurônios-espelho não detêm, elas próprias, significado, e sozinhas não podem realizar a simulação interna de uma ação. (...) Os neurônios-espelho provocam a atividade neural generalizada com base em padrões adquiridos de conectividade; esses padrões geram uma estimulação interna e estabelecem o significado das ações. (...) Os neurônios no núcleo desse processo (...) não são assim tão parecidos com espelhos afinal de contas. São mais como titereiros, movendo as cordas de várias memórias. (...) Os neurônios-espelho movem as cordas, mas a própria marionete é feita de uma grande rede cerebral (Damasio e Meyer, 2008:168).

As emoções não são apenas essenciais para o sentimento e para o raciocínio, mas também para a comunicação entre animais sociais. Os neurônios-espelho, ao ativar certos padrões neurais, parecem desempenhar um papel importante na comunicação emocional porque *as mesmas redes neurais são ativadas quando sinto medo e quando vejo outra pessoa sentindo medo, ou quando vejo imagens de seres humanos sentindo medo, ou quando observo eventos que evocam o medo. Além disso, processos de simulação gerados pelos padrões ativados pelos neurônios-espelho facilitam a construção da linguagem porque ajudam a transição da observação e da ação para a representação geral, ou seja, o processo de abstração. A capacidade de abstração introduz expressão simbólica, a fonte de comunicação por meio da linguagem.*

Os efeitos dos neurônios-espelho e seus padrões neurais ativados ajudam a mente na representação dos estados intencionais de outros (Schreiber, 2007). Os neurônios-espelho irão disparar ao desempenhar uma ação e ao observar a ação de outro sujeito. No entanto, para que essa ação tenha um significado no cérebro, é preciso avaliar o que aquele sujeito está fazendo. O córtex parietal medial é ativado por eventos emocionalmente competentes (ECS, na sigla em inglês) que resultam de sua avaliação sobre o ambiente (Raichle *et al.*, 2001). Como essas regiões mediais estão ativas na detecção, representação, avaliação e integração dos estímulos autorreferenciais, diversos neurocientistas acreditam que *essa região do cérebro é essencial para a construção do eu* (Damasio, 1999; Damasio e Meyer, 2008). Experimentos demonstraram que a capacidade para avaliar os estados intencionais de outros e de enviar sinais para manipular essas intenções podem ajudar a evolução de uma maior cooperação, estimulando melhores resultados individuais e coletivos (Schreiber, 2007:56).

A ativação de nosso cérebro por meio de padrões neurais estimulados pelos neurônios-espelho é a fonte da empatia, da identificação com narrativas na televisão, no cinema ou na literatura, e até com as narrativas políticas de partidos e candidatos — ou da rejeição de todas elas. Como afirma Lakoff (2008), o uso da mesma estrutura neural para a experiência e para a representação da experiência tem "consequências políticas enormes" (p. 40). Nas palavras de Westen, "a persuasão política está relacionada a redes e narrativas" (2007:12) porque "o cérebro político é um cérebro emocional" (2007:xv). É por esse motivo que "os estados que realmente determinam as eleições são os estados mentais dos eleitores" (2007:4).

De fato, um corpo crescente de pesquisa sobre ciência política e comunicação política estabeleceu um conjunto complexo de conexões entre mente e poder no processo político. O poder é construído, como toda a realidade, nas redes neurais de nosso cérebro. O poder é gerado nos rodamoinhos da mente.

EMOÇÃO, COGNIÇÃO E POLÍTICA

A cognição política foi um fator-chave na evolução da humanidade, ajudando a fomentar a cooperação e a tomada de decisão coletiva na busca pela sobrevivência e pelo bem-estar. Uma corrente cada vez mais influente de pesquisas demonstra a integração da cognição e da emoção na tomada de decisão política. A cognição política é formada emocionalmente. Não há qualquer oposição entre cognição e emoção, mas há formas diferentes de articulação entre emoção e cognição na tomada de decisão. O processamento da informação (a cognição) pode operar com ou sem ansiedade (emoção), levando a duas formas diferentes de tomada de decisão: tomada de decisão racional como um processo de avaliação de nova informação, ou modelos rotineiros de tomada de decisão baseados em experiências passadas como são processadas nos mapas cerebrais.

A teoria da inteligência afetiva fornece um arcabouço analítico útil que inspira diversas pesquisas em comunicação política e psicologia política ao sustentar a noção de que apelos emocionais e escolhas racionais são mecanismos complementares cuja interação e cujo peso relativo no processo decisório dependem do contexto do processo (Marcus *et al.*, 2000; MacKuen *et al.*, 2007; Neuman *et al.*, 2007; Marcus, 2008). Com efeito, a deficiência emocional bloqueia a capacidade de fazer avaliações cognitivas adequadas. A avaliação de eventos é emocional e moldada por marcadores somáticos (Spezio e Adolphs, 2007:71-95). Segundo MacKuen *et al.*, "a racionalidade só é apropriada em algumas situações" (2007:126). Uma ansiedade crescente é indicativa de incerteza, e a incerteza é associada à racionalidade:

> A ideologia domina a escolha de eleitores complacentes — eleitores que não sentem nenhum desconforto sobre seu candidato. Por outro lado, quando envolvidos por seus mecanismos de alerta emocional, as pessoas realmente mudam seu comportamento. (...) Quando estimulados emocionalmente para uma consideração equilibrada, como, por exemplo, quando sumamente ansiosos sobre o candidato de seu partido, os cidadãos reduzem sua confiança na atitude e aumentam o peso da informação contemporânea (MacKuen *et al.*, 2007:136).

Assim, curiosamente, as emoções intensas provocam mecanismos de alerta que aumentam a importância da avaliação racional da decisão (Schreiber, 2007). A emoção enfatiza o papel da cognição ao mesmo tempo que influencia o processo de cognição.

Segundo a teoria da inteligência afetiva, as emoções particularmente relevantes para o comportamento político são o *entusiasmo* (e seu oposto, a depressão) e o *medo* (com sua contrapartida, a tranquilidade). Mas quais são as fontes dessas emoções políticas? E como as emoções são positivas ou marcadas com relação a um evento específico?

O comportamento político é condicionado por dois sistemas emocionais: (a) o *sistema de disposição* inspira entusiasmo e organiza o comportamento para alcançar as metas do sujeito entusiasmado em um ambiente determinado; (b) o *sistema de vigilância*, ao vivenciar medo ou ansiedade como resultado da presença de um determinado ECS, invoca o mecanismo do raciocínio para avaliar cuidadosamente a reação adequada à ameaça percebida. Portanto, atuar com base nas predisposições comportamentais deve despertar entusiasmo, enquanto a ansiedade deve aumentar a consideração da complexidade de circunstâncias específicas. Cidadãos entusiastas seguem a linha do partido, enquanto cidadãos ansiosos examinam suas opções com mais cuidado.

Segundo a análise de Huddy *et al.* (2007), afetos positivos e negativos são ligados a dois sistemas motivacionais básicos que resultam da evolução humana: *aproximação* e *evasão*. O sistema de aproximação tem relação com o comportamento orientado para metas que produzem emoções positivas, direcionando o indivíduo para experiências que geram prazer e recompensa. O afeto negativo tem relação com a evasão, cuja intenção é proteger o indivíduo de acontecimentos ruins. Sua análise é baseada em evidências relatadas que mostram a ativação dos dois sistemas em regiões diferentes do cérebro e diferentes caminhos neuroquímicos (Davidson, 1995). Há um vínculo frágil entre as emoções positivas e negativas: uma não é o inverso da outra. As emoções positivas são mais comuns. As emoções negativas se intensificam nos momentos de passar da decisão para a ação. No entanto, esse modelo analítico não explica a diferença entre tipos de emoções negativas, tais como a *ansiedade* e a *raiva*. A pesquisa neurológica relaciona o comportamento de aproximação com a raiva e o comportamento de evasão com a ansiedade. Além disso, há uma associação entre ansiedade e aversão ao risco e entre a raiva e o ato de correr riscos (Huddy *et al.*, 2007:212). *A ansiedade está associada à maior vigilância e à evasão do perigo.* Mas a raiva, não. A ansiedade é uma reação à ameaça externa sobre a qual a pessoa ameaçada tem pouco controle. *A raiva é uma reação a um evento negativo que contradiz um desejo. A raiva aumenta com a percepção de uma ação injusta e com a identificação do agente responsável pela ação.* A *ansiedade* e a *raiva* têm consequências diferentes. A *raiva* leva a um processamento imprudente de eventos, à redução da percepção de risco e a uma maior aceitação dos riscos relacionados a uma determinada ação. A *ansiedade* está associada à evasão e induz a um nível maior de avaliação da ameaça, uma maior preocupação com os riscos envolvidos e uma avaliação cuidadosa da informação. Alguns estudos sobre emoções negativas e a Guerra do Iraque, por exemplo, não encontraram ligação entre esses sentimentos e atitudes em relação à guerra. Mas isso ocorre porque eles fundiram a raiva e a ansiedade. Um estudo realizado por Huddy *et al.* (2002) descobriu um vínculo entre a raiva de Saddam Hussein e terroristas e o apoio dos Estados Unidos à Guerra do Iraque e um vínculo entre a ansiedade sobre os mesmos temas e a oposição à guerra. A ansiedade leva a um comportamento de aversão ao risco. A raiva leva a um comportamento de exposição a riscos. A ansiedade está associada a objetos desconhecidos. A aversão está associada a objetos negativos familiares (Neuman, comunicação pessoal, 2008).

A emoção influencia a avaliação política de duas formas: (a) a lealdade a partidos, candidatos ou líderes de opinião baseada em uma ligação com esses líderes (quando as circunstâncias são familiares); (b) um exame crítico dos partidos, candidatos ou líderes de opinião baseado em cálculos racionais influenciados pela ansiedade elevada (quando as circunstâncias não são familiares). Nos dois casos, a racionalidade sozinha não determina a tomada de decisão: ela é um processamento de informação de segundo nível que depende das emoções ativadas.

O componente emocional da cognição política condiciona a eficiência do processamento da informação relacionada a questões e candidatos. Para entender como cidadãos processam seu conhecimento político, Redlawsk *et al.* (2007) realizaram um experimento usando técnicas dinâmicas do processo de eleição em um grupo de estudantes. Seus resultados mostram que a ansiedade opera apenas para candidatos favoritos e depende do ambiente. *Em um ambiente de maior ameaça, a ansiedade leva a um processamento cuidadoso da informação, a mais esforço para saber sobre o candidato que gera ansiedade e a mais atenção à posição do candidato sobre dadas questões.* Mas em um ambiente pouco ameaçador, a ansiedade não tem muita influência no processamento e aprendizado da informação. Parece haver um limiar de ansiedade: *com muito pouca ansiedade no ambiente, o aprendizado não é ativado; mas ansiedade demais mina o aprendizado.* Nos dois ambientes, a ansiedade não afeta o processamento de informação sobre o(s) candidato(s) menos favorecido(s). A ansiedade está associada a objetos desconhecidos. A aversão está associada a objetos negativos familiares (Neuman, comunicação pessoal, 2008).

A raiva, vale a pena repetir, *é diferente da ansiedade em seu efeito sobre o afeto. Em ambientes pouco ameaçadores, dá-se mais atenção à informação que evoca raiva.* Quando aquela raiva é direcionada para um candidato previamente admirado, segue-se a aversão, à medida que os eleitores apoiam outros candidatos e tendem a não se lembrar com precisão das posições do candidato que eles rejeitaram após um momento inicial de apoio. Por outro lado, *um entusiasmo maior resulta em mais buscas por informação*, embora a procura mais frequente nem sempre resulte em uma avaliação mais precisa das questões. Maiores níveis de experiência política aumentam as conexões emocionais com candidatos e partidos, uma vez que os cidadãos dependem de sua associação implícita já armazenada. Por outro lado, pessoas politicamente inexperientes são mais inclinadas a usar seus mecanismos cognitivos para avaliar suas opiniões (Redlawsk *et al.*, 2007).

Um estudo clássico de Zaller (1992) descobriu que a incerteza estimula a atenção para a informação política e aumenta a probabilidade de que essa informação seja realmente retida. Quando buscam informações, as pessoas começam com seus valores e depois procuram a informação que confirme aqueles valores. Da mesma forma, Popkin (1991) mostrou que os indivíduos são "avarentos cognitivos" que procuram informações que confirmem suas crenças e hábitos já existentes, um atalho cognitivo que reduz o esforço mental necessário para desempenhar uma tarefa (Popkin, 1991; Schreiber, 2007). As pessoas, por exemplo, fazem avaliações baseadas em informações de que podem se lembrar apenas pela memória, e não em um conjunto completo de informações reunidas de várias fontes. Essa lembrança recuperada da memória envolve o sistema reflexivo. O sistema reflexivo, enquanto isso, desempenha um papel subconsciente na formação de atitudes.

As atitudes explícitas constroem um conjunto limitado de informações. As atitudes implícitas resultam de associações automáticas entre muitos fatores e são suscetíveis a estereótipos. Atitudes implícitas e explícitas muitas vezes se contradizem. As atitudes implícitas desempenham um forte papel nas decisões políticas porque ajudam a construir as coalizões que fomentam a cooperação. A coalizão e a cooperação foram fundamentais para a sobrevivência dos primeiros humanos e provocaram a evolução da inteligência humana ao induzir a competição cognitiva. Os humanos estabelecem coalizões em torno de características compartilhadas; uma dessas características é a raça, que leva a estereótipos raciais. Coalizões multirraciais devem estabelecer a cooperação em torno de outras características compartilhadas além da raça. Portanto, a cooperação, e não as características específicas dos cooperadores, é a chave para a união política capaz de transcender os estereótipos raciais ou de gênero (Schreiber, 2007:68).

Toda política é pessoal. As redes sociais desempenham um papel importante na definição do comportamento político. Se as pessoas encontrarem atitudes agradáveis em sua rede social, elas serão mais ativas politicamente, enquanto ideias contraditórias na rede social reduzem a participação. Partidários fortes tendem a fazer parte de redes políticas homogêneas. As atitudes dos sujeitos são influenciadas por sentimentos em relação a outras pessoas na rede. As atitudes são produzidas na prática compartilhada e, portanto, podem ser modificadas se a prática muda (MacKuen *et al.*, 2007). As atitudes dependem de sentimentos, e sentimentos são construídos por meio da percepção das emoções. Como afirmado antes, estudos mostram a recorrência de determinadas emoções em todas as culturas. Algumas dessas emoções desempenham um papel particularmente importante no processo político. Uma dessas emoções é o medo. Outra é a esperança (Just *et al.*, 2007). Como a esperança envolve a projeção do comportamento para o futuro, ela vem acompanhada do medo de frustração. Como a característica distintiva da mente humana é a capacidade de imaginar o futuro, a esperança é um ingrediente fundamental na ativação dos mapas cerebrais que motivam o comportamento político orientado para a conquista do bem-estar no futuro como consequência da ação no presente. Portanto, a esperança é um componente fundamental da mobilização política.

Mas a esperança também se mistura com o medo de que o candidato favorito possa perder ou enganar seus eleitores. Esperança e medo se combinam no processo político, e mensagens de campanha são muitas vezes direcionadas para estimular a esperança e provocar o medo do oponente. O medo é essencial para a autopreservação, mas a esperança é essencial para a sobrevivência porque permite que indivíduos planejem o resultado de suas decisões, e isso os motiva a se movimentarem em direção a uma ação da qual os indivíduos esperam se beneficiar. Tanto o medo quanto a esperança encorajam as pessoas a buscarem mais informação sobre suas decisões. Esperança e entusiasmo não são a mesma coisa. A esperança envolve um nível de incerteza sobre o sujeito por meio do qual essa esperança é mediada (isto é, o partido ou candidato). O entusiasmo é simplesmente uma avaliação positiva e não exige necessariamente a projeção de mudança social. Mas a questão crítica é que a avaliação dos candidatos ou das opções políticas é processada em relação às metas do eu. Não há a "política geral"; é sempre a "minha política" processada pelos padrões neurais do meu cérebro e postas em prática por meio das decisões que articulam minhas emoções e minhas capacidades cognitivas, comunicadas pelos meus sentimentos. Essa é a estrutura da ação humana em que o processo político opera.

EMOÇÃO E COGNIÇÃO NAS CAMPANHAS POLÍTICAS

Como afirma Brader (2006), durante muito tempo a pesquisa acadêmica minimizava o impacto da mídia e das campanhas políticas no resultado das eleições (ver, por exemplo, Lazarsfeld *et al.*, 1944), uma contradição com a maioria das crenças e práticas dos consultores políticos. No entanto, desde a década de 1990, um corpo substancial de estudos sobre comunicação política forneceu evidências da influência das notícias, das campanhas políticas e da publicidade política nos processos decisórios dos cidadãos (por exemplo, Ansolabehere *et al.*, 1993; Ansolabehere e Iyengar, 1995; Zaller, 1992; Valentino *et al.*, 2002). A maior parte desses estudos identificou o conteúdo da mensagem e as questões sobre políticas públicas como fatores primários para a tomada de decisão política. No entanto, um número crescente de estudos enfatiza o papel dos apelos emocionais contidos nas campanhas políticas (Jamieson, 1992; West, 2001, 2005; Richardson, 2003). Marcus e colegas (Marcus *et al.*, 2000; Marcus, 2002), com base nas descobertas da neurociência e da psicologia cognitiva descritas nas seções anteriores, demonstraram a conexão entre emoção e pensamento intencional no processo de tomada de decisão política. Sua pesquisa sobre as eleições presidenciais nos Estados Unidos de 1980 a 1996 mostrou que dois terços dos votos poderiam ser explicados por duas variáveis: sentimentos com relação ao partido e sentimentos com relação ao candidato, enquanto as questões sobre políticas públicas pesavam muito menos para os eleitores. Além disso, as questões sobre políticas se tornavam importantes principalmente quando despertavam emoções entre os eleitores.

Brader (2006) baseou-se nesse corpo de evidências, e também na teoria de Damasio sobre marcadores somáticos (1994) e de inteligência afetiva (Marcus *et al.*, 2000), para testar empiricamente o papel das emoções na determinação dos efeitos da propaganda política no comportamento do eleitor, concentrando-se em duas emoções básicas consideradas fontes motivacionais fundamentais: o *entusiasmo* e o *medo*. Primeiramente, ele realizou experimentos destinados a reproduzir tomadas de decisão reais com a maior fidelidade possível, a fim de identificar os mecanismos pelos quais as emoções inseridas na propaganda política, e particularmente na música e nas imagens, influenciariam os padrões de votação. Suas descobertas mostram que a publicidade que provocava entusiasmo mobilizava os eleitores. No entanto, ela também polarizava suas escolhas, reafirmando aquelas que eles já tinham feito e provocando uma rejeição mais intensa do candidato opositor, fosse qual fosse o candidato cuja publicidade eles tivessem visto. Por outro lado, a exposição a propagandas que provocam medo introduzia incerteza na escolha do eleitor, aumentando a probabilidade de uma mudança em suas preferências políticas. Publicidades que provocam medo tendem a erodir a base de apoio do oponente entre os eleitores, ao mesmo tempo que aumentam a importância do voto para aqueles espectadores que sentiam ansiedade. Mas a publicidade do medo pode também desmobilizar os eleitores. Portanto, anúncios destinados a provocar medo realmente têm um forte efeito positivo para o patrocinador do anúncio de duas maneiras: mobilizando os seguidores interessados no patrocinador do anúncio e desencorajando os eleitores potenciais do oponente. Curiosamente, quanto mais bem-informados forem os cidadãos, maior sua reação a apelos emocionais. Isso é consistente com o argumento da teoria da inteligência afetiva, segundo o qual as emoções servem como "detectores da relevância". A análise minuciosa da posição de um candidato é ainda mais minuciosa quando uma mensagem provoca o medo de consequências negativas de um resultado eleitoral. Assim, a hipótese apresentada na seção anterior é verificada empiricamente: a emoção não é um substituto para a análise no processo decisório, mas, sim, um fator que ativa um nível mais alto de comportamento refletivo.

Com base nos resultados de seu experimento, Brader fez uma análise do conteúdo de 1.400 anúncios de candidatos ao poder legislativo e ao poder executivo produzidos durante períodos eleitorais nos Estados Unidos de 1999 e 2000. Ele descobriu que a maior parte dos anúncios tinha um forte conteúdo emocional e que o entusiasmo e o medo eram os recursos dominantes na amostra. Havia uma tendência para que as pessoas ocupantes dos cargos dependessem do entusiasmo e para que recorressem ao medo. Quanto maior é a preocupação dos eleitores com as consequências de uma determinada política, maior é a probabilidade de os anúncios partidários usarem o medo em sua mensagem. No entanto, tanto o medo quanto o entusiasmo estavam muitas vezes misturados no mesmo anúncio e diziam respeito a questões sobre políticas públicas. Em outras palavras, Brader descobriu que não havia qualquer oposição entre anúncios emocionais e anúncios racionais. As emoções são um canal para transmitir argumentos. Como escreve Brader:

> Emoção e informação estão relacionadas. Conteúdo e argumentação são muitas vezes necessários para transmitir a mensagem completa. [...] A mensagem deve dar aos eleitores uma sensação daquilo de que terão medo ou no que terão esperança e, em muitos casos, também o que os eleitores devem fazer com esses sentimentos. (...) As emoções não são a mera extensão do argumento. Elas emprestam força ao argumento, não tanto porque o tornam mais convincente, mas por ajudar a redirecionar a atenção e motivar o pensamento para a ação. Nossas emoções nos enviam sinais para dizer: "Isso é importante!" E a rapidez de nossas reações emocionais permite que esse processo influencie o que fazemos com a informação que estamos recebendo, para o bem ou para o mal (2006:185).

Assim, as emoções simultaneamente encorajam o raciocínio, estruturam a compreensão e mobilizam a ação sob os enquadramentos transmitidos pela mensagem construída. No entanto, os efeitos das mensagens emocionais variam de acordo com o contexto de sua recepção. Eles dependem dos sentimentos dos receptores da mensagem no momento e no lugar da recepção. É a capacidade que determinados estímulos têm de ativar uma determinada moldura (*frame*) que define seu impacto. Embora as molduras sejam condições preexistentes em nosso cérebro, sua associação com imagens específicas depende do significado das imagens em um dado ambiente cognitivo: por exemplo, o bombardeio do World Trade Center fica associado com uma mensagem política relacionada com a guerra ao terror em um contexto de continuidade; ou a visão de uma fábrica abandonada pode ressoar de forma diferente em um momento de depressão econômica (desemprego) do que o faria em uma economia em expansão (deixando para trás o antigo passado industrial em troca de empregos mais bem pagos em novas tecnologias). A informação e a emoção se misturam na construção de mensagens políticas, bem como na mente das pessoas.

Como a mente das pessoas é construída por meio de sua experiência, a propaganda e as campanhas políticas têm como objetivo conectar imagens específicas a experiências específicas para ativar ou desativar as metáforas que provavelmente motivarão o apoio para um ator político determinado. Cidadãos tomam decisões administrando conflitos (muitas vezes inconscientes) entre seu estado emocional (como eles se sentem) e seu estado cognitivo (o que eles sabem). A política emocional é apenas uma dimensão da inteligência afetiva, o ato refletivo de selecionar a melhor opção para nosso ser reflexivo.

A política de crenças

Os materiais básicos que formam a opinião pública são de três tipos: valores, disposições de grupos e interesses materiais próprios (Kinder, 1998). Pesquisas disponíveis mostram que as predisposições e os valores (os ingredientes da política simbólica) têm maior relevância para a formação da opinião política do que o interesse material próprio (Brader e Valentino, 2007).

O que ocorre quando o conflito entre cognição e emoção se intensifica? Uma pluralidade de estudos parece indicar que as pessoas *tendem a acreditar naquilo em que querem acreditar*. Com efeito, experimentos mostram que as pessoas são muito mais críticas na avaliação de fatos que contradizem suas crenças do que no caso de questões que estão de acordo com o que elas pensam. Essa seletividade tendenciosa da mente crítica já aparece nos primeiros anos escolares (Westen, 2007:100). Quanto mais instruídos forem os cidadãos, mais capazes serão de elaborar interpretações das informações disponíveis em apoio de suas preferências políticas predeterminadas. Isso ocorre porque um nível maior de conhecimento dá às pessoas mais recursos intelectuais para autorracionalização em prol de suas percepções distorcidas induzidas pela emoção. Em um estudo realizado por Westen e colegas entre 1998 e 2004 sobre a avaliação de líderes jurídicos e políticos (inclusive presidentes) feita por várias pessoas durante três crises políticas, os pesquisadores foram capazes de prever a avaliação das pessoas em 80% dos casos apenas pela pressão emocional. Como escreve Westen, "quando as pessoas fazem avaliações de eventos políticos emocionalmente significativos, as pressões cognitivas são relevantes, mas seus efeitos são triviais. Quando os riscos são grandes, as pessoas preferem aquilo que Stephen Colbert chamou de verdade desejada (*truthiness*), em vez da *verdade* [ou aquilo que eles são realmente]" (2007:103).

Na mesma linha de argumento, a teoria dos efeitos do raciocínio motivado afirma, com base em experimentos, que os indivíduos apresentam uma tendência generalizada a se prender a sua avaliação de eventos mesmo quando se deparam com informações que contradizem sua opinião (Kunda, 1990; Lodge e Taber, 2000). É mais provável que eles se lembrem das informações que confirmem os resultados (ou metas) que desejam. É provável também que usem seus recursos intelectuais a fim de buscar informações que apoiem, e não que contradigam, suas metas. A motivação é assim um fator-chave para moldar a forma como os indivíduos processam a informação que leva a suas avaliações, particularmente quando estão lidando com questões importantes. Emoções conflitantes simultaneamente aumentam a atenção para algumas partes da informação e diminuem a percepção do que é novo e contraditório.

Sears e Henry (2005) sistematizaram três décadas de pesquisas que documentam a pouca influência de interesses econômicos sobre os padrões de votação, exceto quando esses interesses econômicos representam os valores e as crenças dos eleitores. Isso não se confirma quando há uma crise econômica importante ou um evento que perturbe profundamente a vida cotidiana. No entanto, mesmo em uma crise econômica, é a reação emocional individual à crise, e não um cálculo raciocinado sobre a melhor forma de reagir àquela crise, que organiza o pensamento e a prática política das pessoas. Em *What is the matter with Kansas?* ("O que está havendo com o Kansas?"), Frank (2005) analisa o mecanismo que leva à desconexão entre os interesses materiais dos cidadãos e seu comportamento político. Os valores moldam as decisões dos cidadãos com mais frequência do que seus interesses. As estruturas mediadoras entre valores e interesses são os partidos e os candidatos. As pessoas veem sua política através dos olhos de seus candidatos e atuam com base em seus sentimentos, positivos ou negativos, em relação a esses candidatos. Ao resumir a literatura sobre essa questão, Westen escreve: "os dados da ciência política são absolutamente claros: as pessoas votam no candidato que provoca os sentimentos corretos, e não naquele que apresenta os melhores argumentos" (2007:125). E quando elas não têm um sentimento claro, ou não confiam suficientemente na conexão entre seus sentimentos e as instâncias mediadoras, elas se retiram do processo eleitoral ou se voltam para o cinismo político, como irei analisar no Capítulo 4.

Uma fonte essencial da pressão emocional dos cidadãos é o partidarismo, ou a lealdade ao partido no qual votaram no passado. Isso é simultaneamente uma característica institucional e um fator emocional. É institucional porque tem suas raízes na história do país. É emocional, no entanto, porque as experiências de partidarismo, muitas vezes adquiridas da família na infância, estão entranhadas no cérebro, uma vez que estão associadas a uma série de acontecimentos emocionais. Isso é ainda mais importante em contextos institucionais, como a Europa ocidental, o Chile, a Índia ou a África do Sul, onde partidos políticos consolidados têm uma tradição mais forte do que nos Estados Unidos. Há, no entanto, uma tendência universal para um crescente distanciamento de partidos tradicionais em todas as partes do mundo, como registro no Capítulo 4. Assim, embora os sentimentos de filiação partidária sejam importantes na determinação de escolhas políticas, as crenças das pessoas parecem ser o fator mais relevante na determinação de seu comportamento político. E essas crenças dependem em grande medida daquilo que os cidadãos desejam. Para mudá-las, eles precisam mudar o que querem. Assim, segundo a pesquisa de Westen, partidários republicanos adaptaram seus argumentos racionais de apoio à Guerra do Iraque no período entre 2003 e 2006 para encaixar novas evidências em novos argumentos em apoio à guerra. Primeiramente eles se convenceram de que havia armas de destruição em massa. Quando essa afirmação foi descartada, reformularam o argumento em torno da defesa da liberdade no Iraque. Só quando o sofrimento humano e econômico da guerra ficou óbvio demais para ser ignorado é que a maioria dos americanos começou a aceitar a dura realidade e adaptar seus processos emocionais. No entanto, como irei argumentar na próxima seção, o desejo dos partidários dos conservadores de vitória os levou a adotarem um novo conjunto de crenças em 2007-8 que se baseou em informações compatíveis com sua preferência emocional pela vitória como um teste de orgulho e poder nacionais. Para esses cidadãos, enquanto eles continuarem a associar patriotismo com vitória militar, e enquanto viverem no cenário de guerra contra o terror, as notícias sobre a guerra serão automaticamente filtradas de acordo com a narrativa da vitória.

No entanto, a conexão entre mensagens políticas e tomadas de decisões políticas não é direta. Ela é processada pela mente com base nos estímulos recebidos de seu ambiente de comunicação. Portanto, agora vou examinar mecanismos específicos por meio dos quais os sistemas de comunicação ativam a mente.

O ENQUADRAMENTO DA MENTE

Os mecanismos de processamento de informação que relacionam o conteúdo e o formato da mensagem com as molduras (*frames*) (padrões de redes neurais) que existem na mente são ativados por mensagens geradas na esfera da comunicação. De relevância particular para a análise da geração de poder é a compreensão de como as notícias são produzidas na mídia e como são selecionadas e interpretadas pelas pessoas.

Na verdade, o público presta atenção em níveis consideravelmente desiguais às diferentes notícias. Um estudo de Graber (2007) documenta que, segundo uma pesquisa Pew*, apenas 7% das matérias publicadas na mídia norte--americana atraíram muita atenção. As matérias mais proeminentes foram aquelas que tratavam de ameaças à segurança do consumidor da mídia ou de violações das normas sociais. As situações que despertam o medo atraem as maiores audiências (Graber, 2007:267). São reações a eventos que ameaçam a sobrevivência, e essas reações mobilizam recursos cognitivos que estimulam a atenção. Graber relata, na mesma linha das análises de cientistas cognitivos lembrados nas seções anteriores, que não há necessidade de a situação ser vivenciada pessoalmente. As notícias (particularmente imagens) podem funcionar como fontes de estímulos equivalentes à experiência vivenciada. O ódio, a ansiedade, o medo e o grande entusiasmo são particularmente estimulantes e também são retidos na memória de longo prazo. Como indiquei neste capítulo,

---

* O *Pew* Global Attitudes Project, dirigido por Andrew Kohut, é uma série de pesquisas mundiais de opinião pública que cobre uma ampla variedade de temas. (*N. da T.*)

quando a informação sugere que nenhuma reação incomum é necessária, os indivíduos adotam as reações rotineiras aos estímulos ligados a seus sistemas de atitudes. Mas quando mecanismos emocionais são estimulados no sistema de vigilância do cérebro, capacidades de decisão de nível superior são ativadas, levando a mais atenção à informação e a uma busca mais ativa por informação. É por esse motivo que o enquadramento (*framing*) deliberado é tipicamente baseado na provocação de emoções.

Nelson e Boynton (1997) analisaram propagandas políticas que provocavam medo na televisão. Medo e outras emoções fortes motivam as pessoas a procurarem informações, mas também determinam novas escolhas. Assim, segundo Graber (2007), as notícias na televisão (a fonte principal de informação política) se concentram em assuntos específicos ao transmitir a matéria repetidamente, colocando-a no destaque da transmissão, aumentando o tempo de cobertura da matéria, declarando sua importância, selecionando palavras e fotos que a representem, e anunciando previamente as matérias que farão parte da transmissão. O enquadramento (*framing*) continua por meio da estrutura e da forma da narrativa e pelo uso seletivo de sons e imagens. Com a ajuda de dados das pesquisas Pew, Graber (2007) analisou os mecanismos por trás da atenção às notícias. Ela propôs uma tipologia de sete grupos de reportagens da mídia e mediu a atenção dada a cada matéria pelos telespectadores. Seus resultados mostram que elementos que despertam o medo, estímulos que anunciam danos iminentes para o eu ou para pessoas próximas, e sinais de importância jornalística aumentavam a atenção conferida às histórias das matérias. Medo de dano em um nível individual interage com a percepção de dano potencial no nível da sociedade. Seus dados descartam a necessidade de um contexto sustentador em termos de circunstâncias sociais e políticas. O estímulo age por si. Em outras palavras, não há qualquer necessidade de acrescentar uma interpretação explícita: o enquadramento funciona ativando a mente com um estímulo apropriado. Quando uma moldura (*frame*) é transmitida, a magnitude do perigo na narrativa — e não seus efeitos visuais — é a fonte crucial do impacto. A chave é o registro da informação, mesmo que a apresentação não seja espetacular. Uma cobertura mais longa permite mais estímulos e aumenta a eficiência do enquadramento.

Como a mídia constitui a principal fonte da comunicação socializada — isto é, da comunicação com o potencial de atingir a sociedade como um todo —, *o enquadramento da mente pública é em grande medida realizado por meio de processos que ocorrem na mídia*. A pesquisa em comunicação identificou três processos principais envolvidos na relação entre a mídia e as pessoas no envio e na recepção das notícias por meio das quais os cidadãos percebem seus eus em relação ao mundo: a definição das pautas (agenda-setting); a saliência pública (*priming*) e o enquadramento (*framing*).

A agenda-setting refere-se à atribuição de relevância especial a uma questão particular ou a um conjunto de informações pela fonte da mensagem (exemplo: uma organização específica da mídia) com a expectativa de que a audiência corresponda com uma atenção maior ao conteúdo e ao formato daquela mensagem. A pesquisa da agenda-setting presume que, mesmo que a mídia possa não ser capaz de dizer às pessoas como pensar, ela pode ter um papel importante ao influenciar aquilo sobre o que elas pensam (Cohen, 1963). A pesquisa sobre a agenda-setting descobriu que a consciência pública de questões, especialmente de questões políticas ou sobre políticas públicas, está intimamente relacionada com o nível de cobertura das questões na mídia nacional (Iyengar e Kinder, 1987; McCombs e Zhu, 1995; Kinder, 1998). Além disso, a agenda-setting é particularmente relevante quando está relacionada com a vida cotidiana dos leitores/espectadores (Erbring *et al.*, 1980). Assim, as visões políticas, tanto das elites quanto das pessoas em geral, parecem ser em grande parte moldadas pela informação disponibilizada pela mídia de massa ou por outras fontes capazes de difusão ampla, como a internet (McCombs *et al.*, 1997; Gross e Aday, 2003; Soroka, 2003).

O *priming* ocorre:

> quando o conteúdo das notícias sugere às audiências que elas devem usar questões específicas como pontos de referência para avaliar o desempenho de líderes e governos. Muitas vezes ele [o *priming*] é entendido como uma extensão da agenda-setting (...) Ao tornar algumas questões mais proeminentes na mente das pessoas (agenda-setting), a mídia de massa pode também moldar as considerações que as pessoas fazem quando estão avaliando candidatos ou questões políticas (*priming*) (Scheufele e Tewksbury, 2007:11).

A hipótese do *priming* se baseia no modelo cognitivo de redes associativas apresentado nas seções anteriores deste capítulo. Ela propõe que as matérias sobre questões específicas que afetam um nodo de memória podem se espalhar para influenciar opiniões e atitudes sobre outras questões. Assim, quanto maior for a frequência da cobertura de uma questão, mais as pessoas tenderão a depender da informação apresentada na cobertura para fazer suas avaliações políticas.

Enquadramento (framing) é o processo de "selecionar e enfatizar alguns aspectos de acontecimentos e questões e estabelecer conexões entre eles a fim de promover uma interpretação, avaliação e/ou solução específicas" (Entman, 2004:5). O enquadramento é um mecanismo fundamental na ativação da mente porque conecta diretamente a estrutura de uma narrativa veiculada pela mídia com as redes neurais do cérebro. Lembrem que as molduras são redes neurais associativas. O enquadramento como uma ação escolhida pelo emissor da mensagem às vezes é deliberado, às vezes é acidental e às vezes é intuitivo. Mas ele sempre fornece uma conexão direta entre a mensagem, o cérebro receptor e a ação que se segue. Segundo Lakoff (2008), o enquadramento não é apenas uma questão de slogan: é um modo de pensar, um modo de ação. Não é apenas palavra, embora palavras ou imagens sejam necessárias para construir a moldura e comunicá-la. O ponto é que as molduras não são externas à mente. Apenas aquelas molduras capazes de conectar a mensagem com as molduras preexistentes na mente se tornam ativadores de condutas. Entman (2004) argumenta que as molduras que empregam os termos mais ressonantes culturalmente têm o maior potencial para influenciar: palavras e imagens perceptíveis, compreensíveis, memoráveis e com grande carga emocional. As molduras são eficientes por encontrarem ressonância e aumentarem a magnitude de sua repetição. Quanto maior for a ressonância e a magnitude, mais probabilidade o enquadramento terá de evocar pensamentos e sentimentos semelhantes em uma audiência maior. O enquadramento funciona ao deixar lacunas na informação que a audiência preenche com seus esquemas preconcebidos: esses são processos interpretativos na mente humana baseados em ideias e sentimentos ligados entre si e já armazenados na memória. Na ausência de contramolduras na informação fornecida pela mídia, a audiência irá gravitar para as molduras que forem sugeridas. As molduras são organizadas em paradigmas: as redes dos esquemas habituais que fornecem a aplicação de analogias de histórias anteriores para novos desenvolvimentos. As molduras podem, por exemplo, repetir uma narrativa bem conhecida com um conteúdo emocional forte, como o paradigma do terrorismo, evocando a morte e estimulando o medo.

Embora a agenda-setting, o *priming* e o enquadramento (*framing*) sejam mecanismos-chave na construção da mensagem, a distribuição de mensagens na mídia também depende de operações específicas que reduzem a autonomia da audiência que está interpretando a mensagem. Uma operação desse tipo é a *indexação*. Bennett (1990, 2007; Bennett *et al.*, 2006) investigou a importância da indexação na prática do jornalismo profissional. Editoras e editores tendem a indexar a relevância das notícias e dos pontos de vista de acordo com o grau de importância que as elites e a opinião pública atribuem a uma determinada questão. Mais especificamente, os profissionais da mídia tendem a categorizar a importância de uma determinada questão de acordo com as declarações do governo. Isso não significa que eles apenas reproduzem o ponto de vista do governo. Ao contrário, significa que o governo é a fonte primária de informação em questões importantes e o órgão responsável por implementar de fato uma política ou plano de ação. É, portanto, compreensível, embora lamentável, que o material fornecido pelas políticas governamentais ou por declarações de funcionários do governo receba atenção especial no processo de indexação.

A capacidade da mídia de decidir sobre a indexação depende do grau de acordo ou desacordo sobre uma questão entre as elites e os líderes de opinião.

Se há pouca discordância, a mídia irá indexar conforme um único conjunto de avaliação sobre uma determinada questão (por exemplo, o 11 de Setembro em sua consequência imediata nos Estados Unidos, estimulando a aceitação da moldura da "guerra ao terror"). Por outro lado, quanto mais divisão e ambiguidade houver nas reações da elite a uma crise (por exemplo, as consequências do furacão Katrina nos Estados Unidos), mais a mídia exercerá a própria avaliação na indexação de um evento. Segundo Bennett (comunicação pessoal, 2008), a indexação por jornalistas não depende da importância de uma questão para o público, e sim do nível de envolvimento por parte das elites. As pesquisas de opinião pública são selecionadas para apoiar a narrativa que se encaixa na matéria jornalística. Além disso, a indexação não depende apenas das posições das elites, mas também do grau de dissenso entre as elites no poder.

Uma análise da indexação é essencial para complementar a perspectiva do estudo em termos da agenda-setting, porque lança luz sobre a fonte das notícias. Os veículos de notícias estruturam suas narrativas com base na indexação, que favorece aquelas questões e molduras que se originam no círculo do poder para influenciar o público. Assim, Hallin (1986), em um célebre estudo sobre a opinião pública em relação à Guerra do Vietnã, mostrou que a maioria da mídia norte-americana normalmente não criticava a guerra até a Ofensiva Tet de 1968, e que essa reviravolta estava "intimamente relacionada com a união e clareza do próprio governo, bem assim como com o grau de consenso na sociedade como um todo" (1986:213). Em outro estudo da indexação de eventos políticos, Mermin (1997) documentou como a decisão dos Estados Unidos de intervir na Somália em 1993 não foi estimulada pela mídia. Em vez disso, a maior parte da cobertura da crise nas emissoras de televisão veio depois, e não antes, da decisão do governo de voltar suas atenções para a agitação na Somália (Mermin, 1997:392). Livingston e Bennett (2003) analisaram oito anos de matérias internacionais na CNN e descobriram que, embora as novas tecnologias tivessem aumentado a quantidade de reportagens sobre eventos, os funcionários do governo "pareciam participar das notícias como sempre participaram" (2003: 376).

No entanto, quando e se os líderes de opinião se dividem em suas posições de avaliação, a mídia fornece espaço para a expressão de seu debate e de sua dissensão. Por sua vez, a diferenciação das atitudes da elite sobre as questões políticas pode refletir até certo ponto o sentimento das pessoas sobre as questões. No entanto, para que os cidadãos tenham uma opinião bem informada, precisam de informações e de contramolduras para que possam exercer uma escolha em sua interpretação. Herbst (1998) analisou o enquadramento da opinião pública pelas elites políticas. Ela mostra como os funcionários dos líderes políticos, ativistas e jornalistas constroem dados sobre "a opinião pública" e invocam os representantes de grupos de interesse e especialistas para interpretá-los. Howard (2003) argumenta que uma pequena elite profissional compila dados sobre a opinião pública para influenciar líderes e também o público — dados que são apresentados ao público junto a sua própria opinião agregada como se fossem o seu veredicto autogerado sobre aquelas questões.

O enquadramento não deve ser compreendido como uma inclinação política sistemática na mídia. Estudos mostram que não há qualquer evidência consistente disso na mídia. Mas, como Entman (2007) argumenta, não é isso que dizem as análises sobre como as notícias e os relatos favorecem certas interpretações. Assim, pode ser que a questão seja formulada incorretamente. Na verdade, "a questão decisiva é se a agenda-setting e o conteúdo do enquadramento de textos e seus efeitos de priming para a audiência se encaixam em padrões persistentes e politicamente relevantes. Atores poderosos dedicam recursos massivos para promover seus interesses precisamente ao impor tais padrões nas comunicações mediadas" (2007:164).

Entman então propõe uma integração analítica entre a agenda-setting, o enquadramento e o *priming* sob a *noção de tendenciosidade*. A tendenciosidade tem três significados. A *tendenciosidade de distorção* se refere às notícias que propositalmente distorcem a realidade. A *tendenciosidade de conteúdo se* refere a "padrões consistentes no enquadramento da comunicação mediada que promove a influência de um lado nos conflitos sobre o uso do poder governamental" (Entman, 2007:166). A *tendenciosidade da tomada de decisão* se refere às motivações dos profissionais da mídia que produzem o conteúdo parcial. Entman argumenta que, ao juntar os três mecanismos que influenciam a opinião pública, a mídia não só diz à audiência *sobre o que pensar*, como na clássica proposição de Cohen (1963), como também *o que pensar*. E:

> É por meio do enquadramento que os atores políticos moldam os textos que influenciam ou preparam as pautas e as considerações sobre as quais as pessoas pensam (...) Porque a definição mais sucinta do poder é a capacidade de conseguir que outros façam o que queremos (Nagel, 1975), "dizer às pessoas sobre o que pensar" é como exercemos influência política em sistemas políticos não coercitivos (e em menor grau, nos sistemas coercitivos) (Entman, 2007:165).

O poder do enquadramento na mídia pode ser exemplificado pelo estudo de Bennett *et al.* (2006) do caso das tropas americanas torturando prisioneiros iraquianos na prisão de Abu Ghraib em 2003-4. Apesar da esmagadora evidência fotográfica das práticas que eram, no mínimo, consentidas pelos diretores militares da prisão, a mídia rapidamente adotou a moldura de que Abu Ghraib representava abusos isolados por parte de algumas poucas tropas. Um mecanismo-chave era a ausência da palavra "tortura" na maioria das notícias.

A história rapidamente desapareceu das manchetes, à medida que as autoridades minimizavam sua relevância e a mídia tradicional estava relutante em se envolver com uma crítica das tropas americanas no meio de uma guerra. A fim de limitar a exposição pública das realidades da tortura realizada pelas tropas norte-americanas, era essencial limitar a exposição às imagens "ofensivas". O pretexto foi que o conteúdo seria excessivamente chocante para espectadores sensíveis. A internet forneceu uma plataforma global para expor a brutalidade dos guardas de Abu Ghraib. No entanto, a mídia dos Estados Unidos foi muito mais reservada na apresentação dessas imagens do que seus congêneres na Europa e no resto do mundo.

O empenho para limitar a exposição das imagens de Abu Ghraib na esfera pública norte-americana às vezes envolvia esforços extraordinários. Quando o famoso artista colombiano Fernando Botero, por exemplo, exibiu seus impressionantes quadros das torturas de Abu Ghraib nas principais galerias de arte europeias, suas repetidas tentativas de levar a exposição para os Estados Unidos foram delicadamente recusadas pelas principais galerias de arte. Finalmente, o Centro de Estudos Latino-Americanos da Universidade da Califórnia, Berkeley, expôs os quadros na biblioteca da universidade, com o aplauso de críticos de arte e dos visitantes. Botero então doou os quadros a Berkeley, onde eles ainda estão expostos. Mas seu depoimento artístico foi cuidadosamente removido do debate público nos Estados Unidos em virtude de sua natureza polêmica, apesar de ser inspirado em uma realidade muito conhecida. Uma realidade no entanto sem imagens é uma realidade que se esvai.

O enquadramento da mídia representa um processo de várias camadas que começa com uma negociação entre atores políticos ou grupos de interesse importantes e a mídia antes de atingir a mente dos cidadãos. Entman propôs um modelo analítico de grande influência, conhecido como *ativação em cascata*. O modelo é aqui esquematicamente representado na Figura 3.2.

O modelo, baseado na pesquisa de Entman (2004) sobre a relação entre o enquadramento das notícias, a opinião pública e o poder em questões de política externa nos Estados Unidos, dá ênfase à interação sequencial entre vários atores em uma hierarquia de influência que combina os mecanismos de agenda-setting, *priming*, enquadramento e indexação em um único processo caracterizado pelas relações assimétricas entre os atores, moderado por ciclos de retroalimentação. Declarações e matérias geradas no topo da hierarquia política (autoridades governamentais de alto escalão) frequentemente são o estopim para as notícias políticas nacionais e internacionais. Há duas razões principais para isso: elas são detentoras de informação privilegiada e suas escolhas de políticas têm maior probabilidade de gerar consequências (por exemplo, as decisões entre guerra e paz, em certos casos). O processo de agenda-setting é filtrado pelas elites políticas da segunda camada ou elites estrangeiras da primeira ca-

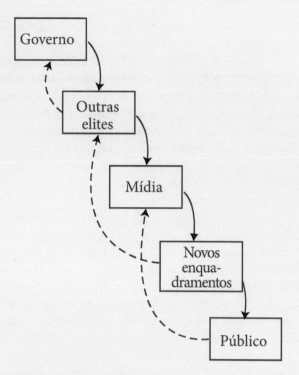

Fig. 3.2. Rede de ativação em cascata.
Fonte: Adaptação de Entman (2004:10, Figura 1.2).

mada até alcançar a mídia, que fornece as molduras para o público com base nas mensagens recebidas dessas elites políticas. As molduras se espalham pela mídia e pelas redes interpessoais e são ativadas na mente das pessoas. Mas o público também reage influenciando a mídia, tanto por seus comentários como simplesmente pelo nível de sua atenção, medido pelas audiências dos vários meios de comunicação.

É importante observar que molduras novas, uma vez construídas, realimentam as elites políticas. Uma vez que a moldura "guerra ao terror", por exemplo, ficou bem estabelecida na mídia, tornou-se extremamente arriscado para as elites políticas da segunda camada agirem contra ela com suas declarações e seus votos. Robinson (2002) demonstrou que a influência das molduras da mídia nas elites políticas é mais evidente quando as decisões sobre políticas são incertas. Robinson sugere um modelo de interação mídia-políticas com base na análise de seis crises humanitárias diferentes em que as molduras da mídia predominantes abordavam a questão da intervenção norte-americana. Em todos os seis casos, ele descobriu que o nível de incerteza das políticas somado ao enquadramento da mídia foi a melhor forma de predizer se os Estados Unidos em última instância decidiriam intervir. Essas descobertas estão em consonância com a discussão apresentada anteriormente neste capítulo: a incerteza provoca ansiedade, que exige uma atenção maior da opinião pública, bem como do sistema político, assim predispondo o governo para atuar em uma questão sumamente importante.

No modelo de análise da ativação em cascata, o público é equiparado à opinião pública percebida nas pesquisas de opinião, nos padrões de votação e em outros indicadores do comportamento agregado. Nesse sentido, a lógica do modelo é interna ao sistema político. O público é considerado uma mistura de consumidores políticos e audiência reativa. Essa, claro, não é a opinião dos pesquisadores e muito menos a visão de Entman. Ela reflete a construção do processo de agenda-setting e do enquadramento do ponto de vista das elites políticas e da mídia. O modelo permite uma medida de controle da moldura, a partir de um controle total de uma moldura nas notícias até "a paridade de molduras" em que "duas ou mais interpretações recebem mais ou menos a mesma ênfase", que são "as condições que as teorias da imprensa livre preferem" (Entman, 2004:48). A pesquisa sugere, no entanto, que a paridade de molduras é a exceção a uma regra de controle da moldura quando se trata de política externa, embora de fato surja um grau de contestação da moldura em uma minoria significativa de casos (Entman, comunicação pessoal, 2008).

As elites políticas tradicionais exercem o maior controle sobre as novas molduras. Seu nível de controle se intensifica quando novas molduras se referem a eventos culturalmente congruentes (por exemplo, a defesa da nação contra o inimigo após o 11 de Setembro ou em tempo de guerra). De fato, Gitlin (1980), Hallin (1986) e Luther e Miller (2005) descobriram que, em tempos de guerra, a imprensa americana tende a marginalizar vozes dissidentes (como o movimento antiguerra), a privilegiar os membros do governo e muitas vezes a se concentrar no próprio espetáculo da manifestação, e não nas posições dos manifestantes. Isso não é particular ao caso dos Estados Unidos. Estudos da cobertura da Guerra do Iraque descobriram que, no Reino Unido (Murray *et al.*, 2008), na Suécia (Dimtrova e Strömbäck, 2005) e na Alemanha (Lehmann, 2005; Dornschneider, 2007), os atores nas posições políticas oficiais recebem consistentemente mais tempo na mídia do que aqueles que estão na oposição.

Contramolduras têm grande influência quando se referem a eventos culturalmente ambíguos; o gerenciamento da catástrofe causada pelo furacão Katrina, por exemplo, quando o papel protetor do governo entrou em contradição com os relatos *in loco*. No entanto, há uma possibilidade de que a mídia aceite o enquadramento do governo sobre um problema, mas não a interpretação da ação que se segue, como ficou claro nos casos da invasão de Granada (1983), do bombardeio da Líbia (1986) e da invasão do Panamá (1989-90; Entman, 2004).

No modelo de ativação em cascata, a mídia também é estratificada. Assim, *The New York Times* e outras publicações importantes vão passando as notícias em cascata para outros veículos por meio de um processo de agenda-setting intermídia (Van Belle, 2003; Entman 2004:10; Golan, 2006). Variações do processamento da moldura no modelo em cascata dependem de dois fatores principais: o nível de unidade ou dissidência entre a elite política e a congruência ou incongruência cultural dos modelos propostos no topo da cascata. Profissionais da mídia têm oportunidades muito maiores de introduzir contramolduras ou uma variedade de esquemas interpretativos quando há uma discrepância entre as elites e/ou incongruência cultural entre os tomadores de decisão e a cultura do país (por exemplo, violações ostensivas de direitos humanos). Para que as contramolduras sejam poderosas o suficiente para desafiar as molduras estimuladas pela elite, elas precisam ser culturalmente ressonantes com o público — ou, pelo menos, das percepções que os jornalistas têm da opinião pública.

A ativação a cada nível da cascata depende da quantidade de informação transmitida em um conjunto específico de enquadramentos. O que passa de um nível para outro é baseado em um entendimento seletivo. As motivações desempenham um papel fundamental na eficiência do enquadramento em cada nível da cascata. Participantes no processo de comunicação são avarentos cognitivos que selecionarão a informação com base em seus hábitos, como afirmamos previamente neste capítulo. As elites selecionam as molduras que promovem suas carreiras políticas. Os profissionais da mídia selecionam as notícias que podem ser mais atraentes para suas audiências sem arriscar retaliação por parte de atores poderosos. As pessoas tendem a evitar dissonância emocional e, portanto, buscam a mídia que apoia suas ideias. Quando as pessoas tentam escapar do processo de cascata em um sistema de mídia por discordarem das molduras, por exemplo, elas buscam as notícias on-line de fontes estrangeiras. Best *et al.* (2005) mostraram que indivíduos que estão insatisfeitos com a moldura dominante em seu país buscam a informação confirmatória (normalmente pela internet) de fontes da mídia internacional. Assim, a ativação em cascata opera dentro de sistemas políticos específicos e com relação a ambientes midiáticos também específicos. A rede global de veículos noticiosos oferece ao público uma alternativa quando o enquadramento em um contexto de comunicação particular não consegue obter aceitação ou subjugar a resistência. Na verdade, o enquadramento da mídia não é uma determinação irresistível das percepções e do comportamento das pessoas. Por mais importante que seja revelar o mecanismo pelo qual os atores sociais influenciam a mente humana através da mídia, é igualmente essencial enfatizar a capacidade que essas mesmas mentes têm de responder a molduras alternativas a partir de fontes diferentes ou de desligar a recepção das notícias que não correspondem a sua maneira de pensar.

Para investigar a interação entre o enquadramento e o contraenquadramento na formação da mente humana pelo processo de comunicação, iniciarei agora com um estudo de caso particularmente relevante para nossa compreensão da comunicação e do poder: o enquadramento do público estadunidense no processo que levou à guerra do Iraque.

Conquistando as mentes, conquistando o Iraque, conquistando Washington: da informação distorcida à mistificação[2]

Em março de 2004, o Subcomitê da Câmara sobre Reforma Governamental dos Estados Unidos (2004) publicou um relatório (o Relatório Waxman) que incluía um banco de dados com recurso de busca com 237 declarações falsas ou enganosas sobre as razões para a guerra no Iraque, feitas pelo presidente George Bush, pelo vice-presidente Richard Cheney, pelo secretário de Defesa Donald Rumsfeld, pelo secretário de Estado Colin Powell e pela consultora de segurança nacional Condoleezza Rice em 125 apresentações públicas diferentes.[3] Essas declarações incluíam referências à capacidade nuclear do Iraque, suas conexões com a al-Qaeda e o envolvimento de Saddam Hussein no 11 de Setembro. Em junho de 2004, o Relatório da Comissão sobre o 11 de Setembro enfatizou a falta de provas sobre a conexão entre Saddam Hussein e a al-Qaeda. No mês seguinte, em julho de 2004, o Comitê Seleto do Senado sobre Inteligência publicou um relatório semelhante, contradizendo as afirmações do governo. Em outubro de 2004, Charles Duelfer, escolhido a dedo pelo governo Bush para investigar a questão, publicou um relatório dizendo que as investigações não encontraram qualquer evidência de um programa abrangente de armas depois de 1991 (Duelfer, 2004). Até o momento, nenhuma prova de armas de destruição em massa foi encontrada e nenhuma conexão entre o Iraque e a al--Qaeda antes da guerra foi comprovada.

Em certo momento, as mídias norte-americana e internacional relataram essas descobertas amplamente. No entanto, em outubro de 2004, segundo

---

2 Esta seção expande e atualiza a análise publicada em 2006 em um artigo escrito em parceria com Amelia Arsenault (Arsenault e Castells, 2006).

3 http://oversight.house.gov/IraqonTheRecord/

uma pesquisa de opinião da Harris, 38% dos americanos ainda acreditavam que os Estados Unidos tinham encontrado armas de destruição em massa (ADM) no Iraque. Além disso, 62% acreditavam que "o Iraque tinha dado apoio substancial à al-Qaeda" (Harris, 2004b). O que é ainda mais extraordinário é que, em julho de 2006, após anos de informação oficial e reportagens da mídia documentando a falsificação da situação pré-guerra no Iraque, uma pesquisa realizada por Harris (2006) descobriu que o número de cidadãos do país que acreditavam na descoberta de ADMs no Iraque tinha aumentado para 50% (de 36% em fevereiro de 2005) e que a crença de que Saddam Hussein tinha fortes laços com a al-Qaeda havia voltado para 64% (de uma porcentagem baixa de 41% em dezembro de 2005; ver a Tabela 3.1).

Uma série de pesquisas de opinião, de uma fonte diferente, mas igualmente confiável, o Programa para Atitudes para Políticas Internacionais (PIPA, na sigla em inglês, em 2004), também detectou percepções equivocadas generalizadas sobre as circunstâncias que levaram à Guerra do Iraque. Assim, segundo o PIPA, em agosto de 2004, após várias fontes governamentais terem confirmado que essas percepções estavam erradas, 35% dos americanos ainda acreditavam que os Estados Unidos tinham localizado armas de destruição em massa no Iraque e outros 19% acreditavam que, embora nenhuma arma tivesse sido encontrada, o Iraque realmente possuía um programa para criá-las. Além disso, 50% acreditavam que "o Iraque tinha dado apoio substancial à al-Qaeda, mas não estava envolvido nos ataques de 11 de Setembro" (35%) ou que "o Iraque estava diretamente envolvido nos ataques" (15%). E mais, em dezembro de 2006, anos depois de a informação oficial e os relatos da mídia documentarem a falsificação da situação pré-guerra no Iraque, um novo levantamento realizado pelo PIPA descobriu que 51% dos americanos ainda acreditavam que ADMs tinham sido encontradas ou que o Iraque tinha um programa de relevo para produzi-las e 50% dos americanos acreditavam que Sadam Hussein tinha fortes laços com a al-Qaeda ou que esteve diretamente envolvido no 11 de Setembro.[4]

---

4 Uma pesquisa de opinião da Zogby Internacional com as tropas norte-americanas enviadas ao Iraque realizada em fevereiro de 2006 descobriu que 85% das tropas entrevistadas disseram estar ali porque a missão dos Estados Unidos no Iraque era "retaliar pelo papel de Saddam nos ataques de 11 de setembro", e 77% disseram também acreditar que "a razão principal ou mais importante para a guerra era fazer com que Saddam parasse de proteger a al-Qaeda no Iraque".

Tabela 3.1 — Percepções distorcidas dos EUA
sobre a Guerra do Iraque, 2003-2006

	O Iraque tinha ADMs (%)	Saddam Hussein tinha fortes laços com a al-Qaeda (%)
junho de 2003	69	48
agosto de 2003	67	50
outubro de 2003	60	49
fevereiro de 2004	51	47
abril de 2004	51	49
junho de 2004	–	69
outubro de 2004	38	62
fevereiro de 2005	36	64
dezembro de 2005	26	41
julho de 2006	50	64

Margem de erro ±3%.
Fonte: Harris Poll (2004a,b, 2005, 2006).

Como e por que é possível que uma porcentagem assim tão significativa da população continuasse desinformada a esse ponto por tanto tempo? Qual foi o processo social que levou a absorção generalizada das informações distorcidas? E quais foram os efeitos políticos dessas percepções erradas, principalmente em relação às atitudes para com a guerra? Como se obteve o apoio para a guerra por meio dessas percepções erradas orquestradas nas eleições presidenciais e do Congresso? Ao lidar com essas questões, terei como base a teoria e a pesquisa apresentadas neste capítulo, sem novas referências ao que já citei e documentei.

Começarei reafirmando que as *pessoas tendem a acreditar naquilo em que querem acreditar*. Elas filtram a informação a fim de adaptá-la a suas avaliações preconcebidas. Relutam muito mais a aceitar fatos que desafiam suas crenças do que aqueles que coincidem com suas convicções. Além disso, apesar de todas as informações contrárias, o governo Bush continuou a publicar declarações enganosas que usavam as percepções distorcidas que persistiram por anos após o começo da guerra. Em junho de 2004, por exemplo, em resposta ao Relatório da Comissão sobre o 11 de Setembro, o presidente Bush disse aos repórteres que "o motivo pelo qual eu continuo insistindo que havia uma relação entre o Iraque e Saddam e a al-Qaeda é porque havia uma relação entre o Iraque e a al-Qaeda". Em outro exemplo, o senador republicano Rick Santorum, ao ler um relatório preparado pelo Centro de Inteligência Nacional em Solo, disse em uma coletiva de imprensa em 22 de junho de 2006 que:

Nós encontramos armas de destruição em massa no Iraque, armas químicas. Desde 2003, forças de coalizão recuperaram aproximadamente quinhentas munições de armas que contêm o agente mostarda degradado ou o agente neurotóxico sarin. Apesar de muitos esforços para localizar e destruir as munições químicas pré-Guerra do Golfo no Iraque, avalia-se que munições químicas carregadas ou não pré-Guerra do Golfo ainda existem (Fox News, 2006).

Pesquisadores descobriram que conexões emocionais e cognitivas entre o terrorismo e a Guerra do Iraque foram essenciais para aumentar os níveis de apoio popular à guerra. Diversos estudos mostraram que as pessoas com mais medo de terrorismo futuro e/ou que estão preocupadas com a própria mortalidade eram mais inclinadas a apoiar o presidente Bush, a Guerra do Iraque e a guerra mais ampla ao terror (ver, por exemplo, Huddy *et al.*, 2002; Hetherington e Nelson, 2003; Kull *et al.*, 2003-4; Landau *et al.*, 2004; Cohen *et al.*, 2005; Valentino *et al.*, 2008). Assim, em uma pesquisa de posturas em relação à Guerra do Iraque realizada por Huddy *et al.* (2007), as pessoas ansiosas tinham mais probabilidade de se opor à guerra do que as pessoas com raiva. A ansiedade intensificava a percepção de risco e diminuía o apoio à guerra, enquanto a raiva reduzia a percepção de risco e aumentava o apoio à intervenção militar. A raiva também enfraquecia a conexão entre conhecimento sobre o Iraque e apoio à guerra. Pessoas com raiva não estavam menos informadas, mas a informação não minava sua posição quando comparadas a pessoas que não sentiam raiva. Enquanto isso, um nível maior de informação reduzia o apoio à guerra entre as pessoas ansiosas. No entanto, embora a ansiedade estimule indivíduos a procurarem novas informações, ela também tem o efeito de diminuir sua capacidade de acessar e/ou de lembrar a informação. Huddy *et al.* (2005) descobriram que, *embora as pessoas mais ansiosas após o 11 de Setembro e o começo da guerra no Iraque dessem mais atenção à política, elas também eram menos precisas em suas lembranças desses eventos.*

Essas descobertas têm profundas implicações quando aliadas a estudos que sugerem que indivíduos com menos conhecimento de fatos e mais percepções distorcidas sobre a guerra teriam mais probabilidade de apoiá-la (Kull *et al.*, 2003-4; Valentino *et al.*, 2008). Assim, as pessoas com raiva tinham mais probabilidade de subestimar as consequências da guerra, enquanto pessoas ansiosas tinham mais probabilidade de buscar informação. No entanto, considerando que a circulação de informações incorretas fornecidas pelo governo era distribuída pela mídia, as pessoas ansiosas dependiam de informações incorretas e assim eram menos inclinadas a se lembrar da informação que não confirmasse as anteriores quando essa fosse introduzida (Valentino *et al.*, 2008). Em outras palavras, poderia ser menos provável que as pessoas ansiosas apoiassem a guerra, mas era menos provável que as pessoas ansiosas que já a apoiavam tivessem sua opinião influenciada pela introdução de informação nova que corrigisse a anterior.

Parece que *as informações por si não alteram atitudes ao menos que haja um nível extraordinário de dissonância cognitiva. Isso ocorre porque as pessoas selecionam informações segundo suas molduras cognitivas.* Estímulos destinados a produzir efeitos emocionais que condicionam o processamento da informação e formam a tomada de decisão podem ativar certas molduras. Esforços para mobilizar os americanos em apoio à Guerra do Iraque *ativavam duas molduras principais: a guerra ao terror e o patriotismo.* O governo Bush e a mídia clara e consistentemente formaram conexões entre a guerra ao terror e a Guerra do Iraque (Fried, 2005; Westen, 2005). A guerra ao terror e as imagens e temas a ela associadas (al-Qaeda, Afeganistão, a Guerra do Iraque, islamismo radical, muçulmanos em geral) *construíram uma rede de associações na mente das pessoas* (Lakoff, 2008). *Elas ativaram a emoção mais profunda no cérebro humano: o medo da morte.* Experimentos psicológicos em vários países fornecem evidências de que relacionar questões e eventos com a morte favorece atitudes políticas conservadoras na mente das pessoas (Westen, 2007: 349-76). No momento em que a morte é evocada, as pessoas se agarram ao que têm e àquilo em que acreditam, como refúgio e defesa, reafirmando valores tradicionais, valores testados pela história e experiência coletiva. As pessoas ficam menos tolerantes com a dissidência e mais inclinadas a defender as políticas de lei e ordem, mais nacionalistas e mais a favor da família patriarcal. As razões para isso são profundas.

Como Ernest Becker (1973) argumentou em seu clássico livro *The Denial of Death* [A negação da morte], e como eu próprio elaborei em minha análise sobre a transformação do tempo na sociedade em rede (1996:481-91), a psicologia individual e as culturas coletivas desenvolveram mecanismos para evitar o confronto com a morte como nossa única certeza. Recusar a consciência do não ser é a condição de ser. Testando as ideias de Becker em pesquisas, Cohen *et al.* (2005), como relatado por Westen (2007), mostraram os efeitos da importância da mortalidade nas atitudes e no comportamento das pessoas. Ao investigar o impacto da ansiedade causada por esse pensamento nas decisões políticas, eles mostraram que a presença da ideia de morte na mente dos eleitores levou a um forte apoio a Bush e a sua política no Iraque na eleição de 2004, mesmo entre pessoas com ideologia liberal. Em uma pesquisa especialmente concebida para esse fim, em cada cinco eleitores no nordeste dos Estados Unidos, quatro votaram a favor do candidato presidencial democrata John Kerry quando essa ideia não era evocada. Já em cada três eleitores que preencheram um "questionário sobre morte", dois votaram em Bush (Westen, 2007:367). Os resultados da pesquisa são compatíveis com a teoria de gerenciamento de terror desenvolvida por Solomon e seus colegas, segundo a qual a evocação da morte é um instrumento estratégico poderoso na política e particularmente na política conservadora (Solomon *et al.*, 1991; Landau *et al.*, 2004).

Ambas as molduras, *guerra ao terror* e *patriotismo*, foram especialmente efetivas no clima psicológico resultante dos ataques de 11 de setembro. Mas elas são diferentes. A *metáfora da guerra ao terror* ativava uma moldura de medo, que, como se sabe, está associada com raiva e ansiedade (Huddy *et al.*, 2007). A *metáfora do patriotismo* atuava na emoção de entusiasmo, estimulando a mobilização em apoio ao país, literalmente reunindo as pessoas em torno da imagem da bandeira dos EUA que tremulava nas telas das televisões, nos carros de bombeiros e de cidadãos comuns, e nos bótons exibidos pelos formadores de opinião (Brewer *et al.*, 2003).

Mas quem enquadrava quem? De um modo geral, a agência política enquadrava a mídia, que, por sua vez, veiculava as molduras para seu público. De fato, as pessoas dependem da mídia para receber informações e opiniões. Estudos sobre a influência da cobertura do terrorismo pela mídia de massa descobriram uma correlação entre maior cobertura e as percepções do público sobre a ameaça do terrorismo (Kern *et al.*, 2003; Nacos, 2007; Nacos *et al.*, 2008). Mas essa informação, quando se refere a questões de políticas públicas importantes, se origina dentro do sistema político e é fornecida na forma de molduras. As molduras também definem a relação entre os vários componentes da agência política. Essa relação é assimétrica. A presidência é apenas um componente dessa agência, embora seja o mais importante por sua capacidade constitucional de implementar o poder executivo (Entman, 2004). A agência política também inclui o Congresso (diferenciando republicanos e democratas), os militares como instituição, as Nações Unidas e líderes estrangeiros, diferenciando entre os aliados e outros governos. O sucesso inicial do governo ao impor as molduras da guerra ao terror e do patriotismo às elites políticas estadunidenses (tanto republicanas quanto democratas) neutralizou sua oposição potencial. Ao associar a Guerra do Iraque à guerra ao terror e à defesa da nação, qualquer dissensão significativa seria facilmente rotulada de antiamericana, ou pelo governo ou por seus representantes na mídia, prejudicando com isso as carreiras dos políticos (Jamieson e Waldman, 2003; Westen, 2005; Bennett, 2007; Lakoff, 2008).[5]

---

5 Os jornalistas também se adaptaram à moldura patriótica. O então âncora da CBS News e repórter veterano, Dan Rather, disse à BBC em 2002 que a mídia dos EUA (inclusive ele próprio) havia comprometido princípios jornalísticos em reportagens sobre o governo Bush após o 11 de Setembro por medo de parecer antipatriótica. Em uma entrevista no programa *Newsnight*, ele se queixou: "De alguma forma, o medo de que você vai ser linchado aqui, que você vai ter um rótulo de antipatriota na testa. É esse medo que evita que os jornalistas façam as perguntas mais difíceis entre as perguntas difíceis e continuem se aprofundar nas perguntas difíceis com tanta frequência. Sou humilde o bastante para dizer que não me isento dessa crítica."

George Lakoff analisou como o governo Bush usou molduras sucessivas para neutralizar a crítica dos democratas sobre a guerra, mesmo quando os democratas conseguiram o controle de ambas as casas em novembro de 2006. Nas palavras de Lakoff, "a batalha política era uma batalha de enquadramento" (2008:148). O governo Bush travou essa batalha de enquadramento em várias fases, mudando a narrativa de acordo com a evolução inesperada da guerra. A moldura original, baseada na ameaça apresentada pelas armas de destruição em massa, foi construída sobre uma *narrativa de autodefesa*. Nas primeiras semanas da guerra, quando as tropas norte-americanas entraram em Bagdá, a *moldura da vitória* foi invocada a fim de desviar a atenção das batalhas violentas em Bagdá e ao seu redor. Em uma oportunidade para uma boa foto preparada pelos militares, os soldados americanos ajudaram os cidadãos iraquianos a derrubarem uma estátua de Saddam Hussein para evocar uma moldura de vitória. Aday *et al.* (2005), em uma análise do conteúdo da cobertura televisiva americana do incidente da estátua, ilustram como a mídia ansiosamente adotou a "moldura da vitória" transmitida pelo acontecimento. Eles também descobriram que, após o ocorrido, o número de matérias que revelavam a violência contínua no Iraque diminuiu drasticamente, sugerindo que a moldura da vitória tinha superado as narrativas potencialmente competitivas na esfera da mídia. Como já foi mencionado, a propensão para que a imprensa ecoasse a narrativa estabelecida pelo governo durante o período de uma guerra não é particular aos Estados Unidos. Em um estudo transnacional das imagens que acompanhavam as matérias dos jornais sobre a estátua de Saddam Hussein, Fahmy (2007) observou que os jornais publicados em países da coalizão usavam mais imagens do evento como um todo e mais imagens que apoiavam a moldura da vitória do que países que não participavam da coalizão. Essa moldura da vitória foi igualmente evocada quando o presidente Bush desceu de um porta-aviões diante de uma multidão de soldados (mais tarde se descobriu que isso foi em San Diego) tendo, como pano de fundo, uma faixa que anunciava "Missão Cumprida". Críticos destacaram o fato de o evento ter sido claramente teatral em sua natureza. Bush desceu de um avião de guerra, usando um macacão de piloto, embora seu helicóptero estivesse a pouca distância do porta-aviões.

Quando nenhuma ADM foi encontrada, uma *narrativa de resgate* foi introduzida: Os Estados Unidos estavam no Iraque para resgatar os iraquianos e lhes dar o presente da democracia. Quando logo ficou claro que a "missão" não havia, de forma alguma, sido "cumprida", e a resistência à ocupação e à guerra civil levavam à escalada da violência no Iraque, os iraquianos supostamente libertados de repente passaram a ser "insurgentes" ou "terroristas" e a *narrativa da guerra para autodefesa* foi restabelecida. A al-Qaeda foi então introduzida na moldura com mais provas para apoiar essa situação, à medida que a queda de Saddam Hussein e o desmantelamento do exército iraquiano facilitaram uma presença ativa do grupo no Iraque *após a invasão do país.* Na primeira metade de 2004, quando o apoio à guerra começou a esvanecer, as vítimas estadunidenses começaram a aumentar, as provas da tortura de prisioneiros por parte dos norte-americanos em Abu Ghraib veio à tona — tudo isso justamente quando a campanha presidencial se aproximava —, o governo intensificou seus esforços para enquadrar a guerra no Iraque em conexão com o 11 de Setembro e com a al-Qaeda. As pesquisas de opinião Harris realizadas pouco depois de a Comissão do 11 de Setembro publicar seus resultados mostram que o número de americanos que acreditavam que Saddam Hussein tinha fortes laços com a al-Qaeda realmente saltou vinte pontos percentuais, de 49% em abril de 2004 para 69% em junho do mesmo ano.

Para que o presidente assumisse poderes de guerra, era essencial que o governo evitasse mencionar o termo *ocupação* e mantivesse a *moldura da guerra como parte da guerra ao terror* para a segurança do país. Mas após o começo da guerra, a chave para uma estratégia de enquadramento bem-sucedida era introduzir a *moldura patriótica* no debate, simbolizada pelo "apoio a nossas tropas". Qualquer tentativa por parte do Congresso de desengajar o país da ocupação do Iraque tornou-se suscetível à acusação de traição contra o país em guerra e uma traição às tropas combatentes. O presidente Bush foi capaz de usar essas molduras para repelir qualquer questionamento sério por parte dos democratas para reduzir o financiamento da guerra, e até conseguiu, em maio de 2007, convencer 90% dos representantes no grupo do Congresso "Fora do Iraque" a votar a favor da continuação do financiamento, em total contradição a sua própria posição já afirmada e aos desejos de seu eleitorado em novembro de 2006.

Líderes estrangeiros e as Nações Unidas foram cooptados como aliados do grupo a favor ou denunciados como parceiros pouco confiáveis. Como a escolha política era prosseguir pelo caminho do unilateralismo como uma exibição do superpoder dos Estados Unidos, o efeito desejado era cuidar da opinião pública do país, ignorando a opinião pública do resto do mundo. Para reagir à noção de isolamento, a moldura patriótica foi ativada: nós, como americanos, somos defensores da liberdade, independentemente da indecisão ou da irresponsabilidade de outros países. Nos meses que precederam a guerra, a moldura chegou a ponto de renomear as batatas fritas (*french fries* em inglês, que seriam "batatas-francesas") para "batatas da liberdade" no restaurante do Congresso norte-americano.

O bem-sucedido enquadramento das elites políticas pelo governo preparou o cenário para a eficácia do *processo de agenda-setting.* A agenda-setting é direcionada para a mídia e é transmitida por meio da mídia para influenciar a opinião pública. A agenda-setting implica duas operações relacionadas: enfatizar certas questões e definir uma narrativa para essas questões. Nesse caso, o governo Bush definiu a pauta conectando a Guerra do Iraque com a guerra ao terror, e mobilizando o país em torno dos sacrifícios e dos atos heroicos das tropas estadunidenses. Como foi afirmado antes, a narrativa original era baseada em uma informação errônea, isto é, que Saddam Hussein tinha desenvolvido e mantinha armas de destruição em massa; que Saddam tinha ligações com a al-Qaeda; que a al-Qaeda tinha atacado os Estados Unidos e tinha jurado aumentar a violência em ataques futuros. Por conseguinte, o Iraque representava uma ameaça direta à sobrevivência do povo americano como alimentador das redes terroristas que estavam a ponto de trazer caos para os Estados Unidos e destruir o modo de vida ocidental no mundo todo. A ação preventiva era um imperativo moral e uma necessidade defensiva. Como George Bush disse aos soldados em um discurso em Fort Lewis, em junho de 2004,

> Esse é um regime que odiou a América. E por isso nós vimos uma ameaça, e foi uma ameaça verdadeira. E é por isso que fui às Nações Unidas (...) Os membros do Conselho de Segurança examinaram a inteligência, viram uma ameaça e votaram unanimemente para enviar uma mensagem ao sr. Saddam Hussein: desarme-se ou enfrente sérias consequências. Como sempre, ele ignorou as exigências do mundo livre. Portanto, eu tinha uma escolha a fazer: ou confiar na palavra de um louco, ou defender a América. Se essa é a escolha, eu defenderei a América todas as vezes.

É claro, a proteção das reservas de petróleo e a libertação do povo iraquiano eram linhas adicionais do argumento, mas eram argumentos cognitivos e, por isso, subordinados ao impacto emocional intencionado com a referência a armas de destruição em massa nas mãos dos terroristas de 11 de setembro.[6]

Seguindo a *teoria de ativação em cascata*, proponho que a agenda-setting é principalmente direcionada para a mídia porque é por meio dela que molduras e narrativas atingem as pessoas de um modo geral. Como Entman (2004, 2007), Bennett *et al.* (2007) e outros mostraram, a mídia reage de formas diferentes dependendo do nível de consenso entre as elites políticas. Quanto maior for a dissensão, mais diversificado será o tratamento da narrativa, com a maior possibilidade de introduzir contramolduras nas reportagens e no debate das questões. A mídia reage ao clima político por meio do *priming* dos eventos e da indexação das notícias. No período entre 2002 e 2003, havia pouca diferença

---

6 Neste capítulo, não estou analisando as causas e consequências da Guerra do Iraque a partir de uma perspectiva sociopolítica. Proponho minha própria interpretação da guerra em seu contexto geopolítico em outros escritos (Castells, 2004b, 2007). Na análise apresentada aqui, estou usando o estudo de caso da Guerra do Iraque para operar os instrumentos conceituais propostos neste capítulo e entender a relação entre enquadramento da mente e geração de poder.

de opinião no Congresso norte-americano com relação à Guerra do Iraque e a guerra ao terror. Enquanto a mídia não percebeu um maior dissenso na avaliação da guerra, ela continuou em grande medida restrita à narrativa fornecida pelo governo. É por isso que a análise deve diferenciar o período 2002-3 e o período imediatamente anterior e o que se seguiu à eleição presidencial de 2004, quando a divergência política começou a emergir em termos da narrativa, embora ainda sem questionar as molduras predominantes que haviam sido ativadas na mente das pessoas.

Mas antes de introduzir uma perspectiva dinâmica à análise, há uma consideração essencial a ser feita: a mídia é diversificada. Em sua diversidade, há uma diferença fundamental que domina todas as outras: a *mídia partidária* versus *a mídia tradicional*. No entanto, ambas são administradas com base em considerações empresariais. Como argumentei no Capítulo 2, em alguns casos o jornalismo partidário constitui um modelo empresarial efetivo, uma vez que captura um segmento importante do mercado ao atrair pessoas que querem que suas ideias sejam confirmadas pelas reportagens. Nos Estados Unidos, isso ocorre particularmente no caso dos programas de entrevistas dos conservadores e liberais no rádio e na rede de televisão Fox News. A mídia partidária conservadora adotou as duas molduras, o patriotismo e a guerra ao terror, e as associou à Guerra do Iraque. Com isso, a cobertura da guerra foi caracterizada pelo *viés de distorção*. A Tabela 3.2 apresenta dados de um estudo realizado por Kull *et al.* (2003-4) usando dados coletados pelo PIPA durante os meses de junho, julho e agosto de 2003.

Tabela 3.2 — Frequência de percepções distorcidas por
entrevistado por fonte das notícias (porcentagens)

Percepções distorcidas por entrevistado	Fox	CBS	ABC	CNN	Mídia impressa	NPR/PBS
Uma ou mais percepções distorcidas	80	71	61	55	47	23
Nenhuma de três	20	30	39	45	53	77

Fonte: Kull *et al.* (2003-4:582).

Ela ilustra a associação entre a fonte das notícias sobre a Guerra do Iraque e o nível de percepções distorcidas no público, e os telespectadores da Fox News são significativamente mais inclinados que os outros a seguir a narrativa do governo. Do outro lado do espectro, as notícias das emissoras não comerciais, NPR e PBS, parecem ter ajudado a estimular um exame mais detalhado da versão oficial.

Os efeitos da tendenciosidade da mídia sobre as percepções distorcidas não são explicados por ideologia política. Embora houvesse maior probabilidade de os republicanos seguirem a versão do governo republicano, o nível de percepção distorcida variava de acordo com a fonte de notícias. Assim, de junho a setembro de 2003, 43% dos republicanos ainda pensavam que havia armas de destruição em massa no Iraque. Mas essa crença era mantida por 54% dos republicanos cuja fonte de notícias era a Fox, comparados a 32% daqueles cuja fonte de notícias era a NPR ou a PBS (PIPA, 2004). Essa tendenciosidade da mídia não foi particular aos momentos excepcionais após o 11 de Setembro e no primeiro período da Guerra do Iraque. Mais tarde, o estudo de Jacobson (2007b), três anos depois, que usou dados do Estudo Cooperativo da Eleição do Congresso de 2006, mostra a correlação entre a fonte das notícias e percepções equivocadas (Tabela 3.3). A Tabela 3.3 também enfatiza como os espectadores da Fox tinham mais probabilidade de associar a Guerra do Iraque a crenças religiosas (por exemplo, que Bush tinha sido escolhido por Deus para liderar a guerra ao terror).

As teorias de gerenciamento do terror afirmam que a ideia subliminar de morte aumenta a tendência de as pessoas apoiarem políticas e ações que estão de acordo com sua visão de mundo ou orientação cultural (por exemplo, a guerra ao terror; Landau *et al.*, 2004). Há também evidências de que, sob essas condições, os indivíduos gravitam na direção de líderes que parecem refletir sua própria visão de mundo e cultura. Em um estudo experimental, por exemplo, Cohen *et al.* (2005) constataram que pessoas com altos níveis de preocupação com o índice de mortalidade tinham mais probabilidade de serem atraídas pelas ideias de Bush, um líder que consideravam carismático e que refletia sua opinião, e não por John Kerry, um candidato que era considerado "interessado apenas em cumprir tarefas". Por extensão, podemos supor que estadunidenses em busca de uma confirmação de sua visão de mundo também buscavam o canal da Fox News, que consistentemente reafirmava a primazia da supremacia política e cultural dos Estados Unidos (Iskandar, 2005). A questão, então, passa a ser de causalidade. Os telespectadores são influenciados pela tendenciosidade da mídia ou são atraídos pelas empresas midiáticas que eles consideram mais afinadas com suas ideias? Kull *et al.* (2003-4) defendem a hipótese de um efeito independente das fontes da mídia sobre percepções distorcidas. Mas é provável que ambos os processos aconteçam. As pessoas que são motivadas por suas predisposições escutam o que querem escutar (Gentzkow e Shapiro, 2006).

Tabela 3.3 — Fonte de notícias na televisão e crenças sobre o Iraque e Bush (porcentagens)

	PBS, CNN MSNBC	ABC, CBS, NBC	FOX
EUA encontraram ADM no Iraque	2	5	36
O Iraque provavelmente tem ADM, EUA não encontraram	30	23	36
	83	48	13
O Iraque provavelmente não tem ADM			
	10	23	15
Não sei			
A Guerra do Iraque é parte da guerra ao terrorismo	9	27	79
A Guerra do Iraque é separada da guerra ao terrorismo	89	69	20
Bush foi eleito por Deus para liderar uma guerra global ao terrorismo?			
-Sim	2	6	37
-Não sei	5	11	22
-Não	93	83	40

Fonte: CCES, elaborada por Jacobson (2007b:28, Tabela 11).

Para as pessoas inclinadas a um julgamento mais minucioso causado pela ansiedade estimulada pelas emoções negativas, a exposição a fontes específicas da mídia pode mudar a opinião de uma maneira ou de outra.

Para a mídia tradicional, a tendenciosidade de conteúdo predominou enquanto as opiniões das elites políticas continuaram consistentes com as molduras estabelecidas pelo governo.[7] Quando as elites ficaram mais divididas em suas opiniões sobre a guerra, a tendenciosidade na tomada de decisões foi introduzida, à medida que jornalistas começaram a interpretar sinais do público e a usar seus próprios critérios para diferenciar pontos de vista, embora sem questionar as molduras fundamentais de patriotismo e guerra ao terror. Quando a crítica política sobre a condução da guerra surgiu entre os democratas e se intensificou no mundo todo, a mídia tradicional parou de seguir a pauta definida pelo governo Bush e desassociou a Guerra do Iraque das molduras dominantes que até então haviam continuado a influenciar suas reportagens.

---

7 Um dos exemplos mais diretos da tentativa do governo de controlar o enquadramento das notícias foi a política de enviar repórteres para as unidades militares na região.

Fig. 3.3. Apoio à Guerra do Iraque e avaliação de seu sucesso, março de 2003-abril de 2008
Fonte: Compilada e elaborada por Amelia Arsenault.

A mídia começou a divulgar informações distorcidas, introduzindo contramolduras no processo. Quanto mais a competição política transformava o cenário da agenda-setting, mais os jornalistas na grande mídia tomavam decisões tendenciosas (ou seja, exerciam suas próprias preferências profissionais no *priming* e na indexação das notícias) para produzir padrões diferentes de tendências, dependendo das interações da política da elite "facts on the ground".*
No entanto, as molduras do governo dominaram durante um considerável período até a campanha presidencial de 2004. Para examinar a evolução do apoio à guerra, a avaliação de como ela era conduzida e para detectar os pontos de inflexão nessa evolução, Amelia Arsenault e eu construímos a Tabela A3.1 localizada no Apêndice deste livro. A Tabela A3.1 apresenta uma visão geral das mudanças na opinião pública sobre a guerra como foi documentada pelo Centro de Pesquisa Pew para a População e a Imprensa, e as mudanças reais no Iraque como apresentadas pelo Índice do Iraque da Brookings Institution entre março de 2003 e abril de 2008. Os dados da Tabela A3.1 estão representados graficamente na Figura 3.3.

Minha análise terá como base a leitura desses dados. Em janeiro de 2004, 65% dos americanos ainda acreditavam que a invasão do Iraque pelos Estados Unidos era a decisão correta e 73% pensavam que a guerra estava indo bem. Em fevereiro de 2004, a opinião pública começou a rejeitar a guerra: o apoio caiu significativamente em maio para o nível de 51% e alcançou, pela primeira

---

* Termo usado para ironizar a discrepância entre o que acontecia nos campos de batalha e o que era noticiado dos mesmos fatos.

vez desde o começo da guerra, um nível mínimo de aprovação em outubro de 2004 (46%). Para explicar como essa mudança ocorreu e como ela estava ligada a informações distorcidas, devemos nos referir à teoria e lembrar-nos de eventos específicos.

Como 2004 era ano de eleição presidencial, a mídia estava receptiva a uma fonte diferente de agenda-setting por parte das elites políticas. O presidente Bush colocou a Guerra do Iraque como a pauta central de sua campanha durante um período em que estava desfrutando de amplo apoio, inclusive entre os democratas, no começo de 2004. Por outro lado, a insurgente campanha primária de Howard Dean, que era o candidato favorito dos democratas até sua derrota na convenção de Iowa em janeiro de 2004, juntou a oposição contra a Guerra do Iraque e ampliou o espaço disponível para a inclusão de contramolduras no debate público. Como Dean organizou sua campanha em grande medida para a internet (Teachout e Streeter, 2008), a discussão da guerra ficou particularmente intensa na blogosfera, e parte dessa discussão deu início às reportagens na mídia. O jornalismo cidadão passou a ter um papel. Um ou outro dado atravessou o labirinto de agenda-setting, que era, até então, em grande medida controlado pelo governo.

Em abril de 2004, uma fotografia de militares discretamente descarregando caixões com os corpos de soldados americanos de um avião de carga em Seattle chegou à primeira página do *The Seattle Times* e à internet, por cortesia de trabalhadores conscienciosos que perderam seus empregos por exporem as fotos. E no dia 28 de abril de 2004, o programa *60 Minutes* da CBS rompeu o silêncio sobre a história da tortura em Abu Ghraib, que foi relatado por Seymour Hersh (2004), na revista *New Yorker* dois dias mais tarde com base em um relatório militar interno que havia vazado. Embora não saibamos a fonte do vazamento, ele indicou a existência de discordância interna nas forças militares sobre as táticas usadas na guerra ao terror. Essa discordância criou uma oportunidade para que parte da mídia se desviasse daquilo que era, até então, a moldura dominante sobre a guerra. No entanto, a crítica da guerra propriamente dita continuou em grande parte suavizada na mídia. Bennett (2007:72-107) analisou em detalhe o esforço feito pela mídia para diluir o episódio de Abu Ghraib ao evitar deliberadamente a palavra "tortura" e ao retratar o caso como um incidente isolado. No entanto, as redes da internet e alguns veículos da imprensa escrita, liderados pelo artigo de Seymour Hersh na *New Yorker*, e seguidos pelo *Washington Post*, decidiram bancar a reportagem. Assim, 76% dos americanos acabaram vendo as fotos durante o mês após sua publicação, embora um terço acreditasse que elas tinham sido divulgadas excessivamente, e a maioria das fotos fosse considerada chocante demais para ser mostrada na televisão (Pew, 2004b).

A campanha presidencial de 2004 amplificou a tendência a uma variedade maior de posições sobre a guerra na mídia, apesar de John Kerry, o candidato presidencial democrata, ter apoiado a guerra e agido com muito cuidado para não ser rotulado como brando em relação à guerra ao terror. De fato, Kerry tentou reagir à vantagem de Bush como presidente em um período de guerra usando suas credenciais de herói na Guerra do Vietnã e "apresentando-se para o serviço" (em suas palavras) na Convenção Democrata de 2004, ao sugerir que ele seria um chefe de Estado mais eficiente do que aquele que havia fugido da convocação (Bush). No entanto, a fim de satisfazer o crescente sentimento antiguerra entre os democratas, Kerry acabou mudando sua posição sobre o assunto no decorrer da campanha. A identificação de suas mudanças repentinas de opinião sobre o Iraque solapou sua credibilidade e o tornou vulnerável aos ataques da campanha do grupo de Veteranos Republicanos* chamados de Swift Boat, que em um exercício brilhante de extrema manipulação política contribuiu para o fracasso da campanha eleitoral de Kerry. A ação foi eficaz porque negava a narrativa de herói de guerra que tinha sido a base para a imagem do candidato no começo da campanha. No entanto, ao introduzir um debate sobre a guerra nas eleições de 2004, os democratas criaram uma abertura para um julgamento mais independente da guerra na mídia.

Embora Kerry e seu candidato à vice-presidência, John Edwards, não se opusessem diretamente à guerra por medo de uma reação negativa (uma decisão que Edwards veio a lamentar publicamente dali em diante), um número cada vez maior de democratas o fez. Isso levou Kerry e Edwards a adotarem uma posição mais crítica no último estágio da campanha. E assim, a combinação de uma maior consciência do processo de manipulação que levou à guerra e a introdução de informações negativas sobre a guerra na mídia criou a possibilidade para que os democratas (e até certo ponto os independentes) escapassem da moldura do governo, da parte complacente da mídia, e de uma liderança democrata muito cautelosa que havia se unido em nome da bandeira. Em outubro de 2004, no último mês antes das eleições, o apoio à guerra caiu para menos de 50% (para 46%) pela primeira vez. No entanto, a perda de Kerry estabilizou a tendência contra a guerra até o outono de 2005. A campanha individual e corajosa de Cindy Sheehan (a mãe de um soldado morto no Iraque) pela paz no verão de

---

* O termo "Swift boat" refere-se a um tipo de navio da Marinha norte-americana usado durante a Guerra do Vietnã. Durante a campanha presidencial de 2004, o heroísmo do então candidato democrata sob fogo inimigo como comandante de um desses navios no Vietnã foi uma pedra angular de sua campanha. Um grupo de veteranos do Vietnã que tinham servido em Swift boat formaram um grupo chamado Swift boat Veterans for Truth com a intenção de desacreditar o histórico militar de John Kerry. O grupo produziu uma série de anúncios na televisão e um livro com o título *Unfit for Command*. As acusações eram infundadas e o termo "swiftboating" passou a ser um sinônimo para "a pior das calúnias de campanha". (*N. da T.*)

2005 revigorou o movimento antiguerra.[8] Mas o que realmente transformou o clima político de um modo geral foi a má administração pelo governo Bush das consequências do desastre causado pelo furacão Katrina (Bennett, 2007).

A incapacidade de Bush de salvar seu próprio povo, bem como sua aparente falta de interesse, minou a efetividade de uma moldura fundamental na política: o presidente como um pai protetor e líder eficiente durante uma crise. Embora os republicanos mais extremistas continuassem a apoiar o presidente e sua guerra, os democratas e independentes se sentiram cada vez mais livres de sua lealdade a um presidente em tempo de guerra; e os democratas, em um momento de incerteza, reafirmaram seus valores tradicionais em termos de solidariedade e prevenção de guerras. A mídia aproveitou a oportunidade para diversificar suas fontes e contribuir para debates mais interessantes tanto sobre as questões internas do país quanto sobre as externas. Até o canal Fox News se juntou aos demais e passou a ser mais crítico ao governo, embora em um nível inferior ao das outras emissoras, mantendo ainda sua moldura patriota (Baum e Groeling, 2007). Notícias ruins do front encontraram eco apropriado no contexto da campanha eleitoral de 2006.

Já na preparação para as eleições de meio de mandato (*mid-turn*) para o Congresso em novembro de 2006, os democratas aproveitaram que a guerra era a questão mais importante do momento para minar a vantagem de Bush e dos candidatos republicanos. Eles se beneficiaram das crises de confiança no presidente no período após o furacão Katrina e uma série de escândalos políticos que balançaram o governo (ver Tabela A4.1 no Apêndice).

Enquanto os democratas se mobilizavam, os republicanos fortaleceram seu apoio ao presidente. Nos termos de Jacobson (2007a, b), democratas e republicanos estavam em mundos cognitivos separados em relação a sua avaliação da guerra. No outono de 2006, apenas 20% dos democratas apoiavam a guerra, comparados a quase 80% dos republicanos: sentimentos partidários haviam

---

8 Sheehan deixou o movimento pela paz e o Partido Democrata no dia 27 de maio de 2007, em protesto à decisão da maioria dos democratas de votar a favor do financiamento da guerra, o que contradizia suas promessas na eleição para o Congresso de novembro de 2006. Ela justificou sua decisão em uma declaração escrita: "A primeira conclusão é que eu fui a queridinha da chamada esquerda enquanto eu restringi meus protestos a George Bush e ao Partido Republicano. É claro, fui caluniada e difamada pela direita como um 'instrumento' do Partido Democrata. Esse rótulo foi criado para marginalizar a mim e a minha mensagem. Como uma mulher poderia ter um pensamento original ou trabalhar fora do nosso sistema de 'dois partidos'? No entanto, quando comecei a cobrar do Partido Democrata os mesmos padrões que cobrava do Partido Republicano, o apoio à minha causa começou a diminuir e a 'esquerda' começou a me rotular com as mesmas calúnias que a direita usava. Suponho que ninguém me deu atenção quando eu disse que a questão da paz e de pessoas morrendo sem nenhum motivo não é uma questão de 'direita' ou 'esquerda', e sim de 'certo e errado'."

ditado as crenças e o posicionamento sobre a guerra. Com apenas 40% dos independentes apoiando a guerra, os democratas conseguiram maioria no Congresso após um período de doze anos, a primeira perda dos republicanos responsáveis pelas informações distorcidas que levaram à Guerra do Iraque. Realmente, naquele momento, 80% dos democratas acreditavam que o presidente havia deliberadamente distorcido as informações sobre o Iraque (Jacobson, 2007b:23).

Com a ajuda da mudança no clima político, a impopularidade da Guerra do Iraque desde 2006 tornou-se o ponto de discordância mais importante entre as elites políticas. Com isso, a mídia ampliou a variedade de questões e narrativas transmitidas para o público, aumentando, assim, a oportunidade para que os cidadãos reafirmassem suas opiniões contra a guerra ou examinassem os argumentos que sustentavam suas avaliações. No entanto, em 2007, uma vez mais a mídia seguiu uma nova pauta estabelecida pelo governo Bush: o sucesso da "estratégia de reforço" no Iraque. Em uma manobra desesperada, mas brilhante, para recuperar seu legado da Guerra do Iraque, Bush demitiu Paul Wolfowitz e depois Donald Rumsfeld, os arquitetos da fracassada estratégia da guerra, e passou a responsabilidade da direção da guerra para os comandantes no campo de batalha. Ordenou um reforço das tropas de combate e deu o comando ao general Petraeus, concedendo-lhe, com isso, a capacidade de recomendar o momento adequado e a extensão de movimentos futuros das tropas no Iraque. Ao fazê-lo, Bush estava passando a responsabilidade da agenda-setting aos militares, a instituição em que o país mais confiava.[9]

Com efeito, uma tentativa da organização da sociedade civil MoveOn.org para deslegitimar o general Petraeus como o "general que nos trai" em anúncios de página inteira em vários jornais americanos teve um resultado totalmente oposto ao desejado e obrigou os democratas a repreenderem publicamente uma organização que havia sido considerada de grande contribuição para o renascimento da política democrata. Embora alguns dos oficiais de alta patente tivessem contestado em privado o fato de a Junta de Chefes de Estado-Maior

---

9 Uma pesquisa de opinião da CBS/*New York Times* em setembro de 2007 descobriu que 68% dos participantes confiavam mais nos militares para solucionar a questão da guerra, comparados com 5% que confiavam no presidente Bush e 21% que confiavam mais no Congresso (n = 1.035, +/-3%; ?, ?). Uma pesquisa de opinião realizada pelo PEW — Centro de Pesquisa para o Povo e a Imprensa em agosto de 2007 descobriu que mais da metade dos entrevistados (52%) acreditavam que os militares eram uma fonte confiável de informações precisas sobre a Guerra do Iraque, enquanto só 42% expressaram confiança na imprensa (42%); (Pew, 2007b). Além disso, essa tendência foi mais pronunciada entre os republicanos, dos quais 76% disseram que confiavam nos militares muito ou bastante como uma fonte de informação (Pew, 2007b). No entanto, esse sentimento nas duas instituições caiu drasticamente desde o começo da guerra, quando 85% expressaram confiança nos militares e 81% expressaram confiança na cobertura da guerra feita pela mídia.

O PODER DA COMUNICAÇÃO | 235

ter sido ignorada no processo de tomada de decisão, o general Petraeus logo conseguiu impressionar a opinião pública por meio da mídia e da classe política. Oficial culto, com doutorado em relações internacionais em Princeton, o general compreendeu que a chave para influenciar a opinião pública era reduzir o número de vítimas americanas e a violência no país como um todo.

Fig. 3.4. Vítimas fatais e feridos nas tropas dos EUA no Iraque, janeiro de 2006 a abril de 2008
Fonte: Compilada e elaborada por Amelia Arsenault.

Para obter esse resultado com a maior rapidez possível, ele inverteu a aliança incondicional com os xiitas, estabeleceu uma aliança com os sunitas e forneceu recursos, treinamento e legitimidade aos líderes tribais e às milícias sunitas para defender os próprios territórios, operando assim uma divisão de fato do país. Ao negociar com o exército de al-Sadr Mahdi, Petraeus obteve um cessar-fogo e permitiu que essa influente facção xiita controlasse um grande número de localidades, inclusive a cidade de Sadr, na província de Bagdá, e a maior parte de Basra, seu porto e suas redes de contrabando. Reiterou também o apoio à autonomia do Curdistão com o risco de intensificarem as tensões com a Turquia. Anulada a maior parte do conflito civil, Petraeus colocou a maior parte das forças americanas contra os pequenos grupos militantes organizados em torno da al-Qaeda no Iraque, prejudicando, assim, sua capacidade operacional. Com o relatório de melhoria em mão (ver Figura 3.4), seu depoimento ao Congresso em setembro de 2007 deu credibilidade a uma nova pauta, dessa feita estabelecida pelos militares no campo de batalha, com o apoio do presidente.[10]

A nova pauta surgiu sob o manto de uma estratégia razoável para sair do Iraque no devido momento após ter obtido a estabilidade e conseguido a vitória

---

10 Em abril de 2008, o Exército dos Estados Unidos reverteu essa política, o que levou a um aumento no número de mortos e feridos nas tropas americanas e a um questionamento da justificativa imediata para a estratégia de reforço e sua viabilidade de longo prazo.

sobre a al-Qaeda. Enquanto os ganhos da estratégia de reforço não pudessem ser consolidados, o posicionamento das tropas seria mantido em um nível suficiente, e os próprios comandantes na frente de guerra seriam responsáveis por avaliar o momento apropriado para uma retirada progressiva. A mídia como um todo aceitou essa agenda-setting e o mesmo ocorreu com muitos dos democratas. Com sucesso, ainda que temporário, o governo Bush reforçou a legitimidade da guerra, transferindo seu poder agenda-setting para uma fonte de maior credibilidade e tradicionalmente respeitada: os comandantes militares responsáveis por se envolver em um combate direto com o inimigo. Isso representou uma recuperação e reembalagem da moldura da vitória, que era difícil de ser rejeitada. A vitória incorporou tanto a moldura patriota quanto a moldura da guerra ao terror. Ela também fazia uso dos temores generalizados de falibilidade dos EUA que tinham dominado a opinião pública desde o 11 de Setembro. Se a guerra no Iraque era a batalha essencial contra a al-Qaeda, vencer no Iraque era um passo decisivo para ganhar a guerra ao terror. Ao impregnar as redes invisíveis de terror com territorialidade, a estratégia de reforço sugeria que a segurança seria alcançada pelos meios tradicionais do combate militar. Como o controle territorial exige a permanência militar, a garantia da vitória implica uma presença de longo prazo das forças armadas estadunidenses, ainda que em um nível menor, na região mais crítica do mundo.

Perdida nessa narrativa estava a incapacidade da estratégia de reforço de lidar com a reconstrução do Iraque, com a democratização do país, com a coexistência de comunidades religiosas irreconciliáveis, com a instabilidade institucional, com a falta de confiabilidade das forças militares e policiais iraquianas, com as dificuldades da preservação da unidade do Iraque, com o reassentamento de milhões de pessoas deslocadas, com a viabilidade de uma economia em ruínas, e com a manutenção de dezenas de milhares de mercenários muito bem pagos pelos contribuintes americanos. A redução do número de vítimas fatais forneceu o mecanismo-chave para a agenda-setting. Com as imagens de violência substancialmente reduzidas no noticiário, os aspectos emocionais da Guerra do Iraque foram minimizados enquanto seus aspectos cognitivos, inclusive a responsabilidade original pela guerra, passaram a ser temas de cartas ao editor pouco lidas e comentários ocasionais de jornalistas (Project for Excellence in Journalism, 2008b). A Figura 3.5 revela em parte a incapacidade da mídia noticiosa de suprir apropriadamente a demanda pública por notícias sobre a Guerra do Iraque. A linha do gráfico reflete a diferença entre a porcentagem de entrevistados que declararam estar mais interessados nas notícias sobre o Iraque do que em qualquer outra matéria e a porcentagem da pauta das notícias dedicada à cobertura da guerra.

Como a Figura 3.5 ilustra, o único período em que a mídia correspondeu em excesso ao interesse americano pelas notícias sobre a Guerra do Iraque foi durante o depoimento do general Petraeus, quando o governo esteve em posição privilegiada para defender os sucessos da guerra e reforçar a moldura das notícias. Nesse período, a mistificação substituiu a informação errônea como mecanismo principal pelo qual o governo obteve um clima permanente de apoio ao esforço da guerra.

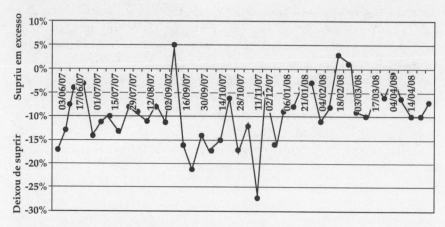

Fig. 3.5. Cobertura da guerra na mídia *versus* provável interesse do eleitor por notícias da guerra, junho de 2007 a abril de 2008
Fonte: Números coletados pelo Pew News Interest Index e do Project for Excellence in Journalism News Index, junho de 2007-abril de 2008, elaborados por Amelia Arsenault.

A maioria da população norte-americana continuava contrária à guerra, mas a estratégia de reforço estimulou uma mudança sutil. Durante esse período, as provas dos sucessos do reforço militar minimizaram a importância da guerra para muitos americanos, o que permitiu ao governo uma maior independência operacional.

Essa independência operacional também foi beneficiada pelo fato de a atenção da mídia ter-se desviado da Guerra do Iraque para a deterioração da economia norte-americana e para a campanha eleitoral presidencial em 2008, o que minimizou a relevância da guerra nas notícias. Isso foi, na verdade, resultado de um mecanismo fundamental de tendenciosidade na tomada de decisão por parte da mídia. Fragmentos de informação, classificados como "matérias", compõem a narrativa na mídia e matérias, particularmente, na televisão. Cada matéria tem suas próprias características, formato e tipo de distribuição. Elas são indexadas de acordo com a relevância que parecem ter para o público. Elas se relacionam a uma área de informação. O significado da relação entre as diferentes matérias é tratado como opinião ou análise das notícias. Assim, a não ser que os próprios telespectadores estabeleçam a conexão entre matérias diferentes, elas são independentes e levam a avaliações independentes. Na realidade, há uma conexão óbvia entre a Guerra do Iraque, a economia e a campanha presidencial. Não considero necessário embasar essa afirmação (ver Stiglitz e Bilmes, 2008) porque me concentro aqui no mecanismo da tendenciosidade da mídia. Mas a chave é a disjunção entre as notícias e aquilo que tem uma conexão íntima na vida real. No entanto, as consequências econômicas da guerra foram enfatizadas por vários candidatos democratas, particularmente por Barack Obama, que assim forneciam uma contramoldura que poderia obter apoio para pôr fim à guerra. No entanto, no que diz respeito às reportagens da mídia, as notícias sobre a conexão entre a guerra e a economia foram encobertas sob a pauta da campanha eleitoral. Quanto à campanha propriamente dita, nas primárias presidenciais de 2008, o Iraque não era um foco de debate porque havia um consenso básico dentro do campo republicano e dentro do campo democrata (à exceção da reversão do apoio inicial que Hillary Clinton dera à guerra em 2002), de forma que havia pouco material para ser trabalhado sob a moldura da política eleitoral.

Uma questão diferente, é claro, foi a campanha presidencial que levou à eleição de novembro de 2008. Mas quando finalmente a campanha foi iniciada, considerando a demora incomum das eleições primárias democratas, a narrativa do sucesso do reforço havia se tornado predominante na mídia, embora tanto Obama quanto Clinton estivessem comprometidos com uma retirada progressiva das tropas do Iraque, em contradição direta com os avisos do general Petraeus em seu depoimento para o Congresso em abril de 2008. O general foi promovido a chefe do comando central que supervisiona o Iraque e o Afeganistão, enquanto os concorrentes democratas à eleição presidencial se concentravam na crise econômica desenfreada. Assim, enquanto mais de dois terços dos americanos se opunham à guerra na primavera de 2008, a moldura da vitória estabelecida pelo governo continuava a operar entre aqueles que apoiavam a guerra, e a contramoldura introduzida pelos líderes democratas fez com que a administração da guerra fosse um derivado da política econômica. Em virtude das molduras conflitantes, provocadas pelas necessidades voláteis de conveniência política, a partir de dezembro de 2007 a opinião pública sobre a evolução da guerra foi caracterizada pela volatilidade, e não por uma tendência clara de avaliação de sua administração. Como mencionado anteriormente, Sears e Henry (2005) constataram que, durante as três últimas décadas, as preocupações econômicas raramente influenciavam a votação e as atitudes políticas, exceto quando havia uma crise econômica grave ou um evento que afetasse profundamente a vida cotidiana. Em 2008, os preços da gasolina cada vez mais altos, o declínio do mercado imobiliário, a execução maciça de hipotecas de casas e, finalmente, o colapso dos mercados financeiros e uma crise econômica sem precedentes desde a década de 1930 despertaram a população estadunidense em relação à precária condição econômica do país. Pela primeira vez a economia ultrapassou a Guerra do Iraque como "o problema mais importante" que confrontava o país segundo as pesquisas de opinião da Gallup. Em setembro de 2006, apenas 7% dos entrevistados listavam as preocupações econômicas como essenciais, enquanto 39% apontaram a Guerra do Iraque. Em março de 2008, essas tendências tinham se invertido. Apenas 15% acreditavam que a Guerra do Iraque era o problema mais importante, e 39% listavam a economia.

Assim, cinco anos de enquadramento e contraenquadramento tinham levado o público americano da informação distorcida à mistificação. Para conectar esse estudo de caso com a análise dos efeitos das molduras, das narrativas, da agenda-setting e de várias formas de tendenciosidade da mídia na mente das pessoas, *vou resumir o argumento aqui e apresentar uma visão sintética da análise na Figura 3.6.*

As conclusões desta análise da produção social de percepções distorcidas sobre a Guerra do Iraque são as seguintes. No processo que levou à Guerra do Iraque, os cidadãos norte-americanos foram submetidos às molduras da guerra ao terror e do patriotismo através da mídia, e depois informados erroneamente pela agenda-setting estabelecida pelo governo, com o consentimento das elites políticas, tal como retratadas pela mídia. Suas emoções positivas (entusiasmo) mobilizaram o apoio às tropas e em última instância à própria guerra na forma de orgulho nacional e de sentimentos patrióticos. As pessoas reagiam de acordo com suas visões ideológicas. Assim, conservadores se juntaram a favor da guerra e rejeitaram qualquer informação que questionasse suas crenças. Os democratas reagiram cautelosamente e procuraram informações alternativas assim que puderam depender de contramolduras que ancorassem suas crenças (Jacobson, 2007b). Emoções negativas, como o medo, têm consequências diferentes dependendo das circunstâncias nas quais elas provocaram raiva ou ansiedade. A raiva mobilizou a ação e diminuiu o exame detalhado da informação. A ansiedade, por outro lado, aumentava a incerteza e ativou o mecanismo de vigilância da mente para que se buscassem informações com mais cuidado, limitando o nível de risco. Portanto, os partidários conservadores e os cidadãos com raiva afirmaram suas crenças em apoio à narrativa do governo e resistiam a qualquer outro tipo de informação de fontes como a internet, a NPR, fontes estrangeiras ou entrevistas que mostrassem opiniões contrárias na grande mídia. Os partidários democratas ficaram divididos entre a aceitação das molduras iniciais e sua desconfiança em um presidente que, para muitos deles, havia sido eleito por fraude em 2000. Cidadãos ansiosos buscavam mais dados para sustentar suas avaliações. No entanto, enquanto a maioria da mídia veiculava a narrativa originalmente estabelecida pela agenda-setting do governo, os resultados de sua busca eram necessariamente limitados. As percepções distorcidas sobre a guerra duraram anos. De fato, a pesquisa de opinião realizada em março de 2008 pela CBS News constatou que 28% dos americanos ainda acreditavam que Saddam Hussein estava diretamente envolvido com o 11 de Setembro (pollingreport.com).

A intensidade e a frequência das percepções distorcidas tinham forte correlação com o apoio à guerra, com a crença de que a guerra corria bem, com o apoio ao presidente e aos republicanos.

Embora os republicanos fossem mais inclinados a ter percepções equivocadas, essas visões também eram generalizadas entre os democratas. No momento em que essas posturas se estabeleciam na mente das pessoas, informações adicionais não mudavam suas percepções se estivessem enraizadas em crenças partidárias. Com efeito, entre aqueles que votariam em Bush na eleição de 2004, quanto mais acompanhassem as notícias, mais consolidavam suas ideias e maior era o apoio ao presidente. No entanto, para as pessoas em geral, o efeito das notícias variava de acordo com a fonte, como demonstrado pelos estudos já mencionados de Kull *et al.* (2003-4) e Jacobson (2007a,b).

Foi demonstrado que as informações distorcidas determinaram, em grande parte, o apoio à guerra. Nas pesquisas de opinião do PIPA realizadas de julho a agosto de 2003, entre as pessoas que não tinham nenhuma das três principais percepções distorcidas sobre as circunstâncias da guerra (ausência de vínculos entre Saddam Hussein e al-Qaeda, ausência de armas de destruição em massa e hostilidade da maioria da opinião pública mundial em relação à invasão liderada pelos EUA), apenas 23% apoiavam a guerra. Entre aqueles que tinham pelo menos uma percepção distorcida, o apoio à guerra chegava a 53%; entre aqueles com duas, o apoio à guerra alcançou 78%; e entre aqueles com todas as três percepções distorcidas, o apoio atingiu 86% (Kull *et al.*, 2003-4). A conexão entre essas percepções e o apoio à guerra continuou nos anos seguintes, embora o nível de equivocidade tivesse diminuído, particularmente entre aqueles que não eram do Partido Republicano (PIPA, 2005, 2006; Harris, 2006).

Como a guerra era a questão política mais importante, o apoio a ela levava ao apoio ao presidente responsável pelo seu início, pelo enquadramento da mídia e por passar informações distorcidas aos cidadãos. Mas isso mudou com o passar do tempo. A dissensão entre as elites políticas diversificou as pautas propostas à mídia. O jornalismo cidadão e a internet abriram caminho em meio a molduras dominantes que tinham restringido a informação. Perda de confiança no presidente, o furacão Katrina e uma série de escândalos políticos afetando o governo e o Partido Republicano suscitaram uma avaliação mais minuciosa da informação e das narrativas sobre a guerra. As pessoas começaram a sentir que as mortes não faziam sentido e não eram as consequências inevitáveis de um sacrifício heroico em defesa da nação. O apoio às tropas foi interpretado por muitos como apoio à retirada dessas tropas que haviam sido

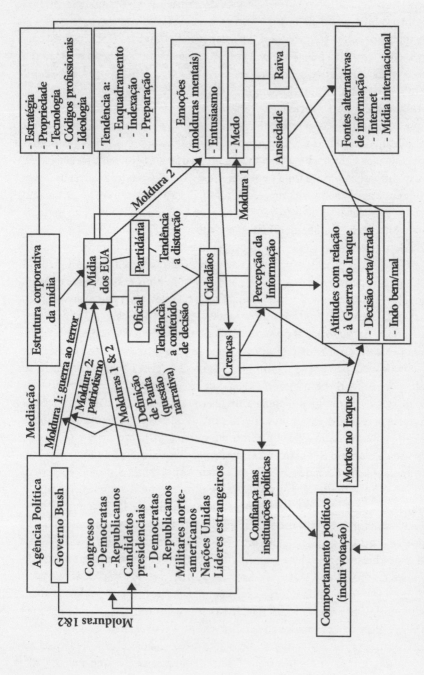

Fig. 3.6. Produção social de percepções mediadas da Guerra do Iraque, 2001-2008.

enviadas para o perigo por razões obscuras ou erradas. A eleição de novembro de 2006 traduziu a oposição à guerra em mudança política.

No entanto, o apoio não desapareceu após essa eleição (ver a Tabela A3.1 no Apêndice). Isso ocorreu porque um núcleo de cidadãos conservadores manteve suas crenças e, em grande medida, manteve também suas percepções distorcidas, porque suas molduras mentais não aceitariam qualquer informação que contradissesse suas ideias. Assim, no momento em que o apoio à guerra estava em baixa, em dezembro de 2007, ainda havia 36% de americanos que consideravam a guerra uma decisão correta (essa porcentagem chegou a 38% em fevereiro de 2008). Ainda mais importante, uma proporção crescente da opinião pública na segunda metade de 2007 e no início de 2008 (entre 40% e 45%) achava que a guerra estava indo bem. Isso pode ser atribuído a dois mecanismos. O primeiro foi a bem-sucedida agenda-setting estabelecida pelos militares norte-americanos no Iraque e sua aceitação pela maior parte da mídia. O segundo foi uma certa ambiguidade entre os políticos democratas, inclusive os candidatos presidenciais favoritos, que relutavam em se colocar em conflito com os militares, principalmente porque não havia nenhuma maneira fácil de sair do Iraque no curto prazo. Assim, a influência da nova narrativa republicana, personificada pelo senador John McCain, era baseada na noção de responsabilidade: mesmo que, antes de tudo, tivesse sido um erro ter começado a guerra, agora que estamos no Iraque devemos ficar lá até que as questões sejam resolvidas. A liderança democrata estava presa entre o desejo de 81% de seus eleitores de 2006 que queriam que o país saísse do Iraque dentro de um ano e sua elegibilidade e responsabilidade se eleitos.

No entanto, a transformação mais fundamental durante todo o processo aconteceu na mente das pessoas. A grande maioria de cidadãos americanos se tornou mais isolacionista do que havia sido desde a Guerra do Vietnã. Eles estavam prontos para trocar o papel imperial de seu país nos negócios mundiais por assistência à saúde e empregos mais estáveis. O patriotismo estava sendo redefinido em termos do bem-estar da sociedade e a moldura da guerra ao terror perdeu grande parte de seu poder espectral de intimidação. Como escrevem Baum e Groeling, após realizarem uma análise estatística da relação entre molduras da mídia, agenda-setting política e atitudes para com a Guerra do Iraque: "Mais cedo ou mais tarde, pelo que parece, o público pode discernir os verdadeiros méritos de um conflito pelo menos até certo ponto, independentemente dos esforços da elite para que isso não ocorra" (2007:40). No entanto, a questão continua a ser que quanto mais tarde o público romper as molduras de informações distorcidas, mais as ações das elites mistificadoras resultarão em destruição e dor "quando a imprensa falha" (Bennett *et al.*, 2007).

O PODER DO ENQUADRAMENTO

A produção de poder continua moldando os processos decisórios, por coerção, ou por construção de significado — ou ambos. A luta secular pela democracia foi direcionada para a elaboração de regras para o compartilhamento do poder com base na cidadania. As pessoas se tornavam cidadãos ao assumir seu papel e seus direitos como sujeitos soberanos de poder, e então delegavam seu poder a representantes que lhes teriam de prestar contas. Com um mecanismo imperfeito, ainda que indispensável, a representação era baseada, em teoria, nas eleições políticas, controladas por um judiciário independente e tornadas competitivas por uma imprensa livre e pelo direito à livre expressão. Variações históricas e manipulação de instituições políticas pelos detentores do poder tornaram o ideal da democracia quase sempre irreconhecível para uma perspectiva mundial e de longo prazo. No entanto, tentativas permanentes para melhorar a democracia ainda se concentram em se aproximar desse tipo ideal da democracia processual. Foi e ainda é presumido que se a abertura do sistema político for preservada, se grupos de pressão não controlarem o acesso ao cargo em votação, se partidos e governos não puderem manipular o sistema a seu favor, as pessoas livres e bem informadas, confrontando suas ideias de uma maneira desimpedida, chegarão, em última instância, perto de um processo transparente de tomada de decisão compartilhada. Isso não garantirá um bom governo, mas preservará a boa governança, com a possibilidade de retificar erros eventuais nas escolhas feitas pela maioria e em relação aos direitos da minoria.

Mas como o bem comum emerge da pluralidade de indivíduos livres e autodirecionados? Por meio do debate aberto sobre políticas públicas apresentadas aos cidadãos por aqueles que aspiram a ser seus líderes. Portanto, nessa visão do processo político, a chave é como as políticas públicas são decididas. Há boas políticas e más políticas para grupos específicos e para a coletividade como um todo. O processo de agregação de interesses pelo debate de políticas implica a existência de uma racionalidade superior que irá, em última instância, se revelar pelo livre confronto das ideias. Naturalmente, a pluralidade dos interesses e valores sociais deve ser levada em consideração. Apesar disso, a meta comum é alcançar o bem comum, as escolhas com as quais a maioria dos cidadãos possa viver ao menos por algum tempo. A política liberal é a política da razão. Com efeito, por um breve período no auge da Revolução Francesa, a deusa Razão (Goddess Reason) foi cultuada e entronada na catedral de Notre--Dame no dia 10 de novembro de 1794, à medida que as igrejas se tornavam templos para essa deusa. A Razão passou a ser a nova transcendência, anulando o poder de Deus porque ela apelava para o que havia de melhor na mente das pessoas, para sua singularidade como uma espécie consciente capaz de entender e controlar a vida, antecipando o futuro e apropriando-se da natureza após milênios de submissão a ela. A Razão nos fazia superiores, enquanto os "instintos" ou emoções rebaixariam nossa humanidade ao nível de animais. A política da razão era modelada neste princípio, e ainda o é. É claro, havia e há uma compreensão clara de que este não é um mundo perfeito e de que o comportamento emocional polui a esfera da racionalidade. Por isso, a pureza de ideais políticos é buscada no confronto de políticas bem elaboradas a fim de solucionar os problemas da coletividade ao mesmo tempo que reprime o comportamento irracional e emocional que seria levado pelas águas turbulentas da demagogia e do fanatismo. Mas e se as emoções e os sentimentos fossem componentes essenciais do processo decisório? E se as emoções e os sentimentos em última instância decidissem a maneira de a política e a produção de poder de um modo geral construírem o sentido e, assim, o comportamento, para determinar a ação que é racionalizada, e não decidida racionalmente? Como Leege e Wald (2007) escrevem:

> O sentido é "um atributo do simbolismo" e é "uma função do contexto em que o símbolo ou o próprio indivíduo está localizado". Os símbolos mais poderosos não são encontrados em teorias complicadas de taxação e desenvolvimento econômico nem em estruturas eficientes para o fornecimento de assistência à saúde ou nas estratégias de terroristas travando ou ganhando uma guerra. Eles são encontrados em imagens e sons que exploram as experiências primárias coletivas de coisas que estimulam orgulho ou satisfação ou exploram os reservatórios do medo ou da repulsa (...) O sentido é carregado de emoção. Ele está muito longe da racionalidade fria (Leege e Wald, 2007:296-7).

Esse não é um clamor normativo pelo triunfo da política emocional, e muito menos por um processo decisório irracional. Ao contrário, é um reconhecimento de como as pessoas realmente processam símbolos que são bases para suas decisões, para si mesmas e para o mundo como um todo. Como a democracia é essencialmente processual, a maneira como as pessoas decidem não determina o que elas decidem. Elaborar e implementar uma política — por exemplo, uma política sobre a guerra e a paz — é um processo extremamente importante que deve ser realizado com o pleno exercício de nossa capacidade cognitiva em seu melhor estado. Mas para alcançar o nível de decidir sobre políticas públicas, procedimentos democráticos têm de ser seguidos com o pleno entendimento dos processos envolvidos. E esses processos são em grande medida emocionais, articulados em torno de sentimentos conscientes e conectados a escolhas que estimulam uma variedade complexa de reações, dependendo do estímulo recebido de nosso ambiente de comunicação. Como políticos profissionais ou líderes naturais sabem como suscitar as emoções adequadas para conquistar as mentes e os corações das pessoas, o processo de produção de verdadeiro poder reveste os procedimentos formais da democracia, determinando assim, em grande parte, o resultado do jogo. A análise racional dos processos de produção de poder começa com um reconhecimento dos limites da racionalidade nesse processo. Em vez disso, a discussão e a análise apresentadas neste capítulo mostram como, ao ativar as redes de associação entre eventos e imagens mentais via processos de comunicação, a produção de poder opera em uma dinâmica de várias camadas na qual os nossos sentimentos estruturam a maneira como pensamos e, em última instância, a maneira como agimos. Evidências empíricas e teorias de comunicação política convergem no sentido de enfatizar o poder do enquadramento no processo de produção de poder. Mas quem enquadra quem, como e por quê? Se você realmente quiser saber, continue a leitura.

4

PROGRAMANDO AS REDES DE COMUNICAÇÃO: A POLÍTICA DA MÍDIA, A POLÍTICA DE ESCÂNDALOS E A CRISE DA DEMOCRACIA

A PRODUÇÃO DE PODER POR MEIO DA PRODUÇÃO DE IMAGENS

A política é o processo de distribuição de poder nas instituições do Estado. Como argumentei e documentei neste livro, as relações de poder são amplamente baseadas na moldagem da mente humana pela construção de significado por meio da produção de imagens. Lembrem-se: as ideias são imagens (visuais ou não) em nosso cérebro. Para a sociedade como um todo — e não para um determinado indivíduo —, a produção de imagens é realizada na esfera da comunicação socializada. Na sociedade contemporânea, em todas as partes do mundo, a mídia é o principal meio de comunicação. Por mídia quero dizer todo o conjunto de organizações e tecnologias de comunicação analisadas no Capítulo 2, incluindo, portanto, tanto a comunicação de massa quanto a auto-comunicação de massa. A política da mídia é a administração da política na e pela mídia. Neste capítulo, tentarei mostrar que, em nosso contexto histórico, a política é primordialmente uma política da mídia.

As mensagens, as organizações e os líderes que não têm uma presença na mídia não existem na mente pública. Portanto, apenas aqueles que podem transmitir suas mensagens aos cidadãos como um todo têm a oportunidade de influenciar suas decisões de maneiras que levam a seu próprio acesso às posições de poder no Estado e/ou a manter seu controle sobre as instituições políticas. Isso é certamente o que ocorre na política democrática: ou seja, na política baseada em eleições competitivas e supostamente livres como o mecanismo primordial de acesso a um cargo político. Mas é também o que ocorre em regimes não democráticos, já que o controle da mídia é uma forma poderosa de dominação. Sem romper as barreiras organizacionais e tecnoló-

O PODER DA COMUNICAÇÃO | 247

gicas que estruturam a informação e a comunicação socializada, as janelas de esperança por mudança são estreitas demais para permitir resistência efetiva aos detentores do poder. Com efeito, quando seu controle da comunicação falha, os regimes autoritários rumam para seu fim, com níveis diferentes de violência e de traumas, dependendo das circunstâncias da mudança política (Randall, 1993; Sreberny-Mohammadi e Mohammadi, 1994; Castells e Keselyova, 1995; O'Neil, 1998; Price, 2002). Além disso, na maioria dos países existe uma variedade de estados intermediários entre a democracia descrita nos livros escolares e o autoritarismo cruel. Os critérios que definem a democracia precisam ser contextualizados porque a diversidade global das culturas políticas não é redutível às ideias originais do liberalismo tais como surgiram no século XVIII, em uma pequena parte do mundo, ainda que influente. A democracia como prática social e institucional não é o mesmo que a ideologia da democracia e menos ainda o equivalente aos ideais da democracia liberal.

O fato de a política acontecer essencialmente na mídia não significa que outros fatores (por exemplo, o ativismo de base ou a fraude) não sejam importantes para a decisão do resultado de jogos políticos. Tampouco implica que a mídia seja a detentora do poder. Ela não é o Quarto Estado. Ela é muito mais importante: é o espaço da produção de poder. A mídia constitui o espaço onde as relações de poder são decididas entre atores políticos e sociais. Portanto, quase todos os atores e mensagens precisam passar pela mídia a fim de atingir suas metas. Eles têm de aceitar as normas reguladoras da mídia, a linguagem da mídia e os interesses da mídia. A mídia, como um todo, não é neutra, como a ideologia do jornalismo profissional afirma; tampouco é instrumento direto do poder do Estado, com a óbvia exceção da mídia de massa sob regimes autoritários. Os atores da mídia constroem plataformas de comunicação e participam da produção de mensagens de acordo com seus interesses organizacionais e profissionais específicos (Schudson, 2002). Dada a *diversidade dos atores da mídia*, esses interesses também são diversificados. Como ilustrei no Capítulo 2, a mídia corporativa é constituída primordialmente por empresas e seu comércio principal é o entretenimento, inclusive as notícias. Mas ela também tem interesses políticos mais amplos, já que participa diretamente da dinâmica do Estado, uma parte-chave de seu ambiente comercial. Assim, as regras para o envolvimento político na mídia dependerão de seus modelos comerciais específicos e de sua relação com atores políticos e com o público.

Para todos os veículos da mídia, sejam eles focados na comunicação de massa ou na autocomunicação de massa, ou ambos, o essencial é expandir sua influência e seus recursos expandindo e aprofundando seu público. Veículos diferentes da mídia identificam seus públicos de acordo com estratégias específicas. Assim, não é simplesmente uma questão de ganhar uma porção do público, mas também de ganhar o público-alvo. Essa é a lógica crucial por trás do modelo de mídia partidária, como no caso da Fox News nos Estados Unidos, da Antena 3 TV na Espanha ou da Mediaset na Itália. Esse tipo de mídia seleciona como alvo públicos de ideologias específicas, interessados em ter suas ideias confirmadas e não de serem informados por fontes alternativas. Em um modelo diferente de escolha de público-alvo, blogs políticos independentes têm como objetivo disseminar opiniões e informação que não podem ser encontradas na grande mídia a fim de construir uma base de apoio para sua abordagem específica das questões políticas. No entanto, para a grande mídia, o principal atributo é a credibilidade. É claro, isso é sempre em termos relativos, já que a credibilidade da mídia vem caindo rapidamente nos últimos anos. Nos Estados Unidos, por exemplo, em 2007, 36% das pessoas acreditavam que a imprensa do país na verdade fere a democracia, uma porcentagem que em 1985 era de 23%. E apenas 39% acreditavam que a imprensa apresenta os fatos com exatidão, quando em 1985 essa mesma porcentagem era de 55% (Pew, 2007b:2).[1] As pessoas dependem em grande medida da mídia de massa para obter a maior parte de suas informações politicamente relevantes e, apesar da crescente importância da internet, a televisão e o rádio continuam a ser as fontes de notícias políticas em que as pessoas mais confiam (Paniagua, 2006; Eurobarometer, 2007; Public Opinion Foundation, 2007; Pew, 2008c). O motivo é óbvio: se você vê, deve ser verdade, como os editores dos noticiários televisivos sabem muito bem (Hart, 1999).[2]

Graber (2001:11-42) mostrou que a efetividade das mensagens audiovisuais na transmissão de informação política está relacionada com a maneira pela qual nosso cérebro processa mensagens, seguindo a lógica da produção e estímulo da imagem que analisei no Capítulo 3. Mesmo quando a internet é citada como a fonte principal das notícias, os sites mais visitados são aqueles da grande mídia, e o site de notícias da BBC ocupa o primeiro lugar no mundo, com mais de 46 milhões de visitantes por mês, 60% de fora do Reino Unido. Excluindo Yahoo! Notícias e Google Notícias (que agregam mas não produzem), os outros sites de notícias mais visitados são, em ordem decrescente, a CNN, *The New York Times*, Weather.com. MSNBC e Reuters.[3]

---

1 No entanto, essas tendências não são tão pronunciadas no Leste Europeu e em países em desenvolvimento onde o Edelman Trust Barometer (Edelman, 2008), o Eurobarometer (2007) e outros estudos encontram níveis de confiança na mídia crescendo novamente. Há especulação de que essas tendências refletem uma mudança na definição da mídia (isto é, uma fé na introdução da internet e das novas tecnologias de comunicação). É possível também que a falta de confiança nas instituições governamentais leve à busca por fontes alternativas de informação. Além disso, isso está mudando para a geração da internet.

2 Segundo o Eurobarometer (2007:54), europeus confiam mais no rádio (66%) e na televisão (56%) do que na imprensa escrita (47%) ou na internet (35%).

3 Segundo as classificações de tráfego da Alexa.com, junho de 2008.

O PODER DA COMUNICAÇÃO | 249

No entanto, dizer que a política em nossa era é política de mídia não é a palavra final, e sim uma pergunta em aberto. Como isso se traduz nos mecanismos de conflito político, competição política, participação política e tomadas de decisão? Como a agência política se transforma para ser mais efetiva na esfera de política de mídia? Qual é seu efeito específico nas campanhas, liderança e organização políticas? Até que ponto as redes horizontais de autocomunicação de massa, e particularmente a internet e a comunicação sem fio, modificam as práticas políticas em comparação com a gestão da política na mídia de massa? Qual é a conexão entre política da mídia e o uso de políticas de escândalo como arma nas lutas pelo poder? E quais são as consequências observáveis da nova política para a democracia como uma forma de relação entre o Estado e a sociedade?

TERRA SANGRENTA (SEMÂNTICA): A POLÍTICA DA MÍDIA EM FUNCIONAMENTO

Quais são os aspectos práticos do processo usado pelo pistoleiro político?

Passo I: O pistoleiro político desenterra a sujeira.

Passo II: A sujeira então é repassada para os pesquisadores de opinião que, por meio de pesquisas sofisticadas, podem determinar quais pedaços de sujeira são os mais prejudiciais na mente dos eleitores.

Passo III: Os pesquisadores de opinião repassam seus resultados para a área de publicidade da mídia, que coloca as duas ou três questões negativas mais perniciosas na TV, no rádio e em malas diretas que fazem o possível para destruir seu oponente político em pedacinhos. O terceiro passo é realmente impressionante. Eu fico maravilhado com os talentos inacreditáveis das solteironas da campanha midiática... Quando tudo acabou, a verdade veio à tona — e com bastante frequência os oponentes sofreram um golpe sério em sua campanha, um golpe do qual às vezes nunca mais se recuperam.

O papel central da política da mídia nas estratégias políticas é observado no mundo todo, como foi argumentado e documentado por Swanson e Mancini (1996), Plasser (2000), Graber (2001), Curran (2002), Hallin e Mancini (2004a,b), Bosetti (2007), Hollihan (2008) e outros. *A prática da política da mídia implica o desempenho de várias tarefas-chave*:

1. A primeira é garantir acesso à mídia pelos atores sociais e políticos envolvidos nas estratégias de produção de poder.

2. O segundo é a elaboração de mensagens e a produção de imagens que servem melhor aos interesses de cada participante do jogo do poder. A formu-

lação de mensagens efetivas exige uma identificação do(s) público(s)-alvo, de acordo com a estratégia política. Para executar essa estratégia é essencial obter informações relevantes tanto para o público quanto para a mensagem, bem como gerar conhecimento sobre o melhor uso possível dessa informação para alcançar as metas do ator político. Com efeito, a política da mídia é, na verdade, um componente importante de uma forma mais ampla de política — a política informacional, o uso da informação e do processamento de informações como um instrumento decisivo na produção de poder.

3. Depois, a divulgação da mensagem requer o uso de tecnologias e formatos de comunicação específicos, assim como a medida de sua efetividade por meio de uma pesquisa de opinião.

4. E por último, embora não menos importante, alguém deve pagar por todas essas atividades cada vez mais caras; o financiamento da política é um ponto central de conexão entre o poder político e o poder econômico.

Analisarei todas essas operações e explicarei as implicações dessa análise para o exercício do poder na sociedade. No entanto, antes de prosseguir com a investigação, preciso tecer dois comentários preliminares.

Primeiro, a política da mídia não está restrita às campanhas eleitorais. É uma dimensão fundamental e constante da política, praticada igualmente por governos, partidos, líderes e atores sociais não governamentais. Conseguir influenciar as notícias cotidianamente é uma das tarefas mais importantes dos estrategistas políticos. Embora, na democracia, as campanhas eleitorais sejam realmente os momentos decisivos, é o processo permanente de informação e de difusão de imagens relevantes à política que molda a mente pública de um modo difícil de alterar durante momentos de maior atenção, a menos que algum evento ou mensagem realmente dramático ocorra próximo ao momento da tomada de decisão. Com efeito, é prática frequente de governos e políticos criar eventos ou dar ênfase a eventos como uma forma de manobra, como iniciar uma crise com outro país, sediar uma reunião internacional importante (por exemplo, os Jogos Olímpicos) ou revelar corrupção financeira ou alguma conduta pessoal imprópria. As políticas públicas dependem em muito da política. Não só porque o poder político determina a capacidade de implementar políticas públicas, mas porque as políticas públicas são com muita frequência elaboradas tendo seus efeitos políticos em mente.

Meu segundo comentário preliminar diz respeito à diversidade da política da mídia de acordo com a especificidade institucional e cultural de cada país (Hallin e Mancini, 2004a). A publicidade paga na televisão, por exemplo, é crucial para as campanhas eleitorais nos Estados Unidos. Esse é um fator importante para explicar o papel essencial das finanças políticas e, portanto, da capacidade de lobistas influenciarem os políticos norte-americanos. Por outro lado, na maior parte dos países europeus, a publicidade na mídia em campanhas eleitorais é extremamente regulamentada e os governos muitas vezes fornecem acesso pago às redes de televisão públicas (com frequência as que têm um público maior), seguindo regras rígidas de distribuição de tempo. Debates e propaganda também são tipicamente controlados por comissões eleitorais, e as formas e extensão desse controle variam amplamente em cada país. No entanto, embora reconhecendo essa diversidade e explicando-a em minha análise por meio de estudos de caso em contextos diferentes, é possível encontrar regularidades na prática da política informacional e da política da mídia no mundo todo. Essas regularidades definem os processos políticos contemporâneos. Como escrevem Hallin e Mancini (2004a):

> Uma forte tendência está claramente surgindo no sentido de uma maior semelhança na maneira como a esfera pública está estruturada no mundo todo. Em seus produtos, em suas práticas e culturas profissionais, em seus sistemas de relações com outras instituições políticas e sociais, os sistemas da mídia pelo mundo estão ficando cada vez mais parecidos. Os sistemas políticos, enquanto isso, estão ficando cada vez mais semelhantes aos modelos de comunicação que incorporam (...) É razoável dizer que a homogeneização é, em um grau significativo, uma convergência da mídia internacional na direção de formas desenvolvidas primeiramente nos Estados Unidos. Os Estados Unidos estiveram, em um determinado momento, quase que sozinhos entre os países industrializados em seu sistema de radiodifusão comercial: hoje a radiodifusão comercial está se tornando a norma. O modelo de profissionalismo orientado para a informação e politicamente neutro que prevaleceu lá e em um grau um pouco menor na Grã-Bretanha cada vez mais domina a mídia de notícias no mundo todo. As formas personalizadas e centradas na mídia das campanhas eleitorais, que usam técnicas semelhantes ao marketing de produtos de consumo, que, por sua vez, também foi desenvolvido primeiramente nos Estados Unidos, estão da mesma forma se tornando cada vez mais comuns na política europeia (2004a:25).
> (Stephen Marks, *Confessions of a Political Hitman* [Confissões de um pistoleiro político], 2007:5-6.)

Eu acrescentaria que as campanhas políticas na América Latina estão ainda mais próximas da prática norte-americana, já que elas se concentram na liderança personalizada, muitas vezes usam consultores de lá e fazem extenso uso da mídia comercial (Scammell, 1998; Plasser, 2000; Castells, 2005a; Sussman, 2005; Calderon, 2007).

De fato, como indicam Hallin e Mancini (2004a), em vez de ser uma americanização, esse modelo de política que converge para a política da mídia é uma característica da globalização. A concentração global de empresas da mídia que documentei no Capítulo 2 e a crescente interdependência das sociedades ao redor do mundo levam ao surgimento de uma cultura de mídia global e práticas profissionais também globais que se refletem em formas semelhantes de política da mídia. A consultoria política dos Estados Unidos tornou-se um negócio internacional, com influência direta nas eleições na Rússia, em Israel e em muitos outros países (Castells, 2004b; Hollihan, 2008). Portanto, ao mesmo tempo que dou atenção à especificidade de cada regime político da mídia e forneço alguns exemplos dessa diversidade, em benefício da análise apresentada aqui, examinarei cada um dos componentes principais da política informacional e da mídia em termos genéricos.

A DEMOCRACIA DO GATEKEEPING

O acesso à mídia é fornecido por *gatekeepers* (Curran, 2002; Bennett, 2007; Bosetti, 2007). Essa dimensão da política da mídia é essencial porque sem esse acesso as mensagens e os mensageiros não podem atingir seu público-alvo. Essa é também a dimensão que difere a maior parte dos regimes da mídia, particularmente quando se trata de radiodifusão. Desde um forte controle governamental, baseado em propriedade ou censura, até uma mídia privada de empresas comerciais e passando por todos os cenários intermediários e regimes combinados, há uma ampla variedade nos mecanismos de acesso à mídia.

Primeiro, há uma distinção a ser feita entre acesso político à mídia por meio das notícias e da programação regular e acesso por meio de publicidade política paga. A publicidade política paga é mais importante nos Estados Unidos do que em outros países e diz respeito essencialmente a campanhas políticas (uma atividade incessante nos EUA). Sua prática generalizada coloca um peso extraordinário sobre a democracia política nos Estados Unidos, à medida que faz das finanças o ponto central das campanhas políticas. A política da mídia beneficia as empresas de comunicação de duas maneiras: por meio da renda publicitária e pelo aumento dos espectadores durante campanhas eleitorais contundentes (Hollihan, 2008). Irei desenvolver esse tema fundamental a seguir, quando analisar as campanhas políticas. Na Europa, a publicidade paga é proibida ou desempenha um papel insignificante no processo eleitoral, embora o financiamento também seja uma questão importante por motivos que explicarei mais tarde. As campanhas políticas na América Latina, na Ásia e na África oferecem uma mistura variada que combina controle governamental da mídia, publicidade paga na mídia comercial e redes de clientes alimentadas com dinheiro e promessas de favores (Plasser, 2000; Sussman, 2005; CAPF, 2007).

No entanto, para o mundo como um todo, inclusive os Estados Unidos, sugiro que o acesso político à televisão e à programação de rádio regulares, e à imprensa escrita é o fator mais importante na prática da política da mídia. Há quatro componentes do processo (Tumber e Webster, 2006; Bosetti, 2007; Bennett *et al.*, 2007; Campo Vidal, 2008): (1) o controle organizacional supervisor tanto de entidades governamentais quanto de empresas (ou em alguns casos raros, corporações sem fins lucrativos); (2) decisões editoriais; (3) as escolhas das equipes de jornalismo; e (4) a lógica do desempenho adequado da tarefa atribuída ao veículo, principalmente para atrair o público para a mensagem do produto midiático. Esse último componente é fundamental porque introduz flexibilidade em um fluxo que, sem isso, seria um fluxo de informação unidirecional. Ele exige prestar atenção à credibilidade do veículo ao informar sobre temas que as pessoas consideram importantes e/ou divertidos. A ausência de reportagens sobre acontecimentos conhecidos, ou a óbvia manipulação da informação pelo emissor, solapa a capacidade da mídia de influenciar o receptor, limitando assim sua relevância na política da mídia.

A política de acesso é praticada na interação entre esses quatro níveis do processo de *gatekeeping*. Assim, quanto mais independente for a mídia do controle governamental, seja por meio de transmissão pública independente e estatutária (como no caso da BBC) ou por propriedade privada, mais o acesso será influenciado por interesses comerciais (publicidade como uma função da quota de audiência) e/ou pelo corpo profissional. Quanto mais o meio for dominado pela lógica comercial, mais os jornalistas terão de atuar dentro desses limites. E quanto mais os jornalistas tiverem uma participação na programação, no *priming* e no *framing*, mais irão depender da atração do público como uma fonte de sua influência profissional. E quanto mais o curso de eventos reais permearem a mídia, mais a influência da mídia irá se expandir, à medida que as pessoas se reconheçam naquilo que leem ou a que assistem. Se combinarmos esses vários efeitos, o que encontraremos na análise é um *efeito denominador comum e dois filtros operando na seleção do acesso à mídia.*

O *denominador comum* é a lógica de o que for atraente para o público aumenta a audiência, a renda, a influência e a realização profissional para os jornalistas e os âncoras de TV. Quando traduzimos isso para a esfera da política, a reportagem mais bem-sucedida é aquela que maximiza os efeitos de entretenimento correspondentes à cultura consumista de marcas que permeia nossas sociedades. A noção de uma democracia deliberativa baseada em relatos aprofundados e trocas civilizadas sobre questões substantivas na mídia de massa está em conflito com as tendências culturais mais amplas de nossa época (Graber, 2001). De fato, essa é a característica de um pequeno segmento da mídia de elite que provê primordialmente para os tomadores de decisão e para uma minoria das camadas altamente instruídas da população.[4] Isso não significa que as pessoas em geral não se importam com questões substantivas. Significa que para que essas questões (por exemplo, a economia, a guerra, a crise habitacional) sejam percebidas por um público maior, elas teriam de ser apresentadas na linguagem do *infotenimento*, em seu sentido mais amplo: não são apenas as risadas que importam, mas o drama humano também. Vista dessa perspectiva, a política passa a ser do tipo corrida de cavalos: quem está ganhando, quem está perdendo, como, por que e qual é a última fofoca ou o truque mais traiçoeiro (Ansolabehere *et al.*, 1993; Jamieson, 2000; Sussman, 2005)? A linguagem política da mídia reproduz o jargão dos esportes de competição (Gulati *et al.*, 2004). Embora mais pronunciada nas eleições americanas, a tendência a reduzir as eleições à política de corrida de cavalos é evidente em países por todo o mundo (Sussman, 2005).[5]

Além disso, o sensacionalismo estimula a reportagem política: expor os erros dos poderosos sempre foi o consolo do populacho, e hoje essa exposição pode ser representada em um palco teatral para comunicação de massa (Plasser, 2005). Uma característica-chave da política teatral é sua personalização (Bosetti, 2007). Um público de massa exige uma mensagem simples. A mensagem mais simples

---

4 Postman (2004, em um discurso publicado após sua morte) argumenta que a abundância de fontes de informação degradou a autoridade das instituições da sociedade como a família, a Igreja, a escola e os partidos políticos que tradicionalmente serviam como guardiães (*gatekeepers*) e definidores de pauta agenda-setters. Inundados de informação, os indivíduos agora estão menos equipados para identificar os processos democráticos e deles participarem. No entanto, a imagem de uma sociedade letrada se envolvendo na democracia deliberativa no passado parece ser mais mito do que realidade. Assim, Postman, em seu livro clássico *Amusing Ourselves to Death* (1986), retratou a América colonial do século XVIII como uma sociedade que lia ativamente, com uma cultura baseada na imprensa escrita. Sem questionar as importantes contribuições de Postman para a análise do relacionamento entre a mídia, a cultura e a democracia, essa nostalgia claramente se refere aos segmentos instruídos e proprietários daquela sociedade; isto é, o homem branco culto. Na verdade, os afro-americanos estavam proibidos de ler. Quanto à proporção de pessoas que sabiam ler e escrever na população, alguns historiadores já demonstraram que os dados usados por Postman são parciais em termos da amostragem, da super-representação de adultos mais velhos, homens e pessoas ricas. Herndon (1996), após corrigir as tendenciosidades usando dados de Rhode Island e várias fontes, descobriu que as taxas de alfabetização na Nova Inglaterra em meados do século XVIII eram 67% para os homens e 21,7% para mulheres. As taxas de alfabetização eram mais baixas nas colônias do Centro e do Sul. E em 1870, 20% de toda a população adulta e 80% da população afro-americana ainda eram analfabetos (Cook, 1977; Murrin *et al.*, 2005). Isso significa que o passado cultural imaginado e a noção da perda da democracia deliberativa são muitas vezes resultados de uma tendenciosidade saudosista e elitista.

5 Para essa tendência no Canadá, ver também Trible e Sampert (2004); para a Austrália, ver Denemark *et al.* (2007).

é a imagem; a imagem mais simples, e aquela com a qual as pessoas podem se identificar mais, é o rosto humano (Giles, 2002). Isso não significa apenas os traços físicos de uma pessoa ou a cor de sua roupa. O mais importante é o caráter, como ela se manifesta em sua aparência, nas suas palavras e na informação e lembranças que personifica. Isso ocorre parcialmente porque a compreensão de questões políticas complexas pode ser difícil para muitos cidadãos, enquanto a maior parte deles confia em sua capacidade para avaliar o caráter, que é uma reação emocional ao comportamento das pessoas incorporada nas narrativas políticas (Hollihan, comunicação pessoal, 2008). Assim, a política da mídia é política personalizada ou aquilo a que Martin Wattenberg (1991, 2004, 2006) se refere como "política centrada nos candidatos". Como Wattenberg indica, as tecnologias da mídia como "a televisão, a mala direta e agora a internet libertaram os candidatos da dependência em partidos políticos, permitindo assim que as campanhas sejam realizadas independentemente da filiação partidária" (2004:144). Isso talvez seja o efeito mais importante da política da mídia sobre o processo político, porque estimula os partidos, os sindicatos, as ONGs e outros atores políticos a se juntarem ao redor de uma pessoa e a apostar apenas em suas chances no mercado da mídia política.

Isso sempre ocorreu nos Estados Unidos e na América Latina. Mas nos últimos vinte anos, coincidindo precisamente com a crescente centralidade da política da mídia, a política da personalidade caracterizou o processo político no mundo todo, em detrimento de partidos estáveis, afinidades ideológicas e máquinas políticas. A questão é quem seleciona quem. A mídia divulga quem são os líderes e enfatiza suas batalhas, vitórias e derrotas, porque as narrativas precisam de heróis (o candidato), vilãos (o oponente) e vítimas a serem resgatadas (os cidadãos). Mas os líderes potenciais precisam se posicionar como merecedores da mídia, usando qualquer abertura disponível para exibir seus truques (ou suas virtudes, aliás). Eles podem fazê-lo criando eventos que obrigam a mídia a prestar atenção neles, como no caso de um candidato político sem projeção que inesperadamente ganha uma eleição primária. As empresas de mídia adoram histórias de sucesso improvável. Quanto mais uma figura política se enquadrar em uma moldura de celebridade, mais fácil é para a mídia incorporar notícias sobre ela sob a forma do cada vez mais popular infotenimento. No entanto, as molduras de "história de sucesso" são comumente invertidas, já que narrativas de imagens destruídas são tão suculentas quanto os contos de fada de triunfos improváveis. É importante lembrar, contudo, o princípio: o material político (pessoas, mensagens, eventos) é processado como material empolgante de infotenimento, formatado na linguagem esportiva e expresso em narrativas o mais próximas possível de contos de intriga, sexo e violência. Naturalmente, ao mesmo tempo que se mantêm os temas nobres sobre democracia, patriotismo e o bem-estar da nação em nome do povo (o homem médio, essa criatura mística que substituiu a cidadania no mundo da mídia).

Essa lógica de seleção de acesso é profundamente modificada pela ativação de *dois filtros*. O primeiro é o *controle direto do governo* por censura explícita ou por diretrizes ocultas. Isso, é claro, se refere a governos autoritários como os da China e da Rússia, que analisarei mais à frente em virtude da especificidade de seus regimes de mídia. Mas mesmo em regimes democráticos os governos muitas vezes interferem na operação de emissoras nacionais ou em outras empresas da mídia sobre as quais ele exerce influência financeira ou indireta. Eu diria até que essa prática é típica. Às vezes, o controle é intensificado, como nos casos de Berlusconi na Itália no período 1994-2004 (Bosetti, 2007) e da Espanha durante o governo de Aznar, em 1996-2004 (Campo Vidal, 2008). Nesse caso, o *gatekeeping* é estritamente político e atende aos interesses do governo, de um partido político no governo ou de um político específico.

O segundo filtro é aquele imposto pela *propriedade e liderança corporativa em termos de critérios editoriais*, normalmente em consonância com seus interesses comerciais e não com suas preferências ideológicas (Fallows, 1996; Tumber e Webster, 2006; Bennett *et al.*, 2007; Arsenault e Castells, 2008b; McClellan, 2008). Há uma abundância de evidência publicada sobre tais práticas em várias empresas da mídia, tanto na imprensa escrita quanto nas redes televisivas.[6] Isso deve ser diferenciado da prática do jornalismo partidário que não impede o acesso às ideias políticas opostas, já que esse é o tempero de seu apelo do infotenimento. Em alguns casos, há uma decisão editorial específica para impedir acesso a opiniões políticas ou atores políticos por serem incompatíveis com as estratégias comerciais da mídia. Com efeito, a maioria das críticas políticas radicais é banida da grande mídia porque é considerada fora de sintonia com o país e, assim, com os interesses do público. Só quando geram notícias (por exemplo, com manifestações chamativas, preferivelmente quando passam a ser violentas em virtude da ação policial) é que os radicais podem romper a barreira da mídia. É claro que isso os marginaliza ainda mais, já que são equiparados à violência e ao vandalismo, um nível de segunda ordem de exclusão política da mente pública.

---

6 No dia 28 de maio de 2008, no programa de notícias noturno da CNN, *Anderson Cooper 360*, Cooper entrevistou uma correspondente da CNN a respeito de uma crítica feita por Scott McClellan, antigo porta-voz da Casa Branca para o presidente Bush, dizendo que a imprensa era culpada por não ter conseguido investigar adequadamente as afirmações equivocadas da Casa Branca com relação à Guerra do Iraque. Para surpresa de Cooper, a correspondente relatou a própria experiência de ter sido aconselhada pelos executivos corporativos da CNN a apoiar a versão de Bush. Ela pressupôs que a diretriz corporativa foi resultado de uma crença de que os altos índices de popularidade do presidente naquele momento iriam se traduzir em índices semelhantes de popularidade para o canal.

Uma observação importante sobre o acesso é que a análise apresentada até agora se refere exclusivamente à mídia de comunicação de massa. No entanto, enfatizei no Capítulo 2 *a crescente importância da autocomunicação de massa para atingir a mente das pessoas*. Nesse caso, as formas tradicionais de controle de acesso não são aplicáveis. Qualquer pessoa pode colocar um vídeo na internet, escrever um blog, começar um fórum de conversas ou criar uma lista gigantesca de e-mails. O acesso nesse caso é a regra; o bloqueio do acesso à internet é a exceção. A internet e a mídia de massa são duas plataformas de comunicação distintas, embora relacionadas, que compartilham uma característica comum importante na construção da esfera política: nos dois casos, o processo de comunicação é moldado pela mensagem.

A MENSAGEM É O MEIO: A POLÍTICA DA MÍDIA E A POLÍTICA INFORMACIONAL

As características-chave da política da mídia são: a personalização da política, as campanhas eleitorais que se concentram no uso da mídia e o processamento diário da informação política por meio da prática de *spin*. Bosetti (2007) define *spin* como "a atividade de políticos, normalmente por meio de consultores, que consiste em comunicar as questões de forma que favoreça seus interesses, enquanto tenta infligir dano a seu oponente" (p.18, tradução livre). Eu também incluiria a prática de *spin* por especialistas da mídia que desempenham vários papéis na formatação da informação política de acordo com suas tendenciosidades específicas.

A meta da política da mídia, como em toda política, é ganhar e reter o espólio da vitória durante o maior tempo possível. Isso não significa que os atores políticos são indiferentes ao conteúdo. Mas como fui repetidamente lembrado durante conversas pessoais com líderes políticos em todo o mundo, alcançar uma posição de poder é o pré-requisito para aprovar qualquer proposta de política pública. Ganhar, na verdade, tem como resultado o controle do cargo político e de seus recursos pela pessoa que personifica um projeto político (inclusive suas próprias ambições), apoiada por um partido ou coalizão política. Assim, a mensagem aos cidadãos é simples: apoie esse candidato e rejeite seus oponentes (ou vice-versa: rejeite seus oponentes com maior veemência do que com que você apoia aquele candidato, um caso mais frequente na política contemporânea). Como a mensagem é clara e simples, e incorporada em uma pessoa, o processo de comunicação é construído ao redor dessa mensagem. Nesse sentido, a mensagem é o meio porque formatos e plataformas de comunicação, em sua diversidade, serão selecionados em termos de sua efetividade no apoio a essa mensagem específica, ou seja, um determinado político.

As mensagens políticas devem vencer uma dificuldade importante para alcançar a mente dos cidadãos. Como Doris Graber (2001) documentou, "a pesquisa do processamento da informação mostra que o americano médio [e eu acrescentaria as pessoas no mundo como um todo] presta muita atenção apenas às notícias sobre temas significativos que têm clara relação com suas vidas e suas experiências. Muitas notícias não conseguem satisfazer esses critérios" (p. 129). Realmente, a maior parte das notícias políticas é periférica às preocupações da vida cotidiana e, com frequência, complexa demais para que os cidadãos as acompanhem com o interesse exigido para processá-las, e muito menos para lembrá-las. No entanto, quando as notícias são apresentadas como infotenimento, o que inclui a personalização da notícia por meio de uma figura política específica, e de uma forma que crie identificação com as emoções e interesses do receptor, elas são mais facilmente processadas e armazenadas na memória.

Portanto, a produção da mensagem deve atuar como uma interface entre as características e os valores do político e as características e os valores do público-alvo para o qual ela foi dirigida. Isso é o que ocorre tanto nas campanhas eleitorais quanto na política cotidiana. Os atores políticos desenvolvem sua estratégia preparando as mensagens para que elas apresentem a conexão mais favorável entre seu líder político e o eleitorado, levando em consideração o formato específico de diversas plataformas da mídia: televisão, rádio, imprensa escrita, internet, SMS, publicidade paga, entrevistas na mídia, debates políticos e outras coisas semelhantes. A exatidão da estratégia depende de uma análise cuidadosa, com base nas ciências sociais, do eleitorado potencial. É bem verdade, ela também depende das características da figura política. Mas os políticos são aqueles que controlam os recursos a fim de competir e, por isso, irão adaptar sua estratégia ao tipo de pessoa que são, e não o contrário. Até o momento em que perdem, naturalmente. Então suas tropas irão encontrar novos senhores em potencial.

Como a estratégia funciona? Durante muito tempo, ela foi amplamente baseada em uma combinação de intuição, esperança, conselhos de especialistas e *feedbacks* das redes de apoiadores. O desenvolvimento dos instrumentos da ciência política e da psicologia da comunicação levou à difusão de uma nova forma de prática política profissionalizada, a que chamo de *política informacional*.

Desenhando a mensagem: Os think tanks políticos

A política informacional começa com *a articulação de mensagens que dependem dos interesses e valores da coalizão sociopolítica construída em torno de atores políticos específicos*. O conteúdo e formato dos projetos políticos são cada vez mais decididos com a ajuda de *think tanks*, grupos que reúnem especialistas, acadêmicos, estrategistas políticos e consultores da mídia sobre a administração da política e a elaboração de políticas públicas. O uso de bancos de dados, as mensagens direcionadas, e as pesquisas periódicas de opinião devem ser compreendidos no contexto de uma perspectiva mais ampla, que dominou os Estados Unidos há três décadas, mas que mais tarde se espalhou pela maior parte do mundo: a formação de *think tanks* políticos e estrategistas responsáveis pela análise de tendências, pela compreensão dos mecanismos cognitivos das pessoas e pela aplicação dos resultados de seus estudos na elaboração de táticas eficientes para ganhar eleições, manter um cargo e vencer batalhas políticas importantes, como a política de saúde, a política energética, o direito ao aborto ou a reforma do Estado de bem-estar social na Grã-Bretanha. A maior parte desses *think tanks* nos Estados Unidos estava conectada a grupos conservadores e, em última instância, a candidatos GOP.[7] Eles recebiam apoio financeiro em grandes quantidades de corporações e de movimentos religiosos.

Sua origem remonta à agitação social e política do final dos anos 1960. Naquela época, a sociedade estadunidense estava passando pelo processo de início da maturidade política. Durante esse período, a opinião pública começou a se voltar contra a cruel Guerra do Vietnã, intensificada formalmente sob o pretexto de evidência fabricada (o incidente do Golfo de Tonkin em agosto de 1964). A geração pós-Segunda Guerra Mundial questionava a legitimidade do apelo do governo para o sacrifício final pela primeira vez na história do país. A revolta doméstica ampliava essas tendências. O movimento pelos direitos civis, as revoltas étnicas urbanas e o surgimento de movimentos sociais contraculturais estremeceram as bases do conservadorismo social e político. Embora Nixon tivesse ganho as eleições de 1968 e 1972, em grande medida como resultado da incapacidade dos democratas de transformarem o protesto social em uma nova marca de política, a crise já era iminente. Ela se materializou logo após o escândalo de Watergate e a renúncia de Nixon, e com o colapso do poder dos Estados Unidos no Vietnã. Combinada com uma crise econômica que interrompeu o modelo de crescimento econômico que havia trazido prosperidade depois da Segunda Guerra Mundial (Castells, 1980), a incerteza política parece ter aberto a porta para um período de dominância dos democratas na política

---

7 GOP: Grand Old Party [o grandioso velho partido] é a expressão americana para o Partido Republicano.

e para uma sociedade que escapava da influência de valores conservadores. Uma pequena elite de estrategistas republicanos decidiu que havia chegado o momento de trazer o conhecimento acadêmico e a perícia profissional para a prática da política. A situação no mundo e nos Estados Unidos exigia uma reflexão profunda, uma visão política de longo prazo, e os instrumentos para traduzir ideias em táticas e táticas em poder político. Isto é, em poder político republicano. Uma série de *think tanks* foi criada e financiada prodigamente à medida que as elites conservadoras decidiram botar a mão na massa, deixando de lado a política um tanto amadora de candidatos individuais e apostando, em vez disso, naquelas campanhas políticas que respondiam às estratégias conservadoras e eram dirigidas a um público-alvo específico.

Atribui-se normalmente ao Memorando Powell o lançamento de vários *think tanks* de direita e a "nova abordagem da direita" na política norte-americana. Em agosto de 1971, Lewis Powell, advogado de empresas (que foi nomeado juiz da Suprema Corte por Nixon duas semanas mais tarde), distribuiu um "Memorando Confidencial: Ataque ao Sistema da Livre Empresa Norte-Americano" (mais tarde conhecido como "o Memorando Powell") que esboçava os perigos do controle liberal dos recursos acadêmicos e da mídia. O memorando inspirou a criação da Fundação Heritage, do Instituto Manhattan, do Instituto Cato, dos Cidadãos para uma Economia Sólida, Precisão na Comunidade Acadêmica, e outras organizações influentes. Financiadores importantes desses novos *think tanks* incluíam o dinheiro oriundo de bancos e do petróleo dos Mellon-Scaifes, de Pittsburgh, as fortunas obtidas nas manufaturas de Lynde e Harry Bradley, de Milwaukee, as rendas obtidas com a indústria energética da família Kock, do Kansas, os lucros com a indústria química de John M. Olin, de Nova York, o império de remédios patenteados Vick, da família Smith Richardson de Greensboro, NC., e os bens ativos resultantes da fabricação de cervejas da dinastia Coors, do Colorado, entre outros. Joseph Coors forneceu o financiamento inicial para a Fundação Heritage inspirado pelo Memorando. Os curadores da Fundação Heritage incluíram Joseph Coors, o ex-secretário do Tesouro William E. Simon, Richard M. Scaife, Grover Coors, Jeb Bush e o cofundador da Amway Corporation Jay Van Andel. O memorando permaneceu "confidencial" por mais de um ano. Mas meses após a confirmação pelo Senado da nomeação de Powell para a Suprema Corte, o memorando chegou a Jack Anderson, um colunista liberal que escrevia para uma cadeia de periódicos. Anderson publicou duas colunas sobre o assunto em setembro de 1972, despertando o interesse nacional. O papel desses *think tanks* de direita passou a ser cada vez mais crucial nos anos seguintes e a eles muitas vezes se atribui uma contribuição para a eleição de Ronald Reagan em 1980, a reversão do controle do Congresso pelos democratas em 1994 e os aspectos mais importantes que deram forma à candidatura e à presidência de George

W. Bush, inclusive o projeto da "guerra ao terror" e o início da segunda Guerra do Iraque (Rich, 2004, 2005a,b).

Procurando conseguir um contrapeso para essas instituições conservadoras, os democratas fizeram o mesmo, embora com um financiamento menor e com menos impacto político. Houve até uma tentativa por parte de um importante cientista cognitivo, George Lakoff, de estabelecer um *think tank* para desenvolver molduras progressistas em oposição ao controle conservador no enquadramento da política. Seu Instituto Rockridge, apesar de seu desempenho intelectual extraordinário e sua influência política substancial, fechou em 2008, no auge da campanha presidencial, quando era mais necessário, em virtude da falta de apoio por parte das autoridades democratas, que ainda não tinham "entendido as coisas muito bem".

De um modo geral, segundo Rich (2005b), entre 1970 e 2005 o número de *think tanks* nos Estados Unidos quadruplicou, e os que eram estatais cresceu ainda mais, alcançando 183 organizações. Dessas 183 organizações estatais, 117 tinham pautas de pesquisa focadas principalmente em questões de políticas estatais, um aumento de mais de dez vezes em relação às dez que existiam em 1970. Entre essas 117, a ideologia conservadora predomina. Em um levantamento realizado por Rich entre os *think tanks* conservadores, uma pluralidade significativa — quase 40% — dos líderes principais das organizações vieram do setor privado; eram antigos lobistas ou executivos de empresas (38,2%). Em contraste, quase dois terços daqueles que formaram *think tanks* liberais vieram dos governos estatais ou de organizações de apoio sem fins lucrativos (63,1%). Entre as prioridades para os líderes desses grupos conservadores estavam a especialidade em questões específicas (61,8%), a experiência em negócios da mídia e públicos (35,3%) e um registro de publicações (32,3%). Três quartos dos líderes dos *think tanks* conservadores mencionaram a formação da opinião pública como importante (73,5%), enquanto apenas metade dos líderes dos grupos de reflexão liberais citou essa questão como importante (52,6%).

Um componente relevante desses grupos conservadores é o uso sistemático da mídia para moldar a opinião pública, um empreendimento caro. Estudos de grupos de interesse mostraram que o atributo organizacional mais importante que leva à visibilidade na mídia é o tamanho do orçamento da organização que procura essa visibilidade. Várias fundações conservadoras — entre elas a Fundação Lynde e Harry Bradley, a Fundação Carthage, a Fundação Earhart, as fundações de caridade Charles G. Kock, David H. Koch e Claude R. Lambe, a Fundação Phillip M. McKenna, a Fundação JM, a Fundação John M. Olin, a Fundação Henry Salvatori, a Fundação Sarah Scaife e a Fundação Smith Richardson — deram quantias substanciais para os *think tanks* conservadores. O forte apoio financeiro fornecido por essas fundações teve uma influência importante na visibilidade dos grupos de direita. Eddie Goldenberg (1975), em seu estudo sobre "grupos com recursos escassos", verificou que mais recursos significam uma maior capacidade dos grupos de obter visibilidade na mídia. Lucig H. Danielian (1992) verificou igualmente que a força econômica (isto é, o maior tamanho) dos grupos de interesse era um dos indicadores mais significativos de sua visibilidade potencial nas redes de notícias, e sugere que a proporção de recursos que uma organização dedica às questões públicas e aos esforços de mídia afeta sua visibilidade. Estudos realizados durante as décadas de 1980 e 1990 descobriram que os grupos de reflexão conservadores dedicaram uma quantia significativamente maior de recursos à promoção de seus produtos e à busca de visibilidade (Feulner, 1986; Covington, 1997). Em contraste, os *think tanks* liberais foram considerados organizações com recursos escassos e que apoiavam menos os projetos de geração de visibilidade (Callahan, 1995, 1999; Shuman, 1998). Em um estudo sobre *think tanks* conservadores e a visibilidade na mídia durante os anos 1990, Rich e Weaver (2000) verificaram que, dependendo das inclinações ideológicas da publicação específica, os grupos que gastavam mais recebiam muito mais citações (isto é, no *Wall Street Journal* e no *Washington Post*).

Embora fosse comum que os grupos conservadores tivessem um financiamento melhor, as organizações com inclinações esquerdistas começaram a alcançá-los nos anos 2000 (Rich, 2005a). Os *think tanks* liberais ou "sem ideologia" mais bem financiados hoje recebem mais verba do que institutos como a Fundação Heritage. A diferença é que os grupos liberais e independentes continuam a gastar a maior parte de seu dinheiro em análise de políticas, enquanto os grupos conservadores dedicam proporções significativas de seus recursos com a mídia e em *lobby* no governo. Como ilustração das estratégias contrastantes, Brookings, um dos *think tanks* independentes mais importantes, gastou, em 2004, 3% de seu orçamento de US$39 milhões em comunicação; em 2002, o ano mais recente com informações disponíveis, a conservadora Fundação Heritage gastou 20% de seu orçamento de US$33 milhões com questões públicas e governamentais (Rich, 2005a:25). Segundo Herb Berkowitz, antigo vice-presidente para comunicação da Heritage:

> Acreditamos que, quando o produto da pesquisa foi impresso, só metade do trabalho estava feito. É quando começamos a vender para a mídia (...) Parte de nossa responsabilidade é a venda de ideias, a venda de propostas políticas. Estamos lá fora vendendo essas coisas ativamente, dia após dia. É nossa missão (citado em Rich, 2005a:25).

Assim, *enquanto think tanks liberais e independentes estão envolvidos principalmente na análise de políticas, seguindo sua crença em políticas racionais, os* think tanks *conservadores estão voltados principalmente para moldar mentes por meio da política da mídia.*

Curiosamente, na Grã-Bretanha, os estudiosos mais ativos e perspicazes de *think tanks* políticos ganharam destaque durante os primeiros dias de Tony Blair como primeiro-ministro. Geoff Mulgan (1991, 1998), por exemplo, um dos analistas mais inovadores da sociedade em rede, cofundou o Demos em 1993, e mais tarde foi dirigir a Forward Strategy Unit, uma unidade de estratégia, no gabinete de Tony Blair, em 1997. No entanto, o choque político enfrentado por muitos dos membros desses grupos como resultado do alinhamento de Blair com Bush após o 11 de Setembro levou a uma separação entre os grupos mais criteriosos e a liderança do Partido Trabalhista durante o mandato de Blair. Em outros países, fundações voltadas para políticas públicas estão normalmente associadas aos principais partidos políticos. É o que ocorre, por exemplo, na Alemanha, com a Fundação Friedrich Ebert, associada aos Social Democratas, e a Fundação Konrad Adenauer, associada aos Democratas Cristãos. Ou na Espanha, com a Fundação Alternativas e a Fundação Pablo Iglesias na área de influência socialista, e a Fundação FAES dirigida pelo antigo líder conservador José María Aznar. Mas a maior parte dessas fundações desempenha principalmente um papel na análise de políticas e na elaboração ideológica, e não uma função operacional direta na elaboração da política do partido. A prática de política informacional é normalmente deixada para os consultores políticos, uma indústria global crescente, com raízes profundas no solo da política norte--americana, como mencionei antes (Sussman, 2005; Bosetti, 2007).

DIRECIONANDO A MENSAGEM PARA UM PÚBLICO-ALVO: TRAÇANDO O PERFIL DOS CIDADÃOS

Uma vez que as diretrizes e estratégias políticas públicas são formuladas, a política da mídia entra em uma nova fase de operação: *a identificação dos valores, crenças, atitudes, comportamento social e comportamento político (inclusive padrões de votação) para segmentos da população identificados segundo sua distribuição demográfica e espacial.* Mark Penn, um dos pesquisadores de opinião mais importantes dos Estados Unidos e consultor-chefe da campanha presidencial primária de Hillary Clinton em 2008, começou a dissecar cuidadosamente em seu livro *Microtrends* [Microtendências] o eleitorado norte-americano por perfis sociais. Ele ilustrou como, ao procurar as associações estatísticas entre características demográficas, crenças, tendências em relação à mídia e comportamento político, torna-se possível selecionar cada grupo específico como alvo e obter informações sobre suas predisposições — e, com isso, aperfeiçoar a mensagem política. Como isso se traduz em estratégia política? O seguinte exemplo revelará o método.

Em entrevista à *Vanity Fair*, Karl Rove, que muitos consideravam o principal arquiteto da estratégia de comunicação de George W. Bush, relatou que quando a campanha de Bush descobriu que o seriado de humor *Will & Grace* — sobre um gay chamado Will e sua melhor amiga Grace, que dividem um apartamento em Nova York — era extremamente popular entre os jovens republicanos e eleitores incertos, principalmente mulheres, eles saturaram os intervalos do programa com 473 comerciais. A campanha comprou os anúncios em um programa que fazia um retrato favorável da vida gay urbana contemporânea, ao mesmo tempo que buscava aumentar a participação dos eleitores entre outras populações conservadoras por meio de uma proposta de emenda constitucional que proibia o casamento gay (Purdum, 2006).

Portanto, *a mensagem é única: o político*. As aparições do candidato em formatos diferentes variam de acordo com a população-alvo (Barisione, 1996). Dentro, é claro, dos limites de evitar ser exposto a contradições óbvias entre as imagens projetadas em grupos, espaços e momentos diferentes. Grupos de foco que ajudam a refinar as mensagens e as pesquisas de opinião são um meio de avaliar a efetividade da mensagem em tempo real e de acompanhar a evolução da opinião pública. No entanto, a pesquisa de opinião por si só não é um instrumento muito sofisticado para a navegação política porque só revela a posição do político na opinião pública e os pontos positivos e negativos de sua mensagem. É a *combinação da pesquisa de opinião com a análise de dados sociais* que nos dá uma interpretação das tendências em tempo real; ela aumenta a oportunidade de modificar uma evolução desfavorável atuando sobre atitudes latentes por meio de novas rodadas de mensagens diferenciadas orientadas para cada categoria social (Hollihan, 2008). A construção de bancos de dados tem outro efeito direto e operacional sobre as estratégias políticas. Dados podem ser calculados para cada jurisdição eleitoral, oferecendo assim uma geografia política que permite a propaganda personalizada por meio de chamadas telefônicas ao vivo ou gravadas para as casas dos eleitores potenciais, e-mails e visitas pessoais, como discutirei a seguir, quando analisar campanhas eleitorais.

O fato de essa forma sofisticada de marketing político ser um derivado do marketing comercial é uma clara indicação do surgimento do cidadão-consumidor como uma nova personagem na vida pública. Com efeito, políticos e empresas usam os mesmos bancos de dados porque há um comércio ativo de venda de dados, com o uso do poder maciço do computador aplicado ao cruzamento de dados de fontes governamentais e acadêmicas com a enorme coleção de dados resultante da invasão da privacidade pelas empresas de cartões de crédito, de telecomunicação e da internet. Todas elas vendem informações sobre aqueles clientes (a maioria) que, sem se inteirar sobre o que está escrito em letra miúda em seus contratos, não escolhem rejeitar a política das empresas de vender seus dados.

De fato, o sistema amplo e sofisticado mirar no eleitor, estimulado pela construção do "Voter Vault" [a caixa-forte do eleitor], um banco de dados que contém informações detalhadas sobre populações escolhidas, foi um dos fatores principais para o sucesso do Partido Republicano nos Estados Unidos nos ciclos eleitorais de 2000 e 2004. Karl Rove, o cérebro brilhante, ainda que inescrupuloso, por trás da ascensão dos conservadores ao poder na política estadunidense, é considerado um dos arquitetos principais da adaptação das técnicas de marketing corporativas para as campanhas políticas dos EUA. Tratarei sucintamente dessa análise, já que ela é um dos casos mais reveladores da política informacional. Seguir a carreira de Karl Rove como um operador político abre uma janela para *a evolução da prática política nos primeiros anos da Era da Informação.*

Karl Rove foi o arquiteto principal da estratégia política do governo Bush até sua renúncia, em agosto de 2007, para evitar ser acusado no Caso Plame--Wilson* (ver Tabela A4.1, no Apêndice). Ele orientou também a campanha de Bush para governador do Texas em 1994 e 1998, a bem-sucedida campanha de John Ashcroft para o Senado em 1994 e as campanhas para o Senado de John Coryn (2002) e de Phil Gramm (para a Câmara dos Deputados em 1982 e para o Senado em 1984). Rove foi considerado o "cérebro de Bush" e, junto com Lee Atwater,[8] é supostamente o responsável pela transformação das estratégias das campanhas políticas do Partido Republicano.[9]

---

* O Caso Plame (também conhecido como o escândalo do vazamento da CIA e Plamegate) envolveu a identificação de Valerie Plame Wilson como agente secreta da CIA por Richard Armitage. Antes disso, a relação de Wilson com a CIA era informação confidencial. A revelação foi feita em uma coluna do *Washington Post* com o título "Mission to Niger" (Missão ao Níger), escrita por Robert Novak e publicada em 14 de julho de 2003.
O marido da sra. Wilson, o ex-embaixador Joseph C. Wilson, em várias entrevistas e escritos, declarou que membros do governo do ex-presidente George W. Bush revelaram a função de agente secreta de sua mulher em resposta à Carta ao Editor que ele escrevera intitulada "What I Didn't Find in Africa" [O que não encontrei na África], publicada no *New York Times* em 6 de julho de 2003. Nela, ele afirma, após sua ida à República do Níger, não ter encontrado sinais de que o Iraque estivesse comprando quantidades significativas de urânio da África. (*N. da T.*)
8 Atwater foi consultor tanto de Reagan quanto de Bush pai e, mais tarde, presidente do RNC (Comitê Nacional Republicano). Foi o criador do vergonhoso anúncio da porta giratória de Willie Horton que teve um papel significativo na derrota de Dukakis. Atwater morreu em 1991. [Willie Horton era um presidiário que fugiu quando Dukakis era governador, e cometeu estupro e assassinato depois da fuga. O anúncio mostrava uma fila de prisioneiros entrando e saindo por uma porta giratória de grades da prisão como se a facilidade de fuga fosse responsabilidade de Dukakis. (*N. da T.*)]
9 Rove tem uma história pitoresca de embustes. Nos seus primeiros anos, quando trabalhava para a campanha de um candidato republicano ao Senado, de Illinois, fingiu trabalhar como voluntário para um democrata chamado Alan J. Dixon, que era candidato ao posto de tesoureiro do estado (e mais tarde a senador). Rove roubou papel timbrado do escritório de Dixon, escreveu um folheto prometendo "cerveja grátis, comida grátis, mulheres e muita diversão de graça" e distribuiu mil cópias em uma comunidade, em um show de rock, em uma distribuição de sopa e entre bêbados na rua: uma multidão apareceu na sede da campanha de Dixon (Purdum, 2006).

Rove começou seu trabalho formal para o Partido Republicano em 1971, quando abandonou a universidade para se tornar presidente executivo dos Universitários Republicanos, uma organização nacional composta de estudantes universitários que apoiam o Partido Republicano. Trabalhou primeiramente com Lee Atwater em 1973, quando Atwater gerenciou sua campanha para presidente nacional dos Universitários Republicanos. Durante a campanha, um oponente que tinha desistido de concorrer (Terry Dolan) vazou fitas cassete para o *Washington Post* nas quais Rove falava sobre as técnicas fraudulentas da campanha, tais como fazer buscas no lixo do oponente. O *Post* publicou a história — "O Partido Republicano investiga funcionário que pode ser professor de trapaças" — no auge do escândalo de Nixon com o Watergate. George H.W. Bush interveio na questão se Rove deveria ganhar a eleição considerando essas revelações e decidiu em favor dele. Foi assim que Rove conheceu George W. Bush. Poucos anos mais tarde, Rove mudou-se para o Texas e foi consultor da primeira campanha de Bush filho para o Congresso, em 1978. Dois anos mais tarde, Bush pai o contratou para trabalhar em sua campanha de 1980 — mas o despediu no meio da disputa por ter vazado informações para a imprensa. Após ter deixado a Casa Branca, Rove tornou-se analista político para o canal de notícias da Fox. O mesmo ocorreu com Dick Morris, supostamente responsável por encorajar Bill Clinton a tratar a política como um processo de marketing, como um estilo de vida orientado para o consumidor.[10]

Sob a liderança de Rove, o Partido Republicano foi o primeiro a usar as técnicas MLM (marketing de níveis múltiplos) ou aquilo a que os republicanos e Rover se referem como "indicadores de desempenho" ou "métricas". As MLMs são, tradicionalmente, empresas corporativas que constroem seus negócios por meio de um recrutamento do tipo pirâmide e de marketing (vendendo candidatos como venderíamos potes de plástico). Um dos nomes mais importantes nesse marketing de níveis múltiplos corporativo é a Amway. Richard de Vos fundou a Amway em 1959, uma empresa que em 2004 tinha vendas que ultrapassavam US$6,2 bilhões. A família De Vos havia muito tinha uma associação com a política do GOP. Ubertaccio (2006a:174) argumenta que a entrada formal da família De Vos na política eleitoral é apenas a evidência mais recente da sinergia entre partidos e a MLM. Segundo esse autor (2006a), o Partido Republicano encomendou estudos para testar a eficiência dessas técnicas de MLM, a partir de 2002, ao reconhecer a necessidade de aumentar o comparecimento dos eleitores entre populações específicas, para que pudessem ganhar mais uma vez, considerando a margem muito pequena da vitória em 2000. A pesquisa MLM

---

10 Em 2008, Morris estava dirigindo o vote.com, um portal da internet que pede aos usuários que votem sobre certas questões e depois envia o resultado por e-mail para os legisladores relevantes.

O PODER DA COMUNICAÇÃO | 267

no mundo corporativo tinha ilustrado que voluntários são mais eficientes para recrutar e gerenciar outros voluntários, particularmente na área direcionada para seus interesses. Eles fizeram uso político dessas técnicas por meio de dois projetos que representam a política informacional em sua melhor forma: A 72-Hour Task Force (Força-Tarefa de 72 horas, em tradução livre) e o projeto Voter Vault (Caixa-forte do Eleitor).

Com Rove, o Partido Republicano estabeleceu pela primeira vez a Força--Tarefa de 72 horas em 2001, a fim de estimular o comparecimento às urnas do eleitor republicano. Usando os dados MLM durante cada eleição, a força se concentra em aumentar o comparecimento às urnas do eleitor por meio de uma campanha orientada nos três dias anteriores à eleição. E fazem isso com a ajuda de voluntários cuidadosamente selecionados que então ativam suas redes específicas (por exemplo, igrejas, clubes de tiro, associação de pais e professores etc.)

A estratégia mais ambiciosa e eficiente, no entanto, foi a construção da Caixa-forte do Eleitor, um banco de dados extenso sobre eleitores construído pelo Partido Republicano na expectativa da eleição presidencial de 2004. O banco de dados contém informação sobre grupos específicos, inclusive dados de consumidores, registro de licenças para caçar e assinaturas de revistas consideradas "republicanas" em sua natureza. Esse sistema tem informações sobre mais de 175 milhões de indivíduos e inclui uma ferramenta para a organização de comunidades da internet que permite aos voluntários da campanha estabelecerem seus próprios "distritos eleitorais". A "Caixa-forte" está disponível para partidos nacionais e estaduais. O pesquisador de opinião e estrategista de Bush, Matthew Dowd (que estava subordinado a Rove), lançou o Caixa-forte. O banco de dados usa um sistema de pontos que, com base em certos critérios demográficos obtidos por visitas presenciais, pode preparar uma tabela com a probabilidade de um eleitor votar no Partido Republicano ou Democrata. O banco de dados — em sua maior parte processado na Índia — vem de várias fontes de informação públicas. Os dados são comprados legalmente em grande quantidade na internet ou colhidos por dezenas de milhares de dedicados trabalhadores de campo. As estatísticas vêm de relatórios e avaliações de crédito, assinaturas de revistas e registros comercializados entre publicações mensais e semanais, registro de veículos, pesquisas de opinião sobre consumo que foram respondidas ou enviadas pelo correio em troca de algum presente, registros das preferências de compra de consumidores captados por meio de cartões de desconto em mercados, listas de todas as igrejas evangélicas locais que possuem um ônibus, bem como porcentagens do censo sobre a constituição racial e financeira de um determinado bairro.

O Caixa-forte do Eleitor ajudou a ampliar o uso de mala direta e telefonemas micro-orientados por parte do Comitê Nacional Republicano (RNC). Em

2004, o Partido Republicano gastou quase US$50 milhões em malas diretas (a cifra foi US$22 milhões em 2000). Gastaram também US$8,6 milhões com telemarketing em 2004 (a cifra foi US$3,6 milhões em 2000; La Raja *et al.*, 2006:118). Simultaneamente, gastos com funcionários do partido diminuíram de US$43 milhões em 2000 para US$33 milhões em 2004, possivelmente em virtude da maior dependência de sistemas automáticos para contatar eleitores. Na eleição de 2006, o presidente do RNC, Ken Mehlman, expandiu o Caixa--Forte, como explicou à *Vanity Fair*: "Nós selecionamos os eleitores como a Visa seleciona clientes de cartão de crédito. Essa é a diferença. Costumávamos selecioná-los com base em sua geografia. Agora os selecionamos com base naquilo que eles fazem e como vivem" (Purdum, 2006).

O banco de dados Caixa-forte do Eleitor permitiu um maior microdirecionamento da mídia. Em 2004, a equipe de Bush identificou quais portais na internet seus eleitores potenciais visitavam e a que canais a cabo eles assistiam. E gastou seu dinheiro de acordo com essas pesquisas, anunciando em canais a cabo especiais, como o canal de golfe e a ESPN, cujos espectadores tendiam a ser republicanos. Isso permitiu que o partido se direcionasse a eleitores republicanos que viviam em "regiões liberais", que não teriam sido atingidos pelas iniciativas tradicionais "para captar o voto". Entre 2004 e 2006 o RNC ampliou o acesso ao Caixa-forte para organizadores em todos os cinquenta estados e treinou aproximadamente 10 mil voluntários para usá-lo.

Para não ser ultrapassado, a partir de 2002, o Partido Democrata desenvolveu dois bancos de dados: DataMart, contendo os dados de 166 milhões de eleitores registrados, e Demzilla, um banco de dados menor usado para o levantamento de recursos e para a organização de voluntários. Mas em contraste com o Caixa-forte, os dados do Comitê Nacional Democrata (DNC) só cobriam as duas eleições anteriores e apenas 36 estados tinham acesso a eles. Além disso, o processo de registro de dados era muito inferior ao do sistema republicano. Em fevereiro de 2007, como uma iniciativa pessoal de Howard Dean, presidente do DNC à época, o DNC substituiu esses sistemas pelo VoteBuilder [Construtor de Votos]. Descrito como "uma interface de alta tecnologia com arquivos de eleitores de todo o país", o instrumento, baseado na internet, estava destinado a garantir que os candidatos democratas, do partido nacional e até dos partidos estaduais, tivessem acesso aos instrumentos necessários para ajudar a ganhar nas eleições. No entanto, foi apenas no ciclo eleitoral de 2008 que os democratas instituíram um banco de dados centralizado com atualização permanente.

Até que ponto essas novas estratégias informacionais influenciaram o processo político? Panagopoulos e Wielhouwer (2008) examinaram os levantamentos do National Election Study (NES) para 2000 e 2004, os anos com mais "campanha por contatos pessoais" desde o início da pesquisa.

O PODER DA COMUNICAÇÃO | 269

Eles constataram que, em todos os casos, as campanhas se direcionavam a eleitores anteriores. Em 2004, os eleitores de estados indecisos foram bastante cobiçados por ambos os partidos. O foco era garantir a própria base eleitoral do partido, enquanto se prestava atenção aos independentes. Os bancos de dados foram essenciais na identificação desses dois grupos. O comparecimento do eleitor às urnas aumentou fortemente em 2004 — talvez como resultado de um foco maior na sua mobilização. Dos 202,7 milhões de cidadãos habilitados, 60,3% votaram na eleição presidencial de 2004, um aumento substancial da porcentagem de votação sobre a eleição de 2000 (54,2%) e o segundo maior índice de comparecimento desde a década de 1960 (McDonald, 2004, 2005; Bergan *et al.*, 2005). Esse aumento é extraordinário, principalmente tendo em vista a queda geral de comparecimento de eleitores às urnas nas democracias ocidentais durante as últimas décadas (Dalton e Wattenberg, 2000). Estratégias de mobilização de eleitores, associadas à polarização ideológica (também uma marca registrada de Rove), podem ter sido a combinação decisiva para as vitórias do Partido Republicano em 2000 e 2004. Realmente, segundo o NES, os entrevistados acharam que os candidatos eram mais diferentes do ponto de vista ideológico em 2004 do que em 2000 (Bergan *et al.*, 2005).

Há um lado mais sombrio na política informacional. É a busca pela informação prejudicial aos oponentes. É uma atividade extremamente elaborada, rotulada no campo de *"pesquisa da oposição"* (Marks, 2007). Como ela desempenha um papel essencial nas campanhas políticas e no desenvolvimento da política de escândalo, abordarei a questão em detalhes nas seções seguintes deste capítulo.

A coleta de dados, o processamento da informação e a análise teórica produzem uma safra de mensagens politicamente poderosas, construídas em torno da promoção da mensagem central: o próprio político. Uma vez que as mensagens são construídas, o processo de transmiti-las para os públicos-alvo ocorre por meio de uma variedade de plataformas e formatos, sendo as mais relevantes a programação regular da televisão e as campanhas eleitorais. Analisei a primeira no Capítulo 3, referindo-me aos mecanismos de agenda-setting, enquadramento (*framing*), indexação e *priming* que determinam várias formas da tendenciosidade na mídia. Neste capítulo, reexaminarei a prática das campanhas eleitorais como um instrumento-chave para obter poder político, em grande medida por meio da política da mídia. Antes, no entanto, tratemos da mãe de toda a política da mídia: os esquemas financeiros.

O RASTO DO DINHEIRO

A política informacional é cara e na maioria dos países não pode ser sustentada pelo financiamento regular de organizações políticas. A maior parte dos gastos tem ligação com as campanhas políticas, e principalmente com a publicidade paga na televisão nos países como os Estados Unidos, onde esse é o principal canal de comunicação direta dos candidatos com os eleitores. O custo das campanhas eleitorais nos Estados Unidos disparou nas últimas décadas, com uma aceleração significativa a partir da metade da década de 1990. A Figura 4.1 ilustra as contribuições totais levantadas pelos candidatos presidenciais dos Estados Unidos nos nove últimos ciclos eleitorais.

Custos estratosféricos de campanha não estão limitados aos candidatos à presidência. Nos Estados Unidos, em 2004, o custo para entrar no Senado foi em média de US$7 milhões, e o custo na Câmara de Representantes foi de US$1 milhão, onze vezes mais do que em 1976 (Bergo, 2006). Hollihan (2008), no entanto, argumenta de maneira convincente que o crescimento do financiamento político não é apenas resultado da maior necessidade das campanhas políticas em crises de liquidez.

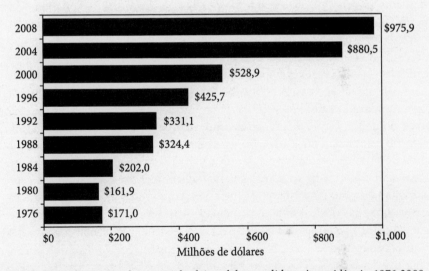

Fig. 4.1. Contribuição total para o ciclo eleitoral dos candidatos à presidência, 1976-2008. Obs.: Esses totais incluem recibos primários, financiamento público da eleição geral e financiamento público da convenção. As quantias em dólares não foram ajustadas de acordo com a inflação. A cifra de 2008 reflete as contribuições totais até 6 de junho de 2008.
Fonte: Arquivos da Comissão Eleitoral Federal compilados pelo Centro para Políticas Responsivas.

É, na verdade, um mecanismo para permitir a influência de atores corporativos e outros interesses especiais na elaboração de políticas públicas em todos os níveis do governo (Hollihan, 2008:240-73). A oferta parece ser até mais significativa do que a demanda. Os políticos podem praticar uma política cara porque há uma abundância de recursos de lobistas e doadores. Realmente, alguns políticos não conseguem nem gastar todo o dinheiro que recebem; então, em vez disso, usam o dinheiro para estilos de vida extravagantes, justificados por meio de uma contabilidade criativa. Desde 1974, diversas reformas nas políticas de financiamento foram realizadas nos Estados Unidos, mas são rapidamente dribladas por novas práticas. Assim, as leis eleitorais estadunidenses agora limitam a quantia com a qual doadores individuais podem contribuir para candidatos durante um ciclo eleitoral. Durante as eleições de 2007-8, por exemplo, era permitido que indivíduos contribuíssem com até US$2.300 para o candidato de sua escolha durante a eleição primária e até a mesma quantia para a eleição geral. Para driblar esses limites, os Comitês de Ação Política (PACs) foram criados e lhes foi permitido levantar valores mais altos. Quando o financiamento através dos PACs também foi limitado, surgiu uma nova possibilidade: doações especiais feitas diretamente aos partidos foram permitidas sem limites. Como os partidos trabalham para os candidatos, no final, o dinheiro chega a eles. Além disso, há uma prática generalizada de doações por agregação (*bundling donation*), que permite a alguns indivíduos (por exemplo, o CEO de uma empresa, sócios em um escritório de advocacia, líderes de um sindicato) coletarem doações individuais (de seus funcionários ou de seus membros, por exemplo) em nome de um candidato. Muitas vezes as empresas fazem doações agregadas aos dois partidos, para cobrir suas apostas. A publicidade paga na mídia — o gasto principal de uma campanha eleitoral — é muitas vezes iniciativa dos chamados grupos 527 (cujo nome se origina do código de imposto que confere seu status legal) de cidadãos comuns ou organizações que exercem seu direito à livre expressão fazendo propaganda em nome de um determinado candidato ou contra ele. Eles não podem pedir voto, mas sua mensagem é clara, e de um modo geral extremamente negativa. Naturalmente, esses grupos se desenvolvem na periferia das campanhas dos candidatos principais, de tal forma que são, na verdade, sub-rogados que podem adotar as pautas de candidatos específicos fora dos limites das restrições formais de levantamento de recursos.

Além disso, indivíduos pagam milhares de dólares para participar de eventos de captação de feudos e/ou jantares que muitas vezes levantam milhões de dólares. Na década de 1990, o presidente Clinton conseguiu recursos convidando patronos ricos a pagar pelo privilégio de se hospedar na Casa Branca naquilo que foi chamado pela mídia de "Motel 1600" (por ser o número 1600 da avenida Pennsylvania). Enquanto procuravam doadores para a campanha de reeleição presidencial de 1996, seus consultores tiveram a ideia de usar o prestígio da presidência e o apelo da Casa Branca para convidar doadores potenciais em troca de um aporte preestabelecido. Por apenas US$12.500, o doador teria um jantar sofisticado em um hotel de Washington e uma foto com o presidente. Por um café na Casa Branca com o presidente e funcionários do governo, pediam ao doador que contribuísse com US$50 mil. Se o entusiasmo do apoiador do presidente alcançasse a marca dos US$250 mil, ele ou ela seria convidado(a) para passar um dia inteiro na Casa Branca e desfrutar de suas amenidades, como nadar na piscina, jogar tênis, jogar boliche no pálio presidencial ou participar de um churrasco no gramado. Para uma doação secreta, excepcionalmente generosa, doadores *deluxe* podiam passar a noite no quarto Lincoln para refletir confortavelmente sobre o destino da democracia norte-americana. Esse grupo seleto, na verdade, se transformou em um mercado de massa: entre 1993 e 1996 houve 103 cafés da manhã na Casa Branca e 938 convidados para passar a noite. Metade era de parentes e amigos pessoais, mas os outros estavam entre os ricos e mal-afamados do mundo, inclusive um funcionário de uma empresa de armamentos chinesa, um corretor financeiro condenado por fraude, um multimilionário condenado por espionar seus funcionários, uma família de banqueiros indonésios negociando a política comercial dos Estados Unidos com relação ao seu país, um executivo de uma companhia de cerveja chinesa e John Huang, o arrecadador de recursos do Comitê Nacional Democrata, que mais tarde foi considerado culpado de desobedecer às leis de financiamento de campanhas ao pedir recursos de doadores estrangeiros asiáticos. Mas não houve nenhum problema legal com a arrecadação de recursos de Clinton. Todas as solicitações eram feitas com o devido respeito às regras. Não se pediam as contribuições aos doadores no interior da Casa Branca ou em qualquer outra propriedade do governo, e o pagamento só era requisitado posteriormente (Fineman e Isikoff, 1997; Franmolino e Fritz, 1997; ambos citados por Hollihan, 2008:246).

Candidatos individuais podem também contribuir com uma quantidade ilimitada de recursos pessoais para suas próprias campanhas. Como resultado, qualquer americano rico pode tentar concorrer, driblando os partidos ou qualquer outro intermediário ao comprar acesso aos cidadãos por meio da mídia e publicidade política direta. Esse sistema de financiamento político norte--americano não foi seriamente questionado, já que a Suprema Corte protegeu o direito de doação para campanhas políticas como parte do direito à livre expressão, enfatizando que corporações também podem fazê-lo. Além disso, é pouco provável que os próprios políticos ponham limites em um sistema do qual seus operadores se beneficiam. Assim, a Comissão Eleitoral Federal (FEC) continua a ser uma burocracia ineficaz, que basicamente preenche a função de uma decoração de vitrine para desviar a atenção da verdade desconfortável de uma democracia estadunidense literalmente à venda. No caso dos Estados

Unidos, o dinheiro comanda a política e os políticos que não seguem essa regra não têm qualquer chance de competir (Centro para Políticas Responsivas, 2008c; Garrett, 2008).

No entanto, ainda é possível obter o financiamento popular para as campanhas, como argumentarei a seguir. Mas com duas condições: para que o financiamento popular seja significativo, ele precisa ser o resultado de um apoio maciço de um movimento político que segue um líder carismático; mesmo sob essas circunstâncias, isso nunca é bastante, e obriga o político, sejam quais forem seus valores, a buscar fontes de financiamento nos mundos corporativo e de interesses especiais.

O caso dos Estados Unidos é único porque combina a influência direta de financiamento político privado com um sistema jurídico que encoraja o *lobbying*, uma indústria importante em Washington, DC, com a indiferença ou resignação do público em geral (Hollihan, 2008). Por comparação, na maior parte do mundo, embora não no mundo todo, o dinheiro compra sua entrada na política, desde os governos locais até a função presidencial, sem que haja qualquer estrutura legal eficiente para insular o governo de interesses especiais. Um bom exemplo é o Quênia, uma democracia desde a independência, onde a eleição de 2007, contestada e no final violenta, foi a mais cara na história do país. Realmente, entre 1963 e 2007, o gasto médio por candidato ao Parlamento aumentou 200 mil por cento sem qualquer estrutura regulatória para prestar contas do fluxo de dinheiro (CAPF, 2007). Os recursos eram usados para comprar votos, para subornar jornalistas e empresas de pesquisas de opinião, para lançar campanhas para a juventude e para mulheres no campo, para pagar pela publicidade na mídia, para pagar custos inflacionados de viagens, para pagar funcionários da campanha e outras coisas semelhantes. O financiamento veio de uma variedade de fontes. Parte do dinheiro do partido do governo veio do uso secreto de recursos públicos por meio de contabilidade fraudulenta. Uma parte maior veio de empresas que garantiam contratos com o governo em troca de seu apoio financeiro e logístico. Doações substanciais foram feitas para o partido da oposição por fontes estrangeiras. Pessoas ricas eram abordadas exaustivamente pelos potenciais membros do Parlamento de ambos os partidos, que exigiam delas pagamentos generosos. Isso chegou a tal ponto que as elites quenianas começaram a criar seus próprios partidos a fim de ter acesso direto ao parlamento sem ter de pagar a intermediários (aparentemente, esse é um método com melhor custo-benefício).

Em 2007, os lucrativos negócios políticos no Quênia atraíram números recordes de amantes da democracia: 130 partidos políticos colocaram em campo 2.500 candidatos parlamentares. Em muitos casos, eles tiveram de arrecadar o próprio dinheiro, mas a recompensa esperada no caso de uma aposta bem-sucedida valia o esforço. Um estudo mostrou que o investimento em eleições prévias teve um retorno legal de sete vezes o valor do investimento, cinco anos mais tarde, em termos de compensação mais benefícios.[11] Isso sem contar os subornos que permeiam o sistema. Depois da eleição, em 2007, uma estrutura regulatória para o financiamento de campanhas foi estabelecida, mas observadores independentes a consideram ineficiente. Financiamentos ilegais e negociações políticas orientadas para o lucro são uma característica sistêmica da democracia queniana (CAPF, 2007).

O Quênia é a regra, e não a exceção, quando se trata de dinheiro e política em uma perspectiva global. Relatos do restante da África, da América Latina (com a exceção do Chile) e da Ásia apontam na mesma direção (ver a seção sobre política de escândalos a seguir).

Em alguns outros países, especialmente na Europa ocidental e do norte, no Canadá, na Austrália e na Nova Zelândia, a situação é mais complexa, já que o financiamento público da política é a norma, a publicidade paga na mídia é limitada ou proibida e há regulamentos rígidos sobre financiamento direto de políticos no poder. E, no entanto, o rasto do dinheiro não para em seus litorais. Para ilustrar o argumento, *examinarei duas democracias que parecem estar acima de qualquer suspeita: o Reino Unido e a Espanha.*

Órgãos reguladores controlam o financiamento de partidos políticos tanto na Grã-Bretanha quanto na Espanha. Nos dois países, como nos Estados Unidos, há disposições que preveem a divulgação de contribuições para partidos políticos. No Reino Unido, doadores e partidos são obrigados a revelar contribuições acima de um certo limite e partidos políticos têm de declarar as contribuições recebidas. Na Espanha, todas as contribuições recebidas precisam ser declaradas. Além disso, ao contrário do que ocorre nos Estados Unidos, há um teto para o gasto do partido com a eleição, e os partidos devem fornecer informações detalhadas sobre seus gastos. A diferença primordial em relação aos EUA é que nos dois países europeus são os partidos políticos e não os candidatos que recebem o financiamento público direto durante o período eleitoral e entre eleições. O objetivo dos recursos é a administração geral do partido, a análise e as propostas de políticas públicas, além do pagamento das despesas da campanha. O financiamento é proporcional ao desempenho dos partidos na eleição anterior, o que, é claro, favorece a dominação contínua dos partidos políticos principais. Os custos de campanhas são significativamente menores em comparação aos Estados Unidos porque os partidos políticos no Reino

---

11 Na verdade, benefícios financeiros substanciais de cargos políticos também são comuns nos Estados Unidos. No entanto, os níveis de compensação legal da política nos Estados Unidos e na maioria das democracias ocidentais são baixos se comparados aos privilégios e salários de que desfrutam os políticos italianos de todas as afiliações políticas, como foi documentado em um livro polêmico de dois jornalistas (Rizzo e Stella, 2007).

O PODER DA COMUNICAÇÃO | 275

Unido e na Espanha têm direito ao acesso livre à mídia. Os critérios para a divisão do tempo de transmissão em rádio e TV são o número e a distribuição geográfica dos candidatos lançados em uma determinada eleição — no caso do Reino Unido — e o desempenho na eleição anterior — no caso da Espanha. Por outro lado, a publicidade paga na televisão é proibida nos dois países. Durante os períodos eleitorais, os partidos espanhóis e britânicos recebem espaços para transmissão em canais de televisão aberta e nas estações de rádio nacionais. Na Espanha, as notícias políticas nos canais do governo também são regulamentadas durante as campanhas eleitorais, e o tempo de exposição dos líderes políticos é atribuído proporcionalmente a seu desempenho precedente.

No Reino Unido, a publicidade paga é em grande medida utilizada em outdoors, panfletos, folhetos e outros materiais semelhantes. Os conservadores gastam mais com publicidade (46% *versus* 29% em 2005), embora o Partido Trabalhista gaste mais que os conservadores em comícios e eventos, usando o que sobra de sua infraestrutura de base. Embora os gastos com campanhas políticas tenham aumentado substancialmente no Reino Unido entre 2001 (£23,7 milhões para todos os partidos) e 2005 (£42 milhões), eles são mínimos se comparados aos gastos nos Estados Unidos (ver Figura 4.1), mesmo quando levamos em conta a diferença de tamanho de seus eleitorados. Na verdade, os partidos no Reino Unido normalmente respeitam o teto estabelecido para os gastos com campanhas. Assim, uma diferença fundamental entre os Estados Unidos e a maioria das democracias europeias ocidentais é que o controle esmagador dos lobistas na política norte-americana contrasta nitidamente com a separação regulamentada entre grupos empresariais e de interesses na política europeia.

A tensão entre o dinheiro e a política, no entanto, é tão real na Europa como no restante do mundo. Na verdade, o atual ambiente regulador no Reino Unido foi resultado de uma preocupação pública generalizada em 1998 sobre o financiamento de partidos que surgiu em virtude de uma série de escândalos, principalmente depois de Tony Blair ter se desculpado publicamente na televisão, em 1997, por ter aceitado uma doação de £1 milhão para o Partido Trabalhista feita pelo magnata da Fórmula Um Bernie Ecclestone. Henry Drucker, o arrecadador de recursos do Partido Trabalhista que pediu demissão logo depois de o partido ter chegado ao poder, criticou os acordos de "confiança cega" agora considerados ilegais, que permitiam que multimilionários fizessem doações secretas ao Partido Trabalhista sem que políticos importantes soubessem de onde o dinheiro tinha vindo. Essas doações não precisavam ser declaradas até 2001. O Comitê para Padrões na Vida Pública (um órgão supostamente independente estabelecido por John Major) recomendou um novo sistema de regulamentação das atividades financeiras de partidos políticos. O Ato dos Partidos Políticos, Eleições e Referendos (PPERA, na sigla em inglês) foi aprovado em 2000 e a eleição geral de 2001 no Reino Unido foi a primeira em que o gasto com a campanha partidária foi controlado. Apesar disso, problemas com doadores continuaram a surgir na política britânica, para tormento do Partido Trabalhista. O escândalo tomou maiores proporções durante a eleição de 2005, quando uma comissão da Casa dos Lordes averiguou que o Partido Trabalhista tinha recebido dezenas de milhões de libras em empréstimos de doadores ricos que não tinham sido declaradas à Comissão Eleitoral. Isso levou a Scotland Yard a investigar o chamado "dinheiro por títulos" ("*cash for honours*"). Em suma, Tony Blair foi acusado de vender títulos de nobreza para benefício do partido. Cada país tem suas tradições, e agora as tradições estavam à venda. Clinton tinha alugado, como foi mencionado, a suíte Lincoln na Casa Branca com sua *memorabilia* presidencial. Agora a nobreza inglesa estava se transformando em mercadoria. Nada poderia enfurecer mais os pares hereditários sobreviventes do reino. Outras formas de financiamento secreto vieram à tona quando foi revelado que o promotor imobiliário David Abrahams tinha dado mais de £600 mil para o Partido Trabalhista, usando outras pessoas para esconder sua identidade, em violação direta às regras da Comissão Eleitoral (Hencke, 2007).

Quanto à jovem e vibrante democracia espanhola, nas eleições parlamentares de 2004, todos os partidos juntos gastaram €57,2 milhões em suas campanhas de duas semanas. O gasto com campanhas eleitorais foi ainda menor em 2008, €50 milhões. A razão principal para um comportamento tão frugal é que o Ministério da Economia limita o gasto máximo para cada partido: em 2008, os dois principais, os Socialistas (PSOE) e os Conservadores (PP) tiveram autorização para gastar um máximo de €16,7 milhões cada um. Por outro lado, o governo financiou os partidos, em 2008, à razão de €0,79 por voto recebido e €21.167,64 por assento ocupado no Congresso, mais custos de transporte e acomodação para os candidatos. A maior parte dos recursos foi utilizada para publicidade em outdoors, mala direta, impressão de material, organização de comícios e publicidade no rádio e na imprensa escrita (Santos, 2008). No entanto, os partidos espanhóis procuram doações privadas ativamente, algumas delas de legalidade um tanto duvidosa (Bravo, 2008; Murillo, 2008; Santos, 2008).

Por que partidos cujas necessidades básicas de publicidade na mídia, campanhas e administração são satisfeitas por financiamento público ainda precisam bater à porta de doadores privados? Por certo, nunca há dinheiro suficiente para satisfazer todas as necessidades políticas. Mas como todos os partidos têm restrições semelhantes, o campo de atuação é, de alguma forma, nivelado. Essa é exatamente a questão. Indivíduos ricos, interesses especiais e grandes corporações querem inclinar uma das opções políticas a seu favor fornecendo dinheiro extra. Como a operação precisa ser secreta, esses tipos de favores para líderes e partidos têm uma conotação muito pessoal. Essa não é uma contribuição genérica para uma causa política, e sim uma linha específica de crédito político para ser usada quando o doador precisar. É o favoritismo como alternativa ao *lobby* (claro, o cenário político nos Estados Unidos é caracterizado por favoritismo generalizado além do lobismo, como foi supostamente exemplificado, segundo relatos da mídia, pelo vice-presidente Dick Cheney e sua Halliburton Corporation). No entanto, por que os partidos precisam acessar esse dinheiro extra fora do sistema legal? *Porque eles precisam gastar os recursos de forma flexível e confidencial.* Flexível porque ser inovador na política exige gastar em áreas e em projetos que não se enquadram na definição de atividade política nos termos estritamente reguladores das comissões eleitorais. Confidencial porque algumas operações políticas decisivas fora dos períodos de campanha (arrecadação ilegal de recursos, espionagem, fabricação de escândalos contra o adversário, suborno de jornalistas, pagamento de chantagem e coisas semelhantes) exigem recursos clandestinos substanciais. Além disso, quanto mais arbitrário for o uso dos recursos, maior o número de oportunidades para que intermediários políticos dentro e em torno do partido, bem como sua liderança, tirem sua parte pessoal. O cargo político é a base para a acumulação primitiva e pessoal de capital para os detentores de poder democrático: exatamente aqueles que aceitam a regra da alternação democrática são os mesmos que têm de aproveitar os bons momentos em que estão no poder, ou para si próprios ou para a luta em nome de seus ideais (Rose-Ackerman, 1999; International Foundation for Election Systems, 2002).

MANIPULANDO AS NOTÍCIAS

As pessoas tomam suas decisões, inclusive suas decisões políticas, com base em imagens e informação que, de um modo geral, são processadas pela mídia, inclusive a internet. Esse é um processo contínuo. Com efeito, as campanhas eleitorais — o momento dramático da escolha na democracia — operam nas predisposições armazenadas na mente das pessoas pela sua prática na vida cotidiana. *A política da mídia noticiosa, portanto, é a forma mais significativa de política da mídia.* Por certo, a informação com implicações políticas não se limita às notícias (Delli Carpini e Williams, 2001; Banet-Weiser, comunicação pessoal, 2008). E as notícias na televisão (a fonte principal de notícias para a maioria das pessoas) são montadas como entretenimento: ela constitui "a política da ilusão" (Bennett, 2007). Porém, é precisamente porque as notícias da mídia são formatadas de maneira que atraem o espectador médio que elas são influentes no estabelecimento da conexão entre as predisposições das pessoas e sua avaliação das questões que são a essência da vida política.

Como foi analisado no Capítulo 3, as estratégias políticas têm como objetivo primordial a definição da agenda (agenda-setting), o *framing* (enquadramento) e o *priming* (fornecimento da informação na mídia de notícias). Mas os métodos usados nessas atividades variam enormemente dentro do regime da mídia, dependendo da interação entre governos, empresas corporativas e empresas da mídia. A fim de identificar a lógica do enquadramento político na mídia, irei primeiramente basear-me na análise da experiência italiana, em grande medida a partir do estudo de Giancarlo Bosetti (2007). A televisão italiana é especialmente adequada para essa análise. Primeiro porque a televisão é a fonte proeminente das notícias políticas: mais de 50% dos italianos dependem da televisão como sua fonte exclusiva de informação política. Essa proporção salta para 77% durante as campanhas eleitorais, com 6,6% acompanhando a campanha principalmente pelos jornais. Segundo, o caso italiano é esclarecedor porque, embora mantenha formalmente a ideologia de um jornalismo profissional e independente, o regime da televisão na Itália é, na verdade, o mais politizado do mundo democrático (à exceção da Rússia, enquanto ela puder ser considerada uma democracia). Isso ocorre porque, historicamente, antes da década de 1990, os três canais de televisão estatais (os que pertenciam à RAI, a corporação pública) foram atribuídos às três maiores famílias políticas, em ordem decrescente de importância: os Democratas Cristãos (RAI Uno), os Comunistas em suas diferentes formas (RAI Due) e os Socialistas (RAI Tre). Nos anos 1990, aproveitando a onda de liberalização e privatização da televisão na Europa, Silvio Berlusconi, empreendedor imobiliário que se transformou em magnata da mídia, passou a controlar três redes nacionais privadas administradas por sua empresa, a Mediaset. Ele explorou seu poder na televisão com sucesso e isso contribuiu muito para sua vitória nas eleições de 1994. Eleito primeiro-ministro em 1994, e depois novamente em duas outras ocasiões (a última em 2008), Berlusconi controlava todas as redes italianas de televisão, públicas e privadas, à exceção de um período curto e caótico de um governo instável de coalizão centro-esquerda. Embora as emissoras locais a cabo e a televisão por satélite mantenham a diversidade no cenário da mídia, a maior parte da informação politicamente relevante passava pelos filtros das pessoas nomeadas por Berlusconi.

Analisando a evolução das notícias na televisão italiana nas duas últimas décadas, Bosetti (2007) encontra semelhanças entre a Itália e os Estados Unidos em algumas das principais características das reportagens: personalização, dramatização, fragmentação da informação e solicitação de um esquema predominante construído em torno de noção de ordem *versus* desordem. Com efeito, o tema da ordem foi o apelo político principal de Berlusconi, apesar de suas suspeitas conexões com a máfia, para um eleitorado profundamente cansado de lutas internas partidárias e de um governo construído em função dos interesses de uma classe política que se permitia privilégios e compensações

O PODER DA COMUNICAÇÃO | 279

sem paralelo no mundo democrático (Rizzo e Stella, 2007). Bosetti acrescenta uma especialidade italiana ao cardápio: ataques pessoais entre políticos nos espetáculos diários das notícias, aumentando, assim, o nojo que o público sentia da política de um modo geral, ao mesmo tempo que forneciam um material pitoresco para os noticiários. As reportagens são em grande parte construídas em torno do comportamento e das declarações dos líderes partidários, dando ênfase à personalização da política, mesmo se, no cenário italiano, isso inclua uma ampla variedade de grupos políticos, alguns deles servindo aos interesses de apenas um político (contanto que seu voto decida o controle do Parlamento).

A análise de conteúdo de Bosetti não mostra diferenças significativas entre os canais de televisão públicos e os privados na fórmula que subjaz as informações políticas sob o governo de Berlusconi (Bosetti, 2007:62). Berlusconi usou seu controle da mídia para levar a cabo suas brigas pessoais contra juízes e parlamentares que tentaram sem sucesso levá-lo a julgamento. Com muita habilidade, lançou várias ofensivas na mídia que desacreditaram seus adversários e, ao mesmo tempo, cultivou sua própria imagem como um homem que venceu pelo próprio esforço e está acima da política partidária, defendendo a essência da nação italiana, as virtudes do livre mercado e as raízes cristãs da Europa (Bosetti, 2007:85). Ao ignorar os partidos e se dirigir à opinião pública e em última instância aos eleitores diretamente através da mídia, Berlusconi foi capaz de estabelecer o poder de uma oligarquia da mídia que gradativamente ocupou o lugar da oligarquia partidária que até então caracterizava a política italiana. Encenar a política passou a ser mais significativo do que preparar as notícias, já que canais de notícias 24 horas não podiam combater a cultura dominante de entretenimento político — muitas vezes expressa em termos de farsa e comédia — que veio a permear a mídia italiana.

Embora seja obviamente um exemplo extremo de manipulação política da mídia noticiosa, o caso italiano oferece uma versão crua dos jogos de manipulação que caracterizam a mídia de massa e particularmente a televisão, em todo o mundo. Assim, caracterizando a política da mídia noticiosa nos Estados Unidos, Bennett (2007:14) escreve:

> Na opinião do pesquisador de opinião e especialista da CNN William Schneider, Washington é cada vez mais uma cidade de empreendedores políticos individuais que dependem menos dos partidos para seu apoio do que de suas próprias imagens na mídia (...) O público entra nessa realidade mediada em dados momentos, quando os segmentos do público que foram escolhidos como alvo são chamados a votar, a participar de pesquisas de opinião ou a encher o Congresso de e-mails. Com mais frequência o público é abordado no final do processo das políticas públicas, quando os resultados precisam ser "vendidos" por meio das imagens das notícias. Governar com as notícias é, assim, também controlar o que chega ao público.

Nem mesmo a garota-propaganda do serviço de televisão pública, a BBC, *escapou dos esquemas de manipulação de notícias do governo Blair,* como ilustrado pelo célebre caso do "dossiê Dodgy". No começo de 2003, Alistair Campbell, o maior responsável por esse tipo de manipulação do gabinete do primeiro-ministro, preparou cuidadosamente um conjunto de informações para o governo Blair sob o título "Iraque: sua infraestrutura de encobrimento, engano e intimidação". O documento, dali em diante conhecido como o "dossiê Dodgy" foi liberado para os jornalistas no começo de fevereiro de 2003. Colin Powell elogiou o documento por constituir uma forte base para apoiar a decisão já tomada pelos Estados Unidos de atacar o Iraque. O dossiê afirmava ter evidências do encobrimento iraquiano de sua posse de armas de destruição em massa com base "em uma série de fontes, inclusive relatórios da inteligência". Na verdade, como foi exposto por Glen Rangwala, acadêmico da Universidade de Cambridge, uma seção do documento havia sido plagiada de um artigo escrito por um estudante universitário da Califórnia, Ibrahim al-Marashi. Seções do artigo apareciam *ipsis litteris*, no documento até com a repetição dos erros tipográficos do artigo original. A Rádio 4 da BBC noticiou o incidente quando seus repórteres souberam do plágio. Junto com um dossiê anterior de setembro ("As armas de destruição em massa do Iraque: a avaliação do governo britânico"), esses documentos foram usados pelo governo para justificar o envolvimento na invasão do Iraque de 2003 e foram citados pelo presidente Bush em apoio a sua decisão de começar a guerra. As afirmações nos dossiês "Setembro" e "Iraque" foram questionadas quando as armas de destruição em massa não foram encontradas no Iraque. O Iraq Survey Group provou que todas as alegações dos dossiês eram falsas.

A revelação da fraude do governo Blair pela BBC levou a uma polêmica entre o primeiro-ministro e a BBC. Em uma denúncia no programa *Today*, na Rádio 4 da BBC, no dia 29 de maio de 2003, o correspondente da BBC Andrew Gilligan afirmou que uma fonte não identificada tinha lhe dito que o dossiê "Setembro" fora "floreado" e que as agências de inteligência estavam preocupadas com a veracidade da afirmação de que Saddam Hussein poderia posicionar armas de destruição em massa 45 minutos depois de uma ordem para usá-las. Em 1º de junho de 2003, Gilligan escreveu no jornal *Mail on Sunday* que Alistair Campbell era responsável pela inserção da afirmação sobre os 45 minutos, um exemplo dramático da tática do medo. Campbell exigiu desculpas, mas a BBC apoiou a história de Gilligan. Campbell apareceu no noticiário do Canal 4 para responder às acusações. Blair declarou que a BBC estava errada em informar que o governo tinha propositalmente "floreado" o dossiê e defendeu os esforços de seu assistente para refutar a acusação da emissora. Os índices de apoio a Blair na opinião pública caíram, e uma maioria dos cidadãos entrevistados declarou que já não confiaria em Blair para dizer a verdade. Os esforços do governo para refutar a acusação da BBC fizeram com que o governo identificasse o dr. David Kelly, cientista que trabalhava para o Ministério da Defesa, como a fonte provável da BBC. Em julho de 2003, poucos dias após a identificação, dr. Kelly foi encontrado morto em uma situação que parecia ser suicídio. Esses eventos levaram à nomeação do Inquérito Hutton para investigar a morte de Kelly. O relatório do Inquérito Hutton considerou o governo inocente, em parte porque a reportagem de Gilligan não tinha seguido práticas jornalísticas sólidas. O relatório considerou que a acusação de Gilligan era "sem fundamento" e que os processos editoriais e administrativos da BBC eram "falhos". A BBC foi fortemente criticada no relatório, o que levou à renúncia de seu presidente e diretor-geral. A partir daquele momento, os jornais nacionais acusaram Hutton de participar de um "encobrimento" porque o relatório não ousou colocar o governo sob sério escrutínio.

Embora as operações de manipulação e enquadramento (*framing*) políticos não sejam normalmente tão óbvias e dramáticas como as manipulações de Campbell e seus assessores, elas são o elemento básico das notícias diárias da mídia e da política da mídia em todos os países. Não está claro, no entanto, quem usa quem. Embora os políticos alimentem a mídia, a mídia muitas vezes se banqueteia da política crua, seja para cozinhá-la para o público ou para deixá-la apodrecer, de tal forma que aqueles que a alimentaram fiquem expostos. Assim, ela atrai o interesse do público nos dois casos. Na verdade, a política da mídia é uma prática social composta, feita de mídia e de política.

O MOMENTO DA INVERDADE: AS CAMPANHAS ELEITORAIS

As campanhas eleitorais são as situações-chave que permitem acesso a posições do poder institucional ao apelar aos cidadãos que deleguem o poder formal através de seu voto. Elas são as rodas da democracia. No entanto, as eleições são momentos específicos da vida política que operam com base na construção cotidiana do significado que estrutura os interesses e valores dos cidadãos. As campanhas eleitorais atuam sobre as predisposições dos eleitores, ativando ou desativando os processos emocionais e cognitivos que analisei no Capítulo 3, com o objetivo de alcançar as metas da campanha. Independentemente da ideologia e da retórica no discurso político, só uma coisa importa para os partidos políticos e para os candidatos em campanha: ganhar. Todo o resto é secundário. Isso implica que propostas de políticas públicas têm de ser construídas como mensagens políticas que buscam obter o apoio do eleitorado. Naturalmente, candidatos e partidos se posicionam de acordo com a forma de governo do país e se identificam com os interesses e valores de quem os apoia, para que suas plataformas políticas sejam críveis em termos de congruência cognitiva entre quem o candidato é e qual é sua mensagem.

No entanto, as margens de variação entre a história dos partidos e candidatos e seus programas para uma determinada eleição se ampliaram com o passar do tempo em virtude da necessidade de ajustar a mensagem política a um eleitorado diverso e cada vez mais volátil. Realmente, a maior parte das campanhas usa uma estratégia de três frentes. Primeiro, elas tentam garantir sua base histórica de apoio, os cidadãos leais ao partido. Na maioria dos países, os sentimentos por um determinado partido ou a tradição política constitui um dos fatores mais importantes na determinação do comportamento eleitoral (Montero *et al.*, 1998; Winneg e Jamieson, 2005; Westen, 2007). Um candidato, portanto, não pode se desviar demais das posições das políticas públicas que foram fundamentais para estabelecer a influência do partido no passado, sem corroer o apoio tão necessário dos eleitorados principais, tais como a escolha das mulheres nas políticas do aborto para a esquerda ou cortes de impostos para a direita. O segundo componente de uma estratégia bem-sucedida é desmobilizar ou confundir o eleitorado-base do oponente, principalmente apontando suas falhas ou erros, a contradição entre o oponente e os valores de seus eleitores potenciais — por exemplo, seu apoio aos direitos dos gays em um contexto homofóbico. Depois vem o terceiro lance estratégico, que é o mais decisivo: ganhar o apoio dos independentes e dos indecisos. Esse é o grupo que determina o resultado da eleição, contanto que o eleitorado-base já tenha sido mobilizado. Isso não significa que as eleições são ganhas cortejando o centro do espectro político. Às vezes, ir para a esquerda ou para a direita é o que convence as pessoas que estavam às margens por não se associarem à mensagem de nenhum dos candidatos. A questão crucial para ganhar o apoio dos independentes é intensificar a avaliação que eles fazem dos candidatos. Independentes se mostraram especialmente sensíveis a mensagens negativas (Ansolabehere e Iyengar, 1995; Hollihan, 2008:159). Como não têm lealdades preestabelecidas, eles tendem a se mobilizar contra as consequências negativas potenciais de eleger um determinado candidato. Isso explica a importância de mensagens negativas, por meio da mídia ou da publicidade política, para moldar eleições (ver o Capítulo 3).

A PROFISSIONALIZAÇÃO DAS CAMPANHAS POLÍTICAS

Para pôr em prática essas estratégias básicas, candidatos e partidos precisam construir primeiramente uma *infraestrutura de campanha*. A política eleitoral é hoje uma atividade sumamente profissionalizada com grandes obstáculos para qualquer competidor, o que explica por que candidatos independentes devem normalmente operar dentro dos limites dos partidos políticos estabelecidos. A infraestrutura começa com solvência financeira: sem financiamento suficiente, não há nenhuma campanha viável a ponto de o nível de financiamento ser um dos critérios-chave para a elegibilidade do candidato. É um círculo virtuoso (ou vicioso): quanto mais dinheiro, maior o potencial para ganhar a eleição, o que atrai mais recursos de pessoas e grupos que apostam em um candidato específico. Dinheiro e política estão entrelaçados. A campanha depende também da qualidade dos consultores e da precisão de sua política informacional. Isso inclui a construção de um banco de dados confiável que permita a seleção das características sociais e da distribuição espacial de grupos específicos de eleitores, e também o ajuste da mensagem da campanha a cada contexto. Ela depende também do estabelecimento de uma campanha de base, uma mistura de voluntários e funcionários pagos, cuja função difere de um país para outro. Nos Estados Unidos, ela parece essencial para entrar em contato com eleitores potenciais em nome dos candidatos, por telefone ou batendo de porta em porta, para fornecer o material impresso, registrar novos eleitores antes das eleições, aconselhar o voto antecipado por correio e, no dia da eleição, obter o voto pedindo apoio a eleitores supostamente comprometidos. Quanto mais uma campanha puder contar com o apoio de seguidores ideologicamente dedicados, mais o apelo potencial do candidato mostrará resultados nas urnas. Em outros países, como a Espanha, seria contraprodutivo bater de porta em porta, e contatos telefônicos são considerados ineficazes. A distribuição de propaganda eleitoral em locais públicos ou por mala direta, comícios locais, desfiles festivos e grandes assembleias políticas, reunindo milhares de eleitores, são normalmente o meio de energizar o eleitorado-base, ao mesmo tempo que é exibida a força do partido diante das câmeras — embora não seja necessariamente o meio de atrair novos eleitores. Na maioria dos casos e em todos os países, as campanhas são essencialmente baseadas na comunicação por meio da mídia, seja por anúncios diretos, seja alimentando a mídia com suas mensagens. De fato, os comícios políticos são encenados para a mídia. Seus horários são estipulados de acordo com a programação dos meios de comunicação para aumentar a chance de uma cobertura ao vivo. O candidato é imediatamente avisado sobre a presença da mídia e normalmente muda o conteúdo e o tom de seu discurso de acordo com isso, até no meio de uma frase, para aparecer ao vivo na televisão.

Uma dimensão cada vez mais importante das campanhas políticas *é o uso da internet para gerenciar a campanha e se relacionar com eleitores*. Em países como os Estados Unidos, que autorizam doações individuais para a campanha, a internet passou a ser o veículo principal para solicitar e processar essas doações. Na primária presidencial mais cara da história, a disputa democrata entre Barack Obama e Hillary Clinton, uma porcentagem significativa do financiamento dos candidatos foi arrecadada pela internet, principalmente pela campanha de Obama (ver o Capítulo 5). Além disso, hoje em dia os candidatos usam a internet para coordenar atividades, fornecer atualizações e receber sugestões de cidadãos interessados. Fóruns de debate e redes de informação na internet passaram a ser ferramentas organizacionais essenciais para as campanhas da política contemporânea. A atratividade e a funcionalidade dos sites se tornaram uma marca registrada para projetos políticos bem-sucedidos, tanto em termos de seu efeito sobre a condução da campanha como na projeção de uma imagem de modernidade, interatividade e eficácia em nome do candidato. Além disso, para candidatos que querem afirmar sua autonomia frente à burocracia tradicional do partido, a internet fornece uma plataforma para atingir os militantes e eleitores, ao mesmo tempo que evita as máquinas políticas (Bimber, 2003; Sey e Castells, 2004; Howard, 2005; Chadwick, 2006). Em muitos países, celulares passaram a ser um meio essencial para entrar em contato tanto com eleitores quanto com o público em geral. Mensagens de texto são uma forma barata, direta e em tempo real de divulgar informações, reunir apoio e direcionar ataques aos oponentes políticos (Castells *et al.*, 2006a; Katz, 2008).

FAZENDO CAMPANHA EM UM AMBIENTE DIGITAL MULTIMÍDIA

A essência de fazer uma campanha é comunicar-se, o que exige identificar os canais de comunicação apropriados. *As pessoas dependem da mídia para a maior parte de sua informação política*, principalmente da televisão, como ilustrado na Figura 4.2, para os Estados Unidos, uma característica que é comum a quase todas as democracias ocidentais (Bosetti, 2007). Na Espanha, por exemplo, em 2005 a televisão foi a fonte principal das notícias políticas diárias para 71,5% das pessoas, seguida pelo rádio (39,5%), pelos jornais (15,2%) e pela internet (2,9%) (Paniagua, 2006). No entanto, a Figura 4.2 também ilustra a queda da televisão e a crescente relevância da internet como fonte de notícias das campanhas nos Estados Unidos, que aumentou de 2% como fonte primária das notícias eleitorais em 1992 para 15% em 2007. Na verdade, quando a primeira e a segunda fontes são combinadas, o uso da internet como fonte sobe para 26%. A tendência é especialmente acentuada entre os jovens: para os cidadãos entre 18 e 29 anos, a relevância da internet como fonte principal das notícias da eleição aumentou de 21% em janeiro de 2004 para 46% em dezembro de 2007, enquanto a televisão caiu de 75% para 60% (Pew, 2008c:4). Pessoas mais jovens que obtêm as notícias das campanhas on-line citam uma variedade mais ampla de fontes do que as pessoas mais velhas. Quando lhes pedem para citar sites acessados, 41% dos jovens entre 18 e 29 anos mencionaram mais de um endereço, comparados com apenas 24% das pessoas com trinta anos ou mais.

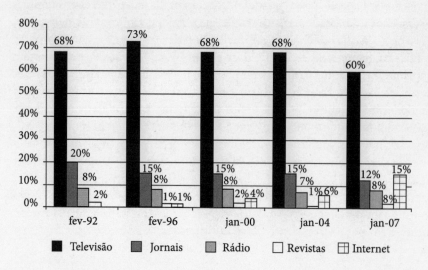

Fig. 4.2. Fonte principal das notícias de campanha nos Estados Unidos, 1992-2007
Obs.: n = 1430, +/- 3%.
Fonte: Pew (2008c).

Tanto o MySpace quanto o YouTube são fontes de informação de campanhas específicas dos jovens (Pew, 2008c:7).

Além disso, cerca de um em cada seis norte-americanos (16%) mandou ou recebeu e-mails entre amigos e família sobre os candidatos ou a campanha, e 14% receberam e-mails de grupos políticos ou organizações sobre a campanha (Pew, 2008c:8). Pelo menos dois terços dos americanos com idades entre 18 e 29 anos disseram usar redes sociais e mais de um quarto dessa faixa etária (27%) disse ter recebido informações sobre candidatos e sobre a campanha nessas redes. Quase uma em cada dez pessoas com menos de 30 anos (8%) afirmou ter-se cadastrado como "amigo" de um dos candidatos em um site (Pew, 2008c:9). Quase um quarto dos cidadãos dos EUA (24%) diz que viu algo sobre a campanha em um vídeo on-line — um discurso, uma entrevista, um anúncio ou um debate. Para cada um desses quatro tipos de vídeo, aproximadamente 12 a 13% daqueles entrevistados informam tê-lo visto on-line. Entre entrevistados mais jovens, os números são ainda mais altos. Pelo menos 41% daqueles com menos de 30 anos assistiram a pelo menos um tipo de vídeo (Pew, 2008c:9-10).

Esses resultados se repetem na Catalunha, de acordo com um estudo realizado sobre os usos da internet e da multimídia em 2006-7 (Tubella *et al.*, 2008). A internet é uma fonte importante de informação para segmentos mais jovens da população, e como eleitores jovens representam a base principal para projetos políticos inovadores e proativos (independentemente de sua ideologia), o papel da comunicação pela internet no apoio à mudança política torna-se decisivo. As fontes principais das notícias políticas na internet, no entanto, são os sites da grande mídia de massa (ex.: MSBNC, 26%; CNN, 23%), assim como sites como o Yahoo! Notícias e o Google Notícias, que têm links para outros veículos da grande mídia. E isso vale também para cidadãos mais jovens, embora o MySpace seja responsável por 8%, YouTube, por 6% de suas notícias políticas on-line, e "outros" sejam responsáveis por 20% (Pew, 2008c:7). No entanto, para a população dos Estados Unidos em geral, 40% em 2008 ainda disseram obter informação política por meio das notícias locais da televisão (eram 42% em 2004 e 48% em 2000) e 38% citam emissoras de notícias a cabo (MSBNC, CNN e Fox).

Tanto nos Estados Unidos quanto no mundo em geral, surge uma tendência que diferencia os cidadãos de acordo com sua idade: o grupo mais jovem recebe informação de fontes, muitas vezes acessadas pela internet; já para a população com mais de trinta anos, parece que a grande mídia de massa continua a ser o principal canal de informação política, ainda que, cada vez mais, ela seja acessada via internet. Outra questão é como as novas informações são geradas em primeiro lugar, e isso é onde a internet desempenha um papel novo e significativo, como irei analisar no Capítulo 5. Mas em termos de distribuição da mensagem, a maior parte da política das campanhas ainda é da mídia de massa.

Conforme a música da mídia exige *adaptar-se a sua linguagem e a seu formato*. Isso significa que os estrategistas das campanhas têm de ser capazes de fornecer imagens atraentes e informação estimulante. Eventos da campanha, como discursos do candidato e visita a bairros, escolas, fábricas, fazendas, cafeterias, mercados e comícios precisam ser variados a ponto de beirar o entretenimento se quiserem virar notícia. As declarações precisam obedecer às regras das frases de efeito, ou seja, devem causar impacto e ser tão curtas quanto possível. Nos Estados Unidos, essas frases de efeito foram em média de quarenta segundos em 1968, mas reduzidas para dez segundos na década de 1980 (Hallin, 1992), depois para 7,8 segundos em 2000 (Lichter, 2001) e para 7,7 segundos em 2004 (Bucy e Grabe, 2007). Tendências semelhantes foram relatadas no Reino Unido (Semetko e Scammell, 2005), na Nova Zelândia (Comrie, 1999) e no Brasil (Porto, 2007), embora no caso desses países elas sejam em média uns poucos segundos mais longas que as dos Estados Unidos. Repórteres e âncoras dominam o tempo concedido para as informações das campanhas nos Estados Unidos, com uma média de 34,2 segundos por matéria, em contraste com 18,6 segundos para o candidato (Bucy e Grabe, 2007).

As "*image bites*", ou seja, imagens de efeito, estão substituindo as frases de efeito (*sound bites*) como a mensagem predominante, e os vídeos do YouTube (chamados de "*sound blasts*" por alguns observadores) tornaram-se um instrumento poderoso de campanha. Como os vídeos do YouTube se espalham com a rapidez de um vírus, eles têm o potencial de influenciar significativamente as campanhas eleitorais e moldar a imagem do candidato. Nas eleições para o Senado em 2006 nos Estados Unidos, por exemplo, o senador republicano Allen, que até aquele momento era considerado um candidato presidencial promissor, foi derrotado após um vídeo no YouTube mostrá-lo usando um termo racista contra um dos eleitores de seu oponente durante um comício. O vídeo foi então exibido nos noticiários noturnos na televisão por todo o país. Sua derrota foi decisiva e contribuiu para que os republicanos perdessem a maioria no Senado em 2006. Durante as primárias presidenciais dos democratas em 2008, a campanha extremamente popular do senador Obama quase perdeu o rumo por causa de vídeos enviados para o YouTube que mostravam seu antigo pastor — o reverendo Wright — envolvido em uma retórica inflamatória em sua igreja do sul de Chicago. Embora a ABC News tenha sido a fonte original desses vídeos, sua difusão pela internet encorajou todos os canais da mídia a exibirem as imagens prejudiciais pelo resto da campanha.[12]

É essa interação entre a grande mídia e a internet que caracteriza a política da mídia na era digital. Embora a mídia ainda seja o transmissor principal das imagens e sons que moldam a mente dos eleitores, os pontos de entrada no universo audiovisual de massa se multiplicaram. Qualquer pessoa pode enviar um vídeo para a internet, escrever um blog ou divulgar informação. O impacto potencial dessa mensagem depende de sua repercussão na percepção das pessoas, bem como da percepção da mídia de massa sobre a relevância dessa mensagem para seu público. É por isso que as duas formas de comunicação, comunicação de massa e autocomunicação de massa, estão cada vez mais integradas com as opiniões do público. A diferença principal é o nível de controle sobre o ponto de entrada no sistema audiovisual. Embora os filtros estabelecidos por proprietários, anunciantes, editores e jornalistas preparem ou bloqueiem a informação e as imagens, a internet continua a ser a área de escolha para mensagens não supervisionadas que ampliam o alcance das fontes de informação — e desinformação —, trocando menor credibilidade por maior diversidade.

As campanhas eleitorais navegam nas águas agitadas desse mundo variado da mídia, alimentando os Blackberries dos jornalistas da grande imprensa com notícias de última hora, ao mesmo tempo que enviam e recebem material pela internet. Elas também tentam colocar especialistas e representantes em programas manipuladores (*spin-shows*) que enquadram as notícias verdadeiras

---

12 Em virtude de sua importância para o tema deste livro, analisarei detalhadamente a campanha de Obama no Capítulo 5.

e acompanham a disputa como se fosse uma competição esportiva. Enquanto isso, precisam mobilizar seu apoio na blogosfera que engole a grande mídia e prestar atenção nos especialistas amadores que fazem comentários sobre as notícias em seus próprios sites, muitas vezes em termos pouco amigáveis. Não há tempo ou formato para aprofundamento na política da mídia; é uma questão de marcar pontos. Assim, as matérias têm de ser expressas como entretenimento, culminando em debates políticos face a face e ao vivo.

O ESPETÁCULO DA ESCOLHA POLÍTICA: OS DEBATES ELEITORAIS

Debates políticos televisionados são menos decisivos do que as pessoas pensam. De um modo geral, esses debates consolidam as predisposições e opiniões das pessoas (Riley e Hollihan, 1981). É por esse motivo que os vencedores dos debates são muitas vezes os vencedores da eleição: é mais provável que as pessoas vejam o candidato preferido como o vencedor do debate, ainda que o outro candidato tenha sido mais persuasivo. Assim, na campanha eleitoral espanhola de 2008, houve dois debates transmitidos pela televisão e pela internet entre os principais candidatos, o socialista Rodríguez Zapatero e o conservador Rajoy. Segundo a maioria das pesquisas de opinião por telefone, Rodríguez Zapatero ganhou nos dois casos por uma diferença confortável, quase a mesma margem com a qual ele iria ganhar a própria eleição mais tarde. No entanto, quando aqueles que acompanharam o debate pela internet foram entrevistados, sua opinião refletiu a inclinação ideológica do site pelo qual acompanharam o debate, já que esses sites eram os dos principais jornais, normalmente com inclinações políticas bastante claras.

Os debates políticos, no entanto, podem ter um efeito potencialmente significativo: cometer erros e, em consequência, perder apoio, a menos que o candidato possa usar o erro para sua vantagem lançando mão do humor ou incitando a empatia entre os espectadores. A meta do desempenho sem erros leva à precaução e diminui a probabilidade de uma verdadeira troca. Regras de envolvimento são cuidadosamente negociadas pelas campanhas de cada candidato, inclusive o palco, a marcação dos lugares, a sequência das perguntas, os mediadores e os entrevistadores — e, em alguns casos, o ângulo da câmera. É normalmente subentendido que o desafiante atacará o candidato que está na liderança para desfazer sua posição dominante. Muitas vezes o que ocorre antes e depois são os momentos mais significativos do debate. Madsen (1991) analisa os debates políticos televisionados como um discurso composto de três elementos: o debate em si, as análises breves pós-debate dos comentaristas e a reação da mídia, incluindo as reações das pesquisas de opinião do público. Assim, em vez de ser um fórum de escolhas políticas contrastantes, os debates são exibições de personalidade e material para elaboração por parte da mídia, segundo as regras da narrativa política (Jamieson, 2000; Jamieson e Campbell, 2006).

A POLÍTICA DA PERSONALIDADE

A característica fundamental da política da mídia é *a personalização da política*, e o fator principal na decisão do resultado da campanha é a projeção positiva ou negativa do candidato na mente dos eleitores. Um número de fatores combinados explica o papel crucial da personalidade projetada pelo candidato ou pelo líder de um partido em uma disputa política: uma queda na influência direta dos partidos políticos na sociedade como um todo; os períodos normalmente curtos das eleições que ativam a percepção de mensagens contrastantes a ser estabelecida em poucas semanas (com algumas exceções, como a primária presidencial dos democratas nos Estados Unidos em 2008); a dependência generalizada da mídia e principalmente da televisão como fonte principal de notícias políticas; o papel da publicidade política, modelada nos locais de publicidade comercial, que tem a intenção de produzir uma atração ou uma rejeição imediata de um candidato com base em características físicas, postura ou o pano de fundo musical ou visual; uma tendência a evitar especificidade em questões que possam alienar alguns eleitores, o que leva a uma solicitação geral de confiança na habilidade do candidato para encontrar soluções para os problemas que afetam o povo (Paniagua, 2005; Hollihan, 2008:75-99).

Mas talvez o mecanismo mais fundamental que associa a política da mídia e a personalização da política é aquilo que Popkin (1994) identificou como "racionalidade da informação deficiente" no comportamento dos eleitores. Ele mostra que os eleitores tendem a ser "avarentos cognitivos" que não se sentem confortáveis para lidar com questões políticas complexas e consequentemente baseiam suas decisões eleitorais nas experiências da vida cotidiana, inclusive na informação obtida da mídia e em avaliações baseadas na interação diária com o ambiente onde vivem. Ele rotulou esse processo de "busca do bêbado", uma busca para encontrar maneiras mais fáceis de adquirir informação. A maneira mais fácil de adquirir informação sobre um candidato é fazer uma avaliação baseada em sua aparência e nos traços de sua personalidade, particularmente em termos de confiabilidade — a qualidade suprema que é apreciada em um futuro líder, já que as eleições são em última instância delegações de poder por parte dos cidadãos a uma pessoa específica (Keeter, 1987). Por outro lado, a imagem do candidato também deve transmitir potencial de liderança, já que as pessoas não confiam em si próprias para serem líderes. Os eleitores procuram alguém como eles, mas com uma capacidade superior de liderar. Na verdade, eles passam por dois estágios: primeiro, avaliam a honestidade e as qualidades humanas do candidato; segundo, examinam sua capacidade de decisão, sua competência e eficiência (Kendall e Paine, 1995). Hollihan (2008:94) cita uma pesquisa feita por Tannenbaum et al. (1962) que relatou que quando pessoas são questionadas sobre as qualidades mais importantes em um candidato, as três características citadas mais frequentemente são honestidade, inteligência e independência. Ou seja, uma pessoa em quem posso confiar para liderar meu país e a mim.[13]

Como imagens pessoais moldam a tomada de decisão do eleitor? Hollihan (2008:85-99), resumindo pesquisas sobre o assunto, enfatiza o papel das emoções, uma constatação diretamente relacionada à análise que apresentei no Capítulo 3. A avaliação emocional positiva é estimulada pela homofilia entre candidatos e eleitores. A capacidade de um candidato de se relacionar com os eleitores é crucial, e com frequência leva a relatos biográficos que dão ênfase à origem humilde do candidato ou, quando isso não dá certo, comportamentos populares, como no caso de George W. Bush, cuja imagem foi modificada por seus assessores de imagem e ele passou de um menino rico e mimado para um rancheiro bonachão do Texas que fazia piadas com sua dificuldade de leitura. Realmente, a reconstrução da imagem de George W. Bush de um drogado, alcoólatra e desertor para um cristão recém-convertido que seguia a orientação divina em uma "missão" foi um exemplo magistral de manipulação. Esse exemplo mostra como personalidades políticas bem-sucedidas muitas vezes são construídas, e não descobertas. Mas, é claro, responsáveis pelas imagens dos políticos precisam de um bom material humano com o qual começar. Sua arte consiste em trabalhar com esse material de várias formas e adaptar aquilo que o candidato (selecionado por seu dinheiro ou conexões partidárias) tem a oferecer. Assim, a personalização não tende a depender da boa aparência ou até do nível de articulação de uma pessoa (embora isso seja importante, não é decisivo), mas sim da capacidade que essa pessoa tem de se identificar com seus eleitores.

Em países onde há uma maior influência da política partidária sobre as candidaturas autodeclaradas, a personalização da política não é irrelevante. Ela simplesmente modifica o mecanismo de seleção. Nicolas Sarkozy não tinha o apoio da coalizão conservadora *na França* e se deparou com a hostilidade

---

13 Estudos mostram que as pessoas muitas vezes votam em iniciativas de referendos de acordo com as pessoas que apoiam ou rejeitam as proposições (Aronson, comunicação pessoal, 2008).

de "seu" presidente, Jacques Chirac. No entanto, sua imagem pública, e sua campanha eficiente quando era ministro do Interior (baseada em uma postura e uma lei anti-imigração e outros temas) produziram um nível tão alto de popularidade que seu partido e, mais tarde, a coalizão mais ampla à sua volta apostaram em seu carisma para garantir uma vitória contra a candidata socialista, Ségolène Royal, na eleição presidencial de 2007. E ficou provado que seus cálculos estavam corretos.

Na Espanha, no despertar da democracia no final da década de 1970, o Partido Socialista tentou se estabelecer como um partido governante viável, contando com o entusiasmo dos espanhóis por sua liberdade política recém--conquistada, ao mesmo tempo que alimentavam os medos de uma reação fascista (realmente, uma tentativa de golpe militar em 1981 quase deu certo). Os estrategistas do partido decidiram apostar na personalidade de seu jovem líder, Felipe González, advogado trabalhista de Sevilha, carismático, inteligente, bem-apessoado, pragmático e um comunicador brilhante. Em suma, González era um líder nato. Apesar de todas as suas qualidades, a primeira eleição democrática de 1979 viu o triunfo do partido centrista (UCD), que também contava com um líder jovem e decidido, Adolfo Suárez, que abandonou as fileiras do partido franquista para liderar a transição da ditadura para a democracia. Mesmo assim, os socialistas não se desencorajaram. Continuaram a aprimorar a imagem de seu líder, enquanto metodicamente destruíam a imagem do respeitado primeiro-ministro Suárez, convenientemente apelidado de "jogador do Mississippi" (aludindo à imagem dos sinistros personagens nos célebres filmes de caubóis), com referência a supostas irregularidades quando no governo. A campanha negativa funcionou e, combinada às pressões da ala direita do partido do governo, levou Suárez a renunciar no começo de 1981.

Em 1982, Felipe González liderou os socialistas para a vitória mais esmagadora da história espanhola. A campanha inteira foi construída em torno dele. Isso foi uma mudança importante na história do partido, já que a predominância da máquina partidária tinha sido uma característica cara aos socialistas durante toda sua longa existência, desde os anos 1880. Os mesmos estrategistas que tinham impulsionado González para a vitória ficaram preocupados com essa escolha. Sabiam que estavam abrindo mão do controle do governo e, em última instância, do partido, em benefício de seu líder. Estavam extremamente conscientes dos perigos desse movimento, tanto em termos de democracia partidária quanto em termos de vulnerabilidade eleitoral, no caso de o líder fracassar. No entanto, eles se entusiasmaram com a transformação da política democrática em política de imagem e, por isso, continuaram a cultivar a imagem do líder, agora ajudados por um rígido controle das emissoras de televisão nacionais e pelo trabalho de um departamento de imagem altamente profissional estabelecido no escritório do primeiro-ministro, uma novidade na política espanhola.

292 | MANUEL CASTELLS

A coisa funcionou, repetidamente, já que os socialistas foram reeleitos três vezes e permaneceram no poder pelos treze anos seguintes, apesar dos ataques incansáveis da oposição e de uma parte da mídia (ver a seguir).

LICENÇA PARA MATAR: A POLÍTICA DO ATAQUE

A personalização da política tem consequências extraordinárias para as táticas de campanha. Se as chances de uma escolha política dependem das qualidades percebidas pelos eleitores sobre uma pessoa, uma campanha eficiente realça as qualidades do candidato ao mesmo tempo que lança uma sombra sobre o oponente. Além disso, como documentei e analisei no Capítulo 3 e neste mesmo capítulo, as imagens negativas influenciam mais o comportamento eleitoral do que as positivas. O assassinato do caráter, portanto, é a arma mais poderosa na política da mídia. Isso pode ocorrer de várias maneiras: questionando a integridade do candidato tanto em sua vida privada quanto em sua vida pública; lembrando aos eleitores, explícita ou subliminarmente, os estereótipos negativos associados com a personalidade do candidato (ex.: ser negro ou muçulmano nos Estados Unidos ou no Reino Unido); deturpando as declarações ou posições sobre políticas públicas do candidato de tal forma que elas pareçam estar em conflito com os valores fundamentais do eleitorado; denunciando delitos cometidos por pessoas ou organizações conectadas ao candidato ou declarações polêmicas dessas mesmas pessoas ou organizações; ou revelando corrupção, ilegalidade ou conduta imoral nos partidos ou organizações que apoiam a candidatura. Em todos esses casos, a meta é levantar dúvidas entre os eleitores potenciais do candidato e mobilizar os eleitores da oposição. Por causa da eficácia da geração de imagens negativas, sempre houve uma tendência generalizada em todo mundo de usar a informação destrutiva como tática predominante nas campanhas eleitorais. Informações perniciosas podem ser descobertas, fabricadas ou distorcidas em torno de um fato fora de contexto. Assim, um dos componentes fundamentais de qualquer campanha política é aquilo que veio a ser conhecido nos Estados Unidos como "pesquisa da oposição".

Stephen Marks, consultor do Partido Republicano, dedicou-se com afinco à *pesquisa da oposição* como sua especialidade profissional por mais de doze anos (1993-2006). Em suas próprias palavras, Marks passava o tempo "escavando a sujeira" para destruir as chances eleitorais dos oponentes de seus clientes — normalmente candidatos democratas, mas também republicanos durante eleições primárias. Após algum cansaço pessoal e moral, ele revelou suas táticas e as de seus colegas, em seu excelente *Confessions of a Political Hitman: My Secret*

Life of Scandal, Corruption, Hypocrisy and Dirty Attacks that Decide Who Gets Elected (and Who Doesn't) [Confissões de um pistoleiro político: Minha vida secreta de escândalo, corrupção, hipocrisia e ataques baixos que decidem quem vai se eleger (e quem não vai)] (Marks, 2007). Marks não se desculpa. Ele acredita que expor a verdadeira natureza dos políticos é uma espécie de utilidade pública. E nada é ilegal — ou pelo menos não como apresenta em seu livro. Seu depoimento, por mais que sirva a seu próprio interesse, abre uma janela rara para o submundo do governo (os operadores de Watergate orgulhosamente se autotitularam *"ratfuckers"*). A tarefa é relativamente simples. Exige identificar, por meio de pesquisas de opinião e do conselho de consultores políticos, todas as questões que seriam perniciosas para um determinado candidato em uma determinada eleição. A especificidade é importante. Depois a busca começa, usando documentos de arquivos tais como registros de votação, declarações na mídia, episódios biográficos complementados com material gráfico, investimentos financeiros, interesses comerciais, declarações de imposto de renda, bens imóveis, fontes das doações de campanha e coisas semelhantes. Em alguns casos de pesquisa da oposição (que não foram revelados no livro de Marks, mas observados em outros relatos), a escavação de informação pessoal, como extratos de cartões de crédito, listas de chamadas telefônicas e locais de viagens com seus respectivos gastos, produz uma abundância de detalhes que ajudam a reconstruir a vida privada e pública do político que é alvo da pesquisa (Hollihan, 2008). Como ninguém é perfeito, e como a política profissional requer concessões éticas frequentes por razões de conveniência, um investigador cuidadoso raramente fica de mãos vazias. Essa ocorrência é ainda mais rara se a pesquisa se amplia para a organização política matriz, seja ela o partido, aliados próximos ou a própria campanha. A informação coletada é então processada à luz daquilo que seria mais prejudicial segundo as pesquisas de opinião e é então transformada em uma mensagem da mídia, em um comercial curto incriminador ou em um vazamento confidencial — sempre que possível com evidência visual que o confirme — para um jornalista bem posicionado.

Como os ataques são eficazes, políticos ou partidos precisam estar prontos para eles, mesmo que não estejam muito dispostos a se envolver com esse tipo de tática, porque, como Truman disse e Hillary Clinton repetiu incessantemente em sua campanha presidencial nas primárias de 2008, "se você não consegue aguentar o calor, saia da cozinha". Portanto, qualquer campanha deve ter um estoque de munição retaliatória caso seja necessário, muitas vezes como uma forma de intimidar o oponente. Do mesmo teor que a pesquisa da oposição é a "avaliação de vulnerabilidade", ou uma busca de informações sobre nosso próprio candidato para descobrir problemas potenciais em sua vida e em seu comportamento antes que seu adversário possa revelá-los. Na verdade, consultores políticos normalmente incluem essas técnicas em seus serviços (e em seus honorários). A meio caminho entre trabalho de detetive, chantagem legal e marketing político, a profissão passou a ser cada vez mais popular e procurada, primeiro nos Estados Unidos e depois em todo o mundo, e alguns de seus profissionais se tornaram figuras lendárias. Sobre Averell "Ace" Smith, por exemplo, o consultor a quem foi amplamente atribuída a rápida reviravolta da campanha presidencial primária de Hillary Clinton em 2008 pela modesta soma de US$140 mil, um colega consultor democrata que trabalhava na Casa Branca durante o governo Clinton disse: "um dos poucos sujeitos calvos e que usam óculos que eu não gostaria de encontrar em um beco escuro" (Abcarian, 2008:A14).

Apesar disso, campanhas defratoras têm seus custos, já que podem provocar uma reação negativa entre os eleitores que não gostam necessariamente de golpes baixos, apesar de seu fascínio pelo lado negro da celebridade. É preciso haver um equilíbrio delicado entre a negatividade para com o oponente e a probidade por parte do candidato. É por essa razão que o caminho mais eficiente para a destruição de imagem é vazar informações para a mídia e ficar de fora da briga, enquanto o oponente é queimado por jornalistas respeitáveis que, de repente, se transformaram em paparazzi de tabloides. É por isso também que, apesar das habilidades dos homens e mulheres que trabalham com a pesquisa da oposição (chamados de OPPO), eles não podem conseguir grandes vitórias sem alguma ajuda: ajuda da mídia, sempre pronta para divulgar informações picantes que derrubem figuras políticas; ajuda das próprias organizações políticas que fornecem grande parte do material e muitas vezes vazam informações para eliminar a competição dentro de seu próprio partido; e a ajuda de um exército obscuro de negociantes de informação que fornecem munição semelhante aos dois lados opostos, para que eles próprios prosperem na terra sangrenta da política da mídia.

A POLÍTICA DE ESCÂNDALOS

> Escândalos são lutas por poder simbólico em que a reputação e a confiança estão em jogo.
>
> (THOMPSON, 2000:245)

Beijing, 1723. O imperador Yongzheng, quarto filho do imperador Kangxi, havia acabado de assumir o poder, seguindo a vontade de seu pai. Ou terá sido pelo testamento de seu pai? Não, segundo rumores que se espalharam pelos quatro cantos do império. Na verdade, o velho imperador gostava mais de seu décimo quarto filho. Mas um alto funcionário da corte ajudou Yongzheng a corrigir o testamento do imperador moribundo. Embora isso nunca tenha sido comprovado, essas alegações lançaram uma sombra sobre Yongzheng durante todo seu reinado, que durou até 1735 e teria sido bem-sucedido se não fosse por isso. Dúvidas sobre sua legitimidade eram particularmente preocupantes porque os imperadores Qing e sua corte não eram chineses han, e sim manchu. Os rebeldes antimanchus encontraram apoio para sua causa quando se revoltaram contra um Filho dos Céus que poderia ter sido nomeado pelas conspirações diabólicas que povoavam a segregada corte manchu. O rumor se espalhou para os reinos vassalos do império, inclusive a Coreia, alimentando o ressentimento popular e manchando o legado do imperador reformista Yongzheng na mente de seus súditos. Ninguém sabe a origem do boato, já que é provável que qualquer testemunha da alegada fraude ou quaisquer incitadores indiscretos dessas intrigas tenha recebido um tratamento especial. No entanto, a história acompanhou Yongzheng até o túmulo e foi transformada em telenovelas históricas na China contemporânea, a forma pela qual a história vive no ideário popular (Chen, 2004).

Paris, 1847. Segmentos das classes proprietárias excluídas da representação por um sistema político oligárquico derrubam a monarquia estabelecida pela Revolução de 1830 em nome de Louis Philippe d'Orléans com demandas por democratização e reforma. François Guizot, brilhante acadêmico e político que foi o cérebro do governo durante todo o regime, servia, então, como primeiro-ministro. Guizot resistiu à pressão, convencido de que a democracia deveria ser limitada a uma elite seleta guiada pelos "notáveis", os políticos da monarquia. A essa altura, ele já havia cunhado a declaração que viraria marca registrada, encorajando os franceses a enriquecerem — o que se tornou um princípio orientador para o país (um exemplo a ser seguido 150 anos mais tarde por Deng Xiaoping, no começo do capitalismo na China comunista). Embora Guizot não desse atenção a atividades banais, já que estava ocupadíssimo fazendo história e escrevendo sobre ela, seus colegas na classe política continuaram, entusiasmados a pôr o princípio em prática. Competiram ferozmente para se apropriar da riqueza que era gerada pelo processo incipiente de industrialização e pela expansão do comércio internacional na França protocapitalista. O acesso a postos ministeriais era essencial para o acúmulo primitivo de recursos pessoais.

Para arruinar seus rivais, eles usaram a imprensa que tinham criado e financiado como uma maneira de moldar e controlar a opinião das classes instruídas, excluídas do poder político, mas cada vez mais influentes na sociedade. Em 1845, havia 245 jornais na França, muitos extremamente lucrativos, como *Le Journal des débats*, subsidiado secretamente pelo Ministério das Finanças para manipular a compra e venda de ações em benefício dos amigos do ministro. A maior parte das reportagens na imprensa tratava de questões políticas, sendo que Guizot era o alvo favorito das críticas. Indiferente a essas insinuações, Guizot não estava nada infeliz ao ver a multidão indisciplinada de seus colegas se atacando violentamente nas manchetes dos jornais, denunciando escândalos políticos, sem condições de se unir em uma conspiração contra o rei ou contra ele próprio. No entanto, em 1847 a política de escândalos foi longe demais. Um jornal da oposição, *La Presse*, denunciou a corrupção generalizada e até práticas criminosas, entre os círculos mais altos do regime, inclusive especulação financeira, assassinato, suborno e venda de títulos da nobreza. Os vazamentos para a imprensa, cuja intenção era derrubar os rivais entre os notáveis, teve o efeito de desacreditar toda a classe aristocrática (uma sociedade que Balzac retratou admiravelmente em *Esplendor e miséria das cortesãs*). Os escândalos antagonizaram ainda mais a pequena burguesia já politicamente marginalizada, os leitores mais ávidos dessa imprensa florescente. Poucos meses depois, a Revolução de 1848 estava no auge, pondo um fim definitivo à monarquia na França e enviando Guizot para um confortável exílio intelectual em Londres (Jardin e Tudesq, 1973; Winock, 2004).

O que quero dizer com isso é que, bem antes do advento da sociedade em rede, a política de escândalos já era uma característica essencial na determinação de relações de poder e mudança institucional. Realmente, em qualquer momento da história das sociedades pelo mundo, a política de escândalos é uma forma de luta por poder mais enraizada e mais típica do que a condução da competição política ordenada segundo as regras do Estado. E, no entanto, se é verdade que não há nada de novo sob o sol, também é verdade que processos formalmente semelhantes adotam novas formas e novos significados com a transformação dos contextos culturais, políticos e de comunicação. *A especificidade da política de escândalos na sociedade em rede e sua centralidade na política da mídia são o objeto desta seção.*

Comecemos com a França no final do século XX em uma sequência histórica à historieta que acabo de apresentar. Chalaby (2004) enfoca o papel dos juízes e da mídia nos relatos sobre escândalos na França em uma relação simbiótica que foi observada com frequência também em outros países (Ramírez, 2000; De Moraes, 2005; Bosetti, 2007; Heywood, 2007). Independentemente de quem revela o delito em primeiro lugar, sejam eles jornalistas ou juízes, uns se apoiam aos outros em suas iniciativas a tal ponto que, quando o escândalo começa a encontrar eco na população, a mídia tende a elevar os juízes ao papel de agentes da justiça contra a má vontade dos políticos, em uma moldura de defensores da moralidade *versus* os poderosos irresponsáveis que ressoa na mente das pessoas comuns. Chalaby (2004) data o surgimento das reportagens de escândalos na França contemporânea em outubro de 1979, quando o semanário satírico *Le Canard enchainê* revelou a doação de diamantes pelo general Bokassa, o autoproclamado imperador da África central, ao presidente Giscard d'Estaing em 1973. Apesar das pressões governamentais, *Le Monde* e outras publicações fizeram o mesmo, um golpe sério para um líder político que tinha baseado sua carreira na honestidade e na eficiência na administração das finanças do país. A partir daquele momento, a mídia francesa criou várias unidades de reportagens investigativas que, apesar das limitações econômicas e legais que sofreram, auxiliaram na revelação da corrupção com o passar dos anos, inclusive o caso Dumas/Elf Oil, que envolveu o ministro de Relações Exteriores e sua amante, e infligiu um forte golpe ao governo do presidente Mitterrand no último período de seus quatorze anos de presidência. Essas unidades foram responsáveis também pelas alegações de corrupção contra o sucessor de Mitterrand, o presidente Chirac, durante seu mandato como prefeito de Paris.

Ari Adut (2004) ilustra o surgimento da política de escândalos na França na década de 1990, quando a credibilidade de políticos decaía e a impressão de que diferenças ideológicas não importam na política crescia (ver a Figura 4.3). Ele escreve sobre centenas de casos de políticos investigados entre 1992 e 2001 (ver a Tabela 4.1) por seu envolvimento em corrupção política, como o Caso Dumas-Elf. Adut enfatiza o papel dos magistrados que julgaram

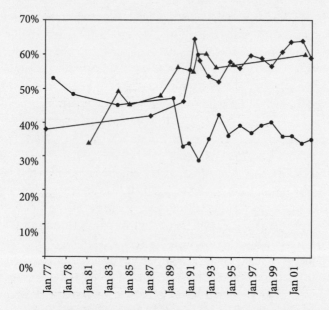

Fig. 4.3. A crescente vulnerabilidade dos políticos franceses ao escândalo.
Fonte: Pesquisas de opinião TNS Sofres copiladas por Adut (2004:52)

os culpados de corrupção política como uma expressão da independência do judiciário *vis-à-vis* o sistema político, com os magistrados assumindo a responsabilidade de fazer cumprir as normas de interesse público que são centrais para a cultura francesa e, no entanto, são ignoradas com frequência pela classe política. Dizer que essa série de escândalos e investigações teve um impacto negativo na confiança dos cidadãos no governo seria um eufemismo. A Figura 4.3 nos dá uma visão geral da opinião francesa sobre as autoridades eleitas entre 1977 e 2001 registradas pelas pesquisas de opinião TNS Sofres e copiladas por Adut (2004:542).

Nos Estados Unidos, o escândalo de Watergate foi o começo de uma nova era da reportagem investigativa com consequências diretas para a prática da política e o processo de governança (Markovits e Silverstein, 1988; Ginsberg e Shefter, 1999; Liebes e Blum-Kulka, 2004). Um dos efeitos mais duradouros de Watergate foi a aprovação pelo Congresso do Ato sobre a Ética no Governo, de 1978, que contribuiu para a regulamentação da vida política, estabelecendo procedimentos para a investigação de práticas potencialmente ilegais pelo poder executivo. O ato teve como resultado uma longa série de investigações nas décadas seguintes que passaram a ser o instrumento preferido dos oponentes políticos para questionar a legitimidade do governo e, em alguns casos, para paralisar sua atuação (Schudson, 2004).

Além disso, Watergate acabou por gerar um estilo de reportagem investigativa que se tornou o padrão de excelência nos Estados Unidos e no mundo todo, com aspirantes a "gargantas profundas" e repórteres empreendedores se unindo em sua cruzada de superioridade moral e colhendo assim os benefícios de seu poder sobre os poderosos. Por outro lado, os políticos norte-americanos reagiram, intimidando os informantes e a imprensa ao propor em 2000 um projeto de lei que teria penalizado a revelação e a divulgação de informação confidencial (definida em termos muito amplos) com sentenças de prisão. Só um esforço de último minuto por parte dos lobistas da mídia fez com que o presidente Clinton vetasse o projeto de lei, apesar de seu apoio original à proposta (Nelson, 2003).

Como a política de escândalos é a arma preferida do partido da oposição, na década de 1990, Bill e Hillary Clinton foram submetidos a um bombardeio intermitente de acusações e investigações por parte dos republicanos — algumas delas com consequências sérias, outras descartadas no processo legal. Clinton teve o mandato cassado pela Câmara dos Representantes, depois foi salvo por um Senado aparentemente influenciado por ameaças, por parte dos homens do presidente, de revelarem alguns dos escândalos dos próprios senadores (Marks, 2007:216-49).

Tabela 4.1 — Resultado de investigações sobre corrupção
na França na década de 1990

	Políticos de alto escalão (1992-2000)	Políticos do escalão mais alto (1992-2001)
Número total de políticos investigados	346	53
Sob investigação 2004	90	12
Investigação concluída	256	41
Acusações retiradas durante a investigação	40 (16%)	12 (29%)
Acusações	216 (84%)	29 (71%)
Esperando julgamento 2004	18 (7%)	5 (12%)
Absolvidos	43 (17%)	8 (20%)
Apenas multados	20 (8%)	2 (5%)
Sentença suspensa	40 (16%)	6 (15%)
Sentença de inelegibilidade com ou sem sentença de prisão suspensa	73 (28%)	–
Sentença de prisão	22 (9%)	3 (6%)

Obs.: Números entre parênteses especificam a porcentagem de investigações que tiveram resultados legais no final do período especificado.

Adut (2003) define "políticos de alto escalão" como deputados na Assembleia Nacional, senadores e prefeitos. "Políticos do escalão mais alto" incluem políticos nacionais: ex.: de atuais primeiros-ministros, ministros, presidentes da Assembleia Nacional e do Conselho Constitucional e os secretários-gerais de partidos políticos.
Fonte: Adut (2004:564).

Durante o governo Bush, foi a vez de os democratas exporem uma série de delitos por parte da administração do presidente e por vários líderes republicanos, como documentado na Tabela A4.1, no Apêndice. Assim, é razoável dizer que a política dos Estados Unidos nas duas últimas décadas foi em grande medida dominada pelas denúncias e contradenúncias de escândalos e informação perniciosa, diretamente orientadas para líderes políticos específicos ou seus suplentes (por exemplo, Scooter Libby como substituto de Karl Rove e Dick Cheney). Batalhas políticas foram em grande parte travadas por meio da política de escândalos (Sabato *et al.*, 2000).

A prevalência e importância da política de escândalos nos últimos anos foram documentadas e analisadas com uma abordagem semelhante no Reino Unido, na Alemanha, na Itália, na Espanha, na Argentina, na China, na Índia e em uma lista interminável de países em todo o mundo (Arlachi, 1995; Rose-Ackerman, 1999; Thompson, 2000; Anderson e Tverdova, 2003; Esser e Hartung, 2004; Jimenez, 2004; Tumber, 2004; Tumber e Waisbord, 2004b; Waisbord, 2004b; Chang e Chu, 2006).

Em vez de sobrecarregar este capítulo com uma discussão detalhada de todo esse material, refiro-me à lista extensa (mas não exaustiva) de escândalos em épocas recentes elaborada por Amelia Arsenault e apresentada na Tabela A4.2, no Apêndice. Além disso, a Transparency International (acessível on-line) mantém registros de casos de corrupção publicados, inclusive a corrupção política, para países no mundo todo, mostrando tanto sua universalidade quanto a variação de sua intensidade de acordo com culturas e instituições. As democracias mais avançadas não escapam à regra geral da política de escândalos como uma prática padrão. A Tabela A4.3, no Apêndice, mostra a extensão da política de escândalos e a significância de seus efeitos políticos nos países do G-8, o clube exclusivo que comanda o mundo.

Por que a política de escândalos é tão predominante? De onde ela vem? Ela é diferente hoje do que era no passado em termos de sua frequência e de seu efeito na vida política? E por quê? Discutirei essas questões cruciais com base na limitada evidência disponível em pesquisas acadêmicas. *A política de escândalos não é a mesma coisa que corrupção política* (Thompson, 2000). A corrupção política, compreendida como a venda ilegal de serviços por políticos e autoridades em troca de benefícios pessoais ou partidários (ou ambos), é uma característica básica dos sistemas políticos por toda a história (King, 1989; Allen, 1991; Bouissou, 1991; Fackler e Lin, 1995; Rose-Ackerman, 1999). Escândalos políticos incluem outros supostos delitos, como atividades sexuais impróprias de acordo com as normas de uma determinada sociedade. A distribuição dos escândalos entre as várias categorias de comportamento varia entre os países. Em uma perspectiva histórica, por exemplo, a proporção de escândalos políticos ilegais e não ilegais é mais ou menos igual na França e nos Estados Unidos, enquanto o sexo e a espionagem são mais predominantes do que a corrupção financeira no Reino Unido (Barker, 1992). Dados históricos compilados em um volume do Longman International Reference, Political Scandals and Causes Célèbres since 1945 [Escândalos políticos e polêmicas desde 1945] por Louis Allen (1991) e o Levantamento do Barômetro Global da Corrupção da Transparency International, que é administrado pela Gallup International Association desde 2003, não mostram uma tendência consistente em termos de frequência e intensidade de escândalos e corrupção. Eles variam por país e por período, de acordo com as conjunturas políticas e as capacidades de divulgação da mídia. No entanto, a maior parte dos analistas parece concordar que o uso de escândalos na política está aumentando (Thompson, 2000; Chalaby, 2004; Jimenex, 2004; Tumber, 2004; Tumber e Waisbord, 2004a,b; Chang e Chu, 2006). De fato, parece que é o instrumento preferido no embate político. Assim, Ginsberg e Shefter (1999), analisando as tendências políticas nos Estados Unidos, escrevem:

> Em anos recentes, as eleições tornaram-se menos decisivas como mecanismos para solucionar conflitos e constituir governos nos Estados Unidos (...) Em vez de se envolver em uma competição total por votos, as forças políticas rivais começaram a depender de armas de combate institucional, tais como investigações em congressos, revelações da mídia e procedimentos judiciais para vencer seus inimigos. Nos Estados Unidos contemporâneos, o sucesso eleitoral muitas vezes não consegue conferir a capacidade de governar, e as forças políticas vêm sendo capazes de exercer um poder considerável, mesmo se perderem nas urnas ou até se não competirem na arena eleitoral (1999:16).

Várias tendências contribuem para colocar os escândalos no centro da vida política em países no mundo todo: *a transformação da mídia; a transformação da política; e a particularidade da política da mídia.*

A POLÍTICA DE ESCÂNDALOS EM UM AMBIENTE DE COMUNICAÇÃO DIGITAL

Em relação à mídia, as notícias na forma do infotenimento favorecem matérias de escândalo como material de primeira qualidade para atrair o público. Isso é particularmente significativo com o advento do ciclo de notícias de 24 horas, com implacáveis "notícias de última hora" para saciar o apetite por sensacionalismo e novidade (Fallows, 1996; Sabato *et al.*, 2000). Como todos os principais veículos da mídia estão na internet, o ciclo perpétuo de notícias não está limitado às redes de notícias da televisão ou do rádio: a informação é atualizada constantemente nos sites de jornais e revistas na internet. Além disso, Boczkowski (2007) mostrou o processo de imitação que caracteriza as manchetes nos sites da mídia; tão logo as matérias aparecem em um dos sites, são captadas, reformatadas e discutidas em todos os outros.

A comunicação baseada na internet contribui fortemente para o aumento da política de escândalos de duas maneiras principais (Howard, 2003; McNair, 2006). Primeiro, ela abre a comunicação de massa para alegações e denúncias de fontes múltiplas, desviando-se assim da capacidade de *gatekeeping* da grande mídia. O exemplo mais notório foi a onda de ansiedade que se espalhou entre os editores da grande mídia quando um boletim digital (o Relatório Drudge) foi o primeiro a publicar a história de que o presidente Clinton havia tido um caso amoroso com Monica Lewinsky, estagiária da Casa Branca (Williams e Delli Carpini, 2004). A capacidade de acessar as plataformas de comunicação de massa diretamente por meio das plataformas de autocomunicação de massa alimenta um vasto oceano de rumores e teorias de conspiração. E também abre a possibilidade para que qualquer pessoa possa expor o comportamento impróprio ou ilegal de políticos, muitas vezes com apoio audiovisual no YouTube ou outras plataformas. Já não há qualquer privacidade para os líderes políticos. Seu comportamento está constantemente vulnerável à exposição por pequenos dispositivos digitais de gravação, como telefones celulares, que permitem o envio instantâneo da gravação para a internet.

Segundo, qualquer notícia lançada em qualquer formato e de qualquer fonte tem o potencial de ser imediatamente viralizada pela internet (McNair, 2006). Além disso, comentários da audiência e de blogueiros em geral alimentam a polêmica instantaneamente, trazendo a conduta censurável para a ágora eletrônica do debate público e aberto, e provocando, assim, as "guerras de blogs" (Perlmutter, 2008). É verdade que um número crescente de blogueiros trabalha como consultores políticos, já que a blogosfera se tornou um espaço de comunicação essencial e onde as imagens públicas são feitas e refeitas (*The Economist*, 2008). Fofocas em redes digitais são um amplificador de proporções gigantescas, fazendo explodir as alegações de escândalo em uma questão de horas.

A POLÍTICA DE ESCÂNDALOS E A TRANSFORMAÇÃO DA POLÍTICA

A centralidade dos escândalos também é uma função da transformação da política. Tumber (2004) considera que o enfraquecimento da identificação partidária e a queda do partidarismo são a fonte do aumento da política de escândalos, com um aumento correspondente em uma "cultura de promocionalismo" na qual políticos, governos e corporações promovem seus próprios interesses acima dos interesses do coletivo (Tumber, 2004:1122). Analistas apontam para o fato de a competição política ser caracterizada pela luta para ocupar o centro do espectro político do eleitorado em termos da mensagem percebida, minimizando assim contrastes ideológicos, à medida que partidos e candidatos, tendo garantido seus apoiadores básicos, lutam para adotar os temas e as posições de seus oponentes para atrair seus eleitores potenciais. A consequência disso é uma tendência de que os cidadãos dependam mais das características pessoais dos líderes e da honestidade de seus partidos do que de seus programas e declarações (Edwards e Dan, 1999). Assim, políticos envolvidos em escândalos são melhor matéria para as notícias porque esses escândalos solapam seu direito de participar da delegação de poder concedida pelos cidadãos (Thompson, 2000; Chalaby, 2004; Tumber e Waisbord, 2004a,b).

Há também diversos fatores que influenciam a crescente vulnerabilidade do sistema político a escândalos. Alguns estão relacionados às tendências estruturais *na relação entre a globalização e o Estado que afetam a moralidade da política*. Assim, algum tempo atrás, Guehenno (1993) sugeriu uma hipótese interessante: dados os limites impostos pela globalização ao poder dos Estados--Nação e considerando o desaparecimento gradual dos compromissos ideológicos, as recompensas por ocupar um cargo público já não são tão diferentes daquelas oferecidas na sociedade como um todo: dinheiro, que normalmente significa o dinheiro recebido fora dos canais formais de compensação.

Além disso, *em um número crescente de países, a economia global do crime penetrou profundamente as instituições do Estado,* oferecendo assim a possibilidade de expor as conexões criminosas do sistema político, uma fonte frequente de escândalos políticos na América Latina ou no Sudeste Asiático, mas também em outros países como o Japão, a Itália ou a Rússia (Castells, 2000c; Campbell, 2008; Glenny, 2008). O financiamento ilegal de partidos políticos passa a ser uma fonte de corrupção, aumentando assim as chances de que informações prejudiciais sejam usadas pelo oponente (Ansolabehere *et al.*, 2001). Como todos os partidos se envolvem nessa prática, todos eles têm suas unidades de inteligência e seu exército de intermediários que trocam ameaças uma atrás da outra, produzindo um mundo político caracterizado pela possibilidade de destruição mutuamente assegurada. Segundo essa lógica política, no momento em que o mercado para materiais prejudiciais é criado, se não há materiais bem definidos para escândalos em quantidade suficiente, insinuações ou invenções irão preencher a lacuna. Realmente, a estratégia na política de escândalos não necessariamente tem como objetivo um golpe decisivo por meio de um único escândalo. Ao contrário, um fluxo contínuo de escândalos de tipos diferentes e com níveis diferentes de provas tece o fio com o qual as ambições políticas são realizadas ou condenadas pela geração de imagens na mente dos cidadãos.

A POLÍTICA DE ESCÂNDALOS E A POLÍTICA DA MÍDIA

A política de escândalos é inseparável da política da mídia. Primeiro, porque é por meio da mídia (inclusive, é claro, os meios de autocomunicação de massa) que os escândalos são revelados e disseminados para a sociedade como um todo. Mas, ainda mais importante, elas são inseparáveis porque as características da política da mídia fazem do uso de escândalos o instrumento mais eficiente em embates políticos. Isso ocorre primordialmente porque a política da mídia está organizada em torno da personalização da política, como foi analisado antes. Como as mensagens mais eficientes são as mensagens negativas, e como o assassinato do caráter de uma pessoa é a forma mais definitiva de negatividade, a destruição de um líder político por vazamento, fabricação, formatação e propagação de escândalos que podem ser atribuídos a ele ou a ela, seja pessoalmente ou por associação, é a meta final da política de escândalos. É por esse motivo que táticas tais como a "pesquisa da oposição" que descrevi anteriormente são baseadas na descoberta de informação prejudicial que possa ser usada para minar o apelo popular de um político ou de um partido. A prática da política de escândalos representa o mais alto nível de desempenho na estratégia de produzir um efeito de afeto negativo. Como a política da mídia é a política da Era da Informação, a política de escândalos é o instrumento preferido para o envolvimento nas lutas políticas de nossa época. No entanto, será que os escândalos são sempre tão eficientes quanto seus patrocinadores desejam que eles sejam? As provas sobre essa questão são inconclusivas se, por eficiente, nos referimos à derrota de um líder ou partido político ou de um governo.

O IMPACTO POLÍTICO DA POLÍTICA DE ESCÂNDALOS

Há um debate considerável sobre como e se a política de escândalos influencia o comportamento político. Alguns pesquisadores argumentam que a política de escândalos prejudica os políticos e não o sistema político em si. Como os políticos fazem seu marketing com base nas características de sua personalidade, tais como honestidade e integridade, quando eles são flagrados tendo comportamentos repreensíveis, os eleitores podem perder a confiança no culpado individual, mas seu respeito pelo sistema político pode não ser necessariamente prejudicado. Welch e Hibbing (1997), por exemplo, constatam que a pessoa acusada de corrupção envolvendo questões de moralidade pode ver seu apoio diminuir em uma porcentagem de até 10% do voto bipartidário. Da mesma forma, outros estudos constataram que a aprovação de membros do Congresso ou políticos individuais tem pouco a ver com o nível de confiança ou respeito que o cidadão possa ter pelas instituições políticas em geral (Hibbing e Theiss-Morse, 1995). Durante a década de 1990 nos Estados Unidos, por exemplo, segundo uma série de levantamentos Pew, após uma queda inicial dos níveis de confiança política, o escândalo Monica Lewinsky parece ter causado um impacto limitado nesses níveis.

Assim, a evidência empírica sugere que os escândalos políticos influenciam o comportamento do eleitor de maneiras diferentes, dependendo do país e do nível do cargo político. Nos Estados Unidos, as eleições para o Congresso e para os estados normalmente atraem pouco interesse dos eleitores, e esses podem saber muito pouco sobre os nomes de seus representantes ou de seus oponentes. Um corpo crescente de pesquisa sugere que, para esses políticos, principalmente durante as primárias, estar envolvido em um escândalo pode até ser bom (Burden, 2002). Esse benefício é especialmente nítido para aqueles que estão competindo por cargos em gabinetes. Como Mann e Wolfinger (1980) observaram, as pessoas têm mais facilidade de reconhecer o nome de um candidato do que de se lembrar dele espontaneamente. Isso é importante porque votar exige apenas que os eleitores reconheçam um nome em uma cédula. Assim, a participação em um escândalo pode ser útil nesses níveis inferiores porque aumenta o reconhecimento do nome, algo que pode se traduzir em uma porcentagem maior de votos. No entanto, para candidatos políticos importantes, os escândalos são prejudiciais porque os eleitores já possuem informação sobre eles e estão mais inclinados a seguir os detalhes do escândalo.

Os levantamentos Pew realizados nos Estados Unidos também sugerem que o partidarismo pode influenciar a maneira como o escândalo afeta a confiança política. Os eleitores independentes parecem ser mais influenciados pelo escândalo político do que os democratas ou os republicanos. Eleitores independentes que acham que seus representantes aceitaram suborno têm duas vezes mais chance do que aqueles que não acham isso (46% *versus* 20%) de dizer que ele ou ela devem perder o cargo na próxima eleição (Dimock, 2006). A pesquisa de opinião também sugeriu que, enquanto os independentes tendem a acompanhar o noticiário com menos assiduidade que seus congêneres do mesmo partido, seu interesse na corrupção no Congresso é semelhante ao dos eleitores democratas e maior que o dos eleitores republicanos. Considerando a importância do voto independente na maioria das eleições dos EUA, isso sugere que a denúncia de escândalos na mídia pode desempenhar um papel crucial para o resultado das eleições. Além disso, 77% dos independentes que acompanhavam histórias de corrupção no Congresso acreditavam que a maioria dos membros do Congresso deveria perder seu cargo nas próximas eleições. Em uma comparação internacional, Simpser (2004) analisou as consequências políticas da percepção da corrupção por parte do eleitor. Usando um conjunto de dados originais com uma nova medida de corrupção eleitoral para 88 países no período entre 1990 e 2000, Simpser constatou que a corrupção eleitoral e altas margens de vitória estavam associadas a um menor comparecimento às urnas em uma ampla variedade de países. Portanto, os escândalos podem afetar a confiança nas eleições, e não apenas nos políticos.

Uma questão fundamental é o papel desempenhado pela mídia na amplificação do impacto dos escândalos. É claro, sem a mídia, não há escândalos. Mas será que a publicação dos escândalos pela mídia provoca efeitos políticos específicos? Nos Estados Unidos, um estudo realizado pelo Projeto para Excelência no Jornalismo e o Centro de Pesquisa Pew (2000), com 2.400 matérias e comentários em jornais e canais de televisão importantes e na internet sobre a eleição presidencial de 2000, constatou que 76% delas se concentravam em dois temas: Al Gore mente/exagera e é marcado por escândalos. Apesar de alegações de uso de cocaína e irregularidades nos negócios, o estudo verificou que George W. Bush teve muito mais sucesso na transmissão de sua mensagem de campanha de que ele era um "conservador compassivo" e "um tipo diferente de republicano". O estudo constatou também que os retratos negativos pareciam não ter uma ressonância muito forte entre os eleitores. Embora a retratação de Al Gore como objeto de escândalo fosse a moldura mais predominante na mídia, só 26% das pessoas investigadas fizeram essa associação.

Examinando especificamente o escândalo Monica Lewinsky, John Zaller (1998) expressou dúvidas semelhantes de que a comunicação política pela mídia desempenhasse um papel na influência das interpretações públicas do escândalo. Ele explica o apoio público contínuo a Clinton, apesar de uma cobertura esmagadoramente crítica na imprensa, referindo-se a três variáveis não relacionadas à mídia: (a) paz (a ausência de quaisquer ameaças mais sérias à segurança dos Estados Unidos); (b) prosperidade (a economia forte); e (c) as posturas moderadas de Clinton em relação a políticas públicas. Zaller (1998) também observa que as ramificações políticas do escândalo foram em grande medida eclipsadas por seu puro valor de entretenimento como um drama de sexo e poder no Salão Oval. Lawrence e Bennett (2001), no entanto, discordam de Zaller. Segundo sua análise, embora o escândalo Lewinsky não tivesse qualquer impacto negativo na aprovação e níveis de confiança do eleitor, ele teve sim um efeito mais amplo por ter levado a uma deliberação aberta sobre o papel da conduta sexual na vida pública norte-americana. Em outras palavras, o comportamento sexual de políticos pós-Monica tem menos importância para o público estadunidense em termos de envolvimento político e confiança. Lawrence e Bennett (2001) observam que o apoio ao impeachment de Clinton, mesmo que ele tenha mentido sob juramento a respeito de sua conduta sexual, caiu de 50% para 31% no decorrer do escândalo. Samuelson (1998) atribui os altos índices de aprovação de Clinton ao cansaço geral com a cultura de ataques políticos como um todo. Ele define "cultura de ataques" como a corrupção das investigações públicas comuns — pelo comitê congressional, pela imprensa e por advogados e promotores independentes, que ficam menos interessados em revelar os delitos do que em arruinar o acusado politicamente. As pessoas instintivamente acharam esse processo desconcertante, injusto e autodestrutivo (para a nação) e não quiseram recompensar e perpetuar esse processo fazendo de Clinton a presa maior e mais recente (Samuelson, 1998:19). Samuelson também cita o fato de os índices de desaprovação dos republicanos terem dobrado de 22% em janeiro de 1998 para 39% em dezembro de 1998 como evidência adicional do cansaço com a cultura de ataques. A aparente imunidade de Clinton em relação à indignação pública em torno do escândalo pode também ter sido resultado de seu forte carisma pessoal: uma pesquisa de opinião do *Washington Post* constatou um aumento de 17% (de 44% para 61%) na porcentagem dos norte-americanos que aprovavam a direção que o país estava tomando imediatamente após a confissão pública televisionada de Clinton (Renshon, 2002:414). Waisbord (2004b) também se baseia no trabalho de Keith Tester sobre dessensibilização pela mídia para explicar como uma cobertura midiática muito difundida de um escândalo pode resultar na "banalização da corrupção" e no "cansaço de escândalos" por parte do público.

Outros estudos, no entanto, sugerem que a consequência principal do escândalo Lewinsky ocorreu na decisiva eleição presidencial de 2000, quando 18% dos eleitores mencionaram a moralidade como a característica mais importante que buscavam em um presidente (Renshon, 2002). Renshon assinala o fato de que — apesar dos altos índices de aprovação de Clinton como presidente por parte dos eleitores — uma maioria esmagadora (74%) dos norte-americanos concordou com a afirmação "Estou cansado(a) de todos os problemas associados ao governo Clinton". Entre aqueles que expressaram tal cansaço, 60% disseram que votariam em George W. Bush, e 35%, que votariam em Al Gore (Renshon, 2002:424). Da mesma forma, Morin e Deane (2000), escrevendo sobre o cansaço Clinton, constataram que um em cada três eleitores que gostavam da política de Clinton, mas não de sua personalidade, desertaram para votar em Bush. Além disso, os pesquisadores verificaram que "ser honesto" foi classificado como o traço mais importante que os eleitores buscavam no próximo presidente — e oito em cada dez desses eleitores apoiavam Bush (Morin e Deane, 2000:A10). Em outras palavras, os índices de aprovação de Clinton sobreviveram à série de escândalos durante sua presidência e à votação de seu impeachment porque suas políticas receberam um amplo apoio e sua conduta pessoal foi considerada típica da maioria dos políticos. Al Gore, no entanto, pagou o preço pela imoralidade de Clinton, já que ficou a reboque em uma eleição contra um candidato que à época era visto como moral e honesto. Ironicamente, na mente de muitos norte-americanos, George W. Bush ficará na história como um dos mentirosos mais notórios na presidência dos Estados Unidos.

Em suma: os efeitos da política de escândalos sobre resultados políticos específicos são, em grande medida, indeterminados. Dependem do contexto cultural e institucional, da relação entre o tipo de escândalo e o político nele envolvido, do clima social e político no país e da intensidade do efeito cansaço detectado entre os cidadãos após intermináveis repetições das matérias sobre o escândalo na mídia. Os efeitos também precisam ser medidos durante um período de tempo e muitas vezes são indiretos em suas manifestações; por exemplo, outro político que sofre as consequências por tabela.

Temos, porém, evidência sobre dois efeitos relevantes. Primeiro, *um número crescente de mudanças políticas importantes nos governos de todo o mundo estão diretamente associadas com os efeitos de escândalos*, como ilustrado na Tabela A4.2, no Apêndice. Em outras palavras, embora muitos dos escândalos políticos possam ter efeitos políticos diretos secundários, há tantos escândalos pipocando constantemente na mídia que alguns deles realmente têm um impacto significativo, e às vezes derrubam governos ou até regimes.

Segundo, *em virtude da prevalência da política de escândalos, independentemente dos resultados específicos em um determinado contexto, o cenário político inteiro se transforma em todos os locais* porque a associação generalizada da política com comportamento escandaloso contribui para a alienação do cidadão em relação às instituições e à classe políticas, *contribuindo assim para uma crise internacional de legitimidade política.* Por certo, é precisamente porque todos os políticos são colocados no mesmo saco da imoralidade e desconfiança que escândalos específicos relacionados a políticos específicos podem ter pouco impacto: como os políticos em geral são considerados pouco confiáveis pela maioria das pessoas, o cidadão desencantado deve escolher a pessoa pouco confiável que tem mais em comum com seus valores e interesses. Essa observação suscita a pergunta mais relevante referente às relações de poder: *a relação entre a política da mídia, a política de escândalos e a crise da legitimidade política.* Irei me aprofundar mais em uma análise das dinâmicas da política de escândalos concentrando-me em um estudo de caso recheado de lições para a prática da democracia: o fim dos socialistas espanhóis na década de 1990 como resultado de uma estratégia bem desenhada de política de escândalos.

MIRANDO NO CALCANHAR DE AQUILES: A POLÍTICA DE ESCÂNDALOS NA ESPANHA SOCIALISTA

González venceu três eleições com uma maioria absoluta e até uma quarta quando todos os sinais apontavam para a derrota. Assim, tínhamos de elevar as apostas para extremos que às vezes afetam o próprio Estado. González estava bloqueando algo essencial na democracia: a alternância de poder (...) A capacidade que ele tinha de se comunicar, sua força política, sua habilidade extraordinária levaram muitas pessoas à conclusão de que era necessário pôr um ponto final em sua era. Como os ataques muito cruéis lançados em 1992-3 não acabaram com ele (...) percebemos a necessidade de intensificar a crítica. Então, fizemos uma busca nesse mundo inteiro de irregularidades, de corrupção (...) Não havia outra maneira de destruir González.

(Luis María Anson, então editor chefe do jornal *ABC*, entrevistado pelo semanário *Tiempo*, em fevereiro de 1998.)

A série de escândalos orquestrados que acabaram por minar a dominação de Felipe González e seu Partido Socialista na Espanha, levando a sua derrota eleitoral em 1996, representa um caso clássico de política de escândalos (Anson, 1996; Ramírez, 2000; Amedo, 2006; Heywood, 2007; Villoria Mendieta, 2007). Em 1982, com apenas cinco anos de democracia depois de quatro décadas da ditadura sangrenta do general Franco, os socialistas tiveram uma vitória esmagadora. Foram reeleitos em 1986, em 1989 e, por uma margem um pouco menor, em 1993. Entre as razões para o sucesso estava a rejeição, por parte dos eleitores, dos conservadores, entre os quais muitos que haviam sido associados com o regime desacreditado de Franco; a orientação centro-esquerda da maioria do eleitorado espanhol; e a mobilização das "nações sem Estados", tais como a Catalunha e o País Basco, em defesa de sua autonomia mais plena, uma reivindicação a que se opunham os conservadores (Alonso-Zaldívar e Castells, 1992). Quando eleito, o governo socialista implementou uma série de políticas eficientes que estimularam o crescimento econômico e a geração de emprego, desenvolveram uma espécie de Estado de Bem-Estar, modernizaram o país, construíram um Estado semifederalista, colocaram as forças armadas sob controle e cimentaram o caminho para a entrada na Comunidade Europeia em 1986.

Mas o uso habilidoso da política da mídia também foi um fator que ajudou os socialistas a ganharem as eleições e a permanecerem no poder durante treze anos consecutivos. No centro dessa estratégia estava a política personalizada do secretário-geral do partido, Felipe González. González, social-democrata moderado que tinha 40 anos quando subiu ao poder, foi perseguido pelos riscos de uma transição democrática em um país que em toda sua história tormentosa nunca tinha conhecido a democracia, a não ser por cinco anos na década de 1930. Seu pragmatismo estabilizou o país e garantiu a continuidade de seu governo. Ele se beneficiou também de uma equipe eficiente que usava a política da mídia e a geração de imagens de formas sem paralelo àquela época. Para isso contribuiu o fato de a Espanha ter herdado um sistema de mídia no qual o governo tinha o monopólio das emissoras de televisão, era proprietário de importantes redes radiofônicas, e exercia influência indireta sobre setores da imprensa escrita. Foi precisamente o governo de González que descentralizou, liberalizou e privatizou a mídia, o que permitiu duas emissoras privadas de televisão, abriu caminho para a televisão a cabo e por satélite e autorizou a criação de redes regionais de televisão controladas pelos governos regionais. Nesse processo, o principal jornal espanhol, criado no despertar da democracia como uma voz pró-democrática, *El País*, passou a ser a base do grupo principal de mídia no país e desenvolveu uma cooperação mutuamente frutífera com os socialistas (Machado, 2006).

No começo da década de 1990, tal concentração de poder e de mídia nas mãos dos socialistas e seus aliados levou os adversários de González a optarem por uma batalha fora da arena eleitoral. Adotaram, então, uma estratégia de destruição de imagem cujo objetivo era o enfraquecimento gradativo da reputação de honestidade e democracia, fonte do apelo dos socialistas aos eleitores. Mas quem eram esses adversários? Certamente incluíam o bloco político conservador, que sofreu várias transformações antes de criar o Partido Popular (PP), afiliado aos partidos conservadores europeus. Mas na década de 1980 o PP era fraco, e sua influência era limitada a uma minoria do eleitorado ancorado na direita ideológica. Assim, sua oposição radical aos socialistas se fortaleceu com a coalizão com a Esquerda Unida, de orientação comunista, um grupo pequeno, mas militante e influente em alguns segmentos da sociedade. A coalizão contou também com o apoio de alguns grupos empresariais (apesar das políticas pró-empresários de González) e teve a ajuda da Igreja Católica, que estava lutando para preservar seus privilégios financeiros e institucionais. Porém, a verdadeira liderança da rede informal de oponentes de González foi assumida por grupos de jornalistas que, por razões pessoais, profissionais e ideológicas, entraram na batalha. O conceituado jornalista Pedro J. Ramírez, diretor do *Diario 16*, jornal de segundo escalão e ideologicamente moderado, foi o ator principal. Ramírez, após um período em Washington, ficou fascinado com Watergate e alimentou sua obsessão pela reportagem política investigativa. Após ter apoiado seus jornalistas na investigação do caso GAL (Grupos Antiterroristas de Liberação) (ver a seguir) e publicado vários artigos revelando ilegalidades do governo, foi demitido em março de 1989, supostamente por sugestão dos socialistas. Ele jurou se vingar. Obteve, então, apoio financeiro e poucos meses mais tarde co-

O PODER DA COMUNICAÇÃO | 311

meçou a publicação de *El Mundo*, que se tornaria um inquisidor incansável do governo socialista e, no fim, o suporte principal na mídia para os conservadores. A qualidade profissional do jornal e sua independência em relação ao governo socialista, ao mesmo tempo que fornecia uma plataforma para os críticos à esquerda de González, fizeram do jornal o segundo maior diário em termos de número de leitores e garantiram sua boa situação financeira.

El Mundo passou a ser o precursor explícito da política de escândalos e desenvolveu um formato midiático eficiente. O jornal obtinha informações comprometedoras sobre o partido ou o governo com direitos exclusivos de publicação. Então publicava uma série de artigos com manchetes explosivas durante vários dias. De suas páginas, a informação se difundia para o resto da mídia, que se sentia obrigada a citar *El Mundo* e a publicar suas matérias graças ao apelo escandaloso que exercia sobre o público. É claro, essa estratégia exigia bom material de escândalos e havia uma abundância deles. Os socialistas estavam tão autoconfiantes do controle político do país que se envolveram em operações ilegais descuidadas, sem tomar as precauções mais elementares. Equipes de repórteres investigativos às vezes desenterravam a informação perniciosa com uma mentalidade de um cruzado, levantando a bandeira da livre imprensa, uma conquista árdua na Espanha, diante dos políticos. Na maioria dos casos, no entanto, a mídia e principalmente *El Mundo*, por conta de sua visibilidade, se beneficiavam de vazamentos interessados dos vários participantes de operações ilegais, como uma forma de se vingar de aborrecimentos antigos ou se proteger se os esquemas não dessem certo. Isso foi o que ocorreu no caso Filesa, revelado em 1991, que expôs a criação, pelo Partido Socialista, de uma firma de consultoria falsa para extrair pagamentos das empresas para os cofres do partido. Vários burocratas de alto escalão do partido foram considerados culpados e ficaram algum tempo presos quando um pedido de pagamento extra, por parte de seu contador, foi negado. No entanto, o escândalo mais significativo, e aquele que usarei como exemplo ilustrativo de uma longa série de casos que é desnecessário detalhar em benefício da análise, é o episódio dos GAL.

O principal desafio político doméstico que os socialistas enfrentaram após terem assumido o poder foi o mesmo desafio que todos os outros governos espanhóis enfrentaram nos últimos cinquenta anos, e continuam a enfrentar: a luta dos bascos pela independência e principalmente o terrorismo praticado pela organização independente mais militante, o ETA, com mais de oitocentos assassinatos em seu currículo àquela altura. Tendo em vista a sensibilidade dos militares e das forças policiais em relação a essa questão, os socialistas decidiram confrontar o ETA de frente desde o começo de seu governo. De um modo geral, a ofensiva socialista era política, aproveitando o apoio da classe trabalhadora basca em várias formas de colaboração com o democrático e moderado Partido Nacional Basco, eleito para governar as instituições bascas. Mas havia também uma ação policial determinada a erradicar o ETA. Ela fracassou, como já tinha fracassado com outros governos, apesar das dezenas de militantes assassinados e de centenas presos. Então, alguém, um certo Mr. X, para usar a terminologia do juiz Garzón, que investigou o caso, imaginou um tipo de "solução final": matá-los todos. Por que se importar com legalidades? (Isso não soa familiar ao começo do século XXI?)

Segundo a documentação que forneceu a base para as sentenças judiciais anos mais tarde, uma unidade especial foi criada no Ministério do Interior usando os recursos secretos do governo. Vários oficiais da polícia foram designados para a tarefa, e esses então contrataram assassinos profissionais da França, já que o refúgio seguro para o ETA era no território francês. Uma organização paralela foi estabelecida e o Grupo Antiterrorista de Liberação (GAL) entrou em ação. Foi um desastre. Eles começaram sequestrando e assassinando dois ativistas bascos em outubro de 1983. Mas o segundo sequestro, três meses mais tarde, foi um caso de confusão de identidade. E então, em 1984, assassinaram erroneamente um dançarino sem qualquer conexão com o ETA. A falta de profissionalismo e o uso de recursos secretos para os policiais supervisores se divertirem na noite das regiões criminosas levaram à prisão de dois policiais responsáveis pela conspiração, Amedo e Dominguez. Julgados e condenados a ficarem um bom tempo na prisão em setembro de 1991, eles não revelaram suas conexões com o alto escalão porque, segundo suas declarações posteriores, "alguém" no governo socialista tinha lhes prometido o perdão em troca de seu silêncio.

Em outubro de 1994, quando perceberam que a promessa era vã e que não haveria perdão, mudaram de ideia e acusaram várias autoridades de alto escalão no Ministério do Interior e o próprio ministro. Antes de se apresentarem ao juiz, os dois policiais conversaram com líderes do Partido Popular, então na oposição, com a ajuda de seu advogado, já que (segundo a versão de Amedo) esses lhes prometeram perdão no futuro caso o PP chegasse ao poder. Deram também uma entrevista ao editor de *El Mundo*, possivelmente em troca de dinheiro (embora *El Mundo* tenha negado a alegação). Com base nessa nova alegação, o juiz responsável pelos casos de terrorismo, o internacionalmente renomado Baltasar Garzón (o mesmo juiz que expediu uma ordem de prisão em Londres contra o então ditador do Chile, Pinochet), reabriu o caso. Como munição para a promotoria, havia o fato de o sr. Garzón ter sido atraído pelo primeiro-ministro González para apoiar sua candidatura nas eleições de 1993, e, depois de ter-se desiludido com sua experiência no governo, voltar a seu posto no tribunal bem no momento de conduzir os procedimentos contra o GAL. Entre 1995 e 1998, diversos julgamentos foram realizados contra ministros, secretários de Estado, o diretor geral da polícia, altos funcionários do governo e o secretário-geral do Partido Socialista no País Basco. Vários deles foram considerados culpados e condenados à prisão, embora, por meio de várias anistias e a aplicação generosa de benefícios de liberdade condicional, não tenham ficado presos por muito tempo. Apesar das alegações de alguns dos convictos que levaram o juiz a enviar uma solicitação à Suprema Corte acusando o primeiro-ministro, nada pôde ser provado, já que Felipe González afirmou conhecer, à época, a operação do GAL e denunciou a motivação política da promotoria. A Suprema Corte não deu continuação às acusações contra ele.

Durante toda essa trágica novela, o *Diario 16* e mais tarde *El Mundo* continuaram a alimentar a opinião pública e os outros meios de comunicação com detalhes e provas da conspiração do GAL. A trajetória interna da informação começou originalmente no trabalho de dois repórteres investigativos do *Diario 16* que trabalhavam sob a direção de Pedro J. Ramírez. Em agosto de 1987, poucos dias depois de um novo assassinato pelo GAL, esses repórteres encontraram um abrigo secreto do grupo cheio de documentos, relatórios policiais, fotografias, armas e munição do tipo usado pela polícia espanhola. O *Diario 16* publicou então uma série de cinco artigos expondo as descobertas. Outros veículos o acompanharam, publicando entrevistas com várias pessoas envolvidas no caso. Como mencionei antes, foi precisamente a exposição do GAL que levou no final à demissão de Ramírez pela editora do *Diario 16* e à criação de *El Mundo*, o implacável fornecedor de escândalos políticos nos anos seguintes.

A consequente deterioração da imagem do governo, junto com o declínio na economia, levou os socialistas à beira da derrota nas eleições parlamentares de março de 1993. Uma vigorosa campanha de seu líder, o lendário Felipe González, reverteu as previsões das pesquisas de opinião e dos especialistas, e deu aos socialistas número suficiente de assentos para governar em minoria com o apoio dos partidos nacionalistas da Catalunha e do País Basco. Isso foi demais para a coalizão que havia tentado, durante anos, derrubar González. Chegara o momento de lançar mão de um ataque direto escavando a sujeira de onde quer que se pudesse encontrar, com o apoio dos funcionários descontentes no governo e na polícia. Para isso, uma verdadeira conspiração da mídia foi organizada, com a participação, naturalmente, de uma equipe de *El Mundo* com Ramírez à frente, mas com outros atores poderosos: Luis María Anson, editor do *ABC*, o mais antigo e prestigioso jornal conservador e uma figura importante nos círculos da direita do jornalismo espanhol; o diretor da maior rede privada de televisão, a Antena 3; o diretor de outro jornal, *El Independiente*; a COPE, emissora de rádio que pertencia à Igreja Católica e era operada por ela; vários jornalistas influentes e coconspiradores ocasionais de vários círculos, inclusive políticos de alto escalão do Partido Popular. O grupo formalizou sua aliança estabelecendo uma Associação de Jornalistas e Escritores Independentes (AEPI, na sigla espanhola) que atraiu todos aqueles que queriam contribuir para o fim de González. Então, os conspiradores começaram a trabalhar.

De 1993 a 1996, uma série de escândalos políticos importantes estremeceram o governo e o país. Em novembro de 1993, o *Diario 16* revelou que Luis Roldan, o primeiro civil nomeado diretor geral da paramilitar *Guardia Civil* (uma força de elite com longa tradição na história espanhola), tinha aumentado substancialmente seus bens durante o mandato. Em abril de 1994, *El Mundo* apresentou provas das fontes dessa riqueza obtida por meio de pagamentos ilegais de fornecedores e empreiteiros à *Guardia Civil*, recursos que Roldan compartilhava com o partido na região de Navarra, embora embolsasse, ele próprio, a maior parte deles. Roldan apropriou-se também de alguns dos recursos secretos destinados a operações policiais clandestinas. A partir daquele momento, o Parlamento abriu uma investigação. Roldan negou as acusações, mas dias depois fugiu para Paris e deu uma entrevista para *El Mundo*, admitindo o recebimento de pagamentos dos recursos secretos do governo, mas acrescentou que o Ministério do Interior e outros funcionários das forças de segurança vinham fazendo o mesmo durante anos. Quando o governo pediu sua extradição, ele desapareceu. Em 1995, reapareceu no Laos e foi finalmente enganado pela polícia espanhola com documentos de extradição falsos, voltando para a Espanha, onde foi condenado e preso. Suas acusações agravaram as acusações contra os funcionários de alto escalão do Ministério do Interior que já estavam sendo investigados pelo caso GAL. Vários outros funcionários também foram condenados pela apropriação indevida de recursos públicos.

Além disso, em abril de 1994, *El Mundo* revelou que o governador do Banco da Espanha, Mariano Rubio, bem como outras personalidades, inclusive um ministro, tinham contas secretas para evasão de impostos por meio de uma empresa financeira (Ibercorp) criada por um antigo presidente da Bolsa de Valores de Madri. Eles terminaram presos e, logo, conseguiram liberdade condicional, embora Rubio tenha morrido pouco depois de suas condenações. Uma vez mais, *El Mundo*, em junho de 1995, documentou o fato de a agência de inteligência militar espanhola (CESID) ter ilegalmente interceptado conversas telefônicas de personalidades políticas, empresários, jornalistas e até do rei da Espanha. Depois disso, o chefe da agência e os ministros supervisores renunciaram.

A lista de desgraças e de corrupção é ainda maior, mas os escândalos que mencionei devem ser suficientes para ilustrar a análise. Vários pontos devem ser enfatizados:

(1) *Há uma relação direta entre o nível e a intensidade da ilegalidade e da corrupção em uma agência política e a capacidade de provocar escândalos políticos.* Embora uma manipulação habilidosa da informação e uma trama inteligente de fatos e provas fabricadas aumentem o impacto do escândalo, é a matéria-prima fornecida pela extensão e pela importância do delito que em última instância determina o efeito dos escândalos na mente do povo.

No caso dos socialistas espanhóis, a corrupção e as práticas ilegais estavam inegavelmente fora do controle nos altos escalões do governo. É excepcional em uma democracia que, em apenas dois anos, o ministro do Interior, o chefe da principal força de segurança, o chefe da inteligência militar e o presidente do Banco Central, entre outras autoridades, tenham sido pegos com a boca na botija. A arrogância dos socialistas, depois de uma década no poder sem uma ameaça real por parte da oposição, claramente contribuiu para criar um clima de moralidade frouxa e enriquecimento pessoal. Embora González e seus colaboradores mais próximos não participassem da corrupção (investigações judiciais não revelaram delitos por parte deles), sua permissividade nessas questões, por estarem ocupados em mudar a Espanha e o mundo, deixou que a expansão do comportamento pouco ético e delinquente não fosse reprimida em uns poucos — mas significativos — círculos do governo socialista.

(2) *A mídia e principalmente um grande jornal foram decisivos para revelar a ilegalidade no governo.* A ênfase na reportagem investigativa e a vingança pessoal do diretor de *El Mundo* desempenharam um papel importante na fonte da informação perniciosa. Os jornalistas descobriram parte da informação e então difundiram-na por toda a mídia. O jornalismo como profissão se reafirmou após décadas de censura, lutando para encontrar evidências de corrupção nos círculos políticos, tanto locais quanto nacionais. No entanto, os próprios atores envolvidos na corrupção facilitaram o acesso à maior parte dos documentos que vieram a formar a base para as acusações nos tribunais. Conflitos pessoais internos das conspirações estimularam uma estratégia de obter vantagem pessoal por meio do enquadramento de certa versão da história na imprensa que permitiria aos informantes salvar as aparências e escapar das acusações enquanto ainda era possível fazê-lo. Além disso, muitas vezes o vazamento dessas informações a respeito de oponentes no partido para a imprensa era a arma favorita nas lutas entre facções dentro do próprio Partido Socialista. Em outras palavras, *os escândalos tornaram-se a expressão oculta da luta política tanto entre partidos quanto no interior deles, por outros meios que não debates e votos.*

(3) *Os conflitos empresariais entre grupos da mídia também se sobrepunham aos conflitos políticos.* O conflito era especialmente acirrado entre o grupo Prisa, que era o editor de *El País* e próximo aos socialistas, e *El Mundo*, o grupo ABC e o canal de TV Antena 3, que estavam mais próximos dos conservadores (Machado, 2006; Campo Vidal, 2008). Além da ideologia, uma forte competição empresarial estava em jogo: *El Mundo* tentava aumentar seu público colocando-se como um crítico independente de um governo corrupto. Diante de uma rivalidade tão poderosa, *El País* e seu grupo multimídia eram obrigados a ecoar alguma informação perniciosa contra seus aliados.

(4) Trazido pela campanha anticorrupção para a vanguarda da opinião pública, o sistema jurídico aceitou o papel de salvador moral do país, criando *uma aliança de facto entre juízes e jornalistas que veio a ser o núcleo do mecanismo da política de escândalos em todo o mundo.*

Como resultado do ataque por meio da política de escândalos impulsionado pela mídia e apoiado pelo judiciário, Felipe González e seu Partido Socialista finalmente perderam as eleições parlamentares por uma margem mínima, em abril de 1996. Mas os processos cognitivos e políticos subjacentes a esse resultado foram complexos e merecem ser examinados (Barreiro e Sanchez-Cuenca, 1998, 2000; Montero *et al.*, 1998; Boix e Riba, 2000; Cainzos, 2000; Barreiro, 2001; Jimenez, 2004; Rico, 2005; Fundación Alternativas, 2007).

O comportamento político espanhol durante sua curta história democrática foi caracterizado pela diferença de posições ideológicas entre a centro-esquerda, a centro-direita e os "sem ideologia". Entre 1986 e 2004, a proporção de cidadãos que se posicionavam como centro-esquerda oscilava entre um baixo 50% (em 2000) e um alto 60% (tanto em 1996 quanto em 2004). Por outro lado, aqueles que abraçavam uma posição centro-direita representavam uma proporção muito inferior do eleitorado, entre 17,5% em 1996 e 26,5%, no seu ponto mais alto, em 2000, para cair uma vez mais para 21% em 2004 (Fundación Alternativas, 2007). Dado o status minoritário do voto de direita, as chances de o Partido Conservador ganhar uma eleição dependiam de sua capacidade de atrair os eleitores que não tinham uma ideologia declarada (entre 18 e 24% do eleitorado) e na mobilização diferencial entre eleitores centro-esquerda e centro-direita em termos de participação eleitoral. Durante toda a década de 1980 e 1990, a liderança pessoal de Felipe González foi o fator-chave para a capacidade da centro-esquerda de mobilizar seus eleitores e atrair independentes.

Há uma forte correlação entre a classificação de líderes na opinião dos cidadãos e suas escolhas na hora de votar. González sempre esteve no topo da lista, e foi demonstrado que a probabilidade de os eleitores que o admiravam votarem no Partido Socialista era 23% maior (Barreiro e Sanchez-Cuenca, 1998). Outros fatores para explicar o comportamento dos eleitores foram a ideologia pessoal, a ideologia de um companheiro ou de amigos próximos e, bem atrás na lista de influências, a emissora de televisão assistida com mais frequência e a opinião formada após debates eleitorais televisionados. Em 1993, a retração econômica e a opinião generalizada de corrupção endêmica no governo socialista (em novembro de 1992, 75% dos espanhóis achavam que "o nível de corrupção estava intolerável") pareciam minar as chances eleitorais dos socialistas. No entanto, com o envolvimento pessoal de González na campanha em março de 1993, sua liderança mobilizou o eleitorado centro-esquerda (a abstenção foi contida em cerca de 23%) e atraiu o voto independente. De fato, seu índice de aprovação entre os indecisos subiu (em uma escala de 0 a 10) de 5,58 antes da campanha para 7,58 depois. A personalização da política, um líder carismático e o uso habilidoso da política da mídia foram determinantes mais fortes do comportamento político do que os reconhecidos delitos do partido no poder. Os eleitores decidiram dar a González uma nova chance de regenerar seu governo, já que estavam ideologicamente relutantes em transferir seu apoio para os conservadores, e continuaram a se identificar com um líder excepcional. A enxurrada de escândalos entre 1993 e 1996 alterou a equação política, a ponto de González ser forçado a convocar prematuramente as eleições em 1996. Em sua versão, o motivo era submeter-se a um veredicto dos cidadãos. Na versão de alguns de seus colaboradores, ele o fez por conta de seu cansaço pessoal e político ao suportar um ataque da mídia constante e cada vez mais violento, somado a sua amargura pela traição e corrupção entre seu séquito. A conspiração da mídia descrita anteriormente acabou produzindo efeitos. Em junho de 1994, 19% dos espanhóis achavam que quase todos os ocupantes de cargos políticos de alto escalão estavam envolvidos em corrupção, 38% achavam que pelo menos alguns deles eram corruptos. Menos de 2% achavam que o governo estava limpo. Opiniões semelhantes foram expressas em 1995 e 1996 (Villoria Mendieta, 2007).

Como resultado, apesar de uma mobilização renovada do voto socialista, que aumentou 3%, e de um nível de abstenção semelhante ao de 1993 (22,6%), o voto não ideológico foi sensível dessa vez à evidência de corrupção e mudou para o Partido Conservador, que, consequentemente, aumentou seu eleitorado em 18,5% e ganhou a eleição pela primeira vez na Espanha democrática. Essas tendências políticas se acentuaram na eleição de 2000, quando a maioria dos eleitores independentes escolheu o PP em vez do PSOE, consolidando o poder do Partido Conservador, que então se sentiu livre para inclinar suas políticas para a direita, um passo que mais tarde iria frustrar suas expectativas de continuar no poder. No curto prazo, no entanto, a estratégia da política de escândalos, planejada em 1993 por uma conspiração de líderes da mídia, políticos e empresários, com a bênção da Igreja Católica, conseguiu deslegitimar os socialistas (que fizeram de si próprios um alvo fácil graças ao comportamento de vários de seus funcionários) e jogar o exausto Felipe González para escanteio.

González ainda é reverenciado por muitas pessoas e continuou a desempenhar um papel significativo na política mundial com o passar dos anos. No entanto, o Partido Socialista tinha diante de si o desafio de se regenerar. As feridas infligidas pela política de escândalos persistem na lembrança dos cidadãos e principalmente na cabeça dos jovens, que hesitam em aceitar o cinismo político. Além disso, toda a política espanhola ficou manchada com o estigma da corrupção. Apesar da ausência de uma estratégia de escândalo político equivalente por parte da oposição depois da vitória conservadora em

1996, a corrupção entre as novas elites do poder continuou a ser exposta na mídia, embora com muito menos fervor militante por parte de *El Mundo*. Em dezembro de 1997, 92% dos espanhóis achavam que a corrupção continuava a ser um problema muito sério e em dezembro de 1998 50% achavam que a corrupção tinha aumentado significativamente no ano anterior (Centro de Investigaciones Sociológicas, 1998). Em julho de 2003, 74% dos entrevistados achavam que a corrupção "estava afetando a vida pública de maneira significativa" (Transparency International, 2003). Consequentemente, a crise de legitimidade do sistema político se aprofundou na Espanha, em sintonia com as tendências no restante do mundo. Nesse processo, uma jovem democracia perdeu sua inocência.

O ESTADO E A POLÍTICA DA MÍDIA: PROPAGANDA E CONTROLE

O Estado continua a ser um ator fundamental na definição das relações de poder por meio das redes de comunicação. Embora tenhamos analisado a complexidade da interação entre a mídia e a política, não devemos ignorar a forma mais antiga e direta da política da mídia: a propaganda e o controle. Isto é: (a) a fabricação e a difusão de mensagens que distorcem fatos e induzem a desinformação com o objetivo de promover interesses do governo; e (b) a censura de qualquer mensagem cujo objetivo é solapar esses interesses, se necessário criminalizando a comunicação desimpedida e processando o mensageiro. A extensão e a forma do controle governamental sobre as redes de comunicação variam de acordo com o meio legal e social onde um Estado determinado opera. Assim, analisarei três contextos diferentes nos quais o Estado exerce controle da comunicação seguindo procedimentos diferentes adequados a suas regras de envolvimento com a sociedade como um todo: os Estados Unidos, a Rússia e a China.

A PROPAGANDA GOVERNAMENTAL NA TERRA DA LIBERDADE: INSERINDO OS MILITARES NA MÍDIA

O governo dos Estados Unidos tem uma longa tradição de fabricar inteligência para justificar suas ações, especialmente em momentos de decisão entre guerra e paz, a fim de influenciar a opinião pública (Kellner, 2005). No entanto, até mesmo para padrões estadunidenses, a estratégia multifacetada de desinformação

O PODER DA COMUNICAÇÃO | 319

que levou à Guerra do Iraque em 2003 e sustentou o esforço de guerra durante anos se destaca como um caso clássico de propaganda política. No Capítulo 3, analisei o processo de produção social da desinformação e da mistificação em torno da Guerra do Iraque. Aqui, refiro-me a uma forma diferente de estratégia de comunicação: a penetração direta do Departamento de Defesa nas redes da mídia para escrever o roteiro das reportagens e dos comentários dos analistas supostamente independentes que trabalham para essas redes.

No dia 20 de abril de 2008, o *New York Times* publicou os resultados de um relatório investigativo que expunha, com precisão detalhada e informações obtidas de fontes fidedignas, como o Pentágono tinha organizado um grupo de 75 analistas militares que trabalhavam para as principais emissoras de televisão, como a Fox, a NBC, a CBS e a ABC, entre 2002 e 2008, além de contribuir para redes de agências de notícias (Barstow, 2008). A tentativa começou no início de 2002, quando a marcha rumo à guerra começava, apesar da hesitação da população de se envolver em uma ação militar. Tori Clarke, secretário adjunto de Defesa para Assuntos Públicos, desenhou um projeto que recrutaria oficiais militares aposentados para trabalhar como comentaristas nas redes da mídia. Em vista da credibilidade normalmente associada aos militares, esses eram considerados emissores mais eficientes da visão do Pentágono sobre a guerra. Sua colaboração foi facilitada pelo fato de eles estarem sempre ansiosos para ser associados às forças armadas, a instituição à qual tinham dedicado a maior parte de suas vidas. Útil também era o fato de esses analistas serem antigos ou atuais empreiteiros militares ou lobistas. Embora o Pentágono não os pagasse (a não ser por viagens ocasionais ao Iraque), havia uma recompensa: "Escrevam o que nós lhes dissermos e vocês terão acesso às fontes e, ainda mais importante, acesso a contratos do Departamento de Defesa." Realmente, críticas ocasionais da condução da guerra eram punidas com a perda de um contrato potencial, levando à demissão dos oficiais com ideias próprias de seus empregos como lobistas. O grupo de analistas se reunia regularmente com funcionários do departamento e, nas ocasiões mais relevantes, com o próprio Rumsfeld, que, segundo as atas das sessões, os instruía diretamente sobre o conteúdo de seus comentários.

A cada momento crítico da guerra, quando notícias ruins chegavam e o número de vítimas aumentava, reuniões especiais eram realizadas para coordenar informações que dariam uma visão mais otimista da guerra, ou que enfatizariam como ela era necessária no contexto do combate ao terror e da ameaça do Irã. Quando, em abril de 2006, vários generais criticaram abertamente Rumsfeld por sua liderança incompetente, uma campanha foi encenada em sua defesa, que incluiu, entre outras coisas, um artigo de opinião para o *Wall Street Journal* escrito por dois dos analistas principais do grupo, os generais McInerney e Vallely, que, segundo o *New York Times*, pediram sugestões aos funcionários de Rumsfeld para o artigo (Barstow, 2008). Uma empresa de monitoramento da mídia recebeu centenas de milhares de dólares para acompanhar a eficácia dos comentários desses analistas na mídia. Uma das primeiras ações do general Petraeus após assumir o comando no Iraque em 2007 foi se reunir com esse grupo. Na verdade, o que ele fez foi convocar uma conferência com esses analistas da mídia durante um recesso em seu depoimento ao Congresso. As redes de mídia sabiam da existência desse grupo de analistas do Pentágono e da participação de seus comentaristas nessas reuniões. No entanto, isso era justificado com o pretexto de obter acesso à informação. Mas não está claro até que ponto as redes estavam cientes da troca de propaganda por acesso em nome de empreiteiros militares, um acesso que parecia ser essencial para a operação. No mínimo, várias redes sabiam das atividades profissionais de seus peritos militares e escolheram não fazer perguntas. Aliás, assim que os rumores se espalharam e ficou claro que havia conflitos óbvios de interesse, alguns dos analistas perderam seus empregos na mídia, embora a maior parte deles continuasse a afirmar, contra todas as evidências, que estavam separando suas três identidades — como empregados de empreiteiros militares, como propagandistas do Pentágono e como analistas independentes para a mídia, sem esquecer, é claro, seu serviço patriótico à nação.[14] Além disso, apesar das revelações de Barstow (2008) sobre a campanha de publicidade doméstica do Pentágono, um estudo feito pelo Projeto pela Excelência no Jornalismo (2008a) revelou que os principais veículos da mídia que anteriormente tinham abrigado esses analistas militares sistematicamente deixaram de cobrir a pauta.

Casos de intervenção direta do governo norte-americano na cobertura da mídia, tanto nos Estados Unidos quanto no mundo em geral, são numerosos demais para serem detalhados aqui, mas constituem um padrão. Assim, o governo Bush contratou atores para fazer as vezes de jornalistas; produziu boletins de notícias falsos (Video News Releases, a que se referiam como VNRs) para promover sua visão da Guerra do Iraque. As VNRs ficaram conhecidas pela primeira vez no início de 2005, quando o *New York Times* denunciou que muitas emissoras locais transmitiam segmentos pré-embalados produzidos por agências federais sob o governo Bush. As VNRs elogiavam a Guerra do Iraque, o plano Medicare de Bush e vários programas. E o comentarista conservador Amstrong Williams confessou que o Departamento de Educação lhe pagou

---

14 Quando o caso veio à luz, o Pentágono tornou público 8 mil páginas de documentos sobre atividades dos analistas pelo site: www.dod.mil/pubs/foi/milanalysts/. Além disso, em maio de 2008, um membro democrata do Congresso, Rosa L. DeLauro, e quarenta de seus colegas entregaram uma carta ao inspetor geral do Departamento de Defesa exigindo uma investigação dessa "campanha publicitária com o objetivo de iludir deliberadamente o público americano".

US$240 mil para promover, na televisão, as políticas educacionais do presidente Bush (Kirkpatrick, 2005). Essas intervenções propagandistas não são incomuns. São justificadas por seus realizadores em nome do interesse superior do país e, quando necessário, da democracia no mundo. Em termos analíticos, o que é relevante enfatizar é a consciência por parte do Estado americano de que a batalha por informação e a construção da opinião pública por meio da mídia são a condição necessária para obter apoio para suas ações. A experiência da Guerra do Vietnã mostrou que esse apoio é a condição mais importante para o exercício do poder norte-americano. O general Paul Vallely, analista da Fox News até 2007 e especialista em guerra psicológica, escreveu um artigo em 1980 culpando a mídia do país pela derrota na Guerra do Vietnã. Segundo Barstow, do *New York Times*, Vallely escreveu que "nós perdemos a guerra — não porque fomos derrotados no combate, mas porque fomos vítimas das operações psicológicas da mídia",* e propôs estratégias psicológicas para guerras futuras voltadas para a opinião pública doméstica, chamadas por ele de estratégia de "Guerra Mental" com base nas emissoras de rádio e de televisão (Barstow, 2008:A1). É por esse motivo que, no meio jurídico dos Estados Unidos, onde o poder de censura é limitado, o controle da informação normalmente ocorre com a criação de mensagens e trasmissão por mensageiros críveis que, voluntária ou involuntariamente, transmitem inverdades para um público cada vez mais mistificado.

Outros contextos institucionais e culturais parecem mais inclinados a serem submetidos ao controle direto da mídia por parte do governo. Realmente, isso ocorre na maior parte dos países. Os governos tendem a combinar várias estratégias: controle político sobre a mídia pública (muitas vezes a mais influente); pressão governamental sobre proprietários da mídia; legislação que confere ao governo controle sobre todas as formas de comunicação; e, se tudo isso fracassa, intimidação personalizada de jornalistas ou blogueiros. Isso é essencial nas tentativas de controlar a comunicação baseada na internet nos países onde o Estado é a instância dominante da sociedade. Para explorar estratégias de controle governamental direto das redes de comunicação, analisarei processos em dois países que são particularmente relevantes para nossa compreensão em virtude de sua importância no mundo e de sua ênfase explícita no controle da comunicação na era da internet: Rússia e China.

---

* No original "fomos *Psyoped*". (*N. da T.*)

RÚSSIA: CENSURE A SI MESMO

O Estado russo em transição democrática nunca esqueceu as lições fundamentais de seu passado soviético: informação é poder e controle da comunicação é a alavanca para manter o poder.[15] Mas, é claro, a situação mudou após a pacífica transição democrática que pôs fim ao regime comunista. A Rússia passou a estar sob o império da lei, e a lei estava sobre o império do mercado. A censura foi banida, a não ser quando a censura legalmente autorizada era apropriada, especialmente em relação à versão russa da guerra ao terror. Jornalistas estavam livres para publicar matérias, embora suas empresas pudessem demiti-los quando fosse considerado necessário. Os gerentes da mídia podiam trabalhar sozinhos, mas esperava-se que eles obedecessem à mesma regra que rege a mídia corporativa no mundo todo — lucrar com publicidade ganhando porções do público —, o que é equivalente ao foco no entretenimento e no infotenimento.

Assim, os mecanismos-chave de controle estatal sobre a mídia ocorrem por meio de controles burocráticos e financeiros das redes da mídia, direta ou indiretamente. O estabelecimento desses mecanismos foi a luta decisiva de Putin contra os oligarcas de Yeltsin, que tinham se aproveitado da fraqueza do ex-presidente russo para exercer o controle das principais redes de televisão nacionais, tais como a NTV. Putin reafirmou seu controle sobre a mídia do governo e garantiu que seus oligarcas levassem vantagem sobre os oligarcas pouco amistosos em outros veículos nacionais. Quanto às regiões, foi mais simples. Os governos regionais, em última instância dependentes do representante do presidente, controlariam a mídia regional, e empresas com maiores recursos compraram as redes de televisão regionais como no caso da Lukoil, que assumiu o controle da Languepas, uma emissora típica da chamada "televisão de tubo" (*pipe television*) na Rússia. O momento decisivo nessa batalha pelo controle da mídia foi o período que se seguiu à eleição de Putin para a presidência em 1999. Assim que foi eleito, Putin se desvencilhou de Berezovsky, então proprietário da principal rede de televisão (Canal 1), e a devolveu ao Estado. Instruiu também à Gazprom (a gigante de energia controlada pelo governo) a cobrar a dívida contraída pela MediaMost, o conglomerado que pertencia a outro oligarca de Yeltsin, Gusinsky, que incluía uma das emissoras de televisão mais influentes, a NTV. Com efeito, a NTV foi a única grande empresa da mídia que se opôs a Putin durante a campanha eleitoral. A retaliação foi rápida. Gusinsky acabou preso (acusado de fraude fiscal, prática comum entre os oligarcas russos) e no

---

15 Alguns dados apresentados nesta análise foram obtidos das fontes fidedignas da internet listadas a seguir. Fontes adicionais são mencionadas no texto: http://www.fapmc.ru; http://www.freedomhouse.org.; http://www.gdf.ru; http://www.hrw.org.; http://www.lenta.ru; http://www.oprf.ru; http://rfe.rferl.org; http://www.ruj.ru; http://sp.rian.ru.

final se juntou a Berezovsky em um exílio luxuoso em Londres, enquanto seu império de meios de comunicação foi absorvido pela Gazprom Media.

A Gazprom se tornou um dos conglomerados da mídia mais poderosos na Rússia atual. É dona da NTV (a terceira maior emissora em termos de audiência), assim como da NTV-satélite, da NTV-produção de estúdios, da emissora de entretenimento TNT, do jornal clássico *Izvestia*, das principais estações de rádio (ex.: Echo Movsky, City FM, Popsa), da revista *Itogy*, de empresas de publicidade e de vários veículos por toda a vasta geografia russa. O Estado organizou outro conglomerado importante, o VGTRK, com as emissoras Rossiya TV, Kultura, Sport, 88 emissoras regionais de televisão, a agência de notícias RIA Novosti, uma participação de 32% na rede europeia Euronews e investimentos significativos na produção de filmes e na indústria de exportação (Kiriya, 2007). O Estado russo também manteve o controle do Canal 1, a principal emissora de televisão com 21,7% da audiência em 2007, e a usou para atrair investidores privados, liderados por Roman Abramovich, oferecendo-lhes 49% das ações da emissora a serem gerenciados a partir de centros financeiros *offshore*. As duas emissoras controladas pelo Estado são responsáveis por 50% de toda a renda com publicidade (Kiriya, 2007). Outras emissoras pequenas, tais como a Domashny (voltada para programas de família), parte do holding da STS Media, têm programação especializada com um noticiário limitado. A TV-3 e a DTV se concentram totalmente em filmes. O único oligarca da mídia da era Yeltsin que ainda se mantém de pé, Vladimir Potanin, adotou uma estratégia comercial cuidadosa, concentrando suas propriedades no holding Profmedia e voltando-se para o entretenimento, enquanto vende suas propriedades mais sensíveis politicamente, em especial os jornais *Komsomolskaya Pravda* e *Izvestia*. De um modo geral, todos os grupos da mídia estão sob o controle direto do Estado ou dependentes da boa vontade dele e de seus inspetores.

As *pressões burocráticas sobre a mídia* são tão diversas quanto criativas. Segundo fontes confiáveis que não posso identificar, sua preocupação justificada com retaliações, a publicação de reportagens que não agradam as autoridades (nacionais, regionais ou locais) pode provocar uma série de consequências. Pode ser uma visita do chefe dos bombeiros ou da agência de higiene pública que levaria ao cancelamento da permissão para operar naqueles escritórios. Ou, se a redação for localizada em um andar alto de um prédio, o elevador pode parar de funcionar de repente e o conserto pode ser adiado indefinitamente. Se o veículo independente não entrar na linha, a retaliação pode se agravar e os auditores fiscais destruirão as finanças da companhia. Por isso, diante de uma estratégia tão variada de ações intimidantes, a mídia independente não pode exatamente provocar uma briga séria, já que as denúncias de interferência na imprensa livre podem ser facilmente ridicularizadas se os problemas que elas enfrentam vêm da companhia de energia elétrica ou de um proprietário que, de súbito, decide aumentar o aluguel. Além disso, as poucas proteções legais que os jornalistas tinham no passado foram aos poucos eliminadas. As chamadas Câmaras Legais de Pedidos de Informação foram dissolvidas após mostrarem certo grau de independência. Novas instituições, como as Câmaras Públicas e os Conselhos Regionais de pedidos de Informação, foram estabelecidas em 2006, mas entulhadas de burocratas e esvaziadas de representação jornalística. Sob tais condições, o mecanismo de controle sobre a mídia é simples. Depende da sábia avaliação de jornalistas responsáveis e em último caso de seus gerentes, se eles quiserem manter seus empregos e preservar suas condições de trabalho. *A regra é a autocensura.*

No entanto, se estimulados pelo interesse em atrair audiência, ou por seu profissionalismo, os jornalistas se aventuram em busca de informação politicamente delicada, *eles são forçosamente lembrados dos poderes comerciais que supervisionam sua tarefa.* Um desses casos foi a suspensão temporária da publicação do jornal *Moskovsky Korrespondent* (que pertencia ao bilionário Alexandr Lebedev) em abril de 2008, depois de o diretor geral do jornal ter passado por problemas financeiros sérios. Os donos do jornal negaram qualquer conexão entre a suspensão e a publicação de notícias sobre o suposto caso amoroso entre o presidente Putin e a ginasta e membro do Parlamento Alina Kabayeva.

Embora a vigilância corporativa e o assédio burocrático sejam os mecanismos principais de controle sobre a mídia, *o governo russo também conta com uma ampla variedade de instrumentos legais voltados para a mídia e para a comunicação via internet.* Em princípio, a censura é proibida, mas diversas leis e decretos permitem exceções para proteger a segurança nacional e lutar contra os crimes virtuais. Particularmente relevantes são as leis Sorm 1, de 1996, e a Sorm 2, de 1998, que autorizam a FSB, a agência de segurança, a monitorar as comunicações; e a "doutrina de segurança na informação", de 2000, que foi acrescentada à lei Sorm 2 para penalizar a pirataria na internet, proteger a indústria de telecomunicações e evitar "propaganda" e "desinformação" pela internet; a lei de 2001 sobre a "mídia de massa" e "o combate ao terrorismo" aparentemente tinha o objetivo de bloquear o acesso de terroristas às redes de comunicação; e a lei de 2006 sobre "tecnologias da informação e proteção da informação", que atualizava e fortalecia as medidas contra o uso indesejável dessas redes. Mas talvez a lei mais polêmica tenha sido a aprovada em julho de 2007 para lutar contra o "extremismo". Essa lei inclui restrições a certos tipos de crítica contra autoridades públicas transmitidas na mídia, com penalidades como o fechamento da publicação e sentenças de prisão de até três anos. Casos de aplicação dessa lei incluem sanções aos portais Pravda.ru, bankfax.ru e Gazeta.ru, bem como uma multa entregue ao editor do jornal on-line *Kursiv* pela publicação de um artigo sobre Putin que foi considerado "ofensivo".

Há também o *controle do conteúdo de programação política pelos gerentes dos veículos.* Oponentes políticos importantes, tais como Gary Kasparov e Vladimir Ryzhkov, representantes do principal partido da oposição (o Partido Comunista), e até os antigos aliados de Putin, como Mikhail Kasyanov ou Andrei Illarionov, todos praticamente desapareceram da televisão. O programa de marionetes de um dos humoristas políticos mais populares, Viktor Senderovitch, foi cancelado; bandas de rock que faziam shows para partidos da oposição tiveram suas agendas de apresentações na TV canceladas; e piadas sobre Putin e Dmitry Medvedev não são nada divertidas, já que seus autores são rapidamente retirados do quadro de funcionários (Levy, 2008). Segundo as entrevistas de Levy com jornalistas russos, o Kremlin não mantinha uma lista formal de pessoas que não deveriam aparecer na televisão. Eles disseram que, na verdade, as próprias redes operavam com base em uma lista negra informal, seguindo sua interpretação daquilo que poderia desagradar o governo.

Além disso, quando alguns jornalistas mais ousados se aventuram nas águas turvas da corrupção política ou, até pior, em reportagens sobre terrorismo e contraterrorismo e nas operações clandestinas da Guerra da Chechênia, assassinos profissionais podem silenciar suas vozes, como foi o caso da jornalista russa mais respeitada, Anna Politkovskaya, assassinada em São Petersburgo no dia 7 de outubro de 2006 em circunstâncias que continuam misteriosas. Realmente, desde 2000, 23 jornalistas foram assassinados na Rússia, criando uma situação classificada pelos Repórteres sem Fronteiras como "difícil" para a imprensa e para a liberdade de expressão. No Índice Mundial da Liberdade de Imprensa, a Rússia ocupa o 144º lugar em uma lista de 169 países (Repórteres sem Fronteiras, 2002-8).

A luz no fim do túnel para a livre expressão na mídia russa encontra-se em algumas estações de rádio, apesar da regra informal de que pelo menos 50% das notícias veiculadas em rádios controladas pelo Estado devem ser positivas para o governo (Kramer, 2007). A rádio Echo Moskvy, bastante popular apesar de ser da Gazprom, transmite entrevistas com líderes da oposição, inclusive Gary Kasparov — embora, após a apresentação, Kasparov tenha sido convocado para uma entrevista com a FBS. Há também vários veículos que insistem em ter certo nível de independência política, como a pequena emissora nacional REN TV e alguns jornais nacionais e regionais. A internet não está censurada em termos de conteúdo produzido por usuários (ver a seguir) e exibe críticas frequentes ao governo em suas comunidades e blogs on-line. Com efeito, Masha Lipman escreve:

> O governo restringiu radicalmente a liberdade de transmissão, mas não tem total controle sobre a livre expressão. Alguns veículos de rádio e TV, da imprensa escrita e on-line com audiências menores mantiveram linhas

editoriais relativamente independentes, o que serve para diminuir a pressão. Esses veículos podem criar uma aparência de liberdade de mídia, mas elas estão bastante isoladas da televisão nacional, e efetivamente marginalizadas e mantidas politicamente irrelevantes (Lipman, 2008:A13).

No entanto, como no resto do mundo, as formas mais importantes de *controle sobre a mídia estão relacionadas com a infraestrutura da rede e o conteúdo da programação*. Na Rússia, o Estado é dono de 80% da infraestrutura do rádio e da televisão. Tem também influência decisiva sobre as principais empresas de telecomunicação, é dono de alguns dos maiores estúdios cinematográficos (Mosfilm) e da impressão de 40% dos jornais e 65% dos livros.[16] Quanto ao conteúdo da programação, nas principais emissoras de televisão, a tendência predominante desde 2000 foi seguir o modelo ocidental de aproximar o conteúdo do entretenimento. Um estudo feito por Ilya Kiriya (2007) sobre a distribuição de programação por gêneros em dezesseis emissoras de televisão mostra que a porcentagem de programas de entretenimento e de jogos aumentou de 32% em 2002 para 35% em 2005, e a de esportes dobrou de 4% para 8%, enquanto programas de notícias foram reduzidos à metade, de 16% para 8%. No entanto, uma característica particular da cultura russa é que os programas culturais e educacionais aumentaram de 3% para 9%, embora continuem concentrados em emissoras especializadas. Os filmes e seriados da televisão ainda são predominantes na programação (37% em 2005), sendo que a maioria dos filmes é estrangeira.

Embora a maior parte dos russos critique a política externa dos Estados Unidos, os seriados de humor norte-americanos (*Married with Children*, por exemplo) estão entre os programas com maior audiência. Segundo a analista Elena Prohkorova, isso é um reflexo das mudanças na sociedade russa porque "seriados de humor exigem uma vida social muito estável" (citada em Levy, 2007). Por outro lado, Danii B. Dondurei, editor-chefe das revistas do Cinema Art, alerta que "a televisão está treinando as pessoas a não pensarem sobre qual partido está no Parlamento, sobre quais leis estão sendo aprovadas, sobre quem estará no controle amanhã" (citado em Levy, 2007). No entanto, a dominação estrangeira da programação televisiva pode estar mudando, à medida que as emissoras russas são hoje produtoras de filmes e de seriados que, juntos com entretenimento e jogos, ocupam a maior parte da programação no horário nobre.

Embora a programação da mídia seja cada vez mais despolitizada, o interesse russo pela política continua alto. Segundo uma pesquisa de opinião em nível

---

16 O controle material da imprensa escrita é uma antiga tradição na Rússia. Uma das primeiras medidas de Lênin após tomar o poder em 1917 foi a nacionalização das redes telefônicas e telegráficas, e da produção de papel para impressão.

O PODER DA COMUNICAÇÃO | 327

nacional realizada pela Fundação Public Opinion em julho de 2007, 48% dos russos estavam interessados em notícias políticas (embora apenas 35% do grupo mais jovem compartilhassem desse interesse). Quarenta e oito por cento também estavam interessados em relações internacionais, e 40%, em artes e cultura. A televisão nacional é a fonte principal de notícias para 90% da população (um pouco menos em Moscou: 82%), seguida pelos jornais nacionais (30%) e pela televisão regional (29%). O interesse nas notícias impressas, no entanto, está caindo; 27% dos russos não leem nenhum jornal e os jornais mais populares, como o *Komsomolskaya Pravda*, adotaram o gênero tabloide, concentrando--se mais em reportagens escandalosas sobre sexo e violência (Fundação Public Opinion, 2007; Barnard, 2008).

Além disso, o desencanto do público russo com os democratas de Yeltsin e a popularidade de Putin por ter restaurado a ordem no país enquanto beneficiava--se do crescimento econômico liderado pela energia tornaram desnecessário o uso dos mecanismos de controle da mídia pelo Estado — sejam eles legislativos, administrativos e corporativos. Na pesquisa de opinião da Fundação Public Opinion anteriormente mencionada, 41% dos entrevistados acharam que a cobertura política da televisão nacional é satisfatoriamente objetiva, enquanto 36% consideravam-na tendenciosa (embora moscovitas e pessoas com educação superior fossem mais críticos). O apoio a Putin influenciou a opinião sobre notícias políticas. Uma cobertura objetiva foi mais apontada entre os 47% de pessoas que declararam ter confiança total em Putin do que entre a minoria (21%) que não confiava no presidente. *Em suma: em vez de censura política, em uma situação de controle direto e indireto sobre a mídia e de um apoio majoritário ao presidente, a autocensura é responsável, em grande medida, pelo controle estatal do Estado sobre a mídia russa.*

E, no entanto, ninguém se arriscou na época da campanha presidencial de fevereiro de 2008. Apesar da vitória garantida do candidato presidencial apoiado por Putin, Dmiotry Medvedev, o controle multifacetado da mídia foi colocado a serviço do candidato. Um estudo do Center for Journalism in Extreme Situations [Centro para o Jornalismo em Situações Extremas] (CJES; Milnikov, 2008) sobre a cobertura televisiva da campanha presidencial mostrou que 60% da transmissão do Canal 1, a emissora principal, foram dedicados ao presidente Putin. Oitenta e sete por cento dessas reportagens eram positivas para Putin, e as demais eram neutras. Medvedev foi responsável por outros 32% da cobertura, normalmente com um tom positivo. Uma distribuição igualmente parcial de tempo de transmissão foi constatada nos canais estatais Rossiya e TV Tsentr. Quanto às emissoras privadas de televisão, a NTV (lembrem, pertencente à Gazprom) destinou 54% do tempo de transmissão a Putin e 43% a Medvedev, enquanto o tempo na REN TV foi mais equilibrado: Putin teve 31% do tempo de transmissão, mas os três candidatos principais, Medvedev, Zyuganov e Zhirinovsky tiveram 21% cada, e o tom da reportagem era geralmente neutro — exceto no caso de Zhirinovsky, cuja cobertura foi negativa. No entanto, dada a esmagadora dominação das emissoras controladas pelo Estado, a relativa neutralidade da REN fez pouca diferença. Assim, o relatório da CJES concluiu que a cobertura tendenciosa da campanha por parte da mídia foi uma das principais falhas da eleição. A organização atribuiu esse erro ao controle político das emissoras nacionais estatais, bem como à pressão exercida sobre a maioria das emissoras nas regiões. Essa parcialidade da mídia reproduziu a situação que os críticos denunciaram nas eleições parlamentares de dezembro de 2007. Parece que, por meio de uma ampla variedade de procedimentos e práticas, o controle sobre a mídia continua a ser o principal suporte do poder estatal na Rússia.

A internet está alterando esse controle do cenário de comunicação? Embora apenas 25% dos russos sejam usuários da internet, à exceção do uso do e-mail (Levada Center, 2008), e apenas 9% da população citem a internet como fonte de notícias políticas, os cidadãos da internet (*netizens*) estão concentrados entre os segmentos mais jovens, mais instruídos, mais ativos e mais independentes da população. Realmente, na região de Moscou, a porcentagem de pessoas que cita a internet como fonte de notícias políticas aumentou para 30% (Public Opinion Foundation, 2007). Espaços sociais e blogs estão rapidamente se transformando em uma importante área de expressão e interação para a nova geração na Rússia. Sites como Odnoklassniki.ru, criado por antigos colegas de classe para se manterem em contato por todo o país, ou vkontakte.ru, o equivalente russo do Facebook, estão construindo redes sociais de usuários que se sentem livres para se comunicar entre si. Os blogs também estão proliferando rapidamente. Segundo o Technorati, os blogs russos hoje representam cerca de 2% dos blogs no mundo. O site de blog mais importante é o *Zhivoi Zhurnal* (Jornal Vivo), criado nos Estados Unidos em 1999 e adquirido em 2005 pela empresa russa SUP e cujo dono é o banqueiro Aleksander Mamut. Como no resto do mundo, só uns poucos blogs são prioritariamente políticos, embora a temática percorra a blogosfera. Em dezembro de 2007, blogueiros denunciaram fraude e pressões políticas nas eleições parlamentares: em um caso, um blogueiro colocou na internet um vídeo gravado em celular no qual dois funcionários do governo eram vistos empilhando urnas em uma seção eleitoral de São Petersburgo. Marina Litvinovitch, especialista em comunicação que apoiava Gary Kasparov, afirmou que "os blogs são um de nossos maiores aliados (...) Há um pequeno número de usuários da internet, talvez 2%, que usam a rede com objetivos políticos, mas eles fazem muita diferença" (citada em Billette, 2008).

Além disso, a natureza global da internet e a abertura relativa de suas redes representam um desafio importante para um Estado historicamente obcecado com controle de informação. A primeira reação do Estado russo ao observar a rápida difusão da internet foi armar-se com os meios legais e técnicos para controlar a rede. Como mencionei antes, as leis Sorm 1 (1996) e Sorm 2 (1998) forneceram a base para a vigilância da internet e instruíram os provedores de serviços da internet a instalar um dispositivo em seus servidores, a seu próprio custo, para permitir que a FSB rastreasse e-mails, transações financeiras e as interações on-line em geral. Em 2000, uma nova diretiva foi incorporada à Sorm 2, incluindo a vigilância de comunicação telefônica com ou sem fio e atualizando os controles sobre a internet. A justificativa em cada caso é a luta contra o crime e os cibercrimes. Embora exista uma cláusula que garanta o controle judicial da vigilância, ela é normalmente desconsiderada. Em 2008, a Duma debatia uma "Lei Modelo sobre a internet", que, segundo as notícias no portal lenta.ru, "tem por objetivo definir o sistema de apoio governamental à internet, designar participantes e suas funções no processo de regulamentação da internet, além de definir as diretrizes ao nomear os locais e momentos do desempenho de ações legalmente significativas sobre o uso da internet". Na verdade, as leis russas não censuram o conteúdo na internet. Elas simplesmente permitem a vigilância para fazer cumprir no espaço cibernético as leis e decretos que já existem em qualquer área, inclusive as leis de segurança nacional, as leis da propriedade, os decretos antipornografia, as leis contra a difamação e leis que proíbem propaganda racista e antissemita, embora elas raramente tenham seu cumprimento exigido. No entanto, de vez em quando algo ocorre, como no caso de um jovem em Syktyvkar, preso em abril de 2008 por ter enviado um comentário antissemita para o blog de um amigo criado para incitar a violência contra a polícia.[17] Independentemente de qualquer juízo sobre o conteúdo do blog, ficou claro que uma conversa privada on-line não é privada na Rússia, e, se ela provoca a polícia, sofre as consequências.

Apesar da ação limitada do governo contra a comunicação pela internet, parece que o *governo russo está se preparando para uma batalha no ciberespaço*, usando métodos semelhantes àqueles que funcionaram tão bem com a mídia. Primeiro: criando um ambiente legal onde a vigilância é legal e praticada. Segundo: disseminando o clima de intimidação por meio de punições exemplares bastante difundidas. Terceiro: recrutando provedores de serviço da internet e webmasters para atividades de vigilância, fazendo-os responsáveis por conteúdo que seja punível em seus sites. Quarto: usando empresas estatais para comprar sites populares a fim de garantir que seus gerentes mantenham as questões políticas sob controle. Assim, o RuTube, o equivalente do YouTube, criado em dezembro de 2006, com uma média de 300 mil usuários por dia, foi comprado

---

17 O blog dizia: "Seria uma ótima ideia se na praça principal de cada cidade russa fosse construído um forno como em Auschwitz e um policial desonesto fosse queimado uma vez — ou melhor, duas vezes — por dia" (citado em Rodriguez, 2008).

pela Gazprom Media em março de 2008. A Gazprom Media está planejando investir pesadamente na mídia virtual. E quinto, e mais importante de todos, o Estado está reagindo ao desafio das redes livres de comunicação ao intervir em discussões e postagem de material na internet por meio de terceiros, ou espiões que fingem ser blogueiros independentes, uma questão tratada no fórum russo on-line do *New York Times* em 2008. Realmente, executivos da internet corporativa contestam a noção de censura na internet russa. Assim, Anton Nosik, figura importante da internet russa desde a década de 1990 e que foi diretor do *Jornal Vivo* em 2008, afirma que:

> Não há qualquer censura no *Jornal Vivo* (...) Eles não são assim tão burros no Kremlin. Eles já viram que a prática chinesa ou vietnamita de censurar a internet não traz nenhuma vantagem. Eles preferem um método diferente, tentando saturar a rede russa com seus próprios sites de propaganda e intervindo com seus próprios blogueiros na rede (citado em Billette, 2008).

Marina Litvinovitch, de posição política liberal, parece concordar: "A internet é uma reserva natural para a pequena elite intelectual russa. O poder a vê assim, e tolera esse espaço de liberdade considerando que sua capacidade de criar problemas é limitada" (citado em Billette, 2008). Dizem que Medvedev, ao contrário de Putin, é um leitor habitual de blogs e sites.

No entanto, caso a sociedade russa se torne mais rebelde em relação ao Estado, à medida que uma nova geração vence as frustrações de um período de transição e adota a democracia e a liberdade de expressão como direitos dos cidadãos, o Estado parece pronto para estender seu controle sobre a comunicação para a internet e para as redes sem fio. Não está claro, no entanto, quanta capacidade política, cultural e técnica o Estado terá, na prática, para prosseguir com o controle sistemático em um mundo de redes globais interativas. É provável que, se e quando o momento chegar para um esforço desse tipo, os burocratas russos prestem bastante atenção na tentativa mais determinada e sofisticada de controlar a comunicação na Era da Internet até o momento: a experiência chinesa.

CHINA: DOMANDO O DRAGÃO DA MÍDIA, CAVALGANDO O TIGRE DA INTERNET

A história da China foi caracterizada pelo esforço inexorável do Estado para controlar a comunicação. Essa obsessão chegou ao ponto de proibir a construção de navios transoceânicos em 1430 para reduzir a interação com países estrangeiros, um passo que, junto com diversas outras medidas isolacionistas, é considerado por alguns historiadores parcialmente responsável pelo atraso tecnológico daquela que provavelmente era, até então, a civilização mais instruída do planeta (Mokyr, 1990). O advento do Estado-partido Comunista em 1949 aprimorou e aprofundou o controle sistemático da informação e da comunicação pelo aparato do partido com um foco primordial na mídia, que passou a ser propriedade do Estado. Mas a liderança do partido prestou atenção redobrada ao controle da comunicação a partir de 1979, quando os líderes comunistas pós-Mao empreenderam uma vasta transformação da economia e da sociedade enquanto se prendiam ao monopólio do poder do partido e à primazia da ideologia marxista-leninista — apesar de seu significado anacrônico em uma China deliberadamente integrada ao capitalismo global (Hui, 2003). Além disso, o fracasso dramático de Gorbachev, em sua tentativa de dirigir uma transição econômica e política semelhante, alertou os líderes chineses sobre o perigo da Glasnost, considerada o erro crucial que deixou a sociedade soviética fora de controle. Os riscos ficaram ainda maiores quando a questão de controle da comunicação foi complicada pela necessidade de modernizar a infraestrutura nas tecnologias de informação e comunicação como um pré--requisito para competir internacionalmente, um dilema que se encontra no âmago do colapso da União Soviética (Castells e Kiselyova, 1995). As lideranças chinesas enfrentaram a questão sem hesitações, com uma determinação que orientaria suas ações nas duas décadas seguintes: garantir a dominância política indiscutível sobre a sociedade por meio do controle da comunicação, ao mesmo tempo que modernizava as capacidades das telecomunicações e da tecnologia da informação da nova China como base de sua competitividade econômica e de seu poder militar.

Para fazê-lo, o partido organizou dois grupos de instituições (Zhao, 2008: 19-74). Em dezembro de 2001, estabeleceu o Grupo de Liderança do Estado em Informatização (que incluía as telecomunicações), um órgão supraministerial presidido pelo primeiro-ministro (Zhu Rongji à época, outros, subsequentemente). O grupo incluía os chefes das agências de comunicação e informação mais importantes nas indústrias de tecnologia, infraestrutura e segurança, estabelecendo um "gabinete de informação" acima da autoridade do Conselho de Estado para coordenar todo o conjunto de políticas que tratassem de economia e segurança da informação. Quando a internet se difundiu na China no começo da década de 2000, um Escritório de Gerenciamento de Informação da Internet foi agregado ao grupo, e também todas as agências e comissões relevantes que dirigiam a construção e o gerenciamento de redes de comunicação. Sob a orientação desse grupo de alto escalão, várias agências governamentais (especialmente a Administração Geral de Imprensa e Publicações e a Administração Estatal de Rádio, Cinema e Televisão) estabeleceram regulamentações para os vários setores que compreendem a mídia: jornais, periódicos, editoras, publicações eletrônicas, gerenciamento de cinema, gerenciamento de rádio e televisão e gerenciamento das instalações da base terrestre de recepção por satélite. As regulamentações dizem respeito tanto à própria indústria quanto ao conteúdo de seus produtos. Além disso, cada agência governamental publicou "estipulações" que aplicavam as diretrizes gerais a sua área de atividade específica.

Para modernizar a indústria da mídia e voltá-la para a comercialização e o entretenimento, enquanto mantinha um rígido controle político, o governo pôs em prática uma vasta reforma da mídia em 2003, fechando uma série de publicações e emissoras e reorganizando outras. A mídia estava aberta para a comercialização, mas com um status específico ao qual a regra de propriedade por investidores não se aplicava. Somente a organização patrocinadora (sempre dependente do Partido Comunista) era reconhecida como investidor. Todos os outros financiamentos são tratados como doações de caridade ou como empréstimos, e assim as empresas da mídia receberam investimento comercial que pode ser recompensado com lucros, mas a propriedade e o controle continuam nas mãos de uma organização controlada pelo partido. Além disso, qualquer tipo de disseminação de informação deve ser licenciado pelo governo central (Qinglian, 2004).

Ademais, o tradicional Departamento de Propaganda do partido fortaleceu seu poder e aperfeiçoou seus métodos, um processo que começou com a renomeação do departamento para Departamento de Publicidade, um termo considerado mais profissional do que "propaganda". Esse departamento cobre todas as áreas de difusão potencial de ideias e informação na China, inclusive, além da mídia, instituições culturais, universidades e qualquer forma organizada de expressão ideológica ou política. Ele estende suas atividades para o controle diário das operações da mídia, da televisão, do rádio, da imprensa escrita, das agências de notícias, dos livros e da internet. Yuezhi Zhao (2008) analisou e documentou a operação real do sistema de controle pelo Departamento de Publicidade. Ele funciona sob um "modo diretivo" com instruções específicas sobre informações específicas e diretrizes obtidas em declarações dos líderes e relatórios da Agência de Notícias Xinhua. Um mecanismo-chave é a chamada "reunião de pauta", realizada regularmente em todas as organizações da mídia, na qual as autoridades encarregadas de controlar a informação dão instruções que vêm do partido e avaliam possíveis desvios da linha partidária. Quando jornalistas que trabalham para os veículos chineses não estão presentes em suas agenda-settings, eles recebem normalmente um SMS de seus supervisores especificando o que não podem publicar. Essa é a prática que Qiu chama de "coleira sem fio" (Qiu, 2007). Segundo Yuezhi Zhao, sob a liderança de Hu Jintao, a disciplina política na mídia foi reforçada por meio de um microgerenciamento da informação. O controle dos funcionários também é importante, já que os

O PODER DA COMUNICAÇÃO | 333

jornalistas precisam ter um certificado, para o qual sua ideologia política e um comportamento social aceitável são requisitos importantes.

No entanto, como Yuezhi Zhao e outros analistas observaram, o processo de controle é mais complexo do que parece ser à primeira vista. É impensável que no país mais populoso do mundo, e em uma sociedade extremamente complexa, os comitês do partido possam suprimir qualquer desvio na elaboração e difusão de mensagens da mídia, particularmente quando, na maior parte das questões, não é possível que a precisão das diretivas cubra todos os mínimos detalhes. E os detalhes são importantes, principalmente em contextos locais. É por isso que *a estrutura dispersa é o mecanismo crucial por meio do qual o controle da comunicação opera*. Políticos nomeados supervisionam de perto todo o sistema da mídia em uma cascata de controles que em última instância coloca a responsabilidade nos ombros do supervisor imediato encarregado da produção e distribuição de cada mensagem da mídia, de tal forma que a autocensura generalizada é a regra.

Erros individuais têm um preço. Historicamente, jornalistas perderiam seus empregos e, dependendo da gravidade do erro, seriam encaminhados para a polícia política ou para os programas de reeducação do partido. Nos últimos tempos, mais abertos ao capitalismo, pequenos desvios podem gerar um corte no já mísero salário do culpado, proporcional à sua culpa. Por exemplo, na Televisão Central da China, segundo pessoa de confiança, cada discrepância na fala de um/uma âncora em relação à máquina de instruções resulta em multa de 250 yuans. Isso em 2008. Portanto, em caso de dúvida, jornalistas, âncoras ou escritores tendem a optar pela versão politicamente correta de sua apresentação. Eles também podem verificar com seu supervisor, que irá agir de acordo, distribuindo a internalização da censura por toda a hierarquia de comando e controle. Além disso, aqueles que têm o poder de interpretar as diretrizes aplicam o princípio de controle do partido com flexibilidade. Essa flexibilidade é fundamental para que o sistema funcione de maneira realista e também para que o sistema mantenha sua capacidade de regeneração por meio de uma abertura relativa às críticas. Assim, há questões que são consideradas estrategicamente importantes e outras que estão abertas a uma crítica moderada. Por exemplo, os comunistas têm se preocupado muito (menos recentemente) e há bastante tempo com o Falun Gong, já que o culto pareceu capaz de estimular um movimento messiânico para a restauração de tradições chinesas (ironicamente sob a orientação de um líder que mora em Nova York e organiza o movimento pela internet; Zhao, 2003). Assim, qualquer referência elogiosa ou neutra à Falun Gong com certeza despertará as atenções. A independência de Taiwan também é uma questão sensível. Não se deve lembrar o massacre de Tiananmen. Debates específicos sobre democracia e liderança do partido não são temas bem-vindos. Direitos humanos é um termo suspeito na China e precisa ser esclarecido. A questão tibetana continua normalmente excluída de debates públicos, a menos que seja para reafirmar a soberania do Estado chinês ou lembrar ao povo as conexões nazistas do Dalai Lama na Segunda Guerra Mundial. E reportagens sobre catástrofes, sejam elas a epidemia de Síndrome Respiratória Aguda Grave (SARS, na sigla em inglês) na província de Guangdong, sejam terremotos, precisam ser polidas para evitar alarme público, embora, tanto durante a erupção da SARS quanto no terremoto de Sichuan, tenha havido momentos em que a censura do governo não pôde ser plenamente exercida.

Então, o que resta? Com efeito, quase tudo, que é a proporção esmagadora de temas e ideias que interessam ao povo chinês. Portanto, a crítica de funcionários do governo locais ou provinciais é muitas vezes publicada na mídia, já que ela é, na verdade, uma das formas de luta interna no partido (Guo e Zhao, 2004; Liu, 2004). As reivindicações dos cidadãos por seus direitos, bem como notícias de manifestações de camponeses no interior ou deslocados nas cidades se multiplicam na imprensa chinesa de uma forma filtrada, ainda que em menor grau na televisão (Hsing, 2010). E debates sobre problemas sociais, dentro dos limites retóricos de respeito ao partido, são a matéria-prima principal da mídia chinesa. Além disso, o que é e o que não é proibido muda de acordo com o contexto e com a interpretação da linha do partido por censores específicos. Em uma expressão indicativa da realidade da censura chinesa na prática, Zhao (2008:25) escreve que:

> Alguns assuntos são totalmente proibidos ou podem ser divulgados sob um controle rígido (...) Outros tabus são de natureza mais transiente e "definidos de acordo com a situação". Assim, nas palavras de um ensaísta da internet, a linha do partido "não é uma linha reta, e sim uma curva em constante mutação e difícil de captar". Uma série de fatores, inclusive a mudança de foco das prioridades das políticas do partido em um determinado período, lutas de poder entre as elites, clima político doméstico e internacional e, na verdade, até mudanças no período político (...) são variáveis possíveis. Em vez de minar a efetividade do controle do partido, no entanto, a natureza sempre mutante e imprevisível da linha partidária garante sua relevância permanente e seu poder disciplinar.

Como jornalistas, executivos da mídia e blogueiros administram a incerteza e a complexidade das regras que controlam a comunicação? Fan Dong (2008b) aponta para o fato de haver um treinamento de toda uma vida por meio do sistema educacional para interpretar os sinais da vigilância política, de tal forma que as pessoas percebem em cada contexto o que é politicamente correto. Escrevendo sobre seu estudo do controle da mídia chinesa, a autora afirma que seus entrevistados são capazes de concretizar a ambiguidade das regulamentações e das instruções gerais na realidade de seu ambiente profissional. Eles aprendem na prática, com base em sua experiência. Ela lembra a frase de um chinês: "As pessoas sempre encontram uma maneira de lidar com as políticas governamentais chinesas" (Dong, 2008b:8).

No entanto, embora o modelo chinês de controle da mídia tradicional seja tanto abrangente quanto razoavelmente eficiente, *surge a questão da viabilidade de extrapolar esse modelo para a internet*. Realmente, essa é uma questão que domina o debate sobre a verdadeira liberdade da internet no mundo todo. Nos termos de Qiu (2004), qual é o nível de contradição entre a difusão de tecnologias de liberdade em uma sociedade estatizante? Porque a realidade dessa difusão já existe: enquanto em 2007 havia 210 milhões de usuários da internet na China — comparados aos 216 milhões nos Estados Unidos —, segundo as estatísticas governamentais, em julho de 2008, havia 253 milhões, o que faz com que a China seja o país com o maior número de usuários da internet do mundo (CNNIC, 2008). O governo chinês adotou plenamente a internet como um negócio, bem como um instrumento educacional, cultural e de propaganda. Em 25 de junho de 2008, por exemplo, o presidente Hu Jintao interagiu com internautas por quatro minutos na People's Net, que pertence à Agência de Notícias Xinhua, e enfatizou a importância desse meio como instrumento de democracia, convocando ao mesmo tempo os funcionários do governo a se envolverem em diálogos semelhantes com os cidadãos. No entanto, a China, como muitos governos no mundo, é inflexível em sua prática de longa data de supervisionar o conteúdo, bloqueando mensagens indesejáveis e punindo os mensageiros de forma correspondente. Mas como o governo pode exercer controle sobre uma rede de comunicação gigantesca e descentralizada, conectada a redes globais, na qual os usuários chineses gastam mais de 2 bilhões de horas por semana?

Desde o final da década de 1990, o governo chinês vem tentando controlar a internet com a mesma determinação que demonstrou por décadas em relação à indústria da mídia. As mesmas agências encarregadas de controlar a comunicação estabeleceram unidades específicas para policiar a internet. Já em fevereiro de 1996, foi publicado um decreto, revisado em maio de 1997, que estabelecia medidas para canalizar o tráfego virtual internacional por meio de portas de acesso aprovadas; para licenciar os provedores de serviços da internet; para registrar todos os usuários da internet; e para proibir informações prejudiciais. Decretos adicionais tinham o objetivo de melhorar "a segurança na rede" e proibir a criptografia não licenciada. Com o passar dos anos, uma revoada de novas regulamentações e medidas intimidantes acompanharam o crescimento irrefreável da internet como uma rede de autocomunicação de massa na China. Tecnicamente, um "Grande Firewall" foi criado para bloquear sites considerados fontes potenciais de informação indesejável: segundo algumas

336 | MANUEL CASTELLS

fontes, isso inclui até 10% dos sites na World Wide Web (www). Tecnologias avançadas de localização foram implementadas e o sistema de bloqueio mais sofisticado do mundo (o Golden Shield Project) foi encomendado à Cisco com previsão de implementação para o momento em que escrevo.

No lado humano da repressão política, dezenas de internautas foram rastreados, presos e punidos (alguns foram presos) por acesso ilegal, propagação da Falun Gong, "incitar a subversão" ou espalhar rumores que causam o alarme público, tais como a epidemia de SARS (Qiu, 2004:111). Além disso, diversos sites no mundo todo, inclusive alguns da grande mídia ocidental (por exemplo, o *New York Times*), foram bloqueados temporariamente, e sites importantes como o YouTube foram fechados na China em momentos críticos. Ademais, cybercafés, considerados polos do uso livre da internet, são fechados regularmente, e sempre assediados e vigiados. E, no entanto, a eficiência técnica desses controles é questionável. A razão para isso é que os mecanismos de vigilância estão baseados em sistemas de análise de conteúdo automáticos que rastreiam palavras-chave. Assim, se as pessoas não usarem "palavras sujas" (como Falun Gong, pornografia, Tiananmen, Taiwan ou democracia), é pouco provável que os robôs detectem uma mensagem passível de punição, mesmo com os novos sistemas de análise de contexto semântico da última geração das tecnologias de vigilância. As pessoas podem usar "truques" e encontrar formas de dizer o que querem sem mencionar a palavra. Só os sites mais famosos são bloqueados. A maioria, inclusive os da grande mídia ocidental, só é bloqueada por períodos limitados. Os internautas chineses também podem usar sites "proxy" (secundários) usando redes par a par (p2p), em vez de conectar diretamente sites suspeitos. Embora o registro de todos os usuários da internet seja obrigatório, como escreve Qiu (2004:112):

> Não há nenhuma maneira sistemática de garantir que cada um dos 59 milhões de usuários da internet chinesa esteja registrado ou que a informação contida no registro seja verificada. Normalmente é possível acessar a rede em um cybercafé sem mostrar um documento de identidade; e é prática comum entre as pessoas usar os "cartões de conexão (shangwangka), que fornecem conexões discadas, sem pedir qualquer informação pessoal. Embora o regime de censura tente bloquear, filtrar e rastrear, a maior parte dos usuários na China pode acessar informações consideradas ilegais por meio de mensagens codificadas, FTP e, mais recentemente, das tecnologias par a par (p2p).

É por esse motivo que *o sistema mais eficiente de controle da internet* na China é aquele que reproduz o método já testado pelo tempo e usado durante anos para controlar a mídia: *a hierarquia de vigilância em cascata, que, em última instância, induz a autocensura em todos os níveis* e faz o culpado pagar a cada nível quando uma falha significativa de controle é detectada (Dong, 2008b). Assim, a propriedade dos provedores de acesso à internet está nas mãos do governo. Os provedores de serviços também são licenciados e são responsáveis pela difusão de qualquer conteúdo indevido pela internet. Os provedores de conteúdo também são responsáveis, e ainda precisam frequentar as sessões de treinamento do governo e obter um certificado para operar o serviço. Precisam também manter registros de seu tráfego e divulgar todo o conteúdo fornecido por seus usuários, bem como seus registros de atividades (*logs*), às autoridades se assim for requisitado. Isso se aplica também aos cybercafés. No entanto, o conteúdo gerado por usuários é mais difícil de controlar. É por isso que o nível de controle definitivo e mais eficiente está nas mãos dos webmasters. Mas aí está a flexibilidade secreta do sistema de controle, segundo a análise de Dong (2008b). Segundo Guo Liang, autor do Relatório de Usuários da Internet na China da Academia de Ciências Sociais, em entrevista a Dong, a personalidade, a idade e a origem dos *webmasters* têm um impacto direto no estilo e conteúdo da interação on-line. Enquanto *webmasters* mais velhos são mais rígidos na remoção de conteúdo, aqueles que pertencem à nova geração de usuários entendem melhor o sentido daquilo que as pessoas (normalmente jovens) dizem e os limites do que poderia ser ofensivo aos poderes superiores. Disso resulta uma mistura de cumplicidade e autocensura que torna a vida na internet possível para a esmagadora maioria de usuários, que não têm uma pauta política, mesmo que às vezes dialoguem sobre política. Esse é, com efeito, o argumento básico em relação ao controle da internet na China.

Em seu estudo sobre a verdadeira efetividade do controle da internet na China, Dong (2008b) observou a interação on-line em dois fóruns chineses durante várias semanas na primavera de 2008, gravando comentários, inclusive aqueles trocados com os *webmasters*. Um dos fóruns era na China, e o outro era nos Estados Unidos — e, portanto, livre do controle governamental. A autora usou palavras-chave para procurar interações relacionadas a questões divididas em três categorias: as mais delicadas politicamente (ex.: Falun Gong, Tiananmen); aquelas consideradas moderadamente delicadas (ex.: Tibete, Taiwan, democracia, direitos humanos); e as menos preocupantes, embora ainda polêmicas, como corrupção e liberdade. A autora constatou que as questões mais delicadas não eram tratadas diretamente em nenhum dos dois fóruns, embora Falun Gong fosse mencionado indiretamente no fórum baseado nos Estados Unidos. O webmaster colocou a questão em votação e, após a aprovação do público, ele a deixou passar, provocando uma enxurrada de críticas contra "as rodas" (os seguidores de Falun Gong) dos participantes do fórum. Para o segundo tipo de questão, tanto Tibete quanto Taiwan, houve discussões acaloradas nos dois fóruns e em ambos funcionou o mesmo mecanismo: o conteúdo da posição política não determinou o bloqueio da mensagem, mas, sim, o tom da mensagem. Por exemplo, "Devemos libertar Taiwan agora!" foi considerado polêmico demais. Quanto ao terceiro nível de questões debatidas, a corrupção foi discutida livremente nos dois fóruns, mas enquanto na China o foco era nos casos específicos de corrupção por autoridades locais, nos Estados Unidos a discussão se referia à corrupção como um problema da sociedade chinesa.

Embora os resultados desse estudo de caso — interessante porém limitado — não possam ser extrapolados, suas implicações são significativas. O debate político na internet é conduzido de forma flexível pelos administradores de sites e em grande medida é autogerenciado pelos participantes de fóruns on-line. A maior parte do conteúdo produzido na internet é apolítica, e portanto não está sob a égide da censura. Quanto ao pequeno número de debatedores políticos, o apoio à China como nação é responsável pela maioria das opiniões. Essa observação foi demonstrada na primavera de 2008, quando a crítica ocidental à repressão de manifestações políticas no Tibete provocou uma tempestade na internet chinesa, particularmente intensa entre estudantes chineses no exterior, que denunciaram a mídia ocidental por manipulação de imagens e defenderam a China e o governo contra aquilo que eles consideraram ataques colonialistas. Embora seja provável que o governo chinês tenha alimentado as chamas da indignação estudantil, há indicações de que esse foi um movimento genuíno. Realmente, o governo bloqueou o acesso ao YouTube para acalmar a polêmica, censurando os vídeos que os estudantes tinham enviado em apoio à China.

Há, de fato, uma questão importante que subjaz a relação entre a China e a internet. Muitas vezes presume-se que grandes porções do povo chinês sofrem com o comunismo e não podem expressar sua crítica. Na verdade, pesquisas mostraram que, em 2005, 72% dos chineses estavam satisfeitos com as condições do país, uma proporção maior do que em qualquer lugar do mundo (Projeto Pew de Atitudes Globais, 2005). Entre estudantes e jovens em geral, a principal ideologia política largamente apoiada é o nacionalismo, em particular contra o Japão e Taiwan. O Partido Comunista, que chegou ao poder como um movimento nacionalista na "guerra patriótica" contra o Japão antes de vencer o Kuomintang, foi capaz de retratar sua liderança como a expressão da independência e da futura grandeza da China. Assim, embora a democracia, que nunca foi conhecida no país, continue a ser um ideal abstrato, defendido por uma diminuta minoria intelectual, as feridas do colonialismo e da humilhação estrangeira continuam abertas e fortalecem a ligação entre o governo e a geração jovem. Se acrescentarmos o fato de que mais de dois terços do uso da internet na China são direcionados para o entretenimento e de que a preocupação principal dos habitantes urbanos instruídos — a maior parte dos usuários — é desfrutar do consumismo (Chinese Academy of Social Sciences, 2007), é bastante possível que o sistema gigantesco utilizado pelo governo chinês para controlar a internet seja mais resultado de um reflexo do passado do que de uma necessidade atual. Quanto ao futuro, parece que a rebelião de camponeses e de citadinos deslocados contra a apropriação especulativa da terra no âmago da acumulação primitiva da China pode ser uma ameaça muito mais séria do que as fofocas nos bate-papos da internet (Hsing, no prelo).

Portanto, *o poder do Estado, em sua manifestação mais tradicional — a manipulação e o controle —, é predominante na mídia e na internet em todo o mundo.* Ele constitui mais uma camada de política da mídia cujo objetivo é influenciar o comportamento por meio da construção de significado. Mas ele não anula os processos de geração de poder examinados neste capítulo. Na verdade, a política de escândalos muitas vezes está relacionada com a capacidade do próprio Estado, e não apenas de atores políticos, de fabricar, revelar ou bloquear informação prejudicial para seus oponentes. Em alguns casos, os conflitos no próprio Estado ocorrem por meio da mídia, às vezes com o uso da política de escândalos. Assim, há múltiplas formas de política da mídia, mas todas elas compartilham duas características básicas: têm como objetivo a geração de poder por meio da formação da mente pública; e contribuem para a crise de legitimidade política que está estremecendo as bases institucionais de nossas sociedades.

O FIM DA CONFIANÇA PÚBLICA E A CRISE DA LEGITIMIDADE POLÍTICA

Como documentado nas Figuras A4.1-A4.8, no Apêndice, uma maioria de cidadãos no mundo não confia em seus governos ou parlamentos, e um grupo ainda maior de cidadãos despreza os políticos e os partidos, e acha que seu governo não representa a vontade do povo. Isso inclui as democracias avançadas, já que inúmeras pesquisas (por exemplo, a Pesquisa da Voz do Povo do Fórum Mundial Econômico (2008), o Eurobarometer (2007), o Barometer asiático (2008), o Latinobarometro (Corporación Latinobarometro, 2007), o Accenture (2006), o Transparency International (2007), a BBC (Globescan, 2006), a Pesquisa Mundial de Valores (Dalton 2005b e o site worldpublicopinion.org (Kull *et al.*, 2008) mostram que a confiança pública no governo e nas instituições políticas diminuiu substancialmente nas três últimas décadas. Segundo a WorldPublicOpinion.org (Kull *et al.*, 2008), uma média de 63% dos respondentes em todas as dezoito nações incluídas na pesquisa acreditavam que seu país era "dirigido por alguns grupos de interesses preocupados com si mesmos" e só 30% acharam que o país era comandado "para benefício de toda a população" (p. 6). Em setembro de 2007, apenas 51% dos norte-americanos mostraram "muita" ou "bastante" confiança no governo federal, a porcentagem mais baixa desde que a Gallup integrou essa pergunta ao questionário, em 1972 (Jones, 2007a). Na União Europeia, segundo o Eurobarometer (2007), mais de 80% dos cidadãos não confiam nos partidos políticos, e mais de dois terços não confiam em seu governo nacional. Na América Latina, 77% dos entrevistados da pesquisa do *Voz do Povo* acharam que seus líderes políticos eram desonestos (World Economic Forum, 2008).

Por que isso acontece? Por certo, a insatisfação com políticas específicas e com a situação da economia e da sociedade como um todo são fatores importantes para explicar o descontentamento dos cidadãos. No entanto, os dados da pesquisa constatam que *a percepção da corrupção é o indicador mais significativo da desconfiança política*. Embora o índice de redução da confiança varie de acordo com o país, a tendência geral de queda é evidenciada em quase todos os países mais desenvolvidos (exceto os Países Baixos entre os anos 1970 e 1990). Hetherington (2005), Warren (2006) e outros argumentam que a confiança no governo por si só se tornou hoje um indicador importante e independente de apoio às políticas governamentais, e é mais importante que partidarismo ou apenas ideologia. Várias formas de confiança política interagem entre si. Falta de confiança em ocupantes de cargos específicos, por exemplo, podem se transformar em desconfiança em relação a diversas instituições políticas e, em última instância, ao sistema político como um todo. A confiança política está intimamente ligada à confiança social geral. De um ponto de vista amplo, embora a confiança nas instituições da sociedade tenha caído fortemente (com leves flutuações) após a Segunda Guerra Mundial, o impacto dessa queda não é uniforme ou direto. Por exemplo, uma confiança política decrescente não significa necessariamente um comparecimento menor às urnas ou uma queda no envolvimento cívico, como analisarei a seguir. No entanto, há um consenso de que períodos prolongados de desconfiança nos governos geram insatisfação com o sistema político e podem ter implicações críticas para a governança democrática.

Reconhecendo o problema, governos em todo o mundo estabeleceram novas regulamentações para mitigar os casos de corrupção e aumentaram o número de inquéritos políticos e formas de controle judicial. Apesar desses esforços, a percepção de corrupção está aumentando em todas as partes. Uma pesquisa de 2007 realizada pela Transparência Internacional (Global Corruption Barometer Survey [Pesquisa Barometer sobre corrupção global] p. 8, 9 e seguintes) constatou que:

- O público em geral acredita que os partidos políticos, a polícia, e o sistema judicial/legal são as instituições mais corruptas em suas sociedades.
- Os partidos políticos (cerca de 70%) e o poder legislativo (cerca de 55%) são considerados pelas pessoas em todo o mundo as instituições mais manchadas pela corrupção.

- Os pobres, tanto em países em desenvolvimento como nos altamente industrializados, são os mais penalizados pela corrupção. São também os mais pessimistas em relação às perspectivas de menos corrupção no futuro.
- Cerca de uma em cada dez pessoas no mundo todo precisou subornar alguém no último ano. Denúncias de suborno aumentaram no Pacífico asiático e no sudeste da Europa.
- O suborno é particularmente generalizado em interações com a polícia, com o judiciário, e nos serviços de registros e concessão de licenças.
- Metade dos entrevistados — e um número significativamente maior do que quatro anos antes — acha que a corrupção em seu país irá aumentar nos próximos três anos, com a exceção de alguns países africanos (provavelmente uma função do nível atual de corrupção).
- Metade dos entrevistados acha que os esforços de seu governo para lutar contra a corrupção são ineficazes.
- ONGs, organizações religiosas e os militares são vistos pelos cidadãos como os menos afetados pela corrupção.
- Em geral, a opinião dos cidadãos sobre a corrupção em instituições-chave não mudou dramaticamente entre 2004 e 2007. Mas a opinião sobre algumas instituições, tais como o setor privado, deteriorou com o passar do tempo. Isso significa que o povo hoje tem opiniões mais críticas sobre o papel das empresas na equação da corrupção do que tinha no passado. Comparando dados de 2004 com os de 2007, houve um aumento na proporção de pessoas no mundo todo que consideram as ONGs corruptas. No entanto, a proporção de pessoas que considera o judiciário, o parlamento, a polícia, as autoridades das receitas fiscais e os serviços médicos e educacionais corruptos diminuiu ligeiramente no período entre 2004 e 2007, embora a maioria das pessoas ainda tenha uma opinião negativa sobre o governo e as instituições judiciais.

Por que a opinião sobre a corrupção é tão importante para a confiança política? Afinal de contas, é uma prática generalizada tão antiga quanto a humanidade. No entanto, como a democracia é essencialmente uma questão de procedimentos, como argumentei no Capítulo 1, se o processo de distribuição de poder nas instituições estatais e na administração das instituições governantes pode ser alterado por ações externas em benefício de grupos de interesse ou de indivíduos, não há razão para que os cidadãos respeitem a delegação ordenada de poder a seus governantes. *O que acontece então é uma crise de legitimidade: isto é, uma descrença generalizada no direito dos líderes políticos de tomar decisões em nome dos cidadãos para o bem-estar da sociedade como um todo.* A governança passa a ser uma prática tolerada com resignação ou resistida quando possível, em vez de apoiada após uma deliberação. Quando os cidadãos pensam que o governo e as instituições políticas trapaceiam regularmente, todos se veem no direito de serem igualmente trapaceiros. Consequentemente, as sementes da desintegração institucional já foram plantadas. Em momentos de explosão social, as pessoas em muitos países se unem ao brado de guerra dos manifestantes argentinos que derrubaram seu governo em 2001: "Que se vayan todos!", referindo-se a toda classe política.

Além disso, embora a corrupção possa não ter aumentado substancialmente na história recente (o oposto é mais provável), o que aumentou foi a publicidade da corrupção, a percepção dela e o impacto dessa percepção na confiança política. Segundo Warren (2006:7), a confiança psicológica política envolve uma avaliação dos valores e atributos morais associados a um certo governo, instituição política e/ou líderes políticos individuais. Como tal, ela tem relação com a perspectiva que as pessoas possam ter sobre a idoneidade de seus representantes políticos. Na confiança política baseada no raciocínio psicológico, as pessoas buscam sinceridade e confiabilidade na personalidade, na aparência pública, no discurso e no comportamento de seus líderes políticos.

Portanto, *a conexão entre exposição à corrupção política e a queda da confiança política pode ser diretamente relacionada com a dominância da política da mídia e da política de escândalos na condução dos negócios públicos.* Uma série de estudos encontrou provas da relação entre a queda da confiança política geral e a recorrência da política de escândalos. Treisman (2000) analisou uma amostra de países, usando dados da Pesquisa Mundial de Valores da Universidade de Michigan e encontrou uma correlação direta entre a corrupção percebida e a menor confiança política, quando os efeitos do PIB e da estrutura política são controlados. No entanto, ao analisar a Alemanha, Herbert Bless e colegas (Bless *et al.*, 2000; Schwarz e Bless, 1992; Bless e Schwarz, 1998) constataram que o impacto de escândalos nas avaliações dos jovens adultos não é tão simples como pode parecer à primeira vista. Eles mostraram que o efeito de um escândalo político alemão sobre a avaliação dependia de quem estava sendo avaliado. Mais precisamente, a ativação de uma moldura negativa sobre o político envolvido em um escândalo (um político não confiável) diminuía a avaliação de idoneidade de políticos em geral (da categoria), mas aumentava as avaliações de idoneidade de outros políticos não envolvidos no escândalo. Regner e Le Floch (2005) replicaram o desenho da pesquisa de Bless no contexto francês. Embora tenham encontrado resultados semelhantes em participantes com altos níveis de conhecimento sobre o caso Dumas/Elf Oil, eles constataram que o inverso era verdadeiro no caso de participantes com pouco conhecimento daquele caso. Aqueles com alto nível de conhecimento mostravam efeitos de contraste e avaliaram melhor outros políticos em comparação com os políticos envolvidos no escândalo. Aqueles com níveis mais baixos de conhecimento não mostravam esses efeitos: achavam que todos os políticos, assim como a política de um modo geral, eram menos confiáveis.

Embora exista um consenso de que a confiança geral na sociedade e nas instituições tenha diminuído (Putnam, 1995; Brehm e Rahn, 1997; Robinson e Jackson, 2001), há um debate sobre o papel da mídia nesse processo. Estudiosos argumentam que a cobertura negativa leva ao "mal-estar da mídia" entre os cidadãos, agravando os sentimentos de ineficácia, cinismo e isolamento (por exemplo, Patterson, 1993; Putnam 1995, 2000; Cappella e Jamieson, 1997; Mutz e Reeves, 2005; Groeling e Linneman, 2008). De um modo geral, esses autores argumentam que, embora não esteja claro se o discurso civil mudou drasticamente com o passar do tempo, a proliferação de plataformas da mídia, em particular a televisão, significa que os cidadãos estão cada vez mais expostos às ações políticas incivis, o que leva a avaliações piores sobre as instituições políticas. Robinson (1975) foi o primeiro a cunhar o termo "videomalaise" (mal-estar dos vídeos) para se referir a esse fenômeno. A tendência atual é referir-se ao "mal-estar da mídia" como uma cobertura negativa na televisão que é reproduzida pelos outros meios de comunicação.

Por outro lado, um pequeno mas influente grupo, de estudiosos — como Inglehart (1990), Norris (1996, 2000) e Aarts e Semetko (2003) — argumenta que o aumento da cobertura da mídia cria uma conexão mais forte entre os governados e os governantes, levando a um "círculo virtuoso" de um envolvimento cívico cada vez maior. No entanto, os termos do debate precisam ser mais bem esclarecidos. O que os dados de Norris mostram é que as pessoas mais envolvidas na política prestam mais atenção na mídia. Mas isso não diz muita coisa sobre a direção de seu envolvimento. Cidadãos politicamente ativos estão ansiosos para extrair informação de todas as fontes possíveis. No entanto, se uma parte crescente da informação vem sob os termos da política de escândalos, uma maior exposição a essa informação mina a confiança no sistema político, embora possa levar à mobilização para uma mudança sistêmica. Em outras palavras, parece que *a política de escândalos está mais diretamente ligada à crise de confiança do que a política da mídia por si*. No entanto, como a política de escândalos opera por meio da mídia, e como ela é a consequência da dinâmica da política da mídia, como argumentei antes, a maioria dos estudos encontra uma correlação entre a cobertura (tanto em termos de inclinação quanto de volume) e as avaliações das instituições sociais e políticas. Assim, Fan *et al.* (2001) constataram que a cobertura da imprensa sobre a própria imprensa, militares e as religiões organizadas tem um efeito sobre a confiança nessas instituições, como medida pelos dados da Pesquisa Social Geral. Hibbing e Theiss-Morse (1998) descobriram, no contexto dos Estados Unidos, que aqueles cidadãos que dependem principalmente da televisão ou do rádio para avaliar as instituições políticas tinham avaliações emocionais significativamente mais negativas do Congresso do país do que as pessoas que estavam menos expostas à mídia, embora suas percepções cognitivas fossem as mesmas. Em um estudo experimental, Mutz e Reeves (2005) constataram que a exposição televisiva a um discurso político incivil reduzia significativamente a confiança nos políticos em geral, a confiança no Congresso e a confiança no sistema político norte-americano, enquanto a exposição a um discurso civil televisionado aumentava o nível de confiança (ver a Figura A4.8, no Apêndice).

Outros estudos sugerem que indivíduos que dependem da televisão como fonte principal de notícias têm mais probabilidade de sentir o "mal-estar da mídia" porque o meio visual realça a importância das características da personalidade (Keeter, 1987, Druckman, 2003). Portanto, defensavelmente, parece que a cobertura noticiosa de escândalos políticos tem maior impacto no ambiente difuso da mídia audiovisual que caracteriza nossa sociedade.

A relação entre escândalos provocados pela mídia e desconfiança pública se estende para além da esfera política e afeta as instituições da sociedade como um todo. Assim, em um estudo experimental, Groeling e Linneman (2008) constataram que indivíduos expostos às matérias sobre escândalos sexuais na Igreja Católica (especificamente o escândalo do cardeal de Boston) no grupo de estudo exibiam quedas significativas de confiança na Igreja como instituição, assim como em outras instituições não envolvidas diretamente no escândalo.

A relação entre política de escândalos e confiança política, no entanto, é mediada pelo contexto cultural e ideológico no qual os escândalos ocorrem. Por exemplo, ao analisar os efeitos políticos do escândalo de armas argentino,* Waisbord (2004b) constatou que a corrupção percebida é essencial para as ramificações sociopolíticas do escândalo. Para que eles conquistem a imaginação pública, "os escândalos exigem a publicidade da informação que contradiz ideias generalizadas que se têm sobre os indivíduos" (2004b:1090). Portanto, se o público já percebe que o governo é corrupto, como foi o caso de 96% das pessoas na Argentina, escândalos como a venda de armas não conseguem chamar atenção, já que essas histórias meramente confirmam o que as pessoas já suspeitavam/esperavam.[18] A percepção da corrupção generalizada alimenta a "banalização da corrupção", resultando naquilo que Waisbord chama de "fadiga do escândalo"

---

* O autor refere-se ao escândalo em 2001, quando foi descoberto que, nos primeiros anos da década de 1990, o governo de Carlos Menem tinha vendido armas à Croácia e ao Equador ilegalmente, já que, à época, a venda de armas para essas nações estava proibida por causa do envolvimento delas em conflitos regionais. (*N. da T.*)

18 O trabalho de Waisbord (2004b) suscita questões de definição. Será que casos importantes de corrupção revelados como a venda de armas argentina devem ser rotulados como escândalos mesmo que o público continue em grande medida desinteressado da história? Ou será que podemos diferenciar escândalos mediados que têm como centro a elite dos escândalos mediados que têm como centro a opinião pública?

que reduz o potencial reformativo e transformativo dos escândalos (2004b:1091). Isso não significa dizer que a política de escândalos e a desconfiança pública não estejam relacionadas. Significa que quando a desconfiança já está enraizada na consciência das pessoas, qualquer revelação adicional simplesmente reafirma o descontentamento em relação às instituições políticas.

Uma mediação decisiva é *o contexto ideológico no qual a política de escândalos ocorre*. Assim, nos Estados Unidos, entre 1980 e 2004 a confiança política de um modo geral evoluiu em um padrão semelhante entre os vários grupos ideológicos, sugerindo uma baixa correlação entre autoposicionamento ideológico e confiança. Depois do 11 de Setembro, essa relação mudou fundamentalmente. Embora não esteja claro se esse padrão se manterá no futuro, o período entre 2000 e 2004 viu a confiança política no governo oscilar entre os conservadores e aumentar ligeiramente entre os não ideólogos, enquanto a confiança política entre os liberais e moderados caiu drasticamente (Hetherington, 2008:20-2). Hetherington acredita que esses padrões demonstram que "sem dúvida alguma o governo Bush e o apoio cerrado que o presidente recebeu da maioria republicana no Congresso politizaram o significado da confiança no governo para os cidadãos comuns" (2008:22). Portanto, embora a política de escândalos e a política da mídia tendam a afetar negativamente a confiança política em um determinado contexto caracterizado por uma forte polarização ideológica, o apoio militante ou a oposição ao governo encontra argumentos nas revelações dos escândalos ou os descarta como propaganda, seguindo o mecanismo cognitivo de processamento seletivo de informação que analisei no Capítulo 3.

A ironia é que, *à medida que a mídia desempenha seu papel na propagação de escândalos e deslegitimação das instituições, ela enfrenta o risco de perder a própria legitimidade frente a seu público*. A confiança na mídia como instituição caiu 21% entre 1973 e 2000 (Fan *et al.*, 2001:827). Nas palavras de Fan e seus colegas (2001:826-52), *a mídia pode ter se tornado o "mensageiro suicida"*. Em seu estudo, esses autores examinaram a relação entre a cobertura da imprensa sobre a própria mídia e a consequente opinião pública sobre a imprensa. Para comparar, eles também analisaram as mesmas tendências para a cobertura e opinião pública dos militares e das religiões organizadas. Constataram que a cobertura de escândalos religiosos reduz a confiança nas instituições religiosas e que a confiança nos militares estava relativamente estável em um nível alto, com um pico mais ou menos na época da primeira Guerra do Golfo. Viram também que, ao contrário de outras instituições, a confiança na imprensa é prevista por um aumento nas matérias veiculadas sobre o fracasso geral da imprensa e sua perda de credibilidade — em outras palavras, eles são seus próprios mensageiros suicidas. Esse estudo se baseia em um trabalho anterior que mostra que as matérias da imprensa que apresentam conservadores reclamando sobre a parcialidade da imprensa liberal aumentam as percepções de que a mídia como um todo é tendenciosa (Watts *et al.*, 1999). Em uma linha de argumento semelhante, Wyatt *et al.* (2000) constataram que o melhor indicador tanto da confiança na imprensa quanto da credibilidade da mídia foi a confiança geral em outras instituições medida pelo General Social Survey.[19] Seus resultados sugerem que tanto a confiança quanto a credibilidade da imprensa são medidas de afeto para com as instituições em geral, e não indicadores da crença do público nas declarações meramente factuais feitas em matérias ou programas específicos (Fan *et al.*, 2010). Em outras palavras, embora relatos negativos sobre a imprensa não pareçam questionar a própria imprensa, notícias negativas sobre as instituições sociais de um modo geral podem minar a credibilidade de todas as instituições, inclusive da mídia.

Assim, *parece haver uma conexão, por mais mediada e complexa que seja, entre a política da mídia, a política de escândalos e a queda da confiança nas instituições políticas.* No entanto, a questão decisiva é: como essa desconfiança crescente entre os cidadãos afeta a participação e o comportamento do ponto de vista político? A resposta a essa questão é extremamente diversa, dependendo dos contextos políticos dos regimes institucionais.

Por todas as partes do mundo percebemos uma tendência de descontentamento em relação aos partidos e instituições políticas. *Mas isso não se traduz necessariamente em um afastamento do sistema político.* Os cidadãos têm várias alternativas. Primeiro, eles podem se mobilizar contra uma opção política determinada, seguindo o padrão geral de política negativa, como fizeram os espanhóis em 1996, 2004 e 2008. Segundo, eles podem se mobilizar por sua ideologia e colocar sua força organizacional a serviço de um partido oficial e tomá-lo para si ao se transformarem em um eleitorado indispensável, como os evangélicos fizeram com o Partido Republicano nos Estados Unidos. Terceiro, eles podem apoiar as candidaturas de um terceiro partido como um voto de protesto, como foi o caso da França durante as eleições presidenciais de 2002, da candidatura de Ross Perot nos Estados Unidos em 1992 e (repetidamente) dos liberais, os sociais democratas e liberais democratas no Reino Unido, apesar das restrições estabelecidas no sistema eleitoral britânico. Quarto, eles podem se juntar em torno de um candidato insurgente que desafia o sistema político por dentro, como com a candidatura de Lula no Brasil em 2003 e a campanha de Obama nos Estados Unidos em 2008; ou de fora do sistema, como nos casos das primeiras candidaturas de Chávez na Venezuela, de Morales na Bolívia ou de Correa no Equador. Quinto, se nenhuma das alternativas acima for viável, eles podem deixar de votar (exceto em países como na

---

19 Eles também descobriram uma relação significativa entre a confiança geral na imprensa e a classificação específica de credibilidade do veículo de notícias que os entrevistados usavam mais.

Itália ou no Chile, onde o voto é obrigatório), embora essa seja claramente a última escolha para pessoas que ainda tentam fazer com que suas vozes sejam ouvidas, apesar de ter pouca esperança sobre a mudança real que a política pode trazer para sua vida. Então, eles ainda têm uma sexta possibilidade: aprofundar a mobilização social fora do sistema político. Realmente, esse tipo de movimento fora do sistema foi documentado por Inglehart e Catterberg (2002), que, usando dados do World Values Survey, mediram indicadores das ações da elite desafiadora fora do sistema institucional em setenta países. Eles observaram um aumento da mobilização social durante toda a década de 1990. Isso é compatível com o estudo que realizamos com Imma Tubella na Catalunha, que mostrou que, embora apenas 2% da população participem da atividade de partidos políticos (embora votem nas eleições gerais), e uma maioria dos cidadãos não confie em partidos políticos, mais de dois terços acham que podem transformar a sociedade por meio de uma mobilização independente (Castells, 2007).

Mesmo os Estados Unidos, considerados, até 2008, um caso extremo de apatia do eleitor entre as democracias avançadas, Mark Hetherington (2005, 2008) e outros mostraram que, apesar da polarização das elites e dos níveis crescentes de desconfiança, a participação e o envolvimento políticos estão, na verdade, aumentando. Popkin (1994) argumenta que o comparecimento às urnas com uma porcentagem da população em idade para votar não é um indicador confiável de mudança no decorrer do tempo. Nos Estados Unidos contemporâneos, no contexto de criminalização maciça das minorias e de imigração ilegal generalizada, uma proporção muito maior da população em idade de votar — em comparação com outros países — é impedida de fazê-lo porque seus antecedentes criminais ou a formalização de sua cidadania inabilitou-os de exercer seus direitos civis (ver o Capítulo 5). Portanto, a população votante (VEP, na sigla em inglês) é um denominador mais apropriado para o cálculo do comparecimento de eleitores às urnas. Quando essa estatística é utilizada, ela mostra que o comparecimento aumentou nas últimas três eleições presidenciais, de cerca de 52% em 1996 para mais de 60% em 2004, e alcançou 63% na eleição presidencial de 2008 (Center for the Study of the American Electorate, 2008). O grande comparecimento às urnas baseado na população votante foi quase exatamente o mesmo em 2004 e em 1956, e apenas 3,5% menos do que em 1960 (Hetherington, 2008:5). Além disso, nos Estados Unidos houve um crescente envolvimento dos cidadãos no processo político no período de 2000 a 2004, como ilustrado nas Tabelas A4.4 e A4.5 no Apêndice, em grande medida graças aos esforços dos partidos políticos para se conectar com seus eleitorados. Hetherington (2008) também constata que as pessoas com inclinações ideológicas sérias têm mais probabilidade de serem contatadas por um partido político (ver a Figura A4.9 no Apêndice). A eleição primária dos democratas de

2008 viu níveis sem precedentes de mobilização política nos Estados Unidos (ver o Capítulo 5).

Essa capacidade cada vez maior dos partidos políticos de mobilizar apoio pode estar ligada ao uso das ferramentas da política informacional já analisado neste capítulo. Além disso, a internet tem desempenhado um papel importante para facilitar tanto a mobilização autônoma quanto a conexão direta entre os partidos, os candidatos e os eleitores potenciais (ver a Tabela A4.5 e a Tabela A5.6 no Apêndice). Assim, Shah *et al.* (2005) constataram que o uso da mídia informacional encoraja a comunicação dos cidadãos, o que, por sua vez, estimula o envolvimento cívico. O que é mais intrigante a respeito dessas descobertas é o papel da internet. Tanto a busca de informação on-line quanto o intercâmbio de mensagens cívicas — usos da rede como um recurso e como fórum — influenciam fortemente o envolvimento cívico, muitas vezes mais do que a imprensa tradicional e a mídia de radiodifusão, e até mais que a comunicação face a face (Shah *et al.*, 2005:551).

A relação entre confiança política e envolvimento cívico parece ser diferente nas democracias mais recentes e nas democracias estabelecidas. Embora maior envolvimento cívico possa trazer maior confiança operacional social e política no mundo industrializado, Brehm e Rahn (1997) encontraram uma relação negativa entre envolvimento cívico e confiança política no mundo em desenvolvimento. Em outras palavras, aqueles que estão mais envolvidos civicamente nos países em desenvolvimento mostram menos confiança política. Essa descoberta é compatível com os resultados do estudo em várias culturas realizado por Inglehart e Catterberg (2002). Seus dados mostram que, nas novas democracias da América Latina e do Leste Europeu, onde as pessoas vivenciaram a mudança de regime, houve uma queda da participação política durante os anos seguintes, estimulando aquilo que os autores chamam de uma "queda no apoio democrático pós-lua de mel". No entanto, o desencanto com a democracia e a consequente redução de participação política levaram em muitos casos a uma mobilização sociopolítica acumulada (Inglehart e Catterberg, 2002), aumentando assim o abismo entre as instituições e a participação política.

Assim, *a experiência internacional mostra a diversidade de respostas políticas à crise de legitimidade política*, que dependem muitas vezes das regras eleitorais, da especificidade institucional e das situações ideológicas, como tentei documentar em minha análise da crise da democracia na sociedade em rede (Castells, 2004c:4102-18). Em muitos casos, a crise de legitimidade leva a um aumento da mobilização política, e não a um afastamento. *A política da mídia e a política de escândalos contribuem para uma crise internacional de legitimidade política, mas uma redução da confiança pública não é equivalente a uma queda na participação política.* Desafiados pelo descontentamento dos cidadãos, os líderes políticos buscam novas maneiras de mobilizar dentro e

O PODER DA COMUNICAÇÃO | 349

fora do sistema político em seus próprios termos. *É precisamente essa distância crescente entre crença nas instituições políticas e desejo por ação que constitui a crise da democracia.*

CRISE DA DEMOCRACIA?

Embora não haja qualquer dúvida a respeito da crise mundial de legitimidade política, não está claro se e como isso se traduz em uma crise da democracia. Para avaliar essa questão fundamental, precisamos ser meticulosos em relação ao significado dessa palavra. Realmente, a democracia como uma prática histórica, diferente da democracia como um conceito da filosofia política, é contextual. No início do século XXI, em um mundo globalmente interdependente, a democracia é em geral considerada a forma de governo que resulta da vontade dos cidadãos que escolhem entre candidatos adversários em eleições relativamente livres realizadas a intervalos de tempo determinados, sob controle judicial. Introduzo a relatividade para assinalar a grande variedade de interpretações da noção de eleições livres. Para ser generoso e realista, tomemos a eleição presidencial nos Estados Unidos de 2000 com foco na Flórida como um padrão mínimo. Além disso, para que a prática da governança seja vista como democrática, certo nível de liberdade de expressão, de associação e o respeito pelos direitos humanos, bem como alguns mecanismos de controle administrativo e judicial sobre o governo, devem ser garantidos pela lei e pela constituição do país. Mesmo considerando esse nível baixo de exigências institucionais para a democracia, muitos países no mundo não se enquadram nesses critérios e algumas nações importantes, como a China, não reconheceriam a definição de democracia nesses termos, ou a interpretariam de uma maneira categoricamente diferente do tipo ideal de democracia representativa. Além disso, países responsáveis por uma grande proporção da população do mundo estabeleceram instituições democráticas formais só nos últimos sessenta anos, e em muitos países essas instituições continuam extremamente instáveis. Isso quer dizer que, em uma perspectiva global, a democracia está em crise permanente. A verdadeira questão é: o quão democráticos são os países que se autoproclamam democracias e o quão estáveis são de suas instituições quando se deparam com o abismo crescente entre suas regras constitucionais e as crenças de seus cidadãos? É desse ponto de vista que avaliarei a crise potencial da democracia no que diz respeito à política da mídia.

Em grande medida, a crise de legitimidade e suas consequências para a prática democrática estão relacionadas com a crise do Estado-Nação na sociedade global em rede, como resultado dos processos contraditórios de globalização e identificação, como analisado no Capítulo 1. Desde que a democracia representativa moderna foi estabelecida na esfera do Estado-Nação, ao transformar cidadãos individuais em sujeitos políticos sobre bases legais, a eficiência e a legitimidade do Estado foram diminuídas por sua incapacidade de controlar as redes globais de riqueza, poder e informação, ao mesmo tempo que sua representação é obscurecida pelo surgimento de sujeitos culturais baseados em identidades. Tentativas de reafirmar o poder do Estado-Nação pelos meios tradicionais do uso da força, particularmente intensas no período pós-11 de Setembro, logo encontraram os limites da interdependência global e das estratégias de contradominação baseadas na cultura. A construção gradativa de redes de governança global ainda é dependente das instituições políticas nacionais em interação com a sociedade civil local e global. Assim, a relação entre as crenças das pessoas e as instituições políticas ainda é central para as relações de poder. Quanto maior a distância entre cidadãos e governos, menor a capacidade de os governos conciliarem seus esforços globais com suas fontes locais/nacionais de legitimidade e recursos.

É nesse contexto específico que devemos compreender as consequências da política da mídia para a prática da democracia. A política da mídia e seu corolário, a política de escândalos, aprofundaram a crise da legitimidade no exato momento em que o Estado-Nação mais precisa da confiança de seus cidadãos para navegar nas águas incertas da globalização, enquanto incorpora valores de identidade, individualismo e cidadania. No entanto, apesar do descontentamento massivo dos cidadãos em relação à classe política, à democracia por eles vivenciada, na maioria dos casos as pessoas em todo o mundo não desistiram de seus ideais democráticos, embora os interpretem à sua maneira. O que observamos é que cidadãos de um modo geral adotaram uma variedade de estratégias para corrigir ou questionar o mau funcionamento do sistema político, como analisei antes. Essas várias reações/pró-ações têm efeitos distintos para a prática e para as instituições da democracia.

Assim, o voto para punir políticos em exercício, em vez de esperar pelo futuro, pode corrigir a má administração de políticos, enviando-lhes um alerta poderoso de que, para manter seu poder e suas carreiras, precisam ouvir seus eleitorados. No entanto, quando alertas repetidos só têm um efeito limitado, e quando os partidos levados ao poder pelo voto de protesto reproduzem a mesma negligência pela decência pública, um espiral descendente se desenvolve, acrescentando mais negatividade e mais cinismo a uma cidadania já cansada. No entanto, em vez de abandonar seus direitos, os cidadãos muitas vezes se voltam para terceiros partidos, ou para novos líderes que não os principais, naquilo que veio a ser chamado de *política insurgente*. Se seu apoio resulta em novos projetos e eventualmente em novas políticas mais intimamente alinhadas a seus valores e interesses, as instituições democráticas podem ser regeneradas, pelo menos por um tempo, contanto que algum sangue político novo flua pelas veias da democracia, precisamente graças à adaptabilidade das instituições democráticas a novos atores e a novas ideias. No entanto, em outros casos, desafiar o fracasso da política democrática em abordar os interesses da sociedade pode levar a uma mudança política fora do sistema institucional. Essa mudança é muitas vezes chefiada por líderes populistas que rompem com o passado em nome da nova legitimidade popular, o que muitas vezes resulta em uma refundação das instituições. Nos casos de protesto radical, o descontentamento pode produzir uma revolução; isto é, a mudança política independentemente dos procedimentos formais da sucessão política. Esse processo resulta em um novo Estado, transformado pelas novas relações de poder nele embutidas. Em situações extremas, a força militar pode intervir direta ou indiretamente na transformação ou restauração das instituições políticas, rompendo, assim, com a prática democrática. Em todos os casos de ruptura institucional fora de práticas definidas constitucionalmente, a política da mídia e a política de escândalos desempenham um papel muito importante na fermentação do descontentamento e na articulação dos desafios. Nesse sentido, elas estão diretamente ligadas à crise da democracia.

No entanto, há outra forma de crise menos aparente. Se aceitarmos a ideia de que a forma crítica da geração de poder ocorre por meio da configuração da mente humana, e que esse processo depende em grande medida da comunicação e, em última instância, da política da mídia, então *a prática da democracia é questionada quando há uma dissociação sistêmica entre poder de comunicação e poder representativo.* Em outras palavras, se os procedimentos formais da representação política dependem da distribuição informal do poder de comunicação no sistema multimídia, não há oportunidades iguais para atores, valores e interesses operarem os mecanismos reais da distribuição do poder no sistema político. Consequentemente, a crise mais importante da democracia sob as condições da política da mídia é o confinamento da democracia em uma área institucional em uma sociedade na qual o significado é produzido na esfera da mídia. A democracia só pode ser reconstruída nas condições específicas da sociedade em rede se a sociedade civil, em sua diversidade, puder romper as barreiras corporativas, burocráticas e tecnológicas da geração de imagens da sociedade. Curiosamente, o mesmo ambiente de comunicação multimodal difundido que confina a mente política nas redes da mídia pode fornecer um meio para a expressão diversa de mensagens alternativas na era da autocomunicação de massa. Será que isso é realmente verdade? Ou é outra utopia que pode se transformar em distopia quando colocada sob as lentes do escrutínio acadêmico? O próximo capítulo investiga essa questão.

5

REPROGRAMANDO AS REDES DE COMUNICAÇÃO: MOVIMENTOS SOCIAIS, POLÍTICA INSURGENTE E NOVO ESPAÇO PÚBLICO

A mudança, seja ela evolucionária ou revolucionária, é a essência da vida. Para um ser vivo, o estado de inércia é equivalente à morte. O mesmo se aplica à sociedade. A mudança social é multidimensional, mas em última instância depende de uma mudança de mentalidade, tanto individual quanto coletiva. A maneira como sentimos/pensamos determina a maneira como agimos. E mudanças no comportamento individual e na ação coletiva irão, gradativa mas seguramente, provocar e modificar normas e instituições que estruturam as práticas sociais. No entanto, as instituições são cristalizações das práticas sociais de momentos anteriores na história, e essas práticas sociais estão enraizadas nas relações de poder. Essas relações estão incrustadas nas instituições de todos os tipos. Essas instituições são resultado de conflitos e acordos entre atores sociais, que estabelecem a constituição da sociedade de acordo com seus valores e interesses. Portanto, a interação entre mudança cultural e mudança política produz a mudança social. A mudança cultural é uma mudança de valores e crenças processada na mente humana em uma escala grande o suficiente para afetar a sociedade como um todo. A mudança política é a adoção institucional dos novos valores que difundem pela cultura de uma sociedade. É claro, nenhum processo de mudança social é geral e instantâneo. Várias mudanças ocorrem em ritmos diferentes em diversos grupos, territórios e esferas sociais. O conjunto dessas mudanças, com suas contradições, convergências e divergências, trama o tecido da transformação social. As mudanças não são automáticas. Elas resultam da vontade de atores sociais, orientados por suas capacidades emocionais e cognitivas em sua interação uns com os outros e com seu ambiente. Nem todos os indivíduos se envolvem no processo de mudança social, mas em toda a história sempre há indivíduos que se envolvem, tornando-se atores sociais. Os outros são "caronas", como a teoria os classificaria. Ou, em minha própria terminologia, parasitas egoístas da construção da história.

Conceitualizo os atores sociais que têm como objetivo a mudança cultural (uma mudança em valores) como *movimentos sociais* e caracterizo os processos cujo objetivo é a mudança política (mudança institucional) em uma descontinuidade com a lógica incorporada nas instituições políticas como *política insurgente.* Proponho como hipótese que a política insurgente opera a transição entre mudança cultural e mudança política ao incorporar os sujeitos mobilizados para a mudança política ou cultural em um sistema ao qual eles não pertenciam antes, por várias razões (por exemplo, aqueles que não tinham direito ao voto, ou não podiam participar, ou se afastavam do sistema político porque não enxergavam a possibilidade de associar seus valores ou seus interesses ao sistema de representação política). Além disso, tanto os movimentos sociais quanto a política insurgente podem se originar da afirmação de um projeto cultural ou político ou de um ato de resistência contra instituições políticas, quando as ações dessas instituições são consideradas injustas, imorais e, em último caso, ilegítimas. A resistência pode ou não levar ao surgimento dos projetos realizados pelos movimentos sociais ou pela política insurgente. Mas só quando esses projetos surgem é que pode haver uma transformação estrutural. Assim, ninguém pode predizer o resultado dos movimentos sociais ou da política insurgente. Portanto, até certo ponto, só sabemos se as ações coletivas são realmente sujeitos de mudança social quando vemos as consequências da ação.

Isso introduz a questão de um cronograma para determinar quando ocorrem essas consequências: uma pergunta que só pode ser respondida especificamente pela pesquisa em um processo de mudança social específico, que se concentra em saber como, quando e até que ponto os novos valores são institucionalizados nas normas e organizações da sociedade. Em *termos analíticos,* não pode haver uma avaliação normativa sobre a direção da mudança social. Os movimentos sociais vêm em todos os formatos, já que a transformação da sociedade não é predeterminada por leis a-históricas que operam com base no destino divino ou nas profecias ideológicas, e muito menos no gosto pessoal do analista. Qualquer mudança estrutural nos valores institucionalizados em uma sociedade é o resultado de movimentos sociais, independentemente dos valores propostos por cada movimento. E assim, o impulso coletivo para estabelecer uma teocracia é um movimento social tanto quanto a luta pela emancipação das mulheres. Independentemente das preferências pessoais, a mudança social é a transformação que as pessoas buscam alcançar por sua mobilização. Quando conseguem, passam a ser as novas salvadoras. Quando fracassam, tornam-se tolas ou terroristas. E quando fracassam, mas seus valores acabam por triunfar em um renascimento institucional futuro, são cultuadas como as mães fundadoras de um novo mundo ou, dependendo de seu destino, como os protomártires de um novo evangelho.[1]

Movimentos sociais são formados pela comunicação de mensagens de raiva e esperança. A estrutura específica da comunicação de uma determinada sociedade molda, em grande medida, seus movimentos sociais. Em outras palavras, os movimentos sociais e a política, insurgente ou não, surgem e vivem no *espaço público*. O espaço público é *o espaço de interação significativa da sociedade, onde ideias e valores são formados, transmitidos, apoiados e resistidos; espaço que, em última instância, se torna um campo de treinamento para ação e reação*. É por esse motivo que, durante toda a história, o controle da comunicação socializada por parte das autoridades ideológicas e políticas, e pelos ricos, foi a fonte-chave do poder social (Curran 2002; ver também Sennett, 1978; Dooley e Baron, 2001; Blanning, 2002; Morstein-Marx, 2004; Baker, 2006; Wu 2008). É esse o caso hoje na sociedade em rede, mais do que nunca. Neste livro, espero ter mostrado como as redes de comunicação multimodais constituem, em geral, o espaço público da sociedade em rede. E assim, formas diferentes de controle e manipulação de mensagens e da comunicação no espaço público estão no cerne da produção de poder, como foi documentado nos Capítulos 3 e 4. A política é a política da mídia, e isso se estende a formas de relações de poder enraizadas no mundo dos negócios ou nas instituições culturais. No entanto, o espaço público é um território disputado, por mais que se incline para os interesses dos construtores e dos zeladores desse espaço. Sem contestar as imagens criadas e projetadas no espaço público pelos poderes constituídos, as mentes individuais não podem reconstruir uma nova mente pública, e com isso as sociedades estariam presas a um processo sem fim de reprodução cultural, protegendo-se da inovação, de projetos alternativos e, em última instância, da mudança social.

Em suma: na sociedade em rede, a batalha das imagens e molduras, na origem da batalha por mentes e almas, ocorre nas redes de comunicação multimídias. Essas redes estão programadas pelas relações de poder embutidas nessas redes, como analisado no Capítulo 4. Portanto, o processo de mudança social exige a reprogramação das redes de comunicação em termos de seus códigos culturais, bem como dos valores e interesses sociais e políticos implícitos que elas transmitem. Não é uma tarefa fácil. Precisamente porque elas são multimodais, diversificadas e difusas, as redes de comunicação são capazes de incluir

---

1 Apresentei minha teoria sobre movimentos sociais em outros textos, e não acho que seja necessário reproduzi-la aqui em detalhes. A análise dos estudos de caso apresentados neste capítulo será um método melhor de comunicar a teoria do que sua formulação abstrata. Para leitores interessados na apresentação do contexto teórico do estudo dos movimentos sociais, sugiro que consultem minha análise em *O poder da identidade* (Castells, 1999). Para uma análise dos movimentos sociais como "lutas simbólicas" que focalizam as mobilizações contra a guerra e o uso da nova mídia no Reino Unido, ver Gillan, Pickerill e Webster (2008).

e confinar a diversidade cultural e uma multiplicidade de mensagens em um grau muito maior do que qualquer outro espaço público na história. Assim, a mente pública é aprisionada nas redes de comunicação programadas, limitando o impacto de expressões autônomas fora das redes. Mas em um mundo marcado pelo surgimento da autocomunicação de massa, os movimentos sociais e a política insurgente têm a chance de entrar no espaço público a partir de múltiplas fontes. *Ao usar tanto as redes de comunicação horizontais quanto a grande mídia para transmitir suas imagens e mensagens,* eles aumentam suas oportunidades de realizar a mudança social e política — mesmo que comecem de uma posição subordinada em termos de poder institucional, recursos financeiros ou legitimidade simbólica. No entanto, seu poder acumulado como mensageiros alternativos vem com uma obrigação: eles precisam se adaptar à linguagem da mídia e aos formatos da interação nas redes de comunicação. No saldo geral, o surgimento das redes de autocomunicação de massa oferece oportunidades maiores para a autonomia. No entanto, para que essa autonomia exista, os atores sociais devem garantir o direito à autocomunicação de massa, preservando a liberdade e a imparcialidade no posicionamento e gerenciamento da infraestrutura em rede de comunicação e na prática das indústrias da multimídia. A liberdade e, finalmente, a mudança social se entrelaçam com a operação institucional e organizacional das redes de comunicação. A política de comunicação passa a depender da política da comunicação.

Mais à frente, detalharei o processo de mudança social no novo espaço público constituído pelas redes de comunicação, concentrando-me em dois tipos diferentes de movimentos sociais e em dois casos significativos de política insurgente. Primeiro, a construção de uma nova consciência ambiental que leva à conscientização universal da realidade, das causas e implicações da mudança climática por um movimento social de base científica que atua na mídia e por meio dela e da internet. Segundo, o desafio da globalização corporativa posto em prática pelos movimentos sociais em rede no mundo todo, usando a internet como um meio organizacional e deliberativo para encorajar os cidadãos a pressionar governos e corporações em sua busca por uma globalização justa. Terceiro, os movimentos instantâneos emergentes de resistência às ilegalidades políticas, muitas vezes capazes de transformar a indignação em política insurgente ao fazer uso da versatilidade e da capacidade que os celulares têm de formar redes. Embora eu possa me referir aos múltiplos casos dessas mobilizações, tratarei principalmente de um dos mais significativos desses movimentos: o grito espontâneo contra a manipulação de informação pelo governo espanhol após a explosão em Madri planejada pela al-Qaeda em março de 2004. Para finalizar, analisarei a campanha de Obama em 2008 na primária presidencial nos Estados Unidos, já que ela simboliza o surgimento de uma nova forma de política insurgente com o potencial de transformar completamente a prática da política. Como irei documentar, essa eleição foi caracterizada pela remodelagem de formas tradicionais de organização comunitária nas condições comunicativas da Era da Internet, com um sucesso considerável, inclusive com a substituição de financiamento cidadão por financiamento de lobbies. Então tentarei reunir o significado desses vários movimentos em um fio analítico comum: *a sinergia potencial entre o surgimento da autocomunicação de massa e a capacidade autônoma das sociedades civis no mundo todo de dar forma ao processo de mudança social.*

O AQUECIMENTO GLOBAL COMO ASSUNTO QUENTE: O MOVIMENTO AMBIENTAL E A NOVA CULTURA DA NATUREZA

Hoje já aceitamos, de um modo geral, que o clima do planeta está mudando e que esse processo potencialmente catastrófico é provocado principalmente pelo homem. Se medidas e políticas corretivas acompanharem esse reconhecimento, talvez ainda sejamos capazes de evitar um desenrolar de acontecimentos desastroso no século XXI, embora muito tempo tenha sido perdido e muito dano já tenha sido causado à vida no planeta azul. Os fatos são bem conhecidos: desde a metade da década de 1970, a temperatura média da superfície terrestre aumentou cerca de 1°F (cerca de 0,5°C) [Fonte: Wolphran alpha]. Atualmente, a superfície da Terra está aquecendo a um ritmo de aproximadamente 0,32°F (0,178°C) por década, ou 3,2°F (1,78°C) por século. Os oito anos mais quentes já registrados (desde 1850) ocorreram depois de 1998: o mais quente foi 2005. Desde 1979, quando satélites começaram a medir as temperaturas da troposfera, vários conjuntos de dados sobre o nível médio da troposfera mostraram índices semelhantes de aquecimento — variando de 0,09°F (0,05°C) por década até 0,34°F (0,189°C) por década, dependendo do método de análise (National Aeronautics and Space Administration, 2007; National Oceanic and Atmospheric Administration, 2008).

A maioria de cientistas na área, com base em duas décadas de pesquisas publicadas em periódicos revisados por pares, concordam que a atividade humana contribui de forma essencial para a mudança climática global. O Painel Intergovernamental das Nações Unidas para Mudança Climática (IPPC, na sigla em inglês) concluiu em seu relatório de 2007, apresentado em uma conferência em Paris assistida por mais de 5 mil cientistas, que a tendência de aquecimento global é "inequívoca" e que a atividade humana é "muito provavelmente" (uma probabilidade de pelo menos 90%) a causa. O diretor executivo do Programa das Nações Unidas para o Meio Ambiente, Achim Steiner, disse que o relatório representava o ponto de inflexão na acumulação de dados sobre mudança climática, acrescentando que o dia 2 de fevereiro de 2007, o último dia da conferência, talvez seja lembrado como o dia em que o pensamento global sobre a mudança climática mudou do debate para a ação (Rosenthal e Revkin, 2007). O reconhecimento formal da gravidade do problema e o apelo da comunidade internacional para que se começasse a agir vieram meio século depois do alerta de cientistas sobre a questão das primeiras pressões dos ambientalistas sobre os governos, até então despreocupados do assunto.

A LONGA MARCHA DO AMBIENTALISMO

Para que a conscientização sobre a mudança climática e suas consequências se estabeleçam na mente pública e, finalmente, núcleos decisórios, foi necessário um movimento social para informar, alertar e, ainda mais importante, mudar a maneira como pensamos sobre nossa relação coletiva com a natureza. Com efeito, uma nova cultura da natureza teve de ser socialmente produzida porque, apesar dos sinais vindos da comunidade científica ao longo de muito tempo, as relações de poder arraigadas nas instituições e na cultura de nossas sociedades ficaram inflexíveis em sua defesa da cultura da produtividade e do consumismo a todo o custo, porque a lógica do lucro, na base da economia de mercado, e a busca do consumo de massa, na base da estabilidade social, dependem da premissa do uso da natureza como um recurso, e não como nosso ambiente vital. A maneira como pensamos a natureza determina a maneira como a tratamos — e a maneira como ela nos trata. Durante toda a Revolução Industrial, a humanidade se vingou — uma vingança histórica — das forças da natureza que por milênios pareciam dominar nossa sobrevivência sem possibilidade de controle. A ciência e a tecnologia nos permitiram vencer os limites impostos pela natureza. Ou pelo menos era o que achávamos.

Seguiu-se então um processo praticamente descontrolado de industrialização, urbanização e reconstrução tecnológica do ambiente vital que teve como resultado o nosso modo de vida. Como os padrões de vida em termos de saúde, educação, produção de alimentos e de consumo de tudo melhoraram dramaticamente, reafirmando nossa crença no crescimento do PIB como medida de progresso, continuamos caminhando em um percurso linear de desenvolvimento dentro de um modelo produtivista cuja versão estadista era ainda mais extrema do que a matriz original capitalista. De fato, ainda em 1989, a Associação Nacional de Fabricantes dos Estados Unidos, junto com as indústrias petrolífera e automotiva, organizaram a Coalizão Global do Clima para se opor às regulamentações compulsórias dos governos em relação ao aquecimento global, uma posição ainda ecoada na década de 2000 por muitos

358 | MANUEL CASTELLS

governos, inclusive o governo Bush. Em abril de 1998, o *New York Times* publicou um artigo sobre um memorando do Instituto de Petróleo Americano com um planejamento de estratégia para a mídia de tornar "o reconhecimento da incerteza [sobre a mudança climática] parte da sabedoria convencional (...) e com isso educar e informar a população, estimulando a mídia a questionar os políticos" (Cushman, 2998:1). Lance Bennett documentou as estratégias dos líderes republicanos nos Estados Unidos para manipular a mídia com refutações sobre responsabilidade humana na mudança climática (Bennett, 2009: cap. 3).

É justo afirmar, no entanto, que nos últimos anos uma série de corporações importantes, inclusive algumas nas indústrias petrolífera e automotiva, mudaram suas posições substancialmente, inclusive a BP, a Shell, a Texaco, a Ford e a General Motors. Desde 2000, o Carbon Disclosure Project [Projeto de Divulgação do Carbono] trabalha junto às corporações para que essas divulguem suas emissões de carbono, e em 2008 o projeto publicou os dados das emissões de 3 mil das maiores corporações no mundo. O World Business Council for Sustainable Development [Conselho Mundial Empresarial para o Desenvolvimento Sustentável], uma associação de duzentas corporações importantes, chegou a apelar para que os governos concordassem com metas globais. O esforço coletivo dos ambientalistas e cientistas, que usaram a mídia para mudar a opinião da população e influenciar os tomadores de decisão, induziu o mundo empresarial a mudar sua atitude, ou pelo menos a imagem pública que gostaria de projetar. Isso é exatamente o que simboliza o papel dos movimentos sociais na transformação da cultura da sociedade, nesse caso a cultura da natureza. Governos, no entanto, relutaram em reconhecer a gravidade do problema e relutaram ainda mais a aceitar que a atividade humana é um fator importante na mudança climática. Além disso, nenhuma medida efetiva foi adotada, enquanto conferências eram realizadas, comitês eram formados e relatórios eram publicados em um desfile de declarações retóricas sem consequências significativas para as políticas públicas.

No entanto, a comunidade científica vem investigando o aquecimento global e discutindo suas implicações desde o século XIX (Patterson, 1996). Em 1938, o cientista britânico G.D. Calendar apresentou provas da relação entre combustíveis fósseis e aquecimento global, embora suas conclusões tivessem sido recebidas com ceticismo por parte dos especialistas em mudanças climáticas: a crença no equilíbrio da natureza estava enraizada na mente dos cientistas (Newton, 1993; Patterson, 1996).[2] Um momento importante na divulgação do

---

2 O aquecimento global é um tipo de "mudança climática" e os termos são muitas vezes usados de forma intercambiável. A Convenção-Quadro das Nações Unidas sobre Mudanças do Clima usa o termo "mudança climática" para mudança causada pelos seres humanos e "variabilidade climática" para outras mudanças (Nações Unidas, 1992). O termo "aquecimento global antropogênico" também é usado quando o foco são as mudanças induzidas por humanos.

assunto para além de um pequeno grupo de pesquisadores que obstinadamente investigava a questão surgiu em 1955, quando Roger Revelle, um cientista que trabalhava para os Laboratórios Scripps, alertou a população sobre as tendências de aquecimento global e relatou diante do Congresso norte-americano sobre as futuras consequências dessas tendências. Em 1957, Charles Keeling, um jovem pesquisador na Universidade Harvard, começou a medir o gás carbono atmosférico e produziu a "curva Keeling", que mostrou o aumento da temperatura com o passar do tempo. Revelle contratou Keeling para trabalhar com ele na Scripps e, juntos, eles chegaram à conclusão de que o nível de referência de dióxido de carbono na atmosfera tinha subido aproximadamente no ritmo calculado por Revelle (Weart, 2007).[3]

As descobertas de Keeling impressionaram os cientistas da área. A Fundação Conservation patrocinou em 1963 uma conferência sobre mudanças climáticas e os cientistas publicaram um relatório alertando sobre "o perigo potencial do aumento de dióxido de carbono na atmosfera" (Fundação Conservation, 1963). Em 1965, um painel do Comitê Consultivo sobre Ciência do presidente dos Estados Unidos declarou que o aquecimento global era uma questão de interesse nacional. Mas o relatório do painel mencionou isso apenas como um pequeno item entre muitos outros problemas ambientais. Apesar desses avisos, pesquisas como a de Keeling continuaram sem financiamentos adequados. Nessa conjuntura crítica, cientistas foram ajudados pelo movimento ambiental que tinha explodido no país e no mundo todo, como foi simbolizado pela primeira comemoração do Dia da Terra em abril de 1970. Com o apoio do movimento, a comunidade científica, encorajada, exigiu mais pesquisas e mais monitoramento sobre a maneira como as ações humanas afetavam o ambiente natural. Vários cientistas, liderados por Carroll Wilson, organizaram um grupo no MIT para se concentrar no "Estudo de problemas ambientais críticos". O relatório final do grupo classificou o aquecimento global como uma questão muito séria que precisava ser mais estudada (SCEP, 1970). No entanto, embora tenha havido alguma atenção por parte da mídia a esse relatório, o estudo do aquecimento global foi em grande medida negligenciado (Weart, 2007). Wilson deu continuidade ao estudo do MIT organizando uma reunião de especialistas em Estocolmo, o "Estudo do Impacto do Homem no Clima", que é considerado um marco histórico no desenvolvimento da consciência sobre as mudanças climáticas. O relatório final, que foi amplamente divulgado, terminava com uma oração em sânscrito: "Ó Mãe Terra (...) perdoe-me por pisar em você" (Wilson e Matthews, 1971).

---

3 Al Gore foi aluno de Keeling em Harvard e lembra-se de ver a "curva Keeling". Ele escreveu que esse momento mudou sua visão do mundo (Gore, 1992).

Weart (2007) argumenta que, durante essa época, a retórica e as atitudes do movimento ambientalista se espalharam rapidamente entre pesquisadores do clima e uma nova visão da relação entre a ciência e a sociedade começou a emergir na mídia. Essa tendência foi indicada por um aumento do número de artigos nas revistas estadunidenses relacionados com o aquecimento global: o número de artigos na década de 1970 subiu de três para mais de vinte por ano. Como resultado dessa crescente atenção, burocratas colocaram o dióxido de carbono em uma nova categoria: "Monitoramento Global da Mudança Climática." Sob esse título, o financiamento de pesquisas, que estava estagnado havia muitos anos, duplicou, e duplicou outra vez entre 1971 e 1975. No final dos anos 1970, os cientistas em grande parte concordaram que o aquecimento estava ocorrendo, e alguns deles foram a público para exigir ações. Em muitos países, os ambientalistas pressionaram o governo para legislar em nome da proteção do meio ambiente e os governos responderam aprovando leis para reduzir o *smog* e limpar o abastecimento de água, entre outras medidas (Weart, 2007). No início da década de 1980, o aquecimento global já era conhecido o suficiente para ser incluído nas pesquisas de opinião. Em março de 1981, Al Gore realizou uma sessão no Congresso sobre a mudança climática, no qual cientistas como Revelle e Schneider deram seus depoimentos. Esse inquérito chamou a atenção para o plano do governo de Reagan de cortar o financiamento a programas de pesquisa sobre o CO_2. Constrangido pela atenção da mídia, o governo mudou de ideia. Pressões por parte das organizações ambientais salvaram o recém-criado Departamento de Energia, que estava sob ameaça direta de ser dissolvido.

No nível internacional, em 1985, uma conferência conjunta foi convocada em Villach, na Áustria, pelo Programa das Nações Unidas para o Meio Ambiente (PNUMA), pela Organização Meteorológica Mundial (OMM) e pelo Conselho Internacional de Sindicatos Científicos (CISC), sobre a "Avaliação do papel do dióxido de carbono e outros gases-estufa nas variações climáticas e impactos associados". O Grupo Consultor sobre Gases-estufa foi então estabelecido pelas organizações citadas para garantir avaliações periódicas do conhecimento científico sobre a mudança climática e suas implicações. Um relatório de 1986 da Organização Meteorológica Mundial e da Nasa discutiu como a atmosfera estava sendo transformada significativamente pela atividade humana. Nos Estados Unidos, James Hansen, um cientista do clima, deu um depoimento durante as audiências realizadas pelo senador John Chafee em 1986 e vaticinou que as mudanças climáticas seriam mensuráveis em uma década. Hansen criou tumulto entre os cientistas com suas declarações, embora a mídia tivesse dado pouca atenção a seu depoimento. O Congresso dos Estados Unidos continuou a realizar audiências sobre o aquecimento global em 1987, e o senador Joseph Biden submeteu o Ato de Proteção do Clima Mundial, assinado pelo presidente

Reagan, que elevou a mudança climática ao nível de política externa. No entanto, em grande medida, a preocupação com o aquecimento global continuava limitada a um pequeno grupo de cientistas e legisladores interessados.

Então uma onda de calor atingiu os Estados Unidos, no verão de 1988, um dos mais quentes já registrados. Ninguém pode ter certeza sobre a relação entre um verão quente e o aquecimento global, mas essa não é a questão. Para que as pessoas, e também a mídia, conectem o aquecimento atmosférico com o dia a dia, é preciso que sintam isso de alguma maneira, como ocorreu anos mais tarde com épocas de furacões e tornados particularmente ativos que, na mente de muitos, se tornaram mensageiros da mudança climática apocalíptica. E, assim, o verão quente de 1988 "galvanizou a comunidade ambiental" como nenhum outro evento tinha feito desde o Dia da Terra em 1970 (Sarewitz e Pielke, 2000). Quando o verão começou, apenas metade do povo norte-americano conhecia o aquecimento global (Weart, 2007). Então, o senador Wirth, aproveitando a oportunidade apresentada pela onda de calor, convocou uma audiência sobre aquecimento global em junho de 1988 e intimou várias testemunhas. Audiências científicas normalmente não recebem um público muito grande, essa porém estava repleta de repórteres (Trumbo, 1995). James Hansen, o cientista da Nasa que já dera seu relato em 1986 e 1987, voltou a falar nesse momento e argumentou que os dados demonstravam que o aumento da temperatura não era resultado de uma variação natural.

Tabela 5.1 — Consciência do aquecimento global nos Estados Unidos, 1982-2006. Porcentagem que respondeu "sim" à pergunta: "Você já ouviu alguma coisa sobre o efeito estufa/o aquecimento global?"

ANO	Sim (%)	Fonte
1982	41	Cambridge
1986	45	Harris
1988	58	*Parents Magazine*
1989	68	Cambridge
1990	74	Cambridge
1992	82	Cambridge
1997	85	CBS
2000	89	Harris
2001	88	Harris
2002	85	Harris
2006	91	Pew

Hansen argumentou também que o aquecimento global estava ocorrendo e que era um problema crítico que exigia ação imediata. Dessa vez, seu depoimento foi notícia de primeira página no mundo todo, já que era a primeira vez que um cientista respeitado afirmava de maneira tão categórica que o aquecimento global trazia uma ameaça direta para a Terra. Uma enxurrada de notícias colocou o debate sobre aquecimento global na esfera pública (Ingram *et al.*, 1992). Entre março e setembro de 1988, o número de artigos sobre aquecimento global triplicou (Weart, 2007). O número de norte-americanos que tinham ouvido falar do efeito estufa saltou de 38% em 1981 para 58% em setembro de 1988 (ver a Tabela 5.1), e pesquisas de opinião mostraram que os cidadãos dos EUA tinham começado a se preocupar bastante com o aquecimento global. Esse interesse público encorajou os políticos a acrescentarem o aquecimento global a suas pautas. Houve um aumento na atividade congressional relacionada com o aquecimento global nos Estados Unidos e 32 projetos de lei foram introduzidos na segunda sessão do centésimo Congresso, como o Ato de Aquecimento Global e o Ato Mundial de Políticas Ambientais.

O ano de 1988 também foi o momento em que as ações intergovernamentais sobre mudança climática começaram a ganhar força. Isso, obviamente, é essencial, já que o aquecimento global é, afinal de contas, global. A decisão principal que teria um impacto institucional considerável para a elaboração de políticas públicas futuras foi o estabelecimento do Painel Intergovernamental sobre Mudanças Climáticas (IPCC, na sigla em inglês) sob o patrocínio das Nações Unidas. O IPCC é um órgão científico que avalia o risco de mudanças climáticas causadas pela atividade humana. O painel foi estabelecido pela Organização Meteorológica Mundial (OMM) e pelo Programa das Nações Unidas para o Meio Ambiente (PNUMA). Sua atividade principal é fornecer revisões regulares da ciência climática e publicar relatórios avaliando a evolução do clima. O primeiro relatório de avaliação foi publicado em 1990 e teve um papel-chave no desenvolvimento da Convenção-quadro das Nações Unidas sobre Mudanças Climáticas (UNFCCC, na sigla em inglês), que foi aberta para assinaturas na cúpula do Rio de Janeiro, em 1992, e iniciada em 1994. Essa convenção forneceu a estrutura das políticas para abordar a questão das mudanças climáticas. Em 1991, o IPCC expandiu o número de seus participantes, incluindo todos os países-membros da OMM e do PNUMA. O Segundo Relatório de Avaliação foi publicado em 1995 e forneceu insumo para as negociações do Protocolo de Quioto em 1997. O Terceiro Relatório de Avaliação foi iniciado em 1997 e publicado em 2001. Ele contribuiu com mais informações para o desenvolvimento da UNFCCC e do Protocolo de Quioto.

O Quarto Relatório de Avaliação foi lançado em Paris, no dia 2 de fevereiro de 2007, como mencionado antes, e recebeu a aprovação de autoridades de mais de 130 países após três dias de negociações sobre a redação do texto (Kanter e

Revkin, 2007). Durante essa reunião, os delegados dos governos adotaram o "Sumário para os Formuladores de Políticas" linha por linha e depois aceitaram o relatório na íntegra (IPCC, 2007a). Embora os membros do painel tivessem se reunido a portas fechadas por uma semana, eles receberam uma enxurrada de mensagens de centenas de especialistas de fora que, de uma maneira ou de outra, tentavam alterar a apresentação dos resultados ou sua redação. Alguns cientistas disseram que a delegação dos Estados Unidos tentou minimizar a linguagem que sugeria uma conexão entre a intensificação dos furacões e o aquecimento causado pela atividade humana (Kanter e Revkin, 2007). Presentes à reunião estavam também observadores de grupos industriais, tais como a Câmara de Comércio Internacional, a Associação de Conservação Ambiental da Indústria Internacional do Petróleo e o Instituto Internacional de Alumínio, além de ONGs ambientais como Greenpeace e Friends of the Earth. Antes da publicação do relatório, todas as luzes da Torre Eiffel foram apagadas por cinco minutos. Ativistas ambientais tinham defendido a ação como parte de uma campanha de "luzes apagadas", cujo objetivo era aumentar a consciência pública sobre o aquecimento global (BBC, 2007b). O IPCC dividiu o Prêmio Nobel da Paz de 2007 com Al Gore. O prêmio foi concedido "por seus esforços para desenvolver e disseminar maior conhecimento sobre as mudanças climáticas causadas pelo homem e para lançar as bases para as medidas necessárias para neutralizar essas mudanças" (Fundação Nobel, 2007).

Embora menos nobre que os esforços do IPCC, o relatório (confidencial) que o Comitê de Inteligência Nacional dos Estados Unidos apresentou ao Congresso em junho de 2008 é tão indicativo quanto o do IPCC da mudança de ideia das agências governamentais em relação às mudanças climáticas. O relatório não só reconheceu a realidade do aquecimento global, como também o rotulou como uma ameaça à segurança nacional dos Estados Unidos, já que suas consequências provavelmente fariam aumentar o terrorismo global. O complicado argumento afirmou que a devastação causada pelas mudanças climáticas futuras em muitos países pobres do mundo lançaria milhões de pessoas na pobreza de tal forma que esses países iriam se tornar um terreno fértil para o recrutamento de terroristas. Assim, ainda que segundo o relatório fosse possível que os Estados Unidos obtivessem benefícios econômicos com o aquecimento global (em virtude de safras maiores dos produtos agrícolas!), a mudança climática iria "prejudicar o interesse nacional porque o país depende de um sistema internacional que funcione tranquilamente para garantir o fluxo do comércio e o acesso do mercado a matérias-primas essenciais, tais como petróleo e gás, e segurança para aliados e parceiros. As mudanças climáticas e as políticas sobre mudanças climáticas poderiam afetar todos eles" (CNN, 2008).

O fato de o aquecimento global ter sido alçado ao nível de uma questão de segurança nacional pelas agências de inteligência dos Estados Unidos sugere um ajuste na atitude global em relação às mudanças climáticas, um problema que havia sido em grande medida ignorado três décadas antes. E embora o governo Bush continuasse relutante até o final em se envolver com medidas de políticas para enfrentar o aquecimento global (provavelmente por causa da influência exercida pela indústria do petróleo tanto sobre o presidente como sobre seu vice), o estado da Califórnia, governado por um republicano (lembram-se do *Exterminador do futuro*?), anunciou, em junho de 2008, um plano para reduzir as emissões de gases estufa para níveis de 1990, regulando a maneira como a eletricidade é gerada, estabelecendo padrões para a fabricação de carros e para a construção civil e instituindo um mercado comercial de créditos de carbono. Quanto à União Europeia, em 9 de março de 2007, em uma reunião de cúpula em Bruxelas, os chefes de governo concordaram em uma meta compulsória para a redução das emissões de gases estufa de pelo menos 20% dos níveis de 1990 até 2020 (ver a seguir). Assim, ao se aproximar o fim da primeira década do século XXI, o aquecimento global havia se tornado uma questão de política global de extrema importância. Em grande medida, isso foi consequência das mudanças que ocorreram na mente dos cidadãos em todo o mundo.

O SURGIMENTO DA MENTE AMBIENTAL

Desde a primeira comemoração do Dia da Terra, em abril de 1970, houve uma mudança dramática na mente das pessoas em relação ao meio ambiente em geral e à realidade e implicações do aquecimento global em particular. *Essa mudança de mentalidade ocorreu no mundo todo.* De fato, os primeiros estudos sobre o meio ambiente nos Estados Unidos e na Europa consideravam o interesse público pelo meio ambiente uma consequência da riqueza econômica e, portanto, uma questão exclusiva dos países ocidentais industrializados. No entanto, à medida que mais pesquisas em vários países foram realizadas, essa percepção se mostrou equivocada. Uma pesquisa de opinião da Gallup em 1992, por exemplo, que pesquisou 24 países em várias condições socioeconômicas, descobriu um alto interesse por questões do meio ambiente, inclusive o aquecimento global, na maioria dos países (Brechin, 2003). Nos Estados Unidos, a conscientização sobre o assunto aumentou consideravelmente desde a primeira vez que a questão chegou à atenção do público, em 1988 (ver a Tabela 5.1). Combinando vários resultados de levantamentos, observamos um aumento constante na conscientização sobre o aquecimento global como um problema, com apenas 41% do público estadunidense consciente do aquecimento global em 1982, aumentando para 58% em 1988, para mais de 80% desde 1992 e atingindo 91% em 2006 (ver também a Tabela A5.1, no Apêndice).

Recentemente, e em uma escala global, a análise de onze pesquisas de opinião internacionais realizadas pela World Public Opinion (2007b) verificou a existência de uma preocupação generalizada e crescente com as mudanças climáticas em todo o mundo. Todas as pesquisas de opinião internacionais constataram que a maioria dos entrevistados considerava o aquecimento global um problema ou uma ameaça. Por exemplo, uma pesquisa de opinião da Pew de 2007 constatou que a maioria dos 37 países pesquisados concordou que o aquecimento global é um problema grave. A maioria dos entrevistados em 25 países — e muitos em outros seis — classificou o problema como "muito grave". Dos norte-americanos, 75% classificaram o problema como grave, e 47% consideraram-no muito grave. Na China, 88% consideraram o aquecimento global um problema grave, enquanto 42% disseram ser muito grave. Um levantamento da Pew de 2006 constatou que cerca de dois terços dos japoneses (66%) e dos indianos (65%) respondiam que, pessoalmente, se preocupavam "muito" com o aquecimento global, enquanto cerca da metade dos entrevistados na Espanha (51%) e na França (45%) estavam extremamente preocupados. Em comparação, no Reino Unido só 26% se preocupavam muito. Nos Estados Unidos, em 2006, apenas 19% se preocupavam muito com o aquecimento global e aproximadamente o mesmo ocorreu na China (20%). Assim, em 2006, os dois maiores produtores de gases estufa — os EUA e a China — eram também os países com o menor nível de preocupação sobre o aquecimento global, apesar de reconhecerem que era, realmente, um problema grave. No entanto, uma pesquisa de 2007 da ABC News/*Washington Post*/Stanford constatou que a proporção de estadunidenses que identificavam o aquecimento global como o maior problema ambiental do mundo tinha dobrado em apenas um ano: 33% mencionaram o problema como a questão ambiental mais importante do mundo em 2007, em comparação com 16% em 2006.

A preocupação com as mudanças climáticas parece estar crescendo velozmente no mundo todo. O GlobeScan realizou pesquisas de opinião em vários países em 2003 e 2006 e constatou que as porcentagens que consideravam as mudanças climáticas/o aquecimento global um problema "muito grave" tinha aumentado em uma média de dezesseis pontos. Por exemplo, no Reino Unido, a porcentagem foi de 50% em 2003 e de 70% em 2006, e nos Estados Unidos a porcentagem aumentou de 31% em 2003 para 49% em 2006. O Fundo Marshall Alemão também detectou uma preocupação crescente com o aquecimento global: em dez países europeus pesquisados em 2005 e 2007, a porcentagem média de cidadãos que classificava o aquecimento global como uma ameaça extremamente importante aumentou cinco pontos (de 51% para 56%). Um aumento semelhante foi observado nos Estados Unidos (de 41% para 46%).

Ainda mais importante em termos de consequências para as políticas públicas, várias pesquisas de opinião internacionais verificaram que a maioria dos entrevistados entende que as mudanças climáticas foram causadas pela atividade humana. No entanto, a crença de que os humanos contribuíram significativamente para elas foi aceita mais rapidamente na Europa do que em outras partes do mundo, especialmente nos Estados Unidos (Pew, 2006). Em 1999, o GlobeScan identificou que a maioria de entrevistados no mundo todo estava um pouco ou totalmente convencida de que as atividades humanas são uma causa das mudanças climáticas, exceto nos Estados Unidos (Leiserowitz, 2007). É provável que isso ocorra porque a crença de que os humanos causam o aquecimento global é profundamente polarizada nas linhas políticas dos Estados Unidos: 24% dos republicanos, 54% dos democratas e 47% dos independentes afirmaram que o problema é consequência da atividade humana em 2006 (Pew, 2006). Apesar disso, um levantamento da Pew em 2008 constatou que 47% dos entrevistados americanos disseram que o aquecimento global é causado pela atividade humana. Isso significa um aumento de seis pontos em 2006 e um salto enorme desde meados da década de 1990, quando poucos estadunidense consideravam isso um problema que merecesse preocupação particular (Pew 2008g). Os furacões Katrina e Rita podem ter influenciado a opinião americana sobre o papel das causas humanas nos eventos climáticos extremos. Por exemplo, em 2004, antes de um período de furacões muito ativo, 58% dos entrevistados acreditavam que "padrões extremos de temperatura, inclusive tempestades violentas, enchentes e secas" eram "parte de um padrão natural". Em 2005, após a devastação do país pelos furacões, a porcentagem dos que atribuíram extremos de temperatura a padrões naturais caiu dezenove pontos, para 39% (World Public Opinion, 2006).

As campanhas ambientalistas sobre o aquecimento global parecem ser mais eficientes se as pessoas já tiverem sido afetadas pelas imagens ou experiência de desastres que as tornam mais receptivas a uma mudança de suas opiniões arraigadas, e assim têm mais probabilidade de se identificar com as mensagens ambientalistas. A partir de uma perspectiva global, a pesquisa de opinião de 2007 da BBC/Globescan/PIPA (World Public Opinion 2007a) constatou que, em vinte dos 21 países pesquisados (a exceção é a Índia), dois terços ou mais das pessoas acreditavam que a atividade humana é uma causa relevante da mudança climática (ver a Figura 5.1).

Em suma: os dados mostram que desde o final da década de 1980 até o final da década de 2000, houve uma mudança drástica na opinião pública mundial em relação à consciência do aquecimento global e preocupação com relação a suas consequências potenciais. O aquecimento global, antes apenas uma questão científica obscura, foi alçado para o primeiro plano do debate público. Por que e como? O que ocorreu entre 1988 e 2008? Quem foram os atores e quais foram os processos de comunicação que levaram as pessoas e as instituições de todo o mundo a se deparar com a crise do aquecimento global?

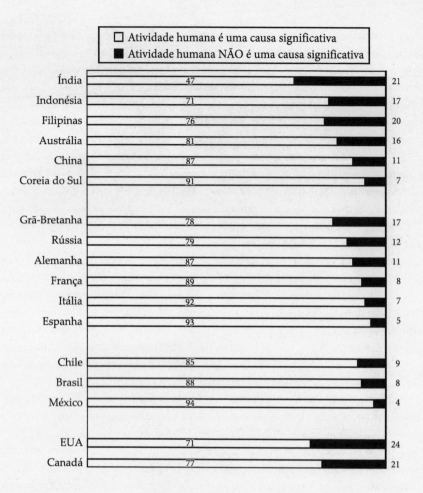

Fig.5.1. Opiniões sobre a atividade humana como uma causa significativa das mudanças climáticas.
Fonte: Pesquisa de opinião BBC/GlobeScan/PIPA 2007, elaborada por Lauren Movius.

A MÍDIA FICA VERDE

Como foi documentado ao longo deste livro, as pessoas tomam decisões de acordo com as imagens e informações que extraem de redes de comunicação, entre as quais, a mídia de massa, que foi a fonte primária para a maioria dos cidadãos durante as duas décadas em que a consciência do aquecimento global aumentou. A pesquisa da mídia nos Estados Unidos, como resumida por Nisbet e Myers (2007), mostrou uma relação entre a atenção da mídia e mudanças da opinião pública relativa às questões ambientais. Durante a primeira metade da década de 1980, por exemplo, com pouca cobertura da questão, apenas 39% dos entrevistados tinham ouvido qualquer coisa sobre o efeito estufa. Em setembro de 1988, no entanto, depois do verão mais quente já registrado e um aumento da atenção midiática sobre o aquecimento global, 58% das pessoas já estavam conscientes da questão. No início da década de 1990, à medida que a atenção da mídia continuava a aumentar, de 80% a 90% da população já tinham ouvido falar de aquecimento global.[4] No entanto, embora a maioria dos norte--americanos acredite na realidade do aquecimento global, há alguma hesitação em relação à existência ou não de um consenso entre os cientistas. Nisbet e Myers (2007) observam que, dependendo da pergunta e da pesquisa de opinião, a porcentagem de norte-americanos que consideram haver consenso entre os cientistas varia de 30% a 60%. Apesar disso, mesmo por esse indicador, houve uma mudança clara no reconhecimento público do aquecimento global. As pesquisas de Cambridge e Gallup, com perguntas consistentes, constataram que a porcentagem da população que respondeu "A maioria dos cientistas acredita que o aquecimento global está ocorrendo" foi de 28% em 1994, 46% em 1997, 61% em 2001 e 65% em 2006. O Programa de Atitudes Públicas Internacionais (PIPA), usando palavras diferentes, constatou que 43% da população em 2004 e 52% em 2005 responderam que havia um consenso entre cientistas sobre a existência e o dano potencial do aquecimento global.

Na verdade, as reportagens podem ter criado mais dúvidas sobre o consenso na comunidade científica em relação ao aquecimento global do que é justificado pelo atual nível de disputas sobre a questão. Isso porque a cobertura do aquecimento global retratou a existência de um debate acalorado e de discordância entre os cientistas, apesar de um forte consenso científico sobre o aquecimento global realmente existir (Antilla, 2005). Essa discrepância se deve à norma jornalística de "equilíbrio" (Trumbo, 1995; Boykoff e Boykoff, 2007). Boykoff e Boykoff (2004) pesquisaram 636 artigos dos quatro jornais mais importantes dos Estados Unidos entre 1988 e 2002, e constataram que a maior parte dos artigos concedeu o mesmo espaço ao consenso científico sobre o aquecimento global e a um pequeno grupo que duvidava das mudanças climáticas. Dispensa e Brulle (2003), analisando artigos sobre notícias nos principais jornais e perió-

---

4 Esses resultados variam, dependendo da redação da pergunta e dos vários levantamentos. Nisbet e Myers (2007) observam que outras pesquisas de opinião mostram que 65% do público tinham ouvido "muito" ou "alguma coisa" sobre o aquecimento global em 1997, e isso aumentou para 75% durante o verão de 2001, para 66% em 2003, 78% em 2006 e 89% em 2007. Outro levantamento realizado pelo Program on International Policy Attitudes (Pesquisa de opinião do PIPA Knowledge Networks: Americans on Climate Change, 2005), com medidas diferentes, constatou que 63% da população estadunidense tinham ouvido "muito" ou "alguma coisa" sobre o aquecimento global em 2004 e 72% em 2005.

dicos científicos durante o ano 2000, constataram que a mídia norte-americana apresentava uma visão tendenciosa do aquecimento global, retratando-o como um tema controverso, enquanto a imprensa na Nova Zelândia e na Finlândia publicava o tema como consenso.

A mídia de massa desempenha um papel significativo na identificação e interpretação das questões ambientais, já que as descobertas científicas precisam muitas vezes ser formatadas na linguagem da mídia para que o público as compreenda (Boykoff e Boykoff, 2007). Embora as conferências internacionais possam reforçar a visibilidade das questões entre a elite política do mundo, é por meio da mídia de massa que o público fica ciente das descobertas científicas relacionadas a questões que podem afetar a vida das pessoas. Assim, a visibilidade do aquecimento global na mídia foi essencial para fazer com que o tema deixasse de se tornar apenas uma situação, para ser uma questão pública e depois uma questão de políticas públicas. Segundo Dispensa e Brulle (2003:79), "sem a cobertura da mídia, é improvável que um problema importante entre na arena do discurso público ou passe a fazer parte das questões políticas (...) A mídia é essencial para formar uma estrutura para o aquecimento global". Um estudo de 1995 realizado por Kris Wilson, citado em Dispensa e Brulle (2003), descobriu que a mídia de massa foi a fonte essencial para que se soubesse sobre o aquecimento global. Krosnick *et al.* (2006), analisando os resultados de uma amostra representativa de adultos norte-americanos coletada em 1996, constatou que a maior exposição à televisão estava associada a um aumento da crença na existência do aquecimento global. Como foi documentado no Capítulo 4, o *priming* da mídia pode aumentar a relevância de um tema e causar mudanças de atitudes. Para essa questão específica, podemos observar o mecanismo de agenda-setting em funcionamento, pois as pesquisas mostram uma conexão significativa entre a maneira como a mídia aborda a questão e a natureza das reações em termos de políticas internacionais. Assim, Newell (2000) relata que os picos de consciência ambiental na década de 1960 e da metade da década de 1980 se correlacionam fortemente com os pontos altos da cobertura da mídia das questões ambientais, da mesma maneira que a pressão sobre os governos para agir também diminuiu em proporção à redução da cobertura da mídia na década de 1990. Na análise de Newell, a mídia pode ter um efeito direto de agenda-setting (politizando uma questão e trazendo-a para a atenção do público, o que resulta em atividade governamental) ou um efeito indireto ao moldar a opinião pública (enquadramento, ou *framing*, do debate). Guber (2003) constatou que a atenção da mídia ao longo do tempo explicou em parte o nível constante mas flutuante de apoio ao ambientalismo. Trumbo e Shanahan (2000), analisando pesquisas de opinião, mostram que o nível de interesse pelo aquecimento global aumentava e diminuía com os aumentos e reduções na cobertura televisiva da questão e concluíram que as mudanças na atenção pública ao aquecimento global podem ser consideradas um "reflexo do desenvolvimento de uma trama específica dentro de resultados narrativos específicos" (2000: 202).

Assim, está claro que a cobertura da mídia foi essencial para criar a conscientização mundial sobre aquecimento global em um nível sem precedentes na longa marcha da cultura do produtivismo para a cultura do ambientalismo. *Mas por que a mídia enfatizou tão determinantemente a questão do aquecimento global?* Como analisado no Capítulo 2, o objetivo principal da mídia é atrair público. O público gravita na direção das notícias que despertam emoções. Emoções negativas têm um efeito maior para atrair a atenção do que as positivas. E o medo é a emoção negativa mais poderosa. A conotação catastrófica das consequências do aquecimento global instila um medo profundo no público. Realmente, em algumas projeções, o aquecimento global pode levar a uma elevação desastrosa do nível dos oceanos em muitas partes do mundo, secas que devastariam os recursos hídricos e a produção agrícola, um padrão recorrente de tempestades, furacões, tornados e tufões que trariam a destruição generalizada para um planeta amplamente urbanizado, incêndios florestais implacáveis, desertificação e uma longa fila de cavaleiros do Apocalipse, amplificados pela imaginação dos produtores e dos consumidores de imagens em nossa cultura de efeitos especiais. Isso não significa negar a gravidade da ameaça do aquecimento global, mas demonstra como as projeções científicas e os avisos cuidadosamente redigidos são traduzidos para a linguagem da mídia de uma maneira que alerta o público para o perigo ao fazê-los visualizar um futuro catastrófico. De fato, Boykoff (2008) analisou a cobertura televisiva das mudanças climáticas de 1995 até 2004 e concluiu que as notícias não refletiam a perspectiva científica sobre o problema, mas acompanhavam a ocorrência de eventos que as pessoas vivenciavam em seu cotidiano. Boykoff e Boykoff, analisando as reportagens na televisão e nos jornais dos Estados Unidos a partir da perspectiva do "modelo de arena pública" de interpretação, argumentam que, para que uma questão se torne relevante na pauta da mídia, ela precisa "pegar carona" em eventos mundiais reais. Assim, ao longo do tempo, políticos, celebridades e ambientalistas substituíram os cientistas como a fonte principal das notícias sobre o aquecimento global (Boykoff e Boykoff, 2007).

Em outras palavras, a mídia é essencial no processo de despertar a consciência, e diversos jornalistas investiram, profissional e ideologicamente, no projeto de despertar a consciência ambiental. No entanto, a construção da questão do aquecimento global na mídia foi conduzida de acordo com o objetivo principal de suas empresas: *atrair audiência preparando narrativas que aumentem a preocupação entre os cidadãos.* E a mídia foi alertada para o drama envolvido nas tendências do aquecimento global em grande parte como resultado de um *movimento ambiental multifacetado, cujos componentes principais são cientistas, celebridades e ativistas.* A mídia então é simultaneamente *o transmissor das mensagens do movimento e o produtor dessas mensagens em um formato que se enquadra nas regras e metas de seu negócio comercial.*

A CIÊNCIA CHEGA PARA O RESGATE

Se há um valor fundamental na ciência é que a busca da verdade é uma contribuição essencial para o aperfeiçoamento da humanidade, e às vezes crucial para sua sobrevivência. Por mais interessada que essa declaração possa ser, às vezes os cientistas conseguem apresentar razões para seu argumento. A descoberta do processo de mudança climática, junto com a avaliação de suas consequências, é um desses casos. Portanto, nos últimos cinquenta anos, e com maior intensidade e sucesso crescente, os cientistas se comprometeram com a tarefa de alertar os cidadãos e seus líderes sobre as implicações preocupantes dos resultados de sua pesquisa enigmática.

Primeiro, quero enfatizar que a pesquisa científica sobre mudança climática se beneficiou extraordinariamente de dois desenvolvimentos importantes: a revolução na modelagem computacional e a evolução do pensamento sistêmico. A capacidade de construir bancos de dados gigantescos e acrescentar a isso cálculos em alta velocidade possibilitou a construção de modelos de simulação dinâmica que são capazes de analisar e predizer uma enorme variedade de processos atmosféricos. Enquanto isso, embora as teorias da complexidade ainda estejam dando os primeiros passos, diversos cientistas estão usando o pensamento sistêmico como uma ferramenta metodológica essencial para compreender o planeta como um ecossistema de ecossistemas, lançando as bases para o mapeamento da relação entre atividade humana e transformação do ambiente natural (Capra, 1996, 2002; National Science Foundation, 2007).

No entanto, apesar do rápido progresso da pesquisa científica na área de mudanças climáticas e interdependência ambiental, a maioria dos cientistas publica seus resultados em periódicos científicos, dos quais só alguns são cobertos pela mídia, e de uma forma muito fragmentada. Por isso, quando alguns cientistas começaram a se preocupar mais com suas descobertas sobre o aquecimento global, tentaram dirigir-se ao público e aos políticos na primeira pessoa, por exemplo, escrevendo livros populares. Isso ocorreu durante muito tempo com pouco impacto. Em poucos países, foram propostos alguns projetos de lei referentes ao clima, mas a maioria dos políticos mostrou pouco interesse. Em 1974, cientistas nos Estados Unidos insistiram para que o governo fundasse um Programa Nacional do Clima. Ao serem ignorados, buscaram aliados na comunidade ambientalista e se associaram ao Fundo de Defesa do Ambiente, ao Instituto de Recursos Mundiais e a outros. Juntos, eles começaram a publicar relatórios e a pressionar o Congresso em relação ao aquecimento global.

Em meados da década de 1980, a preocupação com o aquecimento global continuou a aumentar entre cientistas do clima, e modelos climáticos computadorizados ganharam a confiança de especialistas (Weart, 2007). A ciência e os cientistas desempenharam um papel fundamental no movimento ambientalista e na evolução da visão do público sobre o aquecimento global (Ingram *et al.*, 1992). Como foi mencionado antes, os depoimentos de Hansen de 1986 a 1988 alarmaram os colegas e despertaram algumas mentes. Ingram *et al.* (1992) propõem que, antes mesmo de Hansen, Revelle foi o arquétipo do ativista científico defensor da ideia, já que sua descoberta de 1957 foi uma das primeiras a chamar a atenção para o aquecimento global. Revelle também foi essencial, ao elaborar um estudo de mudanças climáticas globais e divulgá--lo para o público. Outro pioneiro na ciência ativista foi Stephen Schneider, que realizava pesquisas enquanto conversava com a mídia e com os políticos para tentar fazer das mudanças climáticas uma questão de política pública. Além dessas iniciativas individuais, foi a crescente comunidade científica de pesquisadores do aquecimento global que enquadrou a questão das mudanças climáticas como um problema importante para a humanidade. Cientistas que decidiram despertar a população diretamente precisaram "aprender alguns truques" para que não fossem ignorados pelos senadores — a não ser que aparecessem na televisão (Weart, 2007). Alguns cientistas usaram técnicas de relações públicas para produzir declarações breves para os jornalistas. Assim, embora os cientistas fossem responsáveis pela descoberta do aquecimento global e fizessem a primeira tentativa de alertar o público para a gravidade da questão, eles também precisaram se tornar ativistas e participar do movimento ambientalista para ser capazes de se comunicar com o mundo. O papel fundamental do conhecimento científico no movimento para evitar o aquecimento global é amplamente reconhecido, já que organizações ambientalistas nomeiam cientistas para posições influentes e os governos os consideram interlocutores privilegiados. Realmente, o aquecimento global como um fenômeno natural só poderia ter sido identificado e definido pela ciência. O discurso sobre reações apropriadas ao aquecimento global foi um discurso científico, bem como as afirmações contrárias. Os dois lados do debate recrutam o trabalho de cientistas para embasar seus argumentos.

Os grupos de cientistas envolvidos no Painel Intergovernamental sobre Mudanças Climáticas podem ser conceitualizados como uma comunidade epistêmica (Patterson, 1996; Newell, 2000). Uma comunidade epistêmica é uma rede de indivíduos ou grupos que afirmam ter conhecimento politicamente relevante sobre uma determinada questão (Drake e Nicolaidis, 1992; Haas, 1992). A comunidade epistêmica internacional composta dos pesquisadores de mudanças climáticas desempenhou um papel crucial no processo de agenda-setting: identificou o problema do aquecimento global, estimulou o consenso sobre a natureza do problema e pressionou por uma resposta política (Patterson, 1996). Sem vozes influentes da comunidade científica, o aquecimento global não teria entrado no patamar da política internacional (Patterson, 1996; Newell, 2000). Como mencionado antes, o IPCC teve uma clara influência na definição dos termos do debate sobre aquecimento global. Em setembro de 1995, o Painel publicou um relatório que "mudou tudo" (Krosnick *et al.*, 2000). O relatório declarava que "o saldo das evidências sugere que há uma influência humana perceptível no clima global" (IPCC, 1995:3). Com essa mudança da falta de evidência para certo nível de consenso científico, a mídia cobriu o relatório e a preocupação do povo começou a aumentar. Em 2001, o IPCC ampliou sua conclusão escrevendo que "a maior parte do aquecimento observado no decorrer dos últimos cinquenta anos é atribuível às atividades humanas" (IPCC, 2001:5). Esse processo chegou ao auge em 2007, quando o relatório do IPCC, como mencionado anteriormente, mobilizou a opinião pública internacional e trouxe o aquecimento global para o primeiro lugar na pauta dos tomadores de decisão. Com isso, os cientistas fizeram com que o aquecimento global passasse de "questão objetiva" para "questão explícita" no discurso público, e então para um debate global sobre políticas públicas. No momento em que o aquecimento global entrou para o discurso público, a cobertura da mídia começou a acontecer, o que teve um impacto na opinião pública e, no final, pressionou os governos a agirem. É claro, não foi *apenas* a ciência a responsável pelo tratamento do aquecimento global como questão explícita de política pública.

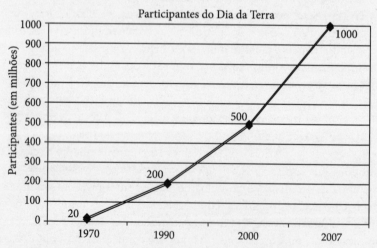

Fig. 5.2. Número de participantes no Dia da Terra, 1970-2007.
Fonte: Agência de Proteção Ambiental dos EUA, rede do Dia da Terra.

Foi a formação de uma rede entre a comunidade científica, os ambientalistas e as celebridades que trouxe a questão para a mídia e a comunicou para o público em geral por meio das redes multimídia.

AÇÃO AMBIENTAL EM REDE E O AQUECIMENTO GLOBAL

A aliança entre cientistas, ambientalistas e líderes de opinião que colocou o aquecimento global na pauta pública não pode ser compreendida sem situá-la no contexto do movimento ambiental, um dos movimentos sociais decisivos de nossa época.[5]

Dada a diversidade do movimento e suas diferentes evoluções pelo mundo, é difícil fornecer uma visão geral resumida de seu desenvolvimento. No entanto, acho que um indicador significativo do crescimento do movimento é a participação nas atividades do Dia da Terra de 1970 até 2007. A Figura 5.2 dá uma estimativa do número de participantes no Dia da Terra, um dia que vem sendo comemorado anualmente desde 1970. Ele começou nos Estados Unidos e rapidamente alcançou proporções globais. O senador Nelson, de Wisconsin, anunciou que na primavera de 1970 haveria uma manifestação massiva em todo o país sobre o meio ambiente. A reação, em grande medida espontânea, superou todas as expectativas: 20 milhões de norte-americanos participaram em 1970. Em 1990, o Dia da Terra foi global, mobilizando 200 milhões de pessoas em 141 países e alçando o status das questões ambientais para o palco mundial (earthday.net). O Dia da Terra de 2000 se concentrou no aquecimento global e em energias limpas. A internet foi fundamental para conectar ativistas de todo o mundo para o evento. Em 2007, o Dia da Terra atingiu a marca de 1 bilhão de pessoas em todo o mundo. Nenhum evento desse tipo jamais tinha obtido esse nível de apoio. O Dia da Terra é coordenado pela Earth Day Network, uma organização sem fins lucrativos fundada pelos organizadores do evento de 1970. Esse dia é significativo para o aumento da conscientização ambiental global, já que é comemorado simultaneamente no mundo todo. Em 2008, a rede mobilizou 17 mil organizações em todo o mundo e 5 mil organizações nos Estados Unidos. Em 2007, o aquecimento global foi uma das questões principais apresentadas aos participantes para debate. O Dia da Terra de 2008 escolheu o aquecimento global como questão principal.

A partir do primeiro Dia da Terra, em 1970, as organizações ambientalistas nacionais nos Estados Unidos e em todo o mundo cresceram extraordinaria-

---

5 Para minha análise do movimento ambiental como movimento social, veja meu livro *O poder da identidade*, 2ª edição (Castells, 1999).

mente (Mitchell *et al.*, 1992; Richardson e Rootes, 1995). O aumento generalizado de uma profunda consciência ecológica explica por que o aquecimento global pôde ser imediatamente captado pelas organizações da sociedade civil, ONGs ambientalistas e ativistas da mídia e transformado em uma questão importante de política pública. Após três décadas de trabalho militante em todas as áreas do ativismo ambiental, as organizações ambientalistas são as fontes mais confiáveis de informação sobre o meio ambiente. Na União Europeia, tanto as associações ambientalistas quanto os cientistas são considerados mais confiáveis do que a televisão como fonte de informação ambiental (Eurobarometer, 2008). Alavancando a legitimidade de que desfrutam com a opinião pública, os ativistas ambientais usam uma série de estratégias para influenciar os processos de elaboração de políticas públicas e de tomadas de decisão, como pressionar os políticos, organizar eventos na mídia e ações diretas.

Como discutirei a seguir, os grupos e campanhas sobre o meio ambiente muitas vezes usam celebridades para conseguir mais atenção da mídia. Thrall *et al.* (2008) argumentam que as celebridades são usadas não só para conseguir penetração na mídia, mas também para ter acesso ao mundo de *entretenimento* da mídia, já que cada vez mais os espectadores se voltam para a mídia de entretenimento para obter suas notícias. Assim, grupos ambientalistas estrategicamente usam espaços de entretenimento como canais para comunicar suas mensagens, algo que é facilitado pela novas tecnologias e pelas redes digitais. Metade dos grupos ambientalistas estudados por Thrall *et al.* (2008) usou uma forma de entretenimento para disseminar sua mensagem, e as táticas incluíram a organização de shows, a inserção de mensagens nos programas de entretenimento e a produção de vídeos de entrevistas com celebridades. O exemplo mais conhecido é o Live Earth, a série de shows patrocinados por Al Gore e grupos ambientalistas para combater as mudanças climáticas (ver a seguir). Houve uma mudança nas táticas das organizações que passaram da transmissão ampla em rádios e TVs para a transmissão direcionada para comunicar sua mensagem. Tipos de transmissão direcionada incluem: a criação de sites, canais no YouTube, páginas nos sites de redes sociais e o envio de mensagens de texto. Com as redes horizontais de comunicação, as pessoas podem se comunicar diretamente com grupos de defesa do meio ambiente. Recursos interativos podem ser tão simples quanto permitir que o visitante de um site envie por e-mail um link ou uma página da web para um amigo, ou salas de bate-papo ou sites de redes sociais que criam redes de indivíduos interessados. A Aliança pela Proteção do Clima e a Current TV decidiram não contratar uma agência para suas campanhas e, em vez disso, produziram seus próprios concursos de *ecospots* [vídeos curtos sobre temas ecológicos produzidos pelos usuários]. Celebridades como Cameron Diaz, George Clooney e outros já foram jurados no painel. Combinando organização comunitária com ativismo orientado para a mídia e formação de redes na internet, a ação ambiental tomou forma no mundo todo em uma multiplicidade de meios e com um poder crescente em termos de influência pública.

Aproveitando a rede densa e intensa de ação ambiental, *as organizações e os ativistas em todo o mundo estão se juntando para trabalhar sobre a questão do aquecimento global.* Um exemplo é a Stop Climate Chaos, uma coalizão de mais de setenta ONGs. A Stop Climate Chaos foi lançada na Grã-Bretanha em setembro de 2005 com o objetivo de chamar a atenção para os riscos potenciais da mudança climática. Há diversos membros na coalizão, desde organizações ambientalistas importantes do Reino Unido, até agências internacionais de desenvolvimento, passando por órgãos nacionais de campanhas, e inclui, entre outros, Greenpeace, Islamic Relief, Oxfam, UNA-RU, WWF-RU e Youth Against Climate Change. A coalizão é financiada pelos seus membros. O financiamento inicial foi fornecido pela Network for Social Change, Friends of the Earth, Greenpeace, a Royal Society for the Protection of Birds (RSPB) e a World Wildlife Fund-RU. O objetivo declarado da Stop Climate Chaos é: "construir uma coalizão massiva que criará uma demanda pública irreprimível por uma ação política para pôr fim às mudanças climáticas induzidas pelo homem." A fim de alcançar esse objetivo, a Stop Climate Chaos lançou sua campanha "Eu conto" em outubro de 2006, baseada em postagens para o site, anúncios nos jornais e campanhas por SMS. O lançamento foi marcado pela exibição de uma escultura de gelo de 1,30m de altura da cabeça de Tony Blair que revestia um exemplar do livro da coalizão, *I Count: Your Step-by-step Guide to Climate Bliss* [Eu conto: seu guia passo a passo para a felicidade climática]. A ideia era que, enquanto o mandato de Blair como primeiro-ministro derretesse, as mudanças climáticas seriam a questão mais importante sobre a qual ele poderia agir e deixar um legado. Em novembro de 2006, 20 mil pessoas se reuniram na Trafalgar Square exigindo ações do governo sobre o aquecimento global. O livro de bolso *I Count,* da Stop Climate Chaos, com dezesseis passos, foi publicado pela Penguin e recebeu destaque no jornal *Independent* para coincidir com o dia do evento. Após o lançamento, a coalizão organizou mais de duzentos eventos em todo o Reino Unido durante a Semana de Ação do "I Count Climate Change Bill" exigindo um projeto de lei mais decisivo sobre Mudança Climática (www.icount.org.uk).

O uso da internet é crucial para a Stop Climate Chaos tanto para a implementação de estratégia na mídia quanto para os objetivos organizacionais. A internet conecta as organizações que são membros da coalizão e seus sites. A rede de sites inclui informações sobre aquecimento global, o manifesto da coalizão, uma lista de eventos e links para o site da campanha "I Count". Este contém vídeos, notícias, listas de eventos, podcasts, boletins eletrônicos, textos sobre a organização e maneiras de se envolver, tais como o envio de mensagens para ministros que tomam decisões sobre programas ligados à questão do clima. Interessados podem se cadastrar "para dizer que eu conto" no site. A campanha encoraja os usuários a se cadastrarem, já que "quanto maior for a contagem, maior será nossa visibilidade". E quanto maior nossa visibilidade, mais os políticos irão nos ouvir. E "quanto mais os políticos nos ouvirem, mais irão fazer" (www.icount.org.uk). Usuários também podem se comprometer a agir em sua vida pessoal, e os dados são coletados pelo próprio site. Lembretes de ações são enviados por e-mail e mensagens de texto. As ações mencionadas no site mudam periodicamente e os usuários podem personalizar sua experiência criando uma conta "Minhas ações" que acompanha suas próprias atividades.

Outra organização importante que vem mobilizando a opinião pública é a Alliance for Climate Protection (Aliança pela Proteção do Clima), fundada por Al Gore nos Estados Unidos. A tarefa que a organização se autoatribuiu é educar o público sobre a importância da mudança climática e o papel da atividade humana, já que pesquisas de opinião mostram que, apesar da conscientização das mudanças climáticas nos Estados Unidos, uma minoria significativa de pessoas ainda não compreende sua conexão com a atividade humana. A campanha de três anos e US$300 milhões, lançada em 2 de abril de 2008, é uma das campanhas de sensibilização pública mais caras na história do país (Eilperin, 2008). A campanha "nós" tem organização on-line e lança mão de anúncios em programas populares da televisão, tais como *American Idol* e *The Daily Show with Jon Stewart*.

Em uma escala global, a Amigos da Terra tem grupos de membros em setenta países e une 5 mil grupos de ativistas locais. A organização tem mais de 3 milhões de membros e seguidores e se descreve como "a maior rede ambientalista de base do mundo". Considerando as mudanças climáticas como "a maior ameaça ambiental para o planeta", a rede se envolveu em uma campanha importante para exigir "justiça climática". A Amigos da Terra tem o objetivo de se unir a comunidades que estão sendo afetadas pelas mudanças climáticas para "construir um movimento global". Frear as mudanças climáticas também é um dos focos principais de atividade do Greenpeace International, que busca novas políticas energéticas e encoraja indivíduos a usar a energia de uma maneira diferente. O Greenpeace acredita que a consciência das mudanças climáticas é uma tarefa essencial e tem bastante consciência sobre o caráter de formação de rede de seu movimento, já que trabalha com outras organizações ambientalistas, empresas, governos e indivíduos. Outro ator importante na conscientização e atuação sobre as mudanças climáticas é a World Wide Fund for Nature ou World Wildlife Fund (WWF), uma das maiores organizações ambientalistas, criada na Suíça em 1961. A WWF tem mais de 2 mil projetos de conservação, a maior concentrada em questões locais onde a organização se une a parceiros locais. As mudanças climáticas são uma das prioridades de suas campanhas. A WWF promove a Hora da Terra, que é discutida a seguir.

A internet tem desempenhado um papel cada vez mais importante no movimento global para prevenir o aquecimento global. Como analisarei na próxima seção deste capítulo, os movimentos sociais que abordam as questões globais são transnacionais em abrangência e dependem da internet para a difusão de informação, comunicação e coordenação. As redes sociais mediadas pela internet são ingredientes-chave do movimento ambientalista na sociedade global em rede. A internet melhorou extraordinariamente a capacidade de organizar campanhas dos grupos ambientalistas e aumentou a colaboração internacional. Assim, Warkentin (2001) analisou os usos da internet pelas várias ONGs ambientalistas e identificou seu papel essencial na melhoria de serviços para os membros, na disseminação de recursos de informação e no encorajamento de participação política. Por exemplo, a internet ajudou o Earth Island Institute a aumentar o número de seus membros, incluindo ferramentas em seu site como páginas que dizem "Atue" e "Envolva-se" e uma "Caixa de Ferramentas do Ativista". Warkentin identificou práticas semelhantes nas organizações Rainforest Action Network e no Greenpeace. O Greenpeace tem uma rede de sites para coordenar ações globalmente e para estimular as pessoas a agirem por meio de testemunhos. Esses relatos são divulgados e documentados visualmente no site da rede.

Bimber (2003) estudou a maior eficiência obtida pelo Environment Defense Fund graças ao uso da internet. Em 1999, o grupo se reinventou por meio da internet, reduzindo o número de seus funcionários para 25 entre pessoas trabalhando em tempo integral ou em meio expediente e se transformando em uma rede de organizações de base coordenadas e que trocam informações pela internet. Bimber aponta que uma organização baseada na internet está mais bem-equipada para formar coalizões com grupos e parceiros para campanhas pontuais. Isso é exatamente o que a Environmental Defense fez, com um sucesso considerável. No Reino Unido, Pickerill (2003) analisou o movimento ambientalista britânico e enfatizou o papel da internet no fortalecimento do movimento. Ele lista cinco processos pelos quais as organizações e os grupos mobilizaram a participação usando a formação de redes virtuais: abrindo uma porta de entrada para o ativismo, melhorando seu perfil de campanha, mobilizando o ativismo on-line, estimulando o ativismo local e atraindo participantes para as manifestações. Por exemplo, a Amigos da Terra tinha 4 mil links para a própria organização em outros sites, e o seu site oferecia várias formas para que os usuários fossem mais ativos. O site também usou tecnologia para chamar a atenção para suas campanhas: um mapa interativo de um desvio proposto no Reino Unido, por exemplo, com fotos das áreas ameaçadas e uma petição on-line contra o projeto para as pessoas assinarem.

Muitas ONGs ambientalistas têm páginas no MySpace, no Facebook e em outros sites semelhantes de redes sociais, e links para essas páginas em seu site.

O PODER DA COMUNICAÇÃO | 379

Além de usar a internet para incentivar a participação no ativismo, como o comparecimento em manifestações, as organizações também usam a internet para encorajar o ativismo on-line. Por exemplo, a campanha on-line sobre Mudanças Climáticas da Amigos da Terra do Reino Unido foi baseada em uma rede de indivíduos que, a pedido da organização, enviaram e-mails para líderes mundiais que participariam da cúpula das Nações Unidas sobre Mudanças Climáticas em Quioto. Da mesma forma, a internet é usada para estimular ações locais. Grupos ambientalistas fornecem dados e informações relevantes para as populações locais. Sites contêm conselhos sobre como pressionar grandes corporações e como se conectar com grupos locais. A Amigos da Terra no Reino Unido encoraja os cidadãos a se envolverem no ativismo local dando detalhes de contatos e links em seu site. As organizações ambientalistas também fornecem rascunhos de cartas para apoiar campanhas sobre questões específicas. Nos Estados Unidos, a coalizão do Safe Climate Act aproveita a internet para encorajar grupos ou indivíduos locais a começarem uma campanha ou conectarem a campanha de seu próprio bairro a uma rede mais ampla. Ser capaz de simplesmente baixar materiais para campanhas, desde uma base científica até materiais promocionais, simplifica imensamente o processo de mobilização.

A internet aumenta a capacidade de uma organização disseminar sua mensagem. Não só os sites fornecem informação para seus visitantes, mas também esses visitantes são encorajados a se envolverem na difusão viral da informação. Muitos sites, por exemplo, permitem que os visitantes enviem uma matéria por e-mail para um amigo, que enviem para vários amigos um formulário para incentivá-los a assinar uma petição para uma campanha, que marquem determinadas matérias usando o Delicious ou o Digg e que insiram vídeos ou cartazes acrescentando um *feed* da organização em seu próprio site ou blog. O site da Stop Global Warming tem uma página "promocional", onde cartazes e imagens estão disponíveis para uso em sites, blogs e páginas comunitárias on-line. Pede-se aos visitantes que ajudem a divulgar a marcha virtual da Stop Global Warming incentivando outras pessoas a se cadastrarem ou a exibirem em seus sites um banner ou um button. Em muitos casos o site da organização introduz as pessoas a ferramentas on-line que elas podem não conhecer a priori.

No entanto, os usos da internet estão integrados em uma *estratégia multimídia mais ampla* que caracteriza as ações do movimento ambientalista. O Greenpeace, por exemplo, tem uma rede de sites, podcasts, um blog, páginas nas redes sociais e uma televisão de banda larga (GrennTV). A WWF tem um site bem elaborado, aliado a seu boletim de notícias eletrônico e a vídeos no YouTube, embora use também anúncios avulsos na televisão, no rádio e na imprensa para divulgar sua mensagem sobre o aquecimento global. *Em suma*: a versatilidade das redes de comunicação digital permitiu aos ambientalistas evoluírem e deixarem para trás o foco na grande mídia para utilizar vários canais da mídia, de acordo com suas mensagens e com os interlocutores que eles desejam envolver. *De sua ênfase original em atingir uma audiência de massa, o movimento mudou e agora estimula a participação em massa de cidadãos aproveitando ao máximo a capacidade de interação oferecida pela internet.* Assim, as organizações ambientalistas influenciam o público e os tomadores de decisão trazendo questões dentro da esfera da comunicação, tanto na grande mídia quanto na internet. Para pôr em prática essa estratégia, elas contam muitas vezes com o apoio de uma fonte poderosa de influência social: *as celebridades.*

QUANDO AS CELEBRIDADES SALVAM O MUNDO (E POR QUÊ)

As celebridades usam seu carisma junto aos fãs para chamar a atenção para uma série de questões. Na última década, algumas das celebridades mais ativas em questões ambientais se envolveram totalmente no processo de conscientização do público para o aquecimento global. Embora as celebridades historicamente apoiem campanhas políticas e éticas, os ativistas famosos de hoje têm mais incentivo para adotar causas globais e têm mais chances de sucesso na disseminação do assunto (Drezner, 2007). Isso tem menos a ver com a fama das celebridades e mais com a maneira como as pessoas consomem a informação. Um número crescente de norte-americanos, por exemplo, se informam sobre política mundial em programas de notícias mais leves, que são dominados pelas celebridades (tais como *Entertainment Tonight, Access Hollywood* e *The Daily Show*). Uma tendência semelhante pode ser observada no mundo todo (Bennett, 2003b; Baum, 2007).

Essa mudança para notícias leves influencia a formação da opinião pública. Para qualquer questão, um desafio significativo é manter a atenção do povo por tempo suficiente para influenciar as políticas públicas. À medida que a audiência de notícias leves centradas no entretenimento cresce, uma maneira de manter a atenção do público é aumentar o apelo das celebridades. Como celebridades ativistas têm acesso a uma variedade mais ampla de canais e, portanto, de audiência, é possível que elas tenham uma vantagem em relação a ativistas políticos para transmitir sua mensagem. Drezner explora a maneira como as celebridades estão se interessando ativamente pela política mundial: "esses esforços para glamorizar a política externa na verdade estão influenciando o que os governos fazem e dizem. O poder das *soft news* deu às estrelas do entretenimento um poder adicional para promover suas causas. Sua capacidade de conseguir colocar as questões nos primeiros lugares da pauta global está aumentando" (2007; ss.2). O apoio das celebridades é um tipo de "estratégia externa" de protesto social impulsionada por estrelas, na qual grupos que operam fora do processo formal de políticas públicas se voltam para celebridades para obter a atenção da mídia, o que eles teriam uma dificuldade muito maior em conseguir de outra forma (Thrall *et al.*, 2008).

Quanto ao interesse das próprias celebridades, além do compromisso sincero que muitas delas têm com a criação de um mundo melhor e com a defesa de causas populares bem-intencionadas, tais como o ambientalismo, há uma recompensa enorme em termos de publicidade grátis. Conectando seu nome às aspirações de milhões de pessoas em todo o mundo, elas atingem novas audiências e consolidam seu apoio entre os fãs. Assim, todos saem ganhando, não há perdedores: o status de celebridade dá popularidade a certas campanhas cujo sucesso, por sua vez, realça e dignifica as próprias celebridades. Elas foram de fato extremamente influentes no processo de reforçar a visibilidade do aquecimento global como uma questão pública relevante. Alguns dos atores famosos que apoiam o ambientalismo incluem Leonardo DiCaprio, Matt Damon, Brad Pitt, Angeline Jolie, Orlando Bloom e Sienna Miller. DiCaprio estabeleceu a Fundação Leonardo DiCaprio em 1998 e tem um site sobre o meio ambiente para alcançar, informar e interagir com um público global amplo. A Fundação liderou a produção de um documentário de longa-metragem chamado *The 11th hour* [A décima primeira hora] produzido e narrado por DiCaprio. Brad Pitt é o narrador de uma série sobre arquitetura verde.

Leonardo DiCaprio, Orlando Bloom, KT Tunstall, Pink, The Killers, Razorlight e Josh Hartnett aproveitaram toda sua influência para dar apoio ao trabalho da "Global Cool", uma fundação britânica estabelecida em 2006 com a meta de conseguir que 1 bilhão de pessoas reduzam em uma tonelada sua emissão de carbono durante os próximos dez anos. Laurie David, esposa do comediante Larry David, é outra ativista muito conhecida. Ela fundou a Marcha Virtual Stop Global Warming com os senadores John McCain e Robert F. Kennedy Jr. Laurie David também é a produtora do filme ganhador do Oscar *Uma verdade inconveniente* (ver a seguir). Em 2007, David lançou o "Stop Global Warming College Tour" com Sheryl Crow, em que elas visitaram os *campi* universitários para despertar a consciência dos alunos e inspirá-los a se tornarem parte do movimento para frear o aquecimento global. Laurie foi considerada o Bono [Vox, do U2] das mudanças climáticas pela *Vanity Fair*; ela participou várias vezes do programa de Oprah Winfrey e apareceu em um programa especial de uma hora da Fox News, *The Heat is On*. Ela foi também a editora convidada da *Elle Magazine*, a primeira revista de moda a dedicar um número inteiro ao meio ambiente e a imprimir suas páginas em papel reciclado.

Embora de fato não seja ator (na verdade, seu desempenho em sua campanha eleitoral foi medíocre), Al Gore é uma das celebridades ativistas do aquecimento global mais influentes. Drezner argumentou que "Gore teve muito mais sucesso como celebridade ativista do que como vice-presidente" e observa o limitado sucesso que Al Gore teve em relação às questões do aquecimento global como político convencional, e seus sucessos significativos (inclusive um Oscar e um Prêmio Nobel da Paz) como uma "celebridade pós-Casa Branca" (2007:4). Al Gore desempenhou um papel-chave no debate sobre aquecimento global como um ativista de grande proeminência. Como mencionado antes, ele foi o fundador da Aliança para Proteção Climática e organizou o concerto Live Earth para a luta contra o aquecimento global em 2007. Quando entregou o Prêmio Nobel da Paz a Al Gore, o comitê responsável declarou que ele era "provavelmente o indivíduo que mais fez para uma maior compreensão mundial das medidas que precisam ser adotadas [para combater o aquecimento global]". O Sierra Club deu a Gore seu maior prêmio, o John Muir Award, em 2007, por seus trinta anos de esforços para conscientizar a população sobre os perigos do aquecimento global. Em 2008, a Câmara de Representantes do Tennessee aprovou a "Resolução Gore", que homenageia os esforços do político democrata para reduzir o aquecimento global. Em 2007, a Academia Internacional de Artes e Ciências Televisivas deu a Gore o Prêmio Founders pela Current TV* e por seu trabalho na área de aquecimento global.

Gore representa um caso interessante e raro de político que se tornou pelas celebridade ativista. Mas seu interesse pelas questões ambientais começou há muito tempo. Al Gore foi um dos primeiros legisladores a "ver o potencial na questão das mudanças climáticas globais" (Ingram *et al.*, 1992:49). Em 1981, ele realizou as primeiras audiências no Congresso sobre o tema. Gore escreveu que, no momento em que os legisladores ouvissem as provas, com certeza iriam agir. Eles não agiram. Como membro da Câmara dos Representantes em 1981, Gore apoiou a proposta da Associação Americana para o Avanço da Ciência de uma pesquisa sobre as mudanças climáticas globais. Como vice-presidente, defendeu a criação de um imposto sobre carbono, que foi parcialmente implementado em 1993. Ajudou também a intermediar o Protocolo de Quioto em 1997, embora o acordo não tenha sido ratificado nos Estados Unidos. Ao "perder" para Bush em 2000 (por uma decisão de 5 votos a 4 da Suprema Corte), Al Gore voltou-se à questão do aquecimento global e viajou pelo mundo todo fazendo apresentações com documentos sobre a questão. Laurie David, a fundadora da Marcha Virtual Stop Global Warming, viu a apresentação em Nova York em 2004, após a estreia do filme *O dia depois de amanhã*, que trata do mesmo tema. Laurie encontrou Gore para propor a produção de um filme a partir da apresentação (Booth, 2006) e tornou-se produtora do documentário de Al Gore, *Uma verdade inconveniente*, que popularizou significativamente o debate. O filme foi exibido pela primeira vez no Festival Sundance e em seguida ganhou o Oscar de melhor documentário em 2007. Gore também escreveu um

---

* Al Gore é o proprietário da Current TV. (*N. da T.*)

O PODER DA COMUNICAÇÃO | 383

livro sobre o tema que foi best-seller em 2006. Gore dedicou 100% dos lucros com o filme e o livro para a campanha Aliança para a Proteção Climática, e a Paramount Classics, distribuidora do filme, prometeu 5% do lucro para a Alliance (Eilperin, 2008). Não se sabe exatamente como e até que ponto o filme influenciou a opinião pública, mas ele impressionou fortemente as elites e os políticos que assistiram a ele (Weart, 2007).

Filmes e programas de televisão contribuíram significativamente para uma maior conscientização sobre o aquecimento global. Antes do lançamento de *Uma verdade inconveniente*, a mídia deu atenção a *O dia depois de amanhã*, um filme sobre uma catástofre ambiental lançado em 2004. Embora seja ficção, com pouca relação com os fatos científicos, os comentaristas ainda tinham esperança de que o filme fosse aumentar a sensibilização do público sobre o tema (Semple, 2004). Grupos ambientalistas divulgaram comentários sobre o filme, esperando usá-lo para alavancar a plataforma defendida por eles. Um estudo de Lowe *et al.* (2006) constatou que o filme influenciou a postura dos telespectadores no Reino Unido, e aqueles que viram o filme ficaram mais preocupados com as mudanças climáticas do que aqueles que não o viram. *Em suma*: celebridades de várias origens parecem ter convergido em torno de uma causa comum que aparentemente transcende a política partidária (embora isso não ocorra) para usar sua reputação e influência para convocar as pessoas para a defesa de nossa sobrevivência no planeta. Com esse fim, elas criam eventos, uma forma poderosa da política da mídia.

EVENTOS COMO POLÍTICA DA MÍDIA AMBIENTAL

O movimento ambientalista em geral e a mobilização contra o aquecimento global em particular criam "eventos" para conscientizar o público por meio da atenção da mídia. Além disso, esses eventos normalmente são globais, ou por meio de apresentações coordenadas em vários países como pela cobertura global do evento. Como já foi descrito, o Dia da Terra foi o primeiro deles, em 1970, e continua a ser o ícone do movimento ambientalista global. Mas à medida que a campanha multifacetada sobre o aquecimento global se intensificou na primeira década de 2000, os eventos globais passaram a ser tanto uma ferramenta de ação quanto uma área de organização. Alguns exemplos irão ilustrar os contornos contemporâneos desse movimento social mediado por eventos.

O Stop Climate Chaos ("Parem o Caos Climático") foi uma das principais coalizões que participou do evento Dia de Ação Global contra as Mudanças Climáticas, de 2007, junto com a Campanha contra as Mudanças Climáticas, Greenpeace e vários grupos independentes da sociedade civil. Esse dia coincidiu com a conferência da CQNUMC (Convenção-Quadro das Nações Unidas sobre a Mudança Climática) em Bali e com marchas e comícios organizados simultaneamente em mais de oitenta países. O Dia de Ação Global começou em 2005 para coincidir com a data de implementação legal do Protocolo de Quioto. A internet foi a ferramenta para a coordenação dos eventos internacionais, com sites que traziam listas de várias manifestações no mundo todo sobre mudanças climáticas e informações sobre como participar.

Outro evento global, o show Live Earth, foi promovido por Al Gore em 2007. Muitas celebridades, inclusive Kelly Clarkson e Lenny Kravitz, fizeram apresentações como forma de apoio e iniciaram parcerias com Gore. O Live Earth foi uma série de shows em todo o mundo realizados no dia 7 de julho de 2007. Al Gore disse que os shows deram início a uma campanha de três anos para combater as mudanças climáticas e "conscientizar todas as pessoas em nosso planeta sobre como podemos solucionar a crise do clima a tempo de evitar uma catástrofe" (Gore, 2007). Os shows reuniram mais de 150 apresentações musicais em onze locais no mundo todo e foram transmitidos pela televisão, pelo rádio e pela internet. O Live Earth teve mais de 15 milhões de transmissões de vídeo ao vivo. A iniciativa aconteceu em associação com a Save Our Selves, fundada por Kevin Wall, que incluía parceiros como a Alliance for Climate Protection, de Al Gore, a Earthlab e o MSN.

Outro evento global importante foi a Hora da Terra, patrocinado pela WWF, que ocorreu das 8h às 21h do dia 29 de março de 2008. O conceito era apagar as luzes de onde se estivesse por sessenta minutos para inspirar as pessoas a agirem em relações às mudanças climáticas. A ideia é individual por natureza, uma vez que a meta é "criar um evento simbólico que poderia se tornar um movimento" e uma "simples ação que criaria um ponto crítico positivo" (*Vídeo da Hora da Terra 2007*). A Hora da Terra começou na Austrália em 2007, quando 2,2 milhões de pessoas e 2.100 empresas de Sydney apagaram suas luzes durante uma hora — a Hora da Terra —, no dia 31 de março de 2007. Uma vez que ícones como a Ponte da Baía de Sydney e a Ópera também participaram, o evento atraiu uma atenção considerável e foi promovido no rádio, em vários anúncios, cartazes nas ruas da cidade e em mensagens de texto como lembretes. Em 2008, pessoas em seis continentes e mais de quatrocentos países participaram, fazendo do evento uma manifestação mundial. Empresas e monumentos históricos participaram, desde o Coliseu, em Roma, até a Torre Sears, em Chicago, e a ponte Golden Gate, em São Francisco. O Google exibiu uma mensagem contra um fundo negro: "Nós apagamos nossa luz. Agora é a sua vez."

O fundador da Hora da Terra disse ter ficado espantado com a difusão da iniciativa desde que lançada, um ano antes (AFP, 2008). Realmente, a internet permitiu disseminar a mensagem em grande escala. A página negra de entrada do Google conscientizou muitas pessoas. O site oficial da Hora da Terra (www.

earthhour.org) recebeu 2,4 milhões de visitantes só em 29 de março (Reuters, 2008). Nele, há disponível material informativo que encoraja os usuários a participarem da Hora da Terra, e ainda permite que as pessoas enviem mensagens por e-mail com links úteis, encorajando seus amigos e conhecidos a participar. Há um kit com informações para os participantes, que pode ser baixado pela internet, com folhetos e cartazes para que indivíduos possam divulgar a mensagem em seu bairro. O site também tem links para adicionar a página no MySpace, curtir a página no Facebook, postar em seu grupo no Flickr, acompanhar pelo Twitter e postar vídeos para seu canal do YouTube. Um vídeo sobre a Hora da Terra foi postado no site, e muitas versões, além de outros vídeos vindos de muitas partes do mundo foram postados no YouTube, um deles foi visto 748.531 vezes no dia 30 de março de 2008. O vídeo discute as mudanças climáticas e seus efeitos negativos para o mundo e mostra como "o ativismo social dominou" em março de 2007 durante a Hora da Terra.

A StopGlobalWarming.org se descreve como um movimento de base on-line que apoia a Marcha Virtual Stop Global Warming. O site afirma que "a Marcha Virtual está criando uma voz forte e coletiva que será ouvida no mundo inteiro. Ao divulgar essa mensagem estamos construindo um movimento para frear o aquecimento global". Os visitantes do site podem participar da Marcha Virtual clicando em um ícone e inserindo nome e endereço de e-mail. A Stop Global Warming organizou uma marcha virtual com 1.037.744 de indivíduos, manifestantes que se inscreveram de todos os cinquenta estados nos Estados Unidos e de mais de 25 países pelo mundo. Mais de 35 legisladores e governadores norte--americanos participaram, inclusive John McCain e Arnold Schwarzenegger (www.stopglobalwarming.org). Outro evento, organizado na internet, mas que ocorre em vários lugares nos Estados Unidos, é um programa de comícios sobre mudança climática transmitido na internet chamado *Step it up*. Em 2007, Bill McKibben, acadêmico na Universidade de Middlebury, promoveu on-line manifestações locais sob a bandeira "Step it Up" que deveriam ocorrer no dia 14 de abril de 2007. A meta da campanha era desafiar o Congresso dos EUA a reduzir as emissões de carbono em 80% até 2050. A convocação on-line de McKibben gerou planos para centenas de eventos em todos os cinquenta estados. As ações e comícios são organizados on-line por meia dúzia de ex-alunos da Middlebury que "filtram uma espécie de paixão e uma moda remanescentes da década de 1960 por uma lente do YouTube". McKibben disse: "É um imenso prazer ligar meu computador de manhã e ver o que as pessoas inventaram na noite anterior" (Barringer, 2007).

Assim, com a ajuda de celebridades e o uso da capacidade interativa das redes globais de comunicação, os ambientalistas influenciam os cidadãos no mundo. Embora as organizações de base desempenhem um papel significativo no movimento, a expansão muitas vezes funciona a partir de eventos midiáticos, pelos quais os ativistas chamam a atenção da imprensa e, com isso, atingem um público maior. Muitos ativistas dependem das táticas de criação de eventos que chamarão atenção e provocarão debates, desde serem presos por interromper reuniões até ficar em cima de uma árvore por vários meses (em Berkeley, por mais de um ano). Eventos e estripulias podem captar a atenção da mídia global e ajudar a popularizar as questões ambientais. De fato, um papel importante das organizações é educar e aumentar a conscientização ambiental "e até transformar a cultura global", como o Greenpeace foi capaz de transformar a imagem da caça de baleias que, de uma suposta ação heroica, passou a ser considerada uma carnificina (Clapp e Dauvergne, 2005:79).

No entanto, embora a mídia desempenhe um papel fundamental na construção de imagens sobre o aquecimento global, ela é variada e, portanto, pode apresentar diversas construções sociais sobre o tema. Por isso as organizações ambientais muitas vezes assumem a responsabilidade pela construção da mensagem. O Fundo de Defesa Ambiental, organização sem fins lucrativos estabelecida em 1967, uniu-se em uma parceria com a Ad Council, outra organização sem fins lucrativos, para, em 2006, lançar uma campanha de anúncios na televisão sobre aquecimento global. Os anúncios foram acompanhados de um trabalho de educação pública, que incluía informações sobre ações simples para serem realizadas individualmente. O site da campanha também oferecia ferramentas interativas nas quais os usuários podiam calcular a quantidade de poluição de carbono que eles próprios produziam. Os anúncios causaram muita agitação na mídia, com cobertura da *Forbes*, da *Newsweek*, da *Time Magazine* e de várias estações de rádio.

Livros, revistas especializadas e outros canais de comunicação também contribuíram para a nova consciência ambiental. Clapp e Dauvergne (2005), ao discutir a evolução do discurso ambiental global, observam o impacto do best-seller de 1962 *Primavera silenciosa*, de Rachel Carson, que tinha uma mensagem simples e poderosa sobre os efeitos destrutivos dos pesticidas na natureza. Clapp e Dauvergne discutem como a preocupação do público mudou de foco enquanto os ambientalistas se preocupavam com o efeito cumulativo de problemas locais. Fotos da Terra vista do espaço começaram a ser mais comuns e mais pessoas começaram a ver como a vida no planeta é interconectada (Clapp e Dauvergne, 2005:49). Os autores concluem que certas publicações foram importantes na difusão do tema, inclusive *Primavera silenciosa* (1962), *The Population Bomb* [A bomba populacional] (1968), *Os limites do crescimento* (1972), *O negócio é ser pequeno* (1973), o Relatório Founex e o Relatório Brundtland. Há também uma série de canais da mídia que foram extremamente influentes para a criação de uma consciência ambiental global. Um exemplo disso é a National Geographic Society, que por mais de um século promove a conscientização global do planeta, das pessoas que o habitam e das maneiras de protegê-lo. Nos últimos anos, seus

O PODER DA COMUNICAÇÃO | 387

programas populares na televisão e seus sites estiveram entre os mais fortes defensores da conservação do planeta. E assim, embora os caminhos para a mudança de mentalidade tivessem fontes múltiplas, a maioria deles foi aberta por aqueles que ouviram pela primeira vez o chamado de Gaia.

A AÇÃO NO FINAL: MUDANÇAS DE POLÍTICAS PÚBLICAS COMO RESULTADO DAS MUDANÇAS NA MENTE PÚBLICA

Líderes políticos estão cientes da crescente preocupação da população com o aquecimento global. Propostas de ações sobre as mudanças climáticas aumentam os índices de aprovação dos políticos. Após o relatório de avaliação do Painel Intergovernamental sobre Mudanças Climáticas, ficou difícil rejeitar a necessidade de agir em relação ao aquecimento global. Com efeito, o debate hoje está menos concentrado em saber se os humanos estão ou não influenciando o aquecimento global e mais sobre o que fazer a respeito dele. A visão pública do aquecimento global influencia até que ponto os políticos, que são dependentes de um ciclo eleitoral, estão dispostos a ir em termos de políticas públicas.

Durante muito tempo, em alguns países, como os Estados Unidos, houve tradicionalmente uma divisão política de opiniões sobre o aquecimento global, mas isso está diminuindo. O pesquisador de opinião John Zogby diz que há um consenso crescente de que é preciso tratar do aquecimento global, não só entre eleitores com inclinação para a esquerda ou jovens, que estiveram entre os primeiros a abraçar a questão, mas cada vez mais entre todos os cidadãos (Horsley, 2007). Segundo Zogby, nos Estados Unidos, durante as eleições de meio do mandato em 2006, a própria existência do aquecimento global era uma aresta que dividia democratas e republicanos. Já não é mais assim. Até o presidente Bush reconheceu o problema em seu discurso do Estado da União em 2007, embora, na prática, suas políticas continuassem, de um modo geral, indiferentes à questão. Em abril de 2007, a Suprema Corte norte-americana tomou sua primeira decisão relacionada ao aquecimento global e, em uma votação de 5 a 4, rejeitou o argumento do governo Bush de que a Agência de Proteção Ambiental não estava autorizada a regulamentar o dióxido de carbono. A decisão foi descrita como uma vitória histórica para os ativistas ambientais. Outros indicadores da política da mudança climática no país, enquanto se aguardava um novo presidente que fosse atento ao meio ambiente, incluiu uma atividade intensa no Congresso em relação às emissões de gás estufa. A partir de março de 2008, os legisladores do país introduziram mais de 195 projetos de lei, resoluções e emendas especificamente direcionados às mudanças climáticas globais no 110º Congresso (2007-8), comparados com 106 peças de legislação submetidas durante o prévio mandato de dois anos do

Congresso, de 2005 a 2006 (Pew Center on Global Climate Change, 2008). O Ato de Segurança Climática de Lieberman e Warner foi aprovado pelo Comitê do Meio Ambiente e de Obras Públicas do Senado em 5 de dezembro de 2007. O ato foi descrito na imprensa como uma legislação significativa para reduzir o aquecimento global e é considerada prova de quanto o Congresso mudou sobre a questão das mudanças climáticas (Kelly, 2008).

O aquecimento global desempenhou um papel importante na eleição presidencial de 2008. Historicamente, as questões ambientais não têm sido tópicos decisivos de disputa nas eleições nacionais dos Estados Unidos. Para a eleição presidencial de 2008, no entanto, o meio ambiente surgiu como uma questão relevante, com mais de 30% dos eleitores dizendo que levariam em consideração as credenciais verdes de um candidato, quando em 2005 apenas 11% dos eleitores disseram o mesmo. Todos os principais candidatos discutiram a questão longamente e apoiaram as propostas para reduzir as emissões de carbono. A Liga de Eleitores Conservadores criou um site (www.heatison.org) para monitorar as opiniões dos candidatos sobre o aquecimento global e para manter o debate "aquecido" durante a eleição. Os senadores Clinton, McCain e Obama apoiaram, pelo menos em termos gerais, as políticas para reduzir o aquecimento global, batendo de frente com o governo Bush — embora McCain e Obama apoiassem simultaneamente a intensificação da perfuração de poços de petróleo como resposta ao aumento dos preços dos barris.

Na União Europeia, como já foi mencionado, no dia 9 de março de 2007, em uma cúpula em Bruxelas, líderes de governos concordaram com uma meta compulsória para reduzir emissões indutoras de gás estufa em pelo menos 20% de 1990 até 2020. Embora a meta geral seja 20%, o acordo permite metas individuais para cada um dos 27 membros. A Suécia, por exemplo, planeja reduzir suas emissões de gás estufa em pelo menos 30% até 2020. Em 23 de janeiro de 2008, a União Europeia concordou com um pacote abrangente de propostas: o "Pacote de Ação Climática e Energias Renováveis" (The Climate Action and Renewable Energy Package). O presidente da Comissão, José Manuel Barroso, chamou as metas de "20/20 até 2020". Duas metas fundamentais foram estabelecidas pelo Conselho Europeu: uma redução de pelo menos 20% em gases de efeito estufa até 2020 — aumentando para 30% se houver um acordo internacional comprometendo outros países desenvolvidos; e uma participação de 20% de energias renováveis no consumo de energia da União Europeia até 2020. O pacote também inclui a atualização do Sistema de Comércio de Emissões. A União Europeia tem o primeiro programa do mundo para limitar e negociar o dióxido de carbono (chamado popularmente de "cap-and-trade"). No Reino Unido, em resposta à pressão intensa por parte dos ambientalistas, inclusive a Amigos da Terra e a coalizão Stop the Climate Change, o governo concordou com um plano para um projeto de lei que introduz legislação para restringir as emissões de gás de efeito estufa (BBC, 2006; Wintour, 2006). O projeto de lei Climate Change ("Mudanças Clmáticas") foi introduzido em março de 2007.

A comunidade internacional também está agindo. O Protocolo de Quioto, negociado em 1997, entrou em vigor em 2005, estabelecendo limites de emissão compulsórios para os países industrializados até 2012 (exceto os Estados Unidos, que não o ratificaram). A partir de agosto de 2008, os Estados Unidos e o Cazaquistão foram as únicas nações signatárias que não ratificaram o Protocolo de Quioto. O primeiro período de compromisso do protocolo terminou em 2012 e os diálogos internacionais sobre um período subsequente de compromisso começaram em maio de 2007. A Conferência das Nações Unidas sobre Mudança Climática de 2007, realizada em Bali, culminou com a adoção do Bali Roadmap (o "Mapa do Caminho" de Bali) por parte dos países-membros do Protocolo de Quioto. O Mapa do Caminho estabeleceu um processo de dois anos cujo objetivo é conseguir um acordo vinculativo na cúpula de 2009 das Nações Unidas na Dinamarca. E em julho de 2008, uma reunião dos G-8 em Sapporo, em um contexto de crises sérias nos preços de energia e de provisões de alimentos, o país anfitrião (Japão) apresentou uma nova série de medidas relacionadas ao aquecimento global no primeiro lugar da pauta. No entanto, nenhuma medida corretiva foi adotada na reunião em virtude da indiferença do presidente Bush — que estava no final do mandato e decidiu deixar a tarefa para seu sucessor.

Assim, depois de décadas de esforços por parte do movimento ambientalista para alertar o público sobre os perigos das mudanças climáticas por meio de uma reprogramação das redes de comunicação para transmitir sua mensagem, o mundo tinha finalmente despertado para a ameaça de destruição autoinfligida que o aquecimento global representa e parece estar caminhando, embora em um ritmo incerto e lento, na direção da adoção de políticas para reverter o processo de nosso fim coletivo.

A NOVA CULTURA DA NATUREZA

A mobilização social para controlar as mudanças climáticas conseguiu, em grande medida, despertar a atenção e estimular medidas de políticas públicas, embora lamentavelmente inadequadas até o momento, unindo-se ao movimento ambientalista mais amplo, que produziu uma nova cultura da natureza no decorrer das quatro últimas décadas. Uma comparação entre a Figura 5.2 e a Figura 5.3 nos dá uma boa noção da forte associação entre o aumento do ativismo ambientalista e o aumento da conscientização sobre o aquecimento global.

Assim, um movimento multifacetado, composto de ativistas, cientistas e celebridades, que atuam na mídia e formam redes pela internet, transformou a maneira como pensamos a natureza e nosso lugar no planeta. A mudança é tridimensional: ela afeta nossa noção de espaço, nossa noção de tempo e a própria noção das fronteiras da sociedade. *O espaço de nossa existência tornou-se global e local ao mesmo tempo.* Percebemos que temos uma casa global cuja sobrevivência depende daquilo que fazemos em nossas casas locais. O horizonte do tempo de nossa vida coletiva, como proposto pelo movimento ambientalista, poderia ser caracterizado como *tempo glacial*, o conceito que peguei de Lash e Urry para aplicá-lo à minha análise da sociedade em rede: "[Tempo glacial é] a noção segundo a qual a relação entre humanos e a natureza é de prazo muito longo e evolucionária. Ela retrocede, saindo da história humana imediata, e vai adiante para um futuro totalmente indeterminado" (Lash e Urry, 1994:243). Esse tempo em câmera lenta do ambiente natural e da evolução de nossa espécie, em contraste com o tempo que se move rapidamente de nossa vida cotidiana como indivíduos efêmeros, subjaz o projeto do ambientalismo para redefinir os parâmetros de nossa existência.

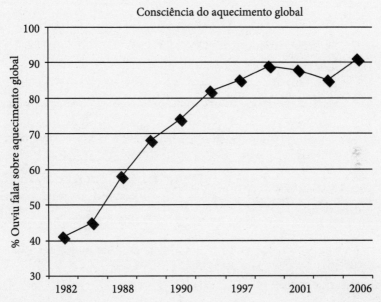

Fig. 5.3. Índice de consciência sobre o aquecimento global nos EUA, 1982-2006, segundo as fontes na Tabela 5.1.

As fronteiras da sociedade também precisam ser repensadas. Nossa organização social não pode apenas ser concebida em termos do nosso presente ou de nosso passado, mas deve também incluir a visão de nosso futuro. A visão da *solidariedade intergeracional* nos conecta com nossos netos e com os netos de nossos netos, já que as consequências de nossas ações irão reverberar por gerações. Como escrevi em 1997 (com todas as desculpas devidas por excepcionalmente citar a mim mesmo):

A noção holística de integração entre os humanos e a natureza, como apresentada nos autores da "ecologia profunda", não se refere a um culto ingênuo de paisagens naturais primitivas, e sim à consideração fundamental de que a unidade relevante da experiência não é cada indivíduo, ou, aliás, nem as comunidades humanas historicamente existentes. Para nos fundirmos com nosso eu cosmológico, primeiro precisamos mudar a noção de tempo, sentir o "tempo glacial" correndo por nossas vidas, sentir a energia das estrelas fluindo em nosso sangue e assumir os rios de nossos pensamentos permanentemente se fundindo nos oceanos infinitos da matéria viva multiformada (Castells, 2004c:183).

Dez anos depois de escrever esse texto, estamos vendo os começos de uma transformação cultural profunda das sociedades no mundo todo. E agora estamos agindo sobre a questão do aquecimento global ou começando a fazê-lo. Mas, para poder agir, tivemos de mudar a maneira como pensávamos. Tivemos de reprogramar as redes de nossas mentes reprogramando as redes de nosso ambiente de comunicação.

A REDE É A MENSAGEM: MOVIMENTOS GLOBAIS CONTRA A GLOBALIZAÇÃO CORPORATIVA[6]

> Estamos construindo um contrapoder autônomo ao formar redes de movimentos e ao criar nossas próprias alternativas sem esperar pelo governo (...) e ajudando outros a terem acesso a elas também.
>
> (PAU, ATIVISTA DA INFOESPAI, BARCELONA, CITADO POR JURIS, 2008:282)

Desde o final da década de 1990, um movimento multifacetado, conectado em redes globais, desafiou a inevitabilidade e a orientação da globalização corporativa, entendida como a prioridade dada aos mercados acima das sociedades

---

6 Esta seção é amplamente baseada em um estudo pioneiro realizado por meu ex-aluno na Universidade de Berkeley e agora professor na Universidade Northeastern, Jeffrey Juris, para sua tese de doutorado em antropologia, com base em sua etnografia dos movimentos em Barcelona e em vários protestos. A investigação, que foi levada a cabo com pleno conhecimento e consentimento dos ativistas, forneceu a base para um livro importante sobre o desenvolvimento e o significado dos movimentos sociais contra a globalização corporativa (Juris, 2008). Naturalmente, esta seção reflete minha própria interpretação de suas constatações, embora eu não ache que estejamos muito distantes um do outro em nossas conclusões. Para minha análise dos movimentos contra a globalização corporativa, ver Castells (2004, cap. 2). Outras fontes usadas nesta seção são citadas no texto.

no processo de liberalização assimétrica dos mercados no mundo todo sob a orientação do chamado Consenso de Washington, promulgado pelo clube dos G-8, pela Organização Mundial do Comércio (OMC), pelo Fundo Monetário Internacional (FMI), pelo Banco Mundial e por outras instituições internacionais (Stiglitz, 2002). Com origem nas manifestações contra a reunião da OMC em Seattle em dezembro de 1999, os protestos se espalharam por toda uma geografia global simbólica, refletindo o tempo e espaço das assembleias dos detentores do poder global com a presença de milhares que contestavam os valores e interesses refletidos na nova ordem mundial, que estava sendo elaborada. Esses manifestantes não eram antiglobalização, como a mídia rapidamente os rotulou. Eram contra as políticas que apoiavam a globalização econômica unilateral sem controle social e político, e, além disso, contra o discurso que apresentava essa forma específica de globalização como uma tendência histórica irresistível. Resistindo às invocações para que se adaptassem ao único mundo possível, *eles afirmaram*, em diversas ideologias e organizações, *que outro mundo era possível*. E, assim, ativistas de todo o mundo se reuniram em Washington, em abril de 2000, e na cidade de Quebec, em abril de 2001, em Gênova, em julho de 2001, em Nova York (em proporções mais modestas depois do 11 de Setembro), em janeiro de 2002, em Barcelona, em junho de 2001 e março de 2002, em Cancún, em setembro de 2003, em Gleneagles, em julho de 2005, e em Praga, Gotemburgo, Nice, Genebra, Bruxelas, Durban, Fortaleza, Monterrey, Quito, Montreal, São Paulo, Johanesburgo, Florença, Copenhague, Atenas, Miami, Zurique, Sapporo e em inúmeros outros locais onde as redes globais de poder e contrapoder aterrissavam simultaneamente para se confrontar sob o refletor da mídia. Mas esses eventos globais eram apenas a ponta de um iceberg muito maior de descontentamento social e crítica cultural das direções adotadas pelo mundo global que emergia. Milhares de lutas locais sobre toda uma variedade de questões se conectaram pela internet e foram transmitidos pela mídia, tanto pela grande mídia quanto pelas redes alternativas que tinham surgido pelo planeta (Melucci, 1989; Keck e Sikkink, 1998; Waterman, 1998; Ayres, 1999; Ray, 1999; Riera, 2001; Appadurai, 2002; Klein, 2002; Calderon, 2003; Hardt e Negri, 2004; della Porta *et al.*, 2006).

O Fórum Social Mundial, organizado pela primeira vez em Porto Alegre, em 2001, foi um contraponto ao Fórum Econômico Mundial, dominado pelas corporações, que se reúne anualmente em Davos, na Suíça, convocando uma reunião massiva para debater projetos alternativos simultaneamente à reunião oficial. Após a reunião de 2005, o Fórum Social Mundial migrou para lugares diferentes, variando os locais do encontro para chegar a regiões do mundo que estavam menos envolvidas no movimento, desde Hyderabad até Bamako. Fóruns sociais regionais também foram organizados na Europa e na América Latina. Com o passar do tempo, o movimento tornou-se mais difuso em suas expressões icônicas e ficou menos presente na mídia. Mas, na prática, ele teve uma influência ainda maior nas lutas diárias das pessoas em todas as partes do mundo, e em sua articulação pela internet, que passou a ser tanto sua forma organizacional quanto seu modo de ação. De fato, o movimento como tal é visível principalmente na internet, e é na internet que encontramos, dez anos após Seattle, as múltiplas expressões globais de sua existência.

As primeiras tentativas de construir uma organização permanente se dissolveram em virtude da relutância da maioria dos ativistas em aceitar novos centros de comando e de controle responsáveis por sua ação coletiva. Realmente, a composição do movimento, que começou com os manifestantes em Seattle, desafiava a uniformidade, tanto em termos de características sociais, ideologias ou metas. Ambientalistas e feministas se uniam a movimentos indígenas lutando pela sobrevivência de sua identidade; sindicatos reivindicavam seu direito a um pacto social global ao lado de fazendeiros franceses que defendiam seu queijo; defensores dos direitos humanos se misturavam a protetores de golfinhos; a crítica ao capitalismo se misturava à crítica ao Estado; e a demanda unânime por democracia global era entrelaçada com a busca utópica por um autogerenciamento em redes. Havia convergência no protesto, mas havia divergência nos projetos que surgiam da negação da globalização como era vivenciada nesse começo do século XXI. Mas nenhum componente nesse movimento diverso de massa jamais teve a intenção de unificá-lo, organizá-lo ou dirigi-lo (à exceção de alguns sobreviventes da antiga esquerda, sempre prontos a se candidatar a um emprego na vanguarda que lidera as massas — sem sucesso).

No Fórum Social Mundial de Porto Alegre em 2005, participei com mais de 150 mil participantes, cerca de 50 mil deles acampados na "cidade livre" do Acampamento Internacional da Juventude, uma área autogerenciada, com pouco envolvimento da prefeitura anfitriã. Não havia qualquer programa central para o evento. Mais de 5 mil mesas-redondas e debates foram realizados, sob a iniciativa de pessoas ou grupos específicos que simplesmente passavam as informações ao centro de coordenação para que lhes fossem atribuídos um horário e um local. E embora os autodesignados intelectuais orgânicos do movimento insistissem em escrever e publicar um manifesto, lido na presença de Hugo Chávez, em uma tentativa de recrutar rebeldes para a sua causa, muitos participantes ignoraram as proclamações e continuaram com sua própria formação de redes locais, uma mistura de compartilhamento de vida, elaboração de ideias, planejamento de ações, estabelecimento de redes futuras, exploração da mídia alternativa *cool* e fruição de festas comunitárias.

A extrema descentralização e diversidade do movimento o tornaram relativamente incompreensível para a mídia no momento em que as manifestações militantes contra alvos estabelecidos tinham cessado. Mas quando o movimento finalmente se metamorfoseou em uma miríade de lutas locais e redes globais *ad hoc*, ele evidenciou as armadilhas da globalização, e muitos de seus temas foram incorporados no debate sobre políticas públicas. Isso incluiu discussões em espaços como o Fórum Econômico Mundial, que até tentou, sem sucesso, organizar uma reunião conjunta com o Fórum Social Mundial. Como escreve Stiglitz,[7]

> Quando me mudei para a arena internacional, descobri que, especialmente no Fundo Monetário Internacional, as decisões eram tomadas naquilo que parecia ser uma mistura curiosa de ideologia e má economia, um dogma que às vezes parecia estar claramente encobrindo interesses especiais (...) Foram os sindicalistas, os estudantes, os ambientalistas — cidadãos comuns — marchando nas ruas de Praga, Seattle, Washington e Genebra que colocaram a necessidade de reforma na pauta do mundo desenvolvido (2002:XIII e 8).

O movimento, no entanto, não podia apresentar um projeto para um novo conjunto de políticas globais — e nunca teve a intenção de fazê-lo. Alguns de seus componentes (por exemplo, os sindicatos) tinham uma pauta muito específica e muitas vezes defendiam seus interesses com sucesso, já que na maioria dos países, inclusive nos Estados Unidos, a opinião pública se voltou contra a visão da globalização como uma adaptação a mercados globais em detrimento de empregos e padrões de vida. Os sindicatos, aliados a outros atores no movimento e na sociedade como um todo, conseguiram pressionar os políticos para que moderassem a lógica estritamente capitalista da globalização. Mas para a ala militante do movimento, para aqueles que queriam não apenas um melhor lugar no mundo como ele é, mas em outro mundo organizado em torno da supremacia de valores humanos, o próprio movimento foi o precursor da sociedade por vir, uma sociedade de comunidades autogerenciadas coordenadas e ativadas pela internet. A *forma em rede* do movimento, um instrumento organizacional decisivo, passou a ser *a norma em rede* do movimento, em um processo que Jeff Juris (2008) documentou e analisou detalhadamente.

Os múltiplos componentes do movimento contra a globalização corporativa eram/são locais e globais ao mesmo tempo. Eles são amplamente baseados em militantes com raízes em comunidades locais, como os movimentos em Barcelona, um dos nódulos mais ativos e inovadores do movimento global que

---

7 Joseph Stiglitz, professor de economia na Universidade Stanford e Prêmio Nobel de Economia em 2001, deixou seu posto no governo de Clinton para se tornar o economista principal do Banco Mundial. Sua discordância das políticas econômicas do Banco Mundial e do FMI, que considerou desastrosas (e provou que o eram) o levou a pedir demissão do banco, a aceitar uma cátedra na Universidade Columbia, escrever e dar conferências no mundo todo, documentando sua crítica, ao mesmo tempo que propunha políticas alternativas orientadas para a estabilidade econômica e a igualdade social (ver Stiglitz, 2002).

Juris observou e do qual participou. Mas, ao mesmo tempo, essas organizações militantes, assim como os milhares de ativistas individuais que se mobilizam para campanhas específicas, se conectam pela internet para debater, organizar, agir e compartilhar. Além disso, quando um protesto simbólico é planejado para um local específico — por exemplo, o local de reunião do clube dos G-8 —, as redes virtuais são essenciais para reunir as centenas de organizações locais e os milhares de ativistas que saem do local para entrar no global. Portanto, a organização pela internet depende de interações presenciais anteriores, que, ao convergirem em uma localidade de eventos, cria novas ocasiões para maiores interações presenciais. A internet é fundamental nessa lógica organizacional e cultural que articula redes globais e comunidades locais. Assim, Bennett (2003b: 164) conclui seu estudo dessas redes ativistas afirmando que

> Os vários usos da internet e outros meios digitais de comunicação facilitam as redes imprecisamente estruturadas, os frágeis laços de identidade e a organização de campanhas sobre questões e manifestações que define a nova política global (...) Parece que a facilidade de criar vastas redes de políticas permite às redes ativistas globais usar artimanhas para resolver os difíceis problemas de identidade coletiva que muitas vezes impede o crescimento de movimentos (...) O sucesso das estratégias de comunicação em rede em muitas campanhas sobre questões e de manifestações parece ter produzido bastante inovação e aprendizado para manter organizações surgindo apesar do (e em virtude do) caos e da mudança dinâmica naquelas organizações (...) A rede dinâmica passa a ser a unidade de análise na qual todos os outros níveis (organizacional, individual, político) podem ser analisados com maior coerência.

A prática de formação de redes do movimento vai além da instrumentalidade de coordenar ações e de alavancar a flexibilidade nas redes espalhadas de ativismo. *A formação de redes na internet é essencial em três níveis: estratégico, organizacional e normativo.*

O que Juris (2008) conceitualiza como *a ascensão da utopia informacional* começa nas táticas e na estratégia do movimento, que encontra, no uso da internet e na mídia alternativa, ferramentas privilegiadas para organizar, informar e contraprogramar as redes da mídia. Um instrumento-chave é o desenvolvimento da Indymedia, uma rede de centenas de centros de mídia, alguns temporários, outros permanentes, que dão aos ativistas os meios técnicos para criar o próprio material de informação e distribuí-lo pela rede ou por centenas de estações de rádio e televisão comunitárias, ao mesmo tempo que seus repórteres e editores também trabalham em matérias sobre o movimento e as questões por ele suscitadas (Downing, 2003; Costanza-Chock, no prelo). A publicação digital de código aberto foi essencial para facilitar a capacidade de gerar e distribuir informação em diferentes formatos sem a necessidade de passar pela grande mídia. Equipamentos de gravação e produção de vídeos baratos e de alta qualidade colocaram o poder da comunicação nas mãos dos ativistas. A capacidade de postar vídeos no YouTube e em outros espaços sociais na internet, ou a possibilidade de estabelecer links para o movimento em sites populares, como MySpace ou Facebook, amplificaram os usos da autocomunicação de massa como a expressão de novos valores e de novos projetos. A mídia alternativa está no centro da ação do movimento social alternativo (Coyer *et al.*, 2007; Costanza-Chock, no prelo).

Mas o movimento também teve cobertura da grande mídia porque organizou manifestações espetaculares, tais como a estética do grupo italiano Tutte Blance, que, totalmente vestido de branco, avançava em fileiras sólidas contra as linhas policiais sob escudos de plástico branco, uma coreografia impressionante que se tornou ainda mais atraente para a mídia quando o sangue dos manifestantes golpeados pela polícia em certo momento manchou a pureza imaculada de seu protesto pacífico. Ou então o Black Block com seus integrantes vestidos de preto, mascarados e prontos para a ação, que se envolviam em uma forma simbólica de ação de guerrilha urbana que não poderia deixar de atrair a atenção das câmeras de televisão. A exposição na mídia que essas táticas receberam veio a custo de um rótulo de "violentas" por parte da imprensa, embora ações violentas só fossem perpetradas por uma minoria daqueles envolvidos. Apresentações de teatro de rua, como aquelas realizadas pelo grupo British Reclaim the Streets ou pelo grupo norte-americano Art & Revolution, eram mais eficazes. O mesmo pode ser dito dos desfiles alegres com palhaços, músicos e dançarinos que reinventaram a revolução do "flower power" da década de 1960. No entanto, por mais imaginativas que essas formas de comunicação fossem, elas entregavam a criação de imagens do movimento para os editores da grande mídia, limitando seu impacto a um público que se divertia, mas que estava distanciado das estripulias dos jovens rebeldes.

É por essa razão que o movimento, desde seu início, não abriu mão de produzir suas próprias mensagens e distribuí-las pela mídia alternativa, comunitária ou pela internet. As redes de informação e comunicação organizadas em torno da Indymedia são a expressão mais significativa dessa capacidade de contraprogramação. Embora enraizada na criatividade e no compromisso dos ativistas, essa capacidade é inseparável da revolução nas tecnologias digitais. Hackers e ativistas políticos uniram-se nas redes da mídia alternativa. Além da Indymedia, inúmeros laboratórios de hacking, temporários ou estáveis, povoavam o movimento e usavam o conhecimento tecnológico superior da nova geração para construir uma vantagem na batalha de comunicação contra os mais velhos na grande mídia. Em alguns casos, ações de guerrilha eletrônica se desenvolviam a partir dessas trincheiras de resistência, por meio do hacking dos sites das organizações do sistema global, de mensagens do movimento na mídia, da chacota dos globalizadores com vídeos que expunham sua ideologia e ridicularizavam sua arrogância e, mais amplamente, por atos de desobediência civil eletrônica semelhante à estratégia concebida algum tempo atrás pelo Critical Art Ensemble ou pelo Electronic Disturbance Theatre (EDT). Stefan Wray, o teórico principal do EDT, começou, em 1998, a organizar protestos virtuais passivos usando o software FloodNet, que permitia a participação de grandes números de ativistas cibernéticos em protestos pelo simples clique em seus navegadores da internet. Desde então, hackers politicamente ativos (uma minoria entre hackers) tornaram-se um componente-chave do movimento de justiça global. Sua capacidade tecnológica de usar redes de computadores para objetivos diferentes daqueles atribuídos pelos seus proprietários corporativos colocou os hackers na vanguarda do movimento, livrando o ativismo das limitações impostas a sua expressão autônoma pelo controle corporativo das redes da mídia. Como escreve Juris: "'Ativistas-hackers' importantes operam como transmissores e permutadores (de movimentos em rede), recebendo, interpretando e enviando a informação para vários nodos da rede. Como hackers de computador, eles combinam e recombinam códigos culturais — nesse caso, significantes políticos, compartilhando informação sobre projetos, mobilizações, estratégias e táticas nas redes globais de comunicação" (2008:14).

A partir de intervenções na mídia e de uma organização autônoma, o movimento evoluiu, pelo menos em alguns de seus componentes mais autorreflexivos, e se tornou *um projeto de organização da sociedade em torno do autogerenciamento em rede*. Em alguns casos, o movimento por códigos abertos e o movimento contra a globalização se uniram para propor uma nova forma de produção e organização social com base na lógica do código aberto, como no projeto alemão Oekonux (uma combinação de *oekonomy* e Linux), uma lista de e-mails de pessoas comprometidas com a exploração da ordem pós-capitalista baseada nos princípios do software livre. Embora o Oekonux tenha como foco novas formas de produção econômica, projetos semelhantes planejam estabelecer formas de democracia direta eletrônica (Himanen, 2001; Levy, 2001; Weber, 2004; Juris, 2008).

Em um sentido mais amplo, a corrente neoanarquista que tem uma presença forte no movimento contra a globalização corporativa considera a expansão das redes globais de comunidades e indivíduos uma meta política: "A rede autoproduzida, autodesenvolvida e autogerenciada passa a ser um ideal cultural generalizado, fornecendo não só um modelo eficaz de organização política, mas também um modelo para a reorganização da sociedade como um todo" (Juris, 2008:15). De certa forma, a dinâmica da formação de redes presente no movimento parece revitalizar em uma escala mais ampla um antigo ideal anarquista de comunas autônomas e indivíduos livres coordenando suas formas autogerenciadas de existência, usando a rede como sua ágora global de deliberação, sem submissão a qualquer forma de burocracia que surge do mecanismo de delegação de poder. Juris tem a perspicácia de citar o anarquista russo Voline, que, pouco depois da revolução bolchevique e antes de a voz dos anarquistas ser silenciada na União Soviética, declarou que:

> É claro que a sociedade deve ser organizada (...) a nova organização (...) deve ser estabelecida livremente, socialmente e, acima de tudo, a partir de baixo. O princípio de organização não deve vir de um centro criado a priori para capturar o todo e se impor, mas, ao contrário, deve vir de todos os lados para criar nódulos de coordenação, centros naturais para servir a todos os pontos (Voline, citado por Juris, 2008:10).

Será que a transformação tecnológica e organizacional da sociedade em rede fornece a base material e cultural para que a utopia anarquista de um autogerenciamento por meio de redes torne-se uma prática social? É isso, ao menos, o que muitos ativistas no movimento contra a globalização corporativa parecem achar. Embora a realização da profecia comunista sob a forma do estatismo construído sobre hierarquias verticais e dirigido por centros de comando e controle tenha sido eliminada pelo teste da história, a promessa de redes autogerenciadas possibilitadas pelas tecnologias de liberdade, como a internet e a comunicação sem fio, parece estar na vanguarda dos novos movimentos sociais de nossa era. E, no entanto, sabemos, e Juris insiste em nos lembrar, que todas as tecnologias podem ser usadas tanto para a opressão quanto para a libertação, e que as redes conectam e desconectam, incluem e excluem, dependendo de seus programas e de sua configuração. No entanto, o simples fato de o próprio movimento, ou pelo menos de uma parte significativa dele, em Barcelona e em outros lugares, estar aproveitando o novo meio tecnológico para reivindicar a possibilidade histórica de novas formas democráticas de convívio, sem se submeter a estruturas de dominação, é, em si mesmo, um projeto. Utópico, certamente. Mas as utopias não são quimeras. Elas são construções mentais que por sua existência inspiram ações e mudam a realidade. Ao defender o poder libertador das redes eletrônicas de comunicação, o movimento em rede contra a globalização imposta abre novos horizontes de possibilidade no velho dilema entre liberdade individual e governança da sociedade.

Mobilizando a resistência: a comunicação sem fio e as insurgentes comunidades de prática

A raiva é uma das emoções mais poderosas por trás das práticas rebeldes, pois reduz a percepção de risco e aumenta a tolerância ao comportamento arriscado. Além disso, a raiva se intensifica com a percepção de uma ação injusta e com a identificação do agente responsável por aquela ação (ver o Capítulo 3). Ao longo da história, a raiva incitou protestos, resistência e até revoluções, começando em um evento agravante e aumentando até chegar à rejeição da autoridade responsável, à medida que o acúmulo de danos e insultos se torna intolerável. O preço do pão, a suspeita de bruxaria ou a injustiça de governantes já foram fontes mais frequentes de revoltas e de mobilizações sociais do que os ideais de emancipação. Com efeito, ocorre muitas vezes que esses ideais só emergem quando germinam no solo fértil da raiva popular contra os injustos (Labrousse, 1943; Thompson, 1963; I. Castells, 1970; Spence, 1996).

No entanto, para que a resistência se manifeste é preciso que sentimentos individuais, como a raiva, tenham sido comunicados a outros, transformando noites solitárias de desespero em dias compartilhados de ira. E, por isso, o controle da comunicação e a manipulação da informação sempre foram a primeira linha de defesa para os poderosos escaparem impunes com seus delitos. Isso é particularmente relevante no caso da indignação espontânea sobre um evento específico em tempo e lugar determinados. Quanto mais reduzido for o círculo dos descontentes, mais fácil será a repressão de seu protesto e mais rápida a restauração da ordem. Movimentos de solidariedade entre manifestantes espalhados por locais distantes sempre precisaram confrontar a incerteza daquilo que realmente aconteceu, já que os canais horizontais de comunicação não existiam ou se romperam em momentos de crise. Além disso, as ações provocadas pela raiva brotam instantaneamente. Elas se transformam em um movimento de resistência por meio de uma cadeia imprevista de eventos. Raramente ocorre de líderes planejarem a revolta. Normalmente eles se tornam líderes ao unir-se ao movimento em seus próprios termos. É precisamente a natureza imprevisível dessas revoltas que as torna perigosas e incontroláveis. Elas pegam fogo como uma faísca na savana, mesmo que isso exija uma savana seca pela vida difícil sob o controle de senhores cruéis. Historicamente, as formas de comunicação foram fatores cruciais para determinar a extensão e as consequências das revoltas e para explicar como incidentes isolados puderam alcançar toda a sociedade (Dooley e Baron, 2001; Curran, 2002). É por esse motivo que um dos mecanismos de resistência mais antigos — as revoltas espontâneas contra uma autoridade supostamente injusta — adquire um novo sentido no contexto da comunicação digital.

A existência de 3,5 bilhões de assinantes de telefones celulares em 2008 significa que é possível enviar e difundir uma mensagem para qualquer parte, em tempo real. A noção de tempo real é essencial nesse caso. Ela significa que as pessoas podem construir redes instantâneas de comunicação que, tendo como base suas atividades cotidianas, podem propagar informação, sentimentos e convocar às armas de uma maneira multimodal e interativa (Rheingold, 2003). A mensagem pode ser uma imagem poderosa, uma música, um texto, uma palavra. A imagem pode ser recuperada instantaneamente quando se registra o comportamento desprezível daqueles nas posições de poder. Um breve SMS ou um vídeo enviado para o YouTube pode tocar um nervo na sensibilidade de certas pessoas ou da sociedade como um todo, fazendo referência ao contexto mais amplo de desconfiança e humilhação em que muitas pessoas vivem. E no mundo da comunicação de massa em rede, uma mensagem de apenas um mensageiro pode alcançar milhares e potencialmente centenas de milhares por meio do mecanismo do efeito do "pequeno mundo": redes de redes que aumentam exponencialmente sua conectividade (Buchanan, 2002). Além disso, a forma em rede da distribuição da mensagem é importante, porque se cada receptor passa a ser um emissor transmitindo por meio de um telefone celular para muitos receptores usando seu livro de endereços pré-programado ou sua rede normal de correspondentes, a origem da mensagem é identificada pelo receptor como uma fonte conhecida. Na maior parte dos casos, isso é equivalente a receber a mensagem de uma fonte pessoalmente confiável. As redes de telefones celulares passam a ser redes de confiança e o conteúdo transmitido por elas faz surgir empatia no processamento mental da mensagem. Das redes de celulares e das redes de confiança surgem as redes de resistência, que incitam a mobilização contra um alvo identificado.

Na década de 2000, à medida que a comunicação sem fio em suas várias modalidades se difundiu pelo mundo, mobilizações sociopolíticas espontâneas adotaram essa plataforma de comunicação para aumentar sua autonomia em relação a governos e à grande mídia. Em diversos países, manifestantes e ativistas, graças aos dispositivos de "conectividade infinita", obtiveram a enorme capacidade comunicativa para multiplicar o impacto de protestos sociais, e em alguns casos desencadearam revoluções, alimentando a resistência, impulsionando candidatos presidenciais e até derrubando governos e regimes políticos. Para citar alguns exemplos, foi demonstrado que o uso de telefones celulares teve efeitos significativos no movimento People Power II, que levou à queda do presidente Estrada nas Filipinas em 2001; na eleição que levou ao poder o coreano Moo-Hyun em 2002; na "Revolução Laranja" na Ucrânia em 2005; no movimento *Los Forajidos*, que tirou o presidente Gutierrez do poder no Equador em 2005; na revolta de 2006 na Tailândia contra a corrupção intolerável (precisamente nas empresas de telecomunicação) sob o governo do primeiro-ministro Shinawatra, que acabou por desencadear um golpe militar para limpar o regime; na resistência contra a repressão policial dos protestos populares no Nepal em 2007, que obrigou a realização de eleições livres e resultou no fim da monarquia; e nas manifestações pró-democracia na Birmânia em 2007, que abalaram a ditadura militar e provocaram um movimento internacional de solidariedade que pôs a pressão extraordinária da comunidade internacional sobre a Junta.

Em termos menos dramáticos, os telefones celulares se tornaram um componente-chave na organização e mobilização de protestos sociais em todo o mundo, desde jovens de grupos étnicos lutando contra a polícia nos *banlieues* franceses até o "Movimento Pinguim" dos estudantes chilenos (Andrade--Jimenez, 2001; Bagalawis, 2001; Arillo, 2003; Demick, 2003; Fulford, 2003; Hachigian e Wu, 2003; Rafael, 2003; Rhee, 2003; Uy-Tioco, 2003; Fairclough, 2004; Salmon, 2004; Castells *et al.*, 2006a; Brough, 2008; Ibahrine, 2008; Katz, 2008; Rheingold, 2008; Win, 2008). Mas talvez o movimento que exemplifica melhor a nova relação entre controle da comunicação e autonomia da comunicação à raiz das formas atuais de protesto e de resistência é a mobilização de março de 2004 na Espanha, quando a indignação espontânea contra as mentiras do governo sobre o ataque terrorista da al-Qaeda em Madri acendeu um movimento que teve como resultado a derrota eleitoral do primeiro-ministro Aznar, um dos defensores mais leais das políticas do presidente Bush. Esse foi um movimento em que o uso das redes de telefones celulares desempenhou um papel decisivo, como documentarei a seguir.

Do terror, das mentiras e dos telefones celulares: Madri, 11 a 14 de março de 2004

Em 11 de março de 2004, em Madri, um grupo islâmico radical — principalmente de origem marroquina e com base na capital espanhola — associado à al-Qaeda realizou o maior ataque terrorista até hoje na Europa, um atentado à bomba em quatro trens urbanos, matando 199 pessoas e ferindo mais de 1.400. As explosões foram acionadas pelo detonamento por controle remoto de sacos colocados nos trens e ativados por telefones celulares. Foi a descoberta de um cartão pré-pago de telefone celular em um saco que não explodiu que levou à prisão e à consequente eliminação da célula terrorista. Dias depois, alguns dos terroristas se suicidaram em um subúrbio de Madri, explodindo o apartamento onde estavam quando a polícia os cercou. Alguns foram presos na Espanha e em outros países, e levados a julgamento. Os que foram considerados culpados foram condenados a longas penas, mas na União Europeia não existe a pena de morte. A al-Qaeda assumiu a responsabilidade pelo atentado na noite de 11 de março, em uma mensagem endereçada ao jornal on-line *Al-Quds Al-Arabi*, com base em Londres, fazendo uma ligação explícita entre bombas e o papel da Espanha de um "cruzado" em guerra nas terras muçulmanas.

O atentado ocorreu em um contexto político significativo, três dias antes das eleições parlamentares espanholas. O tema principal da campanha havia sido o debate sobre a participação da Espanha na Guerra do Iraque, uma política rejeitada pela vasta maioria dos cidadãos. No entanto, achava-se que o partido conservador, o Partido Popular (PP), provavelmente iria ganhar a eleição, com base em seu histórico de política econômica e em sua posição firme frente ao terrorismo basco. A evolução das pesquisas de opinião nos dá o contexto político para a história. Após obter uma maioria absoluta no parlamento nas eleições de 2000, o PP, de José María Aznar, mantinha uma vantagem considerável sobre o principal partido de oposição, o Partido Socialista (PSOE), até o início de 2003. Bush, Blair e Aznar então se encontraram nos Açores pouco tempo antes da invasão do Iraque para simbolizar sua aliança e planejar as consequências políticas da guerra, enquanto Bush tentava substituir o fracasso da aprovação das Nações Unidas por uma "coalizão de países favoráveis". A opinião pública espanhola estava determinantemente contra a guerra. De fato, 75% achavam, em abril de 2003, que "todas as guerras são um desastre para todos". Como resultado, os cidadãos se voltaram contra Aznar (67% não confiavam nele em 2003), já que era visto como um subordinado do rejeitado presidente Bush. Consequentemente, os socialistas saltaram para uma vantagem de cinco pontos à frente dos conservadores após a reunião de Açores.

No entanto, durante o ano seguinte, o movimento antiguerra ficou desmoralizado, como ocorreu em outros países, pela incapacidade de pôr fim à guerra, e o partido conservador recuperou sua força, principalmente como resultado de dois fatores: a prosperidade econômica com um dos índices de crescimento mais altos da Europa, baixos índices de desemprego e de inflação; e a política governamental de confronto direto com o terrorismo do ETA, a radical organização separatista basca. Com isso, no começo da campanha eleitoral, um mês antes da data da eleição marcada para 14 de março de 2004, uma pesquisa de opinião do Centro de Investigações Sociológicas (CIS) mostrou os conservadores quatro pontos à frente dos socialistas entre os eleitores prováveis. No sistema eleitoral espanhol, o vencedor traduz sua margem de vantagem no voto popular em uma maioria de assentos no parlamento, segundo a regra D'Hondt, cujo objetivo é facilitar a estabilidade da governança. Pouco tempo antes das eleições, todas as pesquisas de opinião previam uma vitória dos conservadores contra o Partido Socialista, que estava desbaratado depois da derrota de 2000 e cuja figura simbólica era um líder jovem, inteligente, mas ainda não testado, José Luis Rodriguez Zapatero, que em campanha enfatizava seu compromisso com uma política limpa e sua promessa de começar imediatamente a retirar as tropas espanholas do Iraque.

Então, nas primeiras horas da manhã de quinta-feira, 11 de março, o terror atacou Madri. A Espanha inteira ficou em choque e incrédula, e o mesmo ocorreu com o mundo. Mas no meio da dor, medo e ira que se espalharam pelas pessoas, uma questão persistente surgiu imediatamente, quando a mídia corria para noticiar com um pano de fundo de escombros sangrentos: quem tinha feito aquilo?

Assim que o atentado terrorista em Madri ocorreu, e antes de surgir qualquer prova, o governo do PP afirmou com total convicção que o grupo terrorista basco ETA estava por trás do ataque. O primeiro-ministro Aznar chegou ao ponto de ligar para os diretores dos principais jornais do país aproximadamente às 13h do dia 11 de março (quatro horas depois do ataque) para garantir-lhes que, com a informação em mãos ele não tinha nenhuma dúvida de que o ETA era o autor do massacre. E ligou uma segunda vez, às 20h, para reiterar a afirmação. Com base nessa asseveração, *El País*, o principal jornal do país, cuja orientação política era contrária aos conservadores, mudou a manchete de sua primeira página, que já estava no prelo, de "Massacre terrorista em Madri" para "Massacre do ETA em Madri", contribuindo assim para a credibilidade da versão dada pelo governo. O fato de o governo ser dono da principal rede de televisão, a TVE, e de ter o controle político de uma das duas redes privadas, a Antena 3 TV, e o apoio ideológico de outros jornais de Madri (*El Mundo*, ABC, *La Razón*) garantiu a incansável reiteração da mensagem oficial em relação à responsabilidade pelo ataque. Até sábado, 13 de março, a agência de notícias do governo, a EFE, distribuiu um artigo com o título "Indícios apontam para o ETA e descartam a al-Qaeda". À medida que as horas foram passando, ficou cada vez mais provável, já no dia 12 de março, que a al-Qaeda era a culpada, já que a polícia tinha encontrado uma van com detonadores e uma fita cassete com versos islâmicos, e a própria al-Qaeda tinha assumido a responsabilidade pelo ataque. No entanto, o ministro do Interior e o porta-voz do governo continuavam a insistir na responsabilidade do ETA até a noite do dia 13, e mesmo então eles só reconheceram com relutância e condicionalmente aquilo que a polícia já sabia. Com efeito, na tarde do dia 13, enquanto o ministro do Interior ainda repetia a ladainha sobre o terrorismo basco, as primeiras prisões islâmicas já estavam ocorrendo em Madri.

Por que haveria uma tentativa tão obstinada de enganar a opinião pública, e possivelmente colocar em risco a segurança em outras capitais europeias se por acaso houvesse uma ofensiva coordenada por parte da al-Qaeda, em um momento de trauma psicológico coletivo no país? Há uma resposta óbvia: os riscos políticos eram altos. Faltavam apenas três dias para as eleições e, como o *Financial Times* escreveu à época, "se o ETA fosse considerado responsável, o apoio ao Partido Popular governante, que já estava liderando as pesquisas de opinião, poderia ser alavancado. No entanto, qualquer envolvimento da al--Qaeda levaria os eleitores a questionarem o sólido apoio do governo à ocupação do Iraque liderada pelos Estados Unidos" (Crawford *et al.*, 2004).

Na mente de milhões de espanhóis (na verdade, 65% deles) que avaliaram os eventos uma semana mais tarde (Instituto Opina, 2004), o governo manipulou a informação sobre o ataque buscando vantagem política. O trabalho de uma Comissão Parlamentar de Inquérito apresentou provas de que, sem mentir explicitamente, o governo do PP tinha atrasado a publicação de algumas informações fundamentais referentes aos eventos reais de 11 a 14 de março, e tratou provas que ainda estavam sendo examinadas como fatos indiscutíveis. Houve claramente uma determinação sistemática para favorecer a hipótese de terrorismo basco em vez de seguir as pistas islâmicas, apesar de os indícios iniciais apontarem a polícia nessa direção. A manipulação foi particularmente ostensiva no canal de televisão do governo, TVE1, que tem a maior audiência, e cujo âncora, Alfredo Urdaci, fez um grande esforço para omitir ou postergar qualquer informação sobre a conexão islâmica até que essa tivesse sido oficialmente reconhecida pelo governo. E mesmo então, na noite de 13 de março, horas antes da abertura das seções eleitorais no domingo, dia 14, a TVE1 mudou sua programação para a noite de sábado para transmitir uma apresentação especial: o filme *Assassinato em fevereiro*, que narra a história do assassinato de um líder socialista basco por terroristas do ETA.

Com base na documentação disponível (Rodriguez, 2004; Parlamento espanhol, 2004; de Ugarte, 2004), reportagens e em minha própria pesquisa, acho que é possível reconstruir a sequência de eventos por trás do esforço do governo Aznar de divulgar informações equivocadas. Era uma questão de oportunidade. No dia 11 de março, cidadãos e jornalistas estavam muito abalados emocionalmente para que entrassem na briga sobre a origem do ataque, ainda que analistas internacionais e alguns jornalistas na Espanha já estivessem apontando para a al-Qaeda e tivessem começado a questionar a responsabilidade do ETA, já que a organização tinha negado qualquer conexão com o ataque. O governo rejeitou a declaração, pois se recusava a dar qualquer credibilidade ao ETA.

A sexta-feira, 12 de março, foi dominada pela efusão popular, maciça e emocional, contra o terrorismo de qualquer espécie. Mais de 11 milhões de pessoas marcharam nas ruas das cidades espanholas, com todos os partidos políticos unidos na manifestação, em uma rara exibição de unidade nacional. No entanto, apesar da tristeza generalizada, como a polícia estava rapidamente reunindo dados que desacreditavam a hipótese do ETA, e à medida que essa informação começou a vazar para alguns meios de comunicação, muitos dos manifestantes exigiram saber a verdade. Como o governo tinha esperança de se dar bem escondendo informações sobre uma questão tão importante,

O PODER DA COMUNICAÇÃO | 405

enquanto a polícia e a mídia independente revelavam a verdade? De fato, Aznar e o ministro do Interior só tinham de segurar a informação por uns dois dias, já que a votação estava marcada para domingo, dia 14. O ponto crítico foi que no dia 13, sábado, era "dia da reflexão", quando, de acordo com a lei espanhola, nenhuma atividade de campanha ou manifestações políticas públicas são permitidas. E com isso, à medida que a investigação transcorria na sexta-feira e no sábado, o governo manteve a estratégia da desinformação para minimizar qualquer impacto eleitoral potencial por associação entre ataques terroristas e a participação da Espanha na Guerra do Iraque. Provavelmente foi decidido admitir a conexão da al-Qaeda na segunda-feira, depois de os resultados da eleição já terem sido computados. Porém, embora o cálculo do tempo tivesse sido perspicaz, o tiro saiu pela culatra.

Isso porque, independentemente da extensão da manipulação que de fato ocorreu, o que conta é que, nos dias 12 e 13 de março, milhares de cidadãos estavam convencidos da existência dessa manipulação. Um fator crucial para romper a estratégia de agenda-setting do governo na mídia e para influenciar a opinião pública foi a reportagem da rede privada de rádio mais importante, a SER, que, logo no início do processo, questionou a versão dada pelo governo e procurou fontes policiais que apontavam para o terrorismo islâmico. A firme estratégia da SER que diretamente confrontou o governo e a mídia a ele associada revela a autonomia relativa dos jornalistas em relação às suas corporações: a SER pertence ao Grupo Prisa, a mesma corporação que controla o jornal El País. E, no entanto, enquanto El País, apesar de distante dos conservadores, foi cauteloso em informar o público sobre a al-Qaeda, a rádio descobriu todas as informações possíveis e as divulgou imediatamente (em um caso, erroneamente dando crédito ao boato de que os restos mortais de um terrorista tinham sido encontrados nos destroços do trem). No sábado pela manhã, vários meios de comunicação começaram a questionar a versão do governo e, com isso, a primeira página do jornal La Vanguardia, o principal jornal de Barcelona, teve como manchete: "As provas apontam para al-Qaeda, mas o governo insiste no ETA."[8]

Portanto, no sábado de manhã, uma torrente de informação de diversas fontes, inclusive a internet e a mídia estrangeira, já tinha penetrado em algumas seções da opinião pública, principalmente entre os jovens, instruídos e

---

8 Em nota pessoal, eu estava em Barcelona naquele momento, e entre os céticos sobre a acusação do governo contra o ETA, em parte porque eu tinha estudado a al-Qaeda, e o atentado à bomba se encaixava bem com aquilo que eu conhecia de suas táticas. Por isso, publiquei um artigo no Vanguardia na manhã de sábado, 13, argumentando a favor da probabilidade da conexão da al-Qaeda e expondo a estratégia de informação manipulada do governo. Esse artigo, junto com sua segunda parte uma semana depois, recebeu o Prêmio Godo, um dos principais do jornalismo espanhol e um prêmio pouco provável para mim, já que não tenho pretensões jornalísticas.

sem afiliação política, que muitas vezes desconfiavam de governos e partidos. Quanto maior era o número de pessoas que sabiam a respeito da manipulação política de algo trágico e significativo como ataques terroristas, mais raiva surgia e mais as pessoas eram incitadas a fazer algo. Mas o quê? Manifestações políticas não eram permitidas naquele dia, a mídia do governo continuava a repetir histórias sobre o terrorismo basco (embora a essa altura a polícia já tivesse sabido que isso não era verdade) e os partidos e líderes da oposição estavam de mãos atadas pelos regulamentos eleitorais e por seu próprio sentido de precaução poucas horas antes do voto. Assim, a opinião não ouvida sobre o terror e sobre a verdade a respeito do terror precisou encontrar canais alternativos de comunicação para expressar suas ideias e, em última instância, exigir alguma providência. As pessoas, principalmente os jovens, usavam a internet, como faziam diariamente, para extrair informações, expressar sua tristeza, compartilhar suas opiniões e enviar mensagens em redes sociais.

Então, na manhã de sábado, 13, alguém em Madri enviou um SMS para dez amigos pelo celular. Embora tenha decidido permanecer anônimo, o emissor foi identificado pelos jornalistas como um rapaz de 30 anos, instruído e sem afiliação política, e sem jamais ter imaginado que estaria dando início a um movimento. Como ele explicou mais tarde em entrevista,[9] a ideia era chamar seus amigos e os amigos de seus amigos para protestarem em frente à sede do Partido Popular em Madri, e se eles conseguissem juntar quinze pessoas, todos iriam ao cinema depois. A mensagem enviada foi espontânea e limitada aos 160 caracteres de um SMS básico. Ela dizia (é claro, em espanhol): "Aznar vai se safar? Eles chamam isso de dia da reflexão e Urdaci [o âncora manipulador da TVE] trabalha? Hoje, 13 de março, 18h. Sede do PP, rua Genova 13. Nenhum partido. Silêncio pela verdade. Pasalo! [Passe adiante este SMS.]" Com efeito, seus dez amigos por acaso encaminharam a mensagem a seus dez amigos, que fizeram a mesma coisa com seus dez amigos e assim por diante. O tráfego de SMS na Espanha aumentou 30% em comparação ao de um sábado normal, e o nível foi muito maior do que em um dia de semana; além disso, a mensagem foi transmitida também por e-mail, de tal forma que o tráfego da internet também aumentou 40% (Campo Vidal, 2004, usando fontes dos operadores de telecomunicações). Às seis horas da tarde, havia centenas de pessoas, sobretudo jovens, sentados na rua Gênova, nº 13, Madri. Uma hora mais tarde, a multidão tinha crescido para mais de 5 mil pessoas, segundo fontes da mídia. Alguns de seus slogans eram: "Quem foi?", "Antes de votar, queremos a verdade!", "As bombas do Iraque explodem em Madri", e a mensagem mais ameaçadora para Aznar: "Mentirosos! Mentirosos! Amanhã vamos votar, amanhã vamos te expulsar!"

---

9 Disponível em: http://www.elpais.com/audios/cadena/ser/Entrevista/hombre/promovio /concentracion/sabado/frente/Genova/elpaud/2004031csrcsr_4/Aes/

Manifestações espontâneas semelhantes, estimuladas pela difusão em massa da mesma mensagem ou de outras parecidas, ocorreram em cidades de toda a Espanha, particularmente Barcelona. A tropa de choque da polícia se posicionou ao redor dos prédios do PP, mas a mídia fez o mesmo. Assim, embora os protestos fossem tecnicamente ilegais, a polícia hesitava em bater em pessoas que protestavam sentadas pacificamente na rua poucas horas antes de uma eleição geral. Além disso, embora a maioria tivesse ficado em casa, elas não estavam indiferentes ao protesto. Nas principais cidades espanholas, uma forma de protesto adotada durante o movimento antiguerra foi espontaneamente revivida em milhares de lares: batendo em panelas das janelas em um momento combinado, também, marcado por SMS. Com os sons do protesto espalhando-se pelo ar em uma noite de sábado, e como as notícias das prisões de islâmicos se difundiam por uns poucos canais da mídia e pela internet, o próprio rei da Espanha interveio, publicando uma declaração institucional que condenava o ataque terrorista sem mencionar o ETA. Mas pediu que, antes de ele falar ao país, o governo admitisse aquilo que a polícia já sabia: que a al-Qaeda era responsável. Para garantir que a mensagem fosse compreendida, ele distribuiu o vídeo de sua declaração para as redes de televisão estrangeiras quinze minutos antes da divulgação na mídia espanhola, permitindo ao governo tempo suficiente para que o ministro do Interior fizesse um discurso mais ou menos no mesmo momento. Aznar foi obrigado a ceder. Às 20h20 de sábado, 13, menos de doze horas antes da abertura das seções eleitorais, o ministro do Interior apareceu em rede nacional para anunciar a prisão de uma célula islâmica e a identificação de outros militantes islâmicos no ataque. No entanto, ele ainda insistiu na possibilidade de uma conexão entre a al-Qaeda e o ETA, uma teoria da conspiração (que, em algumas versões, também incluía os socialistas espanhóis) que Aznar continua a defender até hoje, apesar de essa possibilidade ter sido descartada explícita e inequivocamente pela polícia, pela Comissão Parlamentar de Inquérito e pelos tribunais que julgaram o caso. Apesar disso, o reconhecimento da responsabilidade da al-Qaeda teve a pior consequência política possível para o PP. Não só os riscos de apoiar Bush no Iraque foram expostos, para o espanto dos espanhóis pacíficos contentes com sua marginalidade em conflitos mundiais, mas o visível esquema do governo para mentir sobre o evento mais trágico da história espanhola recente foi profundamente ressentido pelos cidadãos e, em especial, pelos jovens, que tendem a ser mais sensíveis às questões morais do que às ideologias políticas.

Esses sentimentos se refletiram diretamente na votação de 14 de março de 2004. Contra todas as probabilidades, os socialistas venceram, com 42,6% do voto popular contra os 37,6% para o PP. A diferença entre as pesquisas de opinião feitas antes dos ataques terroristas e os resultados reais da eleição foi de mais de dez pontos. Mas, como sabemos que o voto estava associado à crise e, mais especificamente, à mobilização que denunciou a manipulação de informação do governo? Nessa questão crucial, depender em grande parte da detalhada análise estatística de Narciso Michavila (2005) sobre o impacto eleitoral dos ataques islâmicos de 2004, usando dados do levantamento pós-eleição do Centro de Investigações Sociológicas, bem como pesquisas de boca de urna realizadas por várias empresas de pesquisa de opinião. É importante apresentar a sutileza dessa análise em virtude de suas implicações mais amplas.

O primeiro efeito importante do drama que envolveu a eleição foi a mobilização do eleitorado. A participação nas eleições aumentou sete pontos percentuais em 2004 com relação a 2000, atingindo mais de 75% do eleitorado, o maior nível desde 1996 (em 2008, o índice de participação caiu novamente, para 69%). Embora uma maioria dos eleitores não admita qualquer influência dos eventos de março sobre sua decisão ao votar, 21,5% deles declararam que os eventos tiveram uma influência importante ou significativa sobre seu voto, uma proporção de eleitorado grande o bastante para mudar os resultados da eleição. Michavila (2005), seguindo o paradigma clássico de Lazarsfelt *et al.* (1944), diferencia dois mecanismos que subjazem essa mudança. Um deles é a ativação ou mobilização do voto. O outro é a conversão ou a mudança de voto. A ativação envolveu cerca de 1,7 milhãos de eleitores, de um total de 25.847.000. A ativação foi particularmente intensa entre pessoas que antes não votavam e entre eleitores com menos de 40 anos. A conversão representou o comportamento de cerca de 1 milhão de eleitores, principalmente de meia-idade, cuja maior parte estava votando no partido que eles escolheram para a eleição de 2004 pela primeira vez. Os socialistas receberam 8,7% de seus votos de eleitores ativados como consequência do ataque e dos incidentes com ele relacionados, enquanto apenas 3,5% dos eleitores conservadores foram ativados pelo ataque. Das pessoas convertidas como consequência do ataque, aquelas que mudaram seu voto a favor dos socialistas representavam 6,5% do voto socialista, em contraste com apenas 1,2% do voto conservador. Assim, o partido que recebeu mais apoio como resultado do ataque e o processo subsequente de manipulação da informação foi o Partido Socialista, principalmente porque os 951 mil eleitores que não estavam planejando votar o fizeram como resultado dos eventos que precederam o dia da eleição. Mas ainda mais importante foi o impacto de 700 mil eleitores convertidos, porque esses votos foram subtraídos dos partidos que esses eleitores desertaram, e a maioria deles foi para os socialistas. Uma conclusão semelhante pode ser obtida da análise das pesquisas de boca de urna realizadas por Sigma2 e segundo as quais o aumento dos votos socialistas veio de 1,5 milhão de pessoas que não votavam anteriormente, 1,5 milhão de eleitores de outros partidos e meio milhão de eleitores novos.

Um elemento crucial nessas transferências de voto foi o comportamento dos segmentos mais jovens do eleitorado. Em comparação com a eleição de 2000, os socialistas aumentaram seu voto em 3% na faixa etária entre 18 e 29 anos, e em 2% na faixa etária entre 30 e 44 anos, enquanto os conservadores diminuíram seu voto, respectivamente, em 7% e 4% (Sanz e Sanches-Sierra, 2005). Assim, parece que os eleitores jovens, que estavam na origem das mobilizações e que normalmente têm um nível de comparecimento baixo no dia da eleição, aumentaram sua participação consideravelmente; e o fizeram a favor dos socialistas. Isso não parece ser resultado de um posicionamento ideológico. Primeiro, porque há uma hostilidade generalizada da juventude espanhola para com todos os partidos políticos estabelecidos, inclusive os socialistas. Segundo, porque o novo contingente de eleitores na verdade inclinou o eleitorado socialista para o centro em termos ideológicos, em comparação com a eleição de 2000. A razão para isso é que ocorreu uma mudança pró-socialistas entre aqueles eleitores sem uma posição ideológica definida. Terceiro, uma proporção maior das categorias profissionais e de grupos com educação superior votou nos socialistas em 2004 em comparação com os anos anteriores, outra mudança em um segmento do eleitorado que pode conectar a vitória dos socialistas com um desvio dos padrões tradicionais de votação por razões outras que não a influência partidária. Quarto, as pessoas ativadas pelos acontecimentos e eleitores que mudaram seu voto como resultado desses acontecimentos tinham um perfil ideológico mais neutro do que eleitores regulares socialistas e conservadores. Em outras palavras, nas situações de estresse social, eleitores partidários se agarram a suas raízes ideológicas, enquanto não ideólogos reagem com seus sentimentos. E parece que esses sentimentos os levaram a votar, e a votar contra os conservadores. Realmente, entre os eleitores que decidiram seu voto no último momento e escolheram votar nos socialistas, 56% eram ideologicamente conservadores.

Um método interessante para avaliar os fatores que decidiram a eleição é uma análise do padrão de votação daqueles que decidiram votar ou mudaram seu voto no último minuto. Os socialistas ganharam uma porção maior do voto que os conservadores entre aqueles que estavam relutantes; os socialistas receberam 4,1% dos votos daqueles que originalmente tinham decidido não votar, em contraste com os conservadores que receberam apenas 1,65% desses votos. Em outras palavras, os acontecimentos de março mobilizaram os eleitores — e principalmente eleitores independentes e não ideológicos — a participarem da eleição e a fazê-lo a fim do votar contra os conservadores. O grupo de eleitores socialistas que hesitaram mais entre votar no partido conservador ou no socialista tinha uma maior proporção de pessoas jovens e instruídas do que aqueles que decidiram votar no partido conservador. Entrevistas que realizei com alguns dos jovens à época ilustraram a raiva deles contra os "mentirosos" a ponto de votarem em um partido (os socialistas) pelo qual eles tinham pouca simpatia, já que podia ser classificado na categoria geral de políticos tradicionais. Curiosamente, o partido menos "pró-sistema" no espectro político, os nacionalistas catalães do ERC, receberam 17% dos votos dos eleitores de último minuto, significativamente mais do que qualquer outro partido, uma indicação de que os jovens estavam hesitando entre sua rejeição ao sistema, sua lealdade política a algumas opções novas, e o desejo de usar o voto útil para expulsar "os mentirosos". Realmente, as pesquisas de opinião realizadas dois meses antes da eleição nacional de março de 2008 mostraram que os jovens provavelmente voltariam para seu índice de comparecimento às urnas mais baixo e que suas tendências de votação favoreciam os socialistas menos do que seu voto em 2004 (*La Vanguardia*, 2008). Embora Rodriguez Zapatero tenha sido reeleito em 2008, apesar da redução do apoio dos jovens em comparação com 2004, sua vitória foi uma consequência da mobilização dos eleitores catalães contra as ameaças do PP a sua amada autonomia.

No final, quanto mais os eleitores foram influenciados pelos acontecimentos de março de 2004, tanto mais eles relutaram em votar até o último minuto; e quanto mais foram estimulados a votar pelo 11 de março e eventos subsequentes, maior a probabilidade de votar nos socialistas no dia 14 de março, como ilustrado graficamente na Figura 5.4, elaborada por Michavila (2005). Com base na análise de seus dados, Michavila conclui que "a associação entre a eleição final e influência dos ataques é estatisticamente significativa" (2005:29). Assim, uma mudança política importante ocorreu na Espanha com consequências relevantes para a geopolítica global, à medida que Bush perdeu um aliado essencial em um momento crítico da construção de sua coalizão para manter a guerra do Iraque. Realmente, o primeiro-ministro Rodriguez Zapatero honrou sua promessa eleitoral e ordenou a retirada imediata das tropas espanholas do Iraque (mas não do Afeganistão) no primeiro dia de seu mandato, provocando um esfriamento na relação com a Casa Branca que duraria até o último dia do mandato de Bush, enquanto o ex-primeiro-ministro Aznar tornou-se um convidado habitual do casal Bush. Foi a primeira fratura em uma coalizão que iria se desintegrar nos anos seguintes.

Essa mudança política importante resultou de uma mudança de mentalidade na Espanha, que ocorreu durante as três últimas décadas, à medida que uma nova geração abraçou o desejo pela paz mundial e anseia por autenticidade e moralidade na condução dos negócios internacionais (apesar de sua paixão igualmente declarada por boates, sexo e bebida). À tristeza da morte e à raiva contra os assassinos misturou-se uma profunda sensação de traição que foi mais pessoal do que política, menos ideológica do que moral. Ela estimulou um movimento de resistência que teve um impacto direto sobre o Estado, não só mudando o partido no governo, mas enviando uma mensagem à classe política de que se ela os ignorasse seria por seu próprio risco no futuro. De fato, o primeiro governo de Zapatero, apesar de erros múltiplos, pareceu pôr em prática a noção de que a honestidade vem em primeiro lugar na mente de um

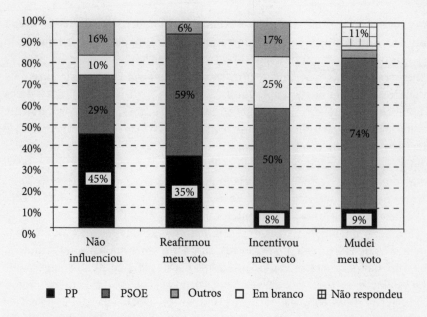

Fig. 5.4. Voto final para o PP, o PSOE, ou outros, entre eleitores que decidiram votar no último minuto nas eleições parlamentares espanholas de 14 de março de 2004, segundo a influência dos acontecimentos de 11 de março sobre as decisões dos eleitores.
Fonte: Michavila (2005:29).

novo tipo de cidadão, e ele foi reeleito em 2008. Mas para que esse movimento evoluísse de uma revolta indignada para se transformar em um protesto cívico, ele teve de passar por um processo de comunicação que considero característico dos protestos sociais de nossa era. A seguir e de forma breve, salientarei suas características principais.

O processo real de comunicação alternativa começou com a efusão de emoções que acompanhou as manifestações de rua convocadas pelo governo, com o apoio de todas as forças políticas, na noite de sexta-feira, 12 de março. Isso é importante: foi nessa reunião que as pessoas começaram pela primeira vez a reagir, independentemente dos partidos políticos que permaneceram em silêncio na ocasião. Ali mesmo, gritos espontâneos dos manifestantes começaram a questionar a história oficial. Embora os manifestantes tivessem sido convocados pelas forças sociais e políticas estabelecidas para protestar contra o terrorismo e em apoio à Constituição (uma referência oblíqua ao separatismo basco), muitos dos participantes exibiam bandeiras contra a Guerra do Iraque. A intenção da manifestação era marcar o fim das declarações políticas, levando ao dia de reflexão no sábado e ao voto na eleição de domingo. No entanto, na manhã de sábado, quando um número de indivíduos, em sua maioria sem afiliação política e independente dos partidos oficiais, começou a circular SMS para os endereços programados em seus celulares, foi criada uma rede instantânea de comunicação e mobilização que encontrou apoio em milhares que vinham sentindo um mal-estar nas 48 horas anteriores. No sábado, como mencionado antes, o tráfego de SMS atingiu um nível recorde. A questão crucial é que embora a maioria das mensagens fosse muito semelhante, o emissor era conhecido de cada receptor, alguém que tinha o endereço do receptor na agenda de seu telefone celular. Assim, a rede de difusão foi aumentando em um ritmo exponencial, mas sem perder a proximidade da fonte, segundo a lógica do fenômeno do "mundo pequeno". E é importante lembrar que o índice de penetração de telefones celulares por pessoa na Espanha à época era de 96%. As pessoas também usavam a internet para procurar outras fontes de informação, principalmente do exterior. Houve uma série de iniciativas para organizar redes de comunicação alternativas, inclusive algumas por jornalistas que agiam por conta própria, para estabelecer um site com informações e debates de várias fontes. Curiosamente, o Partido Conservador (PP) começou uma rede de SMS própria com uma mensagem diferente: "O ETA é o autor do massacre. Passe adiante!" Mas essa mensagem foi difundida principalmente pelos canais do partido e não atingiu uma massa significativa de pessoa conhecida a pessoa conhecida e, ainda mais importante, não era crível para os milhares de pessoas que já estavam duvidando da palavra do governo.

O contexto fornecido pela mídia convencional também foi significativo. As principais redes de televisão foram ignoradas como fontes fidedignas desde muito cedo. Os jornais, em virtude de sua hesitação, se tornaram suspeitos, embora, em alguns casos, principalmente *La Vanguardia* em Barcelona, a edição de sábado começasse a legitimar a versão que associava a al-Qaeda ao ataque. Por outro lado, como relatado anteriormente, a principal rede privada de rádio (SER), sob a iniciativa de seus jornalistas, imediatamente procurou evidências longe da trilha basca. A maioria das reportagens da SER, embora nem todas, mostrou estar no caminho certo. Como resultado, muitas pessoas se referiram ao rádio como sua fonte primordial de informação, e depois interagiam com SMS e comunicação oral através de telefones celulares: comunicação oral com seus amigos mais próximos e SMS para difundir suas próprias mensagens ou aquelas que estavam recebendo e com as quais concordavam.

Assim, o contexto da comunicação foi fornecido pelo encontro nas ruas, na origem da formação do espaço público, e como resultado do processo de comunicação política: estar juntos diante dos prédios do PP foi a verificação da eficácia da mensagem. As ações na rua atraíram a atenção de algumas redes de rádio e televisão (televisão regional, CNN-Espanha) e finalmente forçaram o ministro do Interior a aparecer publicamente na televisão nacional para admitir o possível papel da al-Qaeda no ataque. Mais tarde, o candidato principal do PP, irritado, também apareceria na televisão denunciando os manifestantes e involuntariamente difundindo a crise de confiança autoinduzida por toda a população. Um erro de comunicação política, portanto, em grande medida provocado pelos manifestantes e parcialmente ajudado pelo rei, amplificou o efeito dos protestos. Embora a internet fosse importante para fornecer uma fonte de informação e um fórum de debate nos dias anteriores às manifestações, os eventos críticos foram as manifestações de sábado, 13, um fenômeno típico de mobilização instantânea estimulado por uma rede massiva de SMS que aumentaram exponencialmente o efeito da comunicação por meio de canais interpessoais. A seguir, discutirei sobre o significado mais profundo e analítico deste movimento social e de outros semelhantes.

O INDIVIDUALISMO EM REDE E AS COMUNIDADES INSURGENTES DE PRÁTICA

Os telefones celulares se tornaram um meio fundamental de comunicação e intervenção para movimentos da sociedade civil e para o ativismo político no mundo todo, como mostra uma literatura crescente sobre o assunto, e como ilustra claramente o estudo de caso da mobilização espanhola contra o comportamento vergonhoso de seu governo.

Mas, como aprendemos na história social da tecnologia, a relevância de uma determinada tecnologia e sua aceitação pelas pessoas em geral não são consequência da própria tecnologia, mas sim de sua apropriação por indivíduos e coletivos para satisfazer suas necessidades e sua cultura. O estudo que realizei com meus colaboradores sobre comunicação móvel e a sociedade (Castells *et al.*, 2006b) mostrou o papel fundamental da comunicação sem fio no apoio à autonomia pessoal e cultural, ao mesmo tempo que mantém padrões de comunicação e significado em todas as áreas de atividade social. Os usos sociopolíticos da comunicação sem fio são um exemplo perfeito dessa análise. Se os celulares e outros dispositivos de comunicação sem fio estão se tornando os instrumentos privilegiados da mudança política iniciada pelos movimentos civis em nosso mundo, é porque suas características sociotécnicas se relacionam diretamente com as principais tendências culturais que subjazem a prática social em nossa sociedade.

Como proposto no Capítulo 2, duas tendências principais definem os padrões culturais básicos da sociedade em rede global por meio de sua interação: o individualismo em rede e o comunalismo. Por um lado, a cultura do individualismo, inscrita na estrutura social característica da sociedade em rede, reconstrói as relações sociais com base em indivíduos autodefinidos que têm como objetivo interagir com outros de acordo com suas escolhas, valores e interesses, transcendendo à imputação, à tradição e à hierarquia. O individualismo em rede é uma cultura, não uma forma organizacional. Uma cultura que começa com os valores e projetos do indivíduo, mas constrói um sistema de intercâmbio com outros indivíduos, reconstruindo assim a sociedade em vez de reproduzi-la. O individualismo em rede inspira movimentos sociais orientados para projetos que têm como base o compartilhamento de novos valores entre indivíduos que querem mudar suas vidas e precisam uns dos outros para realizar suas metas. Por outro lado, em um mundo de valores e normas constantemente em movimento, em uma sociedade de risco, as pessoas que se sentem inseguras ou vulneráveis como indivíduos buscam abrigo nas comunidades que respondem a suas identidades, sempre construídas com os materiais da história e da geografia, ou com os desejos dos quais são feitos os projetos. Essas comunidades muitas vezes se transformam em trincheiras de resistência contra uma ordem social que é percebida como estranha e imposta pela força, quando as instituições que antes proporcionavam segurança (o Estado, a Igreja, a Família) já não funcionam adequadamente.

Há também movimentos sociais que resultam do cruzamento dos dois modelos culturais: individualismo em rede e comunalismo. Esses são movimentos que emergem de redes de indivíduos que reagem à opressão sentida e depois transformam seu protesto compartilhado em uma comunidade de prática, sua prática sendo a resistência. Com isso, *as redes de indivíduos passam a ser comunidades insurgentes*. Ao propor essa conceitualização usei como base a tradição analítica que mostra o papel decisivo de comunidades de prática em todas as esferas da sociedade (Wenger, 1999; Tuomi, 2002; Wenger e Synder, 2008). As comunidades de prática são comunidades: isto é, são agrupamentos sociais de indivíduos que compartilham valores, crenças e normas com aqueles identificados como pertencentes à comunidade. Comunidades específicas são definidas por critérios específicos: limites territoriais, afiliação religiosa, orientação sexual, identidade nacional e coisas semelhantes. As comunidades de prática são aquelas que se constituem em torno de uma prática compartilhada definida, tal como um projeto científico, uma criação cultural, ou um empreendimento comercial. O que é distintivo é que seus membros formam laços fortes durante a prática, mas não permanecem como comunidades além dela. São efêmeras, mas intensas. E assim, podem se reproduzir e expandir, formando comunidades diferentes; cientistas, por exemplo, podem se encontrar novamente com seus colegas em outra equipe de pesquisa formada com base em uma experiência prévia bem-sucedida. Mas cada comunidade de prática é definida pela prática, e se exaure com a prática específica que esteve à origem da formação da comunidade.

Esses conceitos podem permitir uma compreensão maior da novidade e significado de mobilizações que constituem uma prática de resistência ao juntarem redes de indivíduos que participam desse caso particular de resistência em um momento e em um espaço determinados. Como os telefones celulares permitem que as pessoas estejam perpetuamente em rede, a qualquer momento, em qualquer lugar, as explosões de raiva sentidas no nível individual têm o potencial de se desenvolverem em uma comunidade insurgente pela formação instantânea de uma rede de muitos indivíduos diferentes que estão unidos em sua frustração, embora não necessariamente unidos em torno de uma posição ou de uma solução comum para a fonte de dominação considerada injusta. Como a comunicação sem fio se baseia em redes de práticas compartilhadas, ela é a tecnologia de comunicação apropriada para a formação espontânea de comunidades de prática envolvidas na resistência à dominação; isto é, *comunidades insurgentes instantâneas.* Como os atores sociais selecionam e usam as tecnologias de acordo com suas necessidades e interesses, as pessoas que reagem individualmente contra a dominação institucional e, no entanto, precisam encontrar apoio para sua revolta, se voltarão naturalmente para as formas de comunicação que usam em sua vida cotidiana, tanto para serem elas próprias quanto para estarem juntas com aqueles com quem querem compartilhar significado e prática. Sob essas condições culturais e tecnológicas, as explosões sociais de resistência não precisam de líderes e estrategistas, já que qualquer pessoa pode alcançar todos para compartilhar sua raiva. Se a raiva é, de fato, um sentimento puramente individual, o SMS flutuará inofensivamente no oceano da comunicação digital. No entanto, se a garrafa atirada no oceano for aberta por muitos, o gênio sairá dela e uma comunidade insurgente irá se desenvolver conectando mentes para além de sua revolta solitária. Se você acha que isso é teórico demais, pergunte a José María Aznar sobre suas consequências práticas.

"Yes, we can!": A campanha presidencial primária de Obama em 2008[10]

> Esperança — esperança diante das dificuldades. Esperança diante das incertezas. A audácia da esperança! No fim, isso é o maior presente de Deus para nós, a base desta nação. Uma crença em coisas não vistas. Uma crença de que dias melhores virão. Creio que podemos dar tranquilidade a nossa classe média e proporcionar às famílias de trabalhadores um caminho para a oportunidade. Creio que podemos dar empregos aos desempregados, lares aos desabrigados, e tirar os jovens da violência e do desespero em todas as cidades da América. Creio que temos um vento favorável a nos guiar e que estamos na encruzilhada da História, que podemos fazer as escolhas certas e enfrentar os desafios que temos diante de nós.
>
> (Barack Obama, discurso na Convenção Nacional Democrata de 2004)

A crise da legitimidade política, documentada no Capítulo 4, se manifesta na falta de confiança das pessoas em seus representantes políticos e na prevalência de motivações negativas no comportamento eleitoral. Sob todos os aspectos, a democracia liberal mais antiga do mundo, os Estados Unidos, não se saiu muito bem nas três últimas décadas. No entanto, na campanha presidencial primária de 2007-8, uma explosão de participação cidadã e de entusiasmo político marcou um renascimento da democracia americana contra o pano de fundo das duras realidades da guerra e da crise econômica, e a dura verdade das mentiras presidenciais sobre questões de vida e morte. A mobilização política aumentou em todas as categorias, entre democratas, republicanos e independentes. No entanto, há amplas evidências de que, durante as primárias, a porcentagem de eleitores democratas que se mobilizou foi muito maior que a de eleitores republicanos. A duração e a intensidade da disputa primária entre

---

10 Esta seção foi escrita entre abril e agosto de 2008, com exceção da parte de conclusão sob o subtítulo "O dia seguinte". Ela não foi atualizada porque seu objetivo é analítico, não documental, e deve permanecer como está. O resultado da eleição geral parece estar coerente com as tendências identificadas neste estudo de caso. No entanto, da perspectiva deste livro, o que é relevante é o papel da nova relação entre comunicação e política insurgente estabelecido pela campanha de Obama, a primeira campanha em que os usos políticos da internet desempenharam um papel decisivo.

Barack Obama e Hillary Clinton podem explicar algumas das diferenças nos níveis de envolvimento. No entanto, argumentarei que as personalidades dos principais candidatos democratas, Barack Obama e Hillary Clinton, e a mobilização que eles criaram entre grandes grupos de eleitores sem direito ao voto ou desencantados, são, em grande medida, responsáveis pela diferença. Além disso, foi a novidade e o entusiasmo da campanha de Obama que ativaram as multidões de cidadãos que anteriormente permaneciam marginalizados da democracia durante longos anos de ceticismo político. Isso não é minimizar a capacidade de Hillary Clinton de estimular a mobilização, especialmente entre mulheres, idosos e latinos. Mas proponho a hipótese de que o desafio que o concorrente improvável, Obama, representava para sua candidatura supostamente impossível de ser vencida forçou a campanha de Hilary a mudar seu tom, sua estratégia e seu impacto. Durante a transição de uma vitória predeterminada para uma derrota iminente, depois de perder em onze primárias seguidas, Hillary se transformou em líder de um movimento (em parte, proativo, e em parte, reativo a Obama), "encontrando sua própria voz" e alterando o cenário político dos Estados Unidos por muitos anos. No entanto, independentemente de preferências pessoais, foi apropriado que ela tivesse perdido a indicação no final, depois de uma luta extremamente corajosa, porque seu movimento foi, pelo menos em parte, resultado de seu esforço determinado para combater a explosão improvável de Barack Obama à frente de uma campanha que potencialmente o levaria à Casa Branca.

Assim, este será o foco de minha análise: como e por que um político jovem — um afro-americano com um sobrenome muçulmano e antepassados quenianos, com um dos recordes de votação no Senado de maior inclinação para a esquerda, sem apoio significativo da elite do Partido Democrata, que explicitamente rejeitou o financiamento dos lobbies de Washington — foi capaz de garantir a indicação democrata para presidente dos Estados Unidos por uma margem confortável?[11] Uma resposta parcial a essa questão curiosa é que ele foi capaz de penetrar no coração da política americana trazendo para si um número substancial de cidadãos que estavam marginalizados da política ou se sentiam desencorajados pela

---

11 Desde a década de 1980, o Partido Democrata norte-americano escolhe seu candidato para a corrida presidencial por meio de uma combinação de 2 mil delegados, que votam na Convenção Anual que faz a indicação de acordo com os resultados do voto popular em seus respectivos distritos, e oitocentos superdelegados, uma seleção não eleita das elites do Partido Democrata, inclusive senadores, membros do Congresso e governadores dos estados. Na disputa primária democrata de 2008, Obama obteve o compromisso de 1.763 delegados contra 256 a favor de Hillary. No entanto, a maior parte da vantagem dos superdelegados de Obama veio de um movimento de apoio a sua candidatura na última fase da campanha, quando começou a parecer quase certo que ele iria garantir a maioria dos delegados comprometidos.

política tradicional. E ele foi capaz de fazê-lo por meio de uma combinação de uma personalidade carismática, um novo tipo de discurso político e uma estratégia de campanha inovadora que transferiu os princípios já testados da organização comunitária nos Estados Unidos para a especificidade do ambiente da internet. Seguindo as pegadas da campanha presidencial primária de Howard Dean em 2003-4 (Sey e Castells, 2004), Obama dominou as regras de envolvimento com aquilo que foi chamado de "a primeira campanha em rede" (Palmer, 2008). É por causa dessas características que a campanha de Obama constitui um caso paradigmático de política insurgente na Era da Internet.

O PODER DO VOTO PARA OS SEM PODER

A democracia, em última análise, reside na capacidade de se opor ao poder da herança, da riqueza e da influência pessoal com o poder da multidão, o poder dos números — os números de cidadãos, sejam eles quem forem. A política insurgente é um processo fundamental para conectar os segmentos sem poder da população a procedimentos de geração de poder. A participação política é essencial para manter a democracia viva. E, portanto, comecemos com os fatos sobre a mobilização eleitoral.[12] *O registro de eleitores,* o calcanhar de aquiles

---

12 Milhões de cidadãos norte-americanos não podem votar, ou porque não estão registrados ou não podem se registrar apropriadamente, ou porque perderam seus direitos civis como consequência de terem sido condenados por um crime, algo que em grande medida afeta as minorias. Além disso, os Estados Unidos são o país, com a exceção dos Emirados Árabes, onde a contradição entre viver no país, trabalhando e pagando impostos, e participar das eleições é a mais extrema. Todos os estados dos Estados Unidos (exceto Vermont e Maine) proíbem que indivíduos condenados por um delito grave votem; a proibição pode ser permanente ou até que eles completem um conjunto complexo e muitas vezes arbitrário de medidas para que tenham seu direito ao voto restabelecido. O Sentencing Project [Projeto de atribuição de sentenças] estima que essas leis sobre crimes graves mantêm aproximadamente 5,3 milhões de pessoas longe das urnas a cada ciclo eleitoral (King, 2006). Além disso, novas leis aprovadas em 2006 exigem um documento de identidade com foto emitido pelo governo para que a pessoa possa votar em alguns estados, uma regulamentação que desproporcionalmente proíbe os pobres, os imigrantes naturalizados e os idosos de votarem. Some-se a isso os cerca de 4 milhões a 6 milhões de eleitores cujos votos não são contados devido a um erro tecnológico ou humano nas urnas, e o número de eleitores sem direito de votar passa a ser extraordinário (CalTech?/MIT Voting Technology Project, 2006:7). Há consequências sérias para a vida cívica em termos da discrepância entre estar lá e não ter o direito de participar. Embora, para ser justo, o sistema de naturalização norte-americano, por mais burocrático que seja, ainda é o mais aberto no mundo para tornar os imigrantes cidadãos. A política ainda é a de facilitar o acesso à cidadania, mas a maior parte de um número estimado de 12 milhões de imigrantes sem documentos dificulta a implementação do princípio.

da democracia norte-americana[13] teve um aumento recorde entre 2004 e 2008 em 43 dos 44 estados para os quais dados comparativos estão disponíveis (a exceção foi Idaho: Jacobs e Burns, 2008). Dezessete dos 43 estados estabeleceram recordes para o comparecimento durante as primárias ou convenções realizadas após a "Super Terça-feira"[14] (5 de fevereiro de 2008) quando McCain já havia garantido a indicação republicana, caracterizando um período em que a campanha de Obama se movimentou, saindo de trás de Hillary Clinton para acumular uma série de vitórias sucessivas. O aumento dramático de registro de eleitores nos estados geralmente considerados "em jogo" (nem solidamente democratas nem solidamente republicanos) alterou o mapa eleitoral dos Estados Unidos. Cerca de 25% do registro de novos eleitores ocorreram nesses estados. Dez estados aumentaram em 10% ou mais suas listas de eleitores, inclusive New Hampshire (24%), Nevada (20%), Arizona (18%) e Novo México (11%) (Jacobs e Burns, 2008).

---

13 Segundo o US Census Bureau [Escritório do Censo dos Estados Unidos], 126 milhões de americanos votaram em novembro de 2004, um alto recorde para um ano de eleição presidencial. Aproximadamente 72% dos cidadãos com idade para votar foram registrados para votar em 2004, segundo o último censo dos EUA. No entanto, esses índices não refletem as injustiças no registro de eleitores no país. Embora imigrantes naturalizados tenham a permissão de votar em todas as eleições norte-americanas desde a década de 1920, leis sucessivas sobre imigração foram tornando cada vez mais difícil para os cidadãos imigrantes votarem. A maioria dos estados hoje exige um documento válido de identidade com foto emitido pelo governo ou uma certidão de nascimento, o que tem um impacto desproporcional sobre a capacidade de votar das minorias e de imigrantes naturalizados. Em 2004, quase 93% dos eleitores registrados tinham nascido nos Estados Unidos e apenas 61% dos cidadãos naturalizados estavam registrados para votar (comparados com os 72% dos cidadãos nativos). A idade também é um fator importante: 79% dos cidadãos com mais de 55 anos estavam registrados para votar em 2004, comparados com os 58% de cidadãos entre 18 e 24 anos. Americanos brancos também têm mais probabilidade de se registrarem para votar (74%) do que afro-americanos (68,7%), hispânicos (57,9%) ou asiáticos (51,8%). A educação é outro fator crítico. Apenas 52,9% dos cidadãos dos EUA sem o curso secundário completo estão registrados para votar, comparados aos 87,9% dos estadunidenses com um diploma universitário avançado. Além disso, apenas 48% dos cidadãos do país que vivem em famílias com renda inferior a US$20 mil por ano estão registrados para votar, comparados aos 77% daqueles que vivem em famílias com renda superior a US$50 mil por ano. Todas essas estatísticas são citadas de uma divulgação oficial do US Census Bureau (ver Holder, 2006).

14 "Super Tuesday" refere-se à data na primavera de um ano de eleição primária quando mais estados norte-americanos realizam suas eleições primárias do que em qualquer outro dia do ano. Na primavera de 2007, 24 estados, representando mais da metade dos delegados eleitos para a Convenção Nacional, votaram para mudar sua data primária para terça-feira, 5 de fevereiro de 2008, criando o maior Super Tuesday até o momento, ou aquilo que a imprensa popularmente chamou de "Super-Duper Tuesday" [terça-feira extraordinária].

Um exemplo disso é a Pensilvânia, estado crucial na eleição geral. Foi divulgado que 306.918 novos democratas entraram para as listas de eleitores da Pensilvânia entre 1º de janeiro e o último dia para registro, dia 24 de março. Além disso, 146.166 novos eleitores (que iriam votar pela primeira vez) entraram para o Partido Democrata e 160.752 mudaram seu registro de republicano ou independente para democrata (apenas 39.010 eleitores que iriam votar pela primeira vez se uniram aos republicanos; Cogan, 2008). A própria campanha de Obama divulgou ter registrado 200 mil novos democratas na Pensilvânia, 165 mil na Carolina do Norte e mais de 150 mil no estado de Indiana, durante a estação primária (Green, 2008). Os democratas recentemente registrados na Pensilvânia estavam concentrados nos bairros afro-americanos, um grupo demográfico que predominantemente votou em Obama, embora ele tenha perdido a primária na Pensilvânia. Esse impulso intenso e pouco comum de registros não foi acidental. Na eleição de 1992 entre George H.W. Bush e Bill Clinton, Clinton veio de trás para ganhar em Illinois, em grande medida pelos registros sem precedentes de novos eleitores. Só em Chicago, 150 mil novos eleitores se registraram, a grande maioria deles afro-americanos. Segundo uma reportagem em 1993 na *Chicago Magazine*:

> A eleição, até certo ponto, produziu esses totais: (...) Clinton teve um apoio quase unânime entre os negros. Mas da mesma importância, embora menos óbvias, são as implicações que a votação dos negros poderia ter para as futuras eleições municipais e estaduais: pela primeira vez em dez anos, mais de meio milhão de negros foram às urnas em Chicago. E com as eleições governamentais e para prefeitos nos próximos dois anos, isso serviu de aviso para todos, de Jim Edgar até Richard M. Daley, que um bloco de eleitores afro-americanos seria uma força que precisa ser levada em conta naquelas disputas.
>
> Nada disso, é claro, foi acidental. A iniciativa mais efetiva de registros de eleitores das minorias de que se tem registro foi resultado de um trabalho cuidadoso por parte do Project Vote!, a sede local de uma organização nacional sem fins lucrativos. "Foi a campanha mais eficiente que eu já vi em meus vinte anos na política", diz Sam Burrell, conselheiro municipal do departamento 29º do West Side e veterano de muitas iniciativas de registro. *À frente desse esforço estava um advogado afro-americano pouco conhecido, de 31 anos, que era também organizador comunitário e escritor: Barack Obama* (Reynolds, 1993, grifo do autor).

A mobilização dos jovens na campanha primária de 2008 foi significativa. Nas primárias e convenções de 2008, mais de 6,5 milhões de pessoas com menos de trinta anos votaram, de forma que o índice de comparecimento nacional para as eleições primárias quase dobrou de 9% em 2000 para 17% em 2008 (Marcelo e Kirby, 2008:1). Pela primeira vez desde que a idade mínima para votar foi reduzida para dezoito anos, o comparecimento às urnas de jovens nos Estados Unidos aumentou em três eleições seguidas. Como o comparecimento na eleição geral tipicamente acompanha as tendências estabelecidas nas eleições primárias, parece que o voto jovem começará a desempenhar um papel significativo nos Estados Unidos, um fator de importância considerável para a renovação dos valores sociais que os candidatos terão de levar em consideração nas disputas eleitorais. Uma pesquisa realizada na primavera de 2008 pelo Instituto de Política da Universidade Harvard (2008) sobre juventude e política, focalizando na faixa etária de dezoito a 24 anos, nos dá evidências significativas do despertar político da juventude americana. Entre outras respostas, 76% disseram que estavam registrados para votar (um aumento de sete pontos percentuais em comparação com novembro de 2007); 64% disseram que votariam na eleição geral de 2008; 40% se consideravam politicamente ativos e 40% se declararam democratas, 25% republicanos e 35% independentes. Tudo indica que o envolvimento cívico dos jovens pesquisados aumentou em relação a novembro de 2007 depois de eles terem acompanhado as campanhas primárias de 2008.

Realmente, isso poderia ser um ponto de virada para a crise de legitimidade nos EUA. Analisando as tendências de envolvimento cívico entre os jovens, Robert Putnam (2008) escreveu:

> Durante as quatro últimas décadas do século XX, o envolvimento dos jovens na vida cívica americana caiu ano após ano com uma regularidade deprimente. No outono de 1966, bem antes do pleno florescimento dos protestos contra a Guerra do Vietnã, uma pesquisa de opinião da UCLA com universitários do primeiro ano em todo o país constatou que "acompanhar a política" era uma meta "muito importante" em suas vidas para um total de 60% deles (...) Trinta e quatro anos mais tarde a porcentagem tinha despencado para 28%. Em 1972, quando o voto foi permitido a jovens com dezoito anos, o comparecimento às urnas na eleição presidencial entre a faixa etária de dezoito a 24 anos foi um decepcionante 52%. Mas mesmo começando naquele nível modesto, os índices de votação nas eleições presidenciais por pessoas jovens foi caindo gradativamente durante as décadas de 1970, 1980 e 1990, chegando a meros 36% em 2000 (...) No mês passado (fevereiro de 2008) os pesquisadores da UCLA relataram que: "Para os calouros universitários de hoje, discutir política é mais predominante agora do que a qualquer momento nos últimos 41 anos." (...) Nas eleições de 2004 e 2006, o comparecimento às urnas entre jovens começou finalmente a subir após décadas de queda, alcançando em 2006 o ponto mais alto em vinte anos. À medida que nos aproximamos da eleição presidencial de 2008, os jovens dos EUA foram, com efeito, atraídos para a ação cívica não em virtude de seu estágio de vida, mas pelos efeitos tardios da crise nacional unificadora

que eles tinham vivenciado em seus anos de formação. As disputas para a nomeação dos candidatos, excepcionalmente animadas — e é preciso dizer, a candidatura extraordinária de Barack Obama — converteram em uma chama quente um monte de gravetos jovens que tinham estado empilhados e prontos para pegar fogo por mais de seis anos (...) O comparecimento às urnas nas disputas eleitorais nesta primavera até o momento foi em geral superior àquele das disputas para a indicação de candidatos presidenciais anteriores, mas para aqueles com vinte e poucos anos, o aumento foi verdadeiramente fenomenal — comparecimento com frequência três ou quatro vezes maior do que jamais havia sido registrado antes. As eleições de 2008, portanto, são a festa de debutante desta nova Melhor das Gerações (Putnam, 2008:D9).

Em vista do rápido e inesperado aumento dos índices de registro de eleitores, principalmente entre jovens e afro-americanos (um eleitorado fundamental para Obama), milhões de novos eleitores foram registrados para a eleição de novembro, preparando o cenário para um comparecimento recorde às urnas. Com relação aos *índices de votação*, o comparecimento geral na primária de 2008 foi o maior desde 1972. Para todas as 34 primárias realizadas a partir de 10 de maio de 2008, 19,3% dos democratas registrados votaram em 2008 (de 9,7% em 2004 para 21,2% em 1972; Gans, 2008b). O comparecimento de afro--americanos às urnas aumentou 7,8% se comparado às primárias de 2004, mas o comparecimento de eleitores latinos (que votaram, em sua maioria, para Hillary) apresentou um aumento de 41,9%. No entanto, o maior aumento em índice de comparecimento refere-se ao voto jovem (18 a 29 anos), que excedeu o índice de votação de 2004 em 52,4% (Gans, 2008b; ver a Tabela A5.2, no Apêndice).

Obama pode também ter se beneficiado do crescimento geral em popularidade do Partido Democrata. Segundo Pew (2008b), desde 2004, a identificação com o Partido Democrata tinha aumentado em todas as faixas etárias. Em 2004, 47% de todos os eleitores se identificavam com os democratas ou tendiam para o Partido Democrata, enquanto 44% se identificavam com os republicanos ou tendiam para o Partido Republicano. Em pesquisas realizadas entre outubro de 2007 e março de 2008, os democratas mantiveram uma vantagem de treze pontos em termos de identificação com seu partido (51% para 38%). Talvez a mudança mais surpreendente desde 2004 tenha sido entre os eleitores que nasceram entre 1956 e 1976 — membros da chamada Geração X e os *baby boomers* tardios. Pessoas nessa faixa etária tendiam a ser mais republicanas durante os anos 1990, e o Partido Republicano ainda mantinha uma pequena vantagem em termos de afiliação partidária entre esse grupo em 2004 (Keeter *et al.*, 2008). O que isso quer dizer é que a ascensão de Obama tem de ser colocada no contexto da crescente insatisfação do povo americano com o presidente Bush após tê-lo eleito duas vezes (ou, pelo menos, uma vez e meia). Ou, em outras palavras, a capacidade de Obama de beber da fonte de desejo de mudança dos norte-americanos.

Obama também conta, compreensivelmente, com os afro-americanos entre seus seguidores principais. No entanto, isso não era óbvio no começo da campanha porque Bill Clinton tinha uma influência considerável entre o eleitorado afro-americano politizado, e Hillary Clinton se beneficiou dessa conexão no começo da campanha. No entanto, à medida que a campanha foi se desenvolvendo, três fatores atuaram a favor de Obama. Primeiro, a noção de um afro-americano ser um candidato competitivo, capaz de ir até o fim, pela primeira vez na história, mobilizou e converteu uma grande parte do antigo eleitorado de Clinton. Segundo, a insinuação racial de algumas declarações da campanha de Clinton, inclusive do próprio Clinton, fez com que muitos eleitores afro-americanos se voltassem contra Hillary. Dados anuais mostram que, entre os democratas negros, Clinton passou de uma competição em pé de igualdade com Obama pela nomeação do candidato do Partido Democrata em 2007 — 42% para Obama, 43% para Hillary — ao ponto em que uma maioria esmagadora de 82% de democratas negros ficou a favor de Obama, e apenas 15% a favor de Hillary, em junho de 2008 (Gallup, 2008a). Terceiro, a capacidade da campanha de Obama de mobilizar novos eleitores foi particularmente bem-vinda entre eleitores negros descontentes. Com isso, a imagem de Obama entre os negros era 68% favorável e 8% desfavorável em junho de 2007 e melhorou para 86% favorável e 9% desfavorável em junho de 2008.

Mas o apoio a Obama atingiu um espectro muito mais amplo da população norte-americana, particularmente entre os segmentos mais instruídos (ver a Tabela A5.3, no Apêndice). É bem verdade que uma primeira avaliação das características demográficas de eleitores nas primárias indicaria uma divisão racial. Obama levava o voto afro-americano em cada um dos estados das primárias, enquanto Hillary levava o voto branco em todos os estados, à exceção de oito. No entanto, embora a população hispânica tenha apoiado Hillary durante a primária, eles apoiaram Obama amplamente na eleição geral, com os hispânicos mais jovens sendo ligeiramente mais a favor de Obama do que a população geral (ver a seguir). No entanto, a influência aparentemente determinante da raça na eleição é resultado da falta de uma análise multivariada apropriada na interpretação dos dados. *A variável fundamental que explica o apoio a Obama nas primárias foi a idade.* Segundo as pesquisas de boca de urna realizadas por Edison/Mitofsky, para o voto geral das primárias, Obama venceu Hillary entre os eleitores com 45 anos ou menos, inclusive uma maioria do voto branco. No voto dos eleitores com menos de 30 anos, Obama venceu em todos os estados, exceto cinco. Ele também atraiu as pessoas de 30 a 44 anos em todos os estados, exceto sete. Hillary, por outro lado, levou todos os estados menos seis em relação à faixa etária de mais de 60 anos, enquanto os dois candidatos partilharam os adultos entre 45 e 59 anos (Carter e Cox, 2008). De um modo geral, na faixa etária de 18 a 29 anos, Obama recebeu 58% dos votos comparados aos 38% de Hillary, enquanto entre aqueles com mais de 65 anos, Hillary ganhou de Obama, com 59% para os 34% de Obama. Em virtude da maior proporção de mulheres entre os eleitores mais velhos, parece haver uma disparidade entre os gêneros, com 52% das mulheres votando em Hillary e 43% em Obama, enquanto 50% dos homens votaram em Obama e 54% em Hillary. Mas se controlarmos pela idade, a disparidade por gênero é invertida, já que 56% das mulheres com menos de 30 anos votaram em Obama e apenas 43% delas votaram em Hillary (Noveck e Fouhy, 2008).

Portanto, Obama é claramente o líder político que mais inspirou eleitores jovens nas últimas décadas. Ele também ampliou o número de seus seguidores por linhas raciais e de classe, embora sua maior força esteja entre os segmentos mais instruídos da população e na nova classe média de profissionais liberais, enquanto Hillary recebeu o apoio predominante de pessoas mais velhas, a maioria do eleitorado feminino (mas não entre os segmentos mais jovens) e o apoio simbolicamente significativo dos segmentos da classe trabalhadora do Centro-Oeste dos EUA (mas não em todos os estados; por exemplo, Wisconsin). Uma rápida leitura desses resultados descritivos que esperam por análises acadêmicas quando os dados estiverem disponíveis indica que Obama foi o candidato dos novos Estados Unidos, os Estados Unidos mais jovens, mais instruídos, e de mente mais aberta do século XXI. Além disso, *não só novos grupos de cidadãos se registraram e votaram, mas se envolveram ativamente na campanha*. Assim, a Tabela 5.2 ilustra o nível substancialmente superior de envolvimento no ativismo pela internet de seguidores de Obama em relação aos seguidores de Hillary, embora eles próprios fossem um grupo bastante ativo.

Tabela 5.2 — Níveis de ativismo na internet entre democratas on-line

Atividade on-line	Seguidores de Obama	Seguidores de Hillary
Assinaram petição on-line (%)	24	11
Encaminharam um comentário político ou texto de outra pessoa (%)	23	13
Contribuíram com dinheiro para um candidato on-line (%)	17	8

N = 516 usuários da internet; margem de erro de ± 5%
Fonte: Pew Internet and American Life Project, Pesquisa da Primavera (2008).

No Facebook — uma rede social usada pela vasta maioria de estadunidenses com menos de 30 anos —, em julho de 2008, Obama tinha 1.120.565 de seguidores, em comparação aos 158.970 seguidores de Hillary e 119 mil de McCain. Em maio de 2008, os Universitários Democratas da América apoiaram Obama:

> Milhares de vozes jovens pelo Facebook, pelo MySpace, pelo YouTube e por e-mails se comunicaram conosco. Sem nenhuma dúvida os estudantes universitários estão prontos para a mudança e para um novo tipo de liderança. O senador Obama dá poder às nossas vozes e nos faz sentir como parte importante do processo. É por isso que nós o apoiamos para ser o próximo presidente dos Estados Unidos (citado em Halperin, 2008).

Quanto a outras formas de participação política na campanha, em abril de 2008, 25% daqueles com menos de 30 anos, um eleitorado forte de Obama, disseram que tinham trabalhado em uma campanha, entrado para um clube político, assistido a um comício ou ido a uma marcha (CBS/MTV 2008). Assim, a campanha de Barack Obama acendeu um fogo de entusiasmo e comprometimento entre grandes segmentos da sociedade estadunidense, inclusive aqueles que se mantinham distantes do processo político ou eram mantidos em um papel passivo pelas elites políticas profissionais que reduziam a política ao clientelismo e à geração de imagens. Por que isso ocorreu? Quem é esse homem que surgiu do nada para fazer um pedido às estrelas, sem usar as devidas listras vermelhas e brancas?

O IMPROVÁVEL CANDIDATO PRESIDENCIAL[15]

Os fatos da vida de Barack Hussein Obama são hoje amplamente conhecidos e não precisam ser recontados em detalhe. Aqui, faço apenas um sumário daquilo que é relevante para o objetivo de minha análise. Entender a vida de Obama poderia ser um dever de casa especial para estudantes que buscam captar o sentido de nosso mundo multicultural. Obama nasceu no Havaí, em 1961. Seu pai, filho de um criado de uma família britânica, nasceu no Quênia, membro da tribo Luo, e cresceu cuidando de cabras em sua aldeia, antes de se distinguir no colégio e ganhar uma das primeiras bolsas de estudos para

---

15 Este relato biográfico analiticamente orientado baseia-se em reportagens da imprensa e na minha leitura do livro de Obama, *A origem dos meus sonhos* (1995, 2004), o livro que, como ocorreu com muitas pessoas, foi para mim a primeira introdução à personalidade fascinante de Barack Obama.

uma universidade americana que foram dadas a um pequeno grupo de jovens quenianos que se preparavam para se tornar a elite profissional do país após a independência iminente. Ele se matriculou na Universidade do Havaí, onde se formou em econometria antes de ganhar outra bolsa para fazer um doutorado em Harvard, embora tenha decidido fazer um mestrado. A mãe de Obama, Ann Dunham, era filha de um trabalhador de plataforma de petróleo do Kansas, que tinha crescido no Kansas, mas se mudou mais tarde com seus pais para o Texas, para Seattle e finalmente para o Havaí. Ann e Barack se conheceram na Universidade do Havaí em uma aula de russo. Eles se divorciaram quando Obama tinha 2 anos. Seu pai, após um período em Harvard durante o qual ele se casou novamente, voltou para o Quênia para trabalhar para o governo e viu Obama apenas uma vez mais antes de morrer. A mãe de Obama, segundo ele, a pessoa mais diretamente responsável por fazer dele o que ele é, morreu de câncer de ovário em 1995. Quando Obama tinha 6 anos, mudou-se para Jacarta com sua mãe e seu padrasto, Lolo Soetoro (muçulmano praticante). Na Indonésia, Obama frequentou a Escola Besuki (hoje chamada Menteng 1), uma escola pública não sectária fundada para elites europeias e indonésias sem qualquer afiliação muçulmana. Estudos religiosos eram compulsórios em todas as escolas indonésias e, portanto, o dia escolar de Obama incluía um momento determinado em que os estudantes praticavam suas várias religiões.

A mãe, professora de inglês para empresários e funcionária de fundações americanas para ajudar famílias pobres na Indonésia, sentiu que a Indonésia não era um lugar seguro para ele ou para sua educação. E assim, com 10 anos de idade, Obama voltou para o Havaí para morar com seus avós e frequentar, com uma bolsa de estudos, a Escola Punahou, uma escola particular de prestígio em Honolulu. Lá ele era chamado de Barry.[16] Obama admitiu abertamente ter experimentado maconha e cocaína durante o ensino médio e chegou a brincar sobre esse passado rebelde. Quando Jay Leno, o anfitrião do *Tonight Show* da emissora ABC, perguntou "Lembre-se, senador, o senhor está sob juramento. O senhor tragava?", Obama respondeu: "Essa era a graça." Após a formatura, Obama se mudou para Los Angeles e frequentou o Occidental College durante dois anos antes de se transferir para a Universidade de Columbia. Ao terminar a universidade, trabalhou para uma empresa de pesquisas sobre temas de interesse público e para a Business International durante quatro anos, antes de se mudar para Chicago, em 1985, para se tornar agente comunitário como diretor

---

16 Ele não era pobre. Sua família poderia ser caracterizada como classe média. Seu avô era um vendedor modesto, mas sua avó foi galgando vários degraus até se tornar vice-presidente de um banco local no Havaí. No entanto, durante três anos no Havaí ele se mudou para um pequeno apartamento com sua mãe, que estudava antropologia, e a irmã Maya, e os três viviam da pequena bolsa de estudos da mãe, e às vezes de vales-alimentação.

O PODER DA COMUNICAÇÃO | 427

da organização católica Developing Communities Project (DCP) [Projeto para o Desenvolvimento de Comunidades], uma experiência fundamental que se tornou seu estágio para futuros trabalhos de organização comunitária. Três anos mais tarde (com 29 anos), foi estudar direito na Faculdade de Direito de Harvard e foi o primeiro presidente afro-americano da *Harvard Law Review*. Foi em Harvard que ele conheceu sua esposa, Michelle, que também estudava direito, após ter-se formado em Princeton com a ajuda de uma bolsa de estudos. Em 1991, Obama recebeu uma bolsa da Faculdade de Direito da Universidade de Chicago para escrever um livro sobre relações raciais que seria publicado sob o título *Dreams From my Father* (A origem dos meus sonhos) em 1995. Ele deu aulas de direito constitucional na Universidade de Chicago, de 1992 a 2004. Em Chicago, envolveu-se na política local, concentrando-se nas comunidades carentes, tais como o Project Vote! (um projeto para o registro de eleitores afro--americanos) em 1992. Em 1993, Obama entrou para uma firma de advogados, a Davis, Miner, Barnhill e Galland, especializada em processo de direitos civis e desenvolvimento econômico de bairros pobres, onde ele foi um dos sócios por três anos, de 1993 a 1996. Em 1996, começou sua carreira política disputando — com sucesso — um assento no Senado do estado de Illinois.

De seus anos como estudante até seu envolvimento nas águas tormentosas da política de Chicago, Obama passou por um processo de construção de identidade. Ele declarou firmemente ser parte da comunidade afro-americana, sem renunciar a sua origem mista, já que sua mãe e seus avós brancos eram sua família imediata. Após o casamento, Michelle e suas filhas passaram a ser "a rocha de sua vida", nas palavras do próprio Obama. Essa origem étnica dupla foi a fonte de sua busca permanente por uma ponte sobre a divisão racial, o "Dilema Americano" fundamental, nas palavras de Gunnar Myrdal (1944). Obama diz com frequência que ele personifica essa vitória da divisão racial. A união entre raças, classes e culturas passou a ser seu horizonte para a ação. Nesse sentido, Obama posiciona-se diretamente na tradição de Saul Alinsky, para quem as pessoas podem encontrar a comunidade de seus interesses, transcendendo as divisões ideológicas e sociais da história, lutando e se organizando juntos em prol de um objetivo comum (ver a seguir).

Obama começou sua carreira política formal em 1996 com uma disputa bem-sucedida para o Senado de Illinois (representando a parte sul de Chicago). Foi reeleito em 1998 e outra vez em 2002. Após uma tentativa malograda de obter um assento na Casa dos Representantes em 2000, ele anunciou sua campanha para o Senado dos EUA em janeiro de 2003. Com uma vitória esmagadora na eleição primária em março de 2004, Obama fez o discurso em que determinava a política de ação ("A Audácia da Esperança") na Convenção Nacional do Partido Democrata em julho de 2004, atraindo os holofotes nacionais pela primeira vez. Em seu famoso discurso, ele observou: "É aquela crença fundamental: 'Sou o protetor de meu irmão, sou o protetor de minha irmã' que faz este país funcionar. É o que nos permite buscar nossos sonhos individuais e ainda assim nos unirmos como uma família americana." Esse tema ressoa por toda sua carreira política e, de muitas maneiras, evoca a moldura de pais protetores que Lakoff descobriu ser fundamental para o pensamento democrático nos Estados Unidos (Lakoff, 2004). Trechos do discurso foram transmitidos pelas principais emissoras em todo o país, catapultando-o para a proeminência nacional. Muitos atribuem parte de sua vitória no Senado a esse frenesi da mídia. Obama foi eleito em novembro de 2004 com 70% dos votos. Em 2008, era o único senador afro-americano nos EUA, o quinto na história do país e o terceiro desde a Reconstrução. No final de março de 2005, Obama anunciou seu primeiro projeto de lei do Senado, a Oportunidade de Ensino Superior por meio do Ato de Expansão do Pell Grant de 2005 (Ato HOPE), que buscava aumentar a quantidade máxima de bolsas de estudos concedidas a universitários americanos para ajudá-los com o pagamento de seus estudos. Em abril de 2005, a *Time Magazine* colocou Obama na lista das cem pessoas mais influentes do mundo em uma reportagem especial sobre "Líderes e Revolucionários" (Bacon, 2005).

Mas Obama não é nenhum revolucionário; ele nunca foi e nunca será. Na verdade, é difícil colocá-lo em um eixo direita/esquerda, apesar de seu histórico de eleitores com tendências esquerdistas. Mais apropriadamente, ele se apresenta de acordo com outro conjunto de coordenadas: o futuro *versus* o passado. Seu projeto é construir uma maioria americana sobre questões que importam mais na vida cotidiana de todos e se envolver em um diálogo com todos os atores geopolíticos, invertendo a diplomacia agressiva dos neoconservadores, sem, ao mesmo tempo, hesitar em enfrentar a ameaça terrorista onde ela estiver (por exemplo, no Afeganistão, e não no Iraque). Esse pragmatismo se reflete na escolha de assessores, cuja experiente prática política compensa sua experiência limitada na elaboração de políticas nacionais e internacionais. Assim, quando entrou para o Senado, Obama contratou como seu próprio chefe de gabinete Pete Rouse, antigo chefe do gabinete do líder democrata no Senado, Tom Daschle, e o economista Karen Kornbluh, antigo assistente do chefe de gabinete do secretário do Tesouro Robert Rubin, como seu diretor de políticas. Recrutou também Samantha Power, autora de *Human Rights and Genocide* [Direitos humanos e genocídio], e antigos funcionários da administração de Clinton, Anthony Lake e Susan Rice, como consultores em política externa. Para sua disputa presidencial, trabalhou com Zbigniew Brzezinski, com o general da Força Aérea Merrill McPeak, Bill Daley (o irmão do prefeito de Chicago Richard Daley e antigo funcionário de Clinton) e Dennis Ross, que tinha aconselhado Bill Clinton, Bush pai e Bush filho como negociador para a política dos EUA em relação a Israel e Palestina.

Obama se vê como um unificador, para seu partido e além dele. Assim que a amarga campanha primária chegou ao fim, ele não só abriu avenidas de colaboração com Hillary e Bill (sem chegar ao ponto de lhe oferecer a vice-presidência, em grande parte em virtude dos possíveis conflitos de interesse com Bill), mas também contratou membros importantes da campanha de Hillary, como o diretor da segurança nacional de Hillary, Lee Feinstein, sua consultora em política externa Mara Rudman, o consultor assistente de segurança nacional de Bill Clinton, e Robert Einhorn, antigo secretário adjunto para a não proliferação nuclear no Departamento de Estado; e Stuart Eizenstat, especialista em comércio internacional que foi diretor de políticas para a campanha de Jimmy Carter em 1976. Na área de política interna, a equipe de Obama manteve o consultor econômico mais importante de Clinton, Gene Sperling, como seu próprio consultor.

Durante sua carreira no Senado, Obama também formou parcerias com republicanos importantes para aprovar projetos de leis, tais como o Secure America and Orderly Immigration Act [América Segura e Ato para Imigração Ordenada] (com McCain) e a iniciativa Lugar-Obama que ampliou o projeto de lei cooperativo Nunn-Lugar para Redução de Ameaças. O Ato para a Assistência, Segurança e Promoção da Democracia na República Democrática do Congo foi a primeira legislação federal a ser promulgada com o apoio principal de Obama.

Em um país tão religioso quanto os Estados Unidos, as crenças de Obama são uma característica definidora em termos de sua projeção pública. Sua evolução religiosa foi tão atípica quanto o processo da construção de sua identidade. Em *A origem dos meus sonhos* (1995, 2004) [publicado em 2008 no Brasil], ele descreve sua criação como principalmente secular, embora fosse à igreja na Páscoa e no Natal com sua avó. Só quando se mudou para Chicago, com 20 e poucos anos, e começou o curso universitário em Trinity, é que ele afirma ter encontrado a religião. Curiosamente, mais ou menos à mesma época, abraçou plenamente uma identidade afro-americana, que se fortaleceu mais tarde graças a seu casamento com Michelle, nascida em uma família afro-americana diferente de Obama, que tinha ascendência africana e americana. É possível que a entrada para a Trinity tenha sido parte de um movimento decisivo para autoconstruir uma identidade após sua indecisão cultural e pessoal. A Trinity United Church of Christ é uma Igreja nacional, extremamente respeitada, cujos membros são, em sua maioria, brancos. Mas na área sul de Chicago a Igreja Trinity era "a" igreja para afro-americanos da cidade desde a década de 1980. Outros paroquianos famosos incluíam Oprah Winfrey, que deixou de frequentar a igreja na metade da década de 1990 porque achava que os sermões do pastor, o reverendo Wright, eram muito radicais.

Wright teve uma influência considerável na formação religiosa e política de Obama, a tal ponto que quase arruinou as oportunidades políticas de seu jovem paroquiano. Teólogo de excelente formação, o pastor tinha uma reputação nacional e fazia parte do grupo de líderes religiosos que eram convocados para orar com os Clinton na Casa Branca no período de redenção de Bill após o caso Monica Lewinsky e sua confissão subsequente. Parte da tradição da teologia da libertação negra, Wright às vezes se envolvia em fortes críticas à injustiça social nos Estados Unidos. Sem seguir as ideias extremistas de Wright em algumas questões, Obama o considerou, durante vinte anos, seu mentor moral. O pastor casou Barack e Michelle e batizou suas filhas. Além disso, Obama intitulou o discurso que o alçou à fama nacional (e a seu segundo livro) a partir das palavras de um dos sermões de Wright, "The Audacity of Hope" [A audácia da esperança].

E a esperança passou a ser o tema central do discurso político de Obama. É curioso e significativo que ele tenha sido capaz de fundir uma crítica radical da sociedade estadunidense com uma prática política moderada. É essa ambivalência que, simultaneamente, constitui o atrativo de Obama e o faz vulnerável aos ataques políticos da direita e da esquerda. Embora pareça contraintuitiva a noção de que a ambivalência possa ser um trunfo na formação da esperança e da confiança, a análise teórica proposta por Simonetta Tabboni (2006), ao examinar a nova cultura jovem na Europa, expõe o mecanismo pelo qual a ambivalência abre uma área de possibilidades para as pessoas projetarem suas esperanças, identificando-se, assim, com a fonte de ambivalência que os livra da certeza artificial. Nas palavras de Tabboni: "Falo de 'ambivalência sociológica' quando o ator é atraído por — ou está interessado em — aspirações, atitudes ou condutas que são contrárias umas às outras, mas que, no entanto, têm a mesma origem e são inseparáveis do ponto de vista das metas que queremos alcançar" (2006:166). Ambivalência não é mudar de posição o tempo todo. Não é mudar de ideias e de posição de acordo com as pesquisas de opinião. A ambivalência é uma abordagem sem preconceitos da vida; é nos comprometermos com as metas de uma ação mesmo sem certeza sobre os melhores meios para alcançar essas metas. Portanto, não estou dizendo que Obama calcula a ambivalência. Ele é ambivalente em relação às definições ideológicas-padrão. Ele se vê como um afro-americano que transcende as divisões raciais em um país que, ele sabe, tem como base as divisões raciais. Ele se situa além das fronteiras de classe, ao mesmo tempo que reconhece a desigualdade social, as dificuldades dos trabalhadores e a ganância corporativa. Ele quer se envolver em um diálogo com todas as pessoas no mundo, inclusive os inimigos potenciais do país, ao mesmo tempo que é implacavelmente contrário ao fanatismo e ao terrorismo. Essa não é uma postura política, ela está engastada em sua vida fora do comum, nos princípios éticos simples mas profundos que sua mãe trouxe para

O PODER DA COMUNICAÇÃO | 431

seu coração, e na filosofia pé no chão de sua avó e, mais tarde, de sua esposa. Como ele escreve em seu livro: "Ela [Michelle] nem sempre sabe o que pensar de mim; ela se preocupa que (...) eu seja meio sonhador. Realmente, com seu extremo senso prático e atitudes do Centro-Oeste, ela me lembra bastante Toot [o apelido da avó de Obama]" (1995-2004:439).

É sua vida de experienciar o preconceito e, ainda assim, participar e ter sucesso em algumas das melhores instituições educacionais do país (começando por sua escola no Havaí) que lhe ensinou que sim, ele podia. E assim, é essa mistura de ambivalência e autoconfiança que fez dele um tipo raro de personalidade, com um carisma tranquilo que subitamente inflama a si próprio e a seu público em uma labareda de entusiasmo transmitida com palavras e linguagem corporal. Palavras aprendidas dos púlpitos da libertação negra, a linguagem corporal herdada de um digno homem de Luo e repaginada na Faculdade de Direito da Universidade Harvard. Na era da política personalizada, Obama construiu seu projeto político sobre uma personalidade pouco comum e atraente que incorpora a experiência poliedral de sua vida. Quase no fim de seu primeiro livro, ele escreve sobre as perguntas sem respostas que perturbam suas noites:

> O que é nossa comunidade, e como essa comunidade pode ser reconciliada com nossa liberdade? Até onde chegam nossos deveres? Como transformamos o mero poder em justiça, o mero sentimento em amor? As respostas que encontro nos livros de direito nem sempre me satisfazem (...) Deparo-me com uma série de casos em que a consciência é sacrificada em nome da conveniência ou da ambição. E, no entanto, na própria conversa, na união de vozes, encontro-me modestamente encorajado, acreditando que, enquanto as perguntas ainda forem feitas, o que nos une pode, de alguma forma, prevalecer no final (Obama, 1995, edição 2004:438).

Obama busca respostas na política da conversa, na política de fazer perguntas em vez de dar as respostas, de buscar comunidade a partir da preservação da liberdade, na política tanto como um ideal quanto como um processo, e não como propostas de políticas eleitorais para a geração de imagens. Essas são abordagens pouco comuns: atraentes, mas aparentemente pouco práticas nas terras sangrentas da política da mídia. E, no entanto, quando, em um frio dia 10 de fevereiro de 2007, Obama anunciou sua candidatura à presidência, diante de 15 mil seguidores nos degraus do Old State Capitol em Springfield, Illinois, no mesmo edifício onde Abraham Lincoln fez seu discurso "Casa Dividida" em 1858 contra a escravidão, ele estava explicitamente se ligando àquela mensagem. Ele estava dizendo "Nós" e ele estava dizendo "Nós podemos". Mas como ele pôde mobilizar apoio para sua improvável candidatura? Como é que seu sonho se materializou na política da sociedade civil, no financiamento de campanha, nas estratégias da mídia e na defesa da política de ataque e da política de escândalos? Quais são as lições da campanha de Obama para nossa compreensão da política insurgente, ou, aliás, da política na Era da Internet? Detalharei a mais importante delas relacionando a observação da campanha com a análise apresentada no Capítulo 4 sobre as características principais das campanhas e das estratégias políticas.

UMA MUDANÇA DE FÓRMULA: DO PODER DO DINHEIRO PARA O DINHEIRO DOS SEM PODER

O dinheiro domina, em grande medida, a política em geral e a política norte--americana em particular. O levantamento de recursos é essencial já que, sem somas consideráveis de dinheiro, não há nenhuma campanha competitiva. Esse é o limiar que as campanhas mais bem-intencionadas (digamos a de John Edwards em 2007-8) não conseguiram ultrapassar. A escolha é simples: ou os interesses das corporações e dos ricos financiam sua campanha e com isso você fica refém desses interesses (à exceção de alguns filantropos com dinheiro e bens pessoais suficientes para garantirem essa exceção), ou você está sozinho e os eleitores nunca saberão como você seria bom para eles.

Obama foi capaz de atravessar esse dilema aparentemente insolúvel. Segundo os registros da Comissão Federal Eleitoral (FED, na sigla em inglês), para a campanha primária como um todo (até 30 de junho de 2008), Obama angariou a soma que bateu todos os recordes, US$339.201.999. Se incluirmos o levantamento de fundos para a eleição geral, ele arrecadou um total, para as duas eleições, de US$744.985.655. Em contraste, a campanha de Hillary Clinton, inicialmente bem financiada, arrecadou US$233.005.665 (excluindo empréstimos, mas incluindo US$10 milhões dos recursos pessoais de Clinton). Em comparação, John Kerry angariou US$233.985.144, e George Bush, US$258.939.099 durante toda a campanha das primárias em 2004.[17] Isso apesar de, ao contrário de Hillary, ter recusado aceitar dinheiro de lobistas registrados federalmente. Realmente, ele chegou ao ponto de devolver US$50 mil em contribuições que escaparam pelas frestas. Obama, no entanto, aceitou contribuições de lobistas registrados em nível estadual. Também recusou dinheiro dos Comitês de Ação Política (PACs, na sigla em inglês), embora tivesse aceitado dinheiro de funcionários de corporações e de outras fontes que

---

17 Os totais para Bush e Kerry refletem os recursos angariados até 31 de agosto de 2004. Os dois candidatos aceitaram recursos públicos para a eleição geral de 2004 e, portanto, esses totais refletem apenas dinheiro arrecadado para suas campanhas primárias.

O PODER DA COMUNICAÇÃO | 433

empregam lobistas. Ainda assim, de acordo com o Centro para a Integridade Pública, Obama realmente recebeu recursos significativos por meio de "lotes"* de doações (embora ele tenha publicado os nomes dos doadores na internet para maior transparência). Uma análise dos 328 grupos de doadores de sua campanha que arrecadaram entre US$50 mil até mais de US$200 mil revela que eles contribuíram com pelo menos US$31,65 milhões, sendo responsáveis por cerca de 11,9% da arrecadação total de Obama de mais de US$265 milhões angariados até 31 de abril de 2008. Desses 328 doadores de "lotes", 78 indivíduos trouxeram cerca de US$15,6 milhões para a campanha — pelo menos 5,8% dos recursos totais de Obama (Ginley, 2008).

Surpreendentemente, Obama também se destacou como candidato favorito entre os gestores de fundos de cobertura (*hedge fund*), segundo um relatório do Center for Responsive Politics [Centro para a Política Responsiva] (2008b). De acordo com as entrevistas com esses gestores realizadas pelo *New York Times*, embora Obama não seja o candidato intuitivo para o mundo dos grandes negócios, ele oferece uma coisa que Clinton não oferece: acesso potencial (Sorkin, 2008). Em contraste com o círculo íntimo de Clinton, que existe há muito tempo e é extremamente competitivo, Obama, como recém-chegado, oferece uma oportunidade para que outros relativamente recém-chegados nos círculos econômicos tenham sucesso na esfera política. Isso pode ser surpreendente considerando que tanto Obama quanto Clinton são a favor de aumentar o imposto nos lucros com fundos de cobertura e fundos de capital privado de 15% para 35%. No entanto, além da explicação óbvia da atitude oportunista de seguir a maioria, deve ser lembrado que essas *não* são contribuições das corporações, e sim de indivíduos que trabalham nessas corporações ou as administram, cujas doações podem ou não ser "loteadas". Isso é, na verdade, uma indicação do amplo apelo de Obama entre a classe instruída e profissional. Você pode ser um banqueiro de investimentos e ainda assim querer pôr fim na Guerra do Iraque. Com efeito, as melhores mentes no setor financeiro estão convencidas do dano causado à estabilidade econômica global, a começar pelos preços do petróleo, pela política externa imprudente do governo Bush. Em outras palavras, a medida crítica da independência de uma candidatura é a sua distância dos grupos de pressão organizados de Washington porque suas doações são direta ou indiretamente atadas às decisões políticas.

A classe de origem dos doadores é uma informação interessante, mas não pode ser entendida como um prognóstico da dominação dos interesses classistas sobre um futuro presidente. É claro que ninguém, nem mesmo Obama, desafiará

---

* Nos EUA, as doações individuais a campanhas políticas de um candidato são limitadas a US$2,3 mil. Por isso, muitos candidatos incentivam os "*bundlers*", lotes de doações de vários indivíduos recebidas por uma pessoa jurídica, que repassa o valor total à campanha.

o capitalismo nos Estados Unidos, nem, pelo menos por enquanto, no mundo como um todo. Mas no arcabouço do capitalismo há uma ampla variedade de opções de políticas, e é pouco provável que essa variedade tenha sido reduzida no caso de Obama por causa da origem de suas doações de campanha. O motivo básico é que, embora levando em consideração a diversidade dessas doações, como relatamos anteriormente, *até 88% dos recursos totais* que Obama recebeu para a campanha primária *vieram diretamente de doações individuais* (os 12% restantes vieram de doações "em lotes") *de mais de 1,5 milhão de doadores individuais* (números oficiais da campanha). *Aproximadamente 47% dessas doações eram menores que US$200 e 76% eram menores que US$2 mil* (FECFilings, 20 de junho de 2008). Em contraste, 39% das contribuições de Hillary Clinton e 41% das de John McCain eram de US$2 mil ou mais.[18]

Como a campanha de Obama foi capaz de angariar essa quantia inédita de dinheiro para apoiar seu projeto político? Um fator importante é o uso habilidoso da internet para a arrecadação de recursos. Embora os dados sejam inconclusivos, as estimativas da proporção das doações processadas pela internet em relação ao total de doações são entre 60% e 90%. Isso se compara a uma média de 6% de americanos que fazem doações a diversas causas pela internet. A maioria dessas doações veio de pequenos doadores que contribuíram com quantias pequenas repetidamente durante toda a campanha sem atingir o limite máximo de US$2.300 por pessoa e foram, portanto, capazes de reagir rapidamente à evolução da campanha segundo as solicitações e informações postadas no site. Um relatório sobre o financiamento de Obama por Norman Ornstein (2008) observou que:

> Com essa base de pequenos doadores por meio de um processo que é incrivelmente barato para administrar, com custos de arrecadação de recursos entre 5 e 10 centavos de dólar (comparados aos 95 centavos para malas diretas) Obama ficou livre da tarefa penosa e demorada de atender dezenas de arrecadadores de recursos e de fazer milhares de chamadas telefônicas para doadores potenciais. (É claro, Obama não está, ao mesmo tempo, ignorando os doadores e "loteadores" de US$2.300, que podem gerar mais hostilidades a ele pelo resto da campanha. Mas ele certamente gastará muito menos de seu tempo cortejando doadores do que McCain.)

É claro que a questão mais importante, no entanto, foi *a existência de um movimento popular muito grande por trás da candidatura de Obama,* com milhares de ativistas engajados e literalmente milhões de seguidores ativos.

---

18 Para uma visão atualizada das contribuições de Obama, ver a Comission Presidential Finance Comissão Eleitoral Federal sobre Finanças Presidenciais no site: http://www.fec.gov

O site My.BarackObama.com tinha cerca de 15 milhões de membros em junho de 2008, embora, é claro, sejam membros do mundo todo.[19] Essa é, precisamente, a questão: o apelo de Obama se estende para além das fronteiras dos Estados Unidos. Assim, é a existência do movimento que permitiu que ele limitasse consideravelmente, ou até eliminasse, a influência de grupos de interesse em sua campanha. E essa independência alimentava ainda maior apoio de seus seguidores entusiasmados, em um círculo virtuoso que o impulsionou à nomeação pelo Partido Democrata. Como esse apoio foi gerado? Por que pessoas de origens sociais e étnicas bastante diferentes se mobilizaram em números sem precedentes e com uma intensidade fora do comum por Barack Obama?

A MENSAGEM E O MENSAGEIRO

Consideremos, primeiramente, as emoções, a matéria de que é feita a política (ver o Capítulo 3). Segundo um Pew Study realizado em março de 2008, *as opiniões dos eleitores brancos sobre Obama são mais influenciadas pela maneira como ele os faz se sentirem do que por características específicas que os eleitores atribuam a ele.* Aqueles democratas brancos que dizem que Obama os faz sentirem *esperançosos* e *orgulhosos* deram a ele as melhores notas. E das características pessoais mencionadas na pesquisa, "inspirador" é a mais intimamente relacionada com percepções sobre o senador de Illinois do que com qualquer um dos outros (ver a Tabela 5.3; Pew, 2008a).

Eu me concentrarei em Obama em vez de fazer comentários sobre Hillary. As constatações essenciais aqui são que as emoções mais importantes para induzir a uma opinião positiva sobre Obama são: (a) a mensagem que vem dele é inspiradora; e (b) o receptor da mensagem se sente esperançoso. Esse é o núcleo da mensagem de campanha de Obama: *esperança* combinada com *mudança.* Sim, a mudança é necessária, mas a esperança é a emoção impulsora. É a emoção que, segundo pesquisas em cognição política (ver o Capítulo 3),

---

19 Um levantamento em 24 países realizado pela Pew Global Attitudes Project (2008) de março até abril de 2008 constatou que os entrevistados expressavam maior confiança de que Obama — e não McCain — faria a coisa certa nas questões mundiais em todos os países, exceto pelos Estados Unidos, onde a competência dos candidatos em política externa foi considerada semelhante, e na Jordânia e no Paquistão, onde poucas pessoas tinham confiança em qualquer dos dois candidatos. Obama era considerado mais bem-visto do que Clinton em quase todos os países, a não ser na Índia (58% para 33%), África do Sul (57% para 36%) e no México (36% para 30%).

estimula o *entusiasmo* por um candidato. É somente com a condição de ser esperançosa que a mudança torna-se "mudança em que podemos acreditar" porque o mensageiro confere credibilidade à mensagem, não necessariamente em virtude de suas credenciais, mas pela capacidade que ele tem de inspirar esperança e confiança (honestidade). Com efeito, a disputa entre Obama e Hillary foi definida, desde o começo da campanha, pela oposição entre mudança e experiência (ver a Tabela A5.4, no Apêndice) e entre esperança e soluções (Comella e Mahoy, 2008). Hillary apostou na ideia de que as pessoas iriam valorizar sua experiência ("pronta no primeiro dia") e sua capacidade de encontrar soluções para seus problemas. Essa estratégia se encaixava bem com a moldura tradicional da política característica dos democratas nos EUA e da esquerda no mundo todo (Lakoff, 2008). Com efeito, em termos de políticas, as diferenças entre Obama e Hillary eram mínimas, a não ser pelo contraste fundamental no posicionamento em 2002 contra (Obama) ou a favor (Hillary) da Guerra do Iraque. Mas mesmo essa diferença tinha desaparecido à época da campanha eleitoral (ver a Tabela A5.5, no Apêndice). A mesma pesquisa de opinião da Pew em março de 2008 forneceu evidências de que 65% dos democratas não acreditavam que Obama e Hillary tivessem posições diferentes sobre as questões (Pew, 2008a:16). O contraste crucial era entre a abordagem de Hillary em relação aos eleitores, posicionando-se como quem tem um bom currículo para o emprego, em comparação à mensagem de esperança de Obama, que colocava a possibilidade de mudança nas próprias pessoas. Hillary desprezou a capacidade retórica superior de Obama como sendo "apenas palavras". Na verdade, as palavras importam. Ou melhor, as imagens induzidas em nossa mente pelas palavras, em um contexto de tomada de decisão sobre quem tomará decisões, importam muito. Vivemos pelas palavras e as metáforas que elas constroem (Lakoff e Johnson, 1980). E assim, a esperança finalmente se aninhou na mente e alma de milhões de pessoas que estavam ansiosas por mudança após o medo do terror, e o medo infligido sobre elas pela guerra ao terror. Esperança e não o medo. Foi isso que, no final, se traduziu nos níveis de participação em campanhas políticas mais ativas da história recente.

Um fato interessante é que os dados apresentados na Tabela 5.3 se referem às atitudes de eleitores brancos. O que ocorreu com a raça na política estadunidense? Será que Obama realmente transcendeu as feridas da raça simplesmente por invocar a união de seu núcleo familiar e de sua família ampliada, um novo país comunitário? Na verdade, ele se beneficiou de um longo processo de acomodação cultural às realidades de uma sociedade multiétnica. Como ilustra a Figura 5.5, a aprovação norte-americana de um presidente afro-americano está

Tabela 5.3 — Percepções que tornam as opiniões de norte-americanos brancos, eleitores do Partido Democrata, sobre os candidatos.
[Impacto sobre percepção favorável a]

	Obama	Clinton
Você o(a) considera		
Inspirador(a)	0,43	0,14
Honesto(a)	0,35	0,37
Patriota	0,34	0,30
Realista	0,23	0,31
Antipático(a)	−0,25	−0,08
Falso(a)	0,38	−0,50
Fez com que você se sentisse		
Esperançoso(a)	0,62	0,46
Orgulhoso(a)	0,58	0,34
Desconfortável	−0,19	−0,28
Zangado(a)	−0,21	−0,28
R^2	0,60	0,51

Esta tabela contém coeficientes de regressão não padronizados para efeito de cada característica ou emoção sobre avaliações favoráveis dos candidatos por parte de eleitores registrados democratas ou de inclinação democrata. *Fonte*: Pew (2008a:4).

no nível mais alto que pode chegar. Em comparação, em 2007, apenas 88% dos estadunidenses disseram que votariam em uma mulher para presidente e só 72% votariam em um mórmon (Jones, 2007b). No entanto, o Efeito Bradley[20] ainda funciona, embora estudos do Centro de Projetos de Pesquisa Pew tenham sugerido que essa tendência estava prestes a mudar em 2008:

Análises das contagens das primárias e das pesquisas de opinião das primárias incluindo iniciais, aquelas realizadas antes e durante a chamada Super Terça-Feira (5 de fevereiro), indiciaram que as pesquisas de opinião

---

20 Pesquisadores notaram pela primeira vez o chamado "Efeito Bradley" em 1982 quando o prefeito de Los Angeles, Tom Bradley, que era negro, teve uma vantagem sólida nas pesquisas governamentais pré-eleição, mas perdeu para seu oponente republicano em uma eleição apertada. Os resultados dessa eleição e de outras semelhantes envolvendo candidatos negros indicaram que, independentemente do motivo, a pesquisa de opinião pré-eleição tende a exagerar o apoio para candidatos negros em comparação às suas porcentagens reais de votos.

pré-eleição realmente exageraram o apoio para o senador Barack Obama em três estados com populações negras relativamente baixas — New Hampshire, Califórnia e Massachusetts. Mas o inverso foi verdadeiro na Carolina do Sul, no Alabama e na Geórgia, onde os negros constituíam um bloco maior de eleitores. Os resultados na Carolina do Sul, no Alabama e na Geórgia nos sugeriram a descoberta de um novo Efeito Bradley "ao contrário", isso é, nos estados com populações afro-americanas relativamente altas, as pesquisas de opinião pré-primárias tendiam a subestimar o apoio a Obama (Greenwalt, 2008).

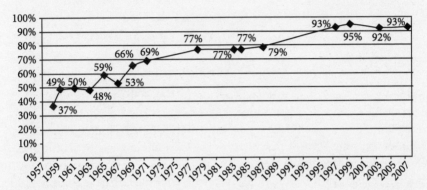

Fig. 5.5. Disposição para votar em um candidato afro-americano, 1958-2007. (*Pergunta*: Se seu partido nomeasse uma pessoa bem qualificada para presidente que fosse afro--americano(a), você votaria nessa pessoa?)
Fonte: Gallup Organization.

Parks e Rachlinski (2008) argumentam que:

> Embora o senador Obama abertamente abrace o fato de ele ser um homem negro, ele o faz de uma maneira que não preocupa demais os brancos. Muitas vezes ele afirma que, embora seu pai seja do Quênia, sua mãe era uma mulher branca, do Kansas. Ele não hesita em repreender os negros sobre problemas na comunidade negra. Por exemplo, já falou sobre a falta de pais negros nos domicílios, a noção entre alguns negros de que as conquistas acadêmicas são "brancas" e contra o antissemitismo e a homofobia na comunidade negra. O senador Obama, no entanto, não faz comentários frequentes sobre as questões raciais ou sua negritude, particularmente diante de públicos brancos. Como resultado, a boa vontade que ele construiu entre os brancos não se erodiu simultaneamente. Ele até conseguiu adotar um estereótipo negro de uma forma cativante e apaziguadora quando brincou dizendo que não sabia se Bill Clinton era verdadeiramente o primeiro presidente negro, porque ainda não tinha conseguido observar se o presidente Clinton sabia dançar (2008:14).

Em suma: embora provavelmente exista mais racismo latente do que mostram as pesquisas de opinião, o fator raça ainda está presente nas eleições dos Estados Unidos. A candidatura de Obama se aproveitou da mudança gradativa na mentalidade das novas gerações do país, ao mesmo tempo que sua mensagem de esperança alargou o caminho para um mensageiro presidencial pouco comum. No entanto, para ativar sua mensagem, ele teve de encontrar uma maneira operacional de atingir as pessoas e mobilizar sua esperança. Ele a encontrou em sua terra adotiva, a Cidade do Vento.

AS RAÍZES DE OBAMA EM CHICAGO: ALINSKY
PARA PRESIDENTE

A chave para o sucesso da estratégia de campanha de Obama foi sua capacidade de traduzir o modelo clássico americano de organização comunitária, como foi elaborado meio século atrás por Saul Alinsky, para o contexto da internet. Fazendo da internet um movimento da sociedade civil e formando redes, Obama, que aprendeu suas técnicas de organização social nas ruas do South Side de Chicago, provavelmente inventou um novo modelo de mobilização que pode ser um de seus duradouros legados políticos. Quando Obama se mudou para Chicago, Alinsky já tinha morrido.[21] No entanto, um grupo de seus dis-

---

21 Saul Alinsky, aluno de sociologia na Universidade de Chicago, se dedicou a organizar trabalhadores e moradores de baixa renda em suas comunidades para melhorar suas condições de vida. Contratado por diversas igrejas em Chicago e em outros lugares para consolidar e mobilizar seus programas sociais, ele estabeleceu sua Industrial Areas Foundation [Fundação das Áreas Industriais] e desenvolveu um método de organização comunitária que se tornou uma referência para gerações de agentes comunitários em todos os Estados Unidos. Em um país fortemente dividido pela raça, pela etnicidade e pela classe, ele argumentava a favor da unidade das pessoas como pessoas, e com esse objetivo sua estratégia era encontrar uma questão concreta que fosse importante para uma comunidade e organizar uma coalizão das organizações comunitárias existentes para lutar por aquela questão. Tão logo as exigências eram satisfeitas, era essencial encontrar um novo alvo para a luta, e depois outro, e depois outro. Isso ocorria porque em sua opinião o único recurso com que as pessoas podiam contar era sua própria organização, e essa só podia ser mantida pela mobilização. Ele se dizia um radical, mas criticava posições ideológicas e desconfiava de políticos que eram alvos para serem pressionados e não líderes reconhecidos do povo. Ele usava a palavra "radical" em seu sentido original, ir às raízes. Às raízes da democracia americana, uma democracia baseada em comunidades autossuficientes e em indivíduos livres. Alinsky não via nada de errado com o sistema, fosse ele a economia de mercado ou a democracia liberal. Sua crítica tinha a ver com o desequilíbrio de poder entre os ricos, os organizados, e a cidadania fragmentada. Assim, organizando as pessoas comuns, ele via a possibilidade de restaurar o equilíbrio de poder entre políticos e corporações, por um

cípulos incluiu Obama em sua rede e o contratou para dirigir o Developing Communities Project [Projeto para o Desenvolvimento de Comunidades] (DCP) registrando eleitores no South Side de Chicago. Foi aí que Obama adotou o "Método Alinsky" de organização social baseado, entre outras técnicas, em ganhar a confiança da comunidade por meio de conversas pessoais. A tarefa do organizador é extrair as histórias das pessoas, ouvindo suas metas e ambições. Obama na verdade ensinou esse método em seus cursos na Faculdade de Direito da Universidade de Chicago. Como diretor do DCP, Obama ajudou a construir e a orientar uma pequena rede de grupos comunitários que lutavam por melhores áreas de lazer infantil, uma coleta de lixo adequada e a remoção do amianto das habitações públicas. "Foi durante essa época com o DCP", disse Obama durante o pronunciamento de sua campanha presidencial, "que recebi a melhor educação que já tive, e onde aprendi o verdadeiro significado da minha fé cristã" (citado em Slevin, 2007:A1). Quando Obama disputou o cargo pela primeira vez em 1995, ele ecoou os ensinamentos de Alinsky, dizendo ao *Chicago Reporter*: "Chegou o momento para que políticos e outros líderes deem o próximo passo e considerem eleitores, moradores ou cidadãos produtores dessa mudança. Como seria se um político entendesse seu emprego como o de um organizador, como parte professor e parte defensor, alguém que não subestime os eleitores, e sim que os eduque sobre as verdadeiras escolhas a sua frente?" (citado em Slevin, 2007:A1). Embora Obama tenha dito ao *New Republic* que "Alinsky não enfatizou o bastante até que ponto as esperanças e sonhos das pessoas e seus ideais e valores eram tão importantes no processo de organização quanto seus interesses próprios" (Lizza, 2007), isso é provavelmente uma correção saudável do pragmatismo de Alinsky. E é uma tendência marcante da política de Obama a combinação entre trabalhar com os sonhos das pessoas e as praticidades da organização civil.

Alguns dos principais organizadores de Obama eram veteranos das redes de Alinsky, calejados pela luta nas ruas. Temo Figueroa era o diretor de cam-

---

lado, e cidadãos, por outro. Sob essas condições, a democracia americana poderia funcionar adequadamente (ver Alinsky, *Reveille for Radicals*, 1946). Analisei a experiência de Alinsky em organização comunitária tanto na teoria quanto na prática em meu livro *The City and the Grassroots* [A cidade e as organizações comunitárias] (1983:60-5 e 106-37). Acho que não seria exagero dizer que a voz de Alinsky ressoa na mente de Obama, embora ele naturalmente tenha selecionado os temas e tons que se encaixariam em sua própria compreensão da política. É interessante observar que Hillary Clinton trabalhou com Alinsky em 1968 e escreveu sua monografia em Wellesley sobre ele. Em seu período como primeira-dama, ela pediu a Wellesley que lacrasse sua tese — especulativamente porque não queria que os republicanos a usassem contra os Clinton.

panhas nacionais de Obama e um organizador de sindicatos há muito tempo. Obama também contratou Marshall Ganz, anteriormente organizador do Student Nonviolent Coordinating Committee [Comitê Não Violento de Coordenação de Estudantes] (SNCC) e agora professor na Universidade Harvard e um dos teóricos e praticantes do processo de organização mais importantes do país para ajudar a treinar organizadores e voluntários como um componente essencial de sua campanha presidencial. Ganz foi fundamental na formação da experiência de treinamento de voluntários. Muitos voluntários da campanha de Obama passaram por vários dias de treinamento intensivo chamados de "Acampamento Obama". As sessões eram lideradas por Ganz e outros organizadores experientes, inclusive Mike Kruglik, um dos mentores de Obama na área de organização em Chicago. Organizadores de campanha potenciais recebiam uma visão geral da história das técnicas de organização civil de base e as principais lições de campanhas que tiveram sucesso e que fracassaram (Dreier, 2008). No verão de 2008, a campanha lançou o Obama Organizing Fellows Program [Programa Obama para a Organização de Bolsistas da Universidade] para treinar universitários nas táticas de organização. Segundo Dreier[22] (2008),

> Em comparação com outras operações políticas, a campanha de Obama incorporou muitas das características de um movimento social — um chamdo de redenção para uma sociedade melhor que unia a transformação individual à transformação social. Isso se deve não só ao estilo retórico de Obama, mas também à contratação por parte de sua campanha de centenas de organizadores experientes vindos de sindicatos, grupos comunitários, igrejas e grupos ambientalistas ou em defesa da paz. Eles, por sua vez, mobilizaram milhares de voluntários — muitos deles neófitos na política eleitoral — que formaram equipes firmemente unidas, extremamente motivadas e eficientes.

Embora a linhagem de Alinsky até Obama possa ser facilmente estabelecida, sua relação com a máquina política de Chicago é menos clara, embora seja tema frequente de comentário entre analistas e especialistas. A internet está repleta de especulação sobre negociatas ilícitas entre a máquina política da família Daley* e Obama. No entanto, a relação de Obama com os Daley é relativamente recente e parece ter surgido apenas após sua confirmação como um candidato viável e carismático, apesar de Axelrod, o principal estrategista

---

22 Professor no Occidental College em um artigo para o *Huffington Post*.
* Família tradicional da política de Chicago. Dois membros da família já foram prefeitos da cidade. (*N. da T.*)

de Obama, ter sido o principal estrategista de relações públicas do prefeito de Chicago, Richard Daley, e o representante que foi para a televisão defender o prefeito contra acusações de corrupção. Os Daley (Richard e Bill) apoiaram abertamente os oponentes de Obama até a corrida da eleição geral para o Senado em 2004. (Eles haviam apoiado o Controlador do Estado Dan Hynes na eleição primária. Hynes é o filho de Tom Hynes, há muito um político da máquina democrática.) Mas apenas horas depois de Obama ter declarado sua candidatura, o prefeito Richard M. Daley anunciou seu apoio formal a Obama e não a Hillary Clinton, a segunda vez em seus dezessete anos como prefeito em que escolheu apoiar um candidato primário democrata. Mais ou menos na mesma época, seu irmão Bill Daley se cadastrou como consultor sênior para a campanha de Obama. Obama então apoiou a reeleição do prefeito Daley em janeiro de 2007, quando declarou: "não creio que haja uma cidade nos Estados Unidos que tenha florescido tanto nas duas últimas décadas quanto Chicago — e grande parte disso tem a ver com nosso prefeito. Ele tem uma reputação nacional que é bem merecida (...) como uma pessoa inovadora, rígida, disposta a tomar decisões difíceis, que está constantemente pensando em como melhorar a cidade" (citado em Spielman, 2007).

Em outras palavras, Obama, a estrela ascendente na política nacional vindo de Illinois, fez uma aliança estratégica com a máquina política de Chicago, mas não era parte dela. Por acaso, é geralmente reconhecido entre os especialistas urbanos que as políticas de Richard Daley em Chicago estão, realmente, entre as mais bem-sucedidas nos Estados Unidos. Pode bem ser verdade que a lenda da máquina política de Chicago, baseada no longo reinado do primeiro prefeito Daley, pai de Richard e Bill, sobreviveu na realidade atual, já que Chicago transformou profundamente seu tecido social e político nas duas últimas décadas.

FORMANDO BASES SOCIAIS NA INTERNET: A VANTAGEM COMPETITIVA DE OBAMA

Nos primeiros anos do século XXI, tanto nos Estados Unidos quanto no mundo em geral, os políticos relutavam em confiar o destino de suas campanhas à internet (Sey e Castells, 2004). Realmente, em seu estudo clássico, Bimber (2003) mostrou a influência limitada do uso da internet no comportamento político, com a importante exceção de aumentar a disposição para doar dinheiro a um candidato. No entanto, na campanha presidencial primária de Howard Dean, em 2003-4, um caso frustrado de política insurgente, mostrou o potencial da internet quando associada a um esforço de mobilização das bases. Essa campanha mostrou também os limites da internet quando seu impacto é comparado ao impacto mais amplo da grande mídia nas campanhas políticas (Sey e Castells, 2004).

É bastante possível, no entanto, como ocorre com outras questões relacionadas ao uso da internet, que fosse cedo demais para avaliar seu impacto real, já que foi só no fim da década de 2000 que a nova geração, que cresceu com a internet, tornou-se adulta. Além disso, a difusão do uso da rede e do acesso à banda larga para a maioria da população faz com que internet seja um dos principais meios de comunicação. Com efeito, em junho de 2008, segundo uma pesquisa Pew com uma amostragem nacional, 46% dos adultos norte--americanos usavam e-mails ou SMS para obter informações sobre a campanha ou discutir informações relacionadas à eleição presidencial (Smith e Rainie, 2008:I). O número de democratas on-line ultrapassou o dos republicanos em seu consumo de vídeos na internet (51% *versus* 42%). Além disso, os democratas estavam significativamente à frente entre os criadores de perfis nos sites de redes sociais: 36% dos democratas on-line tinham esses perfis, comparados a 21% dos republicanos e 28% dos independentes. O maior salto no uso da internet para a política foi com eleitores com menos de 50 anos. Para eleitores com mais de 50 anos, houve apenas um aumento insignificante desde 2004. No entanto, 60% dos entrevistados da pesquisa Pew achavam que a internet está repleta de informações e propagandas errôneas que muitos eleitores acreditam ser corretas (Smith e Rainie, 2008:III).

Talvez a tendência mais significativa seja o potencial de interação política on-line oferecido pela explosão dos sites de formação de redes sociais. Um em cada três usuários da internet tem um perfil em um site de rede social, como o Facebook ou o MySpace, e 40% desses (representando 10% de todos os adultos) usaram esses sites para se envolver em algum tipo de atividade política. De acordo com a natureza conversacional do debate político on-line, a mais comum dessas atividades é o simples ato de descobrir os interesses pessoais ou afiliações políticas de nossos próprios amigos — 29% dos usuários das redes sociais fizeram isso, comparados com um em cada dez que se cadastrou como amigo de um ou mais dos candidatos, lançou um grupo político ou entrou para um grupo já existente. Mais de um terço dos democratas on-line (36%) tem um perfil em um site de rede social, um número significativamente maior que as cifras comparáveis tanto para os republicanos (21%) quanto para os independentes (28%) (Smith e Rainie, 2008:III). Postar ou ver vídeos com alguma ligação a um conteúdo político está se tornando uma forma importante de expressão política, particularmente para o segmento jovem (ver as Tabelas 5.2 e 5.4).

Em termos do uso geral da internet, no entanto, há uma diferença considerável na frequência e intensidade da atividade on-line, dependendo das características sociais, e o fator idade é, uma vez mais, a fonte principal de diferenciação. Embora 58% da faixa etária entre 18 e 29 anos tivessem usado a internet para objetivos políticos, só 20% dos usuários com mais de 65 anos fizeram o mesmo (ver a Tabela A5.6, no Apêndice).

Os seguidores de Obama foram consideravelmente mais ativos no uso da internet com objetivos políticos do que os seguidores de qualquer outra campanha política em 2008. O motivo é, em parte, uma questão de idade, como mostrei a vantagem considerável de Obama sobre os outros candidatos nos grupos mais jovens da população, mas também é verdade em relação a todas as faixas etárias. Segundo o Pew Internet and American Life Spring Survey [Levantamento Pew da Primavera de 2008 sobre a Internet e a Vida Americana][23] entre democratas, era mais provável que os seguidores de Obama fossem usuários da internet (82% *versus* 71%), provavelmente por causa da idade e do nível de instrução. Mas mesmo entre usuários da internet nos dois campos, os seguidores de Obama estavam mais ativamente envolvidos on-line do que os seguidores de Hillary — três quartos dos seguidores de Obama (74%) obtiveram notícias e informações políticas on-line, em comparação a 57% dos seguidores de Hillary. Entre os democratas on-line, os seguidores de Obama tinham mais probabilidade do que os seguidores de Hillary de terem feito contribuições on-line para a campanha (17% *versus* 8%), assinado petições on-line (24% *versus* 11%), postado comentários políticos em blogs e outras formas (23% *versus* 13%) e assistido a quaisquer tipos de vídeos da campanha (64% *versus* 43%). Os seguidores de Obama também tinham mais probabilidade do que os partidários de McCain de terem se envolvido em uma das diversas atividades de campanha on-line. A Tabela 5.5 ilustra que os seguidores de Obama eram usuários da internet muito mais proativos do que os seguidores de Hillary.

Esse grupo de seguidores também explica a atenção muito maior por parte da campanha de Obama aos gastos com meios de comunicação na internet em comparação aos outros candidatos. Segundo o Centro para Políticas Responsivas (2008a), os gastos de Obama com a mídia até julho de 2008 foram os seguintes: mídia radiofônica, US$91.593.186; mídia impressa, US$7.281.443;

---

23 Se não for especificamente mencionado, todas essas estatísticas são da Pew Internet and American Life (2008), $n = 2.251$. Para resultados baseados na amostragem total, podemos dizer com 95% de confiança que o erro atribuível à amostragem e a outros efeitos aleatórios é de mais ou menos 2,4 pontos percentuais. Para resultados baseados em usuários da internet ($n = 1.553$), a margem de erro de amostragem é de mais ou menos 2,8 pontos percentuais.

Tabela 5.4 — Porcentagem de usuários da internet por idade que assistem a vídeos políticos on-line e são criadores de conteúdo

	18-29 anos (n = 212)	30-49 anos (n = 565)	50-64 anos (n = 470)	65+ anos (n = 259)
Assistiu a propagandas da campanha on-line	37	28	26	24
Assistiu a discursos ou pronunciamentos do candidato on-line	35	29	20	19
Assistiu a entrevistas com candidatos on-line	35	27	20	21
Assistiu a um vídeo on-line que não vinha de uma campanha ou canal de notícias	35	25	20	14
Assistiu a um vídeo do debate do candidato on-line	33	23	17	16
Postou seu próprio comentário ou texto político	12	5	3	2

n = 1.553; margem de erro de ±3%

Fonte: Pew Internet and American Life Project, Spring Survey (2008). Tabela reproduzida de Smith e Rainie (2008:10).

mídia on-line, US$7.263.508; tipos variados de mídia, US$1.139.810; e consultores da mídia, US$66.772. Em contraste com Obama, até julho de 2008 Hillary tinha gasto apenas US$2,9 milhões, e McCain, US$1,7 milhão com a mídia on-line.

Por isso, é claro que a campanha de Obama ultrapassou todas as outras campanhas políticas de peso no uso da internet como uma ferramenta de mobilização política, tanto nos Estados Unidos quanto no mundo em geral. *Obama for America* usava a internet para disseminar informação, envolver-se em interação política nos sites das redes sociais, conectar esses sites com os sites da campanha, avisar seguidores sobre as atividades em sua vizinhança, fornecer contra-argumentos para boatos prejudiciais circulando pela internet, alimentar a grande mídia, alimentar debates na blogosfera, estabelecer uma relação constante e personalizada com milhões de seguidores e fornecer um método fácil e transparente para as doações individuais de apoio à campanha. Baseando-se na juventude, nível de instrução e relativa familiaridade com a

Tabela 5.5 — Porcentagens de seguidores de Obama e de Hillary
que são consumidores prolíficos de conteúdo político on-line

	Partidários de Obama (n = 284)	Partidários de Hillary (n = 232)
Assistiu a discursos ou pronunciamentos da campanha	45	26
Assistiu a propagandas da campanha	41	31
Assistiu a entrevistas do candidato	41	26
Assistiu a debates do candidato	36	23
Assistiu a um vídeo on-line que não vinha de uma campanha ou canal de notícias	34	23
Fez qualquer uma dessas coisas	64	43

n = 516; margem de erro de ±5%. Todas as diferenças entre seguidores de Obama e seguidores de Hillary são estatisticamente significativas.
Fonte: Pew Internet and American Life Project, Spring Survey (2008). Tabela reproduzida de Smith e Rainie (2008:13).

internet do seu núcleo de seguidores, a campanha de Obama demonstrou o extraordinário potencial político da internet quando ela é transformada de um meio interativo tradicional para outro, orientado para estimular a participação política. A internet forneceu uma plataforma extremamente útil para mobilizar aqueles que ansiavam por mudança e aqueles que acreditavam no potencial de Obama para realizar a mudança.

A MOBILIZAÇÃO PELA MUDANÇA NA ERA DA INTERNET

O sucesso da campanha de Obama foi baseado em sua capacidade de incorporar novos atores políticos em grandes números e de estimular sua participação ativa. Isso é, na verdade, a característica essencial da política insurgente. Entre outras estratégias, a campanha criou uma série de táticas para a mobilização de eleitores, como:

1. *My BarackObama.com*, que tinha cerca de 15 milhões de membros.

2. *Vote for Change* [Vote pela Mudança], uma iniciativa para o registro de eleitores em cinquenta estados.

3. *Obama Organizing Fellows*: estágios não remunerados para treinar estudantes universitários em táticas de mobilização em nome da campanha.

4. *Centralized Funding Technology* [Tecnologia de Financiamento Centralizado]: A campanha de Obama atraiu mais de 1,5 milhão de doadores, mais do que qualquer outra campanha na história. Seu sistema de doação era informatizado e *centralizado*, de tal forma que os funcionários da campanha tinham, na ponta dos dedos, acesso a dados demográficos, nomes, endereços, ocupação, padrões de doação e comportamento nas redes sociais. Sua rede de doadores era tão vasta que Obama conseguiu evitar a Actblue,[24] e assim se tornar mais autossuficiente em termos de seu banco de dados político.

A campanha de Obama se beneficiou de uma combinação de dois fatores importantes: a centralização da arrecadação de fundos e da coleta de dados e a localização das táticas de mobilização. Ele se beneficiou de um foco "micro" nos eleitores por meio daquilo que seu diretor de campanha, David Plouffe, chamou de "exército de persuasão", bem como de um sistema centralizado de comunicação e de coleta de dinheiro por meio dos quais ele pôde mobilizar todo seu eleitorado ou determinadas seções dele. Essa infraestrutura lhe permitiu trabalhar fora dos limites das estruturas democratas tradicionais (ele construiu um sistema de coleta de dados alternativo, diferente dos bancos de dados Demzilla e Datamart dos democratas, embora, ao mesmo tempo, também tivesse acesso a esses recursos). Além disso, como usava técnicas de organização de movimentos civis e redes de voluntários locais, podia adaptar as mensagens para os interesses da comunidade. De muitas maneiras, esse processo parece ter sido uma reação à Força-Tarefa de 72 "horas" e ao uso de técnicas de MLM (marketing de níveis múltiplos) do estrategista republicano Karl Rove (ver o Capítulo 4).

Em geral, a mensagem parece ser que, na política norte-americana, os eleitores anseiam por conexão pessoal e especialização de mensagens que abordam seus interesses individuais. No entanto, a novidade da campanha de Obama foi conectar as pessoas e as comunidades entre elas mesmas, ao mesmo tempo que centralizava o conhecimento sobre essas comunidades, ajudando a coordenar sua estratégia pelo uso da capacidade da internet de ser local e global, interativa e centralizadora. E isso foi possível porque Obama e sua política tinham trazido para a esfera política uma nova geração que provavelmente será chamada pelos historiadores de Geração Obama — seja qual for o destino do próprio Obama.

---

24 Um Comitê de Ação Política (PAC, na sigla em inglês) que permite que indivíduos e grupos canalizem seus dólares para candidatos e movimentos de sua escolha.

A Geração Obama

Após as primeiras convenções dos partidos para escolha de candidatos, a revista *Time Magazine* declarou o ano de 2008 como o Ano do Voto Jovem (Von Drehle, 2008). Von Drehle (2008) observa que:

> Embora democratas entusiásticos de todas as idades tivessem produzido um aumento de 90% em comparecimento às urnas para a primeira convenção [democrata] [em Iowa], a porcentagem do aumento do número de eleitores jovens foi uma vez e meia maior: 135%. A juventude preferiu Obama em vez do rival mais próximo em uma proporção maior do que quatro a um. A fatia mais jovem — o grupo com menos de 25 anos, normalmente entre os eleitores mais indefiníveis em toda a política — deu a Obama um ganho líquido de cerca de 17 mil votos. E ele ganhou por pouco menos de 20 mil votos.

Embora a mensagem e o estilo (e a idade) de Obama se combinem bem com a mente aberta da nova geração, a conexão entre Obama e os eleitores jovens não é um acidente. No começo de sua campanha, ele trouxe várias pessoas com experiência na mobilização do voto jovem para trabalhar com ele, como Hans Riemer, de *Rock the Vote*, que coordenou a iniciativa de votação jovem de Obama; e Chris Hughes, cofundador do Facebook, que coordenou seus grupos nas redes sociais e ajudou a elaborar My.BarackObama.com. Hughes na verdade tirou uma licença do Facebook com um corte significativo de salário para trabalhar em tempo integral para a campanha de Obama e é considerado por muitos a principal inspiração por trás das estratégias de formação de redes de Obama. O novo diretor de mídia de Obama era Joe Rospars, que havia sido escritor e estrategista para a campanha de Dean antes de sair para fundar a Blue State Digital (uma empresa multimídia que desenvolve campanhas na rede para os candidatos democratas, inclusive para Dean e para o Comitê Nacional Democrata). A habilidade desses e de outros seguidores de Obama que eram membros da elite digital foi clara: no primeiro mês de sua existência (fevereiro de 2007) o site na rede social de Obama teve 773 mil visitas, comparado com McCain (entre os candidatos republicanos, o mais familiarizado com a rede), cujo site registrou 226 mil visitas (Schatz, 2007).

No entanto, uma campanha baseada na internet é em grande medida uma campanha livre, e com isso os estrategistas políticos de qualquer campanha, inclusive a de Obama, precisam estar precavidos contra os perigos da autonomia exercida por aqueles fora das estruturas formais da campanha. Uma história pode ajudar a ilustrar essas tensões. Quando Obama obteve o assento no Senado de Illinois em 2004, Joe Anthony, um assistente jurídico de Los Angeles de 29 anos de idade, lançou uma página do MySpace para Obama. O perfil básico continha informações biográficas de Obama e algumas fotos. No entanto, com o passar dos anos, dezenas de milhares de usuários do MySpace adicionaram Obama como amigo. Quando Obama lançou sua campanha oficialmente, seu perfil decolou. Chris Hughes entrou em contato com Anthony sobre a possibilidade de expandir o papel da campanha no perfil. Mas, à medida que o número de visitantes aumentava, a campanha começou a se preocupar com a falta de controle sobre o site e se ele poderia violar os limites da Comissão Federal Eleitoral (FEC) sobre contribuições em espécie para candidatos políticos (Schatz, 2007).

Em seu blog (no My.BarackObama.com), Joe Rospars (2007) se preocupava: "E se alguém postar um comentário obsceno durante o dia, enquanto Joe está no trabalho?" (também citado por Schatz, 2007). Quando as negociações entre a campanha e Anthony chegaram a um impasse, a campanha se dirigiu ao MySpace diretamente para que a página de Obama de Anthony fosse fechada, com a perda de 160 mil "amigos". Essa cifra desde então já voltou a crescer para mais de 418.535 amigos, em julho de 2008. A decisão da equipe de cortar a página de Anthony recebeu críticas por parte de muitos ativistas on-line. Anthony anunciou a retirada de seu apoio, reclamando: "Não somos uma lista de nomes e não somos publicidade barata. Somos exatamente as pessoas comuns das quais você fala, usando a internet para tentar mudar o mundo" (citado em Schatz, 2007). E é assim o verdadeiro processo de mudança, que desencadeia a força da internet e de espíritos livres, ao mesmo tempo que tenta controlá-los de acordo com as realidades políticas.

A influência de Obama sobre os jovens, embora resultante de tendências culturais e sociais profundas, foi estimulada pelo uso habilidoso por parte da campanha da política de vídeos e da cultura pop. Isso tem ligação com o apoio que Obama recebeu de um grande grupo de astros do cinema, do rock e do hip-hop (por exemplo, will.i.am [sic], do popular Black Eyed Peas, John Legend, George Clooney, Jennifer Aniston, Will Smith, Nick Cannon, Jessica Biel, Nas, Jay Z e muitos outros). Chegando o mais perto possível de uma figura política iconoclasta, Obama foi capaz de unir tendências contraculturais na fonte de criatividade na indústria do entretenimento. Além disso, dada a importância dos músicos afro-americanos no hip hop da moda, o apelo de Obama encontrou uma atitude receptiva entre as pessoas que são, em muitos casos, rebeldes sem causa. Ao apoiar Obama, eles solidificaram uma conexão com a cultura jovem enquanto associavam Obama com uma geração politicamente ativa que não desaparecerá do cenário que ela ocupou por razões de conveniência política.

O sucesso do vídeo viral "Yes We Can", composto e produzido por will.i.am e dirigido por Jesse Dylan (filho de Bob Dylan), talvez seja um dos melhores exemplos do papel da cultura pop para alavancar o perfil de Obama. A música e o vídeo galvanizaram o discurso de Barack Obama "Yes We Can", que ele fez logo após a primária de New Hampshire, com cantores e atores famosos cantando o discurso. Will.i.am lançou a música dia 2 de fevereiro de 2008 no Dipdive.com e no YouTube, com o nome de usuário "WeCan08". Embora a letra da música fosse totalmente copiada do discurso de Obama, a campanha não teve qualquer papel formal em sua produção. No dia 28 de março de 2008, o vídeo já tinha sido visto mais de 17 milhões de vezes (Stelter, 2008). Em outro exemplo, em junho de 2007, o vídeo "I've Got a Crush on Obama" [Estou apaixonado(a) por Obama], criado pelo publicitário Ben Relles e exibindo como atriz principal uma modelo de 26 anos chamada Amber Lee Ettinger, tornou-se o vídeo viral mais popular do verão. O vídeo mostrava um *mashup* com cenas de Obama de sunga de férias no Havaí e cenas de Ettinger dançando, às vezes com trajes íntimos, com a palavra Obama escrita nas costas.[25] A campanha de Obama teve uma relação mutuamente benéfica com seus seguidores no mundo das celebridades, já que esses vídeos provaram ser extremamente populares. Em junho de 2008, o vídeo "Yes We Can" ganhou um prêmio Emmy na categoria inédita de "Novas abordagens no entretenimento diurno" e Ettinger, anteriormente desconhecida, hoje ganha a vida como celebridade em eventos. Em outro exemplo, um astro do hip-hop relativamente desconhecido chamado Taz Arnold (também conhecido como TI$A) lançou sua carreira solo e dedicou seu primeiro compacto "Vote Obama" a Barack Obama. O vídeo mostrava inúmeras breves apresentações de celebridades, inclusive Kanye West, Jay Z, Chris Brown, Travis Barker, Shepard Fairey e Apple dos Black Eyed Peas.

DA POLÍTICA DA MÍDIA PARA A POLÍTICA DE ESCÂNDALOS

Muito foi dito sobre como a grande mídia ficou fascinada com Obama no início. Não há qualquer conspiração por trás do óbvio foco em Obama nos primeiros estágios da campanha primária. Foi uma sólida decisão comercial, aliada ao interesse profissional de repórteres e comentaristas políticos. As primárias presidenciais podem tanto atrair grandes audiências para a mídia quanto afundarem no tipo de televisão C-Span,[26] dependendo do interesse do

---

25 Poucas semanas depois de a "garota Obama" ter sido manchete dos jornais, Taryn Southern, uma compositora-cantora-atriz, lançou "Hott4Hill" no YouTube como uma "resposta" aos vídeos anteriores. No entanto "Hott4Hill" chamou mais atenção por suas sugestões lésbicas do que por qualquer outra coisa.

26 C-Span é um canal público sem anúncios nos Estados Unidos, criado em 1979 e sustentado pelos provedores de televisão a cabo do país. O canal inclui filmagens breves ao vivo e não editadas de eventos governamentais, bem como programação sobre questões públicas.

eleitor sobre o resultado da campanha e a incerteza desse resultado. Como foi analisado no Capítulo 4, a fusão de informação e entretenimento insere as campanhas políticas na categoria das narrativas de corridas de cavalo ou de esportes competitivos. Assim, em 2008, logo ficou claro que a maioria do eleitorado não estava pronta para acompanhar o candidato dos evangélicos (Huckabee) ou um candidato mórmon (Romney), e a excitação em torno da campanha republicana esmoreceu. Quanto à campanha democrata, a vitória presumivelmente inevitável de Hillary monopolizou o interesse da mídia antes mesmo de seu começo. Então, a vitória decisiva de Obama na convenção de Iowa abriu um mundo de possibilidades em termos de matérias atraentes de "corrida de cavalos": o candidato improvável contra a elite governante, o homem negro contra a mulher branca, o dissidente da Guerra do Iraque contra aquela que votou pela guerra, com Bill Clinton e sua personalidade amigável com os paparazzi no meio da ação. Quando, em menos de duas semanas, Hillary Clinton passou de comandante suprema para uma mulher em lágrimas resgatada pelos votos das mulheres de New Hampshire, a fórmula da novela estava pronta. Até que ponto a mídia realmente favoreceu Obama e não Hillary é discutível. Para alguns críticos, por exemplo, o debate da ABC moderado por George Stephanopoulos, antigo diretor de comunicações de Bill Clinton na Casa Branca, pareceu ser tendencioso contra Obama.

Mas o que logo ficou claro era que uma estação primária longa e muito disputada estava a caminho, com altos e baixos e um candidato carismático *versus* o candidato que ressurgia, com toda a história apimentada pela sua significância histórica (e é claro que foi) e iluminada pelo brilhantismo e inteligência dos dois candidatos (as candidaturas de Edwards e Richardson não sobreviveram contra a tremenda energia de um Obama inspirador e de uma Hillary controladora). De um modo geral, a campanha se transformou em um dos enredos de maior repercussão no negócio da política da mídia em muitos anos. E os jornalistas, junto com uma legião de especialistas políticos, começaram a trabalhar com dedicação e habilidade para fazer o melhor possível dessa campanha animada, mas ainda assim significativa. O resultado foi um espetáculo político de seis meses, como o mundo poucas vezes viu. Não que a corrida não tivesse importância ou que as trocas fossem desinteressantes. Realmente, entre outras coisas, e apesar de algumas diferenças, essa foi a campanha que, nos passos do documentário de Michael Moore, estabeleceu a prioridade da saúde, que era uma da maiores falhas sociais do capitalismo norte-americano, na própria visão dos cidadãos. Mas a dinâmica da campanha primária foi baseada nos candidatos, em suas alegres vitórias, em suas derrotas dolorosas e no confronto de vontade entre duas personalidades carismáticas e as legiões de seus seguidores engajados. Hillary não precisava de mais fama para seu nome, embora as últimas semanas da campanha revelassem um lado populista que estava escondido por trás das cortinas da Casa Branca. Mas para Obama a intensidade da campanha o impulsionou ao status de astro midiático, com todas as vantagens e desvantagens que isso significa para sua futura carreira política. Seu desafio foi, e é, como continuar próximo aos movimentos de base que ele mobilizou e ao mesmo tempo continuar sob os holofotes. De um modo geral, no entanto, ele dominou a política da mídia porque sua personalidade e seus modos vinham à tona de forma muito natural. Sua autoconfiança, profundidade de conhecimento e habilidade com as palavras o ajudaram. Ele sabe o que quer, diz o que quer, e consegue transmiti-lo.

No entanto, essa era apenas a primeira camada da política da mídia na campanha. Porque, quando ficou claro que Obama era um candidato possível, ele foi submetido à política de ataque por parte de seu rival democrata e à política de escândalos de fontes desconhecidas (Comella e Mahoy, 2008; Pitney, 2008). Quando Hillary percebeu que sua derrota estava iminente, seus centuriões, e principalmente Mark Penn e James Carville, usaram a tática — já há muito utilizada — da publicidade de ataque. Foi mais subliminar do que direta, mas ela mobilizou as emoções negativas clássicas: o medo e a ansiedade. Um exemplo típico foi o anúncio "3 horas da manhã" retratando uma possível crise durante a noite na Casa Banca, enquanto as crianças das famílias norte-americanas dormiam, e com a seguinte pergunta: "Quem você quer que atenda ao telefone?" sobre a imagem de uma Hillary Clinton presidencial. O anúncio funcionou na decisiva primária de Ohio, como mostram as pesquisas de boca de urna, e funcionou outra vez, embora com menos eficiência, na Pensilvânia, quando Hillary lançou uma nova versão tendo como alvo McCain, mas com a mesma moldura de "3 horas da manhã" para lembrar aos eleitores a falta de credenciais de chefe de nação de Obama. Em outro momento, Hillary e a mídia usaram o comentário supostamente privado de Obama sobre a amargura que ele percebeu entre os trabalhadores das cidadezinhas da Pensilvânia para acusá-lo de elitismo, conseguindo com isso criar um *"amargura-gate"*.

Em termos mais sutis, Hillary também prejudicou Obama com insinuações: quando lhe perguntaram na televisão se Obama era muçulmano, ela respondeu com um hesitante "Não que eu saiba", em vez de responder claramente afirmando que ele era, na verdade, cristão. Ela mesma recebeu muita cobertura negativa. Mas a maior parte das vezes, principalmente após uma evidência em imagem ter surgido mostrando que suas declarações de ter aterrissado em Sarajevo sob o fogo de franco-atiradores em sua época de primeira-dama eram falsas, a campanha de Obama, de um modo geral, decidiu adotar uma atitude superior. Esse comedimento foi extraordinário, principalmente considerando a extrema animosidade de muitos dos seguidores de Obama contra a "ardilosa Hillary". No entanto, a campanha evitou se envolver em política de ataque, independentemente da integridade de sua posição, por duas razões básicas: eles

O PODER DA COMUNICAÇÃO | 453

sabiam que iriam precisar dos seguidores de Hillary em novembro; e queriam projetar a imagem de que Obama representava um novo tipo de político com um novo tipo de política. Em grande medida isso funcionou, apesar da militância dos seguidores dos dois candidatos e do provável ônus dos duros intercâmbios na blogosfera sobre as chances de Obama na eleição geral.

Obama sofreu, no entanto, dois ataques importantes. O primeiro foi uma série insidiosa de boatos e folclores que circularam na internet e foram captados pelos programas conservadores de entrevistas em todo o país (ver a Tabela A5.7, no Apêndice). Dependendo da fonte e do veículo, esses rumores eram os seguintes: Obama era um muçulmano que tinha feito seu juramento senatorial sobre o Corão e não sobre a Bíblia; ele era amigo de antigos radicais; ele não era patriota (não usava o alfinete com a bandeira na lapela); era casado com uma mulher que não tinha orgulho dos Estados Unidos; e uma longa litania de outras alegações cujo exemplo pode ser visto no Apêndice (Tabela A5.8) sobre as tentativas de escândalos contra a candidatura de Obama. Apesar de todas as evidências opostas e da cobertura generalizada da mídia sobre sua relação com o reverendo Wright em Chicago, a crença de que Obama era muçulmano ainda persistia: 14% dos republicanos, 10% dos democratas e 8% dos independentes achavam que ele era muçulmano, segundo uma pesquisa Pew realizada no fim de março de 2008 (Pew, 2008b). A probabilidade de que eleitores que não frequentaram a universidade acreditassem que Obama era muçulmano era três vezes maior do que a dos eleitores que tinham um diploma universitário (15% *versus* 5%). E a probabilidade de que eleitores no Centro-Oeste e no Sul tivessem a mesma crença era duas vezes maior que a dos eleitores do Nordeste e do Oeste. Quase um quinto dos eleitores (19%) nas áreas rurais disseram que Obama era muçulmano, e o mesmo ocorreu com 16% dos protestantes evangélicos brancos. No entanto, principalmente porque o público alvo dessas mensagens era os republicanos conservadores, essa acusação não funcionou durante a primária. Dúvidas sobre Obama realmente tiveram o efeito de mobilizar o segmento mais conservador dos eleitores democratas contra sua candidatura, mas causaram pouco prejuízo entre os independentes e entre os democratas da tendência predominante.

A campanha de Obama administrou as tentativas de difamação com muita habilidade. Por um lado, ela mobilizou sua vasta rede de organizações da sociedade civil para que essas tomassem uma atitude e corrigissem o que era falado entre as pessoas a seu redor, em comentários na mídia e na internet. Os ataques não eram ignorados; ao contrário, os movimentos civis os confrontavam com a convicção de que "na era da internet haverá mentiras que serão espalhadas em todas as direções. Eu fui vítima dessas mentiras. Felizmente o povo americano é, creio eu, mais inteligente do que as pessoas presumem" (Obama, Debate na MSNBC, 15 de janeiro de 2008). Por outro lado, a campanha de Obama mantinha um site de reação imediata, o *Fact Check* [checagem de fatos] (http://factcheck.barackobama.com/). O site abria com a citação: "Quero fazer campanha da mesma maneira como governarei, respondendo de forma direta e firme com a verdade" (Barack Obama, 11/8/07). A página listava afirmações enganosas ou falsas feitas por outros políticos e/ou jornalistas acompanhadas de uma breve correção. (Hillary também mantinha um site de checagem de fatos chamado "Fact Hub".)

No entanto, nos primeiros dias da campanha primária, Obama deu um passo à frente, lançando o "Hillary Attacks" [Hillary ataca] em 3 de dezembro de 2007, um site especificamente direcionado às afirmações feitas pela campanha de Hillary (o site foi removido pela campanha de Obama no final da primária).[27] O site era peculiar no sentido de que se concentrava especificamente em um candidato e tinha um caráter satírico. Em outras palavras, o site usava os ataques de Hillary para emoldurar a candidata como desesperada. Por exemplo, zombava da declaração da campanha de Hillary de que Obama tinha mentido sobre o fato de sua decisão de disputar a presidência não ter sido premeditada usando uma redação que ele escreveu no jardim de infância, intitulada "Quero ser Presidente" como parte de suas evidências. A campanha também comprou dois endereços virtuais "desperationwatch.com" e "desperatehillaryattacks.com", que redirecionavam os visitantes para o site Hillaryattacks.barackobama.com. Muitas de suas declarações mais prejudiciais também foram postadas no canal da campanha no YouTube (Http://my.barackobama.com/YouTube).

No entanto, a experiência de quase morte (política) sofrida por Obama veio com a exposição de milhões de telespectadores aos trechos em vídeo dos sermões políticos mais extremos de seu querido pastor, reverendo Jeremiah Wright. Chamo isso de escândalo porque foi uma tentativa proposital de destruir a credibilidade e a reputação de Obama ao dar ênfase a sua associação com uma pessoa cujas ideias radicais ele não compartilhava. No entanto, como todas as estratégias eficientes da política de escândalos, o ataque foi baseado em

---

27 A página foi lançada com uma carta de David Plouffe que dizia: "Hoje estamos lançando um site que irá monitorar todos os ataques que a senadora Clinton lançou desde que ela disse que não estava interessada em atacar outros democratas no Jantar Jefferson-Jackson em 10 de novembro. Estamos pedindo a todos vocês que fiquem vigilantes e nos notifiquem imediatamente sobre quaisquer ataques por parte da senadora Clinton ou de seus seguidores assim que vocês os vejam para que possamos responder com a verdade de forma rápida e firme. Esses ataques podem ser chamadas telefônicas, trechos pequenos de literatura, postagens em blogs, peças enviadas pelo correio, bem assim como anúncios no rádio ou na televisão. Alguns podem ser até anônimos ou elaborados para tal. Por favor, envie-nos seus e-mails para hillaryattacks@barackobama.com assim que vocês virem algo que lhes preocupe. A senadora Clinton disse que acha divertido atacar Barack todos os dias daqui em diante, e é por isso que precisamos de sua ajuda para pôr fim a esses ataques e garantir que Barack possa continuar a conversar com eleitores e com os participantes da convenção sobre as lutas que eles enfrentam e sua esperança para a América."

uma apresentação selecionada dos fatos. O reverendo Wright foi reconhecido por Obama como seu pastor e uma fonte de inspiração para sua vida pessoal e política. E, embora expressasse seu desacordo com o conteúdo dos vídeos, ele não rejeitou o reverendo no começo, até que seu comportamento repetitivo e provocador obrigou Obama a condenar abertamente Wright e a abandonar a Igreja Trinity. Como a história é amplamente conhecida, aqui eu simplesmente me concentrarei em alguns fatos de relevância analítica. Os vídeos do reverendo Wright foram mostrados pela primeira vez em rede nacional pela ABC, no programa *Good Morning America* de 13 de março de 2008, e depois foi divulgado viralmente no YouTube e por todas as emissoras da mídia nos Estados Unidos e no mundo. Mas a matéria da ABC pode ter se originado de várias publicações anteriores. Uma das primeiras críticas de Wright apareceu durante o quadro "Obameter" no programa da MSNBC *Tucker* do dia 7 de fevereiro de 2007. O anfitrião Tucker Carlson criticou Obama por ser um membro da Igreja Trinity, uma igreja que, segundo Carlson, "me parece ser separatista" e "contradiz os dogmas básicos do cristianismo". O *Chicago Tribune* publicou uma crítica semelhante mais ou menos à mesma época (Boehlert e Foser, 2007). O impulso final pode ter vindo no debate democrata do dia 26 de fevereiro de 2008, quando o mediador Tim Russert perguntou sobre o apoio de Wright a Louis Farrakhan.[28] ABC levou ao ar o trecho destrutivo no dia 13 de março de 2008. Em 16 de março do mesmo ano, um depoimento de Wright sobre Obama desapareceu do site da campanha de Obama na internet.[29] Em 18 de março

---

28 Tim Russert disse ao senador Barack Obama: "O título de um de seus livros, *Audácia da esperança*, você admite ter tirado de um sermão do reverendo Jeremiah Wright, chefe da Trinity United Church. Ele disse que Lous Farrakhan (líder da Nação do Islã) 'epitoma a grandeza'. O que você pode fazer para garantir aos judeus americanos que, independentemente do apoio a Farrakhan ou das atividades do reverendo Jeremiah Wright, seu pastor, você é coerente com as questões referentes a Israel e de nenhuma maneira sugere que Farrakhan epitoma a grandeza?" Na verdade, segundo um artigo da *Media Matters* (3 de março de 2008), Wright nunca disse que Farrakhan epitomava a grandeza, a frase teria sido dita por outro membro de sua igreja.

29 *Isso é curioso, porque as igrejas estão sob o capítulo 513 do código de impostos relacionados a caridades, e na verdade é ilegal que elas apoiem candidatos políticos, portanto o depoimento de Wright era legalmente questionável.* Aqui está o depoimento que foi apagado: Rev. Dr. Jeremiah A. Wright, Jr,, Pastor Sênior, Trinity United Church of Christ, Chicago, IL., pastor do senador Obama. "Estou preocupado com a saúde; com a Guerra do Iraque, com os altos índices de reincidência em nosso sistema judiciário penal; com as péssimas condições do sistema de ensino público de Illinois. Muitos dos recursos que vão para apoiar programas tais como aqueles relativos a HIV/AIDS agora estão sendo gastos para financiar a guerra. Temos de comunicar (...) Eu apoio Barack em virtude de sua fé encarnada — sua fé que se fez vida na carne. Ele estende a mão por todas as comunidades de fé e até para aqueles que não têm nenhuma fé. Ele está construindo uma comunidade onde todas as pessoas têm valor. Esse tipo de fé não é fácil de encontrar em 2007, e um homem como Barack é uma raridade."

de 2008, Obama fez seu discurso sobre raça, referindo-se a Wright como seu antigo pastor, mas avisando que ele não poderia rejeitar o pastor da mesma maneira como ele não poderia rejeitar a América negra. As pessoas mais bem informadas da campanha também publicaram declarações emoldurando o envolvimento de Obama na Igreja Trinity como uma incursão em sua própria identidade afro-americana, que ele lutava para encontrar em virtude de sua mistura de raças.

O discurso de Obama causou uma forte impressão e sua posição melhorou na opinião pública. Ele foi reconhecido como alguém que não fugiria de uma polêmica e iria até o cerne da questão, ousando se referir às feridas abertas que os afro-americanos e seus pastores ainda tinham em virtude do racismo persistente na sociedade estadunidense. A ideia de Obama é começar da realidade da divisão racial, a partir do reconhecimento da raiva presente em parte da teologia da libertação negra para vencê-la trabalhando em conjunto na construção de uma comunidade multirracial. No entanto, nas semanas que se seguiram à polêmica, Wright continuou impenitente, fazendo discursos diante do Clube Nacional da Imprensa (NPC, na sigla em inglês) e da Associação Nacional para o Progresso de Pessoas de Cor (NAACP, na sigla em inglês) que apenas reafirmavam suas declarações anteriores (em um caso ele foi convidado por uma mulher afro-americana importante que era partidária de Hillary). Ele chamou os ataques a ele "um ataque à igreja negra". Mas foi só após o discurso de Wright diante do NPC em 29 de abril que Obama condenou seu antigo pastor abertamente (dia 30 de abril).

Nas semanas que se seguiram à revelação feita pela ABC da retórica racista e antiamericana de Wright, quase oito em cada dez norte-americanos (79%) disseram que tinham ouvido pelo menos algo sobre os sermões de Wright (51%, muito; 28%, um pouco) e quase a metade (49%) deles tinha visto vídeos dos sermões. Da mesma forma, 54% disseram que tinham ouvido muita coisa sobre o discurso de Obama e 31% tinham ouvido um pouco. Uma maioria do público (51%) disse que havia assistido a vídeos de seu discurso, inclusive 10% que os tinham visto na internet (Pew, 2008a). E em 10 de junho, o discurso de Obama sobre questões raciais na esteira da polêmica, que foi postado na internet por várias pessoas, fora assistido mais de 6,5 milhões de vezes no YouTube. No entanto, embora as notas de Obama nas pesquisas de opinião tenham caído ligeiramente no momento imediato após o vídeo, ele já havia se recuperado em 22 de março, passando à frente de Hillary mais uma vez nas pesquisas de opinião diárias da Gallup.

Com efeito, havia diferenças partidárias importantes na reação aos sermões de Wright: 75% dos eleitores republicanos que disseram ter ouvido pelo menos um pouco sobre esses sermões disseram que os consideravam ofensivos, em comparação a 52% dos independentes e apenas 43% dos democratas. Entre eleitores democratas e de tendência democrata, muito mais seguidores de Hillary do que seguidores de Obama disseram achar os sermões de Wright ofensivos, embora um terço dos seguidores de Obama concordasse com essa opinião. Entre eleitores familiarizados com a questão, pouco mais da metade disse que Obama tinha feito um trabalho excelente (23%) ou bom (28%) na sua abordagem da polêmica. Esses números eram mais altos entre democratas e afro-americanos (aproximadamente dois terços). Curiosamente, um terço dos entrevistados republicanos também disse que Obama tinha lidado bem com a questão (Pew, 2008a). *Em suma*: o caso Wright foi um ataque devastador que questionou a credibilidade de Obama como potencial presidente dos Estados Unidos. Foi obra da mídia convencional, especificamente da NBC e da ABC, para as quais tudo que fosse relacionado com os candidatos presidenciais era considerado. Isso foi realmente o que ocorreu. Obama se encontrou em uma contradição quase insuportável entre denunciar seu mentor mais importante e renunciar a sua candidatura histórica. Ele tentou não fazer nenhuma das duas coisas, colocando-se em outro plano, distante da controvérsia, explicando e compreendendo, em vez de se esconder e condenar. Finalmente teve de aceitar se separar dessas raízes, já que o reverendo Wright se deleitava com essa publicidade pouco saudável. Mas ele o fez de uma maneira digna. Ele sobreviveu e seu discurso sobre relações raciais tem sido comentado nas escolas do país inteiro, e pode continuar sendo um dos confrontos mais lúcidos com essa realidade inconfessa da sociedade estadunidense.

No entanto, essa não é a razão pela qual Obama sobreviveu politicamente. Como os dados mostram, ele sobreviveu porque os democratas em geral e seus seguidores em particular queriam acreditar nele, em sua versão da história e em sua rejeição, ao mesmo tempo que os republicanos e os conservadores cultos, junto com uma campanha oportunista de Hillary, viram a oportunidade para pôr fim ao carisma de Obama. Sabemos, no entanto (ver o Capítulo 3), que as pessoas acreditam no que querem acreditar o maior tempo possível. Como a boa-fé de Obama fornecia prova considerável ao abordar a questão abertamente e não se desviar de sua posição declarada de harmonia racial, apesar das injustiças, ele ofereceu um abrigo aos que acreditavam nele e à maior parte dos democratas para rejeitar o reverendo enquanto ainda esperavam pela candidatura de Obama. Comella e Mahoy (2008) documentam o impacto negativo do escândalo na primária da Pensilvânia, particularmente entre os eleitores indecisos. No entanto, o desejo dos eleitores de acreditar em Obama, combinado com sua eloquência e franqueza, o impulsionaram a passar por cima desse desafio terrível até chegar à nomeação. O esqueleto, no entanto, continuará em seu armário por muitos anos ainda.

A principal lição analítica desse episódio é que as palavras podem ser combatidas com palavras porque as palavras importam. Os sermões de Wright eram palavras, palavras ofensivas para a maioria dos norte-americanos, acentuadas por uma linguagem corporal que fazia surgir o medo da ira racial. As palavras de Obama eram analíticas, mas emocionais, como quando ele se lembrou do medo que sua avó tinha ao passar por um negro na rua, e depois olhava para seu neto. Como ele incorpora a síntese racial que propõe para o país, suas palavras ganharam credibilidade; pelo menos credibilidade suficiente para manter a confiança daqueles que precisavam confiar nele.

O SIGNIFICADO DE INSURGÊNCIA

Apenas algumas poucas semanas depois de sua indicação, Obama tomou uma série de decisões calculadas que foram consideradas pelos analistas da mídia uma clara mudança para o centro do espectro político. Ele se defendeu dizendo que não tinha mudado de posicionamento e que aqueles que o criticavam provavelmente não tinham acompanhado com atenção suas declarações durante a campanha. Embora isso não seja inteiramente verdadeiro (ele mudou, sim, seu posicionamento sobre o projeto de lei que dava imunidade às empresas de telecomunicação que faziam escutas clandestinas de atividades potencialmente relacionadas com o terrorismo), de modo geral está correto e atinge o âmago da questão: a ambivalência estrutural de Obama, nos termos que analisei antes. Embora seu recorde de votações no Senado o coloque entre os senadores mais liberais, ele não está significativamente à esquerda de diversos políticos democratas. Mas Obama realmente representou um tipo diferente de político, um político que dá mais atenção ao processo da política do que ao resultado político, mais interessado em estar livre de interesses especiais e tomar decisões de acordo com seus próprios critérios e mais preparado para ser responsabilizado por suas ações, porque é aí que seu capital político reside. A história irá, no final, julgar suas ações, já que a esperança e a traição da esperança estão muitas vezes entrelaçadas no tecido da política, inclusive da política insurgente. Como nem sempre é assim, nesse caso o juri ainda está deliberando.

No entanto, essa não é a preocupação da análise apresentada aqui, por mais intensos que sejam meus próprios sentimentos sobre essa questão como cidadão preocupado. O que é significativo do ponto de vista da relação entre comunicação e poder é que um candidato extremamente improvável para o cargo político mais importante do planeta foi capaz de romper o labirinto de interesses velados que rodeiam a elite política e a terra sangrenta da política de escândalos para alcançar a nomeação para a presidência. Além disso, ele conseguiu por meio da mobilização de milhões de cidadãos, inclusive muitos que tinham se afastado do sistema político ou estavam marginalizados pelos negócios normais da política. E o fez comunicando uma mensagem de esperança de uma mudança crível em um contexto de raiva e desespero no país e no mundo. Sim, ele foi o primeiro afro-americano a ser nomeado por um partido importante dos EUA, e só isso já é significativo em um país onde a política da identidade é uma dimensão fundamental da vida cívica, e onde a divisão racial tem sido uma característica definidora durante toda sua história. No entanto, eu diria que a nomeação de Hillary também teria sido uma virada igualmente histórica. Porque, embora diversos outros países já tenham elegido mulheres como seus líderes, inclusive Israel, Grã-Bretanha, Índia, Paquistão, Finlândia, Noruega, Filipinas, Alemanha, Chile, Argentina e outros, nos Estados Unidos em 2008 as pesquisas de opinião mostravam que havia maior aceitação de um presidente afro-americano do que de um presidente do sexo feminino.

E assim, embora o significado objetivo de sua campanha primária em termos de identidade seja de importância extraordinária para o futuro da política norte-americana (os dois romperam o teto de vidro da raça e do gênero), essa não é a conquista mais significativa da campanha de Obama. O que fez dela um caso de política insurgente na Era da Informação foi a capacidade de o candidato inspirar emoções positivas (entusiasmo, confiança, esperança) em um amplo segmento da sociedade ao se conectar diretamente com indivíduos, ao mesmo tempo que os organizava em redes e comunidades de prática, de tal forma que sua campanha foi, em grande medida, a campanha deles. É essa conectividade interativa que impulsionou milhões a se rebelarem contra a política tradicional. É claro, a Geração Obama, os jovens cidadãos que vivem parcialmente na internet ao mesmo tempo que anseiam por uma comunidade, os sujeitos da alta tecnologia e alta interação da nova cultura, responderam em massa ao apelo de Obama. Mas o impacto da campanha foi muito mais amplo. Ele tocou naquele anseio por uma política positiva que tantas pessoas sentiam dentro de si, e abriu avenidas de desejo político que todos interpretaram de uma maneira diferente, mas sempre como um projeto esperançoso. De várias maneiras, o que a campanha que Obama inspirou foi muito mais além dele próprio e de seu programa político específico. E é por isso que o movimento em torno da candidatura de Obama tinha de se fragmentar e entrar em conflito no momento em que a urgência tática de vencer McCain se dissipou após o processo eleitoral. De fato, mesmo antes da Convenção Democrata, os primeiros ruídos começaram a surgir entre os eleitores de Obama. Realmente, há evidências preliminares de que a dependência das organizações da sociedade civil pode ter sérias ramificações para sua presidência. As mesmas redes que se mobilizaram por ele estão prontas para se mobilizar contra ele quando e se ele adotar políticas sem princípios. Por exemplo, já no começo de julho 2008, "Senador Obama, por favor, vote NÃO para a Imunidade da Telecom — Endireite a FISA" passou a ser a maior rede na MyBo (a rede social pessoal de Obama) uma semana após seu lançamento. Organizações como *Move On*, um movimento importante da sociedade civil baseado na internet com mais de 3 milhões de membros e doadores, cujo apoio a Obama foi decisivo para sua vitória primária, se fortaleceram consideravelmente como resultado da campanha e juraram permanecer focadas no alvo da democracia dos cidadãos sem se comprometer com quem quer que estivesse no cargo. Essa é a característica da política insurgente, quando a insurgência não termina com os meios (a eleição do candidato), mas persevera em busca de suas metas: a mudança que as pessoas esperam e na qual acreditam.

O DIA SEGUINTE

Em 4 de novembro de 2008, Obama fez história. E o fez não apenas por se tornar o primeiro presidente afro-americano dos Estados Unidos, rompendo o teto de vidro político de um país com uma história de escravidão e *apartheid* racial. Ele também fez com que milhões acreditassem na democracia outra vez, mobilizou jovens e as minorias em números sem precedentes,[30] contribuiu para o aumento no registro de novos eleitores estimado em mais de 42 milhões desde 2004[31] e impulsionou a participação eleitoral para um nível extraordinário: 131.608.519 norte-americanos votaram nas eleições presidenciais em 2008, um aumento de mais de 10 milhões se comparado a 2004 (comparado a um aumento de 6,5 milhões na população elegível para votar; Centro para o Estudo do Eleitorado Americano 2008). Esse número foi moderado ligeiramente por uma diminuição no comparecimento de eleitores republicanos às urnas em comparação a 2004. No entanto, com 63% dos eleitores elegíveis, ainda representou o maior

---

30 Obama quase quadruplicou a vantagem que John Kennedy teve sobre Richard Nixon entre os eleitores jovens. Sessenta e seis por cento dos eleitores com menos de 30 anos apoiaram Obama, uma vantagem de 34 pontos percentuais sobre John McCain. Além disso, estima-se que 60% de todos os eleitores registrados pela primeira vez em 2008 tinham menos de 30 anos (CIRCLE, 2008).
31 Em 3 de novembro de 2008, a Associação Nacional de Secretários de Estado dos EUA (NASS, na sigla em inglês) publicou os números preliminares de cadastramento de eleitores. O relatório documentou aumentos recordes no registro de eleitores em vinte estados. No entanto, os índices finais de cadastramento provavelmente serão ainda mais altos, já que o relatório preliminar incluía números coletados antes das datas-limite para o cadastramento em muitos estados. Os números finais ainda não estavam disponíveis no momento em que escrevo.

comparecimento às urnas desde 1960 (CSAE, 2008).[32] Obama foi também o primeiro candidato democrata desde Jimmy Carter, em 1976, a obter mais de 50% do voto popular. Particularmente significativo foi o alto nível de participação de jovens e minorias, muitos dos quais tinham se sentido privados de seu direito de votar pelo sistema político e cujos números recordes nas urnas deram o apoio decisivo à candidatura de Obama.[33] Mas a vitória de Obama foi mais além de sua base principal. Ele levou a maioria do voto feminino, e uma pequena maioria do voto masculino. Ele redesenhou o mapa eleitoral dos

---

32 Obama ganhou a eleição presidencial de 2008 garantindo 365 votos do Colégio Eleitoral contra os 173 de McCain. Ele obteve 69.456.898 milhões de votos (52,87% do total de votos), enquanto 59.934.814 milhões apoiaram McCain. A participação de eleitores elegíveis aumentou de 60,6% em 2004 para aproximadamente 63% em 2008, um aumento de 2,4% (Gans, 2008a). Mas essa porcentagem subestima o nível de participação dos cidadãos, já que o registro de eleitores aumentou de 143 milhões em 2004 para aproximadamente 185 milhões em 2008, um aumento em grande parte atribuído à campanha de Obama. Ele obteve mais votos, em termos de números absolutos, que qualquer outro candidato presidencial americano até o momento (Ronald Reagan recebeu 54.455.472 de votos em 1984), motivou a maior participação eleitoral de jovens na história e induziu a maior porcentagem de cidadãos a votarem em uma eleição presidencial pelo menos desde 1964.

33 Segundo os dados de boca de urna da Pesquisa de Opinião Eleitoral Nacional (NEP, na sigla em inglês), Obama venceu John McCain em um conjunto amplo de grupos demográficos, econômicos e relacionados a questões específicas (dados da NEP publicados pelo *New York Times*, 2008). Suas fontes de apoio mais significativas incluíram: eleitores com menos de 30 anos (66% *versus* os 32% que votaram para McCain), eleitores que votaram pela primeira vez (69% *versus* 30%), afro-americanos (95% *versus* 4%), hispânicos (67% *versus* 31%) e aqueles cuja renda anual é inferior a US$50 mil por ano (60% *versus* 38%). Ele ganhou também entre as mulheres (56% *versus* 43%), católicos (54% *versus* 45%) e judeus (78% *versus* 21%). Ele levou consigo cidadãos com renda anual de mais de US$200 mil por ano (52% *versus* 46%), um contraste marcante com John Kerry, que só ganhou 35% desse grupo demográfico em 2004. Ele ainda se tornou o primeiro democrata desde Bill Clinton em 1999 a levar, ainda que por pequena margem, o voto masculino (49% *versus* 48%). Em termos de prioridades, Obama ganhou por margens significativas entre eleitores que consideravam que a questão mais importante era a economia (53% *versus* 44%), o Iraque (59% *versus* 39%), a saúde (73% *versus* 26%) e a energia (50% *versus* 46%). Em contraste, McCain liderou entre eleitores que consideravam o terrorismo a questão mais importante da plataforma do candidato (86% *versus* 13% para Obama; Pew 2008d). John McCain conseguiu manter certos grupos demográficos. Obama perdeu entre eleitores brancos (43% *versus* 55%), com mais de 65 anos (45% *versus* 53%), protestantes (41% *versus*50%) e entre pessoas que moram em cidades pequenas e áreas rurais (45% *versus* 53%). No entanto, em quase todos os casos o desempenho de Obama foi melhor entre essas populações do que candidatos democratas em eleições presidenciais anteriores. Por exemplo, o único outro candidato democrata cujo desempenho se equiparou ao de Obama entre eleitores brancos desde 1972 foi Bill Clinton, em 1996. Ele também ganhou em todos os estados que votaram para Kerry em 2004 e acrescentou nove estados que tinham voto republicano em 2000 e 2004, inclusive fortalezas republicanas como Indiana, Virgínia, Carolina do Norte e a Flórida.

Estados Unidos, fazendo com que nove estados vermelhos (republicanos) se tornassem azuis (democratas), inclusive Virgínia e Indiana, que não haviam eleito um democrata desde 1964. E ele fez tudo isso, de um modo geral, sem praticar a política de ataques agressivos e desenfreados que tinha caracterizado os Estados Unidos durante as duas últimas décadas, como documentado neste livro (Capítulo 4). Ele rompeu o controle tradicional dos lobistas sobre a política presidencial, arrecadando um financiamento historicamente não superado, mais de US$744 milhões, dos quais mais da metade veio de contribuições individuais de US$200 ou menos.[34] Segundo as estatísticas publicadas por seu coordenador de redes sociais, Chris Hughes, em 7 de novembro de 2008, durante os 21 meses da campanha de Obama, seus seguidores, usando a estrutura de redes sociais fornecida por My.BarackObama.com, criaram 35 mil grupos de organização local e organizaram mais de 200 mil eventos. A campanha também se comprometeu a manter o site em funcionamento indefinidamente como uma plataforma para a organização social (Hughes, 2008). A campanha de Obama mostrou que um novo tipo de política, baseado no cultivo de confiança e entusiasmo em vez de estímulo à desconfiança e ao medo, pode ter sucesso sob certas condições.

No entanto, seu triunfo na eleição presidencial geral foi sem dúvida ajudado por outros fatores, dos quais o mais importante foi o aprofundamento da crise econômica e o colapso financeiro no outono de 2008. No começo de setembro, depois das duas convenções, os dois candidatos estavam estatisticamente empatados na maioria das pesquisas de opinião. O efeito Sarah Palin tinha mobilizado a base conservadora do Partido Republicano e atraído a atenção da mídia para sua personalidade pitoresca. No fim, esse foco da mídia destruiu a credibilidade de Palin e sua atitude cada vez mais exagerada afetou negativamente a maioria dos eleitores. No dia da eleição, 60% dos eleitores disseram acreditar que Sarah Palin não tinha as qualificações necessárias para ser presidente; 81% desses eleitores voltaram-se para Obama (Pew, 2008d).

Além disso, a campanha de McCain foi uma das campanhas presidenciais com o pior gerenciamento na história recente. Repetidamente mudava o foco de uma questão para outra, alternava entre segurar Obama e atacar suas políticas, negou seu próprio argumento principal sobre a inexperiência de Obama ao escolher Palin (um presidente potencial, tendo em vista a idade e a saúde de McCain) e erroneamente se voltou para os eleitores de Hillary Clinton como seguidores potenciais. Além disso, o comportamento errático de McCain durante a crise financeira solapou a confiança em sua capacidade de dirigir o país em meio à incerteza econômica, em um forte contraste com a solidez de Obama.

---

34 As quantias em dólares vêm dos arquivos da campanha oficial de Obama, FEC, 24 de novembro de 2008.

É preciso dizer também que Obama teve sorte de enfrentar John McCain, um candidato com um longo histórico de rejeição na política de ataques. A tentativa de McCain em 2000 de vencer a primária republicana descarrilou após a circulação de folhetos anônimos na Carolina do Sul que afirmavam que o filho adotado de McCain era na verdade seu próprio filho, que ele havia tido com uma prostituta afro-americana. Na esteira de sua derrota, McCain assumiu o papel de paladino da moral, publicando repetidas declarações em que rejeitava essa forma de política negativa, e afirmando que "mais cedo ou mais tarde as pessoas vão se dar conta de que, se tudo que você lança são anúncios de ataque negativo, você não tem muita visão para o futuro ou você não está pronto para articulá-la".[35] McCain também criticou muitas vezes seus oponentes durante a primária presidencial republicana por sua negatividade e atribuiu a perda de Mitt Romney em Iowa a suas táticas negativas, dizendo aos participantes de um comício de campanha que "as pessoas não vão ser enganadas por campanhas negativas".

Nos primeiros dias da campanha da eleição geral de 2008, enquanto os comitês de ação política republicanos praticavam suas conhecidas táticas sujas, e os programas de entrevistas conservadores espalhavam rumores sobre Obama que circulavam amplamente na internet, McCain tentou manter os ataques negativos a Obama dentro dos limites de respeito pessoal. No entanto, por causa de suas denúncias frequentes da política de ataque durante esse período e em toda sua carreira, qualquer movimento na direção de ataques negativos minava as percepções das pessoas sobre McCain mais do que sobre Obama. McCain nunca adotou a forma de política ardilosa da qual ele próprio tinha sido vítima na Carolina do Sul. Quando porém finalmente passou para ataques mais pessoais e agressivos a Obama, tanto em seus discursos quanto em sua publicidade, uma tática que tinha ajudado os candidatos anteriores a mobilizarem eleitores, no caso de McCain ela teve o efeito contrário e os eleitores passaram a questionar sua afirmação de que ele era um "dissidente" que estava acima da "lama no ventilador" tradicional de Washington.[36] Uma pesquisa de opinião da Pew realizada em outubro de 2008 constatou que 56% dos entrevisados consideravam que McCain era pessoalmente muito crítico a Obama (em junho a porcentagem era 26%) (Pew, 2008f). Como a máquina de ataque republicana não podia operar plenamente dentro da lógica da política negativa que tinha sido sua marca registrada sob o regime de Karl Rove, uma

---

35 Essa declaração foi feita durante uma entrevista no *NewsHour* com Jim Lehrer, em 21 de fevereiro de 2000.

36 Um estudo do Projeto de Publicidade da Universidade de Wisconsin descobriu que apenas 26% dos anúncios de McCain não continham qualquer ataque negativo a Obama, comparados a 39% da campanha de Obama.

contradição crescente surgiu entre o candidato e os consultores republicanos, e entre os consultores de McCain e os de Palin. O caos resultante minou as chances eleitorais da candidatura de McCain, que já eram pequenas.

Com efeito, a candidatura de McCain foi seriamente minada por uma crise financeira que chegou ao auge durante o momento mais decisivo da campanha.[37] Obama simplesmente apontou a responsabilidade do governo Bush na crise e associou o histórico de votos de McCain e suas propostas de políticas econômicas à filosofia e à prática econômica de Bush. Uma mensagem clara, exaustivamente transmitida por meio de um bombardeio midiático nos estados cruciais, e apoiada por um desempenho comedido nos debates presidenciais nos quais Obama venceu em grande medida evitando erros, foi mais do que suficiente para garantir a vitória. Os esforços desesperados de McCain para se distanciar do governo Bush fracassaram e esse fracasso selou seu destino.

Assim, é plausível dizer que qualquer candidato democrata sério, tal como Hillary Clinton, que gerenciasse uma campanha eleitoral profissional, teria ganho essa eleição no contexto econômico em que ela ocorreu. Obama acrescentou uma dose de entusiasmo e mobilização, principalmente entre os novos eleitores, que o empurraram para uma vitória decisiva e lhe deram o mandato que ele buscava para trazer mudanças para os Estados Unidos e para o mundo. Mas ele já não era mais um presidente improvável quando se tornou o candidato democrata em uma eleição geral realizada no meio de uma crise econômica grave e duas guerras impopulares. Se podemos ainda caracterizar a eleição de Obama como um caso importante de política insurgente, é porque ele foi a nomeação improvável do Partido Democrata. Foi sua vitória inesperada sobre Hillary Clinton e a esplêndida máquina Clinton (que usava o melhor tipo de política de ataque) que pode ser atribuída ao novo tipo de política de Obama, analisado nesta seção, que começou como um movimento produzido, de um modo geral, às margens do sistema político e se transformou em um agente de transformação do próprio sistema político. Além disso, a intensidade e duração das primárias afiaram as operações da campanha de Obama e melhoraram extremamente sua posição, ao mesmo tempo que fizeram dele um nome muito conhecido nos Estados Unidos e no mundo. E, no entanto, o que é analiticamente relevante para o objetivo deste livro, ou seja, a exploração das novas avenidas de mudança social abertas por uma nova relação entre comunicação

---

37 Em setembro de 2008, naquilo que foi em geral percebido como uma gafe política, McCain "suspendeu sua campanha" para voltar para Washington, DC, para ajudar a intermediar uma operação de emergência para salvar o sistema bancário norte-americano. No entanto, McCain foi criticado por solapar em vez de facilitar a passagem do projeto de lei. Uma pesquisa de opinião da Pew (2008e) realizada em outubro constatou que apenas 33% dos entrevistados acreditavam que McCain podia ser o melhor para lidar com a economia, a questão crucial citada mais amplamente pelos eleitores no dia da eleição.

e poder, é o estudo da campanha primária como foi apresentada neste capítulo. Pois foi essa campanha que colocou Obama em uma posição que lhe permitiu se tornar um agente político decisivo de mudança social, não só nos Estados Unidos como no mundo todo. E não apenas em virtude de suas políticas, mas em virtude de sua inspiração e de seu uso da política da internet baseada nos movimentos civis.

Em seguida, o governo Obama passará por um dos processos mais desafiadores de governança nos últimos tempos. Ele e sua equipe (uma equipe ideológica e politicamente diversa) herdaram um país em ruínas, uma economia global em recessão, um mundo em guerra e um planeta em perigo. Nem mesmo nas fantasias mais messiânicas alguém poderá, e Obama menos ainda, acreditar que ele solucionará todos os problemas eficientemente. Para alguns, ele será bem-sucedido para outros, ele irá fracassar, e o saldo será decidido pelos historiadores e pelos cidadãos. Provavelmente ele se esforçará muito, com inteligência e determinação. Com certeza, decepcionará muitas pessoas. Não só porque assim é a natureza da política insurgente impulsionada pela esperança no momento em que a insurgência se institucionaliza, mas também em virtude da ambivalência de Obama, considerada nos termos em que foi analisada neste capítulo. A ambivalência nos permite preencher as lacunas com nossos próprios sonhos e desejos. Assim, por um lado, é uma fonte importante de mobilização e de crença, um gerador de entusiasmo e de sentimentos positivos. Por outro lado, precisamente porque as pessoas projetam seu próprio discurso no discurso de Obama, sem necessariamente concordar com suas ideias e avaliação, haverá muitos casos de forte contraste, de desacordos e sentimentos de traição. No entanto, essa fonte potencial de desencanto não pode ser equiparada à manipulação política porque, como enfatizei em minha análise da ambivalência de Obama, a incerteza se refere aos meios, não às metas. Se Obama acabar mudando suas metas (se ele não providenciar cobertura de saúde para todos ou se não puser fim à Guerra do Iraque, por exemplo), isso seria a política normal. Se ele tentar alcançar suas metas declaradas (por exemplo: criação de empregos, novas políticas energéticas, cooperação internacional) por meios pragmáticos um tanto diferentes das fórmulas tradicionais da esquerda política, isso é coerente com seu programa declarado, embora certamente venha a ser denunciado pela maioria ideológica de seus seguidores. Quanto ele precisar se desviar de suas ideias originais ao se confrontar com as duras realidades econômicas e geopolíticas de nosso mundo é uma questão para apreciação futura e outros estudos. No entanto, enquanto escrevo isso e você lê, em outra curva do tempo e do espaço, a lição analítica fundamental para ser guardada é como a política insurgente da esperança veio para a linha de frente no cenário político do mundo em um momento crítico em que o desespero havia desabado sobre nós. Sempre teremos Berlim. Ou, aliás, o Grant Park, em Chicago.

Reprogramando redes, reconectando mentes, mudando o mundo

Os estudos de caso apresentados neste capítulo são janelas que se abrem para o cenário de mudança social em nossa época. Atuando sobre os códigos culturais que emolduram mentes, os movimentos sociais criam a possibilidade de produzir outro mundo, bem diferente da reprodução de normas e disciplinas engastadas nas instituições da sociedade. Ao trazer novas informações, novas práticas e novos atores para o sistema político, os insurgentes políticos desafiam a inevitabilidade da política normal e regeneram as raízes de nossa democracia nascente. Nos dois casos, eles alteram as relações de poder existentes e introduzem novas fontes de tomadas de decisão sobre quem fica com o quê e qual é o significado daquilo que obtemos.

A realização da transformação social na sociedade em rede ocorre pela reprogramação das redes de comunicação que constituem o ambiente simbólico para a manipulação de imagens e para o processamento de informações em nossas mentes, os determinantes finais das práticas individuais e coletivas. A criação de novos conteúdos e novas formas nas redes que conectam mentes e seu ambiente comunicativo é equivalente à reprogramação de nossas mentes. Se sentimos ou pensamos de maneira diferente ao adquirirmos novo significado e novas regras para fazer sentido desse significado, agimos de maneira diferente e acabamos por transformar a maneira como a sociedade opera, subvertendo a ordem existente ou alcançando um novo contrato social que reconhece novas relações de poder como resultado de mudanças na mente pública. Portanto, a tecnologia da comunicação que molda um determinado ambiente comunicativo tem consequências importantes para o processo de transformação social. Quanto maior for a autonomia dos sujeitos que se comunicam em relação aos controladores dos nodos da comunicação da sociedade, tanto maiores as chances para a introdução de mensagens que questionam os valores dominantes e os interesses nas redes de comunicação. É por isso que o surgimento da autocomunicação de massa, como analisada no Capítulo 2, dá novas oportunidades para a mudança social em uma sociedade organizada, em todas as esferas de atividade, em torno de uma metarrede de redes de comunicação eletrônica.

A reprogramação de redes de significado afeta substancialmente o exercício do poder por todas as redes. Se pensarmos sobre a natureza como nosso ambiente frágil e não como nosso recurso descartável, novas formas de viver prevalecerão sobre as relações de poder construídas em favor do automóvel, do petróleo, das empreiteiras, seus patrocinadores financeiros e seus beneficiários políticos. Se a globalização é vista por um número crescente de cidadãos em todo o mundo de uma maneira multidimensional, na qual mercados, direitos humanos, proteções ambientais e um contrato social global têm de ser harmonizados e regulamentados em um novo sistema de governança global, aprender a viver juntos em um mundo interdependente pode prevalecer sobre o poder das corporações multinacionais, dos operadores financeiros, dos defensores da destruição do mundo e daqueles burocratas que impõem a proclamada nova ordem global. Se os cidadãos podem flagrar seus governantes no ato da mentira, e se podem organizar sua resistência em uma comunidade insurgente instantânea, os governos no mundo todo deverão estar vigilantes e dar mais atenção aos princípios da democracia que em grande medida eles desconsideraram por muito tempo. Os poderosos têm espionado seus súditos desde o começo da história, mas os súditos agora podem observar os poderosos, pelo menos em maior grau do que no passado. Nós todos nos tornamos cidadãos jornalistas potenciais, que, equipados com um telefone celular, podemos gravar e instantaneamente enviar para as redes globais qualquer malfeito de qualquer pessoa, em qualquer lugar. A menos que as elites se retirem permanentemente para um espaço invisível, suas ações estão expostas à vigilância descentralizada de milhões de olhos: somos todos paparazzi potenciais. E se um forasteiro político acha que vai se tornar líder mobilizando atores que eram marginalizados pelo sistema, substituindo o poder do dinheiro com o dinheiro dos sem poder, novas avenidas de representação democrática podem ser abertas pela política insurgente, usando o poder da informação e da comunicação que torna possível fazer com que as redes sejam organizadas de forma comunitária e com que as organizações comunitárias formem redes. Independentemente da possível traição da esperança inscrita nas regras da política, o estudo de caso neste capítulo, assim como muitas outras experiências em todo o mundo, mostra que a esperança pode ser canalizada para a mudança até o ponto que, se a decepção eventualmente ocorrer, novos atores surjam para punir os falsos profetas e recuperar o poder do povo.

Todos esses processos de mudança social, em valores e na política, encontraram uma alavanca significativa nos meios oferecidos pelas redes de autocomunicação de massa. É por meio dessas redes que as pessoas podem ser alcançadas, e a grande mídia, incapaz de ignorar o mundo agitado dos múltiplos canais de comunicação que a rodeiam, pode ser obrigada a ampliar o alcance de suas mensagens. É claro, como reiterei a ponto de ser monotonamente repetitivo em todo este livro, a tecnologia por si só não produz mudança cultural e política, embora ela sempre tenha efeitos poderosos que não se pode determinar. No entanto, as possibilidades criadas pelo novo sistema de comunicação multimodal e interativo reforçam extraordinariamente as oportunidades para novas mensagens e novos mensageiros para povoar as redes de comunicação da sociedade como um todo, reprogramando assim as redes em torno de seus valores, interesses e projetos. Nesse sentido, a construção da autonomia comunicativa está diretamente relacionada com o desenvolvimento da autonomia social e política, um fator crucial para estimular a mudança social.

No entanto, as tecnologias da liberdade não são livres. Governos, partidos, corporações, grupos de interesse, igrejas, bandidos e aparatos de poder de todas as origens e tipos possíveis consideraram sua prioridade utilizar o potencial da autocomunicação de massa a serviço de seus interesses específicos. Além disso, apesar da diversidade desses interesses, há uma meta comum para essa multidão diversa dos poderes constituídos: domesticar o potencial libertador das redes de autocomunicação de massa. Eles estão envolvidos em um projeto estratégico decisivo: os cercos eletrônicos de nossa época. À medida que o potencial da Revolução Industrial foi trazido para o serviço do capitalismo, cercando as terras comuns, e assim obrigando os camponeses a se tornarem trabalhadores e permitindo aos proprietários da terra que se tornassem capitalistas, as terras comuns da revolução da comunicação estão sendo expropriadas para expandir o entretenimento com fins lucrativos e para transformar em mercadoria a liberdade pessoal. A construção da história não está pré-escrita e, portanto, a sinergia que documentei neste capítulo entre a criação de novo significado e o surgimento da autocomunicação de massa é apenas um episódio em uma luta contínua entre a disciplina de ser e a liberdade de se tornar.

Talvez seja por isso que os movimentos sociais mais importantes de nossa era são precisamente aqueles cujo objetivo é preservar uma internet livre, em relação tanto a governos quanto a corporações, esculpindo um espaço de autonomia de comunicação que constitui a base do novo espaço público da Era da Informação.[38]

---

38 Essa área essencial de investigação dos movimentos sociais que têm como objetivo moldar o uso e a regulamentação da internet e de outras redes de comunicação está se tornando o foco de considerável atenção por parte da pesquisa acadêmica, particularmente entre a nova geração de estudiosos da comunicação. Assim, minha aluna de doutorado na Escola de Comunicação Annenberg, Sasha Costanza-Chock, está realizando uma análise comparativa dos usos dos novos meios de comunicação pelos movimentos sociais locais, considerando tanto sua prática local quanto sua formação de rede global (Costanza-Chock, no prelo, a). Entre muitos outros alunos da Annenberg envolvidos nessa área de pesquisa, posso mencionar Russell Newman (2008) e Melissa Brough (2008). Pesquisas por Downing (2000), Couldry e Curran (2003), Cardoso (2006) e McChesney (2008), entre outros, foram pioneiras nesse campo de investigação. Para uma perspectiva europeia sobre essa questão, ver Milan (2008). Para uma perspectiva chinesa sobre os conflitos sociais relacionados com a emergente sociedade em rede, ver Qiu (2009).

CONCLUSÃO
EM BUSCA DE UMA TEORIA DO PODER DA COMUNICAÇÃO

As análises apresentadas neste livro fornecem, a meu ver, a base empírica para diversas hipóteses relacionadas à natureza do poder na sociedade em rede. O poder é primordialmente exercido pela construção de significado na mente humana por meio de processos de comunicação postos em prática nas redes multimídia de comunicação de massa locais e globais, inclusive a autocomunicação de massa. Embora as teorias do poder e a observação histórica indiquem a importância crucial do monopólio da violência por parte do Estado como fonte de poder social, argumento que a habilidade de empregar com sucesso a violência ou a intimidação exige o enquadramento (*framing*) da mente individual e coletiva. A Guerra do Iraque, por exemplo, foi possibilitada pela campanha de informações manipuladas realizadas sob a moldura da "guerra ao terror" pelo governo Bush para conquistar a mente dos norte-americanos como um meio para conquistar o Iraque e manter a Casa Branca.

O bom funcionamento das instituições da sociedade não é resultado de sua capacidade judicial e policial para forçar os cidadãos à obediência. Na verdade, nas sociedades em que as instituições passam a ser disfuncionais em virtude de sua penetração profunda por redes criminosas, a polícia se torna uma ameaça para cidadãos que respeitam a lei e que organizam suas vidas o mais longe possível dos corredores do Estado. O que as pessoas pensam sobre as instituições sob as quais vivem e como elas se relacionam com a cultura de sua economia e de sua sociedade definem de quem é o poder que pode ser exercido e como ele pode ser exercido. Nas guerras terríveis que proliferam pelo mundo, embora interesses econômicos e ambições pessoais sejam postos em prática na carnificina, as pessoas matam outras pessoas motivadas por aquilo que sentem: hostilidade étnica, fanatismo religioso, ódio classista, xenofobia nacionalista e raiva individual. Messias, traficantes de armas e potências estrangeiras se envolvem na manipulação simbólica para levar as massas a sua autodestruição. Além disso, a violência política é uma forma de comunicação ao atuar na mente das pessoas por meio das imagens da morte para estimular o medo e a intimidação. Essa é a estratégia do terrorismo, que recorre a manifestações impressionantes de destruição aleatória para gerar um estado permanente de insegurança entre as populações-alvo. As medidas de segurança para combater a ameaça prolongam o medo e a ansiedade, evocando o apoio indiscriminado dos cidadãos a seus senhores e protetores. A violência, transmitida pelas redes de comunicação, passa a ser o canal para a transmissão da cultura do medo.

Assim, a violência e a ameaça de violência sempre se misturam, pelo menos no contexto contemporâneo, com a construção de significado na produção e reprodução das relações de poder em todas as áreas da vida social. O processo da construção de significado opera em um contexto cultural simultaneamente global e local e caracterizado por uma enorme diversidade. Há, no entanto, uma característica comum a todos os processos de construção simbólica: eles são amplamente dependentes das mensagens e molduras criadas, formatadas e difundidas nas redes multimídia de comunicação. Embora cada mente humana construa seu significado ao interpretar os materiais que foram comunicados em seus próprios termos, esse processamento mental é condicionado pelo ambiente da comunicação. Além disso, embora no novo mundo de autocomunicação de massa e de um público altamente segmentado existam poucos casos de compartilhamento massivo e simultâneo das mensagens da mídia, o que é amplamente compartilhado é a cultura de compartilhar mensagens de múltiplos emissores/receptores. Precisamente porque o novo sistema de comunicação é tão versátil, diversificado e aberto, ele integra mensagens e códigos de todas as fontes, envolvendo a maior parte da comunicação socializada em suas redes multimodais e de canais múltiplos. Portanto, se as relações de poder são construídas em grande medida na mente humana, e se a construção de significado na mente humana é primordialmente dependente dos fluxos de informação e imagens processadas nas redes de comunicação, seria lógico concluir que o poder reside nas redes de comunicação e em seus proprietários corporativos.

Essa conclusão pode ser lógica, mas empiricamente está errada. E isso porque, embora as redes de comunicação sejam certamente os mensageiros, elas não são a mensagem. O meio de comunicação não é a mensagem, embora ele condicione o formato e a distribuição da mensagem. A mensagem é a mensagem, e o emissor da mensagem está na fonte da construção de significado. Na verdade, ele é um dos termos dessa construção. O outro é a mente receptora, tanto individual quanto coletiva. Por mente coletiva quero dizer o contexto cultural no qual a mensagem é recebida.

Referindo-me à conceitualização proposta no Capítulo 1, as redes multimídia de comunicação exercem em conjunto *o poder de rede* sobre as mensagens que transmitem porque as mensagens precisam se adaptar aos protocolos de comunicação comuns (ou padrões, na formulação de Grewal [2008]) incorporados à estrutura e ao gerenciamento das redes. No entanto, embora formas padronizadas de comunicação de massa possam moldar as mentes pela sua formatação das mensagens (por exemplo, as notícias como infotenimento), no mundo da autocomunicação de massa a diversidade de formatos é a regra. Assim, aparentemente, os padrões são menos importantes como fonte de poder de rede. No entanto, a digitalização opera como um protocolo de comunicação. Em princípio, tudo pode ser digitalizado, portanto não parece que esse padrão iniba a mensagem. No entanto, ele tem, sim, um efeito oposto significativo: ele amplifica a difusão da mensagem para além do controle de quem quer que seja. A digitalização é equivalente à difusão viral potencial por todas as redes globais de comunicação. Isso é extremamente positivo se você quer difundir a mensagem, mas devastador se você não quer que ela seja difundida (se, digamos, a mensagem é uma gravação em vídeo de seu malfeito). Nesse caso, o poder de rede exercido pelas redes digitais assume uma nova forma: a retirada do controle sobre a distribuição da mensagem. Isso contrasta com o poder de rede tradicional da mídia de massa, que reformata a mensagem para adequá-la ao público de acordo com a estratégia corporativa.

No entanto, as redes multimídia, como estruturas de comunicação, por si só não detêm o poder sobre as redes (*networking power*), o poder em rede (*networked power*), ou o poder de criar redes (*network-making power*). Elas dependem das decisões e instruções de seus programadores. Na minha estrutura conceitual (ver o Capítulo 1), *o poder sobre as redes* consiste na capacidade de permitir que um meio de comunicação ou uma mensagem entre na rede por meio de procedimentos de *gatekeeping*. Os responsáveis pelas operações de cada rede de comunicação são os *gatekeepers* e, portanto, eles exercem poder sobre as redes bloqueando ou permitindo acesso aos canais da mídia e/ou a mensagens que são transmitidas para a rede. Chamo esse processo de *gatekeeping* dos nodos e *gatekeeping* das mensagens. O surgimento da autocomunicação de massa modificou profundamente a capacidade de *gatekeeping* dos programadores da comunicação de massa. Qualquer coisa que chegue à internet pode chegar ao mundo todo. No entanto, o *gatekeeping* ainda produz um poder sobre as redes porque a maior parte da comunicação socializada ainda é processada por meio da mídia de massa, e os sites mais populares de informação são aqueles da grande mídia, pela importância da marca na fonte da mensagem. Além disso, o controle da internet por parte do governo e as tentativas das empresas corporativas de confinar as redes de telecomunicação em seus "jardins murados" privados mostram a persistência do poder sobre as redes nas mãos dos *gatekeepers*.

O poder em rede (*networked power*), que é diferente de poder da rede (*network power*) e de poder sobre as redes (*networking power*), é a forma de poder exercida por certos nodos sobre outros nodos no interior da rede. Nas redes de comunicação isso se traduz como um poder de agenda-setting, de gerenciamento e de tomadas de decisões editoriais nas organizações que possuem e operam redes multimídia de comunicação. Nos Capítulos 3 e 4, analisei a estrutura de múltiplas camadas do processo decisório na mídia corporativa, embora tenha me concentrado no processamento de informação politicamente relevante. Mostrei a complexa interação entre vários tomadores de decisão da produção de notícias (os atores sociais que definem a pauta da comunicação como, por exemplo, os governos ou as elites sociais; os donos das redes de comunicação e seus patrocinadores do mundo corporativo, por meio da intermediação das agências de publicidade; gerentes; editores; jornalistas; e um público cada vez mais interativo). É em cada um desses níveis que os *programadores* exercem seu poder. Há inúmeros programadores em cada rede. Embora haja uma hierarquia na capacidade de programar a rede, é o conjunto total de programadores que decide sobre as operações da rede. Como eles interagem não só entre si, mas também com os programadores de outras redes de comunicação, podemos dizer que os *programadores constituem, eles próprios, uma rede*: uma rede de tomada de decisões para definir e administrar os programas na rede. Mas seu poder é específico: é orientado para garantir a realização das metas da rede, que é, primordialmente, atrair audiência, independentemente se o objetivo dessa meta é maximizar os lucros, influenciar ou alguma outra coisa. *A meta principal do gerenciamento da rede pelo poder em rede dos programadores é constituir os programados*. Os programados são os sujeitos subordinados dos detentores do poder nas redes de comunicação. No entanto, o gerenciamento em rede das redes de comunicação opera sob as condições de um metaprograma que foi elaborado por alguém fora da rede. Esse enigmático "alguém" é o sujeito da forma mais fundamental de poder: o poder de formar redes.

O poder de formar redes é a capacidade de estabelecer e programar uma rede, nesse caso uma rede multimídia de comunicação de massa. Isso diz respeito principalmente aos proprietários e controladores das corporações da mídia, sejam eles empresas ou o Estado. São aqueles que têm os meios financeiros, legais, institucionais e tecnológicos para organizar e operar redes de comunicação de massa. E são aqueles que, em último caso, decidem o conteúdo e o formato da comunicação de acordo com a melhor fórmula para realizar as metas que eles atribuem à rede: gerar lucro, gerar poder e gerar cultura ou as três coisas juntas. Mas quem são "eles"? Posso citar alguns nomes: Murdoch, Berlusconi, Bloomberg, e se eu incluir as corporações da internet, Sergey Brin, Larry Page, Jerry Yang, David Filo e outros. No entanto, a análise apresentada no Capítulo 2 mostra um quadro extremamente complexo da realidade das redes de empresas da multimídia global, o núcleo do sistema inteiro de comunicação, global, nacional e local. O poder de formar redes está nas mãos de um pequeno número de conglomerados, seus representantes e seus sócios. Mas esses conglomerados são formados por redes de propriedades múltiplas dos meios de comunicação operando em modos múltiplos e em ambientes culturais e institucionais também múltiplos. E os conglomerados multimídia estão entrelaçados com investidores financeiros de várias origens, inclusive instituições financeiras, fundos soberanos, empresas de investimento de participação privada, fundos de cobertura, e outros. Há alguns casos excepcionais de capacidade decisória altamente personalizada, mas, como analisarei a seguir, mesmo no caso de Murdoch há uma dependência de várias fontes de poder de formação de redes.

Em suma: os *metaprogramadores* que têm a capacidade de formar redes são, eles próprios, redes corporativas cuja estrutura e dinâmica apresentei no Capítulo 2. Eles são redes que criam redes e as programam para realizar as metas que essas redes originais incorporam: a maximização dos lucros no mercado financeiro global; poder político crescente para as corporações que pertencem ao governo; e atrair, criar e manter uma audiência como o meio de acumular capital financeiro e cultural. Além disso, a extensão dos investimentos dessas redes de empresas multimídia globais aumenta com as novas possibilidades de comunicação multimodal e interativa, particularmente com a internet e as redes de comunicação sem fio. Nesse caso, a programação das redes envolve menos o conteúdo do que o formato. A internet só se torna lucrativa se as pessoas a usarem, e as pessoas a usariam menos se ela perdesse suas características fundamentais: a interatividade e a comunicação irrestrita, independentemente do nível de vigilância existente. A expansão das redes da internet e o desenvolvimento da Web 2.0 e da Web 3.0 oferecem oportunidades comerciais extraordinárias para a implementação da estratégia de transformar a liberdade em mercadoria, cercando as terras comuns da comunicação livre e vendendo às pessoas o acesso às redes de comunicação global em troca de uma renúncia de sua privacidade e de se tornarem alvos de publicidade. No entanto, no momento em que estão no ciberespaço, as pessoas podem ter todo o tipo de ideias, inclusive a de desafiar o poder corporativo, desmantelar a autoridade do governo e mudar as bases culturais de nossa civilização que sofre e envelhece.

E assim, há um processo dialético que documentei no Capítulo 2 e analisei em termos de suas manifestações políticas no Capítulo 5: quanto mais as corporações investem na expansão das redes de comunicação (beneficiando-se com um retorno substancial), tanto mais as pessoas constroem suas próprias redes de autocomunicação de massa e tornam-se, elas próprias, mais poderosas. Portanto, o poder de formação de redes nas esferas de comunicação é caracterizado pela ação das redes corporativas multimídia (incluindo empresas e governos) que interagem com os usuários em rede que consomem os produtos da mídia e também criam a própria cultura. As redes interagem com redes no processo compartilhado de criação de redes.

Mas onde está o poder em tudo isso? Se o poder é a capacidade relacional de impor a vontade e os valores de certos atores sociais sobre outros, quem são esses atores sociais? Mostrei como o poder é gerado por meio das redes de comunicação, como essas redes operam e como e por quem essas redes de comunicação são estabelecidas e programadas. Mas de quem é o poder que essas redes processam? Se os metaprogramadores são os donos das redes das empresas de multimídia, serão eles a elite do poder da sociedade em rede? Seria tentador jogar com as palavras e caracterizar a transformação do poder na sociedade em rede como uma mudança de propriedade dos meios de produção para a propriedade dos meios de comunicação, já que, como alguns teóricos propõem, mudamos da produção de bens para a produção de cultura. Essa é, de fato, uma proposição elegante, mas ela nos deixa presos às palavras, sem uma referência precisa ao verdadeiro drama das lutas por poder em nosso mundo.

Os donos das redes corporativas globais multimídia (eles próprios redes, mas redes de pessoas à frente de suas organizações) estão certamente entre os detentores de poder da sociedade em rede porque programam a rede mais importante: a metarrede das redes de comunicação, as redes que processam os materiais ideacionais com os quais sentimos, pensamos, vivemos, nos submetemos e lutamos. Sua relação com os atores sociais sobre os quais eles exercem seu poder também é fácil de identificar: *eles transformam os humanos em audiências ao vender-nos as imagens de nossas vidas.* Com isso, eles satisfazem seus interesses (fazer dinheiro, ter influência) ao elaborar o conteúdo de nossa cultura de acordo com suas estratégias corporativas. Isso não significa necessariamente que eles nos impõem seus valores (embora muitas vezes o façam) porque a eficiência da mídia depende de sua adaptação a vários padrões culturais e estados de espírito e à evolução particular de cada um desses padrões e humores. Significa, sim, que o ponto principal daquilo que será processado nas redes depende daquilo que vende (ou daquilo que convence, se o motivo é político-ideológico), independentemente da congruência entre aquilo que as corporações querem e aquilo que nós queremos. Há a escolha do consumidor, mas dentro de uma variedade de produtos predefinidos, e que pressupõem o consumo e não a coprodução. É por esse motivo que o surgimento da autocomunicação de massa, que aumenta nossa capacidade — a capacidade da audiência — de produzir nossas próprias mensagens, potencialmente desafia o controle corporativo da comunicação e pode transformar as relações de poder na esfera da comunicação. Contudo, por enquanto, há uma competição desigual entre a produção da mídia profissionalizada, nossos vídeos domésticos de baixa qualidade e as tagarelices dos blogs. A mídia corporativa adaptou-se ao mundo digital e está ampliando a variedade de seus produtos, customizando-os de acordo com os perfis individuais. Como não podemos reinventar Hollywood sozinhos, usamos a internet para formar redes sociais (normalmente por meios de plataformas corporativas) enquanto a maior parte da produção cultural está concentrada globalmente e tem como alvo os indivíduos. A relação de poder entre as redes corporativas da multimídia e a sociedade como um todo tem como centro a moldagem da produção cultural de acordo com a vontade, os valores e os interesses dos proprietários corporativos e de seus patrocinadores.

No entanto, a variedade de relações de poder é muito mais ampla e inclui, particularmente, relações de poder político, que dão acesso às instituições de governança e permitem seu gerenciamento. Neste livro, documentei que as redes de comunicação são essenciais para a construção do poder e do contrapoder políticos. Os donos das redes corporativas de comunicação também fornecem a plataforma para a construção de significado para outros atores sociais. Assim, eles exercem poder por meio da produção cultural e exercem poder sobre as redes em relação a outros atores, controlando o acesso às redes de comunicação; por exemplo, frente a atores políticos que precisam ter acesso à comunicação para construir suas relações de poder com os cidadãos. No entanto, nas relações de poder político, os metaprogramadores, aqueles que produzem a mensagem, são atores políticos. É claro que atores políticos dependem dos atores cujos valores e interesses eles representam (ex.: organizações religiosas, empresas corporativas, o complexo militar-industrial). Eles articulam a diversidade de interesses que apoia seu projeto para maximizar sua autonomia como atores políticos ao mesmo tempo que aumentam suas chances de se apoderar do poder político. Mas quando sobem ao poder, eles são os programadores de processos políticos e da elaboração de políticas públicas. Seus programas são diferentes porque líderes diferentes e suas coalizões competem pelo poder em uma disputa moldada pelos procedimentos de cada sistema político. No entanto, eles compartilham alguns protocolos fundamentais de comunicação que têm como objetivo preservar a estabilidade do controle do Estado sob as regras constitucionais. Com isso, os programas engastados nas instituições políticas exercem o poder de rede sobre os cidadãos e atores políticos. O judiciário exerce o poder sobre as redes controlando o acesso à competição política tanto em termos dos atores quanto dos procedimentos. E o sistema político como um todo está baseado no poder em rede distribuído nos vários níveis da relação entre o Estado e a sociedade.

O poder de criar poder político, que é o poder para definir regras e diretrizes na área política, depende da vitória na competição para acessar o cargo político, e de obter apoio ou pelo menos a concordância por parte dos cidadãos. Nos Capítulos 3 e 4 mostrei que a política da mídia é o mecanismo fundamental pelo qual opera o acesso ao poder político e à elaboração de políticas. Portanto, os programas embutidos nas redes multimídia moldam e condicionam a implementação dos programas das redes políticas. No entanto, os donos da mídia não são aqueles que elaboram e determinam os programas políticos. E tampouco são transmissores passivos das instruções dos programas. Eles exercem poder de *gatekeeping* e formatam e distribuem os programas políticos de acordo com seus interesses específicos como organizações da mídia. Assim, a política da mídia não é apenas política em geral, e tampouco é a política específica da mídia: ela é a interface dinâmica entre as redes políticas e as redes da mídia. Ao gerenciamento dessa interface entre duas ou mais redes dou o nome de *comutação de rede*. O controle dessa capacidade de comutação define uma forma fundamental de poder na sociedade em rede: o poder de comutação. Chamo *os detentores do poder de comutação de comutadores*. Ilustrarei essa formulação abstrata e, no entanto, fundamental, com os resultados de um estudo de caso de um comutador significativo, Rupert Murdoch.

Antes disso, no entanto, preciso ampliar o âmbito da análise em termos do poder de comutação referindo-me a outras redes de poder na sociedade. Em particular, devo considerar a *estrutura e a dinâmica das redes financeiras* no âmago do poder capitalista. De fato, a sociedade em rede, no momento, é uma sociedade capitalista, como foi a sociedade industrial na maior parte do mundo (embora em competição com o estadismo). Além disso, como a sociedade em rede é global, vivemos no capitalismo global. Pela primeira vez na história, o planeta inteiro é capitalista. No entanto, a análise do capitalismo, em geral, não esgota o entendimento da dinâmica das relações de poder porque o tipo de capitalismo global no qual vivemos hoje em dia é muito diferente das formas históricas anteriores do capitalismo, e porque a lógica estrutural do capitalismo está articulada em termos práticos com as formas específicas de organização social nas sociedades em todo o mundo. E assim, a dinâmica da sociedade global em rede interage com a dinâmica do capitalismo na construção de relações sociais, inclusive relações de poder. Como essa interação opera para construir relações de poder em torno das redes de comunicação?

As redes de comunicação são, em grande medida, propriedade das redes corporativas globais multimídia que também as gerenciam. Embora os Estados, e as corporações por eles controladas, sejam parte dessas redes, o núcleo das redes globais de comunicação está conectado a corporações e é, em grande medida, dependente dessas corporações que são, elas próprias, dependentes de investidores e dos mercados financeiros. Esse é o ponto principal da empresa multimídia, como foi analisado no Capítulo 2. Mas os investidores financeiros colocam suas apostas de acordo com o desempenho esperado das empresas da mídia no mercado financeiro global, a mãe de todas as acumulações de capital e a rede dominante do capitalismo global, como analisei em minha trilogia sobre a Era da Informação (Castells, 2000a,c, 2004c). A questão crucial é que o mercado financeiro global é, ele próprio, uma rede fora do controle de atores sociais específicos e, na maioria dos casos, imune à administração regulatória das instituições nacionais e internacionais de governança, em grande parte porque os regulamentadores decidem desregulamentar as redes financeiras e programar os mercados financeiros pelo mesmo critério. No momento em que os mercados financeiros passam a ser organizados em uma rede global pouco regulamentada, seus padrões se tornam aplicáveis às transações financeiras no mundo todo e, portanto, a todas as atividades econômicas, já que, em uma economia capitalista, a produção de bens e serviços começa com o investimento por parte do capital e produz lucros que são convertidos em ativos financeiros. O mercado financeiro global exerce poder de rede sobre a economia global, como ficou evidente na crise da economia global que explodiu no outono de 2008 como resultado da ausência de uma regulamentação adequada dos mercados financeiros.

Este poder de rede por parte dos mercados financeiros não está nas mãos da mão invisível — o mercado. Porque, como documentado em vários estudos, os mercados financeiros só em parte se comportam de acordo com uma lógica de mercado. Aquilo que alguns estudiosos chamaram de "exuberância irracional" e aquilo que eu chamo de "turbulência da informação" desempenha um papel importante na determinação da psicologia dos investidores e, consequentemente, em suas decisões financeiras. Além disso, a formação em rede global dos mercados financeiros significa que qualquer turbulência da informação vinda de qualquer parte instantaneamente se difunde por toda a rede, seja ela a instabilidade política, o polimento dos sabres no Oriente Médio, uma catástrofe natural ou um escândalo financeiro. Assim, embora o mercado financeiro global exerça poder de rede, e os governos dos países mais importantes terem colocado em prática o poder de formar redes desregulamentando e liberalizando os mercados financeiros a partir da metade da década de 1980, há uma difusão de poder em rede (*networker*) nas redes financeiras globais. Usei o termo "autômato global" em alguns de meus escritos, referindo-me ao mercado financeiro global, já que ele em grande parte funciona de acordo com sua própria dinâmica, sem controle por parte das corporações ou regulamentadores específicos e, ainda assim, disciplina e molda a economia global. Não estou sugerindo um mecanismo automático de execução do poder, ou a existência de um poder desumanizado. O capitalismo corporativo está personificado nos magnatas financeiros, nos gerentes financeiros, nos comerciantes de ações e nos advogados corporativos e em suas famílias, redes pessoais, guarda-costas, auxiliares pessoais, clubes de golfe, templos, locais protegidos e áreas de diversões pecaminosas. Todas essas belas pessoas são parte das redes que administram os programas que administram o mundo. Mas elas não estão sozinhas naquelas redes nem sequer controlam as redes financeiras que habitam, já que navegam em suas águas incertas seguindo seus instintos básicos e não modelos matemáticos, como Caitlin Zaloom (2006) mostrou em sua excelente investigação etnográfica do comércio financeiro nas áreas especiais das Bolsas de Chicago e Londres.

A lógica do uso da rede dos mercados financeiros é de extrema importância para o exercício do poder nas redes de comunicação em dois níveis.

O PODER DA COMUNICAÇÃO | 479

Primeiro, porque as redes de comunicação serão programadas, estabelecidas, reconfiguradas e eventualmente retiradas de serviço de acordo com cálculos financeiros — a menos que a função da rede de comunicação seja predominantemente política. Mas mesmo nesse caso a lógica de geração de poder irá se aplicar a nodos específicos da rede de comunicação global, mas não à própria rede, cujo princípio mais importante é a obtenção de lucro com base na avaliação financeira no mercado financeiro global. Segundo, porque as instituições financeiras e os mercados financeiros são, eles próprios, dependentes dos fluxos de informação gerados, formatados e difundidos nas redes de comunicação. Não apenas em termos da informação financeiramente relevante, mas em termos da influência que as redes de informação e comunicação exercem sobre a percepção e a tomada de decisão por parte de empresas, investidores e consumidores. Não há qualquer circularidade envolvida no meu argumento. Sim, com base na observação, digo que as redes globais multimídia dependem das redes financeiras globais e que as redes financeiras globais operam processando símbolos produzidos e distribuídos nas redes globais multimídia. Mas não há nada circular nesse mecanismo. Ele é, precisamente, um efeito de rede.

As redes financeiras globais e as redes globais da multimídia estão intimamente conectadas em rede, e essa rede específica detém um poder de rede, um poder sobre as redes e um poder de formação de redes extraordinários. Mas não todo o poder. Isso porque essa metarrede de finança e mídia é, ela própria, dependente de outras redes importantes, como a rede política, a rede de produção cultural (que abrange todos os tipos de artefatos culturais, não só produtos da comunicação), a rede militar, a rede criminosa global, e a crucial rede global de produção e aplicação da ciência e da tecnologia e de gerenciamento do conhecimento.

Eu poderia prosseguir com uma exploração semelhante da dinâmica da formação de redes em cada uma dessas dimensões fundamentais da sociedade global em rede. Mas essa tarefa vai além do objetivo deste livro, que é focar no papel das redes de comunicação na geração de poder, com uma ênfase na geração de poder político. Além disso, não é realmente necessário para elaborar o argumento central que quero apresentar, um argumento que, até certo ponto, parece estar de acordo com as análises empíricas realizadas neste livro. Meu argumento tem três partes:

1. O poder é multidimensional e está construído em torno de redes programadas em cada esfera da atividade humana de acordo com os interesses e valores de atores que têm poder. Mas todas as redes de poder exercem seu poder influenciando a mente humana predominantemente (mas não unicamente) por meio de redes multimídia de comunicação de massa. Assim, as redes de comunicação são as redes fundamentais da geração de poder na sociedade.

2. As redes de poder nas várias esferas da atividade humana formam redes entre si. Elas não se fundem. Em vez disso, elas se envolvem em estratégias de parceria e competição, praticando cooperação e competição simultaneamente ao formar redes pontuais em torno de projetos específicos e ao trocar de parceiros de acordo com seus interesses em cada contexto e a cada momento.

3. A rede de poder construída em torno do Estado e do sistema político realmente desempenha um papel fundamental no poder sobre as redes de um modo geral. Isso ocorre porque, primeiro, a operação estável do sistema e a reprodução das relações de poder em todas as redes dependem, em última instância, das funções coordenadoras e regulatórias do Estado e do sistema político, como foi testemunhado no colapso dos mercados financeiros em 2008 quando, no mundo todo, os governos foram chamados para ajudar no resgate. Segundo, é por meio do Estado que formas diferentes de exercer o poder nas diferentes esferas sociais se relacionam com o monopólio da violência como capacidade de impor o poder como último recurso. Portanto, embora as redes de comunicação processem a construção de significado do qual o poder depende, o Estado constitui a rede previamente selecionada para o funcionamento adequado de todas as outras redes de poder.

A multiplicidade das redes de poder e sua necessária interação para o exercício do poder nas respectivas esferas suscitam uma pergunta fundamental: como as redes se relacionam umas com as outras sem embaçar o foco que garante sua especificidade e, portanto, a implementação de seus programas? Por exemplo, se as redes da mídia se envolvem em uma cruzada política sobre uma opção política, o seu destino dependerá do sucesso daquela opção. Elas perdem sua neutralidade relativa, o que diminui a credibilidade, o fator crucial para atingir uma audiência ampla. Se elas jogam e perdem, suas conexões políticas podem ser prejudicadas, e elas podem pagar por isso em termos de vantagem regulatória. Se seus funcionários são nomeados por critérios políticos, seu profissionalismo irá sofrer. E, em última instância, se sua estrela política se esvai, seus resultados financeiros caem, e o alarme soará para seus proprietários corporativos e seus patrocinadores financeiros. É bem verdade que há diversos casos em que uma cruzada ideológica (por exemplo, a Fox News ou o *El Mundo* espanhol) também gera bons negócios, por um período substancial de tempo, e em um contexto político específico. Mas, em termos gerais, a "imprensa partidária" é uma proposição que leva ao fracasso no mundo dos negócios. Além disso, quanto mais aparente for a autonomia política de um canal da mídia, maior será o serviço que ele pode prestar a seus eleitorados políticos.

E, no entanto, como as redes de poder se conectam umas com as outras preservando, ao mesmo tempo, sua esfera de ação? Sugiro que elas o fazem por meio de um mecanismo básico de geração de poder na sociedade em rede, como foi teorizado no Capítulo 1: *o poder de comutação*. Essa é a capacidade de conectar duas ou mais redes diferentes no processo de geração de poder para cada uma delas em suas áreas respectivas. Ilustrarei essa análise com a ajuda de um estudo de caso que Amelia Arsenault e eu realizamos sobre o exercício de poder de comutação por parte de Rupert Murdoch e sua rede multimídia News Corporation (Arsenault e Castells, 2008b). Para poupar seu trabalho de leitura, não lidarei aqui com os detalhes empíricos de nossos resultados, que podem ser encontrados no artigo disponível on-line. Mas farei um resumo do conteúdo analiticamente relevante.

Murdoch é um magnata da mídia ideologicamente conservador que mantém o controle pessoal sobre o terceiro maior e mais lucrativo conglomerado de multimídia do mundo. Mas ele é, acima de tudo, um homem de negócios bem-sucedido, que compreende que seu poder seria maximizado se ele mantivesse suas opções em aberto. Ele está firmemente ancorado nas redes comerciais multimídia, mas usa seu poder nos meios de comunicação para oferecer conexões lucrativas a redes financeiras e parcerias frutíferas a redes políticas. Além disso, ele usa esse poder para intervir na construção de imagens e informação no mundo das finanças e na política. Seu poder reside em sua capacidade de conectar as metas da programação das redes da mídia, do mundo de negócios e da política em benefício da expansão de sua própria rede empresarial de meios de comunicação. Murdoch desenvolveu a vantagem competitiva da News Corporation mantendo um rígido controle sobre os termos de suas conexões corporativas e alavancando sua capacidade de influenciar audiências no mundo todo a fim de obter benefícios políticos. Assim, politicamente ele protege suas apostas dando apoio a diversos atores políticos em cada país. Nos Estados Unidos, por exemplo, no período pós-11 de Setembro, ele colocou suas plataformas da mídia, e particularmente a Fox News, a serviço da estratégia do governo Bush para a guerra ao terror e para a Guerra do Iraque, ao mesmo tempo que doava mais dinheiro para os candidatos democratas do que para os republicanos. Ele também apoiou a campanha de Hillary Clinton para o Senado. Mas assim que Obama apareceu como um candidato presidencial importante, seu *New York Post* o apoiou e, mais tarde, às vésperas de sua indicação, Murdoch elogiou Obama e acolheu positivamente sua liderança enquanto se referia a McCain como "meu velho amigo". Da mesma forma, no Reino Unido, Murdoch apoiou Blair, passo que enfureceu muitos membros do Partido Trabalhista, mas manteve seus laços tradicionais com os conservadores como um meio alternativo de influência política. A diretoria da News Corporation inclui líderes políticos bem como pessoas com forte influência política em áreas estratégicas do mundo, como os EUA, o Reino Unido e a China. Eles são muito bem pagos e, com isso, a promessa de um emprego na News Corporation para ministros ou primeiros-

-ministros após deixarem o cargo (por exemplo, José María Aznar) abre amplas avenidas de influência política para Sir Murdoch.

Ao longo dos anos, Murdoch praticou uma estratégia de três vertentes, fornecendo plataformas de propaganda para aqueles no poder, dinheiro para a oposição e favores pessoais para uma multidão variada de políticos necessitados. Como resultado dessa estratégia, ele influenciou uma série de medidas regulatórias em vários países, beneficiando muito suas próprias empresas. Em 2007, fez também uma jogada estratégica para influenciar redes financeiras comprando a Dow Jones, a matriz do *Wall Street Journal*, um dos principais líderes financeiros de canais da mídia do mundo e, com isso, colocou-se diretamente no centro da produção de informação financeira. A estratégia de Murdoch também abarcou a revolução das comunicações ao posicionar a News Corporation nos espaços das redes sociais da internet, como simbolizado pela compra do MySpace.com, o maior site de rede social do mundo. E o fez diplomaticamente, contratando profissionais com conhecimento da cultura da internet e preservando os modos e práticas da geração Web 2.0, consequentemente perdendo algum retorno financeiro, mas conquistando o futuro — ou pelo menos é nisso que ele acredita.

As várias redes — da mídia, políticas, financeiras e culturais — conectadas por Murdoch são separadas e implementam seus programas específicos. Mas ele facilita e aprimora o desempenho de cada programa em cada rede fornecendo acesso e transferindo recursos entre as redes. Esse é o poder da comutação. E esse é o poder de Rupert Murdoch, o comutador mais ponderado, gerando poder em várias redes por meio de sua capacidade de conectá-las. No entanto, sua fonte primordial de poder continua sendo seu poder da mídia. Ele é simultaneamente um metaprogramador na rede global multimídia e um comutador na sociedade global em rede. As funções de comutação e, portanto, os comutadores, variam muito, dependendo de suas características e programas das redes que eles comutam e dos procedimentos para exercer o poder de comutação. Mas sua ação é central para a compreensão da geração de poder.

Assim, programadores e comutadores são os detentores do poder na sociedade em rede. Eles são personificados por atores sociais, mas não são indivíduos, eles mesmos são redes. Escolhi o caso de Murdoch propositalmente porque ele é um exemplo perfeito do poder de programação personalizado e do poder de comutação. E, no entanto, Murdoch é um nodo, embora um nodo essencial, em uma rede específica: a News Corporation e suas redes subsidiárias na mídia e nas finanças.

Essa caracterização aparentemente abstrata da detenção do poder na sociedade em rede tem, na verdade, referências empíricas muito diretas. É claro, as redes são formadas por atores em seus acordos para a criação de redes. Mas quem são esses atores e o que são suas redes são questões da configuração específica

O PODER DA COMUNICAÇÃO | 483

das redes em cada contexto e em cada processo particulares. Portanto, não estou dissolvendo as relações de poder em uma fila infinita de redes. Ao contrário, estou pedindo especificidade na análise das relações de poder e propondo uma abordagem metodológica: devemos descobrir a configuração específica da rede dos atores, interesses e valores que se envolvem em suas estratégias de geração de poder conectando suas redes de poder às redes da comunicação de massa, a fonte da construção de significado na mente pública. Eu poderia até dizer que o que considero uma proposição abstrata e não verificável é o poder da classe capitalista, do complexo militar-industrial, ou da elite do poder. A menos que possamos especificar quem exatamente detém o poder em um determinado contexto e em relação a um determinado processo, e como seu poder é exercido, qualquer afirmação geral sobre as fontes de poder é uma questão de crença e não uma ferramenta de pesquisa.

E, portanto, não estou identificando os atores sociais concretos que são detentores de poder. Estou apresentando uma hipótese: em todos os casos eles são redes de atores exercendo poder em suas áreas respectivas de influência por meio das redes que eles constroem em torno de seus interesses. Estou propondo também a hipótese da centralidade das redes de comunicação na implementação do processo de geração de poder de qualquer rede. E estou sugerindo que a comutação de várias redes é uma fonte fundamental de poder. Quem faz isso, como, onde e por que por meio dessa estratégia de criação de redes com muitas vertentes são questões a serem investigadas, e não transformadas em uma teoria formal. A teoria formal só fará sentido com base no acúmulo de conhecimento relevante. Mas, para que esse conhecimento seja gerado, precisamos de uma construção analítica que se encaixe no tipo de sociedade em que estamos. Esse é o objetivo da minha proposição: sugerir uma abordagem que possa ser usada na pesquisa, retificada e transformada em meios que permitam a construção gradativa de uma teoria do poder que possa ser refutada pela observação. Tentei mostrar neste livro a relevância potencial dessa abordagem investigando a construção do significado como a fonte do poder político por meio do uso das redes de comunicação por diversos atores e suas redes de poder. Outras pesquisas irão certamente suplantar a contribuição aqui submetida, embora eu tenha a esperança de que ela será de alguma utilidade para o esforço empreendido atravessando o labirinto das práticas sociais em rede que urdem o tecido da sociedade em nossos tempos.

Se o poder é exercido pela programação e comutação de redes, o contrapoder, a tentativa deliberada de mudar as relações de poder, é posto em prática pela reprogramação das redes em torno de interesses e valores alternativos e/ou interrompendo as comutações predominantes ao mesmo tempo que são comutadas redes de resistência e mudança social. Os estudos de caso apresentados no Capítulo 5 nos dão evidências preliminares da relevância dessa abordagem. É da responsabilidade da comunidade pesquisadora testar essas hipóteses em movimentos sociais e comunidades políticas de outros contextos. O que é teoricamente relevante é que os atores da mudança social são capazes de exercer uma influência decisiva usando mecanismos de geração de poder que correspondem às formas e processos do poder na sociedade em rede. Envolvendo-se na produção cultural da mídia de massa e desenvolvendo redes autônomas de comunicação horizontal, os cidadãos da Era da Informação se tornarão capazes de inventar novos programas para suas vidas com os materiais de seu sofrimento, medos, sonhos e esperanças. Eles constroem seus projetos compartilhando sua experiência. Eles subvertem a prática da comunicação convencional ocupando o meio de comunicação e criando a mensagem. Eles vencem a falta de poder de seu desespero solitário criando uma rede de seus desejos. Eles lutam contra os poderes constituídos identificando as redes existentes. É por isso que a teoria, necessariamente baseada na observação, é relevante para a prática. Se não conhecemos as formas de poder na sociedade em rede, não podemos neutralizar o exercício injusto de poder. E se não soubermos quem exatamente são os detentores do poder e onde encontrá-los, não podemos desafiar sua dominação oculta, mas ainda assim crucial.

Portanto, onde podemos encontrá-los? Com base na análise deste livro, posso arriscar algumas respostas. Procure-os nas conexões entre redes de comunicação corporativas, redes financeiras, redes industriais culturais, redes de tecnologia e redes políticas. Examine sua formação de redes globais e suas operações locais. Identifique as molduras nas redes que enquadram a sua mente. Pratique seu pensamento crítico todos os dias para exercitar sua mente em um mundo culturalmente poluído, da mesma forma que você exercita seu corpo para limpar o veneno de nosso meio ambiente químico. Desconecte os fios e conecte-os outra vez. Desconecte os fios daquilo que você não entende, e conecte aquilo que faz sentido para você.

No entanto, a conclusão prática mais importante da análise apresentada neste livro é que a construção autônoma de significado só pode prosseguir se preservarmos as terras comuns das redes de comunicação possibilitadas pela internet, uma criação livre, de amantes da liberdade. Essa não será uma tarefa fácil — porque os detentores do poder na sociedade em rede precisarão cercear a comunicação livre nas redes comercializadas e policiadas, a fim de fechar a mente do público, programando a conexão entre comunicação e poder.

A mente pública, porém, é construída por meio da formação de redes das mentes individuais como a sua. Assim, se você pensa de forma diferente, as redes de comunicação irão operar de forma diferente, sob a condição de que não apenas você, mas também eu e uma multidão de pessoas decidamos construir as redes de nossas vidas.

Apêndice

Tabela A2.1 — Conexões entre a liderança dos conglomerados multinacionais da mídia e outras redes, c. 2008[1]

Financeiro	Mídia/ICT	Redes globais de criatividade e inovação	Políticos
		Time Warner	
AllState, Altria (Philip Morris), American Airlines, AMR Corp., Appleton Partners, Axel Springer, *Bayer*, Caesars, *Citigroup*, *Colgate-Palmolive*, Continental Corp., Culbro Corp., *Estée Lauder*, Exclusive Resorts, FedEx, First Health Group, Gordon Brothers, Harrahs, Hilton, JER Partners, *Kellogg*, Kleiner Perkins,Caufield & Byers, *Kraft*, Lazard, Leerink, Swann & Co., *Macy's*, Morgan Stanley, Bolsa de Valores de Nova York, Omnicom, Paratek Pharmaceuticals, Revolution Health Group, *Sears*, Westfield America	ALM Media Holdings, Citadel Broadcasting Corp., *Dell*, Deutsche Presse-Agentur, GmbG, Die Welt, Hamburger Morgenpost, Microsystems, Netscape, Proxicom, Sun, Wochenpost	Museu Americano de História Natural, Museu de Ciência de Boston, Conselho sobre Relações Internacionais, Universidade de Fordham, Universidade de Harvard, Universidade de Howard, Conselho de Los Angeles para negócios internacionais, Markle Foundation, Mayo Clinic, Memorial Sloan-Kettering Cancer Center, Partnership for City of New York, Refugees International, Rockefeller Brothers Fund, Universidade de Stanford, Festival Internacional de Cinema de São Francisco, Teach for America, Universidade da Georgia, Fundo de Investimentos EUA/Rússia, Universidade de Yale	Richard Parsons, anteriormente membro do Conselho Doméstico da Casa Branca, NYC, Conselho da Autoridade de Habitação

---

1 As companhias listadas em *itálico* estão entre os 100 maiores compradores de publicidade nos Estados Unidos e/ou globalmente, segundo a *Advertising Age* (2007); (x2) indica que mais de um membro da diretoria está afiliado àquela corporação.

Disney

American International Group, *Bank of America*, Boeing, Boston Scientific Corp., Fundo da Europa Central e da Rússia, *Clorox*, Edison, *Estée Lauder*, European Equity Fund, FedEx, Gillette, Goodyear, Halliburton, Inditex, *Kraft*, McKesson Corp., Morgan Stanley, New Mountain Capital, *Nike*, Oakley, *Proctor & Gamble* (x2) *Sears*, Banco Shinsei (Japão), Starbucks, Transamerica Corp., Câmara de Comércio dos EUA, Washington Mutual, *Wells Fargo*, Western Asset Premier Bond Fund, WI Harper, Xerox, *YUM*!

Apple, Archrock Corp., CIT Group, Jetix Kids Europe, *La Opinion* (maior publicação em língua espanhola nos EUA), National Cable Telecommunications Association of America, Precision, Pyramid Technology (computação militar),RSL Communications, Sun Microsystems, Sybase, Turbolinux, Vernier

Instituto Americano de Cinema, Câmara de Comércio Alemã-Americana, Associação de Política Externa, Keck Foundation, Lincoln Center for the Performing Arts Inc., Museu de Televisão e Rádio da Universidade de Ithaca, Smith College, Universidade da Califórnia Los Angeles, Universidade da Califórnia do Sul

News Corporation

Acumen, Allco, Allen & Co., Altria Group, *American Express*, Ansell Ltd. (Aust.)Applied Materials, Centaurus Capital (RU), Chartwell Education Group, CLP Holdings, *Ford*, Genentech, Goldman Sachs, Hybridtech, Banco Industrial e Comercial da China Ltda., *JP Morgan*, Laura Ashley Holdings, LSI Corp., LLC, Pacific Century Holdings, Palamon European Equity,

Beijing PDN Xiren Information Technology Co., China Netcom (x2), Corning, Easynet Group, *Hewlett Packard*, Hughes Electronics, Intel, NDS Group, Reuters, Tickets.com

Georgetown, Universidade Tsinghua de Beijing, Instituto Americano de Cinema, Indian School of Business, Harvard National Lampoon, Universidade da Carolina do Sul, KCRW NPR, Sundance Institute, Fundação Ditchley, Ópera e Ballet Kirov, Museu Victoria & Albert, Imperial College of Science & Technology, Council, Royal Institute of International Affairs (Chatham House), Hoover

Conselho de Controle Financeiro para a Cidade de Nova York, Sociedade para a Cidade de Nova York, antigo Primeiro-Ministro da Espanha, Comissão Orçamentária dos Cidadãos de NY, antigo Procurador-Geral adjunto da Justiça dos EUA e arquiteto principal do Ato Patriota, antigo membro da Junta Consultora sobre Inteligência Estrangeira do Presidente

Tabela A2.1. (*continuação*)

Financeiro	Mídia/ICT	Redes globais de criatividade e inovação	Políticos
R.M. Williams Holdings, Knowledge Universe, Planet U, Templeton Emerging Markets Investment Trust Plc, Rio Tinto, Rolls Royce Group, Rothschild Investment Trust, Vietnam Motors Industry Corp		Institution, Stanford, Universidade de Oxford, Brookings Institution, Yale, FAES Thinktank, Princeton, Universidade de Howard, Conselho sobre Relações Estrangeiras	Antigo Secretário de Educação dos EUA

Bertelsmann

Financeiro	Mídia/ICT	Redes globais de criatividade e inovação	Políticos
Air Berlin, Allianz (x2), Bayerische Landesbank, Bewag, *BMW* (x2) Commerzbank Deutsche Bank, E.On, Evonik, Festo AG & Co. KG, Fuchs Petrolub, Groupe Bruxelles Lambert, Hapag-Lloyd, HSBC Trinkaus & Burkhardt, John Deere, Linde, Lufthansa, Man (x2), *Merck*, *Metro*, NYSE, Euronext, Oak Hill Securities Fund, Printer Indústria Gráfica, Powergen, RAG, RoyaltyShare, RWE, Shell, Silver Lake, Skandinaviska Enskilda Banken, Sportfive, Stinnes, Vatenfall Europe, WestLB	Activison, Amadeus Technology Group, Arvato, Audible, Avago Technologies, Basf, Barnesandnoble.com, Building B, Classic Media, DD Synergy, ebrary, Ediradio, Emotive Communications, Garner, Gruner, & Jahr AG & Druck-und Verlagshaus (x3), *Hewlett Packard*, Lycos Europe, Metropole Television M6 (x2), novo Nordisk, Oysterworks Software, SAP, Serena Software, *Sony BMG* (x4), Stern Magazine Corp., UFA Film & Fernseh	Princeton Review, Center for Communication, Museu Infantil de Manhattan, Princeton University Press, the Bronx Lab School, Associação Americana de Editoras, Art Directors Club Institute (x2), ZymoGenetics, Sociedade Americana de Compositores, Autores e Editoras, Universidade de Fairfield Conselho para os EUA e a Itália	

Accenture, Banco Popular, Bear Stearns & Co., Consolidated Edison, DND Capital Partners (x2), Federal Reserve Bank of Boston, Harry Fox Licensing Association, Highpoint Capital Management, Hyperion, Intercontinental Exchange (x2), *Kodak*, *Kraft*, Lafarge (x2), LaBranche & Co., Marriot, Morgan Stanley, Oracle Corp., *Pepsi*, Rand-Whitney, Revlon, RWI Investments

Blockbuster, CBS, Genuity, Associação Nacional de Telegrafia e Telecomunicações, Paramount, Black Entertainment Network, National Amusements, Midway Games, Matchmine Magfusion

Brandeis, Ballet da Cidade de Nova York, Associação Nacional de Telegrafia e Telecomunicações, Conselho da Sociedade Americana de Compositores, Autores e Editoras, Universidade de Tufts, Boston College

Presidente da Comissão Corporativa Sobre Tecnologia Educacional

CBS

AIG Aviation, Altria (Philip Morris), American International Group, Asia Global Crossing Ltd., Banco Popular, *Bank of America* (x2), Barrick God Corp. (Canadá) Bear Stearns & Co., City National, Conoco Canada (companhia de petróleo), Consolidated Edison, Granite Construction, Health Plan Services, Intercontinental Exchange, KB Home, *Kraft*, Massachusetts Mutual Life Insurance Co., NASDAQ, Neiman Marcus, Office Depot, *Pepsi*, *Sears*, Southwest Water, Stone Canyon Venture Partners, Topaz International Group

Actavision, AECOM, Akamai Technologies, Blockbuster (x2), Fusion Telecommunications International, Harcourt General, Midway Games, National Amusements (x3), Spectravision, *Viacom*, *Verizon*, *Vivendi*, Westwood One, Zenimax Media

Museu de Televisão e Rádio Colúmbia, Faculdade de Direito da Universidade de Boston, Instituto Americano de Cinema, Filantropias Judaicas Combinadas, Fundação Biblioteca John F. Kennedy, Universidade de Tufts, Universidade de Nova York, Fundação da 20th Century, Instituto Urbano, Fundação Ditchley, Hospital Presbiteriano e de Nova York, Instituto para Políticas Sociais e Econômicas no Oriente Médio, NAACP (Associação Nacional para o Progresso de Pessoas de Cor), Universidade do Nordeste, Orquestra Sinfônica de Boston, WGBH Public Broadcasting, Junior Achievement, Centro para

Antigo Secretário do Departamento de Saúde dos Estados Unidos, Departamento de Saúde, Educação e Bem-estar, antigo Secretário de Defesa dos Estados Unidos, Senador dos EUA, NAFTAs North American Development Bank Community Adjustment Committee

Tabela A2.1. (*continuação*)

Financeiro	Mídia/ICT	Redes globais de criatividade e inovação	Políticos
S.A., Travelers Group, Tyco International Ltd., Unilever, Conselho de Negócios EUA/China; Conselho de Negócios EUA/Índia, Velocity Express Corp., Warnaco Group, Willis Group Holdings		Estudos Estratégicos e Internacionais, Rand	

NBC Universal

Financeiro	Mídia/ICT	Redes globais de criatividade e inovação	Políticos
Alfa S.A.B., *Anheuser-Busch*, APBiotech, AP Capital Partners, Avon, BP, Carlyle Group, Chevron (x2), Chubb Corporation, *Coca-Cola*, Delphi, Detroit Diesel Remanufacturing Corporation, Federal Reserve Bank of New York, Fortsmann Little and Co, General Motors, Genpact Limited, Grupo Carso, Grupo México, Grupo Sanhorns, Gulfstream Aerospace, *Home Depot* (x2), ICG Commerce,	America Movil, *Apple*, BSG Alliance, Cambridge Technology Partners, Carsdirect.com, Carso, Cingular, ClubMom, *Dell*, Dreamworks, Global Telecom, Grupo Televisa, Internet Brands, Internet Security Systems, ITM Software, Knight Ridder, *Microsoft*, Motorola, Scientific-Atlantic (x2), Teléfonos de México, Tube Media Company, *Verizon*	Art Center College of Design, Instituto Americano de Cinema, INSEAD, Georgia Tech., Fundação Robin Hood, Catlyst, Universidade de Fairfield, Memorial Sloan-Kettering Cancer Center, Fundação Robin Wood Johnson, MIT, S.C. Johnson Graduate School of Management, Carnegie Corp. of New York, Amersham, Wellcome, Museu de História Natural, World Wildlife Fund, Smith College, Columbia Business	Centro para Estudos Estratégicos e Internacionais, Conselho sobre Relações Estrangeiras, Associação de Fabricantes de Produtos Alimentícios

Inforay International, Investment Company of America, John Deere, *J.P. Morgan*, *Kellogg*, *Kimberly-Clark* Méx) Marvin and Palmer Associates, *Merck*, Momentive Performance Materials, Mutual Fund, Ogilvy Group, Sociedade para a Cidade de Nov (x2), Pennsylvania International Raceway, Penske, Planet Hollywood, *Proctor & Gamble*, RRE Ventures (x2), Salomon Smith Barney International, Sustainable Performance Group, Texaco (x2), Unilever, United Auto Group, *Wal-Mart*, Xerox, Young &Rubicam (x2)

Fred Meyer (subsidiária de Kroger), Genuity, *Home Depot*, Hooker Furniture, KLM Airlines, MacManus Group, Morgan Stanley, Northwest Airlines, Occidental Petroleum Corp., Polo Ralph Lauren, Revlon, Starwood Hotels

School, Boston Celtics, Phase Forward, Massachusetts Software and Internet Partners, Partners Healthcare System, Universal Technical Institute, Detroit Investment Fund, Detroit Renaissance, Conselho de Negócios do Estado de Nova York, Brookings Institution, Harvard Business School, Club of Greater New York, Fundação Rockefeller, Hospital Presbiteriano de NY, Universidades de Princeton Stanford, Cornell, Fundação de Pesquisa da Faculdade de Medicina de Wisconsin, Hospital Geral de Massachusetts

Yahoo!

Activision, Asia Global Crossings, Cisco, CNET, *Hewlett Packard*, Macromedia, *Microsoft* (Wilderotter costumava trabalhar para eles), Network Appliance, Red Hat, Reuters, Skyrider, *Walt Disney*, *Warner Brothers*, Xerox

Universidade de Stanford, Trinity College, Centro John F. Kennedy para as Artes Teatrais, J.Paul Getty Trust, The National Urban League, Museu de Arte do Condado de Los Angeles, Comitê para o Desenvolvimento Econômico,

Tabela A2.1. (*continuação*)

Financeiro	Mídia/ICT	Redes globais de criatividade e inovação	Políticos

Google

| American Independence Corp., Amyris, biotechnologies Inc., Genentech (companhia de biotecnologia) *Kaiser Permanente*, Segway | Amazon.com. *Apple*, Atheros, Central European Media Enterprises, Cisco, Glu Mobile, Good Technology, GTI Group (grupo de capital de risco da ICT), Intel, Intuit, Palm, Pixar (parte da Disney), Plaxo, Siebel Systems, Tensilica (telefones celulares), Zazzle.com | Carnegie Mellon, Academia Nacional de Engenharia, Universidade de Michigan, Instituto Aspen, Sociedade Americana de Microbiologia, Academia de Ciências de Nova York, Sociedade Americana para Bioquímica e Biologia Molecular, Universidade de Princeton, Universidade de Stanford, Universidade Rockfeller, Projeto do Genoma Humano | |

Microsoft

| Accenture, August Capital, *Bayer*, *Berkshire Hathaway*, Cambridge Tech., Chubb Corporation, Dubai International Capital, Hartford Financial Services, Minnosa System, Morgan Stanley, Northrop Grumman, *Pepsi*, Phase Forward, S.A., France Finance et Technologie, Scientific Atlanta, Six Apart, SkyPilot Networks, State Street Bank, Stele, *Wal-Mart* | *General Eletric* (matriz de NBC), GreenStone Media, Knight Ridder, Netflix, ITM Software, Thomson S.A., Winstar Communication, Xirru | Conselho de Educação do Estado da Califórnia | |

Apple

Avon, Genentech, *General Electric*, Generation Investment Management GTI Group, *General Motors*, Highlands International, J.Crew, Kleiner Perkins, Caufield & Byers, Lion Strategy Advisors, Metropolitan West Financial, *Nike*, Salomon Smith Barney International, Trancida Corp., Tyco, Administração do Lixo

Common Sense Media, Current TV, Google (x3), Great Plains Software, Hostopia.com, Hyperion Solutions Corp., InSight Venture Partners, Intuit, Loudcloud, MGM, Motorola, Netscape, Novell, Opsware, Pixar, SanDisk, Siebel Systems, Software & Information Industry Association, Stellent Inc., Tilion, *Walt Disney*

Universidade de Columbia, Memorial Sloan-Kettering Cancer Center, Instituto Californiano para a Pesquisa Biomédica Quantitativa, Universidade de Princeton (x2), Universidade da Califórnia Los Angeles (UCLA), Universidade de Fisk, Universidade do Estado do Tennessee Médio, Carnegie Mellon, Menlo School, Sociedade Americana de Microbiologia, Academia de Ciências de Nova York, Associação Americana para o Progresso da Ciência, Sociedade Americana para Bioquímica e Biologia Molecular

Aliança para a Proteção do Clima, Al Gore, antigo vice-presidente dos EUA

Fonte: Relatórios mais recentes para acionistas das companhias em fevereiro de 2008.

Tabela A2.2 — Lista de investidores institucionais que são usufrutuários nos conglomerados da mídia em fevereiro de 2008

Time Warmer	Dodge & Cox (7,14%) AXA (5,79% de ações ordinárias), Capital Group (4,6%) Fidelity (4,13%), Goldman Sachs (3,25%), Liberty Media (3%), Vanguard (2,95%), Muneef Tarmoom (UAE) (2,39%)
Disney	Steve Jobs (7,3%), Fidelity (5,5%), State Street (3,64%) AXA (2,9%) Vanguard (2,6%), Southeastern Asset Management (2,6%), Legg Mason (2,38%), State Farm (2,2%), Kingdom Holdings (1%)
News Corporation	Truste da Família Murdoch (31,2% de ações ordinárias classe B), Dodge & Cox (10,1% de ações ordinárias classe A), Sua Alteza Real Príncipe Al-Walid Bin Talai Bin Abdulaziz Alsaud, a/c Kingdom Holding Company (5,7%), Fidelity Management & Research Company (0,96% classe A)
Bertelsmann	Fundação Bertelsmann (76,9%), Família Mohn (23%)
Viacom	National Amusements (71,2% classe A), Mario J. Gabelli (8,44% classe A), Sherry Redstone (8%), Franklin (7,8%) Morgan Stanley (6,81%), NWQ Investments (5,47%), Wellington (4,09%), State Street (3,46%), Barclays (3,5%), Templeton Growth Fund (2,51%)
CBS	Sumner Redstone (71,2% classe A), AXA (França) (12,2% classe B), Sherry Redstone (8%), Goldman Sachs (6,8%), State Street (4,12%) Barclays (3,24%), Capital Research (2,48%), Neuberger Berman (2,26%)
NBC (GE)	General Electric (80%), Vivendi Universal SA (20%)
Microsoft	Bill Gates (9,33%), Capital Research (5,95%), Steven A. Ballmer (4,9%), Barclays (4,05%), Vanguard (2,5%), AXA (1,26%), Goldman Sachs (1,2%)
Google	Sergey Brin (Presidente de Tecnologia) (20,4% classe B e 28,4% classe A — presume a conversão), Larry Page (21,5% de classe B conversível em 28,3% de classe A), Eric Schmidt (13,7% classe A, 7,7% classe B), Fidelity Investments (11,49% classe A ações ordinárias), SAC Capital Advisors (10%), Capital Research (8,3% classe A ordinárias), Time Warner (8,2% classe A), Citadel (4,6%) Sequoia Capital (3,2%), Legg Mason Focus Capital (2,2% de ações ordinárias), Jennison Associates Capital Corp. (1,75%)
Yahoo!	Capital Research and Management Company (11,6%), Legg Mason (8,86%), David Filo (5,89%), Jerry Yang (4,0%), Citigroup (2,08%), Goldman Sachs (2,02%), Fidelity (1,622%), AXA (0,8%)
Apple	Fidelity Investments (6,44%), AXA (3,86%), Barclays (3,69%), State Street (2,96%), Vanguard (2,80%), Marisco Capital Management (2,44%), Janus Capital Management (2,36%), Bank of New York Mellon Corp (1,54%)

Fonte: Copilado das declarações para acionistas e usufrutuários arquivados com a Comissão Americana de Segurança e Câmbio em fevereiro de 2008.

Tabela A3.1 — Evolução do apoio à Guerra do Iraque e avaliação de sua conduta no contexto dos eventos relacionados à guerra, 2003-2006

	Guerra decisão correta (%)	A guerra está indo bem (%)	Vítimas fatais americanas	Americanos feridos	Civis iraquianos mortos	Cronologia
Mar-03	71	90	65	208	–	19/03 A guerra começa
Abr-03	74	92	74	340	–	01/04 Jessica Lynch resgatada, 09/04 Forças da coalizão entram em Bagdá
Mai-03	74	–	37	55	866	01/05 Discurso "Missão Cumprida" de Bush, 22/05 ONU suspende sanção, 31/05 relatórios da CIA (ADM encontradas)
Jun-03	Não disponível	–	30	147	1026	
Jul-03	67	75	48	226	935	
Ago-03	63	63	35	181	1292	20/8 Ataque na sede da ONU
Set-03	63	62	31	247	860	
Out-03	60	60	44	413	825	
Nov-03	Não disponível	–	82	336	677	
Dez-03	67	75	40	262	817	13/12 Saddam Hussein capturado
Jan-04	65	73	47	187	831	
Fev-04	56	63	20	150	938	
Mar-04	55	61	52	324	1190	11/03 Atentado à bomba em Madri, 16/3 Waxman Report publicado

Tabela A3.1. (*continuação*)

	Guerra decisão correta (%)	A guerra está indo bem (%)	Vítimas fatais americanas	Americanos feridos	Civis iraquianos mortos	Cronologia
Abr-04	57	57	136	1214	2014	Maiores perdas americanas em um mês, 28/04 A história de Abu Ghraib vem à tona
Mai-04	51	46	80	759	1627	
Jun-04	55	57	42	588	1021	EUA transferem soberania para o Iraque
Jul-04	52	55	54	552	932	09/07 Relatório do Comitê Seleto do Senado sobre Inteligência sobre os erros da inteligência pré-guerra, 22/07 o Relatório da Comissão sobre 11 de Setembro é publicado.
Ago-04	53	53	66	894	1517	
Set-04	53	52	80	709	1434	
Out-04	46	51	64	650	1329	06/10 Relatório Duelfer é publicado
Nov-04	48	–	137	1431	2638	02/11 Reeleição de Bush, 08/11 Ataque a Fallujah
Dez-04	49	50	72	544	1333	
Jan-05	51	51	107	497	1448	25/01 Fim da busca por ADM declarado
Fev-05	47	47	58	414	1599	
Mar-05	–	–	35	371	1333	

Abr-05	–	–	52	598	1200	
Mai-05	–	–	80	571	1777	25/05 Revelado que o memorando da Downing Street (RU) estava incorreto
Jun-05	47	50	78	512	1517	
Jul-05	49	52	54	477	1658	07/07 Atentado à bomba em Londres Cindy Sheehan acampa diante do rancho de Bush 29/08 O furacão Katrina ataca
Set-05	49	53	49	549	1964	24/09 Grandes manifestações contra a guerra no mundo todo
Out-05	48	48	96	607	1376	15/10 Referendo sobre a constituição no Iraque
Nov-05	–	–	84	399	1640	
Dez-05	47	51	68	414	1348	
Jan-06	45	51	62	289	1778	
Fev-06	51	51	55	343	2165	
Mar-06	45	43	31	497	2378	
Abr-06	47	47	76	433	2284	
Mai-06	-	-	69	443	2669	
Jun-06	49	53	61	459	3149	06/06 Abu Musbab al-Zarqawi assassinado
Jul-06	44	53	43	525	3590	

Tabela A3.1. (*continuação*)

	Guerra decisão correta (%)	A guerra está indo bem (%)	Vítimas fatais americanas	Americanos feridos	Civis iraquianos mortos	Cronologia
Ago-06	45	41	65	592	3009	
Set-06	49	47	72	790	3345	
Out-06	45	37	106	781	3709	
Nov-06	41	32	70	548	3462	Eleição da metade do mandato nos EUA
Dez-06	42	32	112	702	2914	
Jan-07	40	32	83	645	3500	10/01 Bush anuncia ofensiva militar
Fev-07	40	35	81	519	2700	
Mar-07	43	40	81	613	2400	Revelado péssimo tratamento dos soldados americanos no hospital militar Walter Reed
Abr-07	45	38	104	618	2500	
Mai-07	–	–	126	753	2600	25/05 Congresso aprova projeto de lei H.R. 2206
Jun-07	40	34	101	658	1950	11/06 EUA voltam-se para armar os sunitas, 15/06 Ofensiva militar começa 25/06 Senador Lugar diz que ofensiva militar não está funcionando.
Jul-07	41	36	78	616	2350	Bush perdoa Scooter Libby. Susto no Aeroporto de Glasgow

Ago-07	–	–	84	565	2000	O boletim provisório de avaliação dos estados é ruim, proposta bipartidária dos senadores Warner e Lugar. Emenda para forçar Bush a apresentar uma revisão da estratégia para o Iraque até 16/10. Karl Rove pede demissão.
Set-07	42	41	65	361	1100	Relatório Petraeus sobre 11 de Setembro. Empregados da Blackwater matam 17 civis iraquianos. A CBS leva ao ar uma importante revelação comprometedora sobre Blackwater
Out-07	39	44	38	297	950	
Nov-07	39	48	37	204	750	24/11 Declarado o fim da ofensiva militar, interesse nas notícias sobre veteranos voltando da guerra chega ao auge
Dez-07	36	41	23	211	750	
Jan-08	–	–	40	234	600	
Fev-08	38	48	29	215	700	21/02 A Turquia lança ofensiva ao PPK (Partido dos Trabalhadores do Curdistão)
Mar-08	–	–	38	282	750	Rebelião do Exército Mahdista
Abr-08	37	44	52	275	–	
Mai-08[a]	–	–	13	40		

[a] Até 4 de maio de 2008

Fonte: Pew (1º de maio de 2008); Brookings Iraq Index (1º de maio de 2008).

Tabela A4.1 — Escândalos políticos selecionados envolvendo o governo Bush e o Partido Republicano, 2002-2007

Janeiro de 2002	**Escândalo Enron** Descobriu-se que o governo Bush tinha fortes laços com a companhia e informações privilegiadas sobre ela.
Março de 2004	**Escândalo do Vazamento do Memorando** Membros republicanos do Comitê Judiciário do Senado sigilosamente acessaram quase 5 mil arquivos informatizados contendo memorandos confidenciais da estratégia democrata sobre os indicados judiciais do presidente Bush. Alguns desses memorandos foram então vazados para a mídia.
28 de abril de 2004	**Escândalo de Abu Ghraib** O programa *60 minutes* da CBS colocou no ar a primeira história pública sobre a tortura de prisioneiros por pessoal militar na prisão americana em Abu Ghraib no Iraque.
Junho de 2004	A Autoridade Provisória da Coalizão no Iraque relatou que uma porcentagem significativa de seus bens tinha desaparecido
Janeiro de 2005	Foi revelado que o governo Bush tinha pago a uma série de repórteres para que fizessem uma cobertura positiva da Guerra do Iraque.
Julho de 2005	**O Caso Plame** Membros importantes do governo Bush foram acusados de vazar a identidade de uma agente da CIA, Valerie Plame, para membros da imprensa em 2003 a fim de enfraquecer as afirmações feitas por seu marido, o embaixador Joseph Wilson, que, sem considerar o governo, negou que o Iraque tentou comprar urânio do Níger nos dias que antecederam a Guerra do Iraque. Em 1º de julho de 2005, um repórter da MSNBC testemunhou dizendo que Karl Rove era a fonte do vazamento. Karl Rove — o principal arquiteto das campanhas eleitorais de Bush de 2000 e 2004 — renunciou.
12 de agosto de 2005	**Escândalo Abramoff** Um lobista com fortes associações com o governo Bush, Jack Abramoff, foi indiciado sob acusação de conspiração e fraude eletrônica. Uma força-tarefa de Washington foi formada para investigar as acusações de suborno de importantes membros republicanos do Congresso e de colusão com esses mesmos membros.
28 de setembro de 2005	Líder da Maioria no Congresso dos EUA Tom Delay é indiciado por violações nas finanças da campanha.
Dezembro de 2005	O *The New York Times* publica um artigo dando detalhes da conduta da Agência de Segurança Nacional no caso de escutas telefônicas não autorizadas de civis norte-americanos.

Janeiro de 2006	Abramoff confessou-se culpado, Tom Delay abriu mão de seu posto como presidente da Câmara dos Representantes.
Fevereiro de 2006	O escândalo Abramoff se amplia à medida que mais senadores republicanos, inclusive Harry Reid, foram implicados por terem aceitado subornos ilegais ou impróprios de lobistas.
Setembro de 2006	**O Escândalo Foley** O membro conservador do Congresso Mark Foley renunciou após ter sido acusado de assédio inapropriado a meninos adolescentes que tinham trabalhado como mensageiros do Congresso em Washington, DC.
Março de 2007	O Escândalo do procurador geral dos EUA O procurador geral Alberto Gonzales eventualmente foi obrigado a renunciar na esteira do escândalo. Esse incluiu acusações de corrupção por sua suposta responsabilidade pela demissão de oito procuradores dos EUA porque eles estavam investigando autoridades importantes do Partido Republicano ou porque eles se recusaram a fazer acusações contra democratas detentores de cargos que o governo Bush queria derrotar nas eleições de novembro de 2006. Ele renunciou formalmente em agosto de 2007.
6 de março de 2007	Scooter Libby, o chefe de Gabinete do vice-presidente Dick Cheney, foi indiciado por perjúrio e obstrução da justiça por seu papel no Caso Plame.
Agosto de 2007	O senador conservador Larry Craig foi preso por comportamento libertino e lascivo no banheiro de um aeroporto em Minneapolis, Minnesota.
Setembro de 2007	**Escândalo Blackwater** A atenção do público se voltou para as práticas corruptas de empreiteiros pagos que trabalhavam no Iraque em nome do governo dos EUA quando os empregados da Blackwater foram implicados no assassinato de 17 civis iraquianos.

Tabela A4.2 — Escândalos políticos no mundo, 1988-2008[a]

Ano	País	Escândalo	Ponto de origem[b]	Resultado
2008	EUA	**Escândalo Spitzer** O governador de Nova York Elliot Spitzer renunciou depois de ficar claro que ele tinha usado dinheiro público para pagar uma prostituta.	Investigação penal	Renúncia
2008	Malásia	**Escândalo sobre gravação de sexo** Sodomia, assassinato, corrupção, testemunhas desaparecidas e inúmeras outras alegações balançaram o cargo do primeiro-ministro da Malásia e trouxeram manifestantes em massa para as ruas.	Investigação penal	Renúncia e investigações continuaram
2007	Coreia do Sul	**Escândalo do Suborno do Grande Partido Nacional** Vários membros do governo do agora ex-presidente Roh Moo-hyun, inclusive seu principal agente anticorrupção, foram acusados de aceitar suborno de um número de fontes, inclusive da Samsung Electronics. Acusações de corrupção continuaram a vir à tona implicando políticos locais e nacionais do GPN .	Delator	Denúncias e investigações penais (que continuavam no momento em que escrevo)
2007	Nigéria	**Escândalo do Contrato Etteh** Patricia O. Etteh, presidente da Câmara de Representantes da Nigéria e primeiro presidente do sexo feminino na história do país, renunciou em meio a um escândalo muito divulgado pela mídia envolvendo acusações de corrupção e apropriação indevida de recursos. Etteh chamou o escândalo de uma perseguição política estimulada por seus inimigos.	Investigação jornalística	Renúncia

2007-8	Japão	**Escândalo J-Green** O ministro da agricultura japonês, Toshikatsu Matsuoka e Shinichi Yamazaki, um ex-diretor executivo de uma agência governamental para o meio ambiente, se suicidaram em dois incidentes separados após um escândalo que se propagou com relação a práticas suspeitas de contabilidade no governo Abe.	Investigação penal	Investigação
2007	EUA	Senador conservador **Larry Craig** foi preso por conduta libertina e lasciva em um banheiro do aeroporto de Minneapolis, Minnesota. Embora ele tivesse resistido aos pedidos para que renunciasse imediatamente, Craig aceitou não se candidatar à reeleição em 2008.	Investigação penal	Investigação
2007	EUA	**Procurador Geral Alberto Gonzales** foi obrigado a renunciar sob acusações de corrupção por sua suposta responsabilidade por despedir 8 procuradores porque eles estavam investigando funcionários de alto gabarito do Partido Republicano ou porque eles se recusaram a indiciar detentores de cargos democratas que o governo Bush queria derrotar nas eleições de novembro de 2006. Ele renunciou formalmente em agosto de 2007.	Investigação legislativa	Renúncia

Tabela A4.2. (*continuação*)

Ano	País	Escândalo	Ponto de origem[b]	Resultado
2007	Arábia Saudita/RU/EUA	**Escândalo Bandar-BAE** O jornal *Guardian* e a BBC publicaram notícias de que a firma de armamentos britânica BAE tinha pago ao príncipe Bandar da Arábia Saudita (antigo embaixador nos EUA) US$2 bilhões em "honorários de marketing" como parte de uma venda de armas Al Yamamah em 1985. Tony Blair ordenou que a investigação de corrupção fosse fechada por motivos de "segurança nacional", alçando as revelações ao nível de um escândalo que balançou o Partido Trabalhista.	Investigação jornalística	Renúncias
2007	EUA	**Representante dos EUA William Jefferson**, um democrata da Louisiana foi indiciado por suborno envolvendo esquemas comerciais nigerianos que lhe renderam mais de US$500 mil líquidos em subornos.	Investigação penal	Denúncia
2006-8	Colômbia	**Escândalo Parapolítico** Um grande número de congressistas, senadores e pessoas com privilégios políticos foram acusados de um conluio com grupos paramilitares que quase paralisaram a vida política colombiana.	Investigação penal	Julgamento penal pendente
2006	EUA	**Madame DC** Uma investigação da Inspeção Postal dos EUA de Jean Palfrey revelou seu envolvimento em lavagem de dinheiro e prostituição. Logo ficou claro que muitos de seus clientes eram pessoas privilegiadas e de grande influência em Washington, DC. Em julho de 2007, Palfrey permitiu acesso do público aos registros de suas chamadas telefônicas e vários canais da mídia usaram esses registros para investigar a identidade de alguns de seus clientes mais importantes.	Investigação penal seguida de investigação jornalística	Renúncia de inúmeros políticos e burocratas do governo

2006	EUA	**Escândalo Foley** A *ABC News* revelou que o membro do Congresso Mark Foley tinha enviado mensagens instantâneas sexuais para as páginas do Congresso. Foley renunciou envergonhado. Pedidos para a renúncia do presidente da Câmara de Representantes, Dennis Hastert, ressoaram e o escândalo estimulou investigações sobre o comportamento de vários outros membros do Congresso.	Investigação jornalística	Renúncia
2006	Israel	**Presidente Moshe Katsav** foi acusado de estuprar e molestar sexualmente depois de dez mulheres diferentes apresentarem queixas contra ele. Um escândalo amplamente divulgado pela mídia, a investigação também revelou infrações relacionadas com a concessão de perdão e a suspeita de "grampos" ilegais. Uma fonte desconhecida vazou uma gravação do presidente e sua principal denunciante (conhecida como A) tentando chantageá-lo.	Investigação jornalística	Katsav foi suspenso do cargo em março de 2007 e renunciou formalmente em agosto de 2007
2005-6	Brasil	**Escândalo Lula** Uma investigação sobre corrupção e subornos generalizados centrada em acusações de subornos em troca de votos quase pôs fim à carreira política do presidente Lula. O escândalo irrompeu em junho de 2005 quando a televisão brasileira mostrou um vídeo de um funcionário do primeiro escalão dos Correios aceitando uma grande quantidade de dinheiro.	Investigação jornalística	O secretário-Geral Silvio Pereira deixou o cargo no Partido dos Trabalhadores e três outros ministros importantes renunciaram
2005-6	Canadá	**Escândalo do Patrocínio** O primeiro-ministro Paul Martin perdeu o cargo após um voto de não confiança na esteira de um escândalo muito divulgado que envolvia o mau uso de recursos do governo destinados a uma campanha para desenvolver o patriotismo em Quebec.	Auditoria governamental	Primeiro-ministro renunciou como presidente de seu partido.

Tabela A4.2. (*continuação*)

Ano	País	Escândalo	Ponto de origem[b]	Resultado
2005-6	EUA	**Caso Valerie Plame** Membros importantes do governo Bush foram acusados de vazar a identidade de uma agente da CIA, Valerie Plame, para membros da imprensa em 2003 a fim de enfraquecer as declarações de seu marido, o embaixador Joseph Wilson, que negou o relato do governo de que o Iraque tinha tentado comprar urânio do Níger nos dias que antecederam a Guerra do Iraque. Em 1º de julho de 2005, um repórter da MSNBC testemunhou dizendo que Karl Rove era a fonte do vazamento. Karl Rove, o principal arquiteto das campanhas eleitorais de Bush em 2000 e 2004, renunciou.	Investigação jornalística	Processo penal e renúncias
2005-7	Suécia-República Tcheca	**Caso Gripen** Um escândalo de duração prolongada envolvendo a venda de aviões de guerra e inúmeras corporações tais como a Saab.	Investigação jornalística	Inúmeras renúncias
2005-8	EUA	**Escândalo Abramoff** Um lobista com fortes associações com o governo Bush, Jack Abramoff, foi indiciado sob acusação de conspiração e fraude eletrônica. Uma força-tarefa de Washington foi formada para investigar as acusações de suborno dos principais membros republicanos do Congresso e de conluio com esses mesmos membros, bem como seu envolvimento com a família criminosa Gambino. O líder da maioria no Congresso norte-americano Tom Delay foi indiciado por violações das finanças da campanha. Ele deixou seu posto como presidente da Câmara de Representantes em janeiro de 2006.	Investigação jornalística	Denúncias e renúncias de membros do Congresso

2004	Costa Rica	Dois escândalos envolvendo ex-presidentes vieram à luz no verão de 2004. **Rafael Ángel Calderón**, presidente de 1990 a 1994, foi acusado de distribuir e receber uma comissão ilegal de aproximadamente US\$9 milhões na venda de equipamento médico por uma companhia finlandesa para o sistema de saúde estatal, o CCSS. **Miguel Ángel Rodríguez**, presidente de 1998 a 2002, foi acusado de aceitar uma parte de um pagamento de US\$2,4 milhões feito pela Alcatel, uma companhia francesa, por um contrato com a companhia estatal costa-riquenha de telecomunicação e eletricidade, ICE.	Investigação jornalística	Calderón foi encarcerado e depois ficou em prisão domiciliar
2004	França	**Escândalo da Prefeitura** O antigo primeiro-ministro Alain Juppé, presidente do partido UMP, e braço direito de Chirac, foi considerado culpado de usar recursos da cidade de Paris para pagar funcionários do partido no final da década de 1980 e começo da década de 1990, época em que ele era tesoureiro e Chirac, prefeito. Seu julgamento foi o momento mais importante de um escândalo de corrupção mais amplo envolvendo dezenas de funcionários da cidade e nacionais, inclusive o próprio Chirac.	Investigação jornalística	Condenado pela Justiça
2003-4	França	**Círculo de Sexo em Toulouse** Importantes autoridades policiais e políticas, inclusive Dominique Baudis, que foi prefeito de Toulouse de 1983 até 2001, estiveram envolvidos em ajudar a orgia de assassinatos de prostitutas pelo assassino em série Patrice Alègre entre 1992 e 1997 em uma das maiores histórias da mídia do ano.	Investigação policial	Acusações retiradas

Tabela A4.2. (*continuação*)

Ano	País	Escândalo	Ponto de origem[b]	Resultado
2003	Finlândia	**Iraque-gate** Anneli Jäätteenmäki foi nomeada primeiro-ministro da Finlândia em abril de 2003. No entanto, a falta de confiança em Jäätteenmäki, causada pelo vazamento de documentos sobre o envolvimento da Finlândia na Guerra do Iraque, obrigou-a a renunciar apenas dois meses mais tarde.	Investigação penal após o vazamento de documentos secretos para a imprensa	Martti Manninen, um consultor do presidente da Finlândia, foi condenado
2003-5	Nações Unidas	**Escândalo do petróleo por alimentos** Descobriu-se que aproximadamente duas mil firmas que participavam do programa da ONU petróleo por alimentos no Iraque estavam envolvidas com subornos e sobretaxas pagas ao governo iraquiano.	Investigação penal	Renúncia
2002	Japão	**Escândalo Suzuki** Um membro do primeiro escalão do Partido Liberal Democrata (LDP) japonês, Suzuki, foi acusado de aceitar suborno de uma companhia madeireira em seu distrito eleitoral de Hokkaido. Ele renunciou em fevereiro de 2002 e foi condenado em junho. O escândalo balançou o Ministério de Relações Exteriores. Acredita-se também que o declínio político do primeiro-ministro Kuzami foi motivado por sua atitude de indiferença com relação aos escândalos.	Investigação penal	Renúncia
2001-6	África do Sul	**Escândalo de Armamentos** Inúmeros funcionários do Congresso Nacional africano foram acusados de aceitar dinheiro e presentes de traficantes de armas europeus a partir de 2001. O vice-presidente e esperado sucessor de Thabo Mbeki, Jacob Zuma, renunciou em meio a acusações de que ele tinha aceitado grandes pagamentos em dinheiro de seu consultor financeiro Schabir Shaik em nome de um traficante de armas francês para dar apoio a seus interesses em um contrato de armamentos de muitos bilhões de dólares.	Rumores de fonte desconhecida levaram à investigação	Renúncia

2001	Ucrânia	**Escândalo da fita cassete** Mykola Melnychenko, antigo membro do serviço da segurança presidencial, liberou uma fita cassete contendo uma conversa entre o presidente Kuchma e outras autoridades importantes sobre como resolver uma série de questões ilegalmente, inclusive o assassinato de um jornalista, Gondadze. Em 2005, uma comissão parlamentar formalmente acusou Kuchma e um antigo ministro do Interior (que deu um tiro na cabeça) do sequestro. Esse caso é considerado um estímulo importante para a Revolução Laranja de 2004.	Acusação pública	Renúncia e manifestações de massa
2000	Peru	**Escândalo Fujimori** O presidente Fujimori renunciou depois de o partido da oposição ter liberado uma gravação mostrando seu chefe de segurança envolvido em comprar votos.	Acusação pública	Fujimore fugiu do país
1999	Canadá	**Cassino-gate** O primeiro-ministro no poder na Colúmbia Britânica renunciou em virtude de um escândalo que envolveu o fato de ele ter concedido uma licença do governo da província para um cassino de jogos de azar a uma companhia que tinha como coproprietário seu vizinho e amigo Dimitrios Pilarinos.	O escândalo entrou na esfera pública quando a mídia filmou a polícia revistando a residência particular do premier.	Renúncia
1999	França	O ministro das Finanças **Dominique Strauss-Kahn** renunciou após ser acusado de receber £60 mil por um trabalho que ele nunca realizou.	A imprensa	Renúncia

Tabela A4.2. (*continuação*)

Ano	País	Escândalo	Ponto de origem[b]	Resultado
1999-2003	França	**O caso Elf** Um escândalo prolongado envolvendo subornos pagos pela companhia estatal de petróleo. No auge do escândalo em 2001, o presidente do Conselho Constitucional, Roland Dumas, foi obrigado a renunciar e depois foi condenado a trinta meses na cadeia por ter aceitado suborno de sua amante Christine Deviers-Joncour em nome da companhia Elf de petróleo durante as décadas de 1980 e 1990. A investigação começou em 1993 e culminou em uma série de julgamentos com muita publicidade em 2000-3. Dumas foi o único político condenado, mas ele eventualmente ganhou um recurso.	Investigação penal	Condenações
1999	Alemanha	**Caso do Petróleo Elf (também conhecido como Kohlgate)** Helmut Kohl foi acusado de aceitar US$10 milhões em comissões da Elf Oil para sua campanha eleitoral de 1994. Muitos alegaram que isso foi uma tentativa por parte de Mitterrand para garantir a reeleição de Kohl. Na esteira do escândalo, o Partido Democrático Cristão (CDU, na sigla em alemão) praticamente se dissolveu.	Investigação penal	Condenação
1998	EUA	**Escândalo Monica Lewinsky** Presidente Clinton teve seu mandato cassado após a revelação de que ele tinha mentido sob juramento sobre um caso com sua estagiária na Casa Branca. A notícia da infidelidade de Clinton surgiu pela primeira vez no site de notícias da internet, Drudge Report.	Vazamento da mídia (furo jornalístico do Drudge Report e *Newsweek*)	Cassação de mandato do presidente

1997	RU	**Primeiro Escândalo** Peter Mandelson renuncia como secretário do Estado para Comércio e Indústria após um tremendo escândalo na imprensa que revelou o fato de ele ter recebido empréstimos não divulgados de Geoffrey Robinson, o ministro do Tesouro, antes de ocupar o cargo.	Investigação do Departamento de Comércio e Indústria	Renúncia
1997	República Tcheca	**Escândalo do ODS** (Partido Democrata Cívico) — O primeiro-ministro Václav Klaus renuncia como resultado de um escândalo sobre financiamento do partido.	Investigação jornalística	Renúncia
1997	Coreia do Sul	**Caso Hanbo ou Hanbo-gate** Dez legisladores, inclusive o ministro do Interior e Kim Hyun Chol, segundo filho de Kim Yong Sam, foram presos em um escândalo envolvendo a falência da Hanbo, a segunda maior companhia siderúrgica da Coreia do Sul. Os políticos foram acusados de aceitar vastas contribuições políticas em troca de favorecimento por meio de empréstimos e leis.	Investigação penal	Considerado o motivo para o fracasso da tentativa de reeleição do presidente Kim
1997-8	EUA	**Escândalo Gingrich** Newt Gingrich renunciou após uma investigação sobre 80 acusações de corrupção, inclusive uso inadequado de recursos do governo e um adiantamento sobre uma compra de livros de US$4,5 milhões que ele eventualmente devolveu. Embora quase todas as acusações tivessem sido retiradas, ele pagou US$300 mil ao Comitê de Ética da Câmara de Representantes pelo custo da investigação. O Partido Republicano sofreu perdas inesperadas nas eleições de 1998 que muitos atribuem a esse escândalo.	Investigação legislativa	Renúncia e censura

Tabela A4.2. (*continuação*)

Ano	País	Escândalo	Ponto de origem[b]	Resultado
1995-6	Argentina	**Escândalo de armamentos Peru-Equador** O ministro da Defesa, Oscar Camilion, renunciou após *La Nación* ter publicado um artigo com suspeitas de que o Peru e o Equador tinham recebido armas da Argentina. O comandante da Aeronáutica Janu Paulik renunciou em 1996 e muitos outros envolvidos no escândalo morreram sob circunstâncias suspeitas.	Reportagens na imprensa	Renúncias
1993-5	Bélgica – OTAN	**O Escândalo Agusta** O secretário-geral da OTAN, Will Claes, e vários outros políticos belgas renunciaram em meio a um escândalo de subornos que a polícia descobriu quando investigava um assassinato quatro anos atrás de um antigo líder e membro dos socialistas belgas, André Cools. Cools foi assassinado com um tiro na porta de casa em virtude de seu envolvimento em um esquema em que fabricantes de armas franceses e italianos fizeram contribuições políticas para os socialistas belgas em troca de contratos militares.	Investigação policial	Renúncia
1992-6	Índia	**O Escândalo Hawala** durou de 1992 a 1996 e envolveu uma rede complexa de conexões entre o governo Rao e grupos de lavagem de dinheiro. Muitos políticos renunciaram.	Investigação policial	Renúncias e prisões. O Partido do Congresso foi derrotado mais uma vez nas eleições de 1996.
1992	Dinamarca	**Escândalo dos vistos de imigração** Um dos maiores escândalos na história do pós-guerra na Dinamarca surgiu quando ficou claro que o governo Schlüter estava ativamente tentando impedir que refugiados cingaleses viessem se juntar a suas famílias que já estavam na Dinamarca.	Investigação penal	O primeiro-ministro Schlüter renunciou em janeiro de 1993, levando ao primeiro governo de coalizão majoritária desde 1971.

1992	Brasil	Um esquema de venda de influência durante a campanha eleitoral de 1990 provocou um escândalo que terminou com o impeachment e a renúncia do presidente do Brasil **Fernando Collor de Mello** em 1992.	Acusações públicas	O presidente renunciou para evitar o impeachment.
1991	EUA	**O Escândalo da Câmara de saques em descoberto** Isso envolveu a revelação de que dezenas de membros do Congresso sacavam em descoberto regularmente, um processo que basicamente significava que estavam recebendo empréstimos sem juros.	A imprensa (*Roll Call*)	Renúncia
1991	França	**Escândalo do sangue contaminado** Com pleno conhecimento das consequências, o órgão responsável pela saúde pública deu sangue contaminado com o vírus do HIV hemofílicos.	A imprensa (*L'Evénement du Jeudi*)	Julgamento público de três ministros do gabinete
1991-6	Espanha	**Escândalo Filesa** Isso contribuiu para a derrota eleitoral do primeiro-ministro da Espanha, Felipe González		Derrota eleitoral
1990	Espanha	**Escândalo Juan Guerra** Jimenez (2004) e Heywood (2007) observam que esse escândalo envolvendo a venda de influência transformou a corrupção na questão política mais importante na política espanhola do começo da década de 1990.	Acusações públicas	O vice-primeiro-ministro Alfonso Guerra renunciou
1987-9	Índia	**Escândalo Bofors** Escândalo de corrupção envolvendo Rajiv Gandhi e que levou à derrota do Congresso e à renúncia de Rajiv.	Investigação pelos jornais *The Hindu* e *Indian Express*	Renúncia e mudança do partido no governo

[a] Esse relato inclui escândalos políticos nacionais importantes que tiveram consequências políticas tangíveis, tais como renúncia, impeachment, e/ou acusação de figuras políticas.

[b] Por ponto de origem queremos dizer o mecanismo pelo qual o suposto malfeito foi trazido para a arena pública.

Fonte: Copilado de notícias da imprensa por Amelia Arsenault, 2008.

Tabela A4.3 — Escândalos políticos selecionados nos países do G-8, 1988- 2008[a]

Canadá

2008	**Caso Couillard** Vários membros conservadores do Parlamento renunciaram após alegações que vieram à tona de que eles tinham tido relações impróprias com Julie Couillard, uma mulher com conexões com uma gangue de motocicleta de criminosos que estava tentando ganhar um contrato do governo.
2005-6	**Escândalo do Patrocínio** O primeiro-ministro Paul Martin perdeu o cargo após um voto de não confiança na esteira de um escândalo muito divulgado que envolvia o mau uso de recursos do governo destinados a uma campanha para desenvolver o patriotismo em Quebec.
1998	APEC A pulverização de manifestantes políticos com pimenta teve como resultado uma investigação de quatro anos de duração sobre os procedimentos da polícia e o papel supervisório do governo. O procurador-geral Andy Scott renunciou após alguém, sem que ele percebesse, tê-lo ouvido dizer, em um avião, que um policial iria "levar a culpa" pelo escândalo.
1995-2003	**Airbus** Escândalo de longa duração envolvendo acusações de que o primeiro-ministro conservador progressista Brian Mulroney tinha recebido comissões ilegais. Mulroney contraprocessou por difamação.
1993	**Shawnigate** As alegações de que o primeiro-ministro Jean Chrétien participou em transações ilegais com bens imóveis vieram à tona repetidamente durante todo seu mandato.

França

2001-6	**Caso Clearstream** Inúmeros políticos e membros do Serviço Secreto francês foram acusados de lavagem de dinheiro. Em 2006 alegações anônimas vieram à tona na imprensa afirmando que Nicolas Sarkozy, a Máfia russa, e muitos outros também estavam envolvidos no escândalo. Apelos públicos foram feitos pedindo a renúncia do primeiro-ministro Dominique de Villepin em meio a afirmações de que ele tinha instituído uma investigação de Sarkozy (seu rival mais importante para a liderança do partido) a fim de prejudicar sua reputação.
1996-2003	**Caso da Elf Oil** Quarenta executivos da antiga e gigantesca estatal do petróleo, políticos e burocratas foram levados a julgamento. O primeiro-ministro francês e sua amante foram condenados à prisão (ele foi inocentado mais tarde).
1991	**Caso Mitterrand-Pasqua** Esse caso envolveu a venda e remessa secretas de armas do Leste Europeu para o governo de Angola pelo governo francês, o que levou a 42 acusações.

Alemanha

1999/2000   **Kohlgate**   Helmut Kohl foi acusado de aceitar US$10 milhões em comissões da Elf Oil para sua campanha eleitoral de 1994. Também veio a público que a União Democrata Cristã (CDU, na sigla em alemão) tinha aceitado inúmeras doações ilegais durante o mandato de Kohl e canalizado os recursos por meio de contas bancárias secretas. Na esteira do escândalo, o partido CDU, praticamente se dissolveu.[b]

1987-93   **A gaveta da mesa/Barschel** (ou seja, Waterkandgate) Um escândalo de manipulação de votos revelado pela Der Spiegel envolvendo assassinato e inúmeros encobrimentos da verdade, que culminou com a renúncia dos presidentes de dois partidos.[c]

Itália

2007   **Escândalo dos "grampos"** *La Republica* publicou gravações feitas ilegalmente de conversas entre funcionários da MediaSet (que pertencia a Berlusconi) e da RAI (pertencente ao Estado) em que eles conspiravam para apresentar uma cobertura favorável de Berlusconi enquanto ele era primeiro-ministro.

2005-8   **Bancopoli**   Escândalo financeiro e bancário que resultou na renúncia do presidente da Banca d'Italia, Antonio Fazio, e vários empresários de alto gabarito.[d]

1992-6   **Tangentopoli** (ou seja, Cidade das Propinas) Uma investigação de corrupção generalizada envolvendo políticos, o Vaticano e a Máfia. Mais de 6 mil réus, inclusive o antigo primeiro-ministro socialista Bettino Craxi, foram acusados em investigações públicas que culminaram na quase desintegração dos dois partidos políticos predominantes na Itália após a Segunda Guerra Mundial.

Japão

2002   **Escândalo Suzuki**   Um membro do primeiro escalão do Partido Liberal Democrata (LDP) japonês, Muneo Suzuki, foi acusado de aceitar ¥ 5 mil (US$40 mil) em comissões de uma companhia madeireira em seu distrito eleitoral de Hokkaido. Ele renunciou em fevereiro de 2002 e foi condenado em junho. O escândalo balançou o Ministério de Relações Exteriores. Acredita-se também que o declínio político do primeiro-ministro Kuzami foi motivado por sua atitude de indiferença com relação aos escândalos.

1992   **Sagawa Kyûbin**   Um escândalo de suborno político envolvendo conexões com a Máfia que levou à acusação do vice-presidente do Partido Liberal Democrata (LDP) Shin Kanemaru. Acredita-se que esse escândalo contribuiu para a primeira derrota eleitoral do partido depois de 34 anos, em 1993.

Tabela A4.3. (*continuação*)

1988	**Escândalo da Recruit Cosmos** Um escândalo de corrupção política de longa duração e extremamente divulgado no qual dezessete membros da Dieta foram condenados por informações comerciais privilegiadas e levou à renúncia de todo o gabinete do primeiro-ministro Noboru Takeshita.
Rússia	
2006	**Rochas de espionagem** O Serviço de Segurança Federal russo realizou uma conferência de imprensa acusando doze ONGs russas de serem espiãs para a embaixada britânica em Moscou e afirmando que o RU tinha incrustado equipamento de espionagem dentro de rochas falsas em várias áreas públicas no mesmo mês em que Putin tinha autorizado um projeto de lei proibindo o financiamento estrangeiro de ONGs.
2001	**Three Whales** Uma investigação importante de corrupção envolvendo empresas de móveis e funcionários federais. Testemunhas essenciais foram assassinadas durante a investigação, o que em última instância levou à renúncia e/ou à acusação formal de inúmeras autoridades de primeiro escalão.
1997	**Escândalo da Sauna** O ministro da Justiça russo, Valentin Kovalev, foi obrigado a deixar o cargo depois da publicação de um vídeo na mídia (supostamente vazado pelo Ministério do Interior) em que ele participava de sexo grupal em uma sauna.
1997	**Escândalo dos jovens reformadores** Em uma série de "guerras de corrupção política" evidência estratégica foi publicada pela imprensa mostrando que várias autoridades do primeiro escalão do Kremlin estavam recebendo propinas. Muitos acreditam que a informação foi disponibilizada por Boris Berezovsky, o homem mais rico da Rússia, que era alvo de uma investigação por parte dos sujeitos do escândalo.
RU	
1998	**Escândalo de Peter Mandelson** O secretário do Estado para Comércio e Indústria de Tony Blair renunciou após um tremendo escândalo na imprensa que revelou o fato de ele ter recebido empréstimos não divulgados de Geoffrey Robinson, o ministro do Tesouro, antes de ocupar o cargo.
1994-7	**Dinheiro em troca de perguntas** Um escândalo iniciado por artigos no *Sunday Times* e no *Guardian* afirmando que membros conservadores do Parlamento recebiam dinheiro de lobistas para que fizessem perguntas na Casa dos Comuns em nome do dono da loja de departamento Harrods, Mohamed Al-Fayed. Acredita-se que o caso contribuiu para a vitória esmagadora do Partido Trabalhista em 1997.

2006-8   **Jack Abramoff** O congressista Bob Ney, dois funcionários da Casa Branca e nove lobistas e assessores no Congresso foram condenados por corrupção.

2006   **Escândalo Foley** O congressista Mark Foley foi acusado de enviar e-mails explícitos para mensageiros do Congresso que eram menores de idade. Foley renunciou e o Comitê de Ética da Câmara de Representantes iniciou uma investigação sobre a falta de reação às alegações por parte da liderança republicana.

2006   **Madame DC** Inúmeros políticos norte-americanos conhecidos renunciaram após ter sido revelado que eram clientes de um círculo de prostituição de alta categoria em Washington, DC. A gerente do bordel sob investigação também liberou para os jornalistas e para livre acesso pela internet cópias integrais dos registros de suas chamadas telefônicas.

2006   **Abu Ghraib** Fotos retratando soldados norte-americanos torturando prisioneiros no presídio de Abu Ghraib no Iraque foram divulgadas.

2003   **Valerie Plame** Altos funcionários da Casa Branca vazaram para a imprensa a identidade de Plame como agente da CIA a fim de desacreditar as afirmações de seu marido de que a Casa Branca tinha apresentado evidência falsa para a Guerra do Iraque.

1998   **Escândalo Monica Lewinsky** O presidente Clinton teve seu mandato cassado por mentir sob juramento sobre suas relações sexuais com uma estagiária da Casa Branca.

1992   **Escândalo do House Bank** O House Bank foi obrigado a fechar em 1991 após a descoberta de que vários congressistas estavam fazendo uso indevido de suas contas bancárias. A investigação levou a uma série de condenações, inclusive a de cinco congressistas e um delegado após terem deixado a Câmara.

1992   **Whitewater** Controvérsia política envolvendo negociações impróprias com imóveis por parte do presidente Clinton e sua esposa. O escândalo se espalhou após o suicídio de Vince Foster, membro do Conselho da Casa Branca, que levou a múltiplas investigações pelo Congresso e a nomeação de Kenneth Starr para realizar uma investigação independente das transações de Clinton.

Tabela A4.3. (*continuação*)

1989	**Os Cinco de Keating** Os senadores norte-americanos Alan Cranston (D-CA), Dennis DeConcini (D-AZ), John Glenn (D-OH), John McCain (R-AZ) e Donald W. Riegle (D-MI) foram acusados de inapropriadamente ajudar Charles H. Keating Jr., presidente da falida Lincoln Savings and Loan Association, que era alvo de uma investigação pela diretoria do Federal Home Loan Bank (FHLBB). Só McCain e Glenn se candidataram à reeleição.

[a] Esta tabela não é um relato exaustivo de escândalos políticos. Ela inclui escândalos políticos importantes, muito divulgados e com consequências políticas nacionais significativas.

[b] Wolfgang Hullen, chefe do departamento de finança e orçamento da delegação parlamentar do partido União Democrata Cristã, se enforcou no auge da investigação. O Kohlgate foi um momento decisivo para a mídia e a política alemãs pós-reunificação. Segundo Esser e Hartung (2004) o escândalo, como o primeiro escândalo importante que ocorreu após a mudança do governo e da mídia nacional de Bonn para a nova capital em Berlin em 1999, marcou o fim da imprensa partidária e da cultura política da guerra fria que colocava a sobrevivência do partido acima das normas de comportamento democráticas.

[c] O primeiro-ministro da CDU, Uwe Barschel, renunciou em 1987 sob alegações de manipulação de votos. Foi revelado que ele empregou um jornalista de tabloide como assistente e por meio dele iniciou uma série de esquemas que tinham como alvo seu oponente liberal da esquerda, Björn Engholm. Essas atividades incluíam fazer com que ele fosse seguido por detetives particulares, forçar alguém a processar Engholm por evasão de impostos, divulgar rumores de que ele era HIV positivo, e retratá-lo como mulherengo, homossexual e defensor da pedofilia. Pouco tempo depois, dois jornalistas o encontraram morto na banheira. Cinco anos mais tarde, em 1993, o ministro presidente do SPD, Björn Engholm, foi forçado a renunciar quando veio à tona a evidência de que ele estava mais envolvido no escândalo do que se sabia anteriormente.

[d] O escândalo explodiu quando *Il Giornale*, que pertencia ao irmão de Berlusconi, Paolo, publicou as transcrições de conversas telefônicas privadas entre um número de réus mencionados no escândalo, muitos dos quais eram funcionários de primeiro escalão na coalizão governamental centro-esquerda. As transcrições não tinham nenhuma influência formal no caso e não foram nem consideradas oficialmente como evidência. A fonte das transcrições vazadas continua desconhecida. No entanto, as transcrições passaram a ser uma questão importante na campanha para a eleição de abril de 2006.

Fonte: Reportagens da mídia coletadas e elaboradas por Amelia Arsenault, 2008.

Tabela A4.4 — Medidas não eleitorais de participação política nos EUA, 1980-2004 (porcentagens)

Ano	Tentou influenciar o voto de outros	Assistiu a uma reunião política	Trabalhou para um partido ou candidato	Exibiu um bóton ou adesivo de carro	Deu dinheiro para a campanha
1980	36	8	4	6	8
1984	32	8	4	9	8
1988	29	7	3	9	9
1992	37	8	3	11	7
1996	28	5	2	10	9
2000	34	5	3	10	9
2004	48	7	3	21	13

Fonte dos dados: Dados NES (Estudos Nacionais sobre a Eleição) dos EUA copilados por Hetherington (2008:10).

Tabela A4.5 — Esforços de mobilização de partidos políticos ou outras organizações norte-americanas (porcentagem dos que disseram sim)

Ano	Foi procurado por um partido?	Foi procurado por outra coisa que não fosse um partido?
1980	24	10
1984	24	8
1988	24	8
1992	20	10
1996	26	10
2000	35	11
2004	43	18

Fonte dos dados: Dados NES (Estudos Nacionais sobre a Eleição) dos EUA copilados por Hetherington (2008:10).

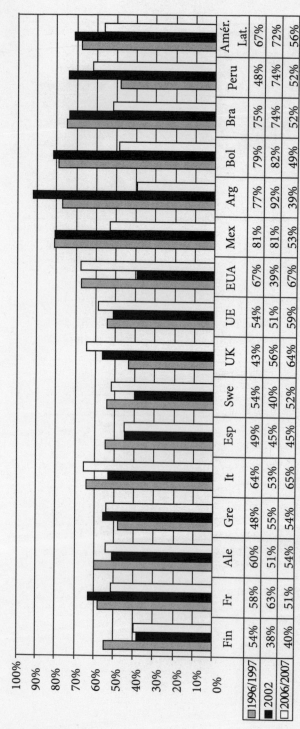

Fig. A4.1. Porcentagem de cidadãos que expressaram pouca ou nenhuma confiança em seus governos nacionais, 1996-2007

Obs.: Os números para a Gallup e Eurobarometer são para 1997, 2002 e 2007; em virtude da disponibilidade, as cifras da Latinobarometer são para 1996, 2002 e 2006.

Perguntas: Eurobarometer: Você tende a confiar ou a não confiar no seu governo nacional?
Gallup: Que proporção do tempo você acha que pode confiar que o governo em Washington faça o que é certo? A cifra reflete os que disseram "Só parte do tempo" e "Nunca".
Latinobarometer: Por favor, mire esta tarjeta y dígame, para cada uno de lós grupos /instituciones o personas mencionadas en la lista . ¿Cuánta confianza tiene usted en ellas: mucha, algo, poça o ninguna confianza em...? Aqui solo "Mucha" y "Algo".
Fonte: Eurobarometer (1997, 2002, 2007); Gallup Polls (1997, 2002, 2007); Latinobarometer (1996, 2002, 2006).

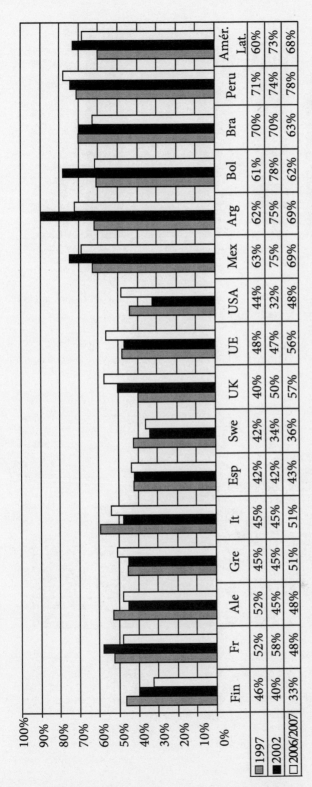

Fig. A4.2. Porcentagem de cidadãos que expressaram pouca ou nenhuma confiança em seu poder legislativo ou parlamento nacionais, 1997-2007

Perguntas: Eurobarometer: Você tende a confiar ou a não confiar no seu parlamento nacional?
Gallup: Quanta confiança e segurança você tem neste momento no poder legislativo, composto pelo Senado dos EUA e pela Câmara de Representantes?
Latinobarometer: Por favor, mire esta tarjeta y dígame, para cada uno de lós grupos /instituciones o personas mencionadas en la lista . ¿Cuánta confianza tiene usted en ellas: mucha, algo, poça o ninguna confianza en...? Aquí solo "Mucha" y "Algo".
Fonte: Pesquisas de opinião da Eurobarometer (Europa); Gallup Polls (EUA); Latinobarometer (América Latina).

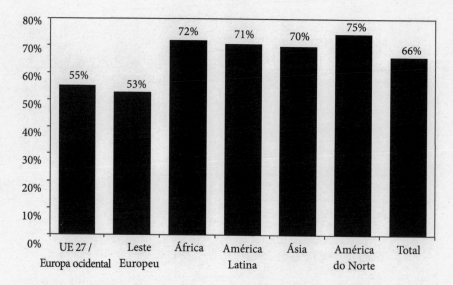

Fig. A4.3. Porcentagem de cidadãos que consideram os partidos políticos nacionais corruptos ou extremamente corruptos

Fonte: Barômetro da Corrupção Global de dados coletados pela Pesquisa da Gallup Internacional "Voice of the People Survey of 60 countries" [Pesquisa Voz do Povo de 60 países] (2007).

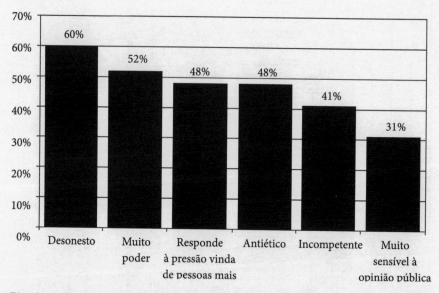

Fig. A4.4. Porcentagem de entrevistados que expressaram várias opiniões sobre seus líderes políticos em 60 países, 2007

Fonte: Pesquisa da Gallup Internacional "Voice of the People Survey of 60 countries" (2007).

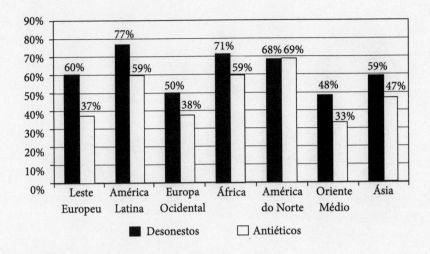

Fig. A4.5. Porcentagem de entrevistados por região que consideram seus líderes políticos desonestos e antiéticos, 2007

Fonte: Pesquisa da Gallup Internacional "Voice of the People Survey of 60 countries" (2007).

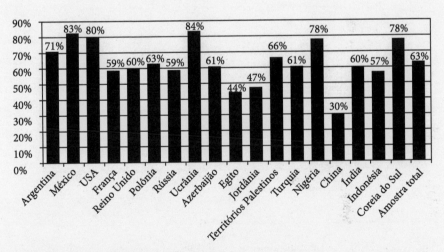

Fig. A4.6. Porcentagem de entrevistados que acreditam que seu país é governado por alguns grandes interesses, 2008

Fonte: Pesquisa da WorldPublicOpinion.org em 19 países (2008).

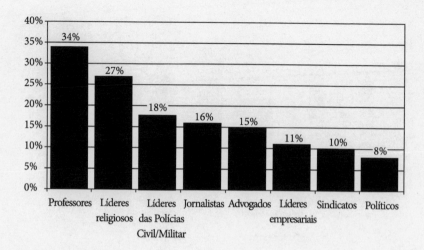

Fig. A4.7. Porcentagem de entrevistados em 60 países que expressam confiança em vários tipos de pessoas, 2007

Fonte: Pesquisa da Gallup Internacional "Voice of the People Survey of 60 countries" (2007).

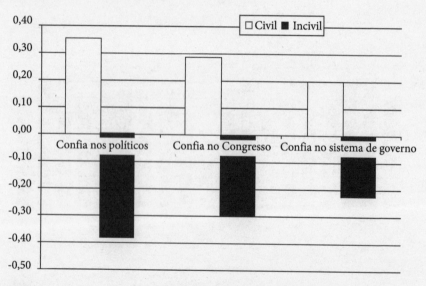

Fig. A4.8. Efeitos da incivilidade sobre a confiança no governo e nos políticos, 2005

Obs.: Diferenças entre condições civis e incivis foram de maneira consistente significativamente diferentes na direção esperada (F-10,36 $p<0,01$; F — 6,00 $p<0,01$; e F -3,12, $p<0,05$). Os valores parciais correspondentes por razão de correlação foram 0,14, 0,06, 0,05.
Fonte: Mutz e Reeves (2005, fonte: experimento 1).

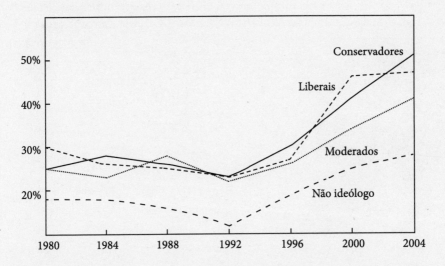

Fig. A4.9. Eleitores norte-americanos que relatam terem sido contatados por um partido político, 1980-2004

Fonte: Dados NES (Estudos Nacionais sobre a Eleição) dos EUA copilados por Hetherington (2008:10).

Tabela A5.1. Porcentagem de entrevistados que ouviram falar sobre o aquecimento global por país, 2006

Grã-Bretanha	100
Japão	99
França	97
Alemanha	95
Espanha	93
EUA	91
Rússia	80
China	78
Turquia	75
Índia	57
Jordânia	48
Egito	47
Paquistão	12

Fonte: Pew (2006).

Tabela A5.2 — Aumento no comparecimento de jovens e minorias nas eleições presidenciais primárias nos Estados Unidos, 2004-2008 (porcentagens)

Estado	Idade entre 18 e 29 anos		Afro-americanos		Latinos	
	2004	2008	2004	2008	2004	2008
Arizona	7	8	2	8	17	18
Califórnia	11	16	8	7	16	30
Connecticut	5	10	7	9	2	6
Delaware	9	10	16	28	2	6
Flórida	6	9	21	19	9	12
Geórgia	11	18	47	51	3	3
Iowa	17	22	n/d	n/d	n/d	n/d
Louisiana	7	10	46	48	5	4
Maryland	8	14	35	37	3	4
Massachusetts	9	14	5	6	3	5
Mississippi	7	14	56	50	3	0
Missouri	9	14	15	17	1	4
New Hampshire	14	18	1	1	1	2
Nova York	8	15	20	16	11	10
Ohio	9	16	14	18	3	4
Oklahoma	6	9	8	6	2	4
Rhode Island	8	13	4	7	4	7
Carolina do Sul	9	814	47	55	1	1
Tennessee	7	13	23	29	1	3
Texas	10	16	21	19	24	32
Vermont	10	11	1	1	1	3
Virgínia	8	14	33	30	2	5
Wisconsin	11	16	6	8	3	4
Média	9,0	13,7	6	8	3	4
Aumento		+52,4		+7,8		+41,9

Fonte: *Five Thirty Eight* (maio de 2008).

Tabela A5.3 — Padrões demográficos de votação para Obama e Hillary na eleição presidencial primária de 2008 nos Estados Unidos[a] (porcentagens)

	Clinton	Obama
Todos	48	46
Homens	43	50
Mulheres	52	43
Brancos	55	39
Negros	15	82
Hispânicos	61	45
Homens brancos	48	45
Mulheres brancas	60	34
Idade entre 18-29 anos	38	58
Idade 65+ anos	59	34
Sem ensino superior	52	42
Com ensino superior	44	52
Brancos sem ensino superior	62	31
Brancos com ensino superior	48	47
Urbanos	44	52
Suburbanos	50	44
Rurais	52	40
Renda < US$50 mil	51	44
Entre US$50mil – 100mil	47	47
US$100mil +	45	51
Brancos <US$50 mil	51	44
Brancos US$50 mil – 100 mil	54	39
Brancos US$100 mil +	48	47

[a] Esta tabela inclui dados dos 39 estados norte-americanos em que o Serviço de Eleição Nacional (NEP, na sigla em inglês) realiza pesquisas de boca de urna no dia da eleição. O NEP é um consórcio de organizações norte-americanas de notícias que compreende a ABC, a CBS, a CNN, a FOX, a NBC e a Associated Press, lançado após uma série de controvérsias sobre dados de boca de urna conflitantes nas eleições de 2000 e 2002, segundo a informação prestada por diferentes agências de notícias. A tabela não inclui alguns dos estados que decidiram seu candidato de acordo com o sistema de convenções, e assim não refletem plenamente a vantagem de Obama sobre Hillary. No entanto, uma estimativa precisa da porcentagem do voto popular recebido por cada candidato não está disponível. As eleições primárias democratas nos Estados Unidos são decididas em uma base de estado por estado segundo eleição direta, convenções ou uma combinação dos dois. Quatro dos estados que selecionaram seu candidato por convenções nem sequer declararam o número de cidadãos que apoiaram cada candidato. Além disso, na eleição de 2008, o Comitê Nacional Democrata considerou as eleições nos estados de Michigan (Obama retirou seu nome da cédula) e da Flórida inválidas em virtude de disputas sobre a cronologia: portanto as estimativas variam, dependendo de como e se os totais desses dois estados foram incluídos na tabulação. Excluindo os estados problemáticos (MI, FL, IA, NV, ME, WA), estima-se que Obama obteve 48,1% (17.535.458 de votos) do voto popular comparados aos 48% obtidos por Hillary Clinton (17.493.836 de votos).

Fonte: ABC News citando os resultados do Serviço de Eleição Nacional (NEP) dos 39 estados que tiveram pesquisas de boca de urna.

Tabela A5.4 — Qualidade mais importante do candidato ao votar nas primárias do Partido Democrata de 2008 (porcentagens)

	Clinton	Obama
Traz mudança	29	68
Se interessa	48	42
Experiência correta	91	6
Melhor chance de ganhar	50	47

Fonte: ABC News citando os resultados do Serviço de Eleição Nacional (NEP) dos 39 estados que tiveram pesquisas de boca de urna.

Tabela A5.5 — Questão mais importante ao votar nas primárias do Partido Democrata de 2008 (porcentagens)

	Clinton	Obama
Economia	51	44
Guerra do Iraque	42	53
Serviço de saúde	52	43

Fonte: ABC News citando os resultados do Serviço de Eleição Nacional (NEP) dos 39 estados que tiveram pesquisas de boca de urna.

Tabela A5.6 — Envolvimento político on-line durante a corrida para as primárias do Partido Democrata nos Estados Unidos em 2008. Porcentagem em cada grupo de todos os adultos entrevistados (usuários e não usuários da internet) que usam e-mails, internet ou SMS para obter notícias sobre a política ou trocar ideias sobre as eleições

Sexo:	
Masculino	50
Feminino	43
Idade (anos)	
18-29	58
30-40	56
50-64	41
65+	20
Renda anual do domicílio	
< US$30 mil	
< US$30 mil — US$ 49.999	28
US$50 mil — US$ 74.999	56
US$ 75 mil +	70

Tabela A5.6. (*continuação*)

Raça/etnia	
Branca (não hispânica)	47
Negra (não hispânica)	43
Hispânica (que fala inglês)	50
Educação	
Menos do que secundária	19
Secundária completa	32
Superior incompleto	56
Superior completo	69

n = 2,251; margem de erro de ±2%
Fonte: Pew Internet and American Life Spring Survey [Pesquisa Pew da primavera sobre a internet e a vida Americana]

Tabela A5.7 — Política na internet: rumores e campanhas contra os candidatos Democratas para eleição nos Estados Unidos, junho de 2007 a fevereiro de 2008

Data	Candidato	Descrição
Maio 2008	Hillary	Um vídeo falsificado que retrata o consultor de Hillary, Mickey Kantor, usando calúnias e obscenidades para descrever a população de Indiana em um documentário sobre a eleição de 1992 que circulou apenas alguns dias antes da primária em Indiana. O vídeo também foi enviado a repórteres com a seguinte nota: "Você precisa divulgar isso. Isso irá mudar a eleição."
	Obama	Uma corrente de e-mail circula afirmando que Michelle Obama tinha se dedicado a colocar a comunidade afro-americana "em primeiríssimo lugar" à exclusão de todos os outros grupos demográficos norte-americanos.
	Obama	Uma corrente de e-mail circula contendo trechos falsos da tese sênior de Michelle Obama na Universidade de Princeton. Os trechos afirmam que os Estados Unidos foram fundados sobre "o crime e o ódio" e que os brancos na América são "inerradicavelmente racistas".
Abril 2008	Hillary	O pastor de Hillary é supostamente um molestador de crianças.
	Obama	Uma carta-corrente que foi iniciada por missionários quenianos faz inúmeras afirmações sobre a religião de Obama, inclusive: "Aliás, seu verdadeiro nome é Barak Hussein Muhammed Obama. Isso não vai soar bem aos nossos inimigos quando eles o jurarem no cargo [com a mão] sobre o Corão? Deus os abençoe.

Tabela A5.7. (*continuação*)

Data	Candidato	Descrição
	Obama	Os comentários de Obama em um evento para arrecadação de recursos em São Francisco no dia 11 de abril, uando ele disse que os eleitores das cidades pequenas tinham ficado "amargos" com a perda de empregos e que eles se agarravam aos revólveres, à religião ou à antipatia" foram gravados pela primeira vez como um MP3 e depois publicados por um blogueiro, Mayhill Fowler. O evento se tornou uma narrativa central da campanha nos dias que antecederam à primária da Pensilvânia.[a]
Março 2008	Obama e Hillary	E-mails circulam afirmando que tanto Obama quanto Hillary querem aumentar as taxas de juros e os impostos sobre ganho de capital para indivíduos de todas as faixas de renda, aproveitando-se do medo dos eleitores preocupados com a recente crise econômica.
	Obama	Uma corrente de e-mail avisa os leitores de que, "Segundo o Livro das Revelações, o Anticristo é "O anticristo será um homem de mais ou menos 40 anos, de descendência muçulmana, que irá enganar as nações com uma linguagem persuasiva e terá um apelo maciço como o de Cristo... a profecia diz que as pessoas irão acorrer a ele e ele irá prometer uma falsa esperança e a paz mundial, e quando ele estiver no poder irá destruir tudo, é o OBAMA?" Segundo o site PoliticalFact.com, após o envio desse e-mail o Google contou mais de 625 mil buscas por Obama+Anticristo.
Fev. 2008	Obama	Um boato de autor desconhecido circula na internet de que a Ku Klux Klan, uma organização que defende a supremacia branca, tinha apoiado Obama.
	Obama	Um boato de autor desconhecido vem à tona afirmando que Hugo Chávez estava financiando a campanha de Obama.
	Obama	A campanha de Hillary divulga uma foto de Obama vestido como um ancião somaliano.
Jan. 2008	Obama	O motorista de limusine Larry Sinclair posta um vídeo em seu site na internet alegando que Obama consumiu drogas e fez sexo oral com ele.

Tabela A5.7. (*continuação*)

Data	Candidato	Descrição
	Hillary	Uma corrente de e-mail circula amplamente baseada em comentários feitos pelo antigo consultor de Bill Clinton, Dick Morris, atacando Hillary Clinton por ter sido reprovada no exame para a Ordem dos Advogados de Washington, DC. (e ela realmente foi reprovada).
	Hillary	Uma corrente de e-mail circula afirmando que Hillary estagiou com o presidente do Partido Comunista californiano quando era estudante. O e-mail foi baseado em um artigo escrito por Dick Morris e publicado na FrontMag em agosto de 2007. Múltiplas fontes já tinham provado que as afirmações feitas no artigo de Morris eram falsas.[b]
	Hillary	Uma corrente de e-mail afirma que a principal atividade extracurricular de Hillary enquanto estava na Faculdade de Direito da Universidade de Yale era ajudar os membros dos Panteras Negras que estavam sendo julgados em Connecticut por torturar e assassinar um agente federal.
	Obama	Um boato circula afirmando que Obama, quando ocupou o cargo de senador dos EUA, fez seu juramento sobre o Corão e não sobre a Bíblia.
Dez. 2007	Obama	Surgem alegações separadas de que a igreja de Obama é secretamente muçulmana e que só aceita afro-americanos.
Out. 2007	Obama	Obama é acusado de não ser patriota por não usar um alfinete de lapela com a bandeira em apoio às tropas.
	Obama	Obama acusado de não ser patriota por não colocar a mão sobre o coração durante o Hino Nacional.[c]
	Obama	O cantor gospel e "homossexual convertido" Donnie McClurkin se apresenta em um evento de arrecadação de recursos de Obama.
Ago. 2007	Hillary	Hillary faz supostos comentários marxistas.
Abr. 2007	Obama	Obama é criticado sobre os anacronismos do discurso em Selma, Alabama.
Mar. 2007	Hillary	Um vídeo anônimo anti-Hillary/pró-Obama, um mashup do anúncio da Apple "Think Different" é postado no YouTube.[d]

Tabela A5.7. (*continuação*)

Data	Candidato	Descrição
Fev. 2007	Obama	Dia 17 de janeiro, no dia seguinte do anúncio feito por Obama da criação de seu comitê presidencial exploratório, a conservadora InsightMag.com informou que "fontes próximas a [uma] investigação de antecedentes" que supostamente foi "realizada por pesquisadores associados a" Hillary Clinton descobriram que Obama "passou pelo menos quatro anos em uma dita Madrassa, ou seminário muçulmano, na Indonésia." O artigo informou também que as "fontes" disseram "que a ideia é mostrar Obama como uma pessoa enganosa. Essas "fontes" também especulavam que "a Madrassa específica onde Obama esteve" pode ter ensinado "uma doutrina Wahhabi que nega os direitos de não muçulmanos."[e]

[a] Caren Bohan, "Obama defende comentários 'amargos'; McCain ataca", Reuters, 14 de abril de 2008.

[b] Julie Millican, "Dick Morris faz inúmeras afirmações falsas em uma tentativa determinada para 'corrigir' o anúncio xaroposo de cinco minutos para Hillary," *Media Matters*, 15 de agosto de 2007.

[c] Torie Bosch, "How Barack Obama broke the law", Slate.com, 13 de novembro de 2007.

[d] É possível ver o vídeo em: http://www.youtube.com/watch?v=6h3G-IMZxjo.

[e] John W. Delicath, "Myths and falsehoods about Barack Obama", *Media Matters*, 20 de março de 2007.

Fonte: Coletado por Sharon Fain e Amelia Arsenault, 2008. Documentação sobre corrente de e-mails encontrada em Politicalfact.com, um serviço do *St. Petersburg Times* e *Congressional Quarterly*.

Tabela A5.8 — Principais desvarios da mídia e escândalos políticos durante a eleição primária democrata nos Estados Unidos, maio-janeiro 2008

Data	Candidato	Descrição
28/4 – 3/5	Obama	O reverendo Wright faz discursos inflamatórios no Clube Nacional da Imprensa e na NAACP. Obama reage censurando Wright. A história é responsável por 70% da cobertura da campanha.
11/4	Obama	Obama chama de amargos alguns eleitores na Pensilvânia.
24/3	Hillary	Hillary afirma ter aterrissado na Bósnia sob o fogo de franco-atiradores. Uma imagem surge imediatamente demonstrando que sua afirmação era falsa.[a] A história foi responsável por 63% da cobertura da campanha naquela semana.
18/3	Obama	Obama aborda a conexão com Wright e faz o discurso sobre raça e a América.[b]
14/3	Obama	O escândalo do reverendo Wright no auge da cobertura da imprensa.
11/3	Obama	A seguidora de Hillary, Geraldine Ferraro, diz que Obama "tem muita sorte de ser quem ele é".[c]
07/3	Hillary	A consultora de Obama Samantha Power chama Hillary de "monstro".[d]
25/2	Hillary	Hillary cita uma cena cômica de *Saturday Night Live* sugerindo que a mídia tinha tratado Obama com muita benevolência.
23/2	Hillary	Hillary declara que Obama está usando as táticas de Karl Rove e diz "Você devia se envergonhar".[e]
19/2	Obama	A campanha de Hillary alega que Obama plagiou discursos.[f]
18/1	Hillary	Chris Mathews diz que Hillary está onde está pela pena que as pessoas têm dela pela infidelidade do marido.[g]
11/1	Obama	Bill Clinton chama a tentativa de Obama de chegar à Casa Branca de "conto de fadas" e Hillary Clinton faz comentários sobre políticos que falam e políticos que fazem comparando os papéis respectivos de Lyndon Johnson e de Martin Luther King no Movimento pelos Direitos Civis e as diferenças entre as candidaturas da própria Hillary e de Obama.[h]

Tabela A5.8. (*continuação*)

Data	Candidato	Descrição
07/1	Hillary	Hillary "perde a fala" durante a campanha em New Hampshire.[i]

[a] "Clinton diz que ela 'cometeu um erro de pronúncia' ao falar sobre o fogo de franco-atiradores". CNN.com. 25 de março de 2008.

[b] "Obama estimula os americanos a ajudarem a sanar a divisão racial". CNN.com, 19 de março de 2008.

[c] Brian Montopoli, "Ferraro: Obama 'tem muita sorte de estar onde ele está.'" CBSnews.com., 11 de março de 2008.

[d] "Consultor de Obama renuncia; chamou Hillary de 'monstro'," Associated Press, 7 de março de 2008.

[e] "Hillary diz a Obama 'você devia se envergonhar'; Obama contra-ataca", CNN.com, 23 de fevereiro de 2008.

[f] Beth Fouhy, "O grupo de Hillary procura enfraquecer Obama," Associated Press, 19 de fevereiro de 2008.

[g] David Bauder, "Matthews: eu fui injusto com Hillary com meu comentário," Associated Press, 18 de janeiro de 2008.

[h] "Bill Clinton defende o comentário 'conto de fadas' sobre Obama," Reuters, 11 de janeiro de 2008.

[i] Timothy Noah, "The politics of weeping," Slate.com, 7 de janeiro de 2008.

Fonte: Coletado de fontes da imprensa e da internet por Sharon Fain e Amelia Arsenault, 2008. As porcentagens da cobertura das notícias foram obtidas do Project for Excellence in Journalism News Coverage Index [Índice de Cobertura das Notícias do Projeto por Excelência no Jornalismo].

Bibliografia

Aarts, Kees e Semetko, Holli A. (2003) "The divided electorate: media use and political involvement," *Journal of Politics*, 65 (3), 759-84.

Abbate, Janet (1999) *Inventing the Internet*. Cambridge, MA: MIT Press.

ABC News (2008) "Government to 'lead by example' during Earth Hour" (29 de março); acessado em 25 de maio de 2008 no site http://www.abc.net.au/news/).

Abcarian, Robin (2008) "Clinton consultant 'Ace' Smith feared and admired,"*Los Angeles Times*, 20 de fevereiro, A14.

Abrahamson, Mark (2004) *Global Cities*. New York: Oxford University Press.

Accenture (2006) *Leadership in Customer Service: Building the Trust*. Minneapolis, MN:Accenture.

Adam, Barbara (1990) *Time and Social Theory*. Cambridge: Polity Press.

Aday, Sean, Cluverius, John, e Livingston, Steven (2005) "As goes the statue, so goes the war: the emergence of the victory frame in television coverage of the Iraq War", *Journal of Broadcasting and Electronic Media*, 49 (3), 314-31.

Adut, Ari (2004) "Scandal as norm entrepreneurship strategy: corruption and the French investigating magistrates," *Theory and Society*, 33, 529-78.

Advertising Age (2007) *2007 Marketer Profiles Yearbook*. New York: AdAge Group.

AFP (2008) "Earth Hour blackout highlights global warming" 29 de março (acessado em 25 de maio de 2008 no site http://www.straitstimes.com).

Alinsky, Saul (1946) *Reveille for Radicals*. Chicago, IL: University of Chicago Press.

Allen, Louis (1991) *Political Scandals and Causes Célèbres since 1945*. London: Longman.

Alonso-Zaldívar, Carlos e Castells, Manuel (1992) *España: Fin de Siglo*. Madrid:Alianza Editorial.

Al-Sayyad, Nezar e Castells, Manuel (orgs.) (2002) *Muslim Europe or Euro-Islam:Politics, Culture, and Citizenship in the Age of Globalization*. Lanham, MD: Lexington Books.

Amedo, José F. (2006) *La Conspiración: El Último Atentado de los GAL*. Madrid: Espejo de Tinta.

Anderson, Christopher J. e Tverdova, Yuliya V. (2003) "Corruption, political allegiances, and attitudes toward government in contemporary democracies," *American Journal of Political Science*, 47 (1), 91-109.

Andrade-Jimenez, Helen S. (2001) "Technology changing political dynamics," *IT Matters*, 29 de janeiro (acessado em 3 de junho de 2004 no site http://itmatters.com.ph/news/news_01292001a.html).

Anheier, Helmut, Glasius, Marlies, e Kaldor, Mary (orgs.) (2004) *Global Civil Society 2004/5*. London: Sage.

———(2005) Global Civil Society 2005/6. London: Sage.

———(2006) Global Civil Society 2006/7. London: Sage.

Ansolabehere, Stephen e Iyengar, Shanto (1995) *Going Negative: How Attack Ads Shrink and Polarize the Electorate*. New York: Free Press.

———Behr, Roy L., e Iyengar, Shanto (1993) *The Media Game: American Politics in the Television Age*. New York: Macmillan.

———Gerber, Allen, e Snyder, James M., Jr. (2001) "Corruption and the growth of campaign spending," in Gerald Lubenow (org.), *A User's Guide to Campaign Finance Reform*. Lanham, MD: Rowman and Littlefield.

Anson, Luis María (1996) *Contra el Poder*. Madrid: Temas de Hoy.

Antich, José (2004) "Responsabilidades ajenas y propias," *La Vanguardia*, 21 de março

Antilla, Liisa (2005) "Climate of skepticism: US newspaper coverage of the science of climate change," *Global Environmental Change*, 15, 338-52.

Appadurai, Arjun (1996) *Modernity at Large: Cultural Dimensions of Globalization*. Minneapolis, MN: University of Minnesota Press.

———(2002) "Deep democracy," *Public Culture*, 14 (1), 1-47.

Arendt, Hannah (1958) *The Human Condition*. Chicago, IL: University of Chicago Press.

Arillo, Cecilio T. (2003) *Power Grab*. Manila: Charles Morgan.

Arlachi, Pino (1995) "The Mafia, *Cosa Nostra*, and Italian institutions," in Salvatore Sechi (org.), *Deconstructing Italy: Italy in the Nineties*, pp. 153-63. Berkeley, CA: University of California, International and Area Studies, Research Series.

Arquilla, John e Rondfeldt, David (2001) Networks and Netwars: *The Future of Terror, Crime, and Militancy*. Santa Monica, CA: Rand Corporation.

Arsenault, Amelia e Castells, Manuel (2006) "Conquering the minds, Conquering Iraq: the Social production of misinformation in the United States: a case study," *Information, Communication and Society*, 9 (3), 284-308.

———(2008a) "The structure and dynamics of global multi-media business net--works," *International Journal of Communication*, 2, 707-48.

———(2008b) "Switching power: Rupert Murdoch and the global business of media politics: a sociological analysis," *International Sociology*, 23, 488-513.

Artz, Lee (2007) "The corporate model from national to transnational," in Lee Artz e Yahya R. Kamalipour (orgs.) *The Media Globe: Trends in International Mass Media*, pp. 141-62. Plymouth: Rowman and Littlefield.

Asian barometer (2008) "Survey results" (disponível on-line no site http://www.asian-barometer.org/nesenglish/surveys/SurveyResults.htm).

Au Wagner James (2008) *The Making of Second Life: Notes from the New World*. New York. Collins.

Ayres, Jeffrey (1999) "From the streets to Internet," *Annals of the American Academy of Political and Social Sciences*, 566, 132-43.

Bacon, Perry, Jr. (2005) "Barack Obama: the future of the Democratic Party? The 2005 Time 100:leaders and revolutionaries," *Time Magazine* (disponível on-line no site www.com/time/subscriber100/leaders/100obama.html.

Bagalawis, Jennifer E. (2001) How IT helped topple a president," Computer World, 30 de janeiro (acessado 3 de junho de 2004 no site http://wireless.itworld.com/4273/ CW_1-31-01_it/pfindex.html).

Bagdikian, Bem H. (1983) *The Media Monopoly.* Boston: Beacon Press.

_____ (2000) *The Media Monopoly* 6a. edição, Boston Beacon Press.

_____ (2004) *The New Media Monopoly* Boston Beacon Press

Baker, C. Edwin (2006) *Media Concetration and Democracy: Why Ownership Matters.* Cambridge: Cambridge University Press.

Baker, Stephen (2008)"Updated blog numbers from David Sifry," Business Week, 18 de janeiro (disponível on-line no site www.businessweek.com/the_threat/blogspotting/ archives/2008/01/updated_blog_nu.html?campaign_id=rss_blog_blogspotting).

Baker, Wayne E. (2005) *America's Crisis of Values:Reality and Perception.* Princeton NJ: Princeton University Press.

Bamzai, Kaveree (2007) *Bollywood Today.* New Delhi: Lustre Press.

Banet-Weiser, Sarah (2007) *Kids Rule!: Nickelodeon and Consumer Citizenship.* Durham, NC: Duke University Press.

_____ Chris, Cynthia e Freitas, Anthony (orgs.) (2007) *Cable Visions: Television beyond Broadcasting.* New York: New York University Press.

Barber, Benjamin R. (2007) *Consumed: How Markets Corrupt Children, Infantilize Adults and Swallow Citizens Whole.* New York: W.W. Norton.

Barisione, Mauro (1996) *L'immagine del Leader: Quanto Conta per Gli Elettori?* Bologna: Il Mulino.

Barker, Anthony (1992) *The Upturned Stone: Political Scandals in Twenty Democracies and their Investigation Process.* Colchester: University of Essex, Essex Papers in Politics and Government.

Barnard, Ann (2008) "Raucous Russian tabloids thrive," *The New York Times,* edição on-line, 23 de julho.

Barreiro, Belen (2001) "Los determinantes de la participación en las elecciones Españolas de Marzo de 2000: el problema de la abstención en la izquierda," Documento de trabalho 2001/171. Madrid CEACS-Instituto Juan March de Estudios e Investigaciones.

Barreiro, Belen e Sanchez-Cuenca, Ignacio (1998) "Analisis del cambio de voto hacia El PSOE en las elecciones de 1993," *Revista Española de Investigaciones Sociológicas,* 82, 191-211

Barreiro, Belen e Sanchez-Cuenca, Ignacio (2000) "Las consecuencias electorales de la corrupción," *Historia y Política: Ideas, Procesos y Movimientos Sociales,* 4, 69-92.

Barringer, Felicity (2007) "Renewing a call to act against climate change," *The New York Times,* 14 de março (acessado 24 de maio de, 2008 no site www.nyt.com).

O PODER DA COMUNICAÇÃO | 539

Barstow, David (2008) "Behind TV analysts, Pentagon's hidden hand," *The New York Times*, 20 de abril, A1.

Barzilai-Nahon, Karine (2008) "Toward a theory of network gatekeeping: A frame-work for exploring information control," *Journal of the American Society for Information Science and Technology*, 59 (9): 1493-512.

Baum, Matthew A. (2007) "Soft news and foreign policy: how expanding the audience changes the policies," *Japanese Journal of Political Science*, 8 (1), 115-45.

———— e Groeling, Tim (2007) "Iraq and the 'Fox effect': An examination of polarizing media and public support for international conflict," trabalho não publicado apresentado na Conferência anual da American Political Science Association, Chicago,IL, Agosto 30-Setembro 2.

————(2008) "New media and the polarization of American political discourse,"*Political Communication*, 25 (4), 345-65.

Bauman, Zygmunt (1999) *In Search of Politics*. Stanford, CA: Stanford University Press.

BBC (2006) "UK planning law on climate change," *BBC News*, 12 de outubro (acessado 26 de maio de 2008 no site www.news.bbc.co.uk).

————(2007a) "All countries need to take major steps on climate change: global poll",BBC World Service poll.

————(2007b) "France 'dims' for climate protest," *BBC News*, 1º de fevereiro (acessado em 1º de maio de 2008 no site www.news.bbc.co.uk).

Beck, Ulrich (2000) *What is Globalization?* Malden, MA: Blackwell.

————·(2005) *Power in the Global Age: A New Political Economy*. Cambridge: Polity Press.

Becker, Ernest (1973) *The Denial of Death*. New York: Free Press.

Beckett, Charlie e Mansell, Robin (2008) "Crossing boundaries: new media and networked journalism," *Communication, Culture and Critique*, 1 (1), 92-104.

Belloch, Santiago (1998) "Para terminar con Felipe González se rozó la estabilidad del estado: entrevista a Luis Maria Anson," *Tiempo*, 23 de fevereiro , 24-30.

Beniger, James R. (1986) *The Control Revolution: Technological and Economic Origins of the Information Society*. Cambridge, MA: Harvard University Press.

Benkler, Yochai (2006) *The Wealth of Networks: How Social Production Transforms Markets and Freedom*. New Haven, CT: Yale University Press.

Benner, Chris (2002) *Work in the New Economy: Flexible Labor Markets in Silicon Valley.*Malden, MA: Blackwell.

Bennett, Stephen Earl, Rhine, Staci L., e Flickinger, Richard (2004) "The things they cared about: change and continuity in Americans' attention to different news stories, 1989—2002," *Harvard International Journal of Press/Politics*, 9 (1), 75-99.

————Bennett, Linda L. M. (1999) "'Video malaise' revisited: public trust in the media and government," *Harvard International Journal of Press/Politics*, 4 (4), 8-23.

Bennett, W. Lance (1990) "Toward a theory of press-state relations in the United States," *Journal of Communication*, 40 (2), 103-27.

_____ (2003a) "The burglar alarm that just keeps ringing: a response to Zaller," *Political Communication*, 20 (abril/junho), 131-38.

_____ (2003b) "Communicating global activism," *Information, Communication, and Society*, 6 (2), 143-68.

_____ (2004) "Global media e politics: transnational communication regimes and civic cultures," *Annual Review of Political Science*, 7 (1), 125-48.

_____ (2007) News: *The Politics of Illusion*, 7a ed. New York: Longman.

_____ (2009) News: *The Politics of Illusion*, 8a ed. New York: Longman.

_____ Lawrence, Regina G., e Livingston, Steven (2006) "None dare call it torture: Indexing and the limits of press independence in the Abu Ghraib scandal," *Journal of Communication*, 56 (3), 467-85.

_____ (2007) *When the Press Fails: Political Power and the News Media From Iraq to Katrina*. Chicago, IL: University of Chicago Press.

Bergan, Daniel, Gerber, Alan, Green, Donald, e Costas, Panagopoulos (2005) "Grassroots mobilization and voter turnout in 2004," *Public Opinion Quarterly*, 69 (5), 760-77.

Bergo, Sandy (2006) *A Wealth of Advice: Nearly $2 Billion Flowed through Consultants in the 2003-2004 Federal Elections*. Washington, DC: Center for Public Integrity.

Berrocal, Salome e Fernandez, Clara (2006) "Las elecciones legislativas de 2004: un analisis de las encuestas y de la gestión comunicativa en la campaña electoral: su proyeccion en la decisión de voto," *Doxa comunicación: revista interdisciplinar de estudios de comunicación y ciencias sociales*, 4, 189-208.

Best, Samuel, Brian, Chmielewski, e Krueger, Brian (2005) "Selective exposure to on-line foreign news during the conflict with Iraq," *Harvard International Journal of Press/Politics*, 10 (4), 52-70.

Billette, Alexandre (2008) "The Russian cyberspace," Millenio.com (disponível no site http://www.milenio.com/index.php/2008/3/2/202127/).

Bimber, Bruce A. (2003) Information and American Democracy: *Technology in the Evolution of Political Power*. Cambridge: Cambridge University Press.

Blanco, Maria del Mar (2006) "Prensa y terror: tratamiento informativo de la tragedia," in A. Vara (org.), *Cobertura Informativa del 11-M*. Pamplona: EUNSA.

Blanning, T. C. W. (2002) *The Culture of Power and the Power of Culture*: Old Regime Europe, 1660-1789. Oxford: Oxford University Press.

Bless, Herbert e Schwarz, Norbert (1998) "Context effects in political judgments: assimilation and contrast as a function of categorization processes," *European Journal of Social Psychology*, 28, 159-72.

Bless, Herbert, Igou, Eric R., Schwarz, Norbert, e Wanke, Michaela (2000) "Reducing context effects by adding context information: the direction and size of context effects in political judgment," *Personality and Social Psychology Bulletin*, 26, 1036-45.

Bless, Herbert, Schwarz, Norbert, e Wanke, Michaela (2003) "The size of context effects in social judgment," in Joseph P. Forgas, Kippling D. Williams, e William von Hippel (orgs.), *Social Judgments: Implicit and Explicit Processes*, pp. 180-97. Cambridge: Cambridge University Press.

Blizzard Entertainment (2008) "Press release: World of *Warcraft* reaches new milestone: 10 million subscribers" (disponível on-line no site http://www.blizzard.com/press/080122.shtml).

Block-Elkon, Yaeli, e Shapiro, Robert Y. (2008) "Prevention of terrorism in post-9/11 America: news coverage, public perceptions, and the politics of homeland security," *Terrorism and Political Violence*, 20 (1), 1-25.

Blumler, Jay G. e Kavanagh, Dennis (1999) "The third age of political communication: influences and features," *Political Communication*, 16, 209-30.

Bobbio, Norberto (1994) *Destra e Sinistra: Ragione e Significati di una Distinzione Política*. Rome: Donzelli Editore.

Boczkowski, Pablo (2005) *Digitizing the News: Innovation in On-line Newspapers*. Cambridge, MA: MIT Press.

——— (2007) "Information transparency: materiality and mimicry in the journalistic field and beyond," trabalho apresentado no Seminário Annenberg "The Changing Faces of Journalism: Tradition, Tabloidization, Technology, and Truthiness," Los Angeles, CA, Novembro.

Boehlert, Eric e Foser, Jamieson (2007) "Tucker Carlson on Obama's church: '[I] t's hard to call that Christianity,' " *County Fair: A Media Blog*, Washington, DC: Media Matters (disponível on-line no site http://mediamatters.org/items/200702090009).

Boix, Caries e Riba, Clara (2000) "Las bases sociales y políticas de la abstención en las elecciones generales Españolas: recursos individuales, movilización estrategica e instituciones electorales," *Revista Española de Investigaciones Sociológicas*, 90, 95-128.

Booth, William (2006) "Al Gore, Sundance's leading man," *Washington Post*, 26 de janeiro (acessado dia 1º de maio de 2008 no site http://www.washingtonpost.com/).

Borja, Jordi e Castells, Manuel (orgs.) (1997) *Local and Global: Management of Cities in the Information Age*. London: Earthscan.

Bosetti, Giancarlo (2007) *Spin: Trucchi e Teleimbrogli Della Política*. Venice:Marsilio.

Bouissou, Jean-Marie (1991) "Corruption à la Japonaise," *L'Histoire*, 142 (março), 84-7.

Bowler, Shaun e Sharp, Jeffrey (2004) "Politicians, scandals, and trust in government," *Political Behavior*, 26 (3), 271-87.

Boyd, Danah (2006a) "Identity production in a networked culture: why youth heart MySpace," trabalho apresentado na Conferência da American Association for the Advancement of Science St. Louis, Missouri, 19 de fevereiro .

——— (2006b) "Horizontal communication and the media industries panel," trabalho apresentado na Conferência da Annenberg Research Network on International Communication (ARNIC), Annenberg Research Center, Los Angeles, CA, 6-7 de outubro.

Boykoff, Maxwell. (2008) "Lost in translation? United States' television news coverage of anthropogenic climate change, 1995-2004," *Climate Change*, 86, 1-11.

_____ e Boykoff, Jules (2004) "Balance as bias: global warming and the US prestige press," *Global Environmental Change*, 14 (2), 125-36.

_____ (2007) "Climate change and journalistic norms: a case study of US mass-media coverage," *Geoforum*, 38, 1190-204.

Brader, Ted (2006) *Campaigning for Hearts and Minds: How Emotional Appeals in Political Ads Work*. Chicago, IL: University of Chicago Press.

_____ e Valentino, Nicholas A. (2007) "Identities, interests, and emotions: symbolic versus material wellspring of fear, anger, and enthusiasm," in W. Russell Neuman, George E. Marcus, Ann N. Crigler, e Michael MacKuen (orgs.), *The Affect Effect: Dynamics of Emotion in Political Thinking and Behavior*, pp. 180-201. Chicago, IL: University of Chicago Press.

Braudel, Fernand (1949) La Mediterranée et le Monde Mediterranéen à l'Époque de-Philippe II. Paris: Armand Colin.

Bravo, Gustavo (2008) ¿"Cuanto cuesta un voto?," *AND* 19 de fevereiro.

Brechin, S. R. (2003) "Comparative public opinion and knowledge on global climatic change and the Kyoto protocol: the US versus the world?," *International Journal of Sociology and Social Policy*, 23 (10), 106-35.

Brehm, John e Rahn, Wendy (1997) "Individual-level evidence for the causes and consequences of social capital," *American Journal of Political Science*, 41 (3), 999-1023.

Brewer, Paul, Aday, Sean, e Gross, Kimberly (2003) "Rallies all around: the dynamics of system support," in Pippa Norris, Montague Kern, e Marion Just (orgs.) *Framing Terrorism: The News Media, the Government, and the Public* pp. 229-54. New York: Routledge.

Brough, Melissa (2008) "The saffron revolution — televised? The politics of protest on YouTube," texto não publicado escrito para o seminário de pesquisa Comm620Y sobre Comunicação, Tecnologia e Poder, Escola de Comunicação Annenberg, USC, Los Angeles, primavera.

Bruno, Antony (2007) "Monetizing membership: social networking," *Billboard*, 24 de novembro .

Buchanan, Mark (2002) *Small World: Uncovering Nature's Hidden Networks*. New York: Weidenfeld and Nicolson.

Bucy, Erik P. e Grabe, Maria Elizabeth (2007) "Taking television seriously: a sound and image bite analysis of presidential campaign coverage, 1992-2004," *Journal of Communication*, 57 (4), 652-75.

Burden, Barry C. (2002) "When bad press is good news: the surprising benefits of negative campaign coverage," *Harvard International Journal of Press/Politics*, 7 (3), 76-89.

Burnett, Robert e Marshall, P. David (2003) *Web Theory: An Introduction*. London:Routledge.

Burt, Ronald S. (1980) "Models of network structure," *Annual Review of Sociology*, 6, 79-141.

Bush, George (2004) "President Bush salutes soldiers in Fort Lewis, Washington," comentários do presidente para os militares, Fort Lewis, Washington, 18 de junho .

Cainzos, Miguel (2000) "El impacto de los escándalos de corrupción sobre el voto en las elecciones generales de 1996," *Historia y Política: Ideas, Procesos y Movimientos Sociales*, 4, 93-131.

Calderon, Fernando (org.) (2003) *¿Es Sostenible la Globalización en America Latina?*, 2 vols. Santiago de Chile: Fondo de Cultura Economica.

———(2006) Las Nuevas Identidades de America Latina. Relatório de Pesquisa, Buenos Aires: United Nations Development Program.

———(2007) "Aportes para una agenda de la gobernabilidad democrática en América Latina," trabalho não publicado apresentado na reunião do projeto United Nations Development Program for Latin America, Montevideo, 30 de novembro .

Callahan, David (1995) "Liberal policy's weak foundations," *The Nation*, 13 de novembro, 568-72.

———(1999) *$1 Billion for Ideas: Conservative Think Tanks in the 1990s*. Washington, DC: National Committee for Responsive Philanthropy.

CalTech/MIT Voting Technology Project (2006) "Conference proceedings: VTP Conference on Voter Authentication and Registration," Cambridge, MA, 5-6 de outubro, 2006 (disponível on-line no site vote.caltech.edu/events/2006/VoterID/rpt.pdf).

Campbell, Rook (2008) "Corruption and money laundering in the international scene," relatório de pesquisa não publicado Los Angeles, University of Southern California, School of International Relations.

Campo Vidal, Manuel (2004) *11M—14M: La Revuelta de los Móviles*. Canal Sur — TVC —Lua Multimedia, documentário em DVD .

———(2008) *El Poder de los Medios en España*. Barcelona: Ediciones UOC.

Capdevila, Arantxa, Aubia, Laia, e Gomez, Lorena (2006) "La cobertura informativa de las noches electorales: estudio comparativo de los programas especial elecciones en TVE, Tele 5, Antena 3 y TV3," in A. Vara (org.), *Cobertura Informativa del 11-M*. Pamplona: EUNSA.

CAPF (2007) Campaign Finance and Corruption: *A Monitoring Report on Campaign Finance in the 2007 General Election*. Nairobi: Coalition for Accountable Political Financing (disponível on-line no site http://capf.or.ke).

Cappella, Joseph N. e Jamieson, Kathleen Hall (1997) *Spiral of Cynicism: The Press and the Public Good*. New York: Oxford University Press.

Capra, Fritjof (1996) *The Web of Life: A New Scientific Understanding of Living Systems*. New York: Random House.

———(2002) Hidden Connections: *Integrating the Biological, Cognitive and Social Dimensions of Life into a Science of Sustainability*. New York: Random House.

Caputo, Dante (org.) (2004) *La Democracia en America Latina*. New York: Programa de las Naciones Unidas para el Desarrollo.

Cardoso, Gustavo (2006) *The Media in the Network Society: Browsing, News, Filters and Citizenship*. Lisboa: Lulu.com and Center for Research and Studies in Sociology.

Carnoy, Martin (2000) *Sustaining the New Economy: Work, Family e Community in the Information Age*. Cambridge, MA: Harvard University Press.

Caron, André H. e Caronia, Letizia (2007) *Moving Cultures: Mobile Communication in Everyday Life*. Montreal: McGill-Queen's University Press.

Carter, Shan e Cox, Amanda (2008) "Interactive graphic: how different groups voted in the 2008 Democratic presidential primaries," The New York Times, 4 de Junho (disponível on-line no site http://www.nytimes.com/2008/06/04/us/politics/04margins_graphic.html).

Casero, Andreu (2004) "Cobertura periodística del 11-M: la teoría del 'caso excepcional', " *Quaderns del CAC*, 9-14.

Castells, Irene (1970) "Els rebomboris del pa de 1789 a Barcelona," *Recerques*, 1, 51-81.

Castells, Manuel (1980) *The Economic Crisis and American Society*. Princeton, NJ:Princeton University Press.

(1983) The City and the Grassroots: A Cross-cultural Theory of Urban Social Movements. Berkeley, CA: University of California Press

———(1996) *The Rise of the Network Society*, 1a ed.. Oxford: Blackwell.

———(1999) "Grassrooting the space of flows," *Urban Geography*, janeiro.

———(2000a) End of Millennium, 2ª ed. Oxford: Blackwell (primeira edição 1998).

———(2000b) "Materials for an exploratory theory of the network society," *British Journal of Sociology*, 51, 5-24.

———(2000c) The Rise of the Network Society, 2ª ed. Oxford: Blackwell (primeira edição em 1996).

———(2001) *The Internet Galaxy: Reflections on the Internet, Business, and Society*. Oxford: Oxford University Press.

———(2004a) ¿"Existe una identidad Europea?," in Manuel Castells e Narcís Serra (orgs.), *Europa en Construcción: Integración, Identidades y Seguridad*, pp. 3-20. Barcelona: Fundació CIDOB.

———(org.) (2004b) *The Network Society: A Cross-Cultural Perspective*. Northampton, MA:Edward Elgar.

———(2004c) *The Power of Identity*, 2ª ed. Oxford: Blackwell (primeira edição em 1997).

Castells, Manuel (2005a) "The crisis of democracy in Latin America," trabalho não publicado apresentado na Oficina sobre Democracia na America Latina, United Nations Development Program for Latin America, Los Angeles, Novembro.

———(2005b) *Globalización, Democracia y Desarrollo: Chile en el Contexto Mundial*. Santiago de Chile: Fondo de Cultura Economica.

———(2006) De la Funcion de Produccion Agregada a la Frontera De Posibilidades de Produccion: Crecimiento Economico, Tecnologia y Productividad en la Era de la InformacionDiscurso de Ingreso en la Real Academia Espanola de Ciencias Economicas y Financieras. Barcelona: Ediciones de la Real Academia Espanola.

Castells, Manuel (2007) "Communication, power and counter-power in the network society," *International Journal of Communication*, 1 (1), 238-66.

_____ (2008a) "Globalization, urbanization, networking," in *Urban Studies*, Junho.

_____ (2008b) "The new public sphere: global civil society, communication networks and global governance," *Annals of the American Academy of Political and Social Science*, Março.

Fernández-Ardèvol, Mireia, Qiu, Jack Linchuan, e Sey, Araba (2006a) "Electronic communication and socio-political mobilization: a new form of civil society," in Helmut Anheier, Marlies Glasius, e Mary Kaldor (orgs..), Global Civil Society 2005/6, cap. 8. London: Sage.

_____ (2006b) *Mobile Communication and Society: A Global Perspective.* Projeto da Annenberg Research Network on International Communication. Cambridge, MA: MIT Press.

_____ e Himanen, Pekka (2002) *The Information Society and the Welfare State: The Finnish Model.* Oxford: Oxford University Press.

_____ e Kiselyova, Emma (1995) *The Collapse of Soviet Communism: A View from the Information Society.* Berkeley, CA: University of California at Berkeley, International and Area Studies.

_____ e Subirats, Marina (2007) *Mujeres y hombres: ¿un amor imposible?* Madrid: Alianza Editorial.

_____ e Tubella, Imma (orgs.) (2007) *Research Report of the Project Internet Catalonia.* Barcelona: Internet Interdisciplinary Institute, Universitat Oberta de Catalunya, julho, 10 vols (disponível on-line no site http://www.uoc.edu/in3/pic/esp/).

_____ Sancho, Teresa, e Roca, Meritxell (2007) *La transicion a la sociedad red.* Barcelona: Ariel.

CBS/MTV News (2008*) State of the Youth Nation 2008*, 21 de abril (disponível on-line no site http://www.cbsnews.com/htdocs/pdf/cbsmtv_springpoll.pdf).

Ceberio, Jesus (2004) "A proposito de mentiras," *El Pais*, 27 de março .

Center for the Digital Future (2005) *The 2005 Digital Future Report: Surveying the Digital Future, Year Five. Five Years of Exploring the Digital Domain.* Los Angeles: University of Southern California, Annenberg School Center for the Digital Future.

_____ (2007) *The 2007 Digital Future Report: Surveying the Digital Future, Year Seven.* Los Angeles: University of Southern California, Annenberg School Center for the Digital Future.

_____ (2008) *The 2008 Digital Future Report: Surveying the Digital Future, Year Eight.* Los Angeles: University of Southern California, Annenberg School Center for the Digital Future.

Center for Journalism in Extreme Situations (2007-8) "Russia: authorities vs. the media," boletim semanal números 1-21, janeiro 2007-maio 2008 (disponível on-line no site http://www.cjes.ru/bulletin/?CategoryID=4andyear=2007and lang=eng).

Center for Responsive Politics (2008a) "Barack Obama: expenditures breakdown" (acessado pela última vez dia 10 de julho de 2008 no site http://www.opensecrets. org/pres08/expend.php?cycle=2008andcid=N00009638).

_____(2008b) "Hedgefund managers invest in Obama," *The Capital Eye.*, 22 de abril (disponível on-line no site http://www.opensecrets.org/news/2008/04/hedge-fund--managers-invest-in-1.html).

_____(2008c) "Politicians and elections: an ongoing project tracking money in American politics" (disponível on-line no site http://www.opensecrets.org/elections/index.php).

Center for the Study of the American Electorate (2008) *African-Americans, Anger, Fear and Youth Propel Turnout to Highest Level since 1960*. Washington, DC: CSAE,American University, 18 de dezembro.

Centro de Investigaciones Sociológicas (1998) "Survey 2312" (disponível on-line no site http://www.cis.es).

_____(2003) "Barómetro de abril," estudo no. 2.508, abril.

_____(2004a) "Preelectoral elecciones generales y autonómicas de Andalucia 2004," estudo no. 2555, janeiro-fevereiro.

_____(2004b) "Postelectoral elecciones generales y autonómicas de Andalucía 2004," estudo nº 2559, 23 de março.

Chadwick, Andrew (2006) *Internet Politics: States, Citizens, and New Communication Technologies*. New York: Oxford University Press.

Chalaby, Jean K. (2004) "Scandal and the rise of investigative reporting in France," *American Behavioral Scientist*, 47 (9), 1194-207.

Chang, Eric C. e Chu, Yun-han (2006) "Corruption and trust: exceptionalism in Asian democracies?," *Journal of Politics*, 68, 259-71.

Chatterjee, Anshu (2004) "Globalization and communal identity in Indian television," dissertação de doutorado não publicada, Berkeley, CA: University of California, Asian Studies Program.

Chen, Xiyuan (2004) "The last order of the emperor: production of emperor's will, power, succession, and historical writing," *National Taiwan University History Annals*, Taipei, junho, 161-213.

Chester, Jeff (2007) Digital Destiny: *New Media and the Future of Democracy*. New York: New Press.

China Internet Network Information Center (2007*) Statistical Survey Report on the Internet Development in China*, 20º relatório (disponível on-line no site http://cnnic.cn/en/index/0O/index.htm).

Chinese Academy of Social Sciences (2008) *Surveying Internet Usage and its Impact in Seven Chinese Cities*. CASS China Internet Survey Report. Beijing: Chinese Academy of Social Sciences, Research Center for Social Development.

CIRCLE (2008) "Youth turnout rate rises to at least 52%," Center for Information and Research on Civic Learning and Engagement, Boston, 5 de novembro (acessado 9 de novembro de 2008 no site http://www.civicyouth.org/).

Clapp, Jennifer e Dauvergne, Peter (2005) *Paths to a Green World: The Political Economy of the Global Environment*. London: MIT Press.

Clark, David D. (2007) "Network neutrality: words of power and 800-pound gorillas," número especial sobre neutralidade na Rede *International Journal of Communication*, 1, 701-8.

Clegg, Stewart (2000) "Power and authority: resistance and legitimacy," in Henri Goverde, Philip G. Cerny, Mark Haugaard, *et al.* (orgs.), *Power in Contemporary Politics: Theories, Practices, Globalizations*, pp. 77-92. London: Sage.

CNN (2008) "Global warming could increase terrorism, official says," *CNN Politics*, 25 de junho (acessado em 29 de Junho , 2008, no site http://edition.cnn.com/2008/POLITICS/06/25/climate.change.security/).

Cogan, Marin (2008) "The new class," *The New Republic*, 21 de abril (disponível on--line no site http://www.tnr.com/politics/story.html?id=d67776d8-ab4e-4c12-9c1f-bfa041dcb314&k=97935).

Cohen, Bernard Cecil (1963) *The Press and Foreign Policy*. Princeton, NJ: Princeton University Press.

Cohen, Florette, Ogilvie, Daniel M., Solomon, Sheldon, Greenberg, Jeff, *et al.* (2005) "American roulette: the effect of reminders of death on support for George W.Bush in the 2004 presidential election," *Analyses of Social Issues and Public Policy*, 5(1), 177-87.

Colas, Dominique (1992) *La Glaive et le Fleau: Genealogie du Fanatisme et de la Société Civile*. Paris: Grasset.

Comas, Eva (2004) "La SER ante el 11-M," *Tripodos* (extra 2004), pp. 59-67.

Comella, Rosemary e Mahoy, Scott (2008) "The passion of the moment: emotional frame changes before key Democratic primaries in 2008," trabalho não publicado escrito para o Seminário de Pesquisa Comm620Y sobre Comunicação, Tecnologia e Poder, primavera,. Los Angeles: Escola de Comunicação Annenberg, USC.

Comrie, Maggie (1999) "Television news and broadcast deregulation in New Zealand," *Journal of Communication*, 49 (2), 42-54.

ComScore (2008) "Google sites' share of on-line video market expands to 31% in Novembro 2007, according to Comscore Video Metrix," *press release*, 17 de janeiro.

Conservation Foundation (1963) *Implications of Rising Carbon Dioxide Content of the Atmosphere*. New York: Conservation Foundation.

Cook, Wanda D. (1977) *Adult Literacy Education in the United States*. Newark, DE:International Reading Association.

Cooke, Miriam e Lawrence, Bruce R. (2005) *Muslim Networks: From Hajj to Hip Hop*. Chapel Hill, NC: University of North Carolina Press.

Corporación Latinobarometro (2007) *Informe Latinobarometro* 2007. Santiago: Corporación Latinobarometro.

Costanza-Chock, Sasha (2006) "Horizontal communication e social movements, "manuscrito não publicado. Los Angeles: University of Southern California.

_____(no prelo a) "Networked counterpublics: social movement ICT use in Buenos Aires and Los Angeles," dissertação de doutorado não publicada (em progresso). Los Angeles: Escola de Comunicação Annenberg, USC.

_____(no prelo b) "Police riot on the Net: from 'citizen journalism' to comunicación popular," *American Quarterly*.

Couldry, Nick e Curran, James (2003) *Contesting Media Power: Alternative Media in a Networked World*. Lanham, MD: Rowman and Littlefield.

Covington, Sally (1997) *Moving a Public Policy Agenda: The Strategic Philanthropy of Conservative Foundations*. Washington, DC: National Committee for Responsive Philanthropy.

Cowhey, Peter e Aronson, Jonathan (2009) *Transforming Global Information and Communication Markets: The Political Economy of Innovation*. Cambridge, MA: MIT Press.

Coyer, Kate, Dowmunt, Tony, e Fountain, Alan (2007) *The Alternative Media Handbook*. London: Routledge.

Crawford, Leslie, Levitt, Joshua, e Burns, Jimmy (2004) "Spain suffers worst day of terror," *Financial Times*, 11 de março.

Croteau, David e Hoynes, William (2006) *The Business of Media: Corporate Media and the Public Interest*. Thousand Oaks, CA: Pine Forge.

Cue, C. E. (2004) *¡Pasalo! Los cuatro dias de marzo que cambiaron el pais*. Barcelona: Ediciones Península.

Cullity, Jocelyn (2002) "The global Desi: cultural nationalism on MTV India," *Journal of Communication Inquiry*, 26 (4), 408-25.

Curran, James (2002) *Media and Power*. London: Routledge.

Cushman, John H. (1998) "Industrial group plans to battle climate treaty," *The New York Times*, 26 de Abril.

Dalton, Russell J. (2005a) "The myth of the disengaged American," *Public Opinion Pros*, outubro (disponível on-line no site http://www.umich.edu/_cses/resources/results/POP_Oct2005_1.htm).

_____(2005b) "The social transformation of trust in government," *International Review of Sociology*, 15 (1), 133-54.

Dalton, Russell J. e Kuechler, Manfred (1990) *Challenging the Political Order: New Social and Political Movements in Western Democracies*. Cambridge: Polity Press.

_____e Steven, Weldon (2007) "Partisanship and party system institutionalization," *Party Politics*, 13 (2), 179-96.

_____e Wattenberg, Martin P. (2000) *Parties without Partisans: Political Change in Advanced Industrial Democracies*. New York: Oxford University Press.

Damasio, Antonio R. (1994) *Descartes' Error: Emotion, Reason, and the Human Brain*. New York: Putnam.

(1999) *The Feeling of What Happens: Body and Emotion in the Making of Consciousness*. New York: Harcourt Brace.

———(2003) *Looking for Spinoza: Joy, Sorrow, and the Feeling Brain*. Orlando, FL: Harcourt.

———e Meyer, Kaspar (2008) "Behind the looking glass," *Nature*, 454 (10): 167-8.

Danielian, Lucig H. (1992) "Interest groups in the news," in J. David Kennamer (org.), *Public Opinion, the Press, and Public Policy*, pp. 63-80. Westport, CT: Praeger.

Davidson, Richard J. (1995) "Cerebral asymmetry, emotion and affective style," in Richard J. Davidson e Kenneth Hugdahl (orgs.), *Brain Asymmetry*, pp. 361-87. Cambridge, MA: MIT Press.

Dear, Michael (2000) *The Postmodern Urban Condition*. Oxford: Blackwell.

———(org.) (2002) *From Chicago to LA: Making Sense of Urban Theory*. Thousand Oaks, CA: Sage

Deibert, Ronald, Palfrey, John, Rohozinski, Rafal, e Zittrain, Jonathan (orgs.) (2008) *Access Denied: The Practice and Policy of Global Internet Filtering*. Cambridge, MA: MIT Press.

della Porta, Donatella, *et al.* (2006) *Globalization from Below*. Minneapolis, MN: University of Minnesota Press.

Delli Carpini, Michael e Williams, Bruce A. (2001) "Let us infotain you: politics in the new media environment," in Lance W. Bennett e Robert M. Entman (orgs.) *Mediated Politics*, pp. 160-181. New York: Cambridge.

Demick, Barbara (2003) "Netizens crusade buoys new South Korean leader," *Los Angeles Times*, 10 de fevereiro, A3.

De Moraes, Denis (org.) (2005) *Por Otra Comunicación: Los Media, Globalización Cultural y Poder*. Barcelona: Icaria.

Denemark, David, Ward, Ian, e Bean, Clive (2007) "Election campaigns and television news coverage: the case of the 2001 Australian election," *Australian Journal of Political Science*, 42 (1), 89—109.

de Sola Pool, Ithiel (1983) *Technologies of Freedom*. Cambridge, MA: Belknap Press.

Dessa, Philadelphia (2007) "Globalization of media, localization of culture: the rise of the Nigerian film industry," trabalho não publicado completado para a classe COMM559 "Globalization, Communication and Society," Los Angeles: Escola de Comunicação Annenberg, USC.

de Ugarte, D. (2004) *Redes para ganar una guerra*. Barcelona: Ed. Icaria.

De Zengotita, Thomas (2005) *Mediated: How the Media Shapes Your World and the Way You Live in it*. New York: Bloomsbury.

Dimitrova, Daniela V. e Strömbäck, Jesper (2005) "Mission accomplished? Framing of the Iraq War in the elite newspapers in Sweden and the United States," *Gazette*, 67 (5), 399-417.

Dimock, Michael (2006) *Poll Analysis. Independents Sour on Incumbents: Many Say their Member Has Taken Bribes*. Washington, DC: Pew Research Center.

Dispensa, Jaclyn M. e Brulle, Robert J. (2003) "Media's social construction of environmental issues: focus on global warming — a comparative study," *International Journal of Sociology and Social Policy*, 23 (10), 74-105.

Domke, David Scott e Coe, Kevin M. (2008) *The God Strategy: How Religion Became a Political Weapon in America*. New York: Oxford University Press.

Dong, Fan (2008a) "The blogosphere in China: between self-presentation and celebrity," texto apresentado para inclusão na Conferência de 2008 da National Communication Association, San Diego, CA, 21-24 de novembro.

_____ (2008b) "Everything in existence is reasonable? The actual effectiveness of internet control in China," trabalho de pesquisa não publicado para o Seminário Communications 620, semestre da primavera, Los Angeles: Escola de Comunicação Annenberg, USC.

Dooley, Brendan e Baron, Sabrina (orgs.) (2001) *The Politics of Information in Early Modern Europe*. London: Routledge.

Dornschneider, Stephanie (2007) "Limits to the supervisory function of the press in democracies: the coverage of the 2003 Iraq War in *The New York Times* and *Frankfurter Allgemeine Zeitung*," *Global Media Journal: Mediterranean Edition*, 2 (1), 33-46.

Downing, John D. H. (2000) *Radical Media*. Thousand Oaks, CA: Sage.

_____ (2003) "The independent media center movement," in Nick Couldry e James Curran (orgs.), *Contesting Media Power: Alternative Media in a Networked World*, pp.243-58. Lanham, MD: Rowman and Littlefield.

Downs, A. (1972) "Up and down with ecology: the issue attention cycle," *The Public Interest*, 28, 38-50.

Drake, William J. e Nicolaidis, Kalypso (1992) "Ideas, interests, and institutionalization: 'trade in services' and the Uruguay round," *International Organization*, 46(1), 37-100.

Dreier, Peter (2008) "Will Obama inspire a new generation of organizers?," *Huffington Post*, 1º de julho (disponível on-line no site http://www.huffingtonpost.com/peter--dreier/obamas-new-generation-of_b_110321.html).

Drezner, Daniel (2007) "Foreign policy goes glam," *National Interest*, novembro/dezembro.

Druckman, James (2003) "The power of television images: the first Kennedy-Nixon debate revisited," *Journal of Politics*, 65 (2), 559-71.

DuBravac, Shawn (2007) "The US television set market," *Business Economics*, 42 (3), 52-9.

Duelfer, Charles (2004) *Comprehensive Report of the Special Advisor to the DCI on Iraq's WMDs*. Washington, DC: Iraq Survey Group.

Dunlap, R. E. (1989) "Public opinion and environmental policy," in J. P. Lester (org.) *Environmental Politics and Policy*, pp. 87-134. Durham, NC: Duke University Press.

Dunlap, R. E., Gallup, G. H., Jr., e Gallup, A. M. (1993) *Health of the Planet*. Princeton, NJ: George H. Gallup International Institute.

Duran, Rafael (2006) "Del 11-M al 14-M: tratamiento informativo comparado de TVE," in A. Vara (org.), *Cobertura informativa del 11-M*. Pamplona: EUNSA.

Dutton, William (1999) *Society on the Line: Information Politics in the Digital Age.* Oxford:Oxford University Press.

Eco, Umberto (1994) "Does the audience have bad effects on television?," in Umberto Eco e Robert Lumlely (orgs.), *Apocalypse Postponed*, pp. 87-102. Bloomington, IN: Indiana University Press.

The Economist (2008) "The world in figures. Industries: the world in 2008"(disponível on-line no site http://www.economist.com/theworldin/forecasts/INDUSTRY_PAGES_2008.pdf).

Edelman (2008) "Edelman trust barometer 2008: The 9th annual global opinion leadership survey" (disponível on-line no site http://www.edelman.co.uk/trustbarometer/files/trust-barometer-2008.pdf).

Edwards, George C., III, e Wood, Dan B. (1999) "Who influences whom? The president, Congress, and the media," *The American Political Science Review*, 93 (2), 327-44.

Eilperin, Juliet (2008) "Gore launches ambitious advocacy campaign on climate," *Washington Post*, 31 de março (acessado em 1º de maio de 2008 no site http://www.washingtonpost.com/).

Ekman, Paul (1973) *Darwin and Facial Expression: A Century of Research in Review.* New York: Academic Press.

El-Nawawy, Mohammed e Iskandar, Adel (2002) *Al-Jazeera: How the Free Arab News Network Scooped the World and Changed the Middle East.* Cambridge, MA: West--view Press.

Entman, Robert M. (2004) *Projections of Power: Framing News, Public Opinion, and US Foreign Policy.* Chicago, IL: University of Chicago Press.

———(2007) "Framing bias: media in the distribution of power," *Journal of Communication*, 57 (1), 163-73.

Erbring, Lutz, Goldenberg, Edie N., e Miller, Arthur H. (1980) "Front page news and real-world cues: a new look at agenda-setting by the media," *American Journal of Political Science*, 24 (1), 16-49.

Esser, Frank e Hartung, Uwe (2004) "Nazis, pollution, and no sex: political scandal as a reflection of political culture in Germany," *American Behavioral Scientist*, 47 (8), 1040-78.

EUMap (2005) *Television across Europe: Regulations, Policy, and Independence.* Budapest: Open Society Initiative/EU Monitoring Advocacy Program.

———(2008) *Television across Europe Part II: Regulations, Policy, and Independence.* Budapest: Open Society Initiative/EU Monitoring Advocacy Program.

Eurobarometer (2007) *Eurobarometer 67: Public Opinion in the European Union.* Brussels: European Commission.

———(2008) Standard Eurobarometer 69 (acessado 24 de maio de 2008 no site http://ec.europa.eu/public_opinion/archives/).

Euromonitor (2007) "Global market information database," Serviço de estatística do Euromonitor International. European Commission (vários anos) Eurobarometer.

Fackler, Tim e Tse-min, Lin (1995) "Political corruption and presidential elections, 1929-1992," *Journal of Politics*, 57 (4), 971-93.

Fahmy, Shahira (2007) "They took it down: exploring determinants of visual reporting in the toppling of the Saddam statue in national and international newspapers," *Mass Communication and Society*, 10 (2), 143-70.

Fairclough, Gordon (2004) "Generation why? The 386ers of Korea question old rules," *Wall Street Journal*, 14 de abril: A1.

Fallows, James (1996) *Breaking the News: How the Media Undermine American Democracy*. New York: Pantheon.

Fan, David P., Wyatt, Robert O., e Keltner, Kathy (2001) "The suicidal messenger: how press reporting affects public confidence in the press, the military, and organized religion," *Communication Research*, 28 (6), 826-52.

Ferguson, Yale H. (2006) "The crisis of the state in a globalizing world," *Globalizations*, 3 (1), 5-8.

Fernández-Armesto, Felipe (1995) Millennium: *A History of the Last Thousand Years*. New York: Touchstone.

_____ (2000) *Civilizations: Culture, Ambition, and the Transformation of Nature*. New York: Touchstone.

Feulner, Edwin J. (1986) *Ideas, Think Tanks, and Governments*. The Heritage Lectures. Washington, DC: Heritage Foundation.

Fine, Jon (2007) "Those hulking media failures: why so many conglomerates are splitting up and slimming down," *Business Week*, 4065, 31 de dezembro, 104.

Fineman, Howard e Isikoff, Michael (1997) "Fund raising: strange bedfellows," *Newsweek*, 129 (10), 22-26.

Flew, Terry (2007) *Understanding Global Media*. New York: Palgrave Macmillan.

_____ e Gilmour, Callum (2003) "A tale of two synergies: an institutional analysis of the expansionary strategies of News Corporation and AOL-Time Warner," trabalho apresentado à Conferência da Associação Managing Communication for Diversity, Australia and New Zealand Communications Association Conference, Brisbane, 9-11 de julho.

Foucault, Michel (1975) *Surveiller et Punir*. Paris: Gallimard.

_____ (1976) *Histoire de la Sexualité*, vol. 1: *La Volonté de Savoir*. Paris: Gallimard

_____ (1984a) *Histoire de la Sexualité*, vol. 2: *L' Usage des Plaisirs*. Paris: Gallimard.

_____ (1984b) *Histoire de la Sexualité*, vol. 3: *Le Souci de Soi*. Paris: Gallimard.

Fox, Elizabeth e Waisbord, Silvio R. (orgs.) (2002) *Latin Politics, Global Media*. Austin, TX: University of Texas Press.

Fox News (2006) "Report: Hundreds of WMDs found in Iraq" (disponível on-line no site http://www.foxnews.com/politics/2006/06/22/report-hundrorgs.-wmds-iraq/).

Frammolino, Ralph e Fritz, Sara (1997) "Clinton led move for donors to stay night in White House," *Los Angeles Times*, 26 de fevereiro, A-1.

Francescutty, P., Baer A., Garcia J. M., e Lopez, P. (2005) "La noche de los moviles: medios, redes de confianza y movilización juvenil," in V. F. Sampedro Blanco (org.), *13-M: Multitudes on Line*, pp. 63-83. Madrid: Ed. Catarata.

Frank, Thomas (2004) *What's the Matter with Kansas? How Conservatives Won the Heart of America*. New York: Henry Holt.

Fraser, Nancy (2007) "Transnationalizing the public sphere: on the legitimacy and efficacy of public opinion in a post-Westphalian world," *Theory, Culture and Society*, 24 (4), 7-30.

Freeman, Christopher (1982) *The Economics of Industrial Innovation*. London: Frances Pinter.

Fried, Amy (2005) "Terrorism as a context of coverage before the Iraq War," *Harvard International Journal of Press/Politics*, 10 (3), 125-32.

Fulford, Benjamin (2003) "Korea's weird wired world," *Forbes*, 21 de julho, 92.

Fundación Alternativas (2007) *Informe sobre la democracia en España*.

Future Exploration Network (2007) *Future of the Media Report 2007*. Sydney: Future Exploration Network.

Gale (2008). Advertising agencies. *Encyclopedia of global industries* (edição on-line). Reproduzido em Business and Company Resource Center. Farmington Hills, MI: Gale Group.

Gallese, Vittorio e Goldman, Alvin (1998) "Mirror neurons and the simulation theory of mind-reading," *Trends in Cognitive Sciences*, 4 (7), 252-54.

Keysers, Christian, e Rizzolatti, Giacomo (2004) "A unifying view of the basis of social cognition," *Trends in Cognitive Sciences*, 8 (9), 396-403.

Gallup (2008a) "Among blacks, Hillary Clinton's image sinks over last year," *press release*, 6 de junho.

———(2008b) "Hispanic voters solidly behind Obama," *press release*, 2 de julho (disponível on-line no site http://www.gallup.com/poll/108532/Hispanic-Voters--Solidly-Behind-Obama.aspx).

Galperin, Hernan (2004) "Beyond interests, ideas, and technology: an institutional approach to communication and information policy," *The Information Society*, 20(3), 159-68.

———e Mariscal, Judith (orgs.) (2007) *Digital Poverty: Latin American and Caribbean Perspectives*. Ottawa: Practical Action Publishing.

Gans, Curtis (2008a) "Much-hyped turnout record fails to materialize, convenience voting fails to boost balloting," American University, Center for the Study ofthe American Electorate (CSAE) (acessado 8 de novembro de 2008 no site http://i2.cdn.turner.com/cnn/2008/images/11/06/pdf.gansre08turnout.au.pdf).

———(2008b) "2008 Report: primary turnout falls just short of record nationally, breaks record in most states," Washington, DC: American University, Center for the Study of the American Electorate.

554 | MANUEL CASTELLS

Garrett, Sam R. (2008) "Campaign finance: legislative developments and policy issues in the 110th Congress (relatório)," *Congressional Research Service (CRS) Reports and Issue Briefs*.

Gentzkow, Matthew e Shapiro, Jesse M. (2006) "Media bias and reputation," *Journal of Political Economy*, 114 (2), 280—316.

_____ Glaeser, Edward L., e Goldin, Claudia (2004) "The rise of the fourth estate: how newspapers became informative and why it mattered," Documento de trabalho 10791, National Economic Bureau.

Gershon, Robert (2005) "The transnationals: media corporations, international TV trade and entertainment flows," in Anne Cooper-Chen (org.), Global Entertainment *Media: Content, Audiences, Issues*, pp. 17-38. Mahwah, NJ: Lawrence Erlbaum.

Giddens, Anthony (1979) *Central Problems in Social Theory: Action, Structure, and Contradiction in Social Analysis*. Berkeley, CA: University of California Press.

_____ (1984) *The Constitution of Society*. Cambridge: Polity Press.

Giles, David C. (2002) "Parasocial interaction: a review of the literature e a model for future research," *Media Psychology*, 4 (3), 279-305.

Gillan, Kevin, Pickerill, Jenny, e Webster, Frank (2008) *Anti-War Activism: New Media and Protest in the Information Age*. London: Palgrave-Macmillan.

Gillespie, Tarleton (2007) *Wired Shut: Copyright and the Shape of Digital Culture*. Cambridge, MA: MIT Press.

Ginley, Caitlin (2008) "Obama's rainmakers: a report of the buying of the Presidency 2008 Project," Washington, DC: Center for Public Integrity, 12 de junho.

Ginsberg, Benjamin e Shefter, Martin (1999) *Politics by Other Means: Politicians, Prosecutors, and the Press from Watergate to Whitewater*. New York: W. W. Norton.

Gitlin, Todd (1980) *The Whole World is Watching: Mass Media in the Making and Unmaking of the New Left*. Berkeley, CA: University of California Press.

Glenny, Misha (2008) *McMafia: A Journey through the Global Criminal Underworld*. New York: Alfred Knopf.

Globescan (2006) BBC/Reuters/Media Center Poll: *Trust in the Media: Media More Trusted than Governments*. London: BBC/Reuters/Media Center.

Globescan e PIPA (2006) "Twenty nation poll finds strong global consensus: support for free market system, but also more regulation of large companies, "Washington, DC: WorldPublicOpinion.org, 3 de março 3 (acessado no site http://www.worldpublicopinion.org/pipa/articles/btglobalizationtradera/154. php?nid=andid=andpnt=154).

Gluck, Marissa e Roca-Sales, Meritxell (2008) "The future of television? Advertising, technology, and the pursuit of audience," research report, Los Angeles, Escola de Comunicação Annenberg, USC, Norman Lear Center.

Goehler, Gerhard (2000) "Constitution and use of power," in Henri Goverde, Philip G. Cerny, Mark Haugaard, *et al.* (orgs.), *Power in Contemporary Politics: Theories, Practices, Globalizations*, pp. 41-58. London: Sage.

O PODER DA COMUNICAÇÃO | 555

Goffman, Erving (1959) *The Presentation of Self in Everyday Life*. Garden City, NY: Doubleday.

Golan, Guy (2006) "Inter-media agenda setting and global news coverage," *Journalism Studies*, 7 (2), 323-33.

Goldenberg, Edie N. (1975) *Making the Papers: The Access of Resource-poor Groups to the Metropolitan Press*. Lexington: Lexington Books.

Goldfarb, Michael (2000) "Our president/their scandal: the role of the British press in keeping the Clinton scandals alive," Working Paper Series, Harvard University, The Joan Shorenstein Center on the Press, Politics and Public Policy.

Goldsmith, Jack L. e Wu, Tim (2006) *Who Controls the Internet? Illusions of a Borderless World*. New York: Oxford University Press.

Gopal, Sangita e Moorti, Sujata (orgs.) (2008) *Global Bollywood: Travels of Hindi Song and Dance*. Minneapoli, MN: University of Minnesota Press.

Gore, Albert (1992) *Earth in the Balance: Ecology and the Human Spirit*. New York: Houghton-Mifflin.

_____(2007) "Moving beyond Kyoto," *The New York Times*, 1º de julho (acessado em 20 de maio de 2008 no site http://www.nytimes.com/).

Graber, Doris A. (2001) *Processing Politics: Learning from Television in the Internet Age*. Chicago, IL: University of Chicago Press.

_____(2007) "The road to public surveillance: breaching attention thresholds," in W. Russell Neuman, George E. Marcus, Ann N. Crigler, e Michael MacKuen (orgs.), *The Affect Effect: Dynamics of Emotion in Political Thinking and Behavior*, pp. 265-290. Chicago, IL: University of Chicago Press.

Graham, Stephen e Simon, Marvin (2001) *Splintering Urbanism: Networked Infrastructures, Technological Mobilities and the Urban Condition*. London: Routledge.

Gramsci, Antonio (1975) *Quaderni del carcere*. Torino: Einaudi.

Greco, Albert N. (1996) "Shaping the future: mergers, acquisitions, and the US communications, and mass media industries, 1990-1995," *Publishing Review Quarterly*,12 (3), 5-16.

Green, Jason (2008) "Voter information center" at MyBarackObama.com (disponível on-line no site http://my.barackobama.com/page/community/post/gwenalexander/gG5dfy).

Greenwalt, Anthony (2008) "The race factor redux," Pew Research Center Publications (acessado 8 de maio de 2008 no site http://pewresearch.org/pubs/832/the-race--factor-redux).

Grewal, David Singh (2008) *Network Power: The Social Dynamics of Globalization*. New Haven, CT: Yale University Press.

Groeling, Time Linneman, Jeffrey (2008) "Sins of the father: does scandalous news undermine social trust?," trabalho apresentado na Conferência da International Communication Association, Montreal, Canadá, 23-26 de maio.

Gross, Kimberly e Aday, Sean (2003) "The scary world in your living room and neighborhood: using local broadcast news, neighborhood crime rates, and personal experience to test agenda setting and cultivation," *Journal of Communication*, 53 (3), 411-26.

Groves, Stephen (2007) "Advancing freedom in Russia," The Heritage Foundation, Backgrounder #2088 (disponível on-line no site http://www.heritage.org/research/worldwidefreedom/bg2088.cfm).

Guber, Deborah L. (2003) *The Grassroots of a Green Revolution: Polling America on the Environment*. Cambridge, MA: MIT Press.

Guehenno, Jean Marie (1993) *La Fin de la Democratie*. Paris: Flammarion.

Guidry, John A., Kennedy, Michael D. e Zald, Maioer N. (2000) *Globalizations and Social Movements: Culture, Power, and the Transnational Public Sphere*. Ann Arbor, MI: University of Michigan Press.

Gulati, Girish J., Just, Marion e Crigler, Ann (2004) "News coverage of political campaigns," in Lynda Lee Kaid (org.), *Handbook of Political Communication Research*, pp. 237-52. Mahwah, NJ: Lawrence Erlbaum.

Gunaratna, Rohan (2002) *Inside Al Qaeda: Global Network of Terror*. New York: Columbia University Press.

Guo, Z. e Zhao, L. (2004) *Focus on "Focus Interview."* Beijing: Tsinghua University Press.

Haas, P. M. (1992) "Introduction: epistemic communities and international policy coordination," *International Organization*, 46 (1), 1-36.

Habermas, Jürgen (1976) *Legitimation Crisis*. London: Heinemann Educational.

_____ (1989) *The Structural Transformation of the Public Sphere: An Inquiry into a Category of Bourgeois Society*. Cambridge: Polity Press.

_____ (1996) *Between Facts and Norms: Contributions to a Discourse Theory of Law and Democracy*. Cambridge, MA: MIT Press.

_____ (1998) *Die Postnationale Konstellation: Politische Essays*. Frankfurt am Main:Suhrkamp.

Hachigian, Nina e Wu, Lily (2003) *The Information Revolution in Asia*. Santa Monica, CA: Rand Corporation.

Hafez, Kai (2005) "Arab satellite broadcasting: democracy without political parties?" *Transnational Broadcasting Studies*, 15 (outono) (disponível on-line no site http://www.tbsjournal.com/Archives/Fall05/Hafez.html).

Hall, Jane (2003) "Coverage of George W. Bush," *Harvard International Journal of Press/Politics*, 8 (2), 115-20.

Hall, Peter e Pain, Kathryn (2006) *The Polycentric Metropolis: Learning from Mega-city Regions in Europe*. London: Earthscan.

Hallin, Daniel C. (1986) *The "Uncensored War": The Media and Vietnam*. New York: Oxford University Press.

_____ (1992) "Soundbite news: television coverage of elections, 1968-1988," *Journal of Communication*, 42 (2), 5-24.

_____ e Mancini, Paolo (2004a) "Americanization, globalization, and secularization," in Frank Esser e Barbara Pfetsch (orgs.), *Comparing Political Communication: Theories, Cases, and Challenges*, pp. 25-43. Cambridge: Cambridge University Press.

_____ (2004b) *Comparing Media Systems: Three Models of Media and Politics*. Cambridge: Cambridge University Press.

Halperin, Mark (2008) "The page: Obama release on adding college Democrat superdelegate," *Time Magazine* (disponível on-line no site http://thepage.time.com/

Hammond, Allen, *et al.* (2007) The *Next 4 Billion: Market Size and Business Strategy and the Base of the Pyramid*. Washington, DC: World Resources Institute.

Hampton, Keith N. (2004) "Networked sociability on-line, off-line," in Manuel Castells (org.), *The Network Society: A Cross-Cultural Perspective*, pp. 217-32. Northampton, MA: Edward Elgar.

_____ (2007) "Neighborhoods in the network society," *Information, Communication and Society*, 10 (5), 714-48.

Hardt, Michael e Negri, Antonio (2004) *Multitude*. New York: Penguin.

Harris Poll (2004a) "In spite of media coverage, widespread belief in weapons of mass destruction and Iraq links to Al Qaeda remain virtually unchanged," Harris Poll #27, 21 de abril (disponível on-line no site http://www.harrisinteractive.com/harris_poll/index.asp?PID=456).

_____ (2004b) "Iraq, 9/11, Al Qaeda and weapons of mass destruction: what the public believes now, according to the latest Harris Poll," Harris Poll #79, 21 de outubro (disponível on-line no site http://www.harrisinteractive.com/harris_poll/index. asp?PID=508).

_____ (2005) "Iraq, 9/11, Al Qaeda and weapons of mass destruction: what the public believes now, according to latest Harris Poll," Harris Poll #14, 18 de fevereiro (disponível on-line no site http://www.harrisinteractive.com/harris_poll/index.asp?PID=544).

_____ (2006) "Belief that Iraq had weapons of mass destruction has increased substantially," Harris Poll #57, 21 de julho (disponível on-line no site http://www. harrisinteractive.com/harris_poll/index.asp?PID=684).

Hart, Roderick P. (1999) *Seducing America: How Television Charms the Modern Voter*. Thousand Oaks, CA: Sage.

Harvard University Institute of Politics (2008) *The 14th Biannual Youth Survey of Politics and Public Service Report*. Cambridge, MA: Harvard University Press.

Harvey, David (1990) *The Condition of Postmodernity*. Oxford: Blackwell.

Haugaard, Mark (1997) *The Constitution of Power: A Theoretical Analysis of Power, Knowledge and Structure*. Manchester: Manchester University Press.

Hayashi, Aiko (2008) "Matsushita's Panasonic, Google to launch Internet TVs," *Reuters*, 7 de janeiro (disponível on-line no site http://www.reuters.com/article/rbssConsumerGoodsAndRetailNews/idUST20271420080108).

Held, David (1991) "Democracy, the nation-state and the global system," *Economy and Society*, 20 (2), 138-72.

_____ (2004) Global Covenant: *The Social Democratic Alternative to the Washington Consensus*. Cambridge: Polity Press.

_____ e Kaya, Ayse (2006) *Global Inequality: Patterns and Explanations*. Cambridge: Polity Press.

_____ e McGrew, Anthony (orgs.) (2000) *The Global Transformations Reader: An Introduction to the Globalization Debate*. Cambridge: Polity Press.

_____ (orgs..) (2007) *Globalization Theory: Approaches and Controversies*. London: Polity Press.

Goldblatt, David, e Perraton, Jonathan (orgs.) (1999) *Global Transformations: Politics, Economics and Culture*. Cambridge: Polity Press.

Hencke, David (2007) "A short history of Labour party funding scandals," *Guardian*, 27 de novembro.

Herbst, Susan (1998) *Reading Public Opinion: How Political Actors View the Democratic Process*. Chicago, IL: University of Chicago Press.

Herndon, Ruth Wallis (1996) "Literacy among New England's transient poor, 1750 -1800," *Journal of Social History*, 29 (4), 963.

Hersh, Seymour H. (2004) "Torture at Abu Ghraib." *The New Yorker*. Postado dia 30 de abril de 2004. 10 de maio, edição 2004 .

Hesmondhalgh, David (2007) *The Cultural Industries*. Thousand Oaks, CA: Sage.

Hess, D. K. (2007*) Alternative Pathways in Science and Industry: Activism, Innovation, and the Environment in an Era of Globalization*. London: MIT Press.

Hetherington, Marc J. (2005) *Why Trust Matters: Declining Political Trust and the Demise of American Liberalism*. Princeton, NJ: Princeton University Press.

_____ (2008) "Turned off or turned on? How polarization affects political engagement," in Pietro S. Nivola e David W. Brady (org.), Red and Blue Nation? vol. 2: *Consequences and Correction of America's Polarized Politics*, pp. 1-54. Washington, DC:Brookings Institution.

Hetherington, Marc J., e Nelson, Michael (2003) "Anatomy of a rally effect: George W. Bush and the war on terrorism," *PS: Political Science and Politics*, 36 (1), 37-44.

_____ e Rudolph, Thomas J. (2008) "Priming, performance, and the dynamics of political trust," *Journal of Politics*, 70, 498-512.

Heywood, Paul (2007) "Corruption in contemporary Spain," *Political Science and Politics*, 40, 695-9.

Hibbing, John R. e Theiss-Morse, Elizabeth (1995) *Congress as Public Enemy: Public Attitudes toward American Political Institutions*. New York: Cambridge University Press.

_____ (1998) "The media's role in public negativity toward Congress: distinguishing emotional reactions and cognitive evaluations," *American Journal of Political Science*, 42 (2), 475-98.

Himanen, Pekka (2002) *The Hacker Ethic and the Spirit of the Information Age*. New York: Random House.

Hindman, Elizabeth (2005) "Jason Blair, *The New York Times*, and paradigm repair," *Journal of Communication*, junho, 225-41.

Hindman, Matthew, Tsioutsiouliklis, Kostas, e Johnson, Judy A. (2003) "'Googlearchy': how a few heavily-linked sites dominate politics on the web," *Midwest Political Science Association*.

Holder, Kelly (2006) "Voting and registration in the election of November 2004," março. Washington, DC: The US Census Bureau.

Hollihan, Thomas A. (2008) *Uncivil Wars: Political Campaigns in a Media Age*. New York: Bedford St. Martin's.

Horsley, Scott (2007) "Interest in climate change heats up in 2008 race," *National Public Radio*, edição matinal 8 de junho de 2007.

Howard, Philip N. (2003) "Digitizing the social contract: producing American political culture in the age of new media," *Communication Review*, 6 (3), 213-36.

———(2005) "Deep democracy, thin citizenship: the impact of digital media in political campaign strategy," *Annals of the American Academy of Political and Social Science*, 597 (1), 153-70.

Hsing, You-tien (no prelo) *The Great Urban Transformation: Land Development e Territorial Politics in China*. Oxford: Oxford University Press.

Huang, Chengju (2007) "Trace the stones in crossing the river: media structural changes in post-WTO China," *International Communication Gazette*, 69 (5), 413-30.

Huddy, Leonie e Gunnthorsdottir, Anna H. (2000) "The persuasive effects of emotive visual imagery: superficial manipulation or the product of passionate reason," *Political Psychology*, 21 (4), 745-78.

Feldman, Stanley, Capelos, Theresa, e Provost, Colin (2002) "The consequences of terrorism: disentangling the effects of personal and national threat," *Political Psychology*, 23 (3), 485-509.

———e Cassese, Erin (2007) "On the distinct effects of anxiety and anger, in W. Russell Neuman, George E. Marcus, Ann N. Crigler, e Michael MacKuen (orgs.), *The Affect Effect: Dynamics of Emotion in Political Thinking and Behavior*, pp. 202-30. Chicago, IL: University of Chicago Press.

Taber, Charles, e Lahav, Galya (2005) "Threat, anxiety, and support of antiterrorism policies," *American Journal of Political Science*, 49 (3), 593-608.

Hughes, Chris (2008) "Moving forward on My.BarackObama" (acessado 8 de novembro de 2008 no site http://my.barackobama.com/page/community/post/chrishughesat-thecampaign/gGxZvh).

Hughes, Thomas Parke (1983) *Networks of Power: Electrification in Western Society, 1880-1930*. Baltimore, MD: Johns Hopkins University Press.

Hui, Wang (2003) *Neoliberalism in China*. Cambridge, MA: Harvard University Press.

Hutchings, Vincent L., Valentino, Nicholas A., Philpot, Tasha S., e White, Ismail K. (2006) "Racial cues in campaign news: the effects of candidate issue distance on emotional responses, political attentiveness and vote choice," in David P. Redlawsk (org.), *Feeling Politics: Emotion in Political Information Processing*. New York: Palgrave Macmillan.

Hutton, Will e Giddens, Anthony (orgs.) (2000) *On the Edge: Living with Global Capitalism*. London: Jonathan Cape.

Ibahrine, Mohammad (org.) (2008) "Mobile communication and socio-political change in the Arab world," in James Everett, Katz (org.), *Handbook of Mobile Communication Studies*, pp. 257-72. Cambridge, MA: MIT Press.

IBIS (2007a) *Agents and Managers for Artists, Athletes, Entertainers and Other Public Figures in the US: Industry Report* 71141. IBIS World Market Research Report, 24 de outubro.

_____ (2007b) *News Syndicates in the US: Industry Report: 51411*. IBIS World Market Research Report, 18 de dezembro.

_____ (2007c) *Radio and Television Broadcasting and Wireless Communications Equipment Manufacturing in the US: Industry Report. 33422*. IBIS World Market Research Report, 24 de dezembro.

(2008) *Global Advertising: Global Industry Report: L6731*. IBIS World Market Research Report, 5 de fevereiro.

Inglehart, Ronald (1990) *Culture Shift in Advanced Industrial Society*. Princeton, NJ: Princeton University Press.

_____ (org.) (2003) *Human Values and Social Change: Findings from the Values Surveys*. Leiden: Brill Academic.

_____ e Catterberg, Gabriela (2002) "Trends in political action: the developmental trend and the post-honeymoon decline," *International Journal of Comparative Sociology*, 43 (3-5), 300-16.

Basanez, Miguel, Deiz-Medrano, Jaime, Halman, Loek, *et al.* (orgs.) (2004) *Human Beliefs and Values: A Cross-cultural Sourcebook Based on the 1999-2002 Values Surveys*. Mexico: Siglo XXI.

Ingram, Helen, Milward, Brinton, e Laird, Wendy (1992) "Scientists and agenda setting: advocacy and global warming," in M. Waterstone (org.), *Risk and Society: The Interaction of Science, Technology and Public Policy*, pp. 33-53. Dordrecht: Kluwer.

Instituto Opina (2004) "Pulsómetro para la Cadena SER," 22 de março (disponível on-line at http://www.pscm-psoe.com/psclm/pb/periodico3/archivos/223200418958.pdf).

International Foundation for Election Systems (IFES) (2002) "Matrix on political finance laws and regulations," *Program on Political Finance and Public Ethics*, pp. 185-223 (disponível on-line no site https://www.ifes.org/money_site/researchpubs/main.html)

International Journal of Communication (2007) Special Section on Net Neutrality, 1 (disponível on-line no site http://ijoc.org/ojs/index.php/ijoc/issue/view/1).

IPCC (1995) *IPCC Second Assessment Report: Climate Change 1995*. Geneva, Switzerland: IPCC.

_____(2001) *IPCC Third Assessment Report: Climate Change 2001*. Geneva, Switzerland:IPCC.

_____(2007a) *Brochure: The IPCC and the "Climate Change 2007"* (relatório disponível no site http://www.ipcc.ch/press/index.htm).

_____(2007b) *IPCC Fourth Assessment Report: Climate Change 2007*. Geneva, Switzerland: IPCC.

Iskandar, Adel (2005) "'The great American bubble': Fox News channel, the 'mirage' of objectivity, and the isolation of American public opinion," in Lee Artz e Yahya R. Kamalipour (orgs.), *Bring 'Em on: Media and Politics in the Iraq War*, pp. 155-74. Lanham, MD: Rowman and Littlefield.

Ito, Mizuko, Okabe, Daisuke, e Matsuda, Misa (2005) *Personal, Portable, Pedestrian: Mobile Phones in Japanese Life*. Cambridge, MA: MIT Press.

ITU (2007) *World Information Society Report 2007: Beyond WSIS*. Geneva: International Telecommunications Union/United Nations Conference on Trade and Development.

Iturriaga, Diego (2004) "Cuatro dias que acabaron con ocho años: aproximación al estudio del macroacontecimiento del 11-14M," *Historia actual on-line*, pp. 15-30.

Iwabuchi, Koichi (2008) "Cultures of empire: transnational media flows and cultural (dis)connections in East Asia," in Paula Chakravartty e Yeuzhi Zhao (orgs.), Global Communications: *Toward a Transcultural Political Economy*, pp. 143-61. Lanham, MD: Rowman and Littlefield.

Iyengar, Shanto e Kinder, Donald R. (1987) *News that Matters: Television and American Opinion*. Chicago, IL: University of Chicago Press.

Jacobs, Lawrence R. e Burns, Melanie (2008) *The Big Mobilization: Increased Voter Registration in 2008*. Relatório preparado pelo Center for the Study of Politics and Governance, Humphrey Institute of Public Affairs, University of Minnesota, 5 de maio.

Jacobson, Gary C. (2007a) "The public, the president, and the war in Iraq," in *The Polarized Presidency of George W. Bush*, Oxford Scholarship On-line Monographs, pp.245-85.

_____(2007b) "The war, the president, and the 2006 midterm elections," trabalho preparado para ser apresentado na Reunião Anual da Midwest Political Science Association, the Palmer House Hilton, Chicago, Illinois, 12-15 de abril.

Jacquet, Pierre, Pisani-Ferry, Jean, e Tubiana, Laurence (orgs.) (2002) *Gouvernance Mondiale*. Paris: Documentation Française.

Jamieson, Kathleen Hall (1992) *Dirty Politics: Deception, Distraction, and Democracy*. New York: Oxford University Press.

_____(2000) *Everything You Think You Know about Politics — and Why You're Wrong*. New York: Basic Books.

_____e Campbell, Karlyn Kohrs (2006) The Interplay of Influence: News, Advertising, Politics, and the Internet. Belmont, CA: Thomson Wadsworth.

_____ e Waldman, Paul (2003) *The Press Effect: Politicians, Journalists, and the Stories that Shape the Political World*. Oxford: Oxford University Press.

Jardin, André e Tudesq, André Jean (1973) *La France des Notables*. Paris: Éditions du Seuil.

Jenkins, Henry (2006) *Convergence Culture: Where Old and New Media Collide*. New York: New York University Press.

Jimenez, Fernando (2004) "The politics of scandal in Spain: morality plays, social trust, and the battle for public opinion," *American Behavioral Scientist*, 47 (8), 1099-121.

_____ e Cainzos, Miguel (2004) "La repercusión electoral de los escándalos políticos: alcance y condiciones," *Revista Española de Ciencia Política*, 10, 141-70.

Jones, Jeffrey M. (2007a) "Low trust in federal government rivals Watergate levels," *Gallup News Service*, 26 de setembro.

_____ (2007b) "Some Americans reluctant to vote for Mormon, 72-year-old presidential candidates," *Gallup News Service*, 20 de fevereiro.

Juan, M. (2004) *11/M: La trama completa*. Barcelona: Ediciones de la Tempestad.

Juris, Jeffrey S. (2008) *Networking Futures: The Movements against Corporate Globalization*. Durham, NC: Duke University Press.

Just, Marion, Crigler, Ann, e Belt, Todd (2007) "'Don't give up hope': emotions, candidate appraisals and votes," in W. Russell Neuman, George E. Marcus, Ann N. Crigler, e Michael MacKuen (orgs.), *The Affect Effect: Dynamics of Emotion in Political Thinking and Behavior*, pp. 231-60. Chicago, IL: University of Chicago Press.

Kahneman, Daniel e Tversky, Amos (1973) "On the psychology of prediction," *Psychology Review*, 80, 237-51.

_____ (1979) "Prospect theory: an analysis of decision under risk," *Econometrica*, 47, 263-91.

Kaldor, Mary (2001) *New and Old Wars: Organized Violence in a Global Era* (edição espanhola). Barcelona: Tusquets.

_____ (2003) *The Global Civil Society: An Answer to War*. Cambridge: Polity Press.

Kanter, James e Revkin, Andrew C. (2007) "Last-minute wrangling on global warming report," *International Herald Tribune*, 1º de fevereiro (acessado em 1º de maio de 2008, no site http://www.iht.com).

Kaplan, Martin, Castells, Manuel, Gluck, Marrisa, e Roca, Meritxell (2008) "The transformation of the advertising industry and its impact on the media in a digital environment," relatório de pesquisa não publicado, Los Angeles, Escola de Comunicação Annenberg, Norman Lear Center.

Katz, James Everett (org.) (2008) *Handbook of Mobile Communication Studies*. Cambridge, MA: MIT Press.

Katz, James Everett e Aakhus, Mark A. (2002) *Perpetual Contact: Mobile Communication, Private Talk, Public Performance*. Cambridge: Cambridge University Press.

_____ e Rice, Ronald E. (2002) Social Consequences of Internet Use: Access, Involvement, and Interaction. Cambridge, MA: MIT Press.

Keck, Margaret E. e Sikkink, Kathryn (1998) *Activists beyond Borders: Advocacy Networks in International Politics*. Ithaca, NY: Cornell University Press.

Keeter, Scott (1987) "The illusion of intimacy: television and the role of candidate personal qualities in voter choice," *Public Opinion Quarterly*, 51 (3), 344-58.

_____ Horowitz, Juliana, e Tyson, Alec (2008) *Gen Dems: The Party's Advantage among Young Voters Widens*. Washington, DC: Pew Research Center for the People and the Press, abril 28.

Kellner, Douglas (2005) *Media Spectacle and the Crisis of Democracy*. Boulder, CO: Paradigm.

Kelly, E. (2008) "Senate poised to take up sweeping global warming bill," *USA Today*, 17 de maio (acessado em 24 de maio de 2008 no site http://www.usatoday.com/).

Kendall, Kathleen E. e Paine, Scott C. (2005) "Political images and voting behavior," in Kenneth L. Hacker (org.), *Candidate Images in Presidential Elections*, pp. 19-35. London: Praeger.

Keohane, Robert O. (2002) *Power and Governance in a Partially Globalized World*. London: Routledge.

Kern, Montague, Just, Marion, e Norris, Pippa (2003) "The lessons of framing terrorism," in Pippa Norris, Montague Kern, e Marion Just (orgs.), *Framing Terrorism: The News Media, the Government, and the Public*, pp. 281-308. New York: Routledge.

Kinder, Donald (1998) "Opinion and action in the realm of politics," in DanielTodd Gilbert, Susan T. Fiske, e Gardner Lindzey (orgs.), *The Handbook of Social Psychology*, pp. 778-867. New York: McGraw-Hill.

King, Joseph P. (1989) "Socioeconomic development and corrupt campaign practices in England," in Arnold J. Heidenheimer, Michael Johnston, e Victor T.Le Vine (orgs.) *Political Corruption: A Handbook*, pp. 233-50. New Brunswick, NJ: Transaction.

King, Ryan S. (2006) *A Decade of Reform: Felony Disenfranchisement Policy in the United States*. Washington, DC: The Sentencing Project.

Kiriya, Ilya (2007) "Las industrias de información y cultura en Rusia: entre mercancia e instrumento," *Zer*, 22, 97-117.

Kirkpatrick, David (2005) "TV host says US paid him to back policy," *New York Times*, 8 de janeiro.

Kiyoshi, Koboyashi, Lakhsmanan, T. R. e Anderson, William P. (2006*) Structural Changes in Transportation and Communication in the Knowledge Society*. Northampton, MA: Edward Elgar.

Klein, Naomi (2002) *Fences and Windows*. New York: Picador.

_____ (2007) *Shock Therapy: The Rise of Disaster Capitalism*. New York: Doubleday.

Klinenberg, Eric (2005) "Convergence: news production in a digital age," *Annals of the American Academy of Political and Social Science*, 597, 48-64.

_____ (2007) *Fighting for Air: Conglomerates, Citizens, and the Battle to Control America's Media*. New York: Henry Holt.

Koskinen, Ilpo Kalevi (2007) *Mobile Multimedia in Action*. New Brunswick, NJ: Transaction.

Kramer, Andrew (2007) "50% good news is the bad news in Russian radio," *The New York Times*, 22 de abril.

Krosnick, Jon, Holbrook, Allyson, Lowe, Laura, e Visser, Penny (2006) "The origins and consequences of democratic citizens' policy agendas: a study of popular concern about global warming," *Climatic Change*, 77, 7-43.

_____ e Visser, Penny S. (2000) "The impact of the Fall 1997 debate about global warming on American public opinion," *Public Understanding of Science*, 9, 239-60.

Kull, Steven, Ramsay, Clay, e Lewis, Evan (2003-4) "Misperceptions, the media, and the Iraq war," *Political Science Quarterly*, 118 (4), 569-98.

_____ Weber, Stephen, Lewis, Evan, *et al.* (2008) *World Public Opinion on Governance and Democracy*. Washington, DC: WorldPublicOpinion.org.

Kunda, Ziva (1990) "The case for motivated reasoning," *Psychology Bulletin*, 108 (3), 480-98.

LaBianca, Oystein (org.) (2006) *Connectivity in Antiquity: Globalization as a Long-term Historical Process*. London: Equinox.

Labrousse, Ernest (1943) *La Crise de l'Économie Française à la Fin de l'Ancien Régime et au Debut de la Révolution*. Paris: Presses Universitaires de France.

Lakoff, George (1991) "Metaphor and war: the metaphor system used to justify war in the Gulf," *Viet Nam Generation Journal and Newsletter*, 3 (3).

_____ (2004) *Don't Think of an Elephant! Know your Values and Frame the Debate: The Essential Guide for Progressives*. White River Junction, VT: ChelseaGreen.

Lakoff, George (2005) "War on terror: rest in peace," *Alternet*, 1º de agosto (disponível on-line at http://www.alternet.org/story/23810/).

_____ (2008) *The Political Mind: Why You Can't Understand 21ª-century Politics with an 18th-century Brain*. New York: Viking.

_____ e Johnson, Mark (1980) *Metaphors We Live By*. Chicago, IL: University of Chicago Press.

Landau, Mark, Solomon, Sheldon, Greenberg, Jeff, Cohen, Florette, *et al.* (2004) "Deliver us from evil: the effects of mortality salience and reminders of 9/11 on support for President George W. Bush," *Personality and Social Psychology Bulletin*, 30(9), 1136-50.

La Pastina, Antonio C., Rego, Cacilda M., e Straubhaar, Joseph (2003) "The centrality of telenovelas in Latin America's everyday life: past tendencies, current knowledge, and future research," *Global Media Journal*, 2 (2).

La Raja, Raymond J., Orr, Susan E., e Smith, Daniel A. (2006) "Surviving BCRA: state party finance in 2004," in John Green Clifford e Daniel J. Coffey (orgs.), *The State of the Parties: The Changing Role of Contemporary American Politics*, pp. 113-34. Lanham: Rowman and Littlefield.

Lash, Scott e Urry, John (1994) *Economies of Signs and Spaces*. London: Sage.

_____e Lury, Celia (2007) *Global Culture Industry: The Mediation of Things*. Cambridge: Polity Press.

Latour, Bruno (2005) *Reassembling the Social: An Introduction to Actor-Network Theory*. Oxford: Oxford University Press.

La Vanguardia (2008) "La desmovilización de la izquierda devora la ventaja electoral del PSOE," 4 de janeiro, primeira página.

Lawrence, Regina G. e Bennett, W. Lance (2001) "Rethinking media and public opinion: reactions to the Clinton-Lewinsky scandal," *Political Science Quarterly*, 116(3), 425-46.

Lazarsfeld, Paul Felix, Berelson, Bernard, e Gaudet, Hazel (1944) *The People's Choice: How the Voter Makes Up his Mind in a Presidential Campaign*. New York: Duell, Sloan, and Pearce.

Leege, D. e Wald, K. (2007) "Meaning, cultural symbols, and campaign strategies," in W. Russell Neuman, George E. Marcus, Ann N. Crigler, e Michael MacKuen (orgs.) *The Affect Effect: Dynamics of Emotion in Political Thinking and Behavior*, pp. 291-315. Chicago, IL: University of Chicago Press.

Lehmann, Ingrid A. (2005) "Exploring the transatlantic media divide over Iraq: how and why US and German media differed in reporting on UN weapons inspections in Iraq, 2002-2003," *Harvard International Journal of Press/Politics*, 10 (1), 63-89.

Leiserowitz, Anthony (2007) "International public opinion, perception and understanding of global climate change," *UN Human Development Report*.

Lenard, Patti Tamara (2005) "The decline of trust, the decline of democracy?" *Critical Review of International Social and Political Philosophy*, 8 (3), 363-78.

Lenhart, Amanda e Fox, Susannah (2006) *Bloggers: A Portrait of the Internet's New Story Tellers*. Washington, DC: Pew Internet and American Life Project.

Lessig, Lawrence (2004) Free Culture: *How Big Media Uses Technology and the Law to Lock Down Culture and Control Creativity*. New York: Penguin.

_____(2006) *Creative Economies*. East Lansing, MI: Michigan State University College of Law.

Levada Center (2008) "Trends in Russian media" (disponível on-line em russo).

Levy, Clifford J. (2007) "No joke: Russian remakes of sitcoms are a hit," *The New York Times News*, 10 de setembro.

_____(2008) "It isn't magic: Putin's opponents are made to vanish from TV," *The New York Times*, 3 de junho (disponível on-line at http://www.nytimes.com/2008/06/03/world/europe/03russia.html).

Levy, Pierre (2001) *Cyberculture*. Minneapolis, MN: University of Minnesota Press.

Lichter, S. Robert (2001) "A plague on both parties: substance and fairness in TV election news," *Harvard International Journal of Press/Politics*, 6 (3), 8-30.

Liebes, Tamar e Blum-Kulka, Shoshana (2004) "It takes two to blow the whistle: do journalists control the outbreak of scandal?," *American Behavioral Scientist*, 47(9), 1153-70.

Ling, Richard Seyler (2004) *The Mobile Connection: The Cell Phone's Impact on Society*. San Francisco, CA: Morgan Kaufmann.

Lipman, Masha (2008) "Putin's puppet press," *Washington Post*, 20 de maio .

Liu, Ch. (2004) "The unknown inside stories about the supervision of public opinion by 'focus interview'," *China Youth Daily*, 29 de março.

Livingston, Steven e Bennett, W. Lance (2003) "Gatekeeping, indexing, and live event news: is technology altering the construction of news?" *Political Communication*, 20 (4), 363-80.

Lizza, Ryan (2007) "The agitator: Barack Obama's unlikely political education," *The New Republic*, 19 de março (disponível on-line no site http://www.tnr.com/politics/story. html?id=a74fca23-f6ac-4736-9c78- f4163d4f25c7andp=8.)

Lodge, Milton e Taber, Charles (2000) "Three steps toward a theory of motivated political reasoning," in Arthur Lupia, Mathew D. McCubbins, e Samual L. Popkin (orgs.), *Elements of Reason: Cognition, Choice, and the Bounds of Rationality* (Cambridge Studies in Public Opinion and Political Psychology). Cambridge: Cambridge University Press.

Louw, P. Eric (2001) *The Media and Cultural Production*. London: Sage.

Lowe, Vincent T., Brown, Katrina, Dessai, Suraje, Doria, Miguel, Haynes, Kat, e Vincent, Katherine (2006) "Does tomorrow ever come? Disaster narrative and public perceptions of climate change," *Public Understanding of Science*, 15, 435-57.

Lucas, Henry C., Jr. (1999) *Information Technology and the Productivity Paradox: Assessing the Value of the Investment in IT*. Oxford: Oxford University Press.

Lukes, Steven (1974) *Power: A Radical View*. London: Macmillan.

Lull, James (2007) *Culture-on-demand: Communication in a Crisis World*. Malden, MA: Blackwell.

Luther, Catherine A. e Miller, M. Mark (2005) "Framing of the 2003 US-Iraq war demonstrations: an analysis of news and partisan texts," *Journalism and Mass Communication Quarterly*, 82 (1), 78-96.

McCarthy, Caroline (2008) "ComScore: Facebook is beating MySpace worldwide," *CNET News* (disponível on-line no site http://news.cnet.com/8301-13577_3-9973826-36.html).

McChesney, Robert W. (1999) *Rich Media, Poor Democracy: Communication Politics in Dubious Times*. Urbana, IL: University of Illinois Press.

McChesney, Robert W. (2004) *The Problem of the Media: US Communication Politics in the Twenty-first Century*. New York: Monthly Review Press.

_____ (2007) *Communication Revolution: Critical Junctures and the Future of Media*. New York: New Press.

_____ (2008) *The Political Economy of Media: Enduring Issues, Emerging Dilemmas*. New York: Monthly Review Press.

McClean, Shilo T. (2007) *Digital Storytelling: The Narrative Power of Visual Effects in Film*. Cambridge, Mass: MIT Press.

McClellan, Scott (2008) *What Happened: Inside the Bush White House and Washington's Culture of Deception*. New York: Public Affairs.

McCombs, Maxwell E. (2004) *Setting the Agenda: The Mass Media and Public Opinion*. Cambridge: Polity Press.

———e Ghanem, Salma I. (2001) "The convergence of agenda- setting and framing," in Stephen D. Reese, Oscar H. Gandy, e Agosto E. Grant (orgs.), Framing Public Life: Perspectives on Media and our Understanding of the Social World, pp. 67-82. Mahwah, NJ: Lawrence Erlbaum.

——— e Zhu, Jian-Hua (1995) "Capacity, diversity, and volatility of the publicagenda: trends from 1954 to 1994," *Public Opinion Quarterly*, 59 (4), 495-525.

———·Shaw, Donald Lewis, e Weaver, David H. (1997) *Communication and Democracy: Exploring the Intellectual Frontiers in Agenda- Setting Theory*. Mahwah, NJ: Lawrence Erlbaum.

McDonald, Michael (2004) "Up, up and away! Voter participation in the 2004 presidential election," *The Forum* 2(4) (disponível on-line no site www.bepress.com/forum/vol2/iss4/art4).

———(2005) "Turnout data" (disponível on-line no site http://elections.gmu.edu/voter_turnout.htm).

———(2008) "Preliminary 2008 turnout rates," George Mason. United States Elections Project, 7 de novembro 7 (acessado em 8 de novembro de 2008 no site http://elections. gmu.edu/Blog.html).

McNair, Brian (2006) *Cultural Chaos: Journalism, News, and Power in a Globalised World*. London: Routledge.

McNeill, John e McNeill, William H. (2003) *The Human Web: A Bird's Eye View of World History*. New York: W. W. Norton.

McPhail, Thomas L. (2006) *Global Communication: Theories, Stakeholders, and Trends*. Malden, MA: Blackwell.

Machado, Decio (2006) "Intereses politicos y concentración de medios en el Estado Español," *Pueblos*, 25, 18-20.

MacKuen, Michael, Marcus, George E., Neuman, W. Russell, e Keele, Luke (2007) "The third way: the theory of affective intelligence and American democracy," in W. Russell Neuman, George E. Marcus, Ann N. Crigler, e Michael MacKuen (orgs.), *The Affect Effect: Dynamics of Emotion in Political Thinking and Behavior*, pp. 124-51. Chicago, IL: University of Chicago Press.

Madden, Mary (2007) *Online Video*. Washington, DC: Pew Internet and American Life Project.

Madsen, Arnie (1991) "Partisan commentary and the first 1988 presidential debate," *Argumentation and Advocacy*, 27, 100-13.

Malone, Michael (2007) "Stations seek private-fund buyers," Broadcasting and Cable, 25 de junho (disponível on-line no site http://www.broadcastingcable.com/article/CA6454849.html).

Mandese, Jo (2007) "Online ad growth rate ebbs in Q3, but continues to outpace all major media," *Online Media Daily*, 12 de novembro (disponível on-line no site media-post.com).

Mann, Michael (1986) *The Sources of Social Power, vol. 1: A History of Power from the Beginning to AD 1760*. Cambridge: Cambridge University Press.

_____ (1992) *The Sources of Social Power, vol. 2: The Rise of Classes and Nation-states*, 1760-1914. Cambridge: Cambridge University Press.

Mann, Thomas e Wolfinger, Raymond (1980) "Candidates and parties in congressional elections," *American Political Science Review*, 74 (3), 617-32.

Mansell, Robin (org.) (2002) *Inside the Communication Revolution: Evolving Patterns of Social and Technical Interaction*. Oxford: Oxford University Press.

_____ e Steinmueller, W. Edward (2000) *Mobilizing the Information Society: Strategies for Growth and Opportunity*. Oxford: Oxford University Press.

Marcelo, Karlo B. e Kirby, Emily H. (2008*) The Youth Vote in the 2008 Super Tuesday States*. College Park, MD: The Center for Information and Research on Civic Learning and Engagement.

Marcus, George E. (2000) "Emotion in politics," *Annual Review of Political Science*, 3, 221-50.

_____ (2002) *The Sentimental Citizen: Emotion in Democratic Politics*. University Park, PA: Pennsylvania State University Press.

_____ (2008) "The theory of affective intelligence and civic society," documento preparado para o Congresso Mundial do Instituto Internacional de Sociologia, Budapest, 26-30 de junho.

Marcus, George E., Neuman, W. Russell, e MacKuen, Michael (2000) *Affective Intelligence and Political Judgment*. Chicago, IL: University of Chicago Press.

Markoff, John (2006) *What the Dormouse Said: How the Sixties Counterculture Shaped the Personal Computer Industry*. New York: Penguin.

Markovits, Andrei e Silverstein, Mark (1988) *The Politics of Scandal: Power and Process in Liberal Democracies*. London: Holmes and Meier.

Marks, Stephen (2007) *Confessions of a Political Hitman: My Secret Life of Scandal, Corruption, Hypocrisy and Dirty Attacks that Decide Who Gets Elected (and Who Doesn't)*. Naperville, IL: Sourcebooks.

Marston, Sallie A., Woodward, Keith, e Jones, John Paul (2007) "Flattening ontologies of globalization: the Nollywood case," *Globalizations*, 4(1),45-63.

Martinez, Ibsen (2005) "Romancing the globe," *Foreign Policy*, novembro/dezembro, 48-55.

Mateos, Araceli e Moral, Felix (2006) El comportamiento electoral de los jovenes españoles. Madrid: Ministerio de Trabajo y Asuntos Sociales/Instituto de la Juventud.

Mattelart, Armand (1979) *Multinational Corporations and the Control of Culture:The Ideological Apparatuses of Imperialism*. Sussex Atlantic Highlands, NJ: Harvester Press.

_____e Mattelart, Michele (1992) *Rethinking Media Theory: Signposts and New Directions*. Minneapolis, MN: University of Minnesota Press.

Melnikov, Mikhail (2008) "Russia: authorities vs. media: a weekly bulletin," *Center for Journalism in Extreme Situations*, 9 (268), 26 de fevereiro-3 de março

Melucci, Alberto (1989) *Nomads of the Present*. London: Hutchinson Radius.

Mermin, Jonathan (1997) "Television news and American intervention in Somalia: the myth of a media-riven foreign policy," *Political Science Quarterly*, 112 (3), 385-403.

Meyer, David S., Whittier, Nancy, e Robnett, Belinda (orgs.) (2002) *Social Movements: Identity, Culture, and the State*. Oxford: Oxford University Press.

Michavila, Narciso (2005) *Guerra, Terrorismo y Elecciones: Incidencia Electoral de los atentados Islamistas en Madrid*. Madrid: Real Instituto Elcano de Estudios Internacionales y Estrategicos, documento de trabalho no. 13/2005.

Milan, Stefania (2008) "Transnational mobilisation(s) on communication and media justice. Challenges and preliminary reflections on movement formation: the case of community media," trabalho de pesquisa não publicado, European University Institute.

Miles, Hugh (2005) *Al-Jazeera: The Inside Story of the Arab News Channel that is Challenging the West*. New York: Grove Press.

Miller, Jade (2007) "Ugly Betty goes global: global networks of localized content in the telenovela Industry," trabalho apresentado na Conferência da Emerging Scholars Network of the International Association for Media and Communication Researchers (IAMCR) Conference, Paris, France, 23-25 de julho.

Miller, M., Boone, J. e Fowler, D. (1990) "The emergence of the greenhouse effect on the issue agenda: a news stream analysis," *News Computing Journal*, 7, 25-38.

Miller, Toby, Govil, Nitin, McMurria, John, Maxwell, Richard, e Wang, Ting (2004) *Global Hollywood: No. 2*. London: BFI.

Mitchell, Robert Cameron, Mertig, Angela G., e Dunlap, Riley E. (1992) "Twenty years of environmental mobilization: trends among national environmental organizations," in Riley E. Dunlap e Angela G. Mertig (orgs.), *American Environmentalism: The US Environmental Movement, 1970-1990*, pp. 11-26. Washington, DC: Taylor and Francis.

Mitchell, William (1999) *E-topia: Urban Life — But Not as We Know It*. Cambridge, MA: MIT Press.

_____(2003) *Me++*. Cambridge, MA: MIT Press.

Moaddel, Mansoor (org.) (2007) *Values and Perceptions of the Islamic and Middle Eastern Publics*. New York: Palgrave Macmillan.

Modood, Tariq (2005) *Multicultural Politics: Racism, Ethnicity, and Muslims in Britain*. Minneapolis, MN: University of Minnesota Press.

Mokyr, Joel (1990) *The Lever of Riches. Technological Creativity and Economic Progress*. New York: Oxford University Press.

Monge, Peter e Contractor, Noshir (2003) *Theories of Communication Networks*. Oxford: Oxford University Press.

Montero J. R., Gunther, R., e Torcal, M. (1998) "Actitudes hacia la democracia en España: legitimidad, descontento y desafección," *Revista Española de Investigaciones Sociológicas*, 83, 9-49.

Montgomery, Kathryn C. (2007) *Generation Digital: Politics, Commerce, and Childhood in the Age of the Internet*. Cambridge, MA: MIT Press.

Morin, Richard e Claudia Deane (2000) "Why the Fla. exit polls were wrong," *Washington Post*, 8 de novembro, A10.

Morris, Jonathan e Clawson, Rosalee (2005) "Media coverage of Congress in the 1990s: scandals, personalities, and the prevalence of policy and process," *Political Communication*, 22, 297-313.

Morstein-Marx, Robert (2004) *Mass Oratory and Political Power in the Late Roman Republic*. Cambridge: Cambridge University Press.

Movius, Lauren (no prelo) "Freeing the technologies of freedom: global social movements and Internet governance," dissertação de Doutorado não publicada (em progresso), Los Angeles, University of Southern California, Escola de Comunicação Annenberg, USC.

Mulgan, Geoff (1991) *Communication and Control: Networks and the New Economies of Communication*. Cambridge: Polity Press.

Mulgan, Geoff (1998) *Connexity: How to Live in a Connected World*. Boston, MA: Harvard Business School Press.

_____ (2007) *Good and Bad Power: The Ideals and Betrayals of Government*, 2a ed. London: Penguin.

Murdock, Graham (2006) "Cosmopolitans and conquistadors: empires, nations and networks," in Oliver Boyd-Barrett (org.), *Communications Media, Globalization and Empire*, pp. 17-32. Eastleigh: John Libbey.

Murillo, Pablo (2008) "De nuevo, la financiación de los partidos políticos," *Expansion*, 11 de abril

Murray, Craig, Parry, Katy, Robinson, Piers, and Goddard, Peter (2008) "Reporting dissent in wartime: British press, the anti-war movement and the 2003 Iraq War," *European Journal of Communication*, 23 (1), 7-27.

Murrin, John M., Johnson, Paul E., e McPherson, James M. (2005) *Liberty, Equality, Power: A History of the American People*, 4a ed. Belmont, CA: Thomson/ Wadsworth.

Mutz, Diana C. e Reeves, Byron (2005) "The new videomalaise: effects of televised incivility on political trust," *American Political Science Review*, 99 (1), 1-15.

Myrdal, Gunnar (1944) *An American Dilemma: The Negro Problem and Modern Democracy*. London: Harper.

Nacos, Brigitte Lebens (2007) *Mass-mediated Terrorism: The Central Role of the Media in Terrorism and Counterterrorism*. Lanham, MD: Rowman and Littlefield.

Nagel, Jack H. (1975) *The Descriptive Analysis of Power*. New Haven, CT: Yale University Press.

NASS (2008) "NASS survey: state voter registration figures for the 2008 general election," National Association of Secretaries of State, 3 de novembro (acessado 8 de Novembro de 2008 no site: http://www.nass.org/.).

National Aeronautics and Space Administration (NASA) (2007) "GISS surface temperature analysis: Global temperature trends - 2007 summation" (disponível on-line no site http://data.giss.nasa.gov/gistemp/2007/).

National Oceanic and Atmospheric Administration (NOAA) (2008) "Climate of 2007 in historical perspective: annual report" (disponível on-line no site http://www.ncdc.noaa.gov/oa/climate/research/2007/ann/ann07.html).

National Science Foundation (2007) "Cyber-enabled discovery and innovation," NSF Fact Sheet.

Nelson, Jack (2003) "US government secrecy and the current crackdown on leaks," documento de trabalho, Joan Shorenstein Center, Harvard University.

———e Boynton, G. Robert (1997) *Video Rhetorics: Televised Advertising in American Politics*. Urbana, IL: University of Illinois Press.

Neuman, W. Russell (1991) *The Future of the Mass Audience*. Cambridge: Cambridge University Press.

Marcus, George E., Crigler, Ann N., e MacKuen, Michael (orgs.) (2007) *The Affect Effect: Dynamics of Emotion in Political Thinking and Behavior*. Chicago, IL: University of Chicago Press.

Nevitte, Neil (2003) "Authority orientations and political support: a cross-national analysis of satisfaction with governments and democracy," in Ronald Inglehart (org.), *Mass Values and Social Change: Findings from the Values Surveys*, pp. 387-412. Leiden: Brill Academic.

Newell, Peter (2000) Climate for Change: Non-state Actors and the Global Politics of the Greenhouse. New York: Cambridge University Press.

Newman, Russell (2008) "Financialization of traditional media: the FCC at a nexus," trabalho não publicado escrito para o Seminário de Pesquisa, Comm620Y sobre Comunicação Tecnologia e Poder, Los Angeles, University of Southern California,Escola de Comunicação Annenberg, USC.

NewsCorp (2007) "Annual report 2007" (disponível on-line no site http://www.newscorp.com/Report2007/AnnualReport2007/HTML1/default.htm).

Newton, D. (1993) *Global Warming: A Reference Handbook*. Oxford: ABC-CLIO.

The New York Times (2008) "National Election Pool exit polls table," pesquisa de opinião realizada por Edison Media Research/Mitofsky (acessado 8 de novembro de 2008 no site http://elections.nytimes.com/2008/ results/president/exit-polls.html).

Nielsen (2007) "Average US home now receives a record 104.2 TV channels, according to Nielsen," Nielsen Media press release, 19 de março.

Nielsen/NetRatings (2007) "From 131 million to 360 million tudou.com triples weekly clip view in just three months," Nielsen Media press release, 31 de agosto.

9/11 Commission (2004) *The 9/11 Commission Report: Final Report of the National Commission on Terrorist Attacks upon the United States*. New York: W. W. Norton.

Nisbet, Matthew C. e Myers, Teresa (2007) "The polls — trends: twenty years of public opinion about global warming," *Public Opinion Quarterly*, 71 (3), 444-70.

Nobel Foundation (2007) acessado 29 de março 29 no site http//:nobelprize.org.

Norris, Pippa (1996) "Does television erode social capital? A reply to Putnam," *PS: Political Science and Politics*, 29 (3), 474-80.

———— (2000) *A Virtuous Circle: Political Communications in Postindustrial Societies*. Cambridge: Cambridge University Press.

———— e Inglehart, Ronald (2004) *Sacred and Secular: Religion and Politics Worldwide*. Cambridge: Cambridge University Press.

Noveck, Jocelyn e Fouhy, Beth (2008) "Clinton's female fans wonder what, if and when: Clinton's female supporters saddened as chance to elect a woman president slips away," *Associated Press*, 17 de maio.

Nye, Joseph S. e Donahue, John D. (orgs.) (2000) *Governance in a Globalizing World*. Washington, DC: Brookings Institution.

Obama, Barack (1995) *Dreams From my Father: A Story of Race and Inheritance*. New York: Three Rivers Press (2ª ed. 2004).

———— (2007) *The Audacity of Hope: Thoughts on Reclaiming the American Dream*. New York: Canongate.

Obstfeld, Maurice e Taylor, Alan M. (2004) *Global Capital Markets: Integration, Crisis, and Growth*. Cambridge: Cambridge University Press.

OECD (2007) *Information and Communications Technologies: OECD Communications Outlook 2007*. Paris: OECD.

O'Neil, Patrick H. (1998) *Communicating Democracy: The Media and Political Transitions*. London: Lynne Rienner.

Ornstein, Norman J. (2008)"Obama's fundraising success may herald a whole new model," Washington, DC: American Enterprise Institute, 30 de junho (disponível on-line no site http://www.aei.org/publications/filter.all,pubID.28218/pub_detail.asp).

Pacheco, I. (2004) *11-M: la respuesta*. Madrid: Asociación Cultural de Amigos del Arte Popular.

Page, Scott E. (2007) *The Difference: How the Power of Diversity Creates Better Groups, Firms, Schools, and Societies*. Princeton, NJ: Princeton University Press.

Palmer, Shelley (2008) "Obama vs. McCain: the first networked campaign," *Huffington Post*, media news (disponível on-line no site http://www.huffingtonpost.com/shelly--palmer/obama-vs-mccain—the-fir_b_105993.html).

Panagopoulos, Costas e Wielhouwer, Peter (2008) "Polls and elections: the ground war 2000-2004 — strategic targeting in grassroots campaigns," *Presidential Studies Quarterly*, 38 (2), 347-62.

Paniagua, Francisco Javier (2005) "Tendencias de la comunicación política electoral en España," *Fisec Estrategias*, 1 (disponível on-line no site http://www.fisec-estrategias. com.ar/1/fec_01_com_paniagua.pdf).

_____ (2006) "Agenda de medios. ¿Estrategia de partido equivocada?," *Holograma- tica*, 3 (6), 5372.

Parks, Gregory Scott e Rachlinski, Jeffrey J. (2008) "Unconscious bias and the 2008 presidential election," documento de pesquisa no. 08-007 dos Estudos de Direito da Cornell, 4 de março (disponível on-line no site http://ssrn.com/ abstract=1102704.).

Parsons, Talcott (1963) "On the concept of political power," *Proceedings of the American Philosophical Society*, 107, 232-62.

Partal, V. e Otamendi, M. (2004) *11-M: el periodismo en crisis*. Barcelona: Edicions Ara Libres.

Patterson, M. (1996) *Global Warming and Global Politics*. London: Routledge.

Patterson, Thomas (1993) *Out of Order*. New York: A. Knopf.

_____ (2004) *Young Voters and the 2004 Election*. Boston, MA: Joan Shorenstein Center on the Press, Politics, and Public Policy, John F. Kennedy School of Government, Harvard University.

Penn, Mark J. e Zalesne, E. Kinney (2007) *Microtrends: The Small Forces Behind Tomorrow's Big Changes*. New York: Twelve.

Perez, Carlota (1983) "Structural change and the assimilation of new technologies in the economic and social systems," *Futures*, 15, 357-75.

Perlmutter, David D. (2008) *Blogwars*. New York: Oxford University Press.

Perloff, Richard M. (1998) *Political Communication: Politics, Press, and Public in America* Mahwah, NJ: Lawrence Erlbaum.

Peruzzotti, Enrique (2003) "Media scandals and societal accountability: assessing the role of the senate scandal in Argentina," documento de trabalho preparado para a Conferência Estrategias de Accountability Social en América Latina, *Acciones Legales, Medios de Comunicación y Movilización*.

Pew (2000) "Voters unmoved by media characterizations of Gore and Bush," Washington, DC: Pew Research Center for the People and the Press, 27 de julho.

_____ (2004a) "News audiences increasingly politicized, on-line news audience larger, more diverse," Pew Research Center Biennial News Consumption Survey, Washington, DC: Pew Research Center for the People and the Press, 8 de junho (disponível on-line no site http://people-press.org/reports/display.php3?PageID=833).

_____ (2004b) "76% have seen prison pictures. Bush approval slips: prison scandal hits home but most reject troop pullout," Washington, DC: Pew Research Center for the People and the Press, maio.

_____ (2006)"Partisanship drives opinion: little consensus on global warming," Washington, DC: Pew Research Center for the People and the Press.

_____ (2007a) "Republicans lag in engagement and enthusiasm for candidates," Washington, DC: Pew Research Center for the People and the Press.

_____(2007b) "Views of press values and performance 1985-2007," Washington, DC: Pew Research Center for the People and the Press, 9 de agosto.

_____(2008a) "Obama weathers the Wright storm, Clinton faces credibility problem," Washington, DC: Pew Research Center for the People and the Press, 27 de março.

_____(2008b) "Fewer voters identify as Republicans," Washington, DC: Pew Research Center for the People and the Press, 20 de março.

_____(2008c) "Social networking and on-line videos take off: Internet's broader role in campaign 2008," Washington, DC: Pew Research Center for the People and the Press.

_____(2008d) "Inside Obama's sweeping victory," Pew Research Center for the People and the Press, 5 de novembro (acessado 8 de novembro, de 2008 no site http://pewresearch.org/pubs/1023/exit-poll-analysis-2008).

_____(2008e) "Public not desperate about economy or personal finances, Obama clearer than McCain in addressing crisis," Washington, DC: Pew Research Center for the People and the Press, 15 de outubro (acessado dia 8 de novembro de 2008 no site http://people-press.org/report/458/economic-crisis).

_____(2008f) "Growing doubts about McCain's judgment, age and campaign conduct," Washington, DC: Pew Research Center for the People and the Press, 15 de outubro (acessado dia 8 de novembro de 2008 no site http://people-press.org/report/462/obamas-lead-widens).

_____(2008g) "A deeper partisan divide over global warming," Washington, DC: Pew Research Center.

_____(2008h) "Increasing optimism about Iraq," Washington, DC: Pew Research Center, fevereiro 2008.

Pew Center on Global Climate Change (2008) "Climate action in Congress" (acessado em 24 de maio de 2008 no site http://www.pewclimate.org/).

Pew Global Attitudes Project (2005) "China's Optimism," Washington, DC: Pew Research Center, 16 de novembro.

_____(2008) "Global economic gloom: China and India notable exceptions," Washington, DC: Pew Research Center, 12 de junho.

Pew Internet and American Life Project (2008) "Spring 2008 survey: final topline results," Washington, DC: Pew Research Center.

Pickerill, Jenny (2003) *Cyberprotest: Environmental Activism On-line*. New York: Manchester University Press.

PIPA (2004) "US public beliefs and attitudes about Iraq," PIPA/Knowledge Networks Poll. Washington, DC: Program on International Policy Attitudes and Knowledge Networks, 20 de agosto (disponível on-line no site http://www.pipa.org/on-line_reports.html).

_____(2006) "Americans on Iraq: three years on," World Public Opinion/Knowledge Networks Poll Report. Washington, DC: Program on International Policy Attitudes, 15 de março.

Pitney, Nico (2008) "Debate analysis: ABC asked most scandal questions, Obama was clear target," *Huffington Post*, 20 de abril (disponível on-line no site http://www.huffingtonpost.com/2008/04/20/debate-analysis-abc-asked_n_97599.html).

Plasser, Fritz (2000) "American campaign techniques worldwide," *Harvard International Journal of Press/Politics*, 5 (4), 33-54.

———(2005) "From hard to soft news standards? How political journalists in different media systems evaluate the shifting quality of news," *Harvard International Journal of Press/Politics*, 10 (2), 47-68.

Popkin, Samuel L. (1991) *The Reasoning Voter: Communication and Persuasion in Presidential Campaigns*. Chicago, IL: University of Chicago Press.

———(1994) *The Reasoning Voter: Communication and Persuasion in Presidential Campaigns*, 2ª ed. Chicago, IL: University of Chicago Press.

Porto, Mauro (2007) "TV news and political change in Brazil: the impact of democratization on TV Globo's journalism," *Journalism*, 8 (4), 363-84.

Postman, Neil (1986) *Amusing Ourselves to Death: Public Discourse in the Age of Show Business*. New York: Penguin.

(2004) "The information age: a blessing or a curse?" *Harvard International Journal of Press/Politics*, 9 (2), 3-10.

Poulantzas, Nicos (1978) *L'État, le Pouvoir, le Socialisme*. Paris: Presses Universitaires de France.

Price, Monroe E. (2002) *Media and Sovereignty: The Global Information Revolution and its Challenge to State Power*. Cambridge, MA: MIT Press.

Project for Excellence in Journalism (2007) *The State of the News Media 2007: An Annual Report on American Journalism*. Washington, DC: Pew Research Center (disponível on-line no site www.stateofthenewsmedia.com/2007/index.).

———(2008a) "Media passes on Times' Pentagon piece," Washington, DC: Pew Research Center (disponível on-line no site http://journalism.org/node/10849).

———(2008b) "Why news of Iraq dropped," 26 de março (disponível on-line no site http://www.journalism.org/node/10365).

———e the Pew Research Center for the People and the Press (2000) *A Question of Character 2000: How the Media Have Handled the Issue and How the Public Reacted*. Baltimore, MD: Pew Research Center.

Public Opinion Foundation (Russia) (2007) "Mass media: preferred sources of information" (relatório on-line, 27-28 de julho.

Puig, Carmina (2004) "Programació televisiva de l'11 i el 12 de març," *Quaderns del CAC*, 19-26.

Purdum, Todd S. (2006) "Karl Rove's split personality," *Vanity Fair*, dezembro (disponível on-line no site http://www.vanityfair.com/politics/features/2006/12/rove200612).

Putnam, Robert D. (1995) "Tuning in, tuning out: the strange disappearance of social capital in America," *PS: Political Science and Politics*, 28 (4), 664-83.

_____ (2000) *Bowling Alone: The Collapse and Revival of American Community*. New York: Simon and Schuster.

_____ (2008) "The rebirth of American civic life," *Boston Globe*, Op-Ed, D-9.

Qinglian, He (2004) "Media control in China," a report by Human Rights in China (disponível on-line no site www.hrichina.org/public/contents/8991).

Qiu, Jack Linchuan (2004) "The Internet in China: technologies of freedom in a statist society," in Manuel Castells (org.), *The Network Society: A Cross-cultural Perspective*, pp. 99-124. Northampton, MA: Edward Elgar.

_____ (2007) "The wireless leash: mobile messaging service as a means of control," *International Journal of Communication*, 174-91.

_____ (no prelo) *The Working Class Network Society*. Cambridge, MA: MIT Press.

Qvortrup, Lars (2003) *The Hypercomplex Society*. New York: P. Lang.

_____ (2006) "Understanding new digital media: medium theory or complexity theory?" *European Journal of Communication*, 21 (3), 345-56.

Rafael, Vincente L. (2003) "The cell phone and the crowd: Messianic politics in the contemporary Philippines," *Popular Culture*, 15 (3), 399-425

Rai, Mugdha e Cottle, Simon (2007) "Global mediations: on the changing ecology of satellite television news," *Global Media and Communication*, 3 (1), 51-78.

Raichle, Marcus E., MacLeod, Ann Mary, Snyder, Abraham Z., Powers, William J., *et al.* (orgs.) (2001) "A default mode of brain function," *Proceedings of the National Academy of Sciences*, 28 (2), 676-82.

Rainie, Lee (2008) "Video sharing websites," Washington, DC: Pew Internet and American Life Project, 9 de janeiro 9 (disponível on-line no site http://www.pewinternet.org/pdfs/Pew_Videosharing_memo_Jan08.pdf).

Ramírez, Pedro J. (2000) *Amarga victoria: la crónica oculta del histórico triunfo de Aznar sobre Gonzalez*. Barcelona: Planeta.

Randall, Vicki (1993) "The media and democratization in the third world," *Third World Quarterly*, 14, 625-47.

Rantanen, Terhi (2005) *The Media and Globalization*. London: Sage.

_____ (2006) "Foreign dependence and domestic monopoly: the European news cartel and US associated presses, 1861—1932," *Media History*, 12 (1), 19-35.

Ray, Raka (1999) *Fields of Protest: Women's Movements in India*. Minneapolis, MN: University of Minnesota Press.

Redlawsk, David P., Civettini, Andrew J. W., e Lau, Richard R. (2007) "Affective intelligence and voting: information processing and learning in campaign," in W. Russell Neuman, George E. Marcus, Ann N. Crigler, e Michael MacKuen (orgs.), *The Affect Effect: Dynamics of Emotion in Political Thinking and Behavior*, pp. 152-79. Chicago, IL: University of Chicago Press.

Regner, Isabelle e Le Floch, Valerie (2005) "When political expertise moderates the impact of scandals on young adults' judgments of politicians," *European Journal of Social Psychology*, 35 (2), 255-61.

Renshon, Stanley A. (2002) "The polls: the public's response to the Clinton scandals, part 2: diverse explanations, clearer consequences," *Presidential Studies Quarterly*, 32 (2), 412-27.

Reporters without Borders (2002) *Freedom of the Press Worldwide in 2002. 2002 Annual Report*. Paris: Reporters without Borders.

_____(2003) *Freedom of the Press Worldwide in 2003. 2003 Annual Report*. Paris: Reporters without Borders.

_____(2004) *Freedom of the Press Worldwide in 2004. 2004 Annual Report*. Paris: Reporters without Borders.

_____(2005) *Freedom of the Press Worldwide in 2005. 2005 Annual Report*. Paris: Reporters without Borders.

_____(2006) *Freedom of the Press Worldwide in 2006. 2006 Annual Report*. Paris: Reporters without Borders.

_____(2007) *Freedom of the Press Worldwide in 2007. 2007 Annual Report*. Paris: Reporters without Borders.

_____(2008) *Freedom of the Press Worldwide in 2008. 2008 Annual Report*. Paris: Reporters without Borders.

Reuters (2008) "The world turns out for World Wildlife Fund's Earth Hour," 30 de março.

Reynolds, Gretchen (1993) "Vote of confidence," *Chicago Magazine*, janeiro (disponível on-line no site http://www.chicagomag.com/Chicago-Magazine/Janeiro-1993/Vote-of-Confidence/).

Rhee, In-Yong (2003) "The Korean election shows a shift in media power," *Nieman Reports*, 57 (1), 95—6.

Rheingold, Howard (2003) *Smart Mobs: The Next Social Revolution*. Cambridge, MA: Basic Books.

_____(2008) "Mobile media and collective political action," in James Everett Katz(org.), *Handbook of Mobile Communication Studies*, pp. 225-40. Cambridge, MA: MIT Press.

Rice, Ronald E. (org.) (2008) *Media Ownership: Research and Regulation*. Cresskill, NJ: Hampton Press.

_____e Associates (1984) *The New Media: Communication, Research, and Technology*. Beverly Hills, CA: Sage.

Rich, Andrew (2004) *Think Tanks, Public Policy, and the Politics of Expertise*. Cambridge: Cambridge University Press.

_____(2005a) "The war of ideas: why mainstream and liberal foundations and the think tanks they support are losing in the war of ideas in American politics," *Stanford Social Innovation Review*, 3, 18-25.

_____(2005b) "War of ideas: part 2," documento de trabalho não publicado (disponível on-line no site www.inclusionist.org/files/War%20of%20Ideas-Part%20II-Nov%202005.pdf).

_____ e Weaver, R. Kent (2000) "Think tanks in the US media," *Harvard International Journal of Press/Politics*, 5 (4), 81-103.

Richardson, Dick e Rootes, Chris (orgs.) (1995) *The Green Challenge: The Development of Green Parties in Europe*. London: Routledge.

Richardson, Glenn W. (2003) *Pulp Politics: How Political Advertising Tells the Stories of American Politics*. Lanham, MD: Rowman and Littlefield.

Rico, G. (2005) "Los factores de la personalización del voto en las elecciones generales en España," VII Congreso Español de Ciencia Política y de la Administración, Madrid, setembro 2005.

Riera, Miguel (org.) (2001) *La batalla de Genova*. Barcelona: El Viejo Topo.

Riley, Patricia e Hollihan, Thomas A. (1981) "The 1980 presidential debates: a content analysis of the issues and arguments," *Speaker and Gavel*, 18 (2), 47-59.

Rizzo, Sergio e Stella, Gian Antonio (2007) *La Casta*. Rome: Saggi Italiani.

Rizzolatti, Giacomo e Craighero, Laila (2004) "The mirror neuron system," *Annual Review of Neuroscience*, 27 (1), 169-92.

Robinson, Michael J. (1975) "American political legitimacy in an era of electronic journalism: reflections on the evening news," in Douglass Cater e Richard Adler (orgs.), *Television as a Social Force: New Approaches to TV Criticism*, pp. 97-139. New York: Praeger.

Robinson, Piers (2002) The CNN Effect: *The Myth of News, Foreign Policy, and Intervention*. London: Routledge.

Robinson, Robert V. e Jackson, Elton F. (2001) "Is trust in others declining in America? An age-period-cohort analysis," *Social Science Research*, 30 (1), 117-45.

Rodas, Laura (2004) "La informació televisiva els dies 11 i 12 de març," *Quaderns del CAC*, 27-35.

Rodriguez, Alex (2008) "Trial in Russia sends message to bloggers," *Chicago Tribune. com*, 31 de Março.

Rodriguez, P. (2004) *11-M mentira de Estado: los tres días que acabaron con Aznar*. Barcelona: Ediciones B.

Rose-Ackerman, Susan (1999) *Corruption and Government: Causes, Consequences and Reform*. Cambridge: Cambridge University Press.

Rosenthal, Elizabeth e Revkin, Andrew C. (2007) "Global warming called 'unequivocal'," *International Herald Tribune*, 2 de fevereiro (acessado 24 de maio de 2008, no site http://www.iht.com).

Rospars, Joe (2007) "Our MySpace experiment: personal blog entry," 2 de maio (disponível on-line no site http://my.barackobama.com/page/community/post_group/ObamaHQ/CvSl).

Rude, George (1959) *The Crowd in the French Revolution*. Oxford: Oxford University Press.

Rutherford, Jonathan (2004) *A Tale of Two Global Cities: Comparing the Territorialities of Telecommunications Developments in Paris and London*. London: Ashgate.

Sabato, Larry J., Stencel, Mark e Lichter, S. Robert (2000) *Peepshow: Media and Politics in an Age of Scandal*. Lanham, MD: Rowman and Littlefield.

Sakr, Naomi (2001) *Satellite Realms: Transnational Television, Globalization, and the Middle East*. London: I. B. Tauris.

———(2006) "Challenger or lackey? The politics of news on Al-Jazeera," in Daya Kishan Thussu (org.), *Media on the Move: Global Flow and Contra-flow*, pp. 116-32. New York: Routledge.

Salido, Noelia (2006) "Del 11M al 14M: jornadas de movilización social," in A. Vara e J. R. Virgili (orgs.), *La comunicación en tiempos de crisis: del 11M al 14M*. Pamplona: Eusuna.

Salmon, Andrew (2004) "Parties rallying behind Internet in race for votes," *Washington Times*, 11 de abril.

Sampedro Blanco, V. F., e Martinez, Nicolas D. (2005) "Primer voto: castigo politico y descredito de los medios," in V. F. Sampedro Blanco (org.), *13-M: Multitudes on Line*, pp. 24-62. Madrid: Ed. Catarata.

Samuelson, Robert J. (1998) "The attack culture revisited," *Washington Post*, 26 de agosto, A19.

Sanchez, Isabel (2004) "La programació i la informació televisives del dia de reflexió," *Quaderns del CAC*, 37—45.

Sanchez, J. M. (2005) "Cronologia," in V. F. Sampedro Blanco (org.), *13-M: Multitudes on Line*, pp. 307-9. Madrid: Ed. Catarata.

Santos, Eva (2008) Los partidos tiran de chequera. Madrid: EFE Reportajes.

Sanz, Alberto e Sanchez-Sierra, Ana (2005) "Las elecciones generales de 2004 en España: política exterior, estilo de gobierno y movilización," documentos de trabalho on--line series 48/2005, Departamento de Ciencia Política y Relaciones Internacionales, Facultad de Derecho, Universidad Autónoma de Madrid.

Sarewitz, Daniel, e Pielke, Roger (2000) "Breaking the global- warming gridlock,"*The Atlantic on-line*, julho de 2000 (acessado 1º de julho de 2008 from http://www. theatlantic.com/).

Sassen, Saskia (2006) *Territory, Authority, Rights: From Medieval to Global Assemblages*. Princeton, NJ: Princeton University Press.

Scammell, Margaret (1998) "The wisdom of the war room: US campaigning and Americanization," *Media, Culture, and Society*, 20 (2), 251-76.

SCEP (Study of Critical Environmental Problems) (1970) *Man's Impact on the Global Environment: Assessment and Recommendation for Action*. Cambridge, MA: MIT Press.

Schatz, Amy (2007) "Bo, ur so gr8: how a young tech entrepreneur translated Barack Obama into the idiom of facebook," *Wall Street Journal*, A1.

Scheufele, Dietram A. e Tewksbury, David (2007) "Framing, agenda setting, and priming: the evolution of three media effects models," *Journal of Communication*, 57 (1), 9-20.

Schiller, Dan (1999) *Digital Capitalism: Networking the Global Market System*. Cambridge, MA: MIT Press.

_____ (2007) *How to Think about Information*. Urbana, IL: University of Illinois Press.

Schreiber, Darren (2007) "Political cognition as social cognition: are we all political sophisticates?," in W. Russell Neuman, George E. Marcus, Ann N. Crigler, e Michael MacKuen (orgs.), *The Affect Effect: Dynamics of Emotion in Political Thinking and Behavior*, pp. 48-70. Chicago, IL: University of Chicago Press.

Schudson, Michael (2002) "The news media as political institutions," *Annual Review of Political Science*, 5, 249-69.

_____ (2004) "Notes on scandal and the Watergate legacy," *American Behavioral Scientist*, 47 (9), 1231-8.

Schwarz, Norbert e Bless, Herbert (1992) "Scandals ande the public's trust in politicians: assimilation and contrast effects," *Personal and Social Psychology Bulletin*, 18 (5), 574-79.

Sears, David O. e Henry, P. (2005) "Over thirty years later: a contemporary look at symbolic racism," in Mark P. Zanna (org.), *Advances in Experimental Social Psychology*, Volume 37, pp. 95-150. San Diego, CA: Elsevier Academic.

Seib, Philip (2008) "The Al Qaeda media machine," *Military Review*, maio—junho: 74-80.

Semetko, Holli A. e Scammell, Margaret (2005) "Television news and elections: lessons from Britain and the US," trabalho apresentado na Assembléia Annual da American Political Science Association, Washington, DC, setembro 1-4.

Semple, Robert B. (2004) "Editorial observer: a film that could warm up the debate on global warming," *The New York Times*, 27 de maio (acessado em 1º de julho de 2008 no site www.nyt.com).

Senate Select Committee on Intelligence (2004) *Report on the US Intelligence Community's Pre-War Intelligence on Iraq*. United States Senate, 7 de julho.

Sennett, Richard (1978) *The Fall of Public Man*. New York: Vintage Books.

SER (2004) "Pulsometro instituto opina," 22 de março. According to the National Oceanic and Atmospheric Administration's (NOAA) 2007 State of the Climate Report and the National Aeronautics and Space Administration's (NASA) 2007 Surface Temperature Analysis and National Climatic Data Center.

Sey, Araba (2008) "Mobile communication and development: a study of mobile phone use and the mobile phone industry in Ghana," dissertação de doutorado não publicada Los Angeles: Escola de Comunicação Annenberg, USC.

_____ e Castells, Manuel (2004) "From media politics to networked politics: the Internet and the political process," in Manuel Castells (org.), *The Network Society: A Cross-cultural Perspective*, pp. 363-81. Northampton, MA: Edward Elgar.

Shah, Dhavan V., Cho, Jaeho, Eveland, William P., *et al.* (2005) "Information and expression in a digital age: modeling Internet effects on civic participation," *Communication Research*, 32, 531-65.

Shahnaz, Mahmud e McClellan, Steve (2007) "Branded content breaks into web video," *AdWeek*, 48 (9), 12.

Shuman, Michael H. (1998) "Why progressive foundations give too little to too many," *The Nation*. 266 (2), 11-15.

Sifry, David (2007) "The state of the live web: Abril 2007," Technorati (disponível on-line no site http://www.sifry.com/alerts/archives/000493.html).

Simpser, Alberto (2004) "Making votes not count: expectations and electoral corruption," trabalho apresentado na Assembleia de 2004 da American Political Science Association, Chicago, Illinois.

Sinclair, John (1999) *Latin American Television: A Global View*. Oxford: Oxford University Press.

Sirota, David (2008) *The Uprising*. New York: Crown.

Slevin, Peter (2007) "For Clinton and Obama, a common ideological touchstone," *Washington Post*, A1, 27 de março.

Smith, Aaron e Rainie, Lee (2008) The Internet and the 2008 Election. Washington, DC: Pew Internet and American Life Project.

Solomon, Sheldon, Greenberg, Jeff, and Pyszczynski, Tom (1991) "A terror management theory of social behavior: the psychological functions of self-esteem and cultural worldviews," *Advances in Experimental Social Psychology*, 24, 93-159.

Solove, Daniel J. (2004) *The Digital Person: Technology and Privacy in the Information Age*. New York: New York University Press.

Sorkin, Andrew Ross (2008) "Hedge fund investing and politics," *The New York Times*, 22 de abril.

Soroka, Stuart N. (2003) "Media, public opinion, and foreign policy," *Harvard International Journal of Press/Politics*, 8 (1), 27-48.

Spanish Parliament (2004) Comision de investigación sobre el 11 de Marzo (disponível on-line no site http://www.congreso.es).

Spence, Jonathan D. (1996) *God's Chinese Son: The Taiping Heavenly Kingdom of Hong Xiuquan*. New York: Norton.

Spezio, Michael L. e Adolphs, Ralph (2007) "Emotional processing and political judgment: toward integrating political psychology and decision neuroscience," in W. Russell Neuman, George E. Marcus, Ann N. Crigler, e Michael MacKuen (orgs.), *The Affect Effect: Dynamics of Emotion in Political Thinking and Behavior*, pp. 71-96. Chicago, IL: University of Chicago Press.

Spielman, Fran (2007) "Obama endorses Daley," *Chicago Sun Times*, 22 de janeiro (disponível on-line no site http://www.suntimes.com/news/politics/obama/223272,obama012207.stng).

Sreberny-Mohammadi, Annabelle e Mohammadi, Ali (1994) *Small Media, Big Revolution: Communication, Culture, and the Iranian Revolution*. Minneapolis, MN: University of Minnesota Press.

Stamm, K. R., Clark, F., e Eblacas, P. R. (2000) "Mass communication and public understanding of environmental problems: the case of global warming," *Public Understanding of Science* (9), 219-37.

Standard and Poor's (2007a) *Industry Surveys: Movies and Home Entertainment*, setembro de 2007.

_____(2007b) *NewsCorp: Business Summary*, 25 de setembro.

Stelter, Brian (2008) "Finding political news on-line: the young pass it on," *The New York Times*, 22 de março (disponível on-line no site http://www.nytimes.com/2008/03/27/us/politics/27voters.html?_r=1andfta=yandoref=slogin).

Stewart, Angus (2001) *Theories of Power and Domination: The Politics of Empowerment in Late Modernity*. London: Sage.

Stiglitz, Joseph (2002) *Globalization and its Discontents*. New York: W. W. Norton.

_____e Bilmes, Linda J. (2008) *The Three Trillion Dollar War: The True Cost of the Iraq Conflict*. New York: W. W. Norton.

Stop Climate Chaos (2008) "Manifesto" (acessado 1º de julho de 2008 no site http://www.stopclimatechaos.org/about_us/8.asp).

Straubhaar, Joseph D. (1991) "Beyond media imperialism: asymmetrical interdependence and cultural proximity," *Critical Studies in Mass Communication*, 8(1), 39-59.

Suarez, Sandra L. (2005) "Mobile democracy: text messages, voter turnout, and the 2004 Spanish general election," trabalho preparado para ser apresentado na Assembléia Annual de 2005 da American Political Science Association.

Sussman, Gerald (2005) *Global Electioneering: Campaign Consulting, Communications, and Corporate Financing*. Lanham, MD: Rowman and Littlefield.

Swanson, David L. e Mancini, Paolo (1996) *Politics, Media, and Modern Democracy: An International Study of Innovations in Electoral Campaigning and their Consequences*. Westport, CN: Praeger.

Tabboni, Simonetta (2006) *Les Temps sociaux*. Paris: Armand Colin.

Tannenbaum, Percy, Greenberg, Bradley S., e Silverman, Fred R. (1962) "Candidate images," in Sidney Kraus (org.), *The Great Debates*, pp. 271-88. Bloomington,IN: Indiana University Press.

Teachout, Zephyr e Streeter, Thomas (2008) *Mousepads, Shoe Leather, and Hope: Lessons from the Howard Dean Campaign for the Future of Internet Politics*. Boulder, CO: Paradigm.

Teer-Tomaselli, Ruth, Wasserman, Herman, e de Beer, Arnold S. (2006) "South Africa as a regional media power," in Daya Kishan Thussu (org.) *Media on the Move: Global Flow and Contra-flow*, pp. 153-64. London: Routledge.

Teruel, Laura (2005) "La cobertura del 11M-15M en la prensa noruega: uma perspectiva mediática desde el norte de Europa," *Revista Latina de Comunicación Social*, 60 (acessado em 10 de junho de 2008 no site http://www.ull.es/publicaciones/latina/200521teruel.htm).

Terzis, Georgios (org.) (2008) *European Media Governance*: The Brussels Dimension. Chicago: Intellect.

Thomas, Douglas (2002) *Hacker Culture*. Minneapolis, MN: University of Minnesota Press.

Thompson, Edward P. (1963) *The Making of the English Working Class*. London: Victor Gollancz (lido na edição da Penguin de 1980).

Thompson, John B. (2000) *Political Scandal: Power and Visibility in the Media Age*. Cambridge: Polity Press.

Thrall, A. Trevor, Lollio-Fakhreddine, Jaime, Berent, Jon, Donnelly, Lana, *et al.* (2008) "Star power: celebrity advocacy and the evolution of the public sphere," *Harvard International Journal of Press/Politics*, 13 (4), 362-85.

Thussu, Daya Kishan (1998) *Electronic Empires: Global Media and Local Resistance*. London: Arnold.

———(org.) (2006) *Media on the Move: Global Flow and Contra-flow*. London: Routledge.

Tiffen, Rodney (2004) "Tip of the iceberg or moral panic? Police corruption issues in contemporary New South Wales," *American Behavioral Scientist*, 47 (9), 1171-93.

Tilly, Charles (org.) (1974) *The Formation of National States in Western Europe*. Princeton, NJ: Princeton University Press.

———(1990) *Coercion, Capital and European States: AD 990-1992*. Malden, MA: Blackwell.

———(1993) *European Revolutions: 1942—1992*. Oxford: Blackwell.

———(2005) *Identities, Boundaries and Social Ties*. Boulder, CO: Paradigm.

Tongia, Rahul e Wilson, Ernest J. (2007) "Turning Metcalfe on his head: the multiple costs of network exclusion," trabalho não publicado apresentado na Conferência da Telecommunications Policy Research .

Touraine, Alain (1973) *Production de la société*. Paris: Seuil.

———(1997) Pourrons-nous vivre ensemble? Paris: Fayard.

Transparency International (2003) *Global Corruption Barometer 2003*.

———(2007) *Global Corruption Barometer 2007*.

Treisman, Daniel (2000) "The causes of corruption: a cross-national study," *Journal of Public Economics*, 76, 399-457.

Trimble, Linda e Sampert, Shannon (2004) "Who's in the game? The framing of election 2000 by the Globe and Mail and the National Post," *Canadian Journal of Political Science*, 37, 51-71.

Trumbo, Craig (1995) "Longitudinal modeling of public issues: an application of the agenda-setting process to the issue of global warming," *Journalism and Mass Communication Monographs*, 152, 1-57.

———e Shanahan, James (2000) "Social research on climate change: where we have been, where we are, and where we might go," *Public Understanding of Science*, 9, 199-204.

Tubella, Imma (2004) "Internet, television, and the construction of identity," in Manuel Castells (org.), The Network Society: A Cross-cultural Perspective, pp. 385-401. Northampton, MA: Edgar Elgar.

Tabernero, Carlos, e Dwyer, Vincent (2008) *La Guerra de las Pantallas: Internet y Television.* Barcelona: Ariel.

Tumber, Howard (2004) "Scandal and the media in the United Kingdom," *American Behavioral Scientist,* 47 (8), 1122-37.

_____ e Waisbord, Silvio R. (2004a) "Introduction: political scandals and the media across democracies: volume I," *American Behavioral Scientist,* 47 (8), 1031-9.

_____ (2004b) "Introduction: political scandals and the media across democracies: volume II," *American Behavioral Scientist,* 47 (9), 1143-52.

_____ e Webster, Frank (2006) *Journalists under Fire: Information War and Journalistic Practices.* London: Sage.

Tuomi, Ilkka (2002) *Networks of Innovation: Change and Meaning in the Age of the Internet.* Oxford: Oxford University Press.

Turow, Joseph (2005) "Audience construction and culture production: marketing surveillance in the digital age," *Annals of the American Academy of Political and Social Science,* 597 (1), 103-21.

Tversky, Amos e Kahneman, Daniel (1992) "Advances in prospect theory: cumulative representation of uncertainty," *Journal of Risk and Uncertainty,* 5 (4), 297-323.

Ubertaccio, Peter N. (2006a) "Machine politics for the twenty-first century: multi-level marketing and party organizations," in John Clifford Green e Daniel J. Coffey (orgs.) *The State of the Parties: The Changing Role of Contemporary American Politics,* pp. 173-86. Lanham, MD: Rowman and Littlefield.

_____ (2006b) "Marketing parties in a candidate-centered polity: the Republican Party and George W. Bush," in Philip Davies e Bruce Newman (orgs.) *Winning Elections with Political Marketing,* pp. 81-104. New York: Routledge.

UNCTAD. (2008) *Creative Economy Report 2008.* New York: United Nations Conference on Trade and Development.

Ungar, S. (1992) "The rise and (relative) decline of global warming as a social problem," *Sociological Quarterly,* 33 (4), 483-501.

United Nations (1992) "Framework convention on climate change" (acessado 18 de março de 2008 no site http://unfccc.int/essential_background/convention/background/items/1350.php).

Uslaner, Eric M. (2004) "Trust and corruption," in Johann Graf Lambsdorf, Markus Taube, e Mathias Schramn (orgs.), *Corruption and the New Institutional Economics,* pp. 76-92. London: Routledge.

Uy-Tioco, Cecilia S. (2003) "The cell phone and Edsa 2: the role of communication technology in ousting a president," trabalho apresentado na Conferência da Fourth Critical Themes in Media Studies 11 de outubro , 2003, New School University, New York.

Valentino, Nicholas A., Hutchings, Vincent L., Banks, Antoine, e Davis, Anne (2008) "Is a worried citizen a good citizen? Emotions, political information seeking, and learning via the Internet," *Political Psychology*, 29 (2), 247-73.

————— e White, Ismail K. (2002) "Cues that matter: how political ads prime racial attitudes during campaigns," *American Political Science Review*, 96, 75-90.

Van Beek, Ursula e Klingemann, Hans-Dieter (orgs.)(2004) *Democracy Under Construction: Patterns from Four Continents*. Leverkusen Obladen: Barbara Budrich.

Van Belle, Douglas A. (2003) "Bureaucratic responsiveness to the news media: comparing the influence of *The New York Times* and network television news coverage on US foreign aid allocations," *Political Communication*, 20 (3), 263-86.

Villoria Mendieta, Manuel (2007) *Informe Global 2007 Sobre la Corrupción en España*. Madrid: Transparencia Internacional España.

Volkmer, Ingrid (1999) *News in the Global Sphere: A Study of CNN and its Impact on Global Communication*. Luton: University of Luton Press.

————— (2003) "The global network society and the global public sphere," *Journal of Development*, 46, 9-16.

Von Drehle, David (2008) "The year of the youth vote," *Time Magazine*, 31 de janeiro (disponível on-line no site http://www.time.com/time/nation/article/0,8599,1708570,00.html).

VVAA (2004) *¡Pasalo! Relatos y Análisis Sobre el 11-M y los dias que le Siguieron*. Madrid: Traficantes de Sueños (www.traficantes.net).

Waisbord, Silvio (2004a) "MCTV: understanding the global popularity of television formats," *Television New Media*, 5 (4), 359-83.

————— (2004b) "Scandals, media, NS citizenship in contemporary Argentina," *American Behavioral Scientist*, 47 (8), 1072-98.

Wallis, Cara (2008) "Techno-mobility in the margins: mobile phones and rural-to--urban migrant women in Beijing," dissertação de doutorado não publicada, Los Angeles: Escola de Comunicação Annenberg, USC.

Wapner, Paul Kevin (1996) *Environmental Activism and World Civic Politics*. Albany, NY: State University of New York Press.

Warf, Barney (2007) "Oligopolization of global media and telecommunications and its implications for democracy," *Ethics, Place, and Environment*, 10 (1), 89-105.

Warkentin, Craig (2001) *Reshaping World Politics: NGOs, the Internet, and Global Civil Society*. Oxford: Rowman and Littlefield.

Warren, Mark E. (2006) "Democracy and deceit: regulating appearances of corruption," *American Journal of Political Science*, 50 (1), 160-74.

Wasko, Janet (2001) *Understanding Disney: The Manufacture of Fantasy*. Cambridge: Polity Press.

Waterman, Peter (1998) *Globalization, Social Movements and the New Internationalism*. Washington: Mansell.

Wattenberg, Martin P. (1991) *The Rise of Candidate-centered Politics: Presidential Elections of the 1980s*. Cambridge, MA: Harvard University Press.

_____ (2004) "Elections: personal popularity in US presidential elections," *Presidential Studies Quarterly*, 34 (1), 143-55.

_____ (2006) "Elections: reliability trumps competence — personal attributes in the 2004 presidential election," *Presidential Studies Quarterly*, 36 (4), 705-13.

Watts, Duncan J. e Strogatz, Steven H. (1998) "Collective dynamics of 'small-world' networks," *Nature*, 393, 440-2.

Watts, Mark, Domke, David, Shah, Daron, e Fan, David P. (1999) "Elite cues and media bias in presidential campaigns: explaining public perceptions of a liberal press," *Communication Research*, 26 (2), 144-75.

Weart, Spencer (2007) "Discovery of global warming" (disponível on-line no site http:// www.aip.org/history/climate/index.html) que complementa o livro *Discovery of Global Warming* (2003). Cambridge, MA: Harvard University Press.

Weber, Matthew (2007) "Conceptualizing interactive news media organizations as provisional settlements of convergence," trabalho não publicado completado para a classe Comm 647, do Seminário de Pesquisa sobre a Sociedade em Rede Los Angeles, Escola de Comunicação Annenberg, USC.

Weber, Max ([1919] 1946) "Politics as a vocation," in H. H. Gerth e C. Wright Mills (orgs.), *From Max Weber: Essays in Sociology*. New York: Oxford University Press.

_____ ([1922] 1978) *Economy and Society*. Berkeley, CA: University of California Press.

Weber, Steve (2004) *The Success of Open Source*. Cambridge, MA: Harvard University Press.

Welch, Susan e Hibbing, John (1997) "The effects of charges of corruption on voting behavior in congressional elections, 1982-1990,"*Journal of Politics*, 59 (1), 226-39.

Wellman, Barry (1999) "The network community," in Barry Wellman (org.), *Networks in the Global Village: Life in Contemporary Communities*, pp. 1-47. Boulder, CO: Westview Press.

_____ e Haythornthwaite, Caroline (orgs.) (2002) *The Internet in Everyday Life*. Malden, MA: Blackwell.

Wenger, Etienne (1999*)* *Communities of Practice: Learning, Meaning and Identity*. Cambridge: Cambridge University Press.

_____ e Synder, William (2008) "Communities of practice: the organizational frontier," *Harvard Business Review* (disponível on-line).

West, Darrell M. (2001) *Air Wars: Television Advertising in Election Campaigns 1952-2000*, 3a. ed. Washington, DC: CQ Press.

_____ (2005) *Air Wars: Television Advertising in Election Campaigns 1952-2004*. Washington, DC: CQ Press.

Westen, Drew (2007) *The Political Brain: The Role of Emotion in Deciding the Fate of the Nation*. New York: Public Affairs.

Western, Jon W. (2005) *Selling Intervention and War: The Presidency, the Media, and the American Public*. Baltimore, MD: Johns Hopkins University Press.

Whitaker, Reginald (1999) *The End of Privacy: How Total Surveillance is Becoming a Reality*. New York: New Press.

Williams, Bruce A. e Delli Carpini, Michael X. (2004) "Monica and Bill all the time and everywhere: the collapse of gatekeeping and agenda setting in the new media environment," *American Behavioral Scientist*, 47 (9), 1208-30.

Williams, Dmitri (2007) "The impact of time on-line: social capital and cyberbalkanization," *CyberPsychology and Behavior*, 10 (3), 398-406.

Wilson, Carroll L. e Matthews, William H. (orgs.) (1971) *Inadvertent Climate Modification: Report of Conference, Study of Man's Impact on Climate* (SMIC), Stockholm. Cambridge, MA: MIT Press.

Wilson, Ernest J. (2004) *The Information Revolution and Developing Countries*. Cambridge, MA: MIT Press.

Wilson, K. M. (2000) "Communicating climate change through the media: predictions, politics, and perceptions of risk," in S. Allan, B. Adam, e C. Carter (orgs.), *Environmental Risks and the Media*, pp. 201-17. London: Routledge.

Win, Hanna I. (2008) "Blogging Burma: how a web of tech-savvy chroniclers conquered censorship, poverty and fear to tell their story," tese de mestrado não publicada em jornalismo impresso, Los Angeles, Escola de Comunicação Annenberg, USC.

Winneg, Kenneth e Jamieson, Kathleen Hall (2005) "Elections: party identification in the 2004 election," *Presidential Studies Quarterly*, 35 (3), 576-89.

Winock, Michel (2004) *Las Voces de la libertad*. Barcelona: Edhasa (edição francesa Paris: Seuil, 2001).

Winseck, Dwayne (2008) "The state of media ownership and media markets: competition or concentration and why should we care?," *Sociology Compass*, 2 (1), 34-47.

Wintour, Patrick (2006) "Ministers bow to pressure for climate bill," *Guardian*, 25 de Outubro (acessado em 24 de maio de 2008 no site http://www.guardian.co.uk/).

Wisconsin Advertising Project (2008) "Facts about tone of presidential advertising campaign from the Wisconsin Advertising Project," 16 de outubro (acessado 8 de novembro de 2008 no site http://wiscadproject.wisc.edu/wiscads_release_101608. pdf).

Woessner, Matthew (2005) "Scandal, elites, and presidential popularity: considering the importance of cues in public support of the president," *Presidential Studies Quarterly*, 35 (1), 94-115.

World Economic Forum (2008) *Global Survey Highlights Fear of Future and Lack of Faith in World Leaders*. Pesquisa global realizada pela Gallup International. Geneva: WEF.

World Public Opinion (2006) "30-country poll finds worldwide consensus that climate change is a serious problem," 25 de abril (disponível on-line no site www. worldpublicopinion.org).

———(2007a) "Developed and developing countries agree: action needed on global warming," 24 de setembro (disponível on-line no site www. worldpublicopinion. org).

_____(2007b) "International polls find robust global support for increased efforts to address climate change" (acessado em 25 de maio de 2008 no site www.worldpublicopinion.org).

_____(2008) "World publics say governments should be more responsive to the will of the people," 13 de maio (disponível on-line no site www. worldpublicopinion. org).

World Screen (2007) "Ugly Betty licensed to 130 territories worldwide," 21 de maio (disponível on-line no site http://www.worldscreen.com/newscurrent.php?filename=disney052107.htm).

Wu, H. Denis (2007a) "A brave new world for international news? *International Communication Gazette*, 69 (6), 539-51.

Wu, Irene S. (2008) "Information, identity, and institutions: How technology transforms power in the world," trabalho de pesquisa Washington, DC: Georgetown University, Institute for the Study of Diplomacy.

Wu, Tim (2007b) "Wireless carterfone: Net neutrality special issue," *International Journal of Communication*, 1, 389-426.

Wyatt, Robert O., Edy, Jill L., Blake, Ken e Mastin, Teresa (2000) "How general confidence in institutions predicts media credibility: a case against journalistic exceptionalism," trabalho apresentado na World Association for Public Opinion Research, Portland, Oregon.

Zaller, John (1992) *The Nature and Origins of Mass Opinion*. New York: Cambridge University Press.

_____(1998) "Monica Lewinsky's contribution to political science," *Political Science Quarterly*, 31, 182-8.

Zaloom, Caitlin (2006) *Out of the Pits: Traders and Technology from Chicago to London*. Chicago, IL: University of Chicago Press.

Zaplana, Eduardo (2004) "Carta dirigida a Jesus Ceberio, director de *El País*, por Eduardo Zaplana, ministro portavoz del gobierno," *El País*, 27 de março.

Zhang, Weiwu e Chia, Stella C. (2006) "The effects of mass media use and social capital on civic and political participation," *Communication Studies*, 57 (3), 277-97.

Zhao, Yuezhi (2003) "Falun Gong, identity, and the struggle over meaning inside and outside China," in Nick Couldry e James Curran (orgs.), *Contesting Media Power: Alternative Media in a Networked World*, pp. 209-26. Lanham, MD: Rowman and Littlefield.

_____(2008) *Communication in China: Political Economy, Power, and Conflict*. Lanham, MD: Rowman and Littlefield.

ÍNDICE REMISSIVO

11 de Setembro, 90, 213, 241
24/7 Real media, 149
3i, 148
60 Minutes (CBS), 232
A lei de Metcalfe, 88
A24 network, África do Sul, 177
Aarts, Kees, 344
ABC network, 74, 78, 90, 265, 3
  alegações, 455
  debate entre Obama e Hillary, 451
  e Ugly Betty, 176
  Good Morning America, Wright/
    Obama
  Notícias, 288
Abrahams, David, 277
Abramovich, Roman, 324
ação ambiental para mudança climática
  operada pela rede, 375-380
ação de guerrilha eletrônica, 397
  e o software FloodNet, 398
ação intergovernamental sobre a mudança climática, 368, 365
Accenture (2006), 340
Accuracy in Academe
acesso à banda larga, 159
acesso a TV sem fio, 112
Ad Council, EUA, 387
Aday, Sean, 211
adquirido por Murdoch, 475
Adut, Ari, 298
África do Sul, 140, 144
Afro-americanos, 21

apoio a Obama, 422-424
  Comunidade de Chicago, 428
  disposição dos eleitores de apoiarem,
    449
  votação em Chicago
Agence France Press, 152
Agência de notícias Bloomberg, 151, 152,
  474
Agência de Noticias Wolff, Alemanha, 124
Agência de notícias World Television, 151
Agência de Notícias Xinhua China, 333
Agência de Produção Ambiental, 388
Agência espanhola de inteligência militar
  (CESID), 315
agência Esquemática, 182
agrupamentos de produtos com a indús-
  tria cinematográfica, 148
al-Marashi, Ibrahim, e o caso do "dossiê
  Dodgy", 281
al-Qaeda, 95, 219-221, 223, 225-227, 236,
  241, 356, 402-406, 414
  conexão com o atentado à bomba no
    trem em Madri, 402-405
  supostas conexões com Saddam Hus-
    sein, 220
Al-Quds Al-Arabi, publicação on-line, 403
Al-Walid bin Talal, 136
Alemanha
  cobertura das notícias da Guerra do
    Iraque, 217
  Think tanks conectados com partidos
    políticos, 264

O PODER DA COMUNICAÇÃO | 591

Aliança da Mídia, 155

Aliança sunita/xiita, Iraque, 236

aliança xiitas e sunitas, Iraque, 237

Alinsk, Saul, 428, 440, 441N

Allen, Senador Republicano, 288

Allen, Woody, 26

Alliance for Climate Protection, 378, 385

  campanha, 383

  fundação por Al Gore, 378

ambientalistas e movimento antiglobalização, 376

América Latina

  campanhas políticas, 252

  redução da participação política, 349

  religião como fonte de identificação coletiva, 171

America's Next Top Model, TV show, 142

Amwaym 261, 267

Análise Madsen de debates eleitorais, 289

Anderson, Jack, 261

ansiedade, 201

  e a busca de informação, 222

  e a redução na precisão das lembranças, 222

  e menor apoio à Guerra do Iraque, 222

  e o processamento de informação, 202

Anson, Luis María, 310, 314

Antena 3 TV, Espanha, 249, 404

Anthony, Joe, 449

antissemitismo, na Rússia, 330

AOL, 116, 125, 128, 132

  Europa, 135

Apple, 122, 128, 136

  investidores institucionais e propriedade beneficiária, 496

Arendt, Hanna, 60

Argentina

  confiança política, 346

  escândalo das armas, 346

  grito de guerra dos manifestantes, 342

Arizona, cadastramento de novos eleitores (2008), 420

armas de destruição em massa e o Iraque, 210, 211

Arnold, Taz, 451

Aronson, Jonathan, 12, 102, 105, 111, 154

ARPANET, 156-157

Arrecadação de recursos da campanha de Bush (2004), 435

Arsenault, Amelia, 231, 236, 238, 301, 482

Arte & Revolução e o ativismo antiglobalização, 398

Ashcroft, John, 266

Asian Barometer, 341

assassinato de caráter, 293-295

Associação Americana para o avanço da Ciência, 383

Associação das Nações do Sudeste Asiático (ASEAN), 85

Associação de jornalistas Escritores independentes (AEPI), Espanha, 314

Associação Nacional do Rifle, 162

Associated Press, 151-152

atentado a bomba no trem em Madri, 402, 403, 404

atitude da General Motors para com a mudança climática, 359

atitudes elitistas, 213

ativismo dos cidadãos, campanha de Obama, 425

Ato da Decência nas Comunicações (1996) EUA, 154

Ato das Telecomunicações (1996) EUA, 108, 135, 155, 160

Ato de Segurança Climática (2007) EUA, 389

ATT, 155

Atwater, Lee, 267

audiências criativas, 129, 133

autocensura
China, 334-336, 338
e a mídia russa, 325-327
autocomunicação de massa/redes 22, 26, 102, 105, 111, 114, 118, 121, 130, 150, 169, 174, 178, 183, 248, 303, 304, 472
caso Monica Lewinsky, 306
China, 336
controladores de acesso (gatekeepers), 473
e autonomia, 121, 469
e individualismo em rede, 178
e Indymedia, 396
e mudança social, 356
e poder na rede, 480
e política insurgente, 353
e valores na política, 468
autogerenciamento em rede, 394
e utopia neoanarquista, 399
autogerenciamento, operado pela rede, 398
autoidentificação e redes globais, 83
Autonomia curda, 236
Autoridade de Atribuição de Nome da Internet (IANA), 157, 158
aversão, 201
AXA (companhia de seguro francesa), participação acionária
Axelrod, 442
Aznar, José Maria, 165, 264, 403, 416, 483
amizade com Bush, 411
e monopólio da TV na Espanha, 165

"Baby Bells" (operadoras de longa distância), 161
Bagdá, 225, 236
tropas dos EUA entram em, 225
Bagdikian, Ben, 124
Baker, Wayne, 172
Bakunin, Mikhail, 19
Bali cronologia de ações sobre mudança climática/aquecimento global, 389

banco de dados VoteBuilder do Partido Democrata, 269
Banco Mundial, 86, 393
bancos de dados, 219, 265
e análise social, 223
e micro-targeting (determinação minuciosa do público-alvo), 448
banda larga, 380
oportunidade de lucro, 159
políticas regulatórias, 158-159
Bank of America, 147
Bankfax.ru, 325
Barcelona
como nodo no movimento antiglobalização corporativa, 395
manifestações espontâneas contra o governo, 407
Barker, Travis, 451
Barroso, José Manuel, 389
Barstow, David, 322
Basra, 236
Baum, Matthew, 243
Bauman, Zygmunt, 64
BBC, 119, 143-144, 281-282, 340
Rádio 4, 281
site de notícias, 249
World Service, 144
Bebo, site de rede social, 130
Beck, Ulrich, 63
Becker, Ernest, 223
Bennett, Lance, 12, 132, 136, 359
Berezovsky, Boris, 323-324
Berkowitz, Herb, 263
Berkshire Hathaway, 148
Berlusconi, Silvio, 93, 164-165, 257, 279-280, 474
controle das notícias na TV, 278-280
e monopólio da mídia, 57
Berners-Lee, Tim, 36, 158-159
Bertelsmann media corporation, 136, 142, 148
liderança e conexões em rede, 488

O PODER DA COMUNICAÇÃO | 593

Betty la Fea, telenovela, 143, 176
Biden, Joseph, 361
Bimber, Bruce 325-326, 389
Birmânia, manifestações pró-democracia, 402
Black Eyed Peas 397
Blair, Tony 210, 324, 50
  apoio de Murdoch a, 26
  cooperação com Bush após 11 de setembro, 25
  e doadores políticos privados, 20
BlastRadius, rede social de publicidade, 149
Bless, Herbert, 343
blogosfera, 113, 150, 288
blogs e blogging, 102, 112, 118, 130-133
  em chinês, 113
  em inglês, 113
  em japonês, 113
  na Rússia, 327-330
Bloom, Orlando, 382
Boczkowski, Pablo, 112
Bokassa, General, 297
Bollywood, 145, 148, 178
  e capital privado, 23
Bolsa de ações de Madri, 315
Bolsa de valores de Nova York, 146
Bosetti, Giancarlo, 12, 279
Botero, Fernando, 215
Boykoff, M., 369-371
Boynton, G. Robert, 210
BP, atitude com relação à mudança climática, 359
Brader, Ted, 204-206
Bradley, Harry, 261-262
branding174, 180
  e cultura capitalista global, 66
Brasil, 21
Brehm, John, 344
Brin, Sergey, 474
Brown, Chris, 451

Brulle, R. J., 369-370
Brzezinski, Zbigniew, 429
Bush, George H. W., 267, 421
  eleição presidencial (1992), 232
Bush, George W., 265, 267, 291, 307-309
  admitindo a mudança climática no discurso do estado da União de 2007, 388
  amizade com Aznar, 26
  imagem, 291
Bush, Jeb, 261

Cable Modem Order (2002) EUA, 160
  e conteúdo da mídia e liberdade de expressão, 120
Cabo ESPN, 137, 269
cadastramento de eleitores, EUA, 419
cadeia de hotéis Four Seasons, 148
Calendar, G.D., 359
Califórnia, legislação de emissão de gás estufa, 364
Calígula (Camus), 19
Câmara de Comércio Internacional, 363
Câmara dos Lordes RU, 300
Câmara dos Representantes, EUA, 300
Câmaras Legais para Reivindicações de Informação Rússia, 325
Câmaras Públicas, Rússia, 325
campanha "I Count", 377
Campanha "luzes apagadas" da Torre Eiffel, 364
Campanha contra mudança climática, 385
Campanha de Bush (2000), 265-267
Campanha de Hillary, 433, 482
  apoio de Murdoch a, 482
  arrecadação de recursos , 433-436
  diário de política de escândalos, 502
  mensagem e políticas públicas, 436-439
  política de ataque/escândalo contra Obama, 453-455

questões ambientais, 389

uso da internet comparado a Obama, 444-448

campanha de Kerry, arrecadação de recursos, 433

Campanha de Obama, 285, 288, 347, 356, 417

apoio de Murdoch a, 483

arrecadação de recursos pela internet, 273, 278, 435

arrecadação de recursos, 273, 278, 435, 532

associação com o Reverendo Wright, 454

colocando a sociedade civil na internet, 461

diário de política de escândalos, 333

Discurso "Yes We Can", 417

e a contracultura dos jovens, 460

e a política de escândalos, 455

equipe da campanha, 430

esperança, aliada à mudança, 451

formando redes na sociedade civil, 440

geração Obama, 448, 449

informação por e-mail, 407

insinuação muçulmana, 424

mensagem e mensageiro, 436-440

mobilização pela internet, 447

Organizing Fellows Program, 442, 448

política emocional, 245

política insurgente, 468

questões ambientalistas, 375

tecnologia de financiamento centralizada, 108

Vote pela mudança, 484

Campanha de propaganda do Pentágono e a Guerra do Iraque, 281, 319

campanha presidencial EUA (2000), 308, 350

campanha presidencial EUA (2004), 234

campanha presidencial EUA (2008) veja campanha de Hillary; campanha de McCain; campanha de Obama, 442

Campanhas eleitorais, 251

regulamentação da, 250

veja também campanha da Hillary; campanha de McCain; campanha de Obama

campanhas negativas, 464

campanhas políticas

avaliações de vulnerabilidade, 294

como esportes competitivos, 255, 452

custo, 271

e a cognição, 199

e e-mail, 267

e emoções, 207

e sites de redes sociais, 376

e técnicas de marketing corporativo, 266

e um ambiente digital multimídia, 285-289

financiamento, 251, 261

infraestrutura, 276

pesquisa da oposição, 293

profissionalização, 283

reformas financeiras EUA, 272

Campbell, Alistair, 281-282, veja também o caso do "dossiê duvidoso"

campos semânticos e molduras conceituais, 196-197

"camuflagem local", 142

Canadian National Railway, 148

canais de TV piratas, 106

Canal 1 TV, Rússia, 323-324, 328

Canal 4 TV, RU, 281

Canal do Golfo, 260

Canal HBO, 137

Canard enchainê, Le, 297

capacidade relacional e poder, 57

capitalismo global, 73, 79, 90, 172

e redes financeiras, 473

integração chinesa ao, 331

lógica do, 394

Capitalismo veja capitalismo global, 332

O PODER DA COMUNICAÇÃO | 595

Capra, Fritjof, 67

Carolina do Norte, cadastramento de novos eleitores, 421

Carson, Rachel, 387

Carter, Jimmy, 430, 462

Carthage, Fundação 262

Carville, James, 453

Cascade Investments, 148

Caso do "dossiê duvidoso", RU, 281

caso Dumas/Elf Oil, 298

Caso Filesa, 312

Caso Plame, 266, 502

Catalunha, 165, 172-173, 178, 186, 188, 286, 310, 314, 348
  autoidentificação cultural, 253
  autonomia política, 178
  identificação religiosa, 173
  mudança política e uso da internet, 287
  partido ERC e a eleição de 2004, 411

Catterberg, Gabriela, 348-349

Cazaquistão, 390

CBS, 122, 124-125, 132, 137, 144, 147, 224, 320
  contratos com SABC, 137
  pesquisa de opinião da CBS news (2008) 241
  relacionamento com a Viacom 132

CCTV, China 142

celebridades, 143
  e a campanha de Obama, 450-451
  e movimentos ambientalistas, 381, 385

censura, Espanha, 20 veja também autocensura

Center for Digital Democracy, 162

Center for Journalism in Extreme Situations (CJES), 328

Centro de Investigações Sociológicas, 403, 409

cercando as terras comuns da era da informação, 159-162

cerébro e imagens, 19

Cerf, Vint, 158

Chafee, John, 361

Chalaby, Jean, 297, 302, 304

Chávez, Presidente, 347, 394

Chen, Steven, 114

Cheney, Richard, 219

China, 142, 331-340
  acesso ao YouTube bloqueado pelo Estado, 337
  autocensura, 333-335, 337
  autocomunicação de massa, 338
  busca de tecnologias de bloqueio de websites, 337
  Controle do Departamento de Publicidade por meio do "modo diretivo", 333
  crescimento da internet, 109
  crítica ocidental da repressão no Tibete, 339
  definição de democracia, 350
  distanciamento do modelo de propaganda na mídia, 119
  envolvimento da corporação disney na, 136
  filtros nas corporações da mídia, 143
  gabinete de informação do governo, 332
  "Great Firewall", 336
  integração no capitalismo global, 332
  jornalismo e censura/autocensura, 333-336
  liderança e controle da comunicação/informação, 333
  microgerenciamento estatal da informação, 333
  multas como medidas de controle da mídia, 355
  operadores dos sem fio privados, 166

Chirac, Jacques, 292

Cidadãos para uma Economia Sólida, 261

Cingapura, largura da banda larga, 110

circuito da noraepinefrina, 195

circuito dopamina e emoções positivas, 195

Cisco, 148

Citigroup Private Equity, 148

Clapp, J., 387

Clark, David, 160

Clarke, Tori, 320

Clarkson, Kelly, 385

Clinton, Bill, 267, 421, 424, 429-430, 439, 452, 462
   caso Monica Lewinsky, 303, 306, 307, 431
   e o eleitorado afro-americano, 424
   e política de escândalos, 299
   eleição (1992), 421
   tentativa de cassação do mandato, 308

Clinton, Hillary, 239, 264, 284, 294-295, 299, 411, 418, 420, 424, 433, 435, 443, 452-453, 463, 465, 482, veja também campanha de Hillary

Clooney, George, 376, 450

CNN em espanhol, 103, 177

CNN Internacional, 177

CNN website, 249

CNN+, 177

Coalizão da Esquerda Unida, Espanha, 311

Coalizão Stop Climate Change (parem a mudança climática), 390

códigos culturais, 101, 170

códigos de comunicação, 69, 184-185, 187

códigos de referência cultural, 101

cognição política, 199

cognição, 24
   nas campanhas políticas, 204-206
   política, 199-203

Cohen Bernard, 214

Cohen Florette, 223, 229

Colbert, Stephen, 207

Comcast, 145

Comella, Rosemary, 437, 453, 458

Comícios *Step it Up*, 386

Comissão Eleitoral Federal (FEC) EUA, 271, 273

Comissão eleitoral RU, 271

Comissão Europeia
   descaso da regulamentação nacional da mídia, 163
   e jurisdição sobre telecomunicações e a mídia, 154
   e neutralidade na rede, 159

Comitê Internacional Ad Hoc (IAHC), 158

Comitê Parlamentar sobre Padrões na Vida Pública, RU, 276

comodificação da liberdade, 437

Companhia automotiva Ford, atitude para com a mudança climática, 359

Companhia Blue State Digital, 449

Companhia Clear Channel, 133
   ação por parte de governos, 388-390
   e a comunidade científica, 372-374
   e a mídia, 368-371
   filmes, 383

Companhia de petróleo Shell, atitude para com a mudança climática, 359

Comparecimento de eleitores baseados no número de eleitores elegíveis para votar (VEP), 348

comparecimento dos jovens nas eleições americanas, 421

compartilhamento do poder e cidadania, 244

competição sem fio e o FCC, 167

complexo Industrial de Hollywood, 144, 145, 175, 176

comportamento do eleitor, papel do medo e do entusiasmo na publicidade política, 205-206

comportamento político
   e entusiasmo, 200
   e o medo, 200

e o sistema de disposição, 200
e o sistema de vigilância, 200
comunalismo cultural, 171
comunalismo, 103, 171, 174, 190
cultural, 171
e individualismo em rede, 414
resistindo às redes dominantes, 83-84
comunas resistentes e redes globais, 84
comunicação de massa para autocomunicação de massa, 102
comunicação de massa/redes, 21, 24, 25, 29, 37, 101, 105, 106, 401
como espaço público na sociedade em rede, 467
como redes fundamentais de geração de poder, 480
e o poder de criar redes, 473
comunicação emocional, 198
comunicação sem fio, 22, 109-110, 117, 121, 124
e a lei Sorm2, Rússia, 329
e os pobres, 110
integração vertical, 152
comunicação social e comunicação de massa, 101
comunicação socializada, controle da fonte no poder social, 364
Comunicação, 101-106
definida, 101
digitalização, 103
interatividade e, 102-103
interpessoal, 103
mista/interativa, 102
comunicações entre emissor/receptor, 183-185
comunidade científica e mudança climática, 372-374
comunidades autônomas e TV e rádio regionais, 165
conflitos comerciais da mídia na política da esquerda/direita, 316

debates da campanha eleitoral (2008), 289
democracia, 19-21
e a privatização da mídia, 164-166
eleição parlamentar (2004), 403-414
eleições parlamentares (2004) padrões de votação, 409-412
eleições parlamentares (2008), 115
fontes das notícias de campanha, 285
gastos da campanha eleitoral, 277
legitimidade política e confiança pública, 319
Ministério da Economia, 277
Ministério do Interior e a conspiração do GAL, 313, 315
mobilização da resistência, 400-414
participação na Guerra do Iraque e retirada, 403, 406, 411
personalização da política, 309
política da imagem, 293
política de escândalos entre os Socialistas, 310-319
política negativa, 347
preocupação pública com o aquecimento global, 365
reação fascista, 292
regulamentação do financiamento político comparada a dos EUA, 276
regulamentação e financiamento dos partidos políticos, 275
táticas da campanha eleitoral, 285
think tanks conectados com partidos políticos, 263
comunidades e localidade, 82
comunidades epistêmicas, 373
comunidades insurgentes de prática, 413-415
Espanha, 300-414
comutação e poder, 98
comutadores, 91-95, 97, 151

concentração de propriedade, corporações globais da multimídia, 143

conduta sexual e a vida pública nos EUA, 307

conexões neurais
criando experiências emocionais, 194
e novas experiências, 193

Confessions of a Political Hitman (Marks), 252, 293

confiança pública veja legitimidade política e confiança pública, 340

Conflito de operadores de companhias de cabo/telefonia nos EUA, 155

conglomerados da multimídia da segunda camada, 134, 136, 138

Congresso dos EUA, 93, 225, 227, 229, 363

consciência ambiental, 356

consciência pública do aquecimento global, EUA, 362

consciência, 192, 193

Conselho Internacional de Sindicatos Científicos (ICSU), 361

Conselhos Regionais de Pedidos de Informação, 325

Consenso de Washington, 89

construção de significado, 57

construção simbólica e molduras, 471

consultoria política, 253

consumismo, 171, 172, 174, 359
de marcas, 175

consumo de massa, 358

conteúdo global, localizando, 135

contracultura jovem e a campanha de Obama, 450

Contramolduras, 212-213, 217-218, 227, 231-232, 240
furacão Karina, 213
Guerra do Iraque, 177, 201

Contrapoder, 21, 34, 35, 48
confronto com as redes de poder global, 244

e localismo, 50

e reprogramando as redes, 353

Convenção da Fundação Nollywood 2006, 145

Convenção Nacional do Partido Democrata (2004), 233, 417

Convenção Quadro das Nações Unidas sobre mudanças climáticas (UNFCCC), 363
Conferência de Bali (2007), 385

convenções partidárias em Iowa, 233

convergência da internet/tecnologia sem fio, 110, 113

convergência na comunicação, 188

convergência tecnológica, 105, 110
e comunicação multimodal, 110
e o novo sistema multimídia, 105

Coors, Grover, 261

Coors, Joseph, 261

COPE, rede de radio espanhola, 314

Coreia do Sul, largura da banda larga, 110

corpo propriamente dito e a mente, 192

Correa, Presidente, 347

corrupção e desconfiança pública, 340, 341-343

corrupção política, 298
e a confiança do eleitor nas eleições, 348

córtex medial parietal e o eu, 199

Coryn, John, 266

cosmopolitismo religioso, 177

cosmopolitismo, 174, 176, 177
e cultura global

Cowhey, Peter, 102

Craxi, Bettino, 164

crescimento do PIB como medida de progresso, 358

criadores de imagens e candidatos políticos, 266

crise econômica veja crise financeira

crise financeira 2008, 465
e campanha presidencial nos EUA, 239

O PODER DA COMUNICAÇÃO | 599

Critical Art Ensemble, 398

cronysmo, uma alternativa ao lobbying, 274

Crow, Sheryl, 382

Cullity, Jocelyn, 143

cultura de remixagem, 156, 172

cultura global, 103
  e a sociedade em rede, 82-84

cultura muçulmana e globalização, 68

cultura
  da natureza, 358
  da sociedade industrial, 113
  de autonomia, 29
  de consumismo, 104
  de coprodução de conteúdo, 180
  de experimentação, 117
  de hackers, 179
  do individualismo em rede, 178
  e processo de comunicação, 29
  remixagem, 156

culturas de identidade múltipla, 108

Cúpula do Leste Asiático, 85

Curran, James, 250

"Curva Keeling", 360

cyber-ativistas movimento anti-globalização corporativa, 392

D'Estaing, Giscard, 297

D'Orléans, Louis Phillipe, 296

Dalai Lama, 335

Daley, Bill, 429, 443

Daley, Prefeito Richard, 443

Dallas, show de TV, 178

Damasio, Antonio, 12, 15, 24, 36, 55, 70, 191, 193, 197-199, 205

Damasio, Hanna, 12

Damon, Matt, 382

Danielian, Lucig H., 263

DARPA (agência de pesquisa do Departamento de Defesa dos EUA), 156

Daschle, Tom, 429

DataMart, banco de dados do Partido Democrata, 269

Dauvergne, P., 387

David, Laurie, 382

de Abu Dhabi, 148

De Sola Pool, Ithiel, 38

De Vos, Richard, 267

Dean, Howard, 232, 269, 419

Deane, Claudia, 308

debates eleitorais, 289

Declaração de Princípios de Genebra, ONU, 167

definição de pauta intermídia, 143, 144

definição de pauta, 24, 211, 217, 232
  e a Guerra do Iraque, 227-243
  e a internet, 25
  e a mídia, 211
  e estratégias políticas, 22
  e indexação
  estatísticas das vítimas da Guerra do Iraque, 21
  inter-mídia, 217
  pela mídia sobre mudança climática, 370

Democratas Cristãos (RAI Uno), Itália, 279

Demos, think tanks, 260

Denial of Death, The (Becker), 223

Denzilla, banco de dados do Partido Democrata, 265

Departamento de Comércio dos EUA, 158, 167, 168

Departamento de Defesa dos EUA, 157
  encaixando analistas militares nas redes de TV, 320
  governança da internet, 254

Departamento do Tesouro dos EUA, 190

desempenhando papéis, 196

desenvolvimento de autonomia e a internet, 183

desigualdade, 431
 e a cultura digital, 104
 e acesso à banda larga, 104
desperatehillaryattacks.com, 455
desperationwatch.com, 455
desregulamentação regulamentada, 153
desregulamentação, 163
 de transmissão radiofônica, telecomunicações no mundo todo, 112, 152, 153
 de transmissão radiofônica, telecomunicações nos EUA, 152
 dos mercados financeiros, 478, 479
 veja também países individuais
determinação do público-alvo
 e a mídia, 249
 e a política da mídia, 250
 veja também determinação minuciosa de público-alvo (micro-targeting)
Developing Communities Project (DCP) Chicago, 428
Dia da Terra, 360, 362, 365
 rede, 375
 participantes, 375
Diario, 33, 258
 cobertura da conspiração do GAL, 311
Diaz, Cameron, 376
DiCaprio, Leonardo, 382
Digital Millennium Copyright Act (1998) EUA, 156
"digital rights management" (DRM), 156
Dinamarca, alta penetração da banda larga, 130
dinastia Coors, 261
Dipdive.com "WeCan08", 451
direitos humanos, 94
diretorias integrando companhias da mídia, 144-146
discurso e violência, complementaridade, 58
discursos de poder, 57

Disney-ABC International, 143
Disney, 122, 124, 125, 128
 como comprador de anúncios, 107
 investidores institucionais e propriedade beneficiária, 478
 liderança e conexões em rede, 485
 na China, 109
Dispensa, J.M., 370
diversidade cultural, 83, 97
diversificação de plataformas, 129, 131
divisão comunalismo/individualismo, 171
divisão de trabalho por gênero, 195
Divisão do trabalho, de acordo com o gênero, 77
divisão individualismo/comunalismo, 171
"Does the Audience Have Bad Effects on Television?" (Eco), 183
Domain Name System (DNS), 158
 privatização, 109
Dondurei, Danii B. 327
Dong, Fan, 335, 338
Dow Jones Company, 131, 144
 adquirida por Murdoch, 482
Dowd, Matthew, 268
Dreams from My father (Obama), 428
Drezner, D., 381, 382
Driving School, show de TV, 130
Drucker, Henry, 276
Duelfer, Charles, 219
Dunham, Ann (mãe de Barack Obama), 427
duração do "sound bites", 287
Dylan, Jesse, 450

 e a internet, 348-349
 e confiança política, 349
e evolução, 155
 e a política de crenças, 163
 e comportamento social, 194

O PODER DA COMUNICAÇÃO | 601

e configuração neural, 156

e memória, 155

e política da mídia, 247

e processo político, 159-160

estimulando o raciocínio, 197

influenciando a tomada de decisões e a avaliação política, 153, 195, 197, 230

nas campanhas políticas, 160-163

positivas e negativas, 201

seis básicas, 194

e-Bay, 160

e-mail, 40, 111, 167

supervisão, 157

Earth Island Institute, 379

Earthlab, 385

Ecclestone, Bernie, 276

Echo Moskvy, estação de rádio, 324

Eco, Umberto, 181, 182, 552

economia global do crime e as instituições do Estado, 304

economias de escala e sinergia, 84, 93

Economist, The, 130

Edwards, John, 233

efeito "pequeno mundo", 401

Efeito Bradley, 438-439

efeito gás estufa, 369

efeitos do raciocínio motivado, 207

Einhorn, Robert, 430

Eizenstat, Stuart, 430

Ekman, Paul, 552

Electronic Disturbance Theater (EDT), 398

eleitorado independente, 264

Eleitores catalães e a ameaça do PP à autonomia, 411

eleitores latinos, EUA, 449

elites políticas, 232, 240

e novas molduras, 217

emissões de gás estufa, 408

emoções

empreendimentos comerciais em rede, 37

e inovação, 38

Endemol, companhia da mídia, 128

Enquadramento, 25

da mente, 209-219

e estratégias políticas, 278

mecanismos, 196-197

política, 262

Entman, Robert, 12, 211-212, 214-218, 224, 227

Envolvimento cívico, 344, 349

epidemia SARS na China, 335, 337

Era da Informação, 69-71

Escândalo de Watergate, 260, 299

Escola Punahou, 427

Escritório de Gerenciamento da Informação na Internet

China, 333

espaço de fluxos, 80-82, 96

"grassrooting" (formar "comunidades de base"), 98

espaço de lugares, 96

espaço e tempo e relacionamentos de poder, 72

espaço social Rússia, 329

espaços sociais, 113

de realidade virtual, 116

e empresas multimídia, 119

internet, 113-115

na Rede, 116

Espanha, 177

esperança

aliada à mudança na campanha de Obama, 435-439

e o processo político, 203-204

estabelecimento de padrões neurais, 191, 194

e emoções/sentimentos, 193

Estado em rede, 64, 85

e multilateralismo/unilateralismo, 91

e problemas ideológicos de língua comum e valores compartilhados, 90

Estado, 74
  como rede, 84, 88
  controle sobre as redes de comunicação, 319
  e relações de poder, 62-63, 64-65, 91
  formação de redes entre Estados, 97
  legitimidade, 350
  monopólio da violência como fonte de poder social, 97, 471
  política e propaganda e controle da mídia
  redes de poder construídas ao redor do, 481
Estados-Nação
  e devolução, 86
  legitimidade, 86
  monopólio da violência, 97
  problemas de coordenação, 87
estereótipos de gênero, 202
estereótipos raciais, 203
estímulos de morte, subliminares, 212
Estrada, Joseph, 401
estratégia de reforço no Iraque, 235
"estratégia externa" de protesto social, 133
estratégias políticas
  e definição de pauta, 321
  e enquadramento, 321
  e preparação da informação, 321
estruturação dos relacionamentos de poder, 96
estruturas colaborativas na mídia, 135-136
Estudantes chilenos, "movimento pinguim", 402
Estúdios Fox, 128
Estudo Cooperativo da Eleição do Congresso (2006) EUA, 229
Estudo de Problemas Ambientais Críticos (MIT), 360
Estudo do Impacto do Homem no Clima (reunião de Estocolmo), 360

Estudos Pew, 114, 210, 231, 235, 307, 366
ETA 257-9, 312-314, 403, 413
  acusada do atentado a bomba no trem em Madri, 404-409
Ethics in Government Act (1978) EUA, 299
ética ambiental, 93
etnocentrismo, 68
Ettinger, Amber Lee, 451
eu como princípio organizador, O, 193
eu consciente, e sentimentos/emoções, 193
EUA, 75
  a internet como fonte crescente de notícias, 285
  ameaça terrorista, 74, 156
  bombardeio da Líbia, 217
  cadastramento de eleitores, 419-424, 461
  companhias parceiras no Iraque, 75
  comparecimento às urnas baseado no número de pessoas elegíveis para votar (VEP), 348
  comparecimento dos jovens nas eleições, 422
  conduta sexual e vida pública, 307
  Cultura divina, 143
  cultura Me, 173
  divisão racial, 424, 428, 431
  empreiteiros militares, 321
  envolvimento dos cidadãos nos processos políticos, 341
  evangélicos e o Partido Republicano, 347
  evolução da regulamentação da mídia, 163
  "guerra ao terror", 87, 321, 477, 479
  história da regulamentação da internet, 162
  imperialismo cultural, 175
  intervenção na Somália, 213

O PODER DA COMUNICAÇÃO | 603

invasão de Granada, 217

invasão do Panamá, 217

mercado hispânico, 176

mórmons, 451

movimento pela paz, 234

opinião política dividida sobre mudança climática, 369

padrões de votação (1980-2004), 473,479-83

penetração da banda larga comparada ao resto do mundo, 155

poder militar do Estado, 90

preocupação pública com o aquecimento global, 366-367

Primeira Emenda, 156

racismo, 457

Receita Federal dos EUA, 90

redes baseadas nos militares, 75

religião como fonte de identificação coletiva, 172

telenovelas, 175

usuários da internet, 109

veja também Guerra do Iraque

vigilância governamental da internet, 156

voto hispânico, 420

Eurobarometer, 341

Europa

cidadãos e europeanismo, 171

licenciamento de espectro da mídia, 124

percepções públicas da atividade humana e mudança climática, 372

eventos que despertam medo e a atenção, 194

Exército madhi, Iraque, 236

Facebook, 116, 150, 185, 329, 379, 426, 444

e atividade política, 444

e campanha de apoio a Obama, 424

e Indymedia, 397

Faculdade de Direito de Chicago, 428, 441

Faculdade de Direito de Harvard, 428, 431

Fahmy, Shahira, 225

Fairey, Shepard, 451

Falun Gong, 143, 334, 337-338

Família Koch, 262

Família Smith Richardson, 261

Farrakhan, Louis, 456

Federal Communications Commission (FCC),154-157, 159-162

e o governo Bush, 225

Feinstein, Lee, 430

Feldman, Jerry, 12, 24, 191

feminilização da força de trabalho, 76

feminismo, 39

feministas e o movimento antiglobalização corporativa, 356

Festival de Cinema de Sundance (2006), 383

Fidelity, 147

participação nas conglomerações da mídia, 146

Figueroa, Temo, 441

Filmes, mudança climática, 384

Filo, David, 474

filtro de controle governamental direto, 257

filtro de critérios editoriais, 254-257

"flexibilidade do espectro", 159

Força de Tarefa de Planejamento da Internet (IEFT), 157

Força Tarefa de 72 horas, Republicana, EUA, 268, 448

Fórum de Cooperação Econômica Ásia-Pacífico (APEC), 85

Fórum de Governança da Internet (IGF) política de múltiplos acionistas, 168

Forum Econômico Mundial, 393, 395

Pesquisa Voice of the People (2007), 524

Forum Social Mundial, 393-395

Forward Strategy Unit (RU governo Blair), 264

Foucault, Michel, 58, 62
França rede, 74, 115
França
  confiança política e política de escândalos, 298
  corrupção política, 297, 298
  oposição à Guerra do Iraque, 226
  política de escândalos, 296-298
  preocupação pública com o aquecimento global, 365
  privatização da TV pública, 64
  privatização da TV, 164-165
  Revolução (1789), 244
  Revolução (1830), 296
  Revolução (1830), 297
franchise do Big Brother, 143, 160
Franco, General, 310
Frente dos Trabalhadores da Catalunha, 20
Freud, Sigmund, 19
Friends of the Earth, 364, 377
  campanha on-line no RU sobre mudança climática, 380
  encorajando o ativismo local dos cidadãos, 414
Front, The (filme), 26
FSB (agência russa de segurança), 325, 330
Fundação Alternativas, 264
  arrecadação de recursos
  campanha de Bush(2004), 434
  campanha de Hillary, 432-435
  campanha de Kerry, 433
  campanha de McCain, 435-6, 35
  campanha de Obama, 433, 462
  democracia e, 274
  internet, 284, 435-6
Fundação Charles G. Koch, 262
Fundação Claude R. Lambe, 262
Fundação Conservation, 360
Fundação David H. Koch, 262
Fundação Earhart, 262

Fundação FAES, 264
Fundação Friedrich Ebert, conexão com os Social Democratas, 264
Fundação Harry Bradley, 263
Fundação Henry Salvatori, 263
Fundação Heritage, 261, 263
Fundação JM, 262
Fundação John M. Olin, 261
Fundação Konrad Adenauer, conexão com Democratas Cristãos, 264
Fundação Leonardo DiCaprio, 382
Fundação Lynde, 261, 262
Fundação Pablo Iglesias, 264
Fundação Phillip M. McKenna, 262
Fundação Sarah Scaife, 262
Fundação Smith Richardson, 262
Fundo Marshall, Alemanha, 366
Fundo Monetário Internacional (FMI), 90, 136, 392
furacão Katrina, 240, 243, 367
  contramolduras, 212, 218
  mau gerenciamento do governo Bush, 235
furacão Rita, 367

G-8, 86, 392, 396
  reunião em Sapporo (2008), 389
Gaia, 174
GAL (Grupos antiterroristas de libertação) conspiração Espanha, 311, 313, 315
Galícia, 165
Gallup International Association, 301
Ganz, Marshall, 441
Garzón, Baltasar, 312, 313
gatekeepers (controladores de acesso)
  e autocomunicação de massa, 471
  e poder de rede da mídia, 476
gatekeeping
  componentes do processo, 254
  e democracia, 263-258

Gates, Bill, 148

Gay.com, 148

Gazeta.ru, 325

Gazprom Media, Rússia, 324, 326, 331

GE (matriz da NBC) como comprador de publicidade, 149

geração de imagens negativas, 293

geração de imagens, políticas, 24

geração de poder político, 419

geração de poder

  e controle do espaço público, 355

  e política informacional, 251

  estratégias, 484

  moldando a tomada de decisão, 244-246

  por geração de imagens, 247-250

geração Obama, 460

Gestores de fundos de retorno absoluto e a candidatura Obama, 433

Getty Images, agência de notícias, 152

Giddens, Anthony, 37

Gilligan, Andrew, 281

Gitlin, Todd, 217

glasnost, 332

Global Climate Coalition, 358

Global Climate Protection Act (1987) EUA, 361

"Global Cool", 382

Global Days of Action against Climate Change (2007), 384

Global Warming Act, 380

globalização cultural, 171

globalização, 62, 70, 98

  e exercício de poder, 64-65

  e liberalização da mídia, 163

  e mudança cultural, 170-175

  em oposição à identificação, 170

  movimentos antiglobalização, 94, 399-

  no mundo antigo, 67

GlobeScan, 340

Goffman, Erving, 196

Golan, Guy, 144

Goldenberg, Edie, 262

González, Felipe, 164, 292, 310-18

  categoria de liderança, 317-319

  vitória na eleição (1993), 314

Good Morning America (ABC) associação Wright/Obama, 456

Google News, 249, 287

Google, 122, 128, 129, 160, 385

  aproveitando o comportamento do usuário final, 151

  controlando nodos críticos, 149

  investidores institucionais e propriedade beneficiária, 275

  liderança e conexões em rede, 271

  participação da Fidelity no

Googlearchy, 150

Gore, Al, 118, 307-8, 360-4, 376-85

  campanha presidencial (2000), 308

  "Celebridade pós White House", 383

  e a imoralidade de Clinton, 309

  e Live Earth, 376

  e mentiras na mídia, 306-307

  fundando Alliance for Climate Protection, 378

  Prêmio Nobel da Paz (2007), 364, 383

  prêmios, 383

  proposta do imposto sobre carbono, 384

governança global, 87, 88, 89, 468

Governo Bush, 25, 160, 219, 221, 223-227

  e a crise financeira (2008), 465

  e a guerra do Iraque, 219-243

  e Karl Rove 212, 266

  e mudança climática/aquecimento global, 357

  e o FCC, 160-161

  e o plano Medicare, 321

  e propaganda da guerra do Iraque, 319-321

  escândalos políticos selecionados, 502

mal gerenciamento do furacão Katrina, 234
política externa, 435
re-regulamentação a favor da telecomunicação e da mídia, 160
Governo de Aznar, 257
informação falsa sobre o atentado no trem em Madri, 404-409
Governo de Blair, 163, 281
governo nigeriano, 145
Governo Reagan, 361
governo Zapatero, 411
Graber, Doris, 209-10, 249-50, 254, 259
Gramm, Phil, 266
Gramsci, Antonio, 59
Granada, invasão de pelos EUA, 217
gravação de vídeos, digital, 107
gravação digital de vídeo, 107
Greenpeace Internacional, 378
Greenpeace, 364, 377-80, 384, 387
greve do Writers Guild of America (2007-8), 152
Grewal, David, 89
Groeling, Tim, 234, 344-45
Grouper.com, 114
Grup, Texas Pacific, 148
Grupo ABC Espanha, 316
Grupo analista do Pentágono e contratos militares, 514
Grupo Blackstone 4
grupo de Inspeção no Iraque, 281
Grupo de Liderança do Estado em Informatização, China, 332
Grupo de Trabalho das Nações Unidas sobre Governança da internet (WGIG), 168
Grupo de Vendas Arvada do Oriente Médio, 146
Grupo Flickr, 386
Grupo Interpúblico de Companhias comprando tecnologias de entrega da internet, 149-150

Grupo Prisa corporation, 406
Grupo Prisa, 316, 406
Grupo Televisa, 148
Grupos 527 e publicidade paga, 272
Grupos antiterroristas de Liberação (GAL), 311, 313, 315
conspiração, Espanha, 312-314
grupos de foco, 265
Guardia Civil, Espanha, 315
Guber, D.L., 370
Guehenno, Jean Marie, 304
"guerra ao terror", 25, 213, 216, 262, 471
como moldura, 218, 224, 231
metáfora ativando a moldura do medo, 225
redes da mídia e, 217
Guerra Civil Espanhola, 19
Guerra da Chechênia, 326
Guerra do Golfo, 346
Guerra do Iraque, 209, 219, 239, 262, 434
apoio à conexão com emoções negativas, 300, 301
cobertura das notícias, 218
conexão com o terrorismo, 219
estatísticas de vítimas fatais, definição de pauta, 218
estratégia de reforço, 239
evolução de apoio relacionada com eventos reais, 577
governo Bush e propaganda, 320-322
informação enganosa, 221-244, 471
movimentos antiguerra, marginalização por parte da imprensa nos EUA 165
participação e retirada espanholas, 403, 406, 411-412
posições de Obama/Hillary, 437
reconstrução pós-guerra, 238
Guerra do Vietnã, 214, 234, 244, 260
opinião pública americana como condição de poder, 321

guerras de blogs e política de escândalos, 303

Guizot, François, 296-97

Guo Liang, 338

Gusinksky, Vladimir, 324

Gutierrez, Lucio, 401

Habermas, Jürgen, 59, 64

hackers ativistas, 47

hacklabs, 397

Hallin, Daniel C., 213, 218, 251

Hansen, James, 361, 362, 372

Hartnett, Josh, 382-383

Harvey, David, 75

Havaí, 426

Havas, French, 124

Held, David, 64

Henry P., 208, 240

Herbst, Susan, 213

Hersh, Seymour, 232

Hetherington, Mark, 341, 346, 348

Hibbing, John R., 305, 344

hierarquia familiar, evolução da, 215

Highpoint Capital Management, 147

Hollihan, Thomas A., 250, 271, 290

Hora da Terra (2008), 385

Hora da Terra, 385

"House Divided" discurso de Lincoln contra a escravidão, 431

Howard Philip N., 215

Hu Jintao, 333

sobre a Rede do Povo na China, 336-338

Huang, John, 273

Huddy, Leonie, 201

Hughes, Chris, 449, 450

Hulu.com, 125, 128, 160

Hurley, Chad, 114

Hussein, Saddam, 201, 219-221, 225-227, 241, 281

estátua derrubada, 225

supostas conexões com a al-Qaeda, 219

suposto envolvimento com 11 de setembro, 219

IAD e filmes da Nollywood, 145

ICANN (Corporação da Internet para nomes e números atribuídos), 158, 167-168

idade e plataformas de informação política, 287

Ideias

como imagens, 291

como valor, 72

identidades de resistência, 173

identidades/identificação cultural, 83

e enquadramento comum, 96

e redes globais, 65

identificação, 173

em oposição à globalização, 171

ideologia da democracia, 248

Idioma catalão, 178, 188

ifilm.com, 114

Igreja Católica, 34, 311, 314

escândalos sexuais, 345

Igreja Trinity, Chicago, 430, 456-457

Illarionov, Andrei, 326

"Image bites" e campanhas políticas, 287

imagens e cérebro, 204

Imperador Qing, 296

Imprensa dos EUA

e credibilidade, 248

marginalização dos movimentos antiguerra, 218

imprensa escrita, desregulamentação regulamentada, 153

imprensa livre, 161

Independiente, El, 314

indexação 212

de eventos políticos, 237

e a mídia, 236

e definição da pauta, 237

e jornalismo, 236
e seleção pelas elites, 237
Índia, 137, 143, 163, 171
  mercado televisivo, 178
  preocupação pública com o aquecimento global, 362
  saída de produtos culturais, 143
Indian Film Company, 145, 148
Indiana, 421
  cadastramento de eleitores novos, 461
  e a campanha presidencial (2008), 419
Índice do Iraque da Brookings Institution, 231
individualismo cultural, 173
individualismo em rede, 178, 179, 414, 415
individualismo, 103, 171
  em rede, 159-160
indústria cinematográfica nigeriana (Nollywood), 145
Indústria cinematográfica, agrupamento de produtos, 145
indústria da publicidade
  concentração, 24
  rede e redes da mídia, 150
Indústria Internacional do Petróleo Associação de Conservação do Meio Ambiente, 363
indústrias de telecomunicação, desregulamentação regulamentada, 154
Indymedia, 396-397
  e o movimento contra a globalização corporativa, 395
influências globais na multimídia local, 137, 143
influências locais sobre a multimedia global, 104
informação enganosa veja governo de Aznar; caso do "dossiê duvidoso"; Guerra do Iraque
informação, confirmando crenças, valores e hábitos, 202

infotenimento, 136, 137, 258, 259
  e a política da mídia, 255, 257
  na Rússia, 323
  política de escândalos como, 304
Inglehart, Ronald, 346, 349
Ingram, H., 372
institucionalização da violência, 62-63
instituições do Estado e a economia global do crime, 304
instituições/agências regulatórias, 104
  apoio a modelos comerciais, 105
Instituto Cato, 261
Instituto de Petróleo Americano, 359
Instituto de Política da Universidade de Harvard, 421
Instituto de Recursos Mundiais, 373
Instituto Internacional do Alumínio, 363
Instituto Manhattan, 261
integração vertical, 68, 107, 128
  comunicação sem fio, 152
  e desregulamentação nos EUA, 159
  TV, rádio e imprensa escrita, 162
intensificação de furacões e o aquecimento global, 364
interação entre redes horizontais e verticais, 119
Intermix, 128
Internet Activities Board, 157
internet, 21, 109-110, 111, 122, 123
  arrecadação de recursos para a campanha de Obama, 435
  campanha de Howard Dean, 233
  campanha de McCain, 450
  como fonte de informação durante as manifestações contra o governo espanhol, 413
  como fonte de notícias, 250, 286
  como plataforma para a TV, 113, 159
  contribuindo para um aumento na política de escândalos, 247-8
  crescimento da publicidade, 130

O PODER DA COMUNICAÇÃO | 609

crescimento na China, 109
desregulamentação regulamentada, 153
e a construção da autonomia, 179
e a definição de pauta, 212
e envolvimento cívico, 349
e o ativismo do Dia da Terra, 376
e o ativismo do Partido Democrata, 426
e política da mídia, 257
e redes da mídia, 150
e Stop Climate Chaos, 377
efeitos sobre o controle estatal russo da
    comunicação, 303
espaço social, 112-115
governança da ONU, 167
governança global, 167-169
importância no movimento antigloba-
    lização, 392, 399
jornais acessados por meio de, 112
mobilização da campanha de Obama,
    285, 448
o envolvimento com os movimentos
    da sociedade civil da campanha de
    Obama, 440-448
papel no movimento global para evitar
    a mudança climática, 378-380
penetração global, 109
pirataria, 325
política com base na sociedade civil,
    465
redes de informação, 112
regulamentação nos EUA, história da,
    155-158
revelação da tortura em Abu Ghraib,
    215
rompendo as molduras dominantes,
    243
uso pelos defensores da campanha de
    Hillary Clinton, 443-448
vigilância do governo dos EUA, 155
vigilância estatal chinesa, 337-338
vigilância estatal russa, 330

interpretação de mensagem, 181
Investigação Hutton, RU, 282
IPTV, 185
Irã, ação unilateral, 477
Islamic Relief, 377
Itália, 164
    personalização da política, 258
Itogy magazine, 324
iTunes, serviço de vídeo, 128
Iwabuchi, Kiochi, 137, 142
Izvestia, 324

Jacarta, 427
Jacobson, Gary C. 229, 230, 234, 235
Japão, 166, 178
    política de regulamentação da mídia e
        da telecomunicação, 165
    preocupação pública com o aquecimen-
        to global, 369
Jenkins, Henry, 102, 198
Jinbonet (Coreia do Sul), 118
Jolie, Angelina, 382
Joost.com, 160
jornais, acesso pela internet, 112
Jornal ABC, Espanha, 310
jornalismo
    e autocensura na China, 334-338
    e indexação, 212
    impulsionado pelo mercado, 149
    partidário, 257
Jornalistas cidadãos, 468
Journal des débats, Le, 296
Jovens contra a mudança climática, 397
Juan Carlos, Rei da Espanha, 315, 408
Juris, Jeffrey 339, 71, 90, 104, 396, 398
"Justiça climática" Campanha da Friends
    of the Earth
Justificativa do governo do RU, 236
    companhias amigas dos EUA, 46

Kabayeva, Alina, 325
Kahneman, Daniel, 197
Kangxi, Imperador, 295
Karim, Jawed, 114
Kasparov, Gary, 326, 329
Kasyanov, Mikhail, 336
Keeling, Charles, 360
Kelly, David, 282
Kennedy, Robert F. Jr., 382
Kerry, John, 223, 229
Killers, The, 382
Kingdom Holdings, 136, 148
Kiriya, Ilya, 324
Klinenberg, Eric, 108
Kohlberg Kravis Roberts, 148
Komsomolskaya Pravda, 324, 328
Kornbluh, Karen, 429
Kravitz, Lenny, 385
Krosnick, J., 370
Kruglik, Mike, 442
Kull, Steven, 222, 228, 229, 241, 340
Kursiv, 325

Laboratórios Scripps, 360
Lake, Anthony, 429
Lakoff, George, 12, 24, 191, 195, 196, 198, 199, 212, 223, 429
largura da banda larga, 109
   Cingapura, 110
   Coreia do Sul, 107, 110, 118, 166, 178
   Países Baixos, 341
Lash, Scott, 80, 98, 170, 173, 180, 391
Latinobarometer, 171, 523
Latour, Bruno, 91
Lawrence, Regina G., 307
Lazarsfeld, Paul, 204
LBC mídia, 136
Le Floch, Valerie, 343
League of Conservation Voters, 493
Leege, D., 245
legitimação da violência, 60

legitimidade democrática, 64
legitimidade política e confiança pública, 25, 86, 309
   crise de nos EUA, 422
   desconfiança dos cidadãos no governo, 525
   e envolvimento cívico, 346
   e política de escândalos, 295
   Espanha, 292
   papel da mídia, 344
Lei Sorm 1 (1996, Rússia), 325, 330
Lei Sorm 2 (1998, Rússia), 325, 330
leis de copyright sobre material digitalizado, 156
Leste Europeu, redução da participação política, 345
Lewinsky, Monica veja escândalo de Monica Lewinsky
Liberal Democratas, RU e voto de protesto,
liberdade da internet, 469
Liberdade de expressão, 151, 244
Líbia, bombardeio da pelos EUA, 347
licenciamento do espectro da mídia
   Europa, 165-166
   RU, 489
Lieberman, Joseph, 389
Liga Árabe, 85
limiares da ansiedade, 201
limites de competição e de cooperação na mídia global, 164-145
limites nacionais de relacionamentos de poder, 29
Limits to Growth, The, 496
Lincoln Abraham, 432
Linden Corporation, 117
linguagem política refletindo o jargão esportivo, 255
linguagem
   construção facilitada pelos neurônios espelho, 198
   e associações com a experiência, 192

Linneman, Jeffrey, 344
Lipman, Masha, 326
Litvinovitch, Marina, 329, 331
Live Earth série de concertos em benefício de, 376, 383, 385
Live Journal, 535
Livingston, Steven, 213
lobbying político, 274
Lógica capitalista da globalização, 395
Louw, P. Eric, 133
Lowe, T., 384
Lukoil, 323
Lury, Celia, 173, 180
luta basca pela independência, 313-314
Luther, Catherine A., 217

Máfia, 279
Mahoy, Scott, 437
mala direta, com determinação minuciosa de público-alvo (micro-targeting), 256
Mamut, Aleksander, 329
Mancini, Paolo, 250-251
Mancini, Paolo, 252
manifestações nepalesas contra a repressão, 394
Manifestantes anti-globalização Black Block 4
Mann, Michael, 60
Mann, Thomas, 306
Mansell, Robin, 12, 102
mão de obra autoprogramável, 76-79
mão de obra genérica, 76-79
mapas e mapeamento do cérebro, 195-196
e eventos, 19
marcadores somáticos, 195, 198, 200, 205
Marcha Virtual Stop Global Warning, 383-386
Marcus, George E., 200
Marks, Stephen, 252, 270, 293
Marx, Karl, 19

Massacre de Tiananmen, China, 334
materiais culturais, 91
McCain, John, 243, 382, 386, 389, 420, 426
apoio de Murdoch a, 483
arrecadação de recursos, 273
campanha on-line, 380, 445, 446
campanha presidencial de McCain (2008), 389, 426
e política de ataques, 463, 464
questões do meio ambiente, 365
se distanciando de Bush, 465
tendo como alvo Hillary Clinton, 453
McChesney, Robert, 102, 122, 144, 159, 162
McInerney, General, 320
McKibben, Bill, 386
McPeak, Merrill, 429
Media Monopoly, The (Ben Bagdiklan), 124
Media-Tank, 162
MediaMost, Rússia, 323
Mediaset Company, Itália, 249, 279
medo da morte, evocação como ferramenta política, 223
medo do outro, 47
medo
como gatilho da mídia para conseguir atenção para o aquecimento global, 55
e comportamento eleitoral, 283
e comportamento político, 200, 203
Medvedev, Dmitry, 326, 328, 331
Mehlman, Ken, 269
meio de transmissão regulamentada, 254
desregulamentação, 155-159
Mellon-Scaifes de Pittsburgh, 261
Memorando Powell (1971), 261
memória
e emoções, 192, 193
e molduras, 196
mente consciente, 192

mente
como processo, 191
e o corpo propriamente dito, 191
Mercado de comercialização de créditos
de carbono, 359
mercado global de notícias consorciado,
153
mercados financeiros globais veja mercados financeiros, globais
mercados financeiros, globais, 71, 73, 74,
80
colapso, 239
desregulamentação, 189
e poder na rede, 485
Mermin, Jonathan, 213
metáforas, 193, 195
conectando a linguagem e a circuito
cerebral, 193
e narrativas, 193
guerra ao terror ativando a moldura do
medo, 206
metaprogramas/programadores, 94, 97,
474, 475
método Alinsky, 441
Metro-Goldwyn-Mayer, 148
Metromedia, 128
Michavila, Narciso, 409
Microsoft, 122, 125, 128, 129, 130, 136,
149, 492
como comprador de publicidade, 149
controlando os nodos críticos, 150
investidores institucionais e propriedade beneficiária, 161
liderança e conexões em rede, 485
utilizando o comportamento do usuário final, 151
Microtrends (Penn), 264
mídia baseada na internet comparada
com a mídia tradicional, 186-189
mídia de direita, 131
mídia de massa veja mídia/multimídia

Mídia nos EUA
cobertura de Abu Ghraib, 215
conhecimento do grupo analista do
Pentágono, 321
visão tendenciosa do aquecimento global, 369
Mídia Rotanna, 136
mídia/multimídia global
companhias da internet, 124, 125
concentração de propriedade, 122-125
conexão com redes financeiras, 146
customização e segmentação, 122
diversificação de plataforma, 123, 125,
130
e controle oligopolista, 120, 121, 122
e diversificação, 125-127
economias de sinergia, 132-135
fusões e aquisições, 124
investimentos cruzados, 136
liderança e conexões em rede, 477
proprietárias de agências de publicidade, 148-149
publicidade como estímulo, 128, 131
redes de notícias, 175
sociedades, 135
mídia/multimídia
confiança pública na, 340
consciência do aquecimento global,
362, 367
derrubando as fronteiras, 70
e interação com a internet, 338
e mudança climática, 356
e política de escândalos, 309
e selecionando o público-alvo, 210
formatação de mensagens, 114
integração vertical, 128, 164
mídia partidária versus grande mídia,
228
papel na deslegitimação das instituições, 346

papel na política de escândalos, 305

reação da grande mídia às manifestações antiglobalização, 397

tendenciosidade, 214

tomadores de decisão, 474

tornando-se o mensageiro suicida, 346

veja também mídia/multimídia global

Miller, Jade, 176

Miller, Sienna, 382

Mitchell, William, 69-70

Mitterrand, François, 298

mobilização autossuficiente, 348-349

mobilização dos jovens na campanha primária de 2008 nos EUA, 421

Modelo ativação em cascata, 215-216, 218-219

modelo de redes associativas, 211

moldura de vitória, e a Guerra do Iraque, 226

moldura patriótica, 224, 226, 234

molduras culturais contraditórias, 60

molduras, 472

   ativadas pela Guerra do Iraque, 223

   dominância, 216

   e campos semânticos, 197

   e construção simbólica, 472

   "guerra ao terror", 471

   paridade, 216

   redes neurais como, 196

Monde, Le, 44, 298

Monica Lewinsky escândalo, 307, 308

   e níveis de confiança do eleitor, 307

Moo_Hyun, Roh, 504

Moore, Michael, 452

Morales, Evo, 347

Morgan Stanley Principal Investments, 148

Morin, Richard, 308

Morris, Dick, 267

Moskovsky Korrespondent, 325

"Motel 1600", 272

MoveOn.org., 235

movimento ambientalista, 48, 51, 82

   ação em rede, 375

   e celebridades, 376

   e tendo como alvo o entretenimento, 453

   estratégia da multimídia, 380

   eventos como política da mídia, 165, 250

   livros e revistas, 387

   nova cultura da natureza, 357

   papel de movimento da internet, 379

   surgimento do, 365

"movimento contra a globalização", 95, 392-399

Movimento do fechamento das terras, 442

Movimento Jubilee, 93

Movimento Los Forajidos, Equador, 401

movimento neoanarquista, 398

movimento para a paz EUA, 215

movimento pelos direitos civis, 260

"Movimento Pinguim", 402

Movimento Poder do Povo II, 468

movimentos da sociedade civil, 284, 413-414

   financiamento político, 273

   formação de redes na campanha de Obama, 440-442

movimentos de resistência e reprogramação das redes, 94

movimentos sociais da contracultura, 260

movimentos sociais, 356 veja também movimento ambientalista, 361

MSN, 125, 130, 385

MSNBC canal de notícias a cabo, 129, 230

   Tucker Wright/associação com Obama, 456

MTV (Televisão de música), 132

mudança cultural, 24, 102, 170-173

   em um mundo globalizado, 170-173

mudança social, 353-356
  e valores na política, 466-469
Mulgan, Geoff, 61, 62, 63, 72, 264
mulheres
  e trabalho de meio expediente, 379
multiculturalismo, 173, 174
  global, 174
multiescolha, África do Sul, 119
multimodalidade, 183-184
Mundo, El, 312, 319, 404, 481
  cobertura da conspiração do GAL, 311
Murdoch, Rupert, 133, 144, 147, 161, 474
  como comutador, 478, 483
  como metaprogramador, 483
Murdock, Graham, 80
Música Hip hop, 172
Mutz, Diana C., 344
My-BarackObama.com, 436, 448, 449, 450, 455
Myers, T., 368
MySpace 114-116, 125, 128, 131, 150, 286, 379
  adquirido por Murdoch, 483
  e atividade política, 445
  e Indymedia, 396
  página de Obama, 450

nacionalismo cultural, 143
"nacionalismo metodológico", 63
nacionalismo, 63
Nações Unidas (ONU), 168
  Conferência sobre Mudança Climática (2007), 390
  Cúpula de Quioto sobre Mudança Climática, 380
  Cúpula Mundial sobre a Sociedade de Informação (2005) 113,114
  Cúpulas da Informação Mundial (2003), 167
  Declaração de Princípios de Genebra, 167

e a Guerra do Iraque, 217, 412
Plano de Ação de Genebra, 167
questões globais da internet, 86, 379
Nações Unidas, relatórios de avaliação do aquecimento global
  Quarto (2007), 363-364
  Segundo (1995), 363-364
  Terceiro (1997), 363-364
nanotecnologia, 70
narrativa de autodefesa e armas de destruição em massa, 225, 227
narrativa de resgate, Guerra do Iraque, 227
narrativas
  autodefesa, 170
  construção de, 180
  definindo papéis sociais, 181
  resgate, 171
NASA, 361
NASDAQ, 146
National Amusements, 125, 132
National Geographic Society, 387
National Ground Intelligence Center, 231
National Press Club (NBC), 494-496
National Science Foundation (NSF), 157, 158
NBC, 122, 124, 125, 128, 129, 492
  investidores institucionais e propriedade beneficiária, 496
  liderança e conexões em rede, 488
Nelson, Jack, 210
Nelson, Senador, 373
Network for Social Change, 377
Network Solutions Inc. (NSI), EUA, 158
Neuman, Russell, 181
neurônios espelho, 191
  facilitando a construção da linguagem, 180
neurônios, 191
neurotransmissores, 194
"neutralidade na rede", 160

O PODER DA COMUNICAÇÃO | 615

Nevada, cadastramento de novos eleitores, 420

New Hampshire, cadastramento de novos eleitores, 420

New York Post, 482

New York Times, The, 218, 249, 359
e VNR (Vanguard Natural Resources) sobre a Guerra do Iraque
expondo o grupo analista do Pentágono, 314
fórum russo on-line, 331
website, 42

New Yorker, reportagens sobre tortura em Abu Ghraib, 232

Newell, P., 370

News Corporation, 122, 124-125, 128, 131, 133, 135-136, 147, 161, 482-483
como comprador de publicidade, 149
estratégia organizacional no uso da rede, 133
investidores institucionais e propriedade beneficiária, 475, 480
liderança e conexões na rede, 485
mídia global em rede, 130
participação da Fidelity na, 147
publicidade em mecanismos de busca orientada para público-alvo específico, 210

Nielsen, pesquisa, 107

Nisbet, M.C., 368

Nixon, Richard, 260-261
escândalo de Watergate, 260

Norris, Pippa, 344

Noruega, alta penetração de banda larga, 130

nos conglomerados da mídia, 147

Nosik, Anton, 331

notícias televisivas italianas, 279
comparadas com os EUA, 280
politização, 279

nova divisão social do trabalho e as redes, 75-79

Novo México, cadastramento de novos eleitores, 420

NTV Quênia, 114

NTV, Rússia, 323-324, 328

O Fundo de Defesa Ambiental, 387

O Grupo Consultor sobre Gases-Estufa, 361

(UNEP), 361

Obama, Barack Hussein, 239, 284, 417-418, 421, 426, 436, 451
começa carreira política, 428
crenças, 430
e a máquina política de Chicago, 442
pós-eleição, 409
pragmatismo político, 429
raízes em Chicago, 440

Obama, Michelle, 428, 430

Occidental College, Los Angeles, 427

OCDE acesso à internet, 106

Odnoklassniki.ru, 329

OEA (Organização dos Estados Americanos), 85

Oekonux, projeto alemão, 398

Ofensiva TET (1968), 213

Office, The (NBC), 130

Ohmy News (Coreia do Sul), 118

Oligarcas de Yeltsin, 323

Olin, John M., 261

Omnicom Group, comprando tecnologias de entrega da internet, 149

ONGs, 86, 379
ambientalistas, 379
baixa corrupção percebida, 371
transnacionais, 71

operadoras da Bell, EUA, 159

Opinião Pública Mundial (2007), 241, 367
pesquisa de opinião sobre legitimidade política (2008), 241

pesquisa de opinião sobre mudança climática (2007), 366
Oprah Winfrey Show, The, 382
Organização Meteorológica Mundial (OMM), 361, 363
Organização Mundial do Comércio (OMC), 94, 135, 393
organizações fordistas, 41
organizações religiosas, nível baixo de corrupção percebida, 341
organizações verticais/hierarquias, 45
Ornstein, Norman, 435
Oxfam, 377

padrões culturais e vetores de comunicação, 203
padrões de votação (1980-2004) EUA, 550
Page, Larry 420
Painel Intergovernamental sobre Mudança Climática (IPCC), 357-364
  relatório de avaliação (2007), 387
País Basco, 165, 310, 313-314
País, El, 474
Países Baixos, largura da banda larga, 113
Palin, Sarah, 311, 316, 404, 406
  o efeito Sarah Palin, 463
Panagopoulos, Costas, 269
Panamá, invasão pelos EUA, 217
Panasonic, 129
parâmetros do nível de CO_2 na atmosfera, 408
Parques de diversão Six Flags, 148
Parson, Talcott, 60
participação acionária privada/capital de investimento
  e fusões e aquisições na mídia, 147
  regulamentação de, 147
Partido Comunista (RAI Due) Itália, 279
Partido Conservador, Espanha veja Partido Popular.

Partido Conservador, RU gastos com a eleição, 317-318
Partido Democrata EUA, 231, 269, 418
  banco de dados, 219, 268, 468
  bancos de dados sobre determinação minuciosa do público-alvo (micro-targeting), 248, 259, 261
  cadastramento de novos eleitores, 420, 421
  crescimento da popularidade do partido a partir de 2004, 423
  crítica da Guerra do Iraque, 201
  sentimento antiguerra, 217
Partido ERC (nacionalistas catalães), 411
Partido Nacional Basco, 312
Partido Popular (PP) Espanha, 277 (Conservador), 317, 318, 409, 410, 413, 598
  apoio do eleitor, 447
  iludindo a opinião pública sobre o atentado em Madri, 404-406
Partido Republicano, EUA, 266-270
  apoio à Guerra do Iraque, 209
  bancos de dados micro-orientados, 267-268
  cadastramento de novos eleitores, 421-423
  campanhas vitoriosas, 270
  e a força tarefa de 72 horas, 268
  e a tendenciosidade da mídia, 229
  e os evangélicos, 347
  escândalos políticos selecionados, 502
  estratégias de campanha, 266
  mala direta micro-orientada (2004), 268
  Projeto Caixa Forte do Eleitor, 267-268
  think tanks, 270
Partido Socialista (PSOE) Espanha, 292, 310, 312-313, 316-318, 403, 409
  corrupção, 314-319
  e o poder da mídia, 311

e personalização da política, 292
e política de escândalos, 310-319
Partido Socialista (RAI Tre), Itália, 279
Partido Trabalhista RU, 264, 276
apoio de Murdoch ao, 474
gastos eleitorais, 269
patriarcalismo, 77
Pell Grant Expansion Act (2005), EUA, 429
penetração da banda larga, 160
alta no norte da Europa, 166
EUA/resto do mundo comparados, 215
Penn, Mark, 264, 453
Pensilvânia, cadastramento de novos eleitores, 461
percepções do eleitor, campanha Obama/Hillary, 436, 437
Perks, Gregory S., 574
Perot, Ross, 347
personalização da política, 258, 259, 280, 290, 291, 293
personalizando as notícias, 259
"persuasão política como redes e narrativas", 199
pesquisa da oposição, 270
pesquisa de opinião da Public Opinion Foundation, Rússia (2007), 328
Pesquisa de Valores Mundiais da Universidade de Michigan, 171, 343
pesquisas de boca de urna Edison/Mitosfski, campanha de Obama, 424
Pesquisas de opinião Gallup
sobre aquecimento global (1994-2006), 239
sobre crise financeira (2006-08) 185
sobre questões ambientais (1992), 365
pesquisas de opinião Harris
sobre a crença na existência de armas de destruição em massa, 221, 222
sobre a Guerra do Iraque, 227
Pesquisas de opinião PIPA, 220, 228, 241

Pesquisas de opinião TNS Sofres, 299
Pesquisas do National Election Study (NES) (2000 e 2004), EUA, 269-270
Pesquisas em Cambridge sobre mudança climática/aquecimento global, 369
Petraeus, General, 235, 236, 238, 239, 321
reunião com o grupo analista do Pentágono, 322
Pew Internet and American Life Project, 425
uso da internet pelos seguidores de Obama/Hillary (2008), 425, 445, 447
Video streaming (2007), 115
Pickerill, J., 355, 374
Pink, 382
Pitt, Brad, 382
Planet Out, 148
Plano de Ação de Genebra, ONU, 167
Plasser, Fritz, 250
Plouffe, David, 448
poder absoluto
Poder capitalista e redes financeiras, 478
poder de criar redes, 88, 91, 93, 473
político, O, 484
poder na rede, 66, 480
e autocomunicação de massa, 475
e mercados financeiros, 481
poder no uso das redes, O, 88, 402, 484
poder operado pelas redes, 414-415
poder político-ideológico e a mídia, 163
poder
capitalista e redes financeiras, 484
coletivo, 60
complementariedade de fontes, 58-60
definição, 57
discursos de, 97
distributivo, 61
e construção de significado, 57
e contrapoder na sociedade em rede, 93-95

e na comutação de redes, 484
e redes de programação, 484
e relacionamentos sociais, 471
na sociedade em rede, 471
nas redes, 88-92
no uso das redes, 484
para formar redes, 159
poder sobre/poder para distinção, 59
residindo nas redes de comunicação, 472
teoria do poder da comunicação, 471-485
teorias, 24, 57-63
veja também o poder de criar redes; o poder operado pela rede; o poder
polarização ideológica, 270, 346
"Política centrada no candidato", 256
política da mídia, 250, 333
como processo contínuo, 278
crise da democracia, 247, 350
e a campanha de Obama, 347, 418
e confiança política, 306, 341
e escolha de público-alvo, 249
e o infotenimento, 255
e o Partido Socialista, Espanha, 310
e política da informação, 245
e política de escândalos, 295-302
e traçando o perfil dos cidadãos, 264
em funcionamento, 250
eventos do movimento ambientalista, 367
filtro do controle governamental direto, 257
filtro dos critérios editoriais, 257
financiamento, 226
pesquisas de opinião e a análise de dados sociais, 220
política de ataque, 293-295
política de comunicação e comunicação política, 356
política de corrida de cavalos, 254-255

política de escândalos como infotenimento, 302
política de escândalos, 250, 295-302, 457
aliança entre juízes e jornalistas, 297, 317
"cansaço de escândalos", 308, 345
China, 339
como arma de escolha para a oposição, 299, 302, 305
contexto ideológico, 346
corrupção política comparada, 301-302
crise da democracia, 351-352
e a campanha de Obama, 451-458
e a transformação da política, 303-304
e legitimidade política e confiança pública, 26, 59, 306, 310, 340-352
e política da mídia, 305
efeitos benéficos, 306
guerras de blogs, 303
na Espanha Socialista, 310-319
na França, 295-298
papel da mídia, 306
pesquisa da oposição, 305
relacionamento da TV com o rádio, 345
sexo e escândalos de espionagem, RU, 301
política de escândalos, 339
preocupação pública com o aquecimento global, 366
reforma e regulamentação da mídia (2003), 333
regulamentando a mídia, 333
TV, 136, 177, 334
vigilância da internet estimulando a autocensura. 338
vigilância estatal da internet, 337
política de informação e política da mídia, 258-270
política de vídeos, 450
política emocional, 193
campanha de Obama, 417

política informacional, 283
  e geração de poder, 251
  financiamento, 270-279
  veja também bancos de dados
política insurgente, 351, 354, 419, 443
  campanha de Obama, 459, 465
política na internet com base na sociedade
  civil, 465
política partidária e a personalização da
  política, 280
política
  ataque, 261
  centrada nos candidatos, 256
  corrida de cavalos, 255
  da razão e da tomada de decisão, 236
  de crenças, 208
  de escândalos, 25
  de políticas regulatórias, 154
  e dinheiro nos EUA, 443
  e emoções, 206
  e geração de imagens, 293
  indexação de eventos, 213
  personalização da, 280, 290, 291, 293,
  305
Political Action Committees (PACs),
  EUA, 272, 433
Political Parties, Elections and Referen-
  dums Act (PPERA) (2000) RU, 276
Political Scandals and Causes Célèbres
  (Allen), 288
políticas regulatórias
  e a Rede 2.0, 159
  e redes multimídia, 188
  política das, 153
Politkovskaya, Anna, 326
Pop Idol, 142, 143
Popkin, Samuel L., 202, 348
Population Bomb, The, 387
pornografia infantil, 1567, 167
posições de poder e predisposições do
  eleitorado, 281

Postel, Jon, 157, 158
Postman Neil, 255, 576
Potanin, Vladimir, 324
Powell, Colin, 219
  e o caso do "dossiê Dodgy" no RU, 281
Powell, Lewis, 261
Powell, Michael, 161-162
Power, Samantha, 429
Pravda.ru, 325
Prêmio Nobel da Paz, 364, 383
preparação, 212, 214, 216
  e a mídia, 211
  e estratégias políticas, 278
  pela mídia, sobre mudança climática,
  370
Presse, La, 297
Primavera Silenciosa (Carson), 387
Príncipe Herdeiro de Qatar, 144, 178
processo de recepção da mensagem significada, 180
processo político
  e tomadas de decisões, 153, 195, 197, 474
  esperança e medo e, 203
produção cultural e relacionamentos de
  poder, 58, 178
produção transacional, 71
produtividade e crescimento econômico,
  78
profissionalização das campanhas políticas, 284
Programa das Nações Unidas para o Meio
  Ambiente (UNEP), 357, 361
Programa de Atitudes Públicas Internacionais (PIPA), 369
  aquecimento global, 369
programas/programadores, 90-93, 97
  e novos códigos, 93
  e o exercício do poder, 474
Prohkorova, Elena, 327
Project for Excellence in Journalism, 237-
  238

620 | Manuel Castells

Project Vote, Chicago, 421, 428
Projeto "Caixa Forte do Eleitor", 267, 268
Projeto de Acesso à Mídia, 250
Projeto de divulgação do carbono, 359
Projeto de lei cooperativo Nunn-Lugar para redução de ameaças EUA, 430
Projeto de Lei sobre Mudança Climática, RU, 390
"projetos transnacionais da mídia", 142
Prometheus Radio Project, 162
Proposta para imposto sobre carbono, 383
propriedade de jornais, EUA, 371
protestos passivos (sit-ins) virtuais, 397
Protocolo de Quioto (1997), 363, 380, 383, 390
protocolos de comunicação intercultural, 84
protocolos de comunicação, 87, 89, 101, 103, 175, 180, 195
  e metáforas, 196
Providence Equity Partners, 148, 161
publicações científicas ignoradas pela mídia, 372
publicidade política, 253
  e comportamento eleitoral, 200, 205
  na Europa, 342
  paga, 251
publicidade
  como estímulo para a indústria da mídia, 129-132
  conteúdo pago, 130
  crescimento do mercado da internet, 130
  embutida, 130
  gasto global por meio de comunicação, 131
  global, 178
  político, 204-206
Publicis Groupe, comprando tecnologias de distribuição da internet, 149

Putin, Vladimir, 165, 323, 325-326, 328, 331
  caso com Alina Kabayeva, 325
Putnam, Robert, 422

Qiu, Jack L., 333, 336-337, 469
Quantitative, 130
Quênia, 274, 275, 426, 427
  democracia e arrecadação de recursos, 273
  falta de arcabouço regulatório para a democracia, 186

Rachlinski, Jeffrey J., 439
"racionalidade de baixa informação" no comportamento dos eleitores, 240
racionalidade, 199, 245
  e tomada de decisão, 201, 203
rádio e TV pertencentes ao Estado, 163
rádio SER, Espanha, 406, 413
rádio
  diferenciação de programação, 108
  e formação de redes, 108
  integração vertical, 108
  nacional, 180
  poder baixo, 119
  redes nacionais corporativas, 108
  relacionamento com política de escândalos, 340
Rahn, Wendy, 344
Rainforest Action Network, 379
raiva, 201
  e apoio à Guerra do Iraque, 222
  relacionada com práticas rebeldes, 400
Rajoy, Mariano, 289
Ramírez, Pedro J., 311, 314
Rangwala, Glen, 281
Razorlight, 382
Reagan, Ronald, 261, 266, 361-362
Reclaim the Streets (RU) e o ativismo contra globalização corporativa, 397

O PODER DA COMUNICAÇÃO | 621

recuperar o movimento da mídia, 161

Rede Al Jazeera, 114, 145, 177
  bombardeada pelos EUA, 177
  canal, 114

Rede CNBC, 144

Rede CNN, 114, 137, 144, 151, 177, 213
  apoio corporativo à Bush, 257

Rede de TV Fox News, 85, 222, 228-229, 234, 249, 322
  e informações e percepções enganosas, 228-230
  e Murdoch, 483
  especial "The Heat is On", 382

Rede do Canal Plus, França, 142

Rede do Povo, China, A, 319

Rede Domashny, Rússia, 324

Rede Euronews, 324

rede Languepas, Rússia, 323

Rede PBS, cobertura da Guerra do Iraque, informações enganosas, percepções errôneas, 228, 229

Rede UPN, EUA, 142

redes comutadoras, 146-152

"redes de atores", 91-92

redes de comunicação autônomias, 189

redes de comunicação veja redes de comunicação de massa

redes de fornecimento e redes da multimídia, 145

redes de governança globais, 351

Redes de notícias a cabo, 287

redes de poder e formação de redes individuais, 475

redes financeiras, globais, 480
  conexão com as redes da mídia, 189
  e poder capitalista, 478

redes globais da mídia, 73-74, 95, 103, 119, 144
  e sinergia, 150
  interligadas, 120

redes globais de poder, confrontando o contrapoder, 393

redes globais
  das redes da mídia, 135-136
  e capacidade militar, 73
  e identidade cultural, 83

redes neurais, 190-191

Redes NPR, cobertura da Guerra do Iraque, 229
  informações enganosas/percepções errôneas, 219, 221

redes p2p, 113, 337

Redes RAI, 164

redes sem fio e redes da mídia, 150

redes sociais definindo o comportamento político, 203

Redes WiMax, 110

redes, 29-56
  autoconfiguração/reconfiguração, 72, 95
  capacidade de programação, 87
  capacidade de sobrevivência, 68
  capacidade discursiva, 62, 98
  códigos de tradução/interoperabilidade, 67, 110
  como detentores do poder elas próprias, 91
  competição nas, 65
  comunicação entre, 26
  controle de programa/reprogramação, 94
  de Estados, 61-63
  de poder construídas ao redor do Estado, 408
  de resistência, 400
  e a nova divisão social do trabalho, 75
  e resistência ao poder, 93
  escalabilidade, 69
  exclusão/inclusão, 88
  horizontais, 30
  informação, 69

metas programadas, 90, 99

nodos/centros, 398, 467, 473

regras de desempenho, 43

relacionamentos de poder internos, 58

relacionando-se com outras redes, 146

segurança, 75

teoria do controle de acesso (gatekeeping), 88

veja também comunicação de massa/redes; autocomunicação de massa/redes

Redlawsk, David P., 202

Reeves, Byron, 344-345

regime franquista, Espanha, 19-21

Regner, Isabelle, 343

regulamentação, 251

da mídia global, 142

de campanhas eleitorais, 251

Rei Leão, 144

relacionamentos de poder, 57

e a construção social do espaço e do tempo, 80

e espaço e tempo, 82

e Estado, 91

e na sociedade em rede, 73

e produção cultural, 480

estruturação, 96

na sociedade global em rede, 96-99

nas instituições, 353

no interior das redes, 93

relações de gênero, 61

Relatório Brundtland, 387

Relatório da Comissão sobre 11 de setembro, 221

a reação de Bush, 233

Relatório de Usuários da Internet da Academia de Ciências Sociais na China (Guo Liang), 338

Relatório Founex, 387

religião

como fonte de identificação coletiva, 171

efeito adverso sobre cosmopolitismo, 173

Relles, Bem, 451

REN TV, Rússia, 326, 328

Renshon, Stanley A., 308

reprogramação, 355

e movimentos de resistência, 94

redes de comunicação, 467-469

resistência e bloqueio de comutações, 94

resistência e mobilização na Espanha, 400

restituição, e Estados-Nação, 63

restrições emocionais

e avaliação, 207

e partidarismo/lealdade, 208

Reuters, 124, 135, 151-152, 249, 386

Revelle, Roger, 360-361, 373

Revistas do Cinema Art, Rússia, 327

Revolução Bolshevique, 24

revver.com, 114

Rice, Condoleezza, 219

Rice, Ronald, 111

Rice, Susan, 429

Rich, Andrew, 262-263

Riemer, Hans, 449

Ritt, Martin, 26

Robinson, Michael J., 344

Robinson, Piers, 216

Rock the Vote, 449

Rockridge Instituto, 262

Roldan, Luis, 315

Romney, Mitt, 464

Rospars, Joe, 449-450

Ross, Dennis, 429

Rossiya, Rússia, 324, 328

Rouse, Pete, 429

Rove, Karl, 265-268, 270, 448, 464

Royal Society for the Protection of Birds (RSPB), 377

Royal, Ségolène, 292

RU, 325

alta penetração da banda larga, 129

Alternative Investment Market (AIM), 48

ativismo ambientalista, 379

caso do "dossiê duvidoso", 281

cobertura das notícias da Guerra do Iraque, 219

e o licenciamento do espectro da mídia, 164

escândalos de sexo e espionagem, 301

gastos dos partidos políticos com a eleição, 276

justificação do governo para a Guerra do Iraque, 281

preocupação pública com o aquecimento global, 366

Projeto de Lei da Mudança Climática (2007), 390

regulamentação do financiamento político comparado com a dos EUA, 276

regulamentação e financiamento dos partidos políticos, 275

Rubin, Robert, 429

Rubio, Mariano, 315

Rudman, Mara, 430

Rumsfeld, Donald, 219, 235, 320-321

Rússia, 323-331

a TV e sitcoms americanos, 327

ação unilateral, 91

autocensura da mídia, 325-329

batalha para controle da mídia, 324

campanha presidencial 2008, 329

controle da mídia de conteúdo político, 326-328

corrupção política, 326

Duma debatendo a internet, 330

efeitos da internet sobre o controle da comunicação pelo Estado, 329-331

estações de rádio, 327

infotenimento da mídia, 323

instrumentos legais do Estado e controle da mídia, 325

pressão burocrática sobre a mídia, 324

suspensão da censura, 323

vigilância da internet pelo Estado, 330

RuTube, Rússia, 330

Ryzhkov, Vladimir, 326

Saawariya (filme), 145

SABC, África do Sul, 119, 137, 145

Sadr City, Bagdá, 236

Samuelson, Robert J., 307-308

Santorum, Rick, 221

Sarkozy, Nicolas, 291

Sartre, Jean-Paul, 19

Sassen, Saskia, 64

Save Our Selves, 385

Scaife, Richard M., 261

Schneider, Stephen, 361, 373

Schneider, William, 280

Schwarzenegger, Arnold, 386

Sears, David O., 207, 239

Seattle e as manifestações contra a globalização (1999), 392

Seattle Times, The, 232

Second Life, 117

e Utopia, 117

uso educacional, 117

Secretário do Comércio, EUA, 158

Secure America and Orderly Immigration Act, EUA, 430

Segunda Guerra Mundial, 260, 335, 341

Semetko, Holli, 344

Senado de Illinois, 428, 449

Senderovitch, Viktor, 326

serviço público, modelo TV, 138

Shah, Dhavan V., 349

Shanahan, J., 370

Shangai Media Group, 142

Sheehan, Cindy, 233

Shinawatra, Thaksin, 402

significado de mensagens, 186

significador de mensagens, 182, 186

Simon, William E., 261
Simpser, Alberto, 306
sinais eletroquímicos, 192
sindicatos, 395
Sistema de Comércio de Emissões, 389
sistema reflexivo, papel subconsciente, 203
sites de redes sociais, 115
  e campanhas políticas, 287, 444-445
Smith, Averell "Ace", 295
Sociedade da Internet (ISOC), 158
sociedade em rede, 22
  e cultura global, 84
  e relacionamentos de poder, 58
  e valor, 58
  global, 49
  poder e contrapoder, 93-95
sociedade global em rede, 70-73
  relacionamento de poder na, 96-99
sociedade industrial, 81
sociedades islâmicas, religião como fonte de identificação coletiva, 171
Society for Creative Anachronism, 116
Soetoro, Lolo (padrasto de Barack Obama), 427
Software FloodNet e ação de guerrilha eletrônica, 398
solidariedade intergeracional, 392
Somália, intervenção dos EUA, 213
Sony Pictures Entertainment, 145
Sony, 148
Sperling, Gene, 430
spin (manipulação da informação), 288
  e a política da mídia de notícias, 278-282
Stanford, Instituto de Pesquisa (SRI), 157
Star TV, 143
Steiner, Achim, 357
Stephanopoulos, George, 452
Stiglitz, Joseph, 393, 395

Stop Climate Chaos (parem o caos climático), 377, 384
  e a internet, 376
"Stop Global Warming College Tour", 382
StopGlobalWarming.org, 386
Suárez, Adolfo, 292
subcódigos e canais múltiplos, 184-185
suborno, 342
Suécia
  alta penetração da banda larga, 129
  redução de gás verde, 390
Sumner Redstone, 125
SUP, Rússia, 329
Super Tuesday (2008) EUA, 420
Suprema Corte dos EUA, 388
Survivor (show da TV), 142
Swanson, David L., 250

Tabboni, Simonetta, 431
Tailândia, revolta anticorrupção, 401
Taiwan, independência, 334
Tannenbaum, Percy, 291
tarefas múltiplas na faixa etária de 18 a 30 anos, 187
Taylorismo, 78, 96
teatro de rua e o ativismo contra a globalização corporativa, 397
técnicas de marketing corporativo e campanhas política, 266
tecnologia da comunicação, 68-71
tecnologia da informação, 69-71
tecnologia digital, 30
Teer-Tomaselli, Ruth, 137
telefones celulares, e campanhas eleitorais, 303
Telefonica, 165
telenovelas, 175-176, 296
TeleSur, Venezuela, 177
Televisão a cabo, 107, 118, 128, 159
Televisão C-Span, 451

O PODER DA COMUNICAÇÃO | 625

Templeton Emerging Markets Investments, 147

tempo glacial, 390, 391

tempo
  biológico, 80-81
  burocrático, 81
  compressão sequencial, 96
  e sequencial, 81
  glacial, 81
  intemporal, 80-82, 96
  relógio, 81
  "tempo futuro", 96

Tendenciosidade da distorção, Guerra do Iraque, 214

tendenciosidade na mídia, 214, 238

teoria da estruturação, 61

Teoria da inteligência emocional, 200

teoria do poder da comunicação, 469

terremoto de Sichuan, 335

terrorismo basco veja ETA

terrorismo, 95 veja também Al-Qaeda; ETA

Tester, Keith, 308

Texaco, atitude com relação à mudança climática, 359

Theiss-Morse, Elizabeth, 344

think tank Brookings, 262

think tanks, políticos, 260-264
  análise de políticas e divisão da política da mídia, 263
  conservadores, 262
  liberais, 262-263
  orçamentos, 262
  origens nos EUA, 261
  Partido Republicano, EUA, 260
  patrocínio financeiro, 261-263
  recursos e visibilidade, 263

Thrall, A. Trevor, 376

Thussu, Daya Kishan, 137

Tibete, 143, 338-339

Time Warner, 122, 124-125, 128, 132, 136, 145-149

como comprador de publicidade, 148

investidores institucionais e propriedade beneficiária, 496

participação acionária da AXA na, 147

TIVO, 107

tomada de decisão política e valores, 197

tomada de decisão, 193, 195, 197
  a crença de Obama na, 454
  conexão emoções/sentimentos, 196, 197, 199
  crise? 350
  democracia, 20
  e comunicação, 197
  e gatekeeping, 253, 254, 257
  e política da razão, 205-207
  e processo político, 199, 205
  e racionalidade, 199-200
  econômica, 197
  ideologia da, 200
  liberal, 223
  moldado pela geração de poder, 190-194
  processo de, 198, 200

Tongia, Rahul, 88

Tonight Show Rede ABC, 427

Tortura na prisão de Abu Ghraib, 226, 232
  enquadramento da mídia, 214
  quadros de Botero

Touraine, Alain, 61

trabalho de mulheres, 77

traçando o perfil dos cidadãos e a política da mídia, 264-270

transmissão especializada
  de massa, 101
  organizações ambientalistas, 376

Transparency International, 301, 319, 340

Treisman, D., 343

"trela sem fio" China, 333

Truman, Harry S., 294

Trumbo, C., 362

Tubella, Imma, 111, 113, 165, 171-173, 178, 183, 348

Tucker, alegações Wright/Obama, 456
Tudou.com (China), 114
Tumber, Howard, 301
Tunstall, KT, 382
"turbulência da informação", 475
Tutte Blance, 397
TV pós-Franco, 178
TV Premiere alemã, 135
TV religiosa, 185
  redes globais, 178
TV RU, e fragmentação da mídia, 114
TV sCurrent, de Al Gore, 118
TV Tsentr, Rússia, 328
TV, 404
  acesso pela internet/sem fio, 113
  cobertura da mudança climática, 371
  conteúdo produzido pelo usuário, 150
  diferenciação de programação, 108
  e tecnologias digitais, 106-107
  fragmentação em canais múltiplos, 107
  hábitos de assistir EUA, 106-107, 182
  mutante, 106-108
  nacional, 183
  padronização de conteúdo, 107
  relacionamento com a política de es-
    cândalos, 345
  religiosa, 185
  veja também notícias na TV italiana
TV18 mídia, 145
TV3 catalã, 114
TV7, França, 164
TVE, Espanha, 404, 407
TVE1, Espanha, 405
Tversky, Amos, 197
Twentieth Century Fox, 128

Ubertaccio, Peter N., 267
UCD (partido centrista) Espanha, 292
Ucrânia, "Orange Revolution", 397
Ugly Betty, 143, 176
Uma Verdade Inconveniente, 382-384

Umma islâmico, 174
União Africana (UA)
União Europeia
  confiança do público na política, 351
  de hierarquia familiar, 200
  e aproximação/evitação, 201
  e emoções, 198
  evolução, 196
  metas de emissão de gás estufa, 389
União Soviética
  colapso da infraestrutura de comuni-
    cação/informação, 332
  dissidentes, 20
  veja também Rússia
Universal Entertainment, 136
Universidade de Barcelona, 14
Universidade de Colúmbia, 427
Universidade do Havaí, 426-27
Univision, 148
Urdaci, Mr., 405
Urry, John, 80, 82, 391
US Center for Public Integrity, 433
US Center for Responsive Politics, 433, 435
US Developing Communities Project
  (DCP), 441
US Federal Reserve Board (FED), 90
US Homeland Security Agency, 87, 154
US House Sub-Committee on Govern-
  ment Reform Relatório Waxman, 219
US Justice Department - legislação anti-
  trustes e companhias da mídia e da
  internet, 154
US National Association of Manufactu-
  rers, 359
US National Climate Program (1974), 372
US National Intelligence Committee, 364
US President's Science Advisory Com-
  mittee, 360
US Safe Climate Acts Coalition, encora-
  jando o ativismo local dos cidadãos,
  380

US Student Nonviolent Coordinating Committee (SNCC), 441

USC Center for the Digital Future, 111

Vallely, Paul, 320, 321

valor
câmbio, 98
como expressão de poder, 74
ideias como, 75
na sociedade em rede, 73-79

valores
e a opinião pública, 207
e tomadas de decisão políticas, 207-208

Van Andel, Jay, 261

Van Belle, Douglas A., 144

Vanguardia, La, 406, 411, 413

Veteranos Republicanos Swiftboat, 234

vetores da comunicação e padrões culturais, 175-180

VGTRK, Rússia, 324

Viacom, 122, 124-125, 132
como comprador de publicidade, 153
investidores institucionais e propriedade beneficiária, 477
liderança e conexões em rede, 475
relacionamento com a CBS, 132-133

vídeo games/computadores, interativos, 116

Video News Releases (VNRs), 321

Videogames Shanda, 136

Vigiar e Punir (Foucault), 58

Vilaweb (Barcelona), 118

violência, 58
complementariedade com o discurso, 57-58, 62
monopólio estatal da, 97

Virginia e campanha presidencial de 2008, 461

Vivendi Universal SA, 135

vkontakte.ru, 330

Voice of the People Survey, América Latina, 340

Voline (anarquista russo), 397-398

Volkmer, Ingrid, 176-177

Volvo, 131

Von Drehle, David, 449

Vox Television, Alemanha, 136, 142

Waisbord, Silvio, 308, 345

Wal-Mart, 136

Wald, K., 245

Wall Street Journal, The, 131, 132, 144, 263, 320, 483

Wall Street, 90

Wall, Kevin, 385

Warkentin, C., 379

Warner Brothers, 128

Warner, John, 389

Warren, Mark E., 343

Washington Post, The, 232, 263, 267, 308
pesquisa de opinião após escândalo Monica Lewinsky, 308
reportagens sobre tortura em Abu Ghraib, 214

Wattenberg, Martin P., 256

Weart, S., 360-363

Weather.com, 249

Web 2.0, 81, 103, 113, 151, 156, 159-160, 166, 475, 483
oportunidades de lucro, 159
políticas regulatórias, 152-153, 155

Web 3.0, 113, 166, 475

Weber, Max, 58, 63

Website de investigação de fatos (Fact Check)

Welch, Susan, 305

West, Kanye, 451

Westen, Drew, 24, 199, 207-208, 223-224, 283

What's the Matter with Kansas? (Frank), 208

Who Wants to Be a Millionaire show de TV, 142-143

Wi-fi, 110
Wielhouwer, Peter, 269
Wikipedia, 115
Will & Grace show de TV, 265
will.i.am, 450-451
Williams, Amstrong, 321
Wilson, Carroll, 360
Wilson, Ernest J., 12, 88
Wilson, Kris, 370
Winfrey, Oprah, 382, 430
Wirth, Senador, 362
Wolfinger, Raymond, 306
Wolfowitz, Paul, 235
World Business Council for Sustainable Development, 359
World Environment Policy Act, 363
World Freedom Press Index, 326
World of Warcraft (WoW), 116
World Wildlife Fund (WWF), 377-378, 492
worldpublicopinion.org, 340
WPP grupo comprando tecnologias de entrega da internet, 149
Wray, Stefan, 398
Wright, Rev. Jeremiah, 288, 430, 454, 456, 458, 535
Wu, Irene S., 151
Wyatt, Robert O., 347

Xanga, 150

Yahoo!, 122, 125, 128-130, 143, 147, 150-151, 160
aproveitando o comportamento do usuário final, 150

controlando nodos críticos, 398
investidores institucionais e propriedade beneficiária, 161
liderança e conexões em rede, 485
participação da AXA no, 147
Yahoo!News, 249, 287
Yang, Jerry, 474
Yeltsin, Boris, 324
Yongzheng, Imperador, 295
YouTube, 31, 40, 50, 102, 114-115, 125, 128, 150, 156, 172, 185, 286-288, 303, 330, 376, 380, 451
associação Wright/Obama, 455
canal, 114
e campanhas políticas, 271
e Indymedia, 396
política de ataque, 465
"WeCan08", 451

Zaller, John, 202, 204, 307
Zaloom, Caitlin, 479
Zapatero, José Luis Rodríguez, 289, 403, 411
Zenith Optimedia, 130-131
Zhao, Yuezhi, 12, 333-335
Zhirinovsky, Vladimir, 329
Zhivoi Zhurnal (Jornal Vivo) site de blogs russo, 329
ZJay, 450-451
Zogby, John, 388
Zyuganov, Gennady, 328-329

Este livro foi composto na tipografia
Minion Pro, em corpo 10,5/15, e
impresso em papel off-white no
Sistema Instant Duplex da Divisão Gráfica
da Distribuidora Record.